ENCUENTRO EN 1898

TRES PUEBLOS Y CUATRO HOMBRES

ESPAÑA-CUBA-ESTADOS UNIDOS

Cervera-Roosevelt-Calixto García-Juan Gualberto Gómez

COLECCIÓN CUBA Y SUS JUECES

EDICIONES UNIVERSAL, Miami, Florida, 2006

JORGE CASTELLANOS

ENCUENTRO EN 1898

TRES PUEBLOS Y CUATRO HOMBRES

ESPAÑA-CUBA-ESTADOS UNIDOS

Cervera-Roosevelt-Calixto García-Juan Gualberto Gómez

...EDICIONES UNIVERSAL

Copyright © 2006 by Jorge Castellanos

———

Primera edición, 2006

EDICIONES UNIVERSAL
P.O. Box 450353 (Shenandoah Station)
Miami, FL 33245-0353. USA
Tel: (305) 642-3234 Fax: (305) 642-7978
e-mail: ediciones@ediciones.com
http://www.ediciones.com

Library of Congress Catalog Card No.: 2006
I.S.B.N.: 1-59388-072-3
EAN # 978-1-59388-072-9

Diseño de la cubierta: Luis García Fresquet

Todos los derechos
son reservados. Ninguna parte de
este libro puede ser reproducida o transmitida
en ninguna forma o por ningún medio electrónico o mecánico,
incluyendo fotocopiadoras, grabadoras o sistemas computarizados,
sin el permiso por escrito del autor, excepto en el caso de
breves citas incorporadas en artículos críticos o en
revistas. Para obtener información diríjase a
Ediciones Universal.

GRACIAS

Quiero agradecerle a mi hija Toa Castellanos su inapreciable ayuda cartográfica y artística. Y a mis otros familiares (a mi esposa Carmela, a mi hija Helena y su esposo Agustín, a mi yerno Luis Eduardo y a todos mis nietos, desde Leni hasta Daniel) les doy las gracias por su apoyo, aliento y ayuda incesantes. Mi gratitud también a mi amigo Marcos Antonio Ramos, por ser generoso proveedor de obras indispensables, así como a las bibliotecas de Florida Internacional University y the University of Miami, por la misma razón

DEDICATORIA

A mis colaboradores y correctores de fondo y forma: mis hijas Isabel y Gabriela Castellanos y mis amigos Remigio Fernández y Manuel Bermúdez, cuya sostenida colaboración hizo posible este libro.

Carga al machete de los mambises cubanos

ÍNDICE

ATRIO 9

PRIMERA PARTE
Pascual Cervera: El Camino de Santiago de Cuba 13

Capítulo I: El Futuro Almirante Comienza su Carrera 14
Capítulo II: Autocrítica de una Nación Enferma 57
Capítulo III: La Ruta hacia el Desastre 91

SEGUNDA PARTE:
Theodore Roosevelt: El Camino de San Juan 143

Capítulo IV: Un Niño Enfermizo se Hace Hombre de
   Acción 144
Capítulo V: La Ideología de un Impulso Imperial 186
Capítulo VI: La Ruta hacia el Imperio 234

TERCERA PARTE
Calixto García: El Camino Truncado 287

Capítulo VII: En Marcha hacia La Demajagua...
   y El Zanjón 289
Capítulo VIII: La Tregua Fecunda 352
Capítulo IX: La Ruta de la Decepción 406

CUARTA PARTE
Juan Gualberto Gómez: Secuelas del Encuentro 467

Capítulo X: La Ruta de la Enmienda 469

APOSTILLA 515

ÍNDICE ONOMÁSTICO 519

Ataque mambí a una posición militar española.

ATRIO

En 1898 tres entidades históricas, tres culturas, tres tradiciones, tres pueblos se enfrentan y chocan en un caluroso rincón del Caribe. Un potente imperio naciente. Un impotente imperio declinante. Una pequeña islita que acababa de convertirse en nación. España, Estados Unidos, Cuba... Y tres de los hombres que mejor los personifican y representan en ese momento estelar –Pascual Cervera, Theodore Roosevelt y Calixto García– aunque nunca establecen contacto entre si, están todos presentes en Santiago de Cuba, el escenario del encuentro, como símbolos de sus patrias respectivas, a la hora señalada. ¿El resultado? Una invasión. Una multifacética batalla terrestre. Un combate naval decisivo. Y ya en la nueva centuria, una nueva realidad internacional, con inesperadas relaciones y flamantes conflictos que conducen a la llamada «American Century».

El 98 es el atrio de la historia del siglo XX, esa época tan dinámica, tan creadora, tan destructiva. La era de la más profunda de las revoluciones técnicas. De la tercera revolución industrial. Del viaje a la luna. De enormes progresos económicos, sociales y culturales. De la victoria de la democracia frente al totalitarismo de derecha e izquierda en Europa. De avances incontables. Pero también de dos espantosas Guerras Mundiales. De la bomba atómica y de las armas bacteriológicas y químicas. De los odios raciales y religiosos. De los campos de concentración. Del holocausto. Del terrorismo. De peligros impensables.

Y a la raíz de donde brota todo ese Bravo Mundo Nuevo en honda crisis –que lo mismo puede ser de crecimiento que de ruina– están ligados, en la medida de sus respectivas dimensiones, capacidades y fuerzas, los tres pueblos y los tres hombres que en 1898, se encontraron y chocaron en la Guerra Hispano-cubano-americana. Ahí Cuba, «fruta madura» y sabrosa. Y en Cuba el general Calixto García, director de la campaña que permitirá el éxito de la expedición norteamericana en Santiago de Cuba. Ahí Estados Unidos con un voraz apetito imperial. Y entre las tropas estadounidenses, Teddy Roosevelt, principal promotor del paso del coloso del norte hacia el imperialismo. Ahí España con su flojera y su decadencia seculares. Y comandando la armada española, el almirante Pascual Cervera, protagonista de la debacle en la batalla naval en Santiago, que conduce a la pérdida de las últimas colonias americanas y asiáticas de España. En verdad, nuestra vigésima centuria, en Cuba, España y Estados Unidos, comienza en 1898. Y es ese breve pero decisivo prólogo de nuestro tiempo actual el que, trenzando biografía e historia, nos proponemos resumir aquí.

El almirante de la marina de guerra de Estados Unidos Alfred T. Mahan, que tan importante papel germinal desempeñó –como veremos– en los sucesos del 98, al referirse a la batalla de Trafalgar, «corona de la gloria de Nelson», formula la pregunta que considera fundamental para comprender ese gran acontecimiento histórico: «¿Cómo llegaron los barcos a encontrarse precisamente ahí?» Nosotros, para entender la batalla naval y terrestre de Santiago de Cuba nos preguntamos: «¿Cómo llegaron a esa ciudad y a ese puerto, precisamente cuando lo hicieron, los barcos, los ejércitos y los hombres que allí se encontraron y enfrentaron? ¿Qué fuerzas condujeron a que esas tres naciones convergieran en ese momento y ese lugar? ¿Qué consecuencias tuvieron estos hechos para el futuro a largo plazo de los tres países?

Para responder a estas preguntas es preciso narrar los eventos que ocurrieron en Cuba, Estados Unidos y España a finales del siglo XIX. Esto obliga a trazar aquellos desarrollos de cada uno de esos tres países que los llevaron a confluir en la guerra. Y a describir el clima cultural, ideológico y político en que ocurrieron los hechos, mostrando al mismo tiempo cómo nuestros tres personajes, Cervera, Roosevelt y García, se ven involucrados en esos procesos e influyen sobre ellos. Todo para finalmente plantear algunas de las conclusiones del conflicto.

Originalmente el proyecto de este libro comprendía nueve capítulos y terminaba con el Tratado de París, de diciembre de 1898, que puso fin al costado bélico del histórico encontronazo. Pronto se hizo evidente, sin embargo, que ese acontecimiento en realidad había dejado en suspenso el destino de Cuba. El pueblo cubano venía peleando por su independencia desde hacía treinta años, pero al finalizar la guerra no accedió a la plena soberanía, sino que dejó de ser colonia de España para encontrarse bajo el dominio de Estados Unidos. Con el objeto de cubrir ese proceso decidimos incluir un décimo capítulo e introducir un cuarto personaje, el líder patriótico criollo Juan Gualberto Gómez, figura clave en los sucesos que prolongaron por cuatro años más, hasta el 20 de mayo de 1902, la lucha por una independencia que cuando se logró en esa fecha resultó llegar desgraciadamente mediatizada.

Aunque el interés y la profesión del autor de esta obra lo inclinan a centrarse en la historia de Cuba, para poner en claro las dimensiones de lo que ocurrió entre 1898 y 1902 en el conflicto hispano-cubano-americano le fue necesario ampliar el panorama y considerar sucesivamente esas tres realidades nacionales. En este tercer milenio en que vivimos, se hace cada vez más urgente abandonar la estrecha mirada nacionalista y adoptar la perspectiva global. Por eso al discutir el concepto de las interconexiones de la historia humana, el historiador Akira Iriye nos sugiere que, «los historiadores de diferentes partes del mundo deben hacer un esfuerzo por discutir problemas cuya importancia trascienda las fronteras locales.»[1] Este libro representa un modesto intento de ir más allá de esas fronteras.

Al igual que en la famosa película «Rashomon» del gran cineasta Akiro Kurosawa, el lector encontrará tres versiones distintas de un mismo suceso, aunque en este caso filtradas por la visión de un mismo historiador: el que escribe estas líneas. En cada caso se presentan las motivaciones y criterios políticos, económicos y sociales de cada uno de los tres personajes y de los tres pueblos, evitando en lo posible hacer juicios de valor, pero sin renunciar a una postura crítica cuando resulte necesario. A los lectores les tocará resolver, a su modo, aquellas contradicciones que puedan aparecer...

---

[1] Véase: Akira Iriye, «The Internalization of History», *The American Historical Review*, vol. 94, #1, (febrero, 1989) pp. 1-10.

Almirante Pascual Cervera

PRIMERA PARTE

Pascual Cervera:
El Camino de Santiago de Cuba

Fue un tiempo de mentira, de infamia. A España toda,
la malherida España, de Carnaval vestida
nos la pusieron, pobre y escuálida y beoda,
para que no acertara mano con la herida.

¡Oh, tú, Azorín, escucha: España quiere
surgir, brotar, toda una España empieza!
¿Y ha de helarse en la España que se muere?
¿Ha de ahogarse en la España que bosteza?

Antonio Machado

CAPÍTULO I

El Futuro Almirante Comienza su Carrera

En el puente de mando del *María Teresa*, la nave capitana, el hombre de oscuro uniforme, gorra prestigiada con los dos símbolos (la corona y el ancla), chaqueta cruzada, pantalón largo y botas negras muy bien lustradas, contempla con cierto alivio la entrada de la bahía. Aquí, en Santiago de Cuba, encontrará la flota refugio siquiera momentáneo. A lo mejor, también, agua y carbón para las calderas. Agua y vituallas para la tripulación... La proa penetra en el canal. A babor, las baterías de la Socapa. A estribor, el Castillo del Morro. Buena figura la de este marino, la de este almirante español: estatura algo más que mediana, barba y bigotes blancos, porte de hombre acostumbrado a mandar. Se llama Pascual Cervera y Topete. Había nacido el 10 de febrero de 1839 en Medina Sidonia, pequeña ciudad andaluza situada a unos 45 kilómetros al este de Cádiz. Viene al mando de la escuadra que algunos soñadores triunfalistas en el gobierno de Madrid creen que puede salvar a Cuba de «la garra del águila», aunque él, por su parte, está convencido de que la suya es, inevitablemente, una expedición suicida.

Muy atentamente, Cervera mira hacia atrás. Hacia la fila de barcos que le siguen. Y más allá, hacia el Mar Caribe. Desde luego, existe ya una guerra declarada entre su patria y Estados Unidos, pero desde que salió de Cabo Verde él ha atravesado el Atlántico y maniobrado en América sin encontrar un solo barco de guerra enemigo. ¿Irá, tal vez, a tener suerte? ¿Dispondrá de tiempo suficiente para obtener siquiera lo esencial y poder seguir hasta La Habana, donde la escuadra estaría mejor defendida? Porque, en verdad, esta hermosa y estrecha bahía de Santiago puede fácilmente convertirse en una ratonera... Al echar ancla, el pesimismo (¿o será amargo realismo?) que el Almirante ha ido acumulando en meses y meses de lucha contra la burocracia madrileña y contra un mal entendido patriotismo, vuelve a salir poderosamente a flote... Pero, al menos –se dice– he logrado traer mi escuadra hasta aquí, sorteando todos los peligros y todos los obstáculos. Dios dirá.

***

A la familia de Pascual Cervera y Topete la tradición militar le venía por los dos costados. Su padre, Juan Bautista Cervera y Ferreras, terminó administrando fincas y cultivando el agro desde su base gaditana de Medina Sidonia, pero en su juventud fue hombre de armas. A los catorce años, en 1808, se incorporó a la lucha contra el invasor francés, peleando en Bailén, participando por seis largos años en la Guerra de Independencia y obteniendo el grado de subteniente. El legado marítimo le venía a Pascual por el lado de su madre, Rosario Topete y Peñalver. Medina Sidonia es ciudad de tierra adentro. Pero los Cervera tienen contacto con el mar gracias a sus ocasionales visitas a Cádiz. Aunque mucho más influyen sobre los muchachos las temporadas veraniegas en Villamartín, en la casona de los Topete, una vieja familia de marinos ilustres (entre ellos algunos famosos almirantes), cuya cadena generacional arranca a mediados del siglo XVIII, cuando don Ramón Topete y Fuentes ingresa en la Real Compañía de Guardamarinas de Cádiz. Es cierto que Villamartín se hallaba más lejos del mar que Medina Sidonia (aunque disfrutaba de agua dulce al costado, construida como estaba a orillas del Guadalete.) Pero allí, entre sus tíos y primos, absorbían los niños la gran gesta familiar, las «portentosas» hazañas marítimas de varias generaciones de Topetes. No es extraño, por eso, que los cinco hijos varones de Juan Bautista y Rosario ingresaran en la marina de guerra española, inclusive, entre ellos, el futuro jefe de la escuadra histórica del 98.

Pascual había sido un muchacho sano y fuerte. Excelente estudiante. Hijo obediente. Inteligencia clara y penetrante. Firme voluntad que desde muy temprano estaba segura de lo que quería ser. Su biografía parece fundirse muchas veces con su expediente burocrático de marino en acción. Porque no tenía más que trece años cuando inició su carrera en el Colegio Naval Militar de San Fernando el 30 de junio de 1852, donde tras siete semestres de estudios y de exámenes se graduó de guardiamarina, recibiendo el título el 9 de julio de 1855. Y desde entonces su vida se concentra en su experiencia naval y militar en la Armada de la Nación.

Comienza con un intenso proceso de aprendizaje práctico. Como si fuera un preludio de lo que le esperaba tantas veces en el futuro, lo destinan al vetusto y primitivo vapor *Velasco:* un miserable casco de madera movido a ruedas. Poco después lo mandan a otro buque tan malo como el primero: el *Castilla*. Y así va de navío en navío (¡quince trasbordos en menos de cuatro años!) hasta que el *Reina Isabel II*, capaz al menos de atravesar el Atlántico, lo lleva por primera vez a la isla de Cuba a fines de 1857. La entrada en el puerto de La Habana debe haber sido triste. De seguro tuvo que pensar en su hermano mayor, Juan, guardiamarina como él, que apenas llegado a Cuba en 1853, a los veintidós años de edad, había fallecido, víctima de la fiebre amarilla. El propio Pascual pronto contrajo la terrible enfermedad, tan frecuente por aquel entonces en los climas tropicales. Tuvo la suerte de salvarse casi milagrosamente. Antes de enfermar había podido tomar un examen para el cual se había preparado durante la travesía. El tribunal lo calificó de Sobresaliente en febrero de 1858 y el joven Cervera ascendió así a guardiamarina de primera clase. Su entrenamiento continúa con éxito sostenido en el Apostadero Naval habanero. Su estancia en Cuba dura dos años. «Y en su vuelta a España ya era un mozo formado y experimentado en las maniobras marineras. Dos años en las Antillas habían moldeado su carácter en el sentido de responsabilidad que fue constante a lo largo de su vida.»[2] Al regresar a su patria, participa en 1860 en la llamada Guerra de África, donde recibe su bautismo de fuego. Luego, tras rigurosos exámenes obtiene el grado de alférez de navío a los ventiún años de edad.

Inmediatamente va a pasar al otro extremo del mundo: a las Filipinas. El viaje de cuatro mil millas, doblando el Cabo de Buena Esperanza, le toma seis meses y cuatro días, desde septiembre 14 de 1860 hasta el 18 de marzo de 1861. Viaje durísimo. Pero el alférez se curte

---

[2] José Cervera Pery, *El Almirante Cervera: un marino ante la historia*, Madrid, 1998, p. 26.

en el oficio, venciendo huracanes en sus pequeñas y frágiles goletas. Con sorprendente economía pedagógica sus jefes le han hecho comenzar el vivo aprendizaje de su carrera en los dos extremos del imperio, sirviendo en sus dos colonias principales, una en América, la otra en Asia. Esa preparación tenía mucho que ver con la maduración del carácter, la adquisición de valores y la asimilación de técnicas navales, de estrategia y táctica militares, pero también, desde luego, con la progresiva comprensión de la política al uso.

Cervera no siente pasión alguna por la politiquería menuda, pero le presta atención a los acontecimientos cívicos de importancia. Siendo un miembro de la marina de guerra española (que siempre fue lo más serio para él: lo que pasaba por el eje de su existencia), su deber era defender la integridad del Estado. Además, como oficial destacado en ultramar tenía la obligación de enterarse de la situación política y social del lugar en que rendía sus servicios. Y no dejó de llamarle la atención que en las colonias la inestabilidad fuera tan común por aquel entonces como en la madre patria. En la Península, entre 1854 y 1868, a más de los «pronunciamientos» de los «espadones», se habían sucedido alzamientos carlistas[3], sublevaciones regionalistas o cantonales, serios disturbios en las áreas rurales y graves desórdenes callejeros en las ciudades, que mantenían al país en un estado perpetuo de desasosiego y zozobra. En las colonias el puño de hierro de las fuerzas armadas de ocupación parecía contener un tanto la inquietud popular. Mas en Cuba, por ejemplo, en ese mismo período, se habían producido invasiones y agitaciones anexionistas, conspiraciones y alzamientos independentistas y un número considerable de alzamientos de esclavos.

---

[3] El carlismo es un movimiento tradicionalista (hay quien diría *reaccionario*) en apoyo a las pretensiones de Don Carlos de Borbón (1788-1855) al trono de España tras la muerte de su hermano Fernando VII. Contaba con el apoyo tanto de los fanáticos religiosos como de los defensores de los fueros de la Provincias Vascongadas, Navarra y Cataluña. Ferozmente antiliberal y antiparlamentario, vocero de un catolicismo intolerante (que defendía el retorno de la Inquisición), se alzó en guerra dos veces (1833-1839 y 1872-1876), pero mantuvo un estado constante de agitación en el país sobre todo en las décadas del '40 y el '50.

La situación en las Filipinas era distinta. En este archipiélago asiático, con algo más de 7.000 islas, pueblos muy diversos y más de 75 grupos lingüísticos (entre ellos el tagalo, hoy adoptado como lengua nacional) la penetración de la cultura hispana era mucho menor que en Cuba. Las islas habían establecido contacto con el mundo occidental en 1521 con el arribo de Fernando de Magallanes, quien murió allí peleando con los indígenas. El primer asentamiento español allí tuvo lugar en 1565, siempre en competencia con los holandeses y portugueses como de costumbre anhelosos de conquista. Manila se fundó en 1571. España no logró hacer del castellano el idioma del pueblo, pero con su religión tuvo más éxito. El catolicismo logró extenderse sustancialmente entre las masas, aunque siempre en competencia –en unas islas más que en otras– con las religiones aborígenes y, sobre todo, con el islamismo, introducido por mercaderes procedentes del sur. En la primera mitad del siglo XIX las tensiones entre los españoles y la población nativa sureña se intensificaron, sobre todo en la isla de Mindanao. Allí vivían los «moros», así llamados por los españoles porque eran musulmanes que les recordaban a sus viejos enemigos del tiempo de la Reconquista. Este simple hecho prueba que el conflicto entre la metrópoli y la colonia en Filipinas tenía carácter no sólo político sino también religioso. Lo que complicaba extraordinariamente la situación.

Tan pronto llega, Cervera va a participar en una campaña contra la llamada «piratería», tan común entonces por aquellos parajes: en verdad, una suerte de «guerra de guerrillas» marítima, con que la población de las islas expresaba su intensa antipatía, repudio y resistencia a la invasión y ocupación de su tierra por una potencia europea. El rey de Buayán había construído una fortaleza en Zamboanga (isla de Mindanao) que le permitía controlar el tráfico por el Río Grande. Este fuerte de Pagalugan constituía un desafío inaceptable al poderío español en esa área. Y el jefe de la división naval del Sur de Filipinas, capitán de fragata Casto Méndez Núñez (que poco después iba a hacerse famoso en las costas americanas del Pacífico) decidió ponerle fin a esa situación. Organizó un ataque anfibio. El, personalmente, embistió con la *Constanza* la empalizada protectora del fuerte y abrió un boquete por donde penetraron las fuerzas de tierra al mando del teniente de navío José Malcampo. Al caer éste gravemente herido tomó el mando el alférez Pascual Cervera, quien después de valerosa lucha cuerpo a cuerpo puso en fuga al enemigo. Su valentía y su don de mando, aquí ampliamente demostrados, le sirvieron para ascender poco después a teniente de navío.

A esta misión siguió otra, que duró poco menos de un año, por el mar de las Célebes. La hizo como jefe del cañonero *Taal*. Con él recorrió el sur de Mindanao y el Río Grande, combatiendo contra dos enemigos implacables: los «piratas»(es decir, los rebeldes) y los mosquitos. Era su primer mando a bordo. Y aunque no pasara de ser una interinatura, constituía otro escalón hacia arriba en su carrera. La comisión que sigue resulta ser mucho más agradable. Fue la que él llamaba su «campaña hidrográfica». Pasó ocho largos meses, a bordo del *Reina de Castilla*, levantando planos de aquellas ignoradas regiones. En su hoja de servicios, al ser ascendido a teniente de navío, se hacen constar por Real Orden , los méritos científicos que había ganado con esa labor tan necesaria y tan útil. De ahí, por fin, el regreso a casa. Vuelve a España en un barco inglés en 1865. Y, cuando las condiciones del tiempo lo permitían, siempre aplicado, aprovechaba la ocasión para practicar el idioma extraño con los pasajeros.

Esos años en Cuba y Filipinas, van familiarizando a Cervera con la política colonial de su país. Y ahora que ha vuelto a la Península va perfilando sus ideas sobre la política en la tierra metropolitana. Por cierto, la atmósfera cívica parecía irse cargando en los años que corren de 1865 a 1868, mientras que, al contrario, nuestro flamante teniente de navío atravesaba en su carrera por un período de relativa calma personal. Al regresar de Asia le esperaba un golpe rudo. Se entera de que su padre acababa de morir. Le ayuda a buscar consuelo Ana Jácome y Pareja, hija del brigadier de artillería Ángel Jácome. Cuando Pascual salió para Filipinas, Anita había quedado atrás como enamorada, casi como novia. Ahora era ya prometida oficial. Muy pronto le llegan al joven teniente nuevas órdenes. El trabajo que le encomiendan dista mucho de ser una dura campaña, como las anteriores. ¡Ha vuelto al juego casi infantil de los trasbordos! Otra vez salta de barco en barco: del *Francisco de Asís* pasa al *Villa de Bilbao* y de éste al vapor *Isabel II*. Pero a bordo de éste recibe una comisión interesante y novedosa para él. Lo nombran maestro. Va a dedicarse a la formación de una nueva promoción de guardiamarinas. Cervera se siente orgulloso del encargo. Y su éxito es inmediato. Pese a su juventud (o tal vez precisamente por ella) no sólo les sirve de instructor sino también de modelo, porque su brillante expediente, bien conocido por sus alumnos, despierta en ellos muy viva admiración. Por otra parte, como cree que ha llegado el momento de «sentar cabeza», contrae matrimonio con Ana el 19 de marzo de 1865, en la iglesia de San Antonio, en Cádiz, donde los recién casados establecen su hogar en la calle de Veedor. La joven esposa tiene en seguida que comenzar a adaptarse a esa vida de gitanos propia de los marinos. Su marido salta de un lugar a otro con harta frecuencia, obedeciendo órdenes superiores, lo que no es nada grato. A veces, inesperadamente, surgen valiosas oportunidades, aunque sólo para él. Por ejemplo, en el *Isabel II*, con sus discípulos, viaja por el Meditarráneo occidental. Toca en Italia. Visita Roma. En el Vaticano, Su Santidad Pío IX pone en sus manos una bendición especial y una medalla. Cuando regresa a España lo destinan una vez más al *Villa de Bilbao*. Sale de operaciones . Y al volver, se encuentra con una estremecedora sorpresa.

Adviértase: estamos en 1868, año de incidentes capitales en cada uno de los tres países que van a entrelazarse en nuestro relato. En Estados Unidos, recién salido de una pavorosa Guerra Civil se intenta, sin éxito, mediante juicio congresional, destituir al presidente Andrew Johnson, entre los meses de febrero y marzo. En España, el 17 de septiembre, se produce el pronunciamiento en Cádiz, que da comienzo a la llamada «Revolución Gloriosa». En Cuba, el 10 de octubre, ocurre el alzamiento de La Demajagua, inicio de la Guerra de los Diez Años, la primera de las tres guerras de independencia del país en el siglo XIX. Cada uno de estos hechos se convierte en una fuente de enormes consecuencias. Al retornar al puerto gaditano el 19 de septiembre del '68 el joven teniente se entera de que dos días antes, no sólo se había producido en la ciudad, cosa inusitada, un pronunciamiento de la Marina, sino que a la cabeza del mismo se encontraba ¡nada menos que su tío Don Juan Bautista Topete y Carballo! Ansiosamente lee el manifiesto que firmado por los altos jefes del flamante movimiento revolucionario, los generales Juan Prim, Francisco Serrano, Caballero de Rodas, el almirante Topete y otras destacadas figuras militares, circula por toda la ciudad:

> «Españoles: la ciudad de Cádiz, puesta en armas con toda su provincia, con la Armada anclada en su puerto y todo el departamento marítimo de La Carraca, declara solemnemente que niega su obediencia al Gobierno que reside en Madrid, segura de que leal intérprete de los ciudadanos que, en el dilatado ejercicio de la paciencia, no hayan perdido el sentimiento de la dignidad, y resuelta a no deponer las armas hasta que la nación recobre su soberanía, manifieste su voluntad y se cumpla.»

Y un poco más abajo la razones que conducen al golpe:

> «Hollada la ley fundamental, convertida siempre en celada antes que en defensa del ciudadano; corrompido el sufragio por la amenaza y el soborno; dependiente la seguridad individual, no del derecho propio, sino de la irresponsable voluntad de cualquiera de las autoridades; inerte el municipio, pasto la administración y la hacienda, de la inmoralidad y del agio; tiranizada la enseñanza; muda la prensa y sólo interrumpido el universal silencio por las frecuentes noticias de las nuevas fortunas improvisadas...»
>
> «Queremos un gobierno provisional, que represente todas las fuerzas vivas del país, asegure el orden, en tanto que el sufragio universal echa los cimientos de nuestra regeneración social y política..»

Y después de proclamar la expulsión de la reina, se convoca a una convención constituyente elegida por el sufragio universal, se prometen libertad, orden y honradez, y se tocan las trompetas, llamando al combate:

> «¡Acudid todos a las armas, único modo de economizar la efusión de sangre...Sed como siempre, valientes y guerreros; acudid a las armas, no con el impulso del odio, siempre funes-

to; no con la furia de la ira, siempre débil, sino con la solemne y poderosa serenidad con que la Justicia empuña su espada!»

Para terminar con un grito que se hará famoso: «¡*Viva la España con honra!*»

Mientras lee, a Cervera le estallan las dudas. ¿Es ésta la auténtica voz del Topete que él conocía: su tío Juan Bautista? ¿Cómo es posible que un hombre tan disciplinado, tan amante del orden, haya llegado a estos extremos? Nunca se le había ocurrido que el caos nacional pudiera tocarle tan directamente. Pero ¿no es una verdad incontrovertible que el país en crisis requiere un rápido cambio? Tal vez ese programa liberal y progresista resumido en el Manifiesto sea la medicina que se necesita para salir del atraso económico, político y social que aqueja a la patria.... Cervera está a punto de cumplir treinta años. Ha leído, ha presenciado y ha pensado mucho. Sabe que su presente hunde las raíces en una compleja tradición de grandezas y miserias, de enormes realizaciones y gigantescos fracasos históricos que han desembocado en una pertinaz decadencia. La España de la Reconquista, del Descubrimiento y la Colonización; la Primera Potencia Mundial de tantas centurias ha ido declinando en riqueza y poderío con peligrosa rapidez. Ya al comenzar el siglo XVIII no parece ni sombra de sí misma. La han ido derrumbando males innumerables. El exceso de sangre española derramada en guerras absurdas. La sangría demográfica de la constante emigración a las Américas. La incapacidad de la clase dominante para convertir el enorme caudal del oro y la plata que viene de las Indias en industrias domésticas florecientes. Y la compra del lujo en tierras extrañas (adonde oro y plata van a parar), al extremo de que el país más poderoso del mundo se convierte en uno de los más pobres: en una verdadera colonia comercial de ingleses, franceses, holandeses y alemanes. A lo que hay que agregar la expulsión de los moriscos, como antes se había hecho con los judíos, dos de los sectores sociales más productivos de la nación. Y, como si fuera poco, la epidemia de peste, que dura años y décadas...

Son otros los tiempos. Ya no gobiernan los Reyes Católicos, ni los Carlos V, ni los Felipe II. Cuando en 1700 falleció el infeliz Carlos II (conocido como «El Hechizado» por su obvia degeneración física y mental) el trono pasó al nieto de Luis XIV, Felipe V, quien terminó sus días en 1746 hundido en prolongada e insondable melancolía. (Hoy diríamos que era un maníaco-depresivo.) Don Carlos. Don Felipe. He ahí dos símbolos de la incurable enfermedad de España. Dos largos siglos de sucesivos Habsburgos y Borbones totalmente incapacitados para resolver las dolencias del país. Hubo, desde luego, en el siglo XVIII ese paréntesis esperanzador que se llamó Carlos III, quien con su despotismo ilustrado pretendió poner al día a España. Intento fallido. La nobleza reaccionaria, negada a entrar en la modernidad, le ganó la partida a la incipiente burguesía liberal, buena parte de la cual acumulaba riquezas para lograr título de nobleza. Y el pueblo, casi todo rural, apenas contaba en la balanza política. Al morir Carlos III en 1788 todas sus reformas estaban muertas o estancadas.

En los primeros años del siglo XIX, la Guerra de Independencia provocada por la invasión napoleónica, pareció por un momento despertar la conciencia de la nación. Expulsado del trono José Bonaparte en 1813, después de cinco años de mal gobierno, regresó del exilio el Borbón Fernando VII, a quien las masas antinapoleónicas, que ponían en él todas sus esperanzas, llamaban «El Deseado». Nunca hubo deseo más frustrado. Fernando vino, vio, venció... y aplastó en seguida todo lo que de progreso se había logrado en los años heroicos que siguieron al alzamiento del Dos de Mayo y estableció un régimen absolutista y retrógrado del que en vano trataron de liberarse los liberales hispanos. Además, durante su gobierno España perdió sus posesiones continentales en Hispanoamérica, suceso feliz para los pueblos de esa región, pero durísimo golpe económico y moral para los intereses peninsulares. A Fernando le sucedió su hija Isabel II, bajo la regencia, al principio, de su madre María Cristina de Borbón. Ésta tuvo que aliarse con los liberales y progresistas aunque sólo para defenderse de una furiosa rebelión carlista, sin abrirle la mano a muchas nuevas ideas. Cuando doña Isabel fue declarada mayor de edad en 1840 continuó transitando por los mismos caminos. En verdad, el viejo sistema parecía inconmovible.

En la etapa de la vida de Cervera que va de1839 a 1868, ¿cuántos cambios constitucionales se habían sucedido? ¿Cómo recordarlo?, se preguntaría el joven teniente. De haber podido hacerlo tendría que decir que la constitución vigente al nacer él, la de 1837, había sustituído al Estatuto Real de 1834 y, a su vez, fue echada a un lado por la Carta Magna de 1855, que fue cambiada en 1857 y, por fin, anulada en 1864. A lo que debe agregarse el efecto nefasto de los constantes cambios de gobierno, en permanente y patológica inestabilidad. ¿No hubo ministerios que sólo han durado tres días? ¿Y ministros que lo fueron sólo por unas horas? Cuando en junio de 1858 el general Leopoldo O'Donnell, por encargo de Isabel II, formó nuevo gobierno, ¿no era éste el número 41 de ese reinado?¿Y el caciquismo antidemocrático? ¿Y los incesantes golpes de estado de los espadones? ¿Y la economía? ¿Y la severísima crisis reciente del '66? ¿Y la miseria de las masas, sobre todo en la regiones rurales? ¿Y el analfabetismo masivo? ¿Y el burocratismo retrasado e ineficiente? ¿Y la corrupción patente en todos los departamentos del gobierno y en las propias cámaras del palacio real? ¿Hasta cuando habrá que soportar todo esto? Semejante desastre puede tal vez explicar la obvia alegría con que el pueblo recibió el cuartelazo que había derrocado a doña Isabel en ese año crítico de 1868.

La revolución seguía su curso. Cervera había ido con Ana a Medina Sidonia, para visitar a su familia, pero en seguida le ordenan regresar. El nuevo jefe del Departamento de Cádiz, general Manuel MacCohon quiere nombrarlo Mayor General y Oficial de Ordenes para hacerle frente a los problemas de orden público que se han producido en la región gaditana. Cervera vacila. El cargo es más policíaco que militar. Su propio tío se opone al nombramiento. Pero McCohon no acepta un no por respuesta y Pascual se ve obligado a aceptar.

Al principio parecía que, tras las sacudidas iniciales, la Revolución iba a estabilizarse. El 28 de septiembre el general Serrano derrota las fuerzas del gobierno isabelino en la batalla de Alcolea. Doña Isabel tiene que abandonar el país el 30 de septiembre. Y el 3 de octubre

Serrano entra victorioso en Madrid. Cuando el general Prim llega a la capital, se constituye el nuevo Gobierno Provisional. Serrano es el presidente. Prim ocupa la cartera de Guerra. Y el almirante Juan Bautista Topete la de Marina. Una entusiasta ola de esperanza se extiende por todo el país. Es que este movimiento le ha parecido al pueblo algo nuevo. Algo distinto al tradicional sablazo de un espadón. Se explica que, desde temprano, a esta Revolución la hayan denominado «la Gloriosa».¡Tal vez ha llegado –se piensa– la tan esperada hora del cambio a fondo que España necesita! ¡Tal vez ha llegado, después de tantos siglos de espera, el instante de la reconstrucción nacional!

Sucede, sin embargo, que este mismo despertar de las masas populares, parece contener en sí un elemento contradictorio. Este flamante empeño revolucionario afectaba radicalmente a tantas creencias e intereses adversos, contendientes y rivales entre sí, que en una sociedad como la española, donde a menudo la pasión se impone sobre la razón, resultaba muy difícil coordinar todas estas fuerzas para hacerlas marchar por una vía constructiva. Pronto surgió una enorme diversidad de grupos apasionados, exigentes e intransigentes, cuyas demandas –casi siempre justísimas– quedaban sin realizarse, debido a la falta de coordinación, de cooperación, de transacción. El resultado inevitable fue la violencia. Y en medio de la algarabía era imposible gobernar. Por eso no debe extrañar que pronto aparecieran en escena los escépticos, que ponían en duda la posibilidad de obtener esos cambios profundos por esa vía. Entre ellos se encontraba, en lugar destacado, el teniente Pascual Cervera y Topete.

El sexenio que sigue a «La Gloriosa» va a atravesar por tres fases radicalmente distintas: primero, un Gobierno Provisional; luego, una Monarquía (con Amadeo I); y por fin, una República (con cuatro presidentes en menos de un año de duración.) Como sucede tantas veces en la historia política de España, la división derrota a la unidad. Las masas populares participan espontáneamente con gran fuerza en todos los trajines del proceso, demandando sus legítimas reivindicaciones. La pequeña burguesía, el artesanado y el proletariado urbanos, los trabajadores agrícolas y los campesinos, tienen, sin duda, muchas necesidades que remediar. Las Juntas locales y provinciales que desde los primeros momentos de la revolución septembrista van apareciendo a todo lo ancho y largo del país, se constituyen en voceros del sentir popular. Pero muy pronto el movimiento revolucionario, fiel a una vieja –y mala– costumbre cívica va a fraccionarse. De una parte se encontraba el gobierno central, al principio –como hemos visto– de orientación monárquica y luego republicana, pero siempre mucho más moderado en ideología y en acción que las masas que lo rodeaban. De la otra, las Juntas, que se radicalizaban rápidamente al percatarse de que sus demandas fundamentales no eran satisfechas por el nuevo régimen. La escisión se hace más y más profunda... Lo que sucede, en el fondo, es que el gobierno central propone una revolución política mientras las Juntas quieren añadirle a ésta una dimensión social capaz de quebrantar el poderío económico y político de los grandes terratenientes. El Gobierno otorga libertades: de palabra, de imprenta, de asociación, de cultos y, desde muy temprano, el sufragio universal masculino, y además unas Cortes democráticas. Las Juntas demandan soluciones a los graves problemas de los hombres y mujeres del pueblo: reparto de tierras, medidas contra el paro laboral provocado por la crisis económica, supresión de las embrutecedoras jornadas de 13 y 14 horas de trabajo, liquidación del analfabetismo que por aquel entonces aquejaba a un 75.1% de la población, solución del problema de los despidos provocados por el maquinismo, supresión de los impuestos a los productos de primera necesidad, eliminación de las odiosas *quintas*, ese reclutamiento obligatorio de la juventud española para llevarla a morir absurdamente en la Cuba insurrecta, de malaria, de fiebre amarilla o de machete mambí Y, por fin, el Gobierno propugna el centralismo administrativo; las Juntas, la descentralización mediante un régimen autonómico, que para sus adversarios era algo que se acercaba demasiado a la anarquía.

Paso a paso, el conflicto conduce a la violencia y la violencia al caos. En la primera fase, la del Gobierno Provisional, ya comienzan los conflictos. Se producen alzamientos tanto en las ciudades como en los campos. Porque para muchos no sólo ha llegado el momento de lograr demandas sino, además, de cobrar las cuentas que se han ido acumulando en el devenir histórico. Para citar nada más que un caso:

en Burgos, cuando el gobernador civil trató de hacer cumplir un decreto del ministro de Fomento que ordenaba la inmediata incautación por el Estado de todos los archivos, bibliotecas, gabinetes y colecciones de objetos de arte, ciencia o literatura que estuviesen en manos de catedrales, monasterios y otros centros eclesiásticos se declaró el terror. Melchor Fernández Almagro relata así lo sucedido: «Encargados los gobernadores civiles del cumplimiento de este decreto, el de Burgos, don Isidoro Gutiérrez de Castro, se personó en la catedral el 25 de enero, en tanto agitaban la ciudad fuertes aires de protesta, y de tal suerte se enardecieron los ánimos, que un tropel de exaltados, gritando '¡Viva la Religión!' y '¡Viva Carlos VII!', acometieron con tal furia al gobernador civil, que este cayó al suelo y, atándole del cuello una faja fue arrastrado hasta sacarle fuera del templo por la puerta del Sarmental y cosido a puñaladas. Amotinada la ciudad, se desataron los bandos, contraponiéndose '¡vivas!' y '¡mueras!'. El arzobispo, don Anastasio Rodrigo Yusto, exclamó: '¡Viva la libertad, sí, hijos míos, pero sin sangre ni desorden!' Por repercusión de este suceso se produjo en Madrid un motín que obligó al Nuncio de S. S. a refugiarse en la Legación de los Estados Unidos.»[4]

Cervera se ve forzado a hacerle frente a situaciones similares.. En Puerto de Santa María le han ordenado a la Milicia Nacional que se desarme. Esta lo que hace es sublevarse, dedicándose a saquear iglesias y colegios religiosos. El joven Mayor General tiene que recurrir a la fuerza para restablecer el orden. Costó poca sangre, pero era de compatriotas. ¿Cómo sería lo que le esperaba de seguir en ese puesto, dado el estado de insubordinación que reinaba en toda la Marina? ¿Para eso se había graduado él en la Academia de San Fernando? El futuro Almirante era monárquico decidido y católico practicante. Le repugnaban profundamente esos excesos, tanto la violencia de la protesta como el desborde de la represión. ¡Y en los hervores de la lucha era tan fácil olvidarlo! ¡Y él es marino, no policía! Se da cuenta de que necesita con toda urgencia otro destino. Lo que aparece es el

---

[4] Melchor Fernández Almagro, *Historia Política de la España Contemporánea*, vol. 1, Madrid,, 1972, p. 35.

puesto de comandante de la goleta *Guadiana* surta en el puerto de La Habana. Pues sea. Hace la gestión. Es nombrado. Es duro dejar atrás a la familia. Pero Anita comprende y asiente y acepta el sacrificio. El 15 de febrero de 1869, en el vapor correo, sale por segunda vez hacia Cuba. Poco antes había ascendido a teniente de navío de primera clase.

Tan pronto llega a su destino, tendría que formularse la pregunta: ¿Habré salido de un caos para entrar en otro? En Cuba reinaba un estado de guerra. Guerra de independencia, que iba a durar diez años... Guerra de guerrillas: de cargas al machete e incendios de cañaverales y cafetales... Aunque todo eso en realidad sólo afectaba gravemente a las provincias orientales y más que nada a sus regiones rurales. Irónicamente la labor que le toca en La Habana es la de policía naval, siguiéndole la pista o dando caza a las expediciones «filibusteras» procedentes del norte. ¿Tendría él que justificarlo? Como buen miembro de la marina de guerra, a su juicio no hacía sino cumplir con su deber. No hay datos para pensar que viera en la patriótica rebelión independentista cubana otra cosa que un alzamiento criminal inaceptable contra las leyes establecidas, que él había jurado defender. Pero en las guerras de Cuba hubo siempre oficiales y soldados hispanos que supieron distinguir entre sus deberes militares y la barbarie de fanáticos enardecidos, como los voluntarios de La Habana que fusilaron a 8 estudiantes de medicina por la supuesta violación de la tumba de un periodista español. Parece que tampoco fue Cervera violentamente anticubano.[5] Su biógrafo ya citado, José Cervera Pery, dice a este respecto: «Nunca fue Cervera enemigo de Cuba ni del pueblo cubano con el que se sentía identificado. En buena parte de su correspondencia privada se expresan opiniones sobre el futuro del país que podrían

---

[5] Emilio Bacardí, en sus *Crónicas de Santiago de Cuba*, 2a. Edición, Madrid, 1973, vol 5, p. 357, afirma que una compañía de Infantería de Marina al mando del teniente de navío Pascual Cervera y Topete, comandante del cañonero *Caribe*, fusiló a 37 expedicionarios del vapor *Virginius*, el 7 de noviembre de 1873 en Santiago de Cuba. Esta afirmación es totalmente falsa en lo que a Cervera se refiere, pues en esa fecha éste se encontraba en España, como es fácil de comprobar examinando su expediente militar y consultando a cualquiera de sus biógrafos.

parecer tendenciosas, pero que no son más que un exponente del realismo con que veía las cosas.»[6] Lo que podría ser muy cierto. Mas, como tendremos ocasión de ver, esa correspondencia se refiere a una situación distinta: la que existía en tiempos de la otra guerra independentista cubana, la del 95 al 98. Y todo ello íntimamente relacionado con el conflicto entre España y los Estados Unidos por la posesión de la isla. En su lugar retornaremos a este importante tema.

En La Habana desde el 5 de marzo del 69 el futuro almirante se percata de que las cosas no habían cambiado mucho desde su primera visita. En el Apostadero envejecían unos cuantos buques inoperantes. La goleta *Guadiana*, cuyo mando le habían asignado, se encontraba fuera de combate, en reparaciones. Y el vaporcito *Comercio de Cárdenas* que su jefe le pone en las manos obviamente carece de las condiciones para realizar su tarea. Cervera se dedica a remendarlo hasta convertirlo en un cañonero supletorio con el que se apodera de un contrabando de armas. Por fin la *Guadiana* está lista y con ella, durante todo un año, recorre la costa norte de Cuba realizando la misma tarea.. Y sigue haciendo lo mismo en el *Centinela*, buque construido en los Estados Unidos, pequeño pero más eficiente. En ocasiones va más allá de la Punta de Maisí y una vez llega hasta Jamaica. Intercepta correspondencia de los mambises cubanos y traslada prisioneros a la capital. Al mando de la vieja *Guadiana*, recientemente reartillada, sale el Día de Año Nuevo del 71 para ayudar a dos buques varados en Cárdenas. Y poco después recibe órdenes de volver a la madre patria. El 3 de abril desembarca en Cádiz.

En tanto nuestro teniente de navío se curtía bajo el sol del trópico, en la Península el gobierno revolucionario trata inútilmente de controlar el paralizador problema de orden público que se apodera del país, mientras las Juntas provinciales y municipales siguen retando su poder. Ya antes de la salida de Cervera para La Habana se habían celebrado las elecciones más democráticas de la historia de España e inaugurado las Cortes, con una mayoría de monárquicos de tendencia democrática. Esas Cortes elaboran una nueva Constitución, promulga-

---

[6] José Cervera Pery, *op. cit.*, p. 47, nota 2.

da el 6 de junio de 1869: la más liberal en la historia de la nación. Y, después de innumerables maniobras diplomáticas, el general Prim, jefe del gobierno, consigue que se aceptara a su candidato al trono, Amadeo de Saboya. Mas el hecho de que el nuevo rey pusiera pie en España cuatro días después del asesinato de Prim, ocurrido el 27 de diciembre de 1870, constituía un simbólico aviso de que se acercaba una era de profunda inestabilidad política y social.

Porque a Amadeo I se le acumulan en seguida las dificultades. Las Juntas se niegan a disolverse. El desempleo alcanza cifras escandalosas. Una larga crisis agrícola se hace aun más grave por la sequía. Los campesinos, desesperados, empiezan a ocupar ilegalmente las tierras, sobre todo en Andalucía. Los carlistas vuelven a alzarse en el verano de 1869 y se declaran en guerra abierta contra el gobierno en 1872. Y en el otro extremo del espectro político, se producen rebeliones armadas en Valencia, Cataluña, Zaragoza y Andalucía contra los poderes concedidos a los gobernadores. Los republicanos arrecian su violenta campaña antigubernamental. Hay un alzamiento republicano en El Ferrol. En Madrid el rey sufre un atentado. Como las autoridades se ven impedidas de conceder las dos consignas básicas en que todos los sectores populares coinciden (supresión de los impuestos a los artículos de primera necesidad y liquidación de las quintas) la actitud de las masas va acercándose a la desesperación.

Mientras Amadeo trata inútilmente de gobernar, Pascual Cervera, en la Península, pasa de comisión a comisión. Recibe la orden de montar la artillería del cañonero *Pelícano*, para lo cual se le nombra «auxiliar de armamentos» del arsenal de La Carraca, en Cádiz. Luego va a Madrid como miembro del tribunal de oposiciones que juzga a quienes aspiran a ingresar en la Armada. Y en seguida regresa a La Carraca gaditana, esta vez como «jefe de estudios» de guardamarinas, misión que cumple muy gustosamente a bordo del *Villa de Bilbao*. Debe desempeñar sus cargos con eficiencia, ya que por esta época recibe su siguiente ascenso, esta vez a capitán de fragata. Tiene entonces 34 años de edad. Rápidamente se abre paso hacia la más alta jerarquía de su oficio.

El 11 de febrero de 1873, S. M. Amadeo I, cansado, vencido, renuncia al trono en un mensaje que dirige a las Cortes. Es un texto saturado de contenida emoción: «Dos años largos ha que ciño la corona de España, y España vive en constante lucha, viendo cada día más lejana la era de la paz y la ventura que tan ardientemente anhelo. Si fuesen extranjeros los enemigos de su dicha, entonces, al frente de estos soldados, tan valientes como sufridos, sería el primero en combatirlos; pero todos los que con la espada, con la pluma, con la palabra, agravan y perpetúan los males de la Nación son españoles, todos invocan el dulce nombre de la patria, todos pelean y se agitan por su bien, y entre el fragor del combate, entre el confuso, atronador y contradictorio clamor de los partidos, entre tantas y tan opuestas manifestaciones de la opinión pública, es imposible atinar cuál es la verdadera, y más imposible todavía hallar el remedio para tamaños males... Estad seguros de que al desprenderme de la Corona no me desprendo del amor a España, tan noble como desgraciada, y de que no llevo otro pesar que el de no haberme sido posible procurarles todo el bien que mi leal corazón para ella apetecía.»

En seguida, el poder legislativo proclama la República, que va durar unos once meses, en los cuales el poder ejecutivo cambió cuatro veces de manos, como ya dijimos. Cuatro hombres de gran prestigio intelectual y cívico asumieron sucesivamente la presidencia: Estanislao Figueras, Francisco Pi y Margall, Nicolás Salmerón y Emilio Castelar. Las masas populares, ilusionadas, pensaban que ahora sí había llegado el instante decisivo de su redención. Para ellas la República contenía una carga mesiánica, capaz de producir todas las transformaciones y de convertir en realidad todas las esperanzas. Desgraciadamente, como en España todo estaba dividido, los republicanos lo estaban también. Unos eran unitarios. Los otros eran federalistas, bajo cuyas banderas se cobijaban por aquella época los socialistas, los comunistas y los anarquistas. El federalismo –era inevitable– a su vez se hacía añicos. Unos querían implantar la República federal desde arriba, mediante decisiones del gobierno nacional. Otros pretendían hacerlo desde abajo, comenzando por romper los vínculos de pueblos y ciudades con las capitales de la provincia y las conexiones de éstas con el poder central. En el medio, infinidad de grupúsculos beligerantes gritaban sus peculiares consignas. Las Juntas recobraban sus poderes. Los Voluntarios de la Libertad aceleraban su agitación...

Y, de pronto, a mediados de año, aparece algo totalmente original e inesperado. A partir del mes de junio de 1873, en gran parte del país, las juntas locales se autoproclaman Cantones Independientes, tomando como modelo –al menos, eso creen ellas– el sistema suizo. Se ignora por completo el poder del gobierno central. Los cantones cobran impuestos por su cuenta. Algunos hasta pretenden establecer «relaciones diplomáticas» con gobiernos extranjeros. Uno de ellos amenazó con declararle la guerra a Alemania. El país parecía desintegrarse bajo el peso de la indisciplina y la anarquía. Como dice Melchor Fernández Almagro, la revolución de septiembre favorecía «ese afán localista... a cuya cuenta hay que cargar no pocos quebrantos y fallos históricos, constituyendo una de las causas por las cuales ha solido España carecer de un gobierno fuerte que hiciese llegar su acción a todo el territorio nacional. Siempre ha habido zonas exentas, cotos cerrados, particularismos, vagas nostalgias de reinos de tafias a escala aun menor...»[7]

Entrado el verano de 1873, España crepitaba como un bosque en llamas. El movimiento cantonal se dejaba arrastrar por un extremismo casi absoluto. Las masas populares, hondamente resentidas por lo que consideraban como una violación de muy sagradas promesas, se ponunciaban con todas sus fuerzas contra el Estado, cuyo centralismo aborrecían; contra la Iglesia, cuyos templos destruían; contra el Ejército y la Marina leales, con cuyas fuerzas se enfrentaban. Soldados y marineros se rebelaron en varios lugares contra sus oficiales, llegando a veces hasta ejecutarlos. En algunas ciudades se desarmaban las fuerzas que defendían... ¡al propio poder republicano! En Granada se rindieron mil carabineros. Sevilla expulsó buena parte de la milicia que la guarnecía. Málaga hizo lo mismo con las suyas. El cantonalismo afectaba a Cádiz y Sevilla tanto como a ciudades de Castilla y Levante: Salamanca, Toledo, Valencia, Cartagena, Murcia... En algunas de ellas la violencia era extrema: en Alcoy la cabeza del alcalde

---

Melchor Fernández Almagro, *op. cit.*, vol 1, p. 177.

Agustín Albors fue paseada en pica por las calles...y, como si fuera poco, en el norte, la guerra carlista se hacía fuerte en Cataluña, en las Provincias Vascongadas y Navarra, tocando además al Maestrazgo y algunas regiones levantinas, castellanas y cantábricas antes no contagiadas.

Cervera participa personalmente en dos de estos movimientos cantonales: el de Cádiz y el de Cartagena. Desde luego, lo hace al lado del orden, de la ley, del gobierno existente, en este momento el republicano, al que, pese a sus sentimientos monárquicos, ha jurado fidelidad. Cádiz, ciudad de histórica prosapia, había llegado a ser tras el Descubrimiento y la Conquista de América, el puerto más rico de la Europa continental. A fines del siglo XVIII, sin embargo, comenzó a decaer. Y tras la pérdida de las colonias americanas nunca logró recuperar su rango. Esa situación no favoreció en nada la suerte de las masas trabajadoras gaditanas y explica que en la segunda mitad del siglo XIX encontraran allí tierra abonada las ideas socialistas de Fourier y de Marx y luego, las anarquistas de Bakunin.

Ya en septiembre del '68, inmediatamente después de la «Gloriosa», se habían creado en Cádiz –como en muchas otras ciudades– Juntas Revolucionarias que competían con el poder central. Al ordenar el gobierno su disolución, comienza un serio conflicto entre las dos facciones extremas de la insurrección septembrina: la monárquica y la republicana. Se produce un enfrentamiento armado entre el Ejército conservador y los radicales Voluntarios de la Libertad; se alzan barricadas en las calles; se utiliza la artillería para desbaratarlas y la lucha continúa hasta la llegada del general Antonio Caballero de Rodas con tropas suficientes para ponerle fin al alzamiento. Sigue un largo paréntesis en la lucha. Hay elecciones municipales que ganan los republicanos. Pero la ruta pacífica no satisfacía en lo absoluto a los radicales. Para ellos, era demasiado lenta, demasiado insegura.

Cuando en febrero del '73 se proclama la República, inmediatamente se acelera en Cádiz el ritmo revolucionario, se organizan de nuevo las Juntas y se crea una Milicia Popular. Otra vez hay elecciones municipales el 14 y 17 de marzo. Y nuevamente resulta vencedora la candidatura republicana más radical. Se nombra alcalde a Fermín

Salvochea, quien se había convertido en el líder de la oposición. Y en las elecciones generales del 10 y el 13 de mayo gana de nuevo la extrema izquierda. Al enterarse el 6 de junio el pueblo gaditano de que la República se convertía en Federal, las masas de la ciudad se desbordaron de alegría. Federación significaba para ellas descentralización, el fin de la corrupción administrativa, la liquidación del dominio absoluto de los oligarcas que mandaban desde Madrid, la posibilidad de convertir en realidad sus más vivas ansias de mejoramiento económico, de libertad y de justicia social.. El 19 de julio Cádiz se proclama cantón independiente. Salvochea toma el mando de la ciudad. Se imponen los sueños utópicos de una masa popular ansiosa de progreso y de justicia, pero carente de experiencia política y de líderes experimentados. La bandera roja flota en los edificios públicos. Estalla la persecución anticlerical. Aparece un Comité de Salud Pública que acaba por convertirse en un instrumento de persecución y de venganza. Se busca con urgencia el apoyo de los buques de la Armada situada en el puerto junto al arsenal de La Carraca. Y es ahora cuando aparece de nuevo en escena Pascual Cevera, en un rol secundario pero muy significativo.

¡La Carraca! «¿Dónde puedo ser más útil sino ahí –se dice el capitán de fragata– ahí, en el centro crítico de la situación?» Obviamente, si la escuadra anclada en sus cercanías fuera arrastrada a la rebelión, la causa del orden sufriría un golpe rudísimo, tal vez mortal. Había que impedirlo por todos los medios. Venciendo mil dificultades logra abrirse paso hasta su objetivo. Allí encuentra oficiales que coinciden con sus ideas. Deciden trasladarse todos a los barcos a plantear sus criterios. A él le toca ir primero al vapor *Ciudad de Cádiz*, luego a la fragata *Navas de Tolosa*. En ambos casos el marino se convierte en ardiente orador. Se dirige a las tripulaciones. Apela a su patriotismo, a su lealtad. Le sonríe la suerte. En ambos buques sale victorioso. La marinería da vítores al gobierno republicano. El 22 de julio la fragata *Navas de Tolosa* bombardeaba a los rebeldes. El 5 de agosto el general Pavía tomaba posesión de la ciudad. El alzamiento cantonal había fracasado en Cádiz. Era que el Gobierno de la República, cogido entre dos fuegos, respondía al reto con la única fuerza que le quedaba: un ejército en su inmensa mayoría monárquico. Y enviaba al general Manuel Pavía a liquidar el cantonalismo andaluz. Rápidamente las fuerzas gubernamentales ocuparon Córdoba. Después, a partir del 31 de julio, Sevilla, Jerez, Cádiz –como acabamos de ver– y, por fin, el 12 de agosto Granada y 18 de septiembre Málaga. Por fin sólo quedó en pie de guerra Cartagena, base naval de primer orden, donde la marinería de la Armada, a diferencia de la de Cádiz, se había sublevado muy temprano, en junio del '73, lo que dio al gobierno cantonal desde el principio una flota con suficiente poderío para defenderse y para atacar.

Es ahí donde iba Cervera a ofrecer una nueva prueba de su capacidad, su empuje, su valor. En Cartagena el proceso revolucionario había presentado dos etapas. En febrero del '73 se organiza una Junta. Sus calles son escenarios frecuentes de nutridas manifestaciones callejeras repletas de pancartas, banderas rojas y estandartes pro-republicanos. Y hasta se agita en su seno un caudillo *a la* Salvochea llamado Antonio Gálvez, que lo mismo manda un regimiento como organiza un ataque naval contra «las fuerzas retrógradas», es decir, contra los republicanos moderados. Tras toda esta agitación viene un paréntesis de calma relativa que termina el 6 de julio, al establecerse la República federal. Como en todas partes, el movimiento se radicaliza. Se crea una Junta Revolucionaria de Salvación Pública que proclama a Cartagena cantón independiente. A diferencia de las otras ciudades ésta estaba amurallada y defendida por varias estratégicas fortalezas y por un Arsenal que la hacían casi inexpugnable. Además, desde muy pronto se incorporan ahí a la lucha los militares, incluyendo a su jefe el general Juan Contreras y numerosos oficiales, así como la marinería de los barcos en la mar, aunque sin sus superiores que en su inmensa mayoría se negaron a sumarse al movimiento.

Para nutrir las exhaustas arcas cantonales, extender el movimiento y evitar el cerco de la plaza por las fuerzas del Gobierno central, la Junta cartaginesa lanza una serie de expediciones marítimas y terrestres contra las áreas vecinas, aunque casi siempre con limitado éxito. Se producen ataques marítimos contra Alicante, Almería, Torrevieja, Águilas... La reacción de Madrid fue publicar un decreto donde todas esos buques rebeldes fueron declarados «barcos piratas». Las unidades navales alemanas e inglesas que patrullaban el Mediterráneo aprovecharon esa circunstancia para apoderarse de las fragatas *Vitoria* y *Almansa* y conducirlas a Gibraltar. Una fragata británica y otra prusiana se situaron por largo tiempo en el sector de Escombreras de la bahía de Cartagena, «como simple medida táctica de precaución». El Cantón protesta airado y amenaza con declararle la guerra a las potencias extranjeras que violan las reglas internacionales de neutralidad. Y mientras esto ocurría el contralmirante Miguel Lobo y Malagamba trabajaba febrilmente para ir reconstruyendo la escuadra gubernamental en la costa andaluza del sureste español. La incorporación de la *Vitoria* y la *Almansa* a esta flota significó un importante refuerzo.

Es en este período cuando Cervera, que se encuentra en el puerto de Alicante, recibe unas órdenes que inesperadamente van a relacionarlo con lo ocurría en Cartagena. Llamado por el contralmirante Lobo, nuestro capitán de fragata es encargado de llevar unos mensajes de gran importancia a Madrid. La tarea no era fácil. Para realizarla era preciso atravesar las filas cantonales que ocupaban la región de Murcia. Cervera, sin embargo, lo logró. Y, cuando iba a regresar, el gobierno central (que había nombrado a Antonio Millán Caro para gestionar con los mandos británicos la devolución de los buques que, como vimos, habían sido llevados a Gibraltar) le encarga la misión de conducir a ese diplomático a Alicante. Otra vez tiene suerte el capitán. Vuelve a atravesar, a la inversa, las líneas cantonales. Pero cuando llega a Alicante no encuentra allí ni a Lobo ni a su flota, aunque se entera de que los ingleses seguían anclados en Escombreras, o sea, a la entrada de la bahía cartaginesa. Millán le pregunta si puede conducirlo a Escombreras. ¿La respuesta? ¡Claro que sí! Consigue una vieja goleta, llamada *Prosperidad*. La disfraza de nave francesa. Y se lanza con su pasajero, a la peligrosa misión.

El episodio cobra ahora una cierta aura de romántica novela de aventuras, aunque es totalmente verídico. Lo cuenta nada menos que el propio contralmirante Lobo en un informe oficial dirigido desde Gibraltar, el 4 de septiembre de 1873, al Ministro de Marina en Madrid, sobre este interesante incidente de la guerra cantonal:

«...Con un orden, una serenidad y atrevimiento dignos del elogio más vivo, Cervera llegó a Escombreras a las dos de la madrugada y, con gran ostentación de luces de todas clases y mandando las maniobras en francés penetró en el el puerto de Boca Chica y fondeó entre las fragatas (enemigas) *Méndez Núñez* y *Numancia* y la del almirante inglés.

«Un bote del vapor inglés que vino a su costado, se quedó muy sorprendido de que el buque fuera español, y el almirante inglés al recibir al comisionado español señor Millán y Caro no pudo menos que manifestar su asombro por la osadía y admirable comportamiento de la pequeña goleta *Prosperidad.*

«A la hora justa de su entrada y cumplida admirablemente su comisión, volvió a salir la *Prosperidad* en los mismos términos y por la misma boca, mandando sus maniobras en francés y pasando al costado de la *Méndez Núñez* haciendo falsa derrota hacia el Este...

«Al cumplir este simple relato del brillantísimo desempeño de la comisión del capitán de fragata Cervera creo que sería pálido cuanto pudiera decir en debido elogio de este excelente jefe; pero no puedo dejar de cumplir la gratísima obligación de llamar la atención de V. E. hacia mérito tan relevante y notable desempeño de comisión...»[8]

Pacificada la región, ya es hora que el héroe vuelva al seno de su familia, que huyendo de la violencia se había refugiado en la finca de Tablantes. Cuando regresan a su casa en Cádiz, se encuentran, para su consuelo, que el robo y el pillaje la habían respetado. Pero el asendereado capitán de fragata no pudo descansar por mucho tiempo. Pronto se le comunicó que lo destinaban de nuevo a Filipinas. Y hacia allá partió el 1 de enero de 1874. Mientras se encuentra en camino, la historia del cantón cartaginés llega a su fin. El cerco de Cartagena se ha ido cerrando más y más. La caída de Valencia, la liquidación del movimiento en Andalucía, la dura derrota que había sufrido el cantón

---

[8] José Cervera Pery, *op. cit.* pp. 65-66.

en Chinchilla, el avance de las fuerzas de Martínez Campos en Murcia, no eran sino augurios de lo que venía ineluctablemente. Por fin la ciudad se vió cercada por tierra, bloqueada por mar. Y con la República misma herida de muerte tras el golpe de estado del general Pavía el 3 de enero del '74, el cantón cartaginés entra en agonía, hasta expirar diez días después, cuando las tropas gubernamentales entraron en la ciudad, horas después de haber salido hacia el exilio a bordo de la *Numancia* los principales líderes de la insurrección, incluyendo al general Contreras y al caudillo Antonio Gálvez.

Cervera arriba a Manila el 27 de febrero de 1874. Larga y difícil resultó esta segunda comisión a Filipinas. Desde que llega se ve envuelto en el viejísimo conflicto entre su país y los llamados «moros», quienes hondamente agraviados por el empeño colonialista de España y con plena conciencia del poderío, pero a la vez, de la vulnerabilidad de su enemigo, lucharon por su independencia utilizando tácticas que eran una curiosa mezcla de violencia y apaciguamiento, de violentos ataques y de fingidas capitulaciones. Las duras realidades de la lucha los llevaban a todo género de ardides para lograr sus propósitos. Se disfrazaban de buhoneros, de dulceros, de vendedores de refrescos, transfigurando hábilmente sus aspectos y ademanes para engañar y sorprender a sus enemigos. Los movía una fe política, pero también otra religiosa pues, como ya vimos, eran musulmanes. Su islamismo convertía su lucha en una cruzada.. «Hubo juramentado que logró infiltrarse en destacamentos militares españoles y causar víctimas entre oficiales y «moros» amigos.»[9] Por su parte los españoles contestaron con una guerra total, con una estrategia de exterminio. Una actitud en que se fundían la pasión imperialista y el fanatismo de creyente antimulsumán. Aferrada a sus últimas colonias como símbolos de las glorias de un pasado al que se negaba a renunciar, España desató en las Filipinas una represión sangrienta, que en definitiva no resultó suficiente para preservar su Imperio, como tendremos ocasión de ver.

---

[9] Ceverra Pery, *op. cit.*, p. 74.

Al llegar a la capital filipina le informaron a Cervera que el Jefe del Apostadero, don Juan Bautista Antequera, andaba por el sur, con el grueso de las fuerzas navales. Hacia allá va el recién llegado, y una vez en Zamboanga, lo colocan interinamente al mando de un buque bastante decente, el *Santa Lucía*, y le ordenan que con un flotilla recién formada, arrase a cañonazos las rancherías de Simonor, Maatabún, Lataán, Sibulu y Luoabuán. Como siempre obediente al mandato de sus superiores, Cervera dispuso que el *Santa Lucía* abriera fuego sobre esos miserables pueblecitos, destruyéndolos por completo, entre el 19 y el 26 de marzo, sin respetar la vida de ancianos, mujeres y niños. La ideología del nacionalismo imperialista, vigente en esa época, no le permitió detener con el filtro de su cristianismo una orden obviamente draconiana.

Más adelante, encontramos a Pascual participando en la prolongada campaña de Joló, nombre de la isla y el archipiélago que une y separa a Mindanao de Borneo. Al llegar al escenario de la lucha a bordo de la *Santa María*, nuestro capitan de fragata, por ausencia del jefe de la División Sur de Filipinas, asume el mando. En dos meses de incansable lucha sostiene numerosos encuentros con el enemigo. Y en una ocasión, en combate cuerpo a cuerpo, en Patean, logra rescatar de manos enemigas a un gran grupo de sus hombres, previamente apresado por los «moros». Luego siguen las operaciones que por tres meses dirigió contra Utto, uno de los tantos reyezuelos del área de Mindanao, quien se vio obligado a firmar la paz sin condiciones. Y, de pronto, un paréntesis cartográfico. Como en su otro viaje a las islas, Cervera participa en los trabajos de la Comisión de Hidrografía de Filipinas de la que fue nombrado comandante. Con una sólida preparación en la materia y con la práctica adquirida en su visita anterior el nuevo jefe logra completar el trabajo de los mapas de Basilán a Tawi-Tawi, una gran contribución al conocimiento de aquellas apartadas regiones.

Pero, como siempre, su destino fatal es la inestabilidad. Lo llaman de nuevo a la acción y él vuelve a su vieja lucha contra «piratas» y mosquitos. Pero si hasta entonces el combate no había hecho mella en la persona del curtido marino, ahora los azares del medio ambiente, sobre todo los mosquitos, logran vencerlo, colocándolo al borde de la muerte. Un parte médico oficial lo explica: Cervera pasó largo tiempo bajo la influencia de un peligrosísimo paludismo pernicioso, del llamado por aquel entonces «congestivo cerebral y pulmonar», lo que obligó al médico a administrarle sulfato de quinina en dosis masivas. No se sabe si fue la fiebre o la medicina, lo cierto es que por el resto de su vida Cervera padeció de graves y muy molestas afecciones estomacales y hepáticas. Es en estos momentos de crisis de salud cuando más le hiere la nostalgia, la añoranza de la familia lejana y ausente. Él tiene la costumbre de escribir sin fallar en cada correo que sale para España y disfruta las cartas y noticas que recibe de Ana y de sus hijos. Pero cuando sufre en la cama de enfermo, estos lazos epistolares le parecen demasiado débiles, totalmente insuficientes... Sin embargo, con su libre voluntad ha escogido esa vida que lleva.. Y ha jurado fidelidad a lo que para él es una causa sagrada, mientras para sus adversarios filipinos es un abuso criminal inaguantable. ¿Llegará salvadoramente a tiempo la orden maravillosa de regresar?

Algo remendado, a donde retorna es a la campaña contra el sultanato musulmán de Joló. Pero tiene que alternar la acción bélica con hospitalizaciones provocadas por recaídas de su mal. De todos modos, la guerra termina por fin con una victoria española. A Cervera lo nombran gobernador de ese territorio. Su misión, desde entonces, fue tanto de gobernante y administrador como de diplomático. Rodeada la ciudad capital de Joló por sus enemigos recién vencidos, hubo que trabajar intensamente para mantener la paz. A eso dedicó el futuro almirante vigorosos esfuerzos pese a su mala salud. Y aun no le quedó más remedio que dedicar tiempo también a sofocar algunas rebeliones. Su tarea militar en Filipinas se vio coronada con la sonada toma de Tawi-Tawi. Pero el paludismo y las enfermedades gástricas amenazaban su existencia. Los médicos lo convencieron de que debía renunciar y reintegrarse a su hogar. En octubre de 1876 cesó en su cargo. Se trasladó a Manila y el 19 de noviembre del mismo año salió para Cádiz, después de casi tres años de duro batallar. Por entonces era ya ampliamente considerado como uno de los más capaces oficiales de la Marina de Guerra española de su tiempo.

Al volver a su país, en diciembre del '76, Pascual encuentra de nuevo un Borbón en el Palacio Real de Madrid: Su Majestad Alfonso XII. Se había inaugurado una nueva etapa en la historia de España que los historiadores iban a llamar *La Restauración*. El último de los cuatro presidentes de la República, el famoso orador Emilio Castelar había sido derrocado el 3 de enero de 1874 por el golpe de estado del general Manuel Pavía. Este pudiera haberse quedado con el poder pero prefirió pasarlo al general Francisco Serrano, Duque de la Torre, siempre a la mano para una interinatura. A nadie se le escapaba el carácter provisional de este régimen. Y mucho menos a Antonio Cánovas del Castillo, prominente historiador malagueño y hasta entonces figura política más bien de segunda fila, pero que paso a paso había ido ascendiendo, hasta convertirse en el máximo representante del empeño restauracionista de los Borbones.

Cánovas, pacientemente, estaba dedicado a limpiarle de obstáculos a Alfonso XII el camino al poder. Y, en fin de cuentas, esa tarea «restauradora» no le resultó tan difícil. Por una parte, seis años consecutivos de desórdenes, de violencia, de furia anticlerical y antirreligiosa, de confusión y de anarquía asustaron seriamente no sólo a la burguesía y a los terratenientes sino también a las clases medias de la sociedad. Y, por otro lado, los trabajadores de la ciudad y del campo, así como la gran masa campesina, se sintieron engañados y burlados por quienes les habían prometían lo que no les podían dar, cayendo en el escepticismo y la desidia. A la cuasi-república de Serrano nadie le tendió una mano compasiva. Una vez que Cánovas logró convencer a Isabel II de que su regreso al trono era un sueño, el monarquismo borbónico cerró filas detrás del Príncipe de Asturias. El cambio se hizo inminente. El 1 de diciembre de 1874 el joven Don Alfonso publica su «Manifiesto de Sandhurst», redactado por Cánovas, donde prometía ser rey «de todos los españoles», proclamándose a la vez católico y liberal. El astuto arquitecto restauracionista estaba a punto de producir la pacífica transferencia de poderes cuando, fiel a un pasado incontrolable, el general Arsenio Martínez Campos se adelanta con un golpe militar. Y es el espadón quien le ofrece el trono al nuevo rey. Alfonso, por consejo de Cánovas, acepta. Se traslada a España. El pueblo de Barcelona le da un recibimiento apoteósico el 9 de enero del '75 y el de Madrid otro igualmente triunfal cinco días más tarde.

Las dos consignas iniciales del primer gobierno encabezado por Cánovas al comenzar el reinado de Alfonso XII se resumían en dos palabras: paz y constitución. Había que ponerle fin a las convulsiones políticas y sociales de la época precedente. Había que establecer el orden, erradicar la violencia y sustituirla por un espíritu de conciliación nacional. Pero nada de esto era hacedero si la paz carecía de un cimiento jurídico que la sostuviese. Era preciso elaborar una constitución aceptada por todos (o casi todos) los sectores sociales del país. Y, para sorpresa de muchos, Cánovas logró el apoyo que necesitaba para convertirla en realidad. La Carta Magna no gozó nunca de una aceptación unánime, porque como lo prueba la historia de los cantones, en la España del siglo XIX ni siquiera la República, con todo su izquierdismo, logró una plena identificación entre el régimen democrático y las clases trabajadoras de la ciudad y del campo. Y éstas durante la Restauración se mantuvieron alejadas de la vida política activa. Pero el contrato social indispensable, sí se dio, como vamos a tener ocasión de comprobar.

Por Real Decreto del 31 de diciembre de 1875 se convocaron unas Cortes para aprobar la Carta Magna. Tras las elecciones del 20 de enero del '76 esas Cortes se abrieron el 15 de febrero del mismo año. Y el 30 de junio fue promulgado el nuevo texto. Sus 89 artículos contenían una declaración de derechos humanos, que lo convertían en un documento liberal, y una estructuración del régimen de gobierno que lo hacían un documento democrático. Aunque, en verdad, tanto ese liberalismo como ese democratismo eran bastante moderados. El sistema que allí se crea está basado en el ideal canovista del equilibrio, del balance de fuerzas opuestas. Se establece una monarquía, pero es una monarquía constitucional. Hay un poder legislativo elegido por el pueblo, que gobierna con el rey. Pero éste es quien lo convoca y puede disolverlo. Para elegir las Cortes Constituyentes se usó el sufragio universal (masculino), mas el derecho al sufragio no se reguló. El gobierno de turno podía establecer en cada elección el sistema electoral que mejor conviniese a sus intereses. A diferencia de la Cámara

Baja, el Senado tenía miembros *por derecho propio* (como los Grandes de España), *vitalicios* (nombrados por el rey) y *elegidos* (por las Corporaciones del Estado y por los mayores contribuyentes). Hasta la cuestión religiosa, la más discutida de la Constituyente, terminó conciliando opiniones opuestas. Después de muchas idas y venidas el texto del artículo 11 quedó redactado así: «La Religión católica, apostólica, romana es la del Estado. La Nación se obliga a mantener el culto y sus ministros. Nadie será molestado en territorio español por sus opiniones religiosas, ni por el ejercicio de su respectivo culto, salvo el respeto debido a la moral cristiana. No se permitirán, sin embargo, otras ceremonias ni manifestaciones que las de la religión del Estado.» Como se ve, no se establece la absoluta unidad religiosa excluyente, pero tampoco la completa libertad de cultos... Sin embargo, la Constitución de 1876, pese a todos sus titubeos y sus ajustes o, a lo mejor, precisamente por ellos, resultó el instrumento transaccional que se buscaba. Por eso fue, en definitiva, una de las más duraderas en la evolución política del país.

Ahora bien, cualquier papel puede convertirse en papel mojado. Había que poner en real funcionamiento todo este mecanismo. Cánovas comprendió que para hacerlo, lo mejor no era apoderarse del poder y controlarlo absolutamente. Todo lo contrario, era indispensable compartirlo con una oposición sensata y pragmática que aceptase y respetase una nueva fórmula de sucesión de los gabinetes en el parlamento. Consistía ésta en lo que ha sido llamado *sistema bipartidista, turnista o rotativista* de alternancia o rotación en el disfrute del poder por dos coaliciones, una integrada alrededor del Partido Conservador y la otra alrededor del Partido Liberal. El dirigente máximo de la oposición, Práxedes Mateo Sagasta, aceptó la invitación de Cánovas a participar en este juego político. Se logra así un entendimiento luego formalizado por un acuerdo de los dos líderes en 1885, al morir Alfonso XII. Hasta que Cánovas fue asesinado en 1897, él y Sagasta se sucedieron en la Presidencia del Consejo de Ministros con regularidad sólo interrumpida breve y ocasionalmente por especiales circunstancias. Así Sagasta, líder de la oposición, ejerció el premierato de 1881 a 1883, del '85 al '90 y del '92 al '95, acumulando tantos años en el puesto como el mismo artífice del sistema. Fue ésta una era de estabilidad, sin un solo pronunciamiento triunfante de algún general impaciente.

Esto es lo positivo. No lo es en absoluto lo que en definitiva sucedió: el restablecimiento del mecanismo electoral que había funcionado por décadas en el país. Se trataba de una simulación: de un complot permanente para falsear y fabricar el resultado de las elecciones. Se utilizan para hacerlo las viejas estructuras sociopolíticas tradicionalmente existentes. Abajo, al final de la línea, están el «cacique» local en las áreas rurales y el «político» de las áreas urbanas, que controlan los votos de sus regiones respectivas. En el medio, los caciques provinciales. Arriba, los jefes políticos. El gobierno y la oposición se ponen de acuerdo sobre la distribución de las actas de diputados. Y, a través del Ministerio de Gobernación, las órdenes son transmitidas a los gobernadores y caciques provinciales, quienes las pasan a los «políticos» y caciques locales. Para lograr los resultados deseados pueden utilizarse todos los procedimientos, por ilegales y sucios que fueren. El profesor Fernández Almagro ha testificado lo ocurrido en unas elecciones en Castellón de la Plana: «El delegado del Gobernador reúne al Ayuntamiento y alecciona al Alcalde: 'Usted, que va a presidir la mesa electoral, lo que tiene que hacer es escamotear las candidaturas de oposición, y en su lugar, meter en la urna las ministeriales; usted lo que tiene que hacer es volcar el puchero, si fuera necesario, para dar el triunfo al candidato ministerial: y, en último término, si ninguno de estos resortes y medios son bastantes para conseguirlo, válgase usted de todo género de recursos, en la inteligencia de que detrás de usted estoy yo como delegado del gobernador, y detrás de mí está el gobernador de la provincia y el gobierno mismo.»[10] Es de suponer que lo mismo se haría con los candidatos de la oposición aprobados para ganar. De ningún modo un modelo de ética cívica, a pesar de que se obtenía el equilibrio de los partidos y se garantizaba la ansiada paz, que todos añoraban.

---

[10] Citado por Antonio Ubieto, Juan Reglá, José María Jover y Carlos Seco, *Introducción a la Historia de España*, Barcelona, 1970, p. 731.

En los años que siguieron a la aprobación del texto constitucional del '76, tomaron cuerpo numerosas leyes y decretos complementarios que regulaban en detalle lo que en la Carta Magna se encontraba sólo en principio abstracto. Es más, se entró muy pronto en lo que pudiera llamarse un «movimiento codificador». Porque además de piezas organizativas, como la Ley Provincial de 1882 o la Ley Orgánica Municipal de 1877, se aprobaron varios importantes Códigos. Dos de ellos no sólo fueron adoptados por otros países, particularmente en la América hispana, sino que duraron largos años con escasas modificaciones: el Código de Comercio promulgado en 1885 y el famoso Código Civil comenzado en 1881 y aprobado en 1889. Todo buscando suministrarle un fuerte sustrato legal a la vida ciudadana, evitando conflictos, propiciando la tranquilidad y el equilibrio. Por lo general son códigos y leyes en lo fundamental justicieros, aunque de orientación conservadora. Pero a veces ese conservadurismo se pasa del seguro para convertirse en retrógrado, como sucede en la Ley Electoral de 1878 que reduce el número de votantes de una población de casi 17 millones de habitantes a sólo 850.000. Y lo mismo puede decirse de la Ley de Imprenta de 1879 que somete la prensa a severa censura, restringiendo la libertad de expresión con multas por motivos totalmente fútiles.

Para conseguir la paz el gobierno español consideraba preciso liquidar cuanto antes dos viejos y enconados conflictos: la guerra civil sostenida por el ultraconservador partido carlista en el norte de la Península y la insurrección patriótica mambisa en la isla de Cuba. El flamante monarca se dirigió en seguida al carlismo para decirle en su Manifiesto a los Habitantes de las Provincias Vascongadas: «Antes de desplegar en las batallas mis banderas quiero presentarme ante vosotros con un ramo de olivo en la mano.» Mas el uso de la espada resultó inevitable. Fue preciso derramar mucha sangre en varias ofensivas para que las fuerzas carlistas comenzaran a desmoronarse. Sucesivas victorias de las armas alfonsinas aseguraron la extinción de la guerra, primero en el Centro (cuando el general Antonio Dorregaray fue empujado más allá del Ebro en el mes de julio de 1875) y, luego, en Cataluña (cuando el general Martínez Campos arrebató a los rebeldes

La Seul d'Urgel en agosto). Aunque fue en el Norte, en las Provincias Vascongadas y Navarra, donde por fin se decidió la contienda. Su resistencia duró hasta que el general Antonio Primo de Rivera se apoderó de Estella, en Navarra, cuartel general del pretendiente Don Carlos de Borbón y éste cruzó los Pirineos hacia su exilio francés el 28 de febrero del '76. El mismo día entraba triunfalmente en Pamplona, la capital navarra, tras largo recorrido por la España septentrional reconquistada, Su Majestad Alfonso XII, quien cosechaba así las palmas de la victoria.

El carlismo –por décadas un elemento desestabilizador en la política española del siglo XIX– era algo más que el resultado de una disputa dinástica. Contenía, además, en su seno un conflicto entre las fuerzas retrógradas y progresistas, entre el agro todavía feudalizado y el capitalismo liberal; entre el fanatismo religioso alentado por buena parte del clero y el proceso general de secularización que cada día ganaba más fuerza. Como es bien sabido, los carlistas defendían siempre en estos antagonismos la posición más reaccionaria.Eso explica por qué los sectores eclesiásticos del país consideraron por mucho tiempo a esa fuerza política como la única capaz de hacerle frente a las ideologías y movimientos liberales, izquierdistas o revolucionarios del fin de siglo. Un carlismo más o menos difuso sobrevive a la derrota militar. A ratos acepta el orden político establecido y trata de hacer valer en él, por medios legales, sus ideas. Otras veces cae en un retraimiento que estalla en ocasiones en levantamientos armados. Por fin León XIII en su encíclica *Cum multa* dirigida a los obispos españoles propicia la apertura a una nueva fase, condenando la identificación automática de la iglesia con los partidos políticos de extrema derecha. La derrota carlista abre un período de relativa pacificación de la contienda religiosa que se extiende hasta las comienzos del siglo XX. Otro elemento de la paz social buscada por el canovismo alfonsista.

En Cuba, presa de un largo conflicto iniciado en 1868 que duraba ya casi diez años, el proceso de pacificación tomó un poco más de tiempo que en la Península. La liquidación de la guerra civil carlista le permitió al gobierno utilizar todos sus recursos para acabar con el conflicto cubano. El 18 de enero de 1876 había tomado posesión del cargo de Capitán General de la Isla don Joaquín Jovellar, aunque su llegada no trajo de inmediato sino una intensificación de la lucha. Para ayudarlo en su difícil tarea, se le envió en octubre como refuerzo a su amigo Arsenio Martínez Campos, el artífice del Pacto del Zanjón, quien asumía el mando directo de las fuerzas armadas y llevaba consigo considerables refuerzos militares, además de una táctica mixta de presiones bélicas y concesiones políticas. Los empeños pacificadores de las autoridades españolas se vieron ayudados por la grave crisis interna que sufría la revolución. Dominaba el campo mambí un cansancio de casi nueve años de frustraciones, acompañado de disenciones internas, de pugnas entre los militares y los civiles, de carencia de armamentos, comida y medicina, de intenso desaliento y extensa desmoralización. Mientras algunos jefes cubanos fusilaban a quienes trataban de ponerle fin a una guerra ya perdida, los españoles se esmeraban en aplicar las órdenes pacificadoras de Martínez Campos, recogidas en sus «Instrucciones a la Comandancia General de las Villas»: «La política de atracción ha contribuido notablemente a los buenos resultados obtenidos; recomiendo, pues, muy eficazmente, que en los poblados no se cometa desmán, tropelía ni violencia de ninguna índole; que nada se tome sin pagarlo; que se trate a los paisanos deferentemente y sin atropellos, y que las vidas de los prisioneros sean respetadas; en el concepto de que castigaré rigurosamente cualquier acto atentatorio a la disciplina y buen nombre del Ejército...» Todo esto provocó que se intensificaran las deserciones en el campo mambí. A fines de 1877 y comienzos del '78, un Comité que sustituía legalmente al gobierno rebelde acordó presentar una serie de condiciones para la rendición. Martínez Campos las aceptó. Y el 10 de febrero de 1878 terminaron las hostilidades con lo que se conoce en la historia de Cuba como el Pacto del Zanjón, que sólo fue rechazado por Antonio Maceo, Vicente García y Ramón Leocadio Bonachea, quienes pronto tuvieron que rendirse también.

En el Pacto se le hicieron algunas importantes concesiones al espíritu liberal y progresista de los viejos luchadores de Yara y La Demajagua.. Se le otorgaba a Cuba –por lo menos en el papel– un status jurídico idéntico al que poco antes se le había dado a Puerto Rico. Se decretaba una amplia amnistía. Se daba libertad a los esclavos africanos y a los colonos asiáticos que pertenecieran a las fuerzas insurrectas, lo que iba a traer en poco tiempo la abolición total de la esclavitud en la isla. Se organizaba el proceso de capitulación. Pronto la hoguera revolucionaria se había apagado por completo. Y el general Martínez Campos pudo regresar a España con el título de «El Pacificador». Más adelante se verá, sin embargo, que lo que iba a seguir no era más que una tregua de diecisiete años repleta de incidentes y perturbaciones. Porque el gobierno español en la isla no cumplió varios de estos compromisos esenciales. Y el pueblo de Cuba siguió empeñado en ser dueño de su propio destino.

Como puede apreciarse, muchos eran los factores que se movían por aquel entonces en favor de la pacificación. Inclusive uno de ellos fue el propio rey Alfonso XII, hombre inteligente, simpático y ocurrente, que supo ganarse en poco tiempo la admiración y el cariño de su pueblo. Y que era, además, un monarca prudente, capaz de cumplir con toda fidelidad sus deberes constitucionales. Por eso pronto devino un factor estabilizador más, que el astuto Cánovas supo utilizar hábilmente para llevar hacia adelante su programa de gobierno. Pero Alfonso XII falleció el 25 de noviembre de 1885, consumido por la tuberculosis, a los veintisiete años de edad. Le sucedió, como regente, su viuda María Cristina de Habsburgo-Lorena, hasta la mayoría de edad de su hijo Alfonso XIII en 1902. En esos años vivió España una etapa de tanta paz y estabilidad interna que, tal vez por su excepcionalidad, iba a ser recordada como una extensión de la «bella época» finisecular del XIX europeo. Que bella fue, sin duda alguna.... sobre todo para las clases privilegiadas de la sociedad.

***

Esa nueva atmósfera cívica que se respiraba en el país constituyó una agradable sorpresa para Pascual Cervera al volver a su patria el 30 de diciembre de 1876. Y no dejó de agradarle también que pronto el Presidente del Consejo de Ministros, Antonio Cánovas del Castillo, lo llamara para conversar con él sobre la situación en las islas Filipinas y le encargara la redacción de un informe sobre los últimos acontecimientos allí ocurridos. La primera tarea del recién llegado fue, pues, a la vez que cuidar su quebrantada salud, componer un trabajo titulado *Memorias sobre el Archipiélago Jolono*, un amplio estudio de la cuestión que apreciaron mucho sus susperiores pero que ha seguido inédito en el Archivo Municipal de Medina Sidonia hasta el día de hoy.

El agobiado marino comprendía que necesitaba una tregua reparadora, aunque fuera breve, en su agitada carrera. Y sentía la necesidad de permanecer por un tiempo al lado de su familia. Por eso, aunque prefería la vida peligrosa de los barcos en acción a la pacífica rutina burocrática madrileña, agradeció el nombramiento de Oficial Primero del Ministerio, que le gestionó su tío don Ramón Topete, subsecretario de Marina. Se trasladó a la capital con su familia y el 16 de abril tomó posesión del cargo de Jefe de Negociado de Clases Subalternas, Justicia y Recompensas. Comienza un paréntesis de tranquilidad hogareña que toda la familia disfruta a plenitud. Su biógrafo, Alberto Risco, S. J., nos ofrece una estampa de la vida cotidiana de los Cervera en Madrid, que el capitán marino trataba de ajustar a sus viejas rutinas disciplinarias: «...Era invariable... Todos, y en todas las épocas del año, se levantaban a las seis; el intervalo del tiempo hasta las nueve, fuera del desayuno y algún descanso los hijos lo empleaban en estudiar y él en tomarles o explicarles la lección. A las nueve, los hijos se dirigían a la Academia y él a la oficina... Por la tarde, repetía con sus hijos la lección de la mañana, o la explicación de algún punto difícil, y, después de la cena, dábase a la lectura de libros profesionales, o salía a paseo hasta las diez... Los domingos y días festivos, dedicábanse por completo al descanso, a paseos en las afueras de Madrid, donde él mismo solía presidir los marros y demás juegos de sus hijos. Fuera de estas expansiones y de la presencia de algún concierto, porque don Pascual fue siempre amigo apasionado de la música, no se conocían otras.»[11]

---

[11] Alberto Risco, S. J., *Apuntes Biográficos del Excmo. Sr. D.Pascual Cervera y Topete*, Toledo, 1920, p. 133.

En el Negociado que dirige, intenta mejorar las condiciones de vida y de trabajo de lo que pudiera llamarse, «la clase obrera» de la marina de guerra. Conocedor de sus necesidades redacta un *Proyecto de Reglamento para Contramaestres*, donde trata de hacerles justicia. Tuvo la desilusión de verlo perdido en las gavetas de los burócratas donde feneció. Primer golpe, que se uniría a los muchos que iba a cosechar en su lucha contra quienes querían convertir el negociado de recompensas en una maquinaria para repartir condecoraciones y beneficios injustificados. En ese puesto permaneció hasta el 25 de abril de1879 cuando pasó al Ferrol al mando de *La Ferrolana*, vieja corbeta de vela dedicada a la instrucción de guardiamarinas. Allí estuvo muy a su gusto, hasta el 13 de noviembre de 1880. Gozó luego de dos meses de licencia en Andalucía. Y en enero del 81 lo trasladan a Cartagena como Capitán de Puerto de la Comandancia de Marina, donde sufrió nuevas decepciones en su lucha constante contra la corrupción y la politiquería. Por fin, pasa a Cádiz como Ayudante Mayor del Arsenal de la Carraca, lo que le trae vivos recuerdos de sus aventuras en la era de los cantonales y le permite visitar a sus numerosos parientes y amigos gaditanos. Pero apenas toma posesión cuando recibe un cargo de gran importancia, en octubre de 1885: el de Presidente de la Comisión encargada de inspeccionar la construcción del acorazado *Pelayo* en los astilleros de La Seyne en el Mediterráneo francés.

Esa misión era parte de un proceso de recuperación cada día más evidente en la Península. Durante la década del ochenta comienzan a cosecharse los frutos de la paz y la estabilidad características de la era canovista y se toman medidas para consolidarlas y extenderlas.[12] A una de tales medidas nos hemos referido ya: al proceso de codifica-

---

[12] La estabilidad era, en verdad, relativa. En el terreno de la política, el *turnismo* produce frecuentísimos cambios en el Gabinete. De 1874 a 1899 (un cuarto de siglo) se suceden 24 Gobiernos en el poder, un promedio de uno por año. Veinte de ellos fueron presididos por Cánovas o Sagasta. La entrada y salida constante de Ministros y los cambios burócraticos resultantes en nada ayudan a la eficiencia administrativa que el país necesitaba. Sin embargo, como las diferencias programáticas entre liberales y conservadores eran mínimas, estos cambios no conmovían excesivamente a la sociedad española.

ción legal. Codificar es institucionalizar, darle consistencia pétrea a lo fugaz, lo instantáneo, lo deleble. En estos diez años, además, son de notar otros progresos. Aumenta sustancialmente la cantidad de carreteras construidas. Se duplica la extensión de la red ferroviaria. Y se construyen escuelas primarias y de enseñanza media y numerosos hospitales. La urbanización recibe un fuerte impulso. Crecen notablemente las grandes ciudades como Madrid y Barcelona. Esta última sirve de sede en 1888 a una espléndida y muy exitosa Exposición Universal. Parecido crecimiento se nota en muchas ciudades pequeñas. No es de extrañar que en algunas mentes comenzara a germinar la idea: ¿será que España se dispone a dar el gran salto económico que le permita figurar de nuevo entre las grandes potencias mundiales? Ya veremos cómo otras frustraciones han de conducir a darle respuesta negativa a esa pregunta saturada de ilusión patriótica.

Si en la década del '80 se intensifican los esfuerzos por sacar a España del retraso que sufría y de ponerle fin al declive constante de su poderío, es comprensible que, en consecuencia, se dieran también pasos para restaurar, aumentar y modernizar completamente la Armada de la Nación. Tarea difícil, en verdad monumental, porque los avances técnicos de la segunda etapa de la Revolución Industrial obligaban a una transformación casi total de la flota existente. El profesor Agustín Ramón Rodríguez González lo pone en evidencia: «...Aunque los buques seguían siendo de vapor y todavía utilizaban el carbón como combustible, las nuevas máquinas, los mejorados blindajes de aceros endurecidos, las aplicaciones de la electricidad como medio de iluminación y como fuerza impulsora de motores auxiliares, los nuevos cañones, más pesados y de mayor alcance, de retrocarga y tiro rápido, por citar algunas de las mejoras conseguidas, estaban significando un drástico cambio que dejaba anticuado el material naval en pocos años.»[13] A todo esto hay que agregar nuevos explosivos, después de la invención de la dinamita por Nobel, y nuevas armas tales como el torpedo y la mina submarina.

---

[13] Agustín Ramón Rodríguez González, *El Desastre Naval de 1898*, Madrid, 1997, p. 13.

Poner al día la Marina se convirtió en una suerte de obsesión patriótica. S. M. Alfonso XII en un discurso a las Cortes señalaba el 20 de mayo de 1884 la necesidad imperiosa «de la reconstrucción y acrecimiento de nuestro escaso material flotante.» E idéntico criterio expresaban innumerables periódicos y revistas como *El Imparcial, El Progreso, El Tiempo, La Epoca, La Patria, La Revista Administrativa de la Armada,* y otros. Pese al rezago industrial y a la pobreza del país, tanto los políticos liberales como los conservadores, elaboran en la década del '80 numerosos proyectos generales de reconstrucción naval. Uno tras otro se presentan los planes. Primero el plan Durán, en 1880. Luego, el plan Pavía, en 1883; el Antequera, en 1884; el Moret, en 1885; el Beránger, en 1886. Todos frustrados, ya por problemas de financiación, ya por diferencias técnicas o políticas entre los partidos o los miembros del gabinete. Aunque es verdad que –como ya veremos en el caso del *Pelayo*– los ministros ordenaron la fabricación de algunos barcos fuera de todo plan, para hacer frente a necesidades improrrogables. Por fin, tras siete años de desacuerdos, el plan Rodríguez Arias (que recogía en gran parte el de Beránger), fue aprobado por el Congreso y luego sancionado por el rey el 12 de enero de 1887. No nos toca entrar aquí en la discusión técnica sobre el tipo de barco que debía predominar en una flota como la española, que tanto apasionó a la opinión pública del momento. Baste con decir que Beránger y Rodríguez Arias eran partidarios de la escuela francesa, la llamada «Jeune Ecole», que prefería los cruceros a los acorazados, dándole más importancia a la autonomía y velocidad de los primeros que a la potencia de los segundos. Esta decisión iba a tener históricas consecuencias.

Hijo de uno de esos llamados «planes navales no escritos», presidido por un punto de vista opuesto al que se impuso en 1887, fue el proyecto de construir un acorazado de último modelo, símbolo de la voluntad de progreso de la nueva generación, al cual le pusieron por nombre *Pelayo*, en su tierra sinónimo de *vencedor*. Un vistazo a la historia temprana de esa nave quizás ayude a comprender los problemas con que se tropezaba siempre en la España decimonónica cuando se trataba de romper con la rutina y el retraso. En 1884 se enteró

Cánovas de que sobraban en el presupuesto de Marina doce millones de pesetas. Inmediatamente ordenó al Ministro Juan Bautista Antequera la construcción de un buque de guerra, «cuanto más grande mejor». El Ministro le advirtió al Presidente del Consejo que con doce millones no se podía completar esa obra. Y Cánovas contestó: «Si lo empezamos.... ya lo acabarán.» Inmediatamente comenzaron a moverse la ruedas de la maquinaria burocrática. Reuniones. Proyectos. Planos. Críticas. Sugerencias. Enmiendas. Contratos. En el verano se verifica la puesta en quilla en los astilleros de la compañía francesa Forges et Chantiers de la Mediterranée, situados en La Seyne, cerca de Tolón. Una Real Orden de octubre 8 de 1885 legalizó el nombre de la nave y el 5 de febrero 1887 se lanzaba al agua el *Pelayo*, primer acorazado de la Marina española.

El Presidente de la Comisión encargada de inspeccionar las obras del barco había sido Pascual Cervera Topete, pronto ascendido a capitan de navío, quien se había instalado con ese fin en Marsella el 30 de diciembre de 1884. Como ocurría casi siempre, se desató una lucha entre los constructores, que buscaban ahorros, y el inspector que perseguía ante todo calidad. No le faltaban a éste muy serias preocupaciones sobre el proyecto. Por una parte, la limitada autonomía del buque, que obligaba a abastecerlo en ruta hacia Cuba o Puerto Rico. Por otro lado la protección, que le parecía insuficiente, pues dejaba muchas zonas expuestas, y el montaje de artillería mal organizado. Además, la insistencia en «comodidades» le parecía más digna de un buque de recreo que de un barco de combate. Sobre la autonomía nada pudo hacer. Pero gracias a sus perseverantes insistencias con la Forges et Chantiers logró mejorar otros aspectos de la construcción, sobre todo el blindaje. La presencia de Cervera resultaba siempre urticante para los burócratas corrompidos y mediocres. Poco a poco, sin embargo, había ganado él fama de lo que era en realidad: un oficial honesto y un técnico competente, con gran sentido de responsabilidad y de capacidad de mando, condiciones todas indispensables para las tareas que se le asignaban.

A la botadura debía seguir la organización del buque y el montaje de la artillería. Cervera es entonces nombrado comandante de la llamada «joya de la Armada». Se siente satisfecho al comprobar que, una vez lanzado al agua, el *Pelayo* respondía bien a las pruebas de mar. Pero las obras finales marchaban con desesperante lentitud. El problema más grave era el de la artillería, que no acababa de llegar. Era el comienzo del año 1889 y todavía Cervera se veía obligado a escribirle al ministro de marina Rodríguez Arias: «Nuestra estancia en Tolón va picando en historia; la pregunta obligada de los conocidos es: ¿le queda a usted mucho tiempo en Tolón? Y luego mortifica algo el que llegue, como hoy, el día de Su Majestad y no pueda nuestro barco saludar siquiera.»[14] Además, como la prensa había convertido la construcción del *Pelayo* en exagerado motivo del orgullo nacional, los políticos presionaban para que el buque se incorporase al servicio cuanto antes, con cañones o sin ellos. Cervera, en cambio, insistía en que solamente cuando lograse el estado de perfección requerido para el combate, debía integrarse al resto de la escuadra. El tiempo pasaba y el *Pelayo* seguía en Tolón sin un arma a bordo. Por fin, sucedió lo que temía: se le ordenó que lo llevara a Cartagena para exhibirlo. A Cartagena hubo que ir. Y mientras todos los visitantes elogiaban su belleza y sus comodidades, su comandante repetía para sus adentros: «¿Y los cañones, dónde están los cañones?» Para él un barco de guerra sin artillería era un simple juguete sin mérito alguno. Podrá imaginarse la indignación de Cervera cuando se le ordenó que «comenzara a satisfacer definitivamente las necesidades ordinarias del servicio». ¡Absolutamente increíble! ¿Dónde están las armas? ¿Dónde está la pólvora? ¿Dónde están las balas? Y, por fin, la crisis inevitable. Para responder a una agresión del sultán de Marruecos el gobierno dispuso presentar una reclamación en Tánger, respaldada por el *Pelayo*, un buque desartillado y hasta indefensible. Ante ello, el desaliento de Cervera estalló en indignación y se dirigió a sus superiores pidiendo no sólo el relevo del puesto sino nada menos que su retiro inmediato de la Marina.

Este gesto tuvo muchas repercusiones. Entre las numerosas cartas de solidaridad que el enojado comandante del *Pelayo* recibió se encon-

---

[14] Alberto Risco, *op. cit.*, p. 149.

traba una de su tío Ramón Topete, Capitán General del Departamento Marítimo de Ferrol, quien con plena conciencia de la gravedad de la situación, le expresa: «...El mal sin embargo, es más hondo y trascendente porque hunde la Marina en un estado cuyo descrédito no tiene límites. Tú podrás apeciarlo en parte por los casos en que eres víctima; pero yo aquí al frente de este Departamento, donde puedo abarcar más extenso campo de desdicha, el desbarajuste, el caos y la indiferencia con todas sus consecuencias se presenta a la vista como un triste panorama del presente y del porvenir.» Sin embargo el tío le pide al sobrino que desista de su propósito de retiro. El no puede matar en su espíritu el interés que todavía le inspiran «esta desgraciada Marina y este desgraciado país». Hasta la Reina Regente por boca de su ayudante, el almirante Catalá, le pide que retire su instancia y continúe en su mando. Obediente al mandato real, Cervera accedió a hacerlo. Y explica su decisión a la Reina a través del mismo Catalá : «Los hechos parece como si se hubieran encargado de justificar mi disgusto, afortunadamente sin baldón para España y su Marina como lo hubiera habido si en vez de disparar los moros sobre el *Cocodrilo* hubieran disparado contra el *Pelayo* y éste hubiese tenido que salir vergonzosamente huyendo ante una docena de salvajes del Rif. ¡Gracias a Dios que no ocurrió! Pero como le decía a usted en mi anterior, ésta fue sólo la causa determinante. La medida estaba llena, y se derramó... Basta que S. M. desee que retire mi Instancia, para que no insista en ella... No insistiré... Yo confío que con su valiosa protección podré al fin organizar mi barco como debe estarlo una poderosa máquina de guerra, tal vez sin tanto brillo, pero procurando que haya fondo aunque no por eso se descuidará la superficie.»[15] Como puede verse, dos generaciones sucesivas de patrióticos marinos expresan su desaliento, su disgusto y su pena ante el hecho de que un barco que iba a ser símbolo de progreso en la España nueva, se convirtiera en prueba fehaciente de la imposibilidad de lograr un cambio radical y profundo en el seno de la sociedad española de fines del siglo XIX. El *Pelayo*

---

[15] Las citas anteriores proceden de Alberto Risco, S. J., *op. cit.*, Apéndice 11, pp. 13-14 y p. 152 del texto de la obra (nota).

fue, por fin, enviado a Tolón para ser reparado y armado. Y allí, el 29 de septiembre de 1890, Cervera le entregó al capitán de navío Luis Pastor un barco de guerra «prepotente» pero que en el momento crítico del '98 no pudo disparar ni un solo cañonazo en defensa de la Madre Patria. Por siete largos años (hasta 1897), Don Pascual iba a saltar de un cargo burocrático a otro, sin que ni una sola vez se le confiara el mando de una nave. Y entonces, cuando menos lo esperaba, se le puso en las manos el mando de la flota entera.

CAPÍTULO II

Autocrítica de una Nación Enferma

La atmósfera intelectual que respiraba Pascual Cervera en la última década del siglo XIX estaba impregnada de un hondo pesimismo, tanto sobre el pasado como el futuro inmediato de su país. La intelectualidad española –y particularmente los ensayistas– reflejaban en sus obras «un desasosiego constante, un tono de lucha y agonía... un radical escepticismo sobre la posibilidad de resolver los problemas nacionales y de remediar la decadencia inevitable.»[16] Al principio se pensó que la Restauración iba a llevar directamente al cese de la Decadencia, a una era de Regeneración, que le devolviera al país el puesto de honor que había ocupado en la historia moderna. Y, efectivamente, como hemos visto, algo se hizo en ese sentido en el último cuarto de la centuria. Pero lo cierto es que a medida que se avanzaba hacia 1900 más claro resultaba que la crisis, en lo esencial, seguía en pie. Y así lo hacían constar los pensadores más destacados de la nación en un esfuerzo ejemplar de autoexamen y autocrítica que ha de constituir el tema fundamental de este capítulo, básicamente dedicado a presentar una radiografía del sentimiento de España sobre sí misma en este período.

Esta incapacidad para un progreso sostenido, radical y profundo se manifestaba no sólo en la vida política, sino también en otros sectores de la evolución social hispánica.. Es evidente, por ejemplo, en el terreno de la economía, cuya característica más importante en el XIX español es un relativo estancamiento, o si se quiere, un crecimiento a ritmo muchísimo más lento que el de los países más adelantados del mundo. Si nos fijamos en la agricultura notaremos que algunas esta-

---

[16] Hemos extraído este diagnóstico de la Introducción a la obra de Ángel del Río y J. Bernardete *El Concepto Contemporáneo de España*, Buenos Aires, 1946, pp. 14 y 18.

dísticas apoyan esa conclusión. Por ejemplo, la superficie cultivada de trigo cayó (entre 1860 y 1900) de 5,100,000 hectáreas a 3,700,000 y la de cereales de 9 millones a 7 millones, sin que el hecho se debiera a un intenso progreso tecnológico, lo que distaba mucho de haberse producido. Por algo arar con mulo fue «el método de cultivo más común en España hasta bien entrada la segunda mitad del siglo XX.» Como excepción, la superficie dedicada a viñas tuvo un pequeño ascenso: de 1,200,000 hectáreas a 1,400,000.[17] Pasando de números absolutos a los relativos, es decir, tomando en cuenta el crecimiento de la población, nos encontramos que la producción agrícola *por habitante* entre los años de 1850 y de 1890 es ésta:

Producción por habitante en kilogramos

	1850	1890
Trigo	159.42	156.36
Centeno	31.90	30.54
Maíz	25.13	30.37
Arroz	6.17	9.22

---

[17] Manuel Tuñón de Lara, *Historia de España*, Barcelona, 1988, vol. VIII, segunda edición p. 38. El crecimiento del cultivo de la vid se debió a una situación excepcional y a la vez temporal. El ataque de la filoxera a las viñas francesas produjo un aumento notable de la exportación de vinos españoles, que desapareció cuando las viñas de España sufrieron del mismo mal poco después. La cita sobre el método del arado con mulos procede de la obra de Gabriel Tortella, *El Desarrollo de la España Contemporánea. Historia Económica de los Siglos XIX y XX*, Madrid, 1998, p. 58. De esa obra obtuvimos también (pp. 53-54) las cifras que siguen.

Números índices de la producción agrícola por habitante
(1800 = 100.00)

	1850	1890
Trigo	108.09	106.01
Centeno	94.51	90.48
Maíz	134.62	162.68
Arroz	275.32	411.48
Producción total	101.17	109.64

Esas últimas cifras, referentes a la producción total, lo resumen y lo dicen todo: en el curso de nueve décadas, la producción agrícola del país no aumentó más que un minúsculo 8.47 por ciento. Y a todos estos datos puede agregarse otro de enorme importancia: el tanto por ciento de la población dedicada a la agricultura apenas cambió a lo largo del siglo XIX. Resulta obvio: en la Península no hubo una «revolución agraria» en la primera mitad del siglo XIX, por más que los líderes liberales intentaran provocarla mediante la *desamortización*. Esta fue una acción legal dirigida a poner en venta los bienes de las llamadas *manos muertas*, o sea, aquellas entidades que tenían prohibido enajenar sus bienes raíces. De 1836 a 1855 se produjeron tres procesos de desamortización. El primero (1836) durante el gobierno de Juan Álvarez Mendizábal, en que se nacionalizaron y se vendieron al mejor postor los bienes de las órdenes religiosas, o sea, del clero regular. Luego en 1841, cuando la regencia del general Baldomero Espartero, se hizo lo mismo con los bienes del clero secular. Y, en 1855, por medio de la Ley Madoz –así llamada por haberla introducido el Ministro de Hacienda Pascual Madoz–, fueron incluidos en la subasta pública bienes del Estado y de los municipios. En realidad, como instrumento de la reforma agraria, las desamortizaciones fracasaron rotundamente, acentuando en vez de amortiguar la estructura latifundista de la propiedad agraria del país. Los compradores de las tierras desamortizadas fueron por lo general gentes de la clase rica urbana, de la aristocracia, de la casta militar. O funcionarios, comerciantes y otros hombres de negocios. Los campesinos pobres y el proletariado agrícola carecían de medios para adquirirlas. Y se quedaron sin ellas. Un latifundismo de corte casi medieval continuó vigente en el agro, frenando el desarrollo económico, político y social del país.

La ausencia de una revolución agraria hizo imposible el desarrollo de una revolución industrial como la que había tenido lugar en Estados Unidos, Inglaterra, Francia y otros países europeos. Eso es lo que Jordi Nadal ha llamado, en un libro importante, «el fracaso de la revolución industrial» en la Península, a la vez que nos dice: «La revolución industrial echó muy pronto algunas raíces en el solar hispánico. Por falta de terreno abonado, las raíces dieron unas plantas generalmente raquíticas, que relegaron a un lugar secundario a la vieja potencia colonial... La verdadera industrialización de España es un fenómeno contemporáneo.»[18] En el siglo XIX, pese a algunos débiles avances, como dice Albert Carreras, no es posible captar en la Península «nada que se parezca a un arranque de la industrialización en cualquiera de sus acepciones, bien sea un *take-off* como buscaba Rostow o un *big spurt* en la acepción de Gerschenkron .»[19] Y es indiscutible también –tal como afirma Leandro Prados de la Escosura– que en muchos aspectos, el proceso de industrialización de España, si se compara con los de Inglaterra y Francia, estaba más atrasado a principios del siglo XX que a principios del siglo XIX. Las causas de estos fenómenos han sido muy discutidas por los historiadores y los economistas, pero lo que nos importa aquí es la simple presencia indiscutible del hecho y su influencia sobre la sociedad española de la época.[20] Debe señalarse, como excepción, el caso de la minería, que tras una larga parálisis,

---

[18] Jordi Nadal, *El Fracaso de la Revolución Industrial en España*, Barcelona, 1975, p. 23.

[19] Albert Carreras, «La industria: atraso y modernización», en Nadal, J., A.. Carreras y C. Sudriá,(eds.) *La Economía Española en el Siglo XX. Una perspectiva histórica*, Barcelona, 1987, p 284.

[20] Las controvertidas tesis revisionistas de Leandro Prados de la Escosura sobre la economía española del XIX, apuntan más bien a *las causas* del atraso económico del país en ese siglo, dejando incólume el hecho del atraso mismo. Véase la obra de ese autor *De Imperio a Nación. Crecimiento y Atraso en España (1780-1930)*, Madrid, 1988.

entró en una etapa de relativo dinamismo a fines del XIX, aunque la producción, controlada por el capital foráneo, se exportara casi toda al extranjero, en vez de dedicarse al desarrollo industrial del país. De todos modos, un índice muy importante, la producción de acero, revela el retraso de que venimos hablando, como puede observarse en las siguientes cifras, al ser comparadas con las correspondientes de la Península:

PRODUCCIÓN DE ACERO[21]
(En millones de toneladas)

Año	Estados Unidos	Gran Bretaña	Alemania
1880	3.84	7,75	2,69
1890	9.20	7.90	4.58
1900	13.79	8.96	8.39
1907	25.78	9.92	12.67

Ahora bien, a finales del siglo XIX, España producía unas 200,000 toneladas de acero. Y no llegó a producir un millón de toneladas hasta 1929, aunque esa producción bajó en 1930 a 929,000 tons. En el quinquenio de 1895-1899 España produjo un promedio anual de 105,600 toneladas de acero. La mayor parte del acero español salía de Vizcaya.[22]

¿Cuál es la imagen que nos entrega un estudio científico de la economía en la España decimonónica? Volvamos al profesor Gabriel Tortella, uno de los más conocidos expertos hispanos sobre la materia, en una cita tan extensa como sustanciosa: «Para quien contempla el panorama que ofrece la economía española en el siglo XIX, el primer fenómeno que llama la atención es el relativo estancamiento. No quiere esto decir que la economía española no creciera durante ese

---

[21] Agustín R. Rodríguez González, *Política Naval de la Restauración (1875-1898)*, Madrid, 1988, p. 469.

[22] Gabriel Tortella Casares, *El Desarrollo de la España Contemporánea. Historia Económica de los Siglos XIX y XX*, Madrid, 1998.

período: la población aumentó de unos once millones a principios a unos diecinueve a fines del siglo; la producción de alimentos, de prendas de vestir, de viviendas, se desarrolló a lo largo de estos años al menos lo suficiente para como subvenir, aunque precariamente, a las necesidades de esta humanidad creciente; se construyó la mayor parte de la red ferroviaria; las ciudades crecieron con mucha más rapidez que la población en su conjunto; varias industrias, como la textil, la algodonera, la siderúrgica, la minera vieron su producción multiplicada, pero a pesar de estos progresos y de muchos otros que sería engorroso traer a colación, en comparación con las de muchos otros países europeos, la economía española se estancó visiblemente. Con ello se quiere decir que, si tuviéramos series fiables de renta nacional para España y para Europa en su conjunto en el período que consideramos, estas series nos mostrarían un desfase creciente entre la renta española y la europea, no solamente en términos per cápita, sino también en términos absolutos... El crecimiento de la población española durante esos años (alrededor de un 75% en cien años), comparado con el crecimiento demográfico del resto de Europa, es un crecimiento modesto: con las excepciones de Francia, Portugal e Irlanda (único que se despuebla) la mayor parte de los países europeos ven su población doblarse e, incluso en algunos, triplicarse. En el siglo XIX, la lentitud relativa del desarrollo demográfico es un índice de relativo estancamiento económico...»[23]

Como hemos dicho, el movimiento restauracionista tampoco fue capaz de modernizar la política española, alzándola hasta los niveles europeos finiseculares. No democratizó, sino que dio nuevas garantías a los viejos expoliadores. Mantuvo en el poder a las arcaicas camarillas aprovechadas. Entronizó una monarquía –a la que José Martí en su hora llamaría «podrida y aldeana»– incapaz de defender los derechos de su pueblo. El régimen se decía «democrático», pero esa «democracia» en realidad funcionaba como una máscara tras la cual se

---

[23] Gabriel Tortella Casares, en *Historia de España* de Manuel Tuñón de Lara, vol. VIII, p. 11. Véase también la obra del profesor Tortella arriba citada que cuenta con elocuentes cuadros estadísticos al respecto.

escondía la regla suprema del privilegio. Se decía «representativo», pero huía del sufragio universal. Se decía «parlamentario» pero los miembros de las Cortes eran designados «de dedo» por los poderes supremos y los partidos políticos eran gobernados por grupos oligárquicos.. Se decía «popular» pero se privaba al pueblo de órganos idóneos y accesibles para expresar opiniones y deseos, conduciendo a los desbordes ocasionales –y, a veces, brutales– de la impaciencia y el despecho. El restauracionismo se las daba de prestar oídos a la voluntad de la nación, pero lo que en verdad predominaba bajo su mandato era el caciquismo tradicional, un engranaje perfectamente articulado que iba desde el rey, los grandes caciques, los intermediarios de las provincias, hasta los jefezuelos de las villas y los barrios. Era esa maquinaria burocrática la que en verdad gobernaba y manejaba la administración pública. Su poder era poco menos que absoluto. Puede decirse que en la España de la Restauración no podía moverse una paja en sector alguno de la vida civil si no se contaba con la influencia del cacique y del empleado correspondiente para solucionar los problemas grandes y pequeños. Lo que tan bien refleja la obra de ese fiel testigo de la vida española del siglo XIX, Benito Pérez Galdós, tanto en su *Episodios Nacionales* como en sus *Novelas Contemporáneas*. Y que tan efectivamente se comprueba en la obra de los «regeneracionistas» hispanos de fin de siglo, a los que vamos a referirnos inmediatamente.

El regeneracionismo, síntesis e impulso del pensamiento crítico español contra la decadencia, era muy viejo, casi tan viejo como la decadencia misma. Hundía sus raíces en la ideología del «despotismo ilustrado» de la segunda mitad del siglo XVIII. Así puede verse en la obra del gran asturiano Gaspar Melchor de Jovellanos (1744-1811) cuyo famoso *Informe sobre la ley agraria* se propone detener el deterioro evidente de la vida rural en España con urgentes reformas. Y se evidencia también en la producción literaria del polemista extremeño Juan Pablo Forner (1756-1797), tanto como en la del precursor del romanticimo Mariano José de Larra (1809-1837), y un poco más tarde, en el quehacer no sólo teórico sino práctico de Julián Sanz del Río (1814-1869), filósofo oscuro pero maestro luminoso, cuya máxima contribución educativa fue –con la ayuda del ilustre pedagogo Francisco Giner de los Ríos (1839-1915)– darle vida a la progresista e histórica Institución Libre de Enseñanza, totalmente dedicada a crear las bases del renacimiento de la Gran España mediante la reforma de la enseñanza y la resurrección de los valores humanos básicos en una sociedad corroída por la decadencia y la corrupción. La visión crítica del pasado, el presente y el futuro de su país, que la Institución Libre de Enseñanza predicaba, ejerció una influencia decisiva sobre la llamada Generación del '98.

En 1854, a los 26 años de edad, el joven malagueño Antonio Cánovas del Castillo publica una sólida y extensa monografía titulada *Historia de la Decadencia de España desde el Advenimiento de Felipe III al Trono hasta la muerte de Carlos II*. Ya en la primera página de su introducción deja claro el propósito que lo guía. Apunta que fue en el reinado de Felipe II cuando su patria alcanzó el apogeo de su prestigio y potestad como primera potencia mundial. Pero lo que él se propone contar es «cómo de tanta grandeza vinimos a humillación tan grande; cómo de tan alto poderío, a tamaña impotencia, y de sucesos tan prósperos, a tan inauditas desgracias como lloraron ojos españoles en los días de Carlos II.»[24]

Sistemáticamente va Cánovas enumerando y analizando con cuidado sumo los factores que se combinan para producir tan estrepitoso derrumbe. Se refiere, en primer lugar, a lo que el autor llama «la exageración del principio religioso en España», o sea, al fanatismo religioso y sus secuelas: antisemitismo, expulsión de los judíos, y luego de los moriscos, y más tarde de los luteranos, provocando la despoblación y pobreza del reino así como la penuria de la hacienda pública. Sigue con el análisis de cómo la represión religiosa fue acompañada por la represión política y por las guerras religiosas, con lo que en vez de unificarse con ello todo el país, se acentuaron las divisiones entre las diversas regiones. Y así querían andar cada una por su cuenta Aragón y Castilla y Cataluña y Galicia y las Provincias Vascongadas...

---

[24] Antonio Cánovas del Castillo, *Historia de la Decadencia de España desde el Advenimiento de Felipe III al Trono hasta la muerte de Carlos II*, Madrid, 1910, p. 5.

¡Hasta la colonización de América tuvo su efecto negativo pues el oro que de allí llegaba deslumbró al país con todo tipo de espejismos! Escribe Cánovas: «...Se abandonó todo género de trabajo, viéndonos obligados antes de mucho a traer de países extraños hasta los objetos más necesarios para el consumo, comprándolos con los tesoros que venían de América, y por lo mismo ha podido decirse con mucha razón que no fue España sino un puente para que éstos pasaran seguros a otras naciones más laboriosas... Sólo en Segovia, Toledo, Sevilla, Granada y Valencia se sabe que florecieron algunas industrias, y esas no tardaron en decaer completamente.»[25]

Las consecuencias de esa situación fueron muy graves. Se refiere Cánovas a esa funesta preocupación de «juzgar impropios de la nobleza y la hidalguía la profesión del comercio y de las artes útiles, lo cual amortizó por sí solo los inmensos capitales que poseían los grandes e hidalgos y otras muchas personas ricas... Llegóse a tener por más digno el servir a las personas de calidad que no el vivir por el trabajo propio en libertad y holgura. Errores y preocupaciones todas que *desde Carlos V han venido perpetuándose con diversas formas hasta nuestros días...* Los extranjeros solían juzgarnos mejor en esta parte; y los pocos que visitaron nuestro país durante el siglo XVI, están conformes en que las Artes y la Agricultura y el interior del país *presentaban entonces el aspecto miserable que han presentado hasta nuestros días.*»[26]

Hay dos frases en la Introducción que reflejan el desolado pesimismo de Cánovas porque funden el pasado, el presente y hasta el futuro de su patria en una sola realidad de incurable declinación y ruina. Después de condenar a todos los reyes que tras Felipe II fueron incapaces de detener el curso de esa crónica enfermedad histórica de la hispanidad, escribe: «Tócanos decir, en adelante, cómo otros reyes más desidiosos y menos inteligentes... dejaron que los ocultos males de la Monarquía saliesen a la faz del mundo y que llegaran a ser

---

[25] Cánovas del Castillo, *op. cit.* p.45.
[26] Cánovas del Castillo, *ibidem id.*, pp. 47-48. El énfasis es nuestro.

inmensos e irremediables... No de otra manera la Roma de Augusto escondía en su seno las flaquezas que vinieron a destruir el imperio de Honorio.»[27] Como podemos ver por lo que hemos subrayado en las citas anteriores, nuestro autor estaba convencido de que el mal que corroía a la sociedad española desde el siglo XVII era todavía una realidad viva en el siglo XIX. Entendía él que, en definitiva, la prolongada decadencia de la nación provenía de lo que José Luis Comellas ha llamado «un esfuerzo desmesurado» que los españoles realizaron para imponer al mundo sus ideales, «un esfuerzo que gastó en años la energía destinada a durar muchos siglos.»[28] Para Cánovas «la causa de nuestro fracaso histórico... fue... la creciente y constante desproporción entre nuestras empresas y nuestras posibilidades..»[29] Y, según lo puso en su discurso de ingreso en la Real Academia de la Historia en 1860: «...A eso encaminamos nuestra política; de empeño tan desigual provino esencialmente nuestra decadencia; con tales pretensiones y tales principios está agonizando a nuestros ojos, extraviada y decrépita, pero respetada y honrada aun, la España antigua.»[30] Y todavía queda otra cita poderosa. Refiriéndose a lo que le ha sucedido a España desde el triunfo del liberalismo dice: «...Sobrevino la revolución moderna..., y a mí, que soy también de sus hijos, me cuesta dolor confesar que fue entonces *cuando nos salimos ya del todo, no sé si para siempre, del cauce universal del progreso.*»[31] O sea, el líder máximo de la la Restauración «regeneradora» ponía en duda abiertamente en 1883 que España estuviera capacitada para salir del atraso que él, como líder, se había propuesto eliminar. No falta quien acuse a *La Decadencia de España* de unilateral y carente de matización. Tal vez sea cierto. Pero no lo es menos que las afirmaciones fundamenta-

---

[27] Cánovas del Castillo, *ibidem id.,* p. 54. El énfasis es nuestro.

[28] José Luis Comellas, *Cánovas del Castillo,* Barcelona, 1997, p. 62.

[29] Cánovas del Castillo, citado por Comellas, *op. cit.,* p. 63.

[30] Cánovas del Castillo, «Discurso de ingreso en la Real Academia de la Historia», citado por Comellas, *op. cit.,* p. 62.

[31] Cánovas del Castillo, *El Solitario y su Tiempo,* Madrid, 1883, vol. 2, p. 131. El énfasis es nuestro.

les del libro son indudablemente ciertas. De primera potencia mundial en tiempos de Felipe II el país devino potencia de tercer orden en tiempos de Alfonso XIII. Ese es un hecho que nadie puede negar.

El tema de la «decadencia» es central en la obra de muchos de los pensadores más destacados de las últimas décadas del siglo XIX, que constituyen la segunda ola regeneracionista en la historia intelectual de España. Un aragonés de fuego debe ser mencionado aquí como uno de los primeros en la vanguardia de esa corriente, el «león de Graus», Joaquín Costa (1844-1911), autor de una fórmula que se hizo famosa: «sellemos con siete llaves el sepulcro del Cid». Como bien dicen Emiliano Díaz-Echarri y José María Roca y Franquesa: «Quería Costa a todo trance arrancar a los españoles de la región de los sueños y de la inefable visión de las glorias pasadas, para incorporarlos a la corriente progresiva de la época; volverlos de espalda a toda empresa quimérica... para aplicar todo el esfuerzo a la reconstrucción del hogar patrio.»[32] España para Joaquín Costa se encontraba en un estado total de postración material y moral, del cual era preciso levantarla antes de que fuera demasiado tarde. Y para ello era preciso «europeizarla». No quiere decir esto que Costa fuera antiespañolista. *Azorín* lo aclara muy bien en un importante artículo: «Es indudable –escribe– que don Joaquín Costa empleó la palabra *europeización* como algo que daba plasticidad y rotundidad a las ideas que, sobre la reorganización y reconstitución de España, expone en sus libros y sus discursos... Lo fundamental en Joaquín Costa estriba en haber sido un partidario ardiente y decidido de lo que podríamos llamar la *esencia* de España, conociendo bien tal esencia por sus largos y profundos estudios históricos. Costa desea que para lograr la *continuidad nacional* se destruyan numerosas y devastadoras corruptelas, vicios y desenfrenos de la política española... Si Costa habla de europeización, lo hace no en el sentido de borrar todo lo español, sino en el de encauzar lo

---

[32] *Historia de la Literatura Española e Hispanoamericana*, Madrid, 1960, p. 1257.

genuino español en aquellos cánones, reglas y moldes que pueden ser comunes a todos los pueblos civilizados.»[33]

En 1896, en su primer manifiesto electoral, como candidato al Congreso, Costa presenta un programa que por las recetas que formula pone en claro los males que combate. Pide: 1– una red de canales de riego construidos por el Estado; 2– otra red de caminos baratos, construidos por el Estado, para relacionar a todos los pueblos de la Península; 3– abrir mercados para la producción agrícola nacional; 4– reforma del régimen hipotecario en bien del crédito territorial; 5– autonomía administrativa de los municipios, aboliendo el régimen de centralización que tanto ayuda al caciquismo; 6– adaptación del presupuesto nacional de gastos a la pobreza del país; 7– establecimiento urgente del seguro sobre la vida, socorros mutuos y cajas de retiro para labradores y braceros del campo y para menestrales y comerciantes en toda la nación; 8– mejora de la instrucción primaria elevando la condición social de los maestros; 9– justicia a Puerto Rico y Cuba, poniendo término a la guerra cubana de independencia «a cualquier precio que no sea el del honor»; 10– alianza con países hispanoamericanos para reprimir el instinto invasor de los Estados Unidos; 11– acabar con el caciquismo y la corrupción administrativa; 12– descentralización administrativa.[34]

Para Costa uno de los peores males socioeconómicos del país era el latifundismo, que la famosa desamortización del siglo XIX pudo haber curado pero que, por lo contario, empeoró. Predicaba él una reforma agraria basada en la resurrección de algunas de las formas colectivistas tradicionales del país. Y ayudó a plantear el llamado «problema de España» en términos realistas, lo que hizo –para no citar más que un ejemplo– en su histórica conferencia *Oligarquía y caciquismo como la forma actual de gobierno en España* dictada en el Ateneo de Madrid ante un auditorio que incluía personalidades del mundo intelectual y político tales como Miguel de Unamuno, Santiago

---

[33] *Azorín*, «Sobre Costa», *La Vanguardia*, Barcelona, 23 de mayo de 1911.

[34] Véase Melchor Fernández Almagro, *Historia Política de España Contemporánea*, vol. 3, *1897-1902*, Madrid, 1970, p. 333.

Ramón y Cajal, Emilia Pardo Bazán, Francisco Pi y Margall, Gumersindo de Azcárate y otros.

En un famoso discurso, pronunciado en 1900, emitió Costa una sarcástica opinión sobre la centuria española en que le tocó vivir: «¡Gran siglo, señores, el siglo XIX para España! En sus comienzos, la vendieron sus reyes a Napoleón; en sus postrimerías, la han vendido sus ministros a MacKinley. En sus comienzos, encarceló o asesinó a los que habían sido sus salvadores, mientras ponía el cetro en manos de los infames que le habían hecho traición, entregando sus ciudades y fortalezas al enemigo; en sus postrimerías castiga con nuevos tributos al pueblo que lo ha dado todo para salvar el nombre y la existencia de la Nación, y lo confirma en su inferioridad, remachando sus cadenas, añadiendo a su miseria, a su atraso, a su soledad y a su desconsuelo, mientras confía la administración de sus ruinas a los mismos que las han causado...»[35] La influencia de Joaquín Costa en su época fue notable. Su fama posterior lamentablemente mucho más reducida.

Otro importante regeneracionista fue Lucas Mallada (1841-1920), a quien tal vez su exagerado pesimismo condenó al olvido, a pesar de que su obra *Los males de la patria y la futura revolución española*, publicada en 1890, ejerció una gran influencia sobre la generación del 98. Azorín, por ejemplo, la llama «el libro más representativo del momento».[36] Mallada era un ingeniero de minas, un hombre de ciencia (geógrafo, geólogo, fundador de la paleontología española) y un escritor apasionado y vigoroso. Como había viajado por todos los rincones de su patria, pudo comprobar, hondamente dolido, el retraso y la miseria que reinaban en España. Se dedicó entonces a estudiarlos con absoluta objetividad científica. Y los convirtió en el tema central de su preocupación y de su quehacer literario y cívico.

Desde el mismo comienzo, Mallada establece sus premisas: España es un país pobre debido, entre otras causas, a la pobreza de su

---

[35] Joaquín Costa, *Oligarquía y Caciquismo, Colectivismo Agrario y otros escritos*, Madrid, 1969, p. 226.

[36] Véase el tomo VI de las *Obras Completas* de Azorín, Editorial Aguilar, Madrid, 1948, p. 255.

suelo, hecho indudable pese al mito engendrado por un falso patriotismo en sentido contrario. Hay algunas comarcas fértiles y productivas, pero la mayor parte del país hace deplorable contraste con ellas. Por dondequiera, sequedad y aridez en una tierra desarbolada y desnuda; por dondequiera, hambre y miseria. Más de la mitad de los españoles viven envueltos en un montón de andrajos y de remiendos. Buena parte de su población carece de lo necesario para alimentarse decentemente. En ese suelo empobrecido habita una raza débil y fantasiosa. «La patria de Don Quijote –afirma Mallada– es un país de soñadores; por lo mismo que aquí se sueña tanto hay necesidad de dormir mucho, y sin embriagarnos con opio, como los chinos, estamos viendo visiones y en ilusión perpetua, sin despertar de nuestra modorra. Sin duda alguna nos sentimos felices con nuestra somnolencia... con nuestra *fantasía*... la loca fantasía... nuestro principal defecto:»[37]

Y la fantasía, inevitablemente, engendra la pereza. Y ésta, la ignorancia. «Bochornoso es que lleguen al 75 por 100 el número de los españoles que no saben leer ni escribir,» protesta Mallada. Y, aun más, que sólo el 8 por 100 de las mujeres hispanas supiesen hacerlo... Lo que se debía a que la instrucción de las masas populares, en general, fuera paupérrima. España se había convertido en una nación de gentes rudas e ignorantes, que mandaban a sus hijos –cuando lo hacían– a escuelas destartaladas e infectas regidas por maestros en gran parte desprovistos de certificados de aptitud y condenados a la peor miseria pues en su inmensa mayoría no alcanzaban la dotación anual de 500 pesetas. En otros sectores se notaba progreso. «Negar lo mucho que ha ganado en instrucción la clase media en estos últimos años, sería negar la existencia del sol que nos alumbra; pero si mucho hemos adelantado, mucho más nos queda por hacer...» (p. 54.)

Según nuestro autor, la agricultura española seguía prisionera de la miseria. En su examen de esta realidad, Mallada elabora una larga lista de los males que la afectan. En primer lugar, aquellos relaciona-

---

[37] Lucas Mallada, *Los males de la patria y la futura revolución española*, Alianza Editorial, Madrid, 1969, p. 40. Todas las citas de esta obra que aquí aparecen, proceden de esa edición y, en adelante, se referencian en el texto mismo.

dos con el sistema de posesión de la tierra, tales como la mala división de la propiedad rural; el absentismo; la falta de capitales; la falta de crédito y la usura. Luego, a más de las plagas naturales que devoran las plantas y los ganados y de las inclemencias del cielo, hay otros tales como la falta de riegos; el encharcamiento de lugares pantanosos e insalubres; el empobrecimiento del suelo; la desnudez de los montes; la falta de abonos; la rutina y la ignorancia en las prácticas agrícolas; el mal estado de los caminos vecinales y las deficiencias del servicio ferroviario. Y como si todo esto fuera poco, se encuentran los derivados de la mala organización política: la exagerada y ruinosa centralización; el desbarajuste administrrativo; la torpe y larga tramitación de expedientes; la lentitud y desorden de las obras públicas; la inmoralidad de los empleados del estado; la impotencia e incapacidad de los gobiernos; la ruindad de los partidos políticos; el militarismo y el caciquismo. Por fin los relacionados con la política fiscal: la excesiva contribución territorial; la desigualdad de los tributos; las ocultaciones de la propiedad y el impuesto de consumo...Un complejo diagnóstico y una larga lista de remedios.

Al referirse a la industria y al comercio, Mallada hace uso generoso de las estadísticas para llegar a la misma conclusión que había formulado anteriormente: España «es el país menos industrioso y de menos genio comercial del mundo civilizado.» (p. 70.) Cuando se comparan las importaciones y exportaciones españolas de esa época con aquellas de los países adelantados del mundo se descubre entre ellas una diferencia capital: estas últimas exportan del 60 al 80 por ciento de manufacturas e importan proporciones parecidas de sustancias alimenticias y de materias primas. «En España sucede precisamente lo contrario. Nos hallamos en caso análogo al de las naciones primitivas, cuyas importaciones consisten principalmente en objetos manufacturados y cuyas exportaciones se cifran, en su mayor parte, en primeras materias y sustancias alimenticias...» (p.128) O sea, que la estructura comercial de España la coloca en el campo del que hoy llamaríamos el «tercer mundo».

Por supuesto, no todo es retroceso. Se progresa, sí. Pero –dice Mallada– «progresamos a paso de tortuga, agobiados bajo el peso de nuestra coraza de holgazanería e ignorancia;y mientras tanto pueden repetir en todos los idiomas que en España se resolvieron problemas muy singulares, como los siguientes: dados los mejores trigos, hacer el peor pan; dadas las mejores uvas, hacer el peor vino; dadas las mejores olivas, hacer el peor aceite.» (p. 129.) En *Los males de la patria* se analizan la industria vinícola, la minera, la textil, la de los aceites y otras, y se señalan los errores gubernamentales cometidos en la fijación de impuestos y tarifas aduanales, que lejos de proteger se ensañan con la industria nacional. «A pesar de las apariencias favorables que con ciertas intermitencias se observan, juzgamos que España tardará mucho tiempo en conseguir un grado notable de adelanto en la industria y el comercio considerados en conjunto. Los progresos de estos últimos años, que nos parecen colosales, son bien poca cosa comparados con los progresos de los otros pueblos civilizados.» (p. 149.)[38]

Mallada ofrece un retrato poderoso de la corrupción pública, que era la marca más clara del burocratismo español. Escribe: «Necesario es que nos ciegue un amor propio muy mal entendido para no ver que España, en este nuestro siglo, es uno de los países donde mayor inmoralidad pública se observa... La mala yerba de la inmoralidad pública creció por todos los ámbitos del país, porque encontró muy bien preparado para ella el terreno hueco de nuestra fantasía y de nuestra desidia, abonado copiosamente con la basura de la mezquina y bastarda política intervenida por los caciques y regado de continuo con las lluvias desprendidas de las nubes del desbarajuste administrativo. Condiciones favorables al desarrollo de la funesta semilla, que no se ven en tan alto grado manifiestas en otro país del mundo. (pp. 153-154.) «...Denuncian inútilmente los diarios miles de fraudes y abusos

---

[38] Estas palabras recuerdan la imagen con que se expresó la idea en un *Manifiesto de la Liga Nacional de Productores*, en 1899: «Sin duda alguna, algo adelantamos o adelantábamos antes de la catástrofe, pero como adelanta una carreta tirada por bueyes a lo largo del viejo camino paralelo a la vía férrea por donde cruza en tren expreso la civilización europea; sin dejar de ganar terreno, cada minuto aumenta en una legua la distancia que nos separa de Europa.» (Citado en *Más se perdió en Cuba. España, 1898 y la crisis de fin de siglo*, (coordinado por Juan Pan-Montojo), Madrid, 1998, pp. 263-264.)

en aduanas, en presidios, en suminitros, en contratas, tanto en Ultramar como en la Península, en todos los ministerios, en todos los ramos, en todas las provincias...» (p. 159.) Y la detalladísima lista de los atropellos contra la moral cívica se extiende por páginas y páginas... Y, por fin, se refiere el autor a los partidos políticos, que muy mal han de salir del examen si se tiene en cuenta la opinión que él tiene de los políticos. «Fuera de contadas excepciones, las cualidades generales de los políticos españoles son las siguientes: la más crasa ignorancia en los fundamentos del difícil arte de gobernar; la osadía y la falta de aprensión proporcionales a esa misma ignorancia; el espíritu de discordia y rebeldía en relación con su inmensa soberbia; la veleidad y la ligereza en armonía con su aturdimiento; la ingratitud y la doblez indispensables para su ambición ilimitada.» (p. 202.)

El libro de Mallada, saturado de sombras doloridas, fue muy leído cuando apareció en 1890. Luego cayó en total olvido, hasta que fue resucitado durante la conmemoración del centenario en 1998.

El malogrado pensador y estimado novelista Ángel Ganivet (1862-1898) autor de *Granada, la bella* (1896), un hermoso libro sobre su patria chica, es famoso sobre todo por un ensayo de filosofía de la historia sobre su patria grande titulado *Idearium Español* (1897). Aunque fascinante en muchos aspectos, no es un libro de fácil lectura. Como bien ha escrito uno de sus críticos, Antonio Espina, «Ganivet era un espíritu ecléctico, un artista que maneja con frecuente exceso de fuego toda clase de ideas, de frases y paradojas, tocado a menudo de un humor caprichoso que no se para ante la «boutade» y aun el exabrupto.»[39] En más de una ocasión nuestro autor dejó de expresr claramente su pensamiento, viéndonos forzados los lectores a presumir cuál puede haber sido éste.

Hay algo, sin embargo, que se nos impone como evidente desde las primeras páginas de *Idearium Español*: para Ganivet, España era una nación enferma y a él le tocaba hacer el diagnóstico de sus males y sugerir los remedios capaces de curarlos. Y ello era así porque el médico sufría la misma enfermedad que afectaba al enfermo: una

---

[39] Antonio Espina, *Ganivet, el Hombre y la Obra*, México, 1954, p. 51.

dolencia psíquica gravísima que lo llevaría progresivamente de la melancolía a la depresión, a la abulia y, finalmente, al suicidio. Ganivet se arrojó a las heladas aguas del río Dwina, en Riga, el 29 de noviembre de 1898 y allí perdió la vida. En el *Idearium* podemos ver cómo funde su autor la intuición subjetiva con la diagnosis objetiva. Allí escribe: «Si yo fuera consultado como médico espiritual para formular el diagnóstico del padecimiento que los españoles sufrimos (porque padecimiento hay y de difícil curación), diría que la enfermedad se designa con el nombre de «no querer», o en terminos más científicos por la palabra griega 'aboulía', que significa eso mismo, 'extinción o debilitación grave de la voluntad'... Hay una forma vulgar de la abulia que todos conocemos y a veces padecemos. ¿A quién no le habrá invadido en alguna ocasión esa perplejidad del espíritu nacida del quebranto de fuerzas o del aplanamiento consiguiente a una inacción prolongada, en que la voluntad, falta de una idea dominante que la mueva, vacilante entre motivos opuestos que se contrabalancean, o dominada por una idea abstracta, irrealizable, permanece irresoluta, sin saber qué hacer y sin determinarse a hacer nada? Cuando tal situación de pasajera se convierte en crónica, constituye la abulia, la cual se muestra al exterior en la repugnancia de la voluntad a ejecutar actos libres.»[40]

Según Ganivet, en la nación española se manifiestan todos los síntomas que se dan en los individuos atacados por ese mal. No se producen actos de libre determinación. «Nuestra nación hace ya tiempo que está como distraída en medio del mundo. Nada le interesa., nada la mueve de ordinario; mas de repente una idea se fija, y no pudiendo eqilibrarse con otras, produce la impulsión arrebatada.» (p. 134) Al país no le funciona el sentido sintético, que en la sociedad es la capacidad para obrar con plena conciencia y conocer de ese modo sus intereses colectivos. Hay sociedades donde por encima de las inevitables discrepancias predomina una constante unanimidad a la

---

[40] Ángel Ganivet, *Idearium Español*, Colección Austral, Madrid, 1976, p.p. 131-132. Todas las citas de esa obra que aquí aparecen, proceden de esa edición y, en adelante, se referencian en el texto mismo.

hora de defender sus interes. Hay otras –y España es una de ellas– donde predomina el desacuerdo; los intereses parciales no se integran en uno común. La sociabilidad es debilísima. Predomina el individualismo, el atomismo. El ideal jurídico del ciudadano español parece ser –explica graciosamente Ganivet– «que todos los españoles llevasen en el bolsillo una carta foral con un solo artículo, redactado en estos términos breves, claros y contundentes: 'Este español está autorizado para hacer lo que le dé la gana.'» (p. 55)

El cuadro de España que nos entrega el *Idearium* es desolador. Se vive en rebelión constante contra «la justicia positiva». Predomina el instinto de insubordinación, la tendencia a la indisciplina, a la anarquía. (p. 71) Se impone un estado de perpetua guerra civil. (p. 125) La centralización y la corrupción administrativas dominan la vida pública. Se extiende el analfabetismo. Y la cultura superior no anda mucho mejor. Ganivet habla de la «penuria intelectual», de la «postración intelectual» de su país. «Lo que no había antes ni hay ahora, salvo contadísimas excepciones, es quien cultive la ciencia científicamente y el arte artísticamente.» (p.130) El país está en ruinas, material y espiritualmente (p. 143).

En lo que a remediar tan grave situación se refiere, dos posturas se disputaban el terreno a este respecto por aquellos tiempos. La «europeizante» que buscaba incorporar el país a la Europa industrial de la época y la tradicionalista que propugnaba buscar la solución al problema desde dentro, conservando el tipo nacional intacto, aun con todos sus defectos. Esta última es la tesis que defiende Ganivet, incorporándose a un movimiento integrado por varios destacados intelectuales anti-industrialistas, tales como Unamuno, Valle Inclán y Azorín, entre otros. El autor del *Idearium* es el extremista del grupo pues era un vehemente adversario de todas las innovaciones técnicas del momento, habiéndose opuesto, por ejemplo, a la introducción de la electricidad y el agua corriente en su ciudad de Granada.[41]

---

[41] Michael Aronna, *«Pueblos Enfermos»: The discourse of illness in the turn-of-the-century Spanish and Latin American Essay*, Chapel Hill, 1999, p. 78. Tambien Lily Litvak, *A Dream of Arcadia: Anti-Industrialism in Spanish Literature*, Austin y Londres, 1975,

Debemos a Ricardo Macías Picavea (1847-1899) otra importante investigación sobre el estado de la sociedad española en los últimos decenios del siglo XIX, cuyas conclusiones recoge en su libro *El Problema Nacional: Hechos, Causas, Remedios*, publicado en 1898. En esa obra se considera que el origen de la desastrosa situación de la España finisecular reside en ese indómito y morboso individualismo «disasociante y anorgánico» que predomina en su país. Macías lo define así: «Es un ímpetu de rebeldía y singularismo, no sabemos qué irresistible impulso de disociación separatista, gusto frenético de andar suelto y libre, protesta de toda disciplina colectiva... que arrastra y ha arrastrado siempre a los españoles a pelear unos contra otros, a aislarse y separarse en pequeñas regiones y aun en diminutas localidades, a armarle guerra al vecino por un «quítame allá esas pajas», a negarse mutua cooperación en los trances difíciles, a no estar nunca conformes con regla alguna que venga de otra voluntad que la propia... a sustraerse en fin con irreductible resistencia pasiva, si no es con sangrienta franca protesta, a toda fecunda acción colectiva, a toda suma, conglomeración y síntesis social que mire al interés procomún con sacrificio de los propios gustos y opiniones.»[42]

Y Macías comenta: «¿Se comprende la asoladora influencia que una cualidad de tal naturaleza y fuerza es capaz de ejercer en los destinos de un pueblo? Ella sola se basta para esterilizar todas las demás buenas cualidades, aun tan vigorosas y relevantes, consumiendo con eterno suicidio en la propia destrucción asombrosas energías, imposibilitando toda grande empresa nacional y común, incapacitándonos para luchar con la naturaleza y enderezar sus fuerzas colosales, reduciendo la vida entera a una perpetua y desolada negativa.» (p.62.) Y el resultado no puede ser más trágico. A lo largo del libro se listan los males más importantes que llevan a la postración nacional. Es una acumulación impresionante de morbos societarios y cívicos: cesarismo,

---

passim.

[42] Ricardo Macías Picavea, *El Problema Nacional,* Madrid, 1972, pp. 61-62. Todas las citas de esa obra que aquí aparecen, proceden de esa edición y, en adelante se referencian en el texto mismo.

despotismo ministerial, caciquismo, centralismo, teocratismo, intolerancia, militarismo, parálisis de la evolución económica y social, atrofia de los órganos de vida nacional, desorientación general, incultura, analfabetismo, pobreza, vagancia, despoblación... «España, toda ella, es una nación en ruinas. Donde quiera, examinándola, se recibe esa impresión penosa y lamentable, que llena el corazón de frío y de sombras el alma. Ruinas en sus bosques talados, en sus campos yermos, en sus ríos torrentosos, en sus ramblas sin agua, en su ambiente aterido; y ruinas también en sus ciudades mermadas y lacias, en sus mil industrias desaparecidas, en sus antiguas grandiosas obras de viabilidad, riego o urbanización extinguidas y abandonadas, en sus infinitos monumentos, en fin, uno de los más grandiosos museos nacionales que en el mundo existen.»(p. 63.)

Y lo peor es que esa «espantosa ruina nacional», esa progresiva desintegración del país ha venido actuando por «cuatro mortales siglos» sobre el alma del pueblo «deshabituándolo de la reflexión y del trabajo, acostumbrándole a la improvisación y a la aventura, endureciéndole la sensibilidad, agriándole el ánimo... indisciplinándole la voluntad, enrudeciéndole como los desamores juntos de una naturaleza esquiva, de una historia perpetuamente adversa, y de una pobreza siempre cara de hereje.» Tremenda descripción de la compleja patología de una sociedad. De la que no se salva tampoco la cultura. Según Macías, «nuestra cultura es sólo cultura de segunda mano, epidérmica, yuxtapuesta, no nacional, advenida casi exclusivamente por el arcaduz francés. Llegan escasamente a media docena los espíritus independientes e investigadores originales, que crean en España.» (p. 78)

Hay quienes aseguran que Macías exagera. Lo más probable es que en su obra nos encontremos ante un testimonio más, en lo general irrefutable, del proceso de declinación, de parálisis y, en consecuencia, de retroceso histórico a que venimos aludiendo. Si hubiera sido posible hacer una medición estadística de las opiniones vigentes en el país por aquellos años, lo más probable es que la mayoría de ellas coincidieran plenamente con el diagnóstico que aparece en las páginas de *El Pensamiento Nacional: Hechos, Causas y Remedios*. Y ya se sabe que las opiniones, justificadas o no, actúan como fuerzas sociales en el seno de las colectividades donde funcionan. El desastre del 98 no puede comprenderse sin un conocimiento de la violenta autocrítica que resumimos aquí.

Don Miguel de Unamuno (1864-1936), vasco por los dieciséis costados, como él de si mismo decía, español por *todos* los costados, como podemos llamarle nosotros, dedicó su vida al esfuerzo supremo de penetrar en la esencia más pura del alma española o, lo que es lo mismo, de su tierra fecunda y fecundante. Gran parte de su obra poética, novelística y ensayística deviene un empeño de fundir el pasado con un futuro nunca muy claramente definido, y de encontrar una transacción aceptable entre la tradición y el progreso. Hondamente dolido de la evidentísima decadencia de su patria, buscó remedios para combatirla en el análisis racional de su naturaleza y de sus causas y en la intuición amorosa que esa patria le inspiraba.

En su primer libro, *En torno al casticismo*[43], publicado en 1897, pasa Unamuno la vista por el panorama social y cultural de España. Y el retrato que nos devuelve es extremadamente desconsolador. Generalizando, nos dice: «Atraviesa la sociedad española honda crisis; hay en su seno reajustes íntimos, vivaz trasiego de elementos, hervor de descomposiciones y recombinaciones, y por de fuera un desesperante marasmo...» (*Ibidem, id.,* p. 122.) Y es que a fines del siglo XIX siguen rigiendo la vida del país los mismos males que lo vienen afectando desde siglos atrás. Ya la primera mirada, dirigida al mundo político, comprueba que sigue vivo el viejo individualismo egoísta y excluyente, al que acompaña una ausencia total de personalidad. A la disciplina externa acompaña siempre una constante insubordinación íntima: un yoismo casi anárquico. En consecuencia, a la hora de cumplir, se cumple, pero no se sabe obedecer. La sociedad acaba por fragmentarse —nos dice— «en camarillas que se aborrecen sin conocerse. Es desconsolador el atomismo salvaje de que no se sabe salir si no es para organizarse férrea y disciplinariamente con comités, comisiones, subcomi-

---

[43] Esta obra aparece en el libro de Don Miguel de Unamuno, *Ensayos*, vol. 1, Edit. Aguilar, 1964, pp. 22 y ss. Todas las citas de esta obra que aquí aparecen, proceden de esa edición y, en adelante, se referencian en el texto mismo.

siones, programas cuadriculados y otras zarandajas. Y como en nuestras viejas edades, acompaña a este atomismo fe en lo de arriba, en la ley externa, en el gobierno a quien se toma ya por Dios, ya por el Demonio, las dos personas de la divinidad en que aquí cree nuestro maniqueísmo intraoficial.» (p. 124.) El resultado es que se extiende «y se dilata por toda nuestra actual sociedad española una enorme monotonía, que se resuelve en atonía, la uniformidad mate de una losa de plomo de ingente ramplonería.»(p. 124.)

Porque lejos de corregirse, se han intensificado las tendencias disolventes, persistiendo vivaz el instinto de los extremos irreconciliables, de los fanatismos absolutistas.. Y «esta tendencia disociativa de visión caleidoscópica se revela hasta en los más menudos detalles...» siendo una de las más hondas y fatales la que existe entre la ciencia y el arte, tema que Unamuno estudia en detalle, para concluir, por fin, que «es un espectáculo deprimente el del estado mental y moral de nuestra sociedad española». Pesa sobre ella una atmósfera de bochorno: «debajo de una dura costra de gravedad formal se extiende una ramplonería comprimida, una enorme vulgaridad y vulgachería... No hay corrientes vivas internas en nuestra vida material y moral; esto es un pantano de agua estancada, no corriente de manantial. Alguna que otra pedrada agita su superficie tan solo, y a lo sumo revuelve el légamo del fondo y enturbia con fango el pozo. Bajo una atmósfera soporífera se extiende un páramo espiritual de una aridez que espanta. No hay frescura ni espontaneidad, no hay juventud... He aquí la palabra terrible; no hay juventud. Habrá jóvenes, pero juventud falta. (pp. 127-128.) Y prosigue el ataque, páginas más adelante: «Donde no hay juventud, tampoco hay verdadero espíritu de asociación, que brota del desbordamiento de vida, del vigor que se sale de madre y trasvasa. Las sociedades nacen aquí osificadas, y esto cuando nacen, porque la insociabilidad es uno de nuestros rasgos característicos.» (p. 131.)

Y no anda mejor el mundo de la cultura en general. «Es cada día mayor la ignorancia –nos dice Unamuno– y la peor de todas, la que se ignora a sí misma, la de la semiciencia presumida.... Hay abulia para el trabajo modesto y la investigación directa, lenta y sosegada. Los más laboriosos se convierten en receptáculo de ciencia hecha o en escarabajos peloteros de lo último que sale por ahí fuera... En la vida común y en el comercio corriente de las gentes la extrema pobreza de ideas nos lleva a rellenar la conversación, como de ripio, de palabrotas torpes, disfrazando así la tartamudez mental, hija de aquella pobreza, y la tosquedad del ingenio... Persiste la propensión a la basta ordinariez...» Sobre esta miseria espiritual se extiende lo que Unamuno llama *el pólipo político*. «La pequeñez de la política extiende su virus por todas las demás expansiones del alma nacional. Y aun el pólipo está en crisis. Los viejos partidos amojamados en su ordenancismo de corteza, se arrastran desecados, y brota, como signo de los tiempos, el del buen tono escéptico y de la distinción *elegante*, el neo-conservatorismo diletantesco y aseñoritado con golpes plutocráticos...» (pp. 133-134.)

Y como si fuera poco, también le dedica Unamuno sus flores a la prensa de aquel tiempo. «Todo es aquí cerrado y estrecho, de lo que nos ofrece típico ejemplo la Prensa periódica. Forman los chicos, los oficiales y los maestros de ella falange cerrada, sobre que extienden el *testudo* de sus rodelas, y nadie la rompe ni penetra en sus filas si antes no jura las ordenanzas y se viste el uniforme. Es esta prensa una verdadera balsa de agua encharcada, vive de sí misma; en cada Redacción se tiene presente, no al público, sino las demás Redacciones; los periodistas escriben unos para otros, no conocen al público ni creen en él... Estúdiese nuestra Prensa con sus flaquezas todas y, al verla fiel trasunto de nuestra sociedad, no se puede menos que exclamar, al oir execrarla neciamente:

> Arrojar la cara importa
> que el espejo no hay por qué.»[44]

Tampoco se escapa de la crítica acerba el mundo académico, incluyendo los llamados «investigadores» científicos o literarios. El autor considera ese mundo, salvo contadas excepciones, como chato y mediocre. Antes los españoles poseían una experiencia palpitante y rica adquirida en correrías por todo el mundo conocido, Europa, Amé-

---

[44] Unamuno, *op. cit.*, pp.131-132.

rica y otras tierras. Ahora en este fin de siglo falta la experiencia viva y no ha sido sustituida por otra alguna. Unamuno se queja de la ausencia de originalidad en el pensamiento. Cuando no se sabe, se disimula la ignorancia hinchando el vocabulario en una prosa vacía. «Se disputa quien se ha enterado antes de algo, no quien lo ha comprendido mejor; lo que viste es estar a lo último, recibir de París el libro con las hojas oliendo a tinta tipográfica.» (*Ibid., id.*, pp. 133-134)

Y lo peor es que se va de mal en peor. En vez de avanzar se retrocede. «Recobran vida nuestros vicios nacionales y castizos todos, la falta de lo que los ingleses llaman *sympathy*, la incapacidad de comprender y y sentir al prójimo como es, y rige nuestras relaciones de bandería, de güelfos y gibelinos, aquel absurdo de *qui non est mecum, contra me est*. Vive cada uno solo entre los demás en un arenal yermo y desnudo, donde se revuelven pobres espíritus encerrados en dermatoesqueletos anémicos.» (p. 135). Como se ve estamos ante un cuadro saturado de ruinas, ante la reprobación de un inquisidor a todas luces implacable.

Por eso, inútilmente trata de salvar en el alma del lector un hálito de promesa ese último párrafo barnizado de esperanza con que se cierra el libro: «¡Ojalá una verdadera juventud, animosa y libre, rompiendo la malla que nos ahoga y la monotonía uniforme en que estamos alineados, se vuelva con amor a estudiar el pueblo que nos sustenta a todos, y abriendo el pecho y los ojos a las corrientes todas ultrapirenaicas y sin encerrarse en capullos casticistas, jugo seco y muerto del gusano *histórico*, ni en diferenciaciones nacionales excluyentes, avive con la ducha reconfortable de los jóvenes ideales cosmopolitas el espíritu colectivo intracastizo que duerme esperando un redentor!» (p. 140.) *En torno al casticismo* deja en la boca un amargo regusto del escepticismo, el desaliento y el desánimo que se acumulaban en el alma del pueblo español en las últimas décadas del siglo XIX.

Hemos dejado para el final de este panorama de la autocrítica española de fines del XIX, las opiniones sobre este tema emitidas por otro aragonés ilustre: Santiago Ramón y Cajal (1852-1934), el padre de la moderna neurología y único hombre de ciencia de España con rango de figura universal en su tiempo. Enfoca él la cuestión de la decadencia española concentrando la mirada sobre la situación y desenvolvimiento de la filosofía y la ciencia. ¿Es exacto decir –se pregunta– que esas dos ramas del saber han decaído con relación a lo que existía en el país en los siglos XVI y XVII? En verdad, sólo puede degenerar lo que antes estaba sano y floreciente. Y partiendo de esa base, el ilustre científico afirma que en España no puede propiamente hablarse de decadencia cuando antes jamás hubo allí verdadero florecimiento. Si se estudia sin caer en apasionamientos patrioteros la historia de la producción filosófica y científica de la Península en los siglos medios y el comienzo de la edad moderna, se verá que la contribución de los sabios hispanos se mantuvo siempre al mismo nivel. «La imparcialidad obliga, empero, a confesar que, apreciado globalmente, dicho rendimiento ha sido pobre y discontínuo, mostrando con relación al resto de Europa, un atraso y. sobre todo, una mezquindad teórica deplorable.»[45]

Y en una larga nota, agrega : «El relato de los extranjeros que visitaron España en la época de su grandeza o en el comienzo de su declinación y los testimonios de nuestros escritores de los siglos XVI y XVII demuestra que nuestra preponderancia en Europa fue meramente militar y no cultural. Ciencia, industria, agricultura, comercio: todas las manifestaciones del espíritu y del trabajo eran en la época de los Reyes Católicos y de Carlos V sumamente inferiores a las del resto de Europa.... Además en cada período nuestros hombres de ciencia fueron escasos, y los genios, como las cumbres más elevadas, surgen solamente en las cordilleras. Para producir un Galileo o un Newton es preciso una legión de investigadores estimables.»[46] No puede , pues, decirse que España sea un pueblo degenerado sino atrasado e ineducado. «Mientras nuestra raza ha dormido secularmente el sueño de la ignorancia y cultivado la religión y el arte (preferentes y casi únicas actividades de los pueblos primitivos) las naciones del centro y norte de

---

[45] Santiago Ramón y Cajal, «Nuestro atraso cultural y sus causas pretendidas», en la antología de ensayos de Ángel del Río y M. J. Bernardete citada más arriba, p. 46.

[46] Ramón y Cajal, *ibid..*, pp. 46-47.

Europa se nos han adelantado prodigiosamente. No vamos hacia atrás, sino muy detrás.»[47]

Ramón y Cajal participó también en la famosa polémica que, como es sabido, se sostuvo en el siglo XIX entre Julián Sanz del Río y otros agudos criticistas influidos por el krausismo[48] por un lado, y los tradicionalistas, bajo el liderazgo de Marcelino Menéndez y Pelayo, por el otro. Los primeros afirmaban que nunca había existido una ciencia y una filosofía españolas. Los segundos sostenían que durante el Siglo de Oro España había creado ciencia y filosofía altísimas y originales. Ramón y Cajal se coloca en una posición aparentemente intermedia, pero que acaba por darle la razón al criticismo. Y cita al respecto la opinión del escritor francés Dusolier, con la que dice coincidir a plenitud. «Contrariamente a los asertos, demasiado modestos o demasiado desdeñosos de la escuela krausista, creemos *que ha existido, en efecto, una ciencia y una filosofía españolas; pero pensamos también que todo el talento de Menéndez Pelayo no basta para probar que esta filosofía y esta ciencia hayan sido muy importantes.*»[49] Más adelante hace referencia a la opinión de Ramiro de Maeztu sobre las persecuciones de la Inquisición, al afirmar que mal pudo ésta sacrificar a filósofos y sabios cuando España no los había tenido nunca (de primer orden, se entiende).

Analiza nuestro sabio neurólogo todas las teorías que hasta entonces habían sido propuestas para explicar la decadencia española. Por su parte –resumiendo– apunta que en todas ellas late un fondo de

---

[47] Ramón y Cajal, *ibid.*, p. 47.

[48] El krausismo es un movimiento filosófico basado en el sistema ideológico del alemán Karl Krause (1781-1832), bautizado por éste *pnenteísmo*, una derivación del panteísmo, según la cual Dios no era una personalidad sino una esencia que contenía en sí mismo al universo. Como parte orgánica del universo, el hombre estaba incluido en esa identificación. De ahí la veta divina que lo dotaba de una especial dignidad, lo obligaba a regirse por una estricta tabla de valores y a luchar por el rescate de los que equivocadamente se desviaban de ella, sobre todo mediante la educación. De ahí el Instituto *Libre* de Enseñanza. Ese elemento ético fue especialmente subrayado por los partidarios de Krause en España, país que atravesaba la gravísima crisis moral y material que venimos historiando.

[49] Ramón y Cajal, *ibid.*, p. 57.

verdad, aunque no lo dicen todo. «La causa culminante de nuestro retardo cultural no es otra que el *enquistamiento espiritual* de la Península. A la manera de un tumor, el talento hispano desarrollóse, viciosa y monolateralmente, nutriéndose exclusivamente de la pobre savia nacional. La frase 'Santiago, cierra España'... no fue sólo el grito de combate de nuestros guerreros, sino la divisa de nuestros sabios. Cerramos las fronteras para que no se infiltrase el espíritu de Europa, y Europa se vengó alzando sobre los Pirineos una barrera moral mucho más alta: la muralla del desprecio.»[50] Y termina con estas palabras: «Hemos vivido, pues, durante siglos, recluídos en nuestra concha.... A causa de esta incompleta conjugación con Europa, nuestros maestros profesaron una *ciencia muerta*, esencialmente formal, la ciencia de los libros, donde todo parece definitivo (cuando nuestro saber hállase en perpetuo *devenir*), e ignoraron la *ciencia viva*, dinámica, en flujo y reflujo perennes, que solo se aprende conviviendo con los grandes investigadores, respirando esa atmósfera tónica de sano escepticismo, de sugestión directa, de imitación y de impulsión, sin las cuales las mejores aptitudes se petrifican en la rutinaria labor del repetidor o del comentarista.»[51]

En esta ya larga lista de diagnósticos y terapias formulados sobre «el mal de España», nos hemos limitado a una presentación objetiva de opiniones sin hacer énfasis en el juicio crítico sobre ellas. Como ya señalamos, el propósito de este capítulo ha sido presentar el estado del «espíritu de los tiempos» en la España de las postrimerías del siglo XIX y el profundo disgusto manifestado por los pensadores de la época por la situación del país, mas no decidir sobre la justeza o no de esas opiniones. Tales criterios se citan aquí, más bien como testimonios sintomáticos, como reflejo de la frustración colectiva, que se desdoblaba en conmoción del espíritu nacional en los tiempos precursores del Desastre. No cabe duda de que ése era el modo de pensar y de sentir de gran parte de la intelectualidad de la época. Convencimien-

---

[50] Ramón y Cajal, *ibid.*, p. 61.
[51] Ramón y Cajal, *ibid.*, p. 63.

to que, por amplia mayoría, coincidía en lo esencial con el de los autores arriba citados. Porque las ideas de éstos eran por entonces muy comunes. Formaban parte de la atmósfera ideológica que se respiraba en toda la Península. Un atmósfera cargada de abatimiento, de pesimismo, de desaliento, de derrotismo, que no podía compensarse con alusiones oratorias o periodísticas, más o menos patrioteras, a un pasado y una tradición gloriosos pero caducos. En fin, que no es posible comprender el desastre de 1898 sin un claro conocimiento de la violenta autocrítica que acabamos de resumir.

Resulta interesante (y hasta corroborativo de lo que venimos diciendo) señalar que el tema de la decadencia siguió interesando a los intelectuales españoles aun después de 1898, durante la primera mitad del siglo XX. Se explica. La situación que lo hacía vigente había cambiado poco después del '98. España avanzaba pero con la misma lentitud desesperante de antes. Y todo el mundo se preguntaba por qué. Por eso, aunque el estudio de las opiniones de los intelectuales del siglo XX sobre la cuestión parecen salirse un tanto de los propósitos de este capítulo, hemos decidido ocuparnos brevemente del tema. Por dos razones. Primero, porque el hecho de que esa *malaise* perdurara tanto tiempo nos prueba que estaba profundamente arraigada en el espíritu colectivo de España. Y, además, porque la desazón con que tantos pensadores miraban el estado del país en las primeras décadas de la nueva centuria tenía, en parte, sus raíces en el doloroso golpe que representó para los peninsulares la pérdida de sus últimas colonias americanas y asiáticas en 1898, lo que desde entonces ha sido llamado *EL* desastre.

De las muchas muestras de esa desazón vamos a escoger únicamente dos: las voces maestras del poeta andaluz Antonio Machado (1875-1939) y del filósofo madrileño José Ortega y Gasset (1883-1955). Machado vivió por un tiempo en Soria, viejo rincón de Castilla la Vieja. Y como caminante impenitente (decía él que sus más caras aficiones eran leer y pasear) exploraba sin descanso esa árida meseta en busca de la esencia de su patria. «Cinco años en la tierra de Soria, hoy para mí sagrada –allí me casé, allí perdí a mi esposa, a quien adoraba-, orientaron mis ojos y mi corazón hacia lo esencial castellano», escribió él una vez. Un caluroso día de julio, solo como siempre, iba por las quiebras de los pedregales, mientras «sobre los agrios campos caía un sol de fuego», y al atravesar un puente de piedra da con «las aguas plateadas del Duero»... Del Duero que «cruza el corazón de roble de Iberia y de Castilla»... Hubo un estremecimiento. Y ese dolor de patria le arrancó los famosos alejandrinos contenidos en un poema de su libro *Campos de Castilla*, publicado en 1912:

¡Oh, tierra triste y noble,
la de los altos llanos y yermos y roquedas,
de campos sin arados, regatos ni arboledas;
decrépitas ciudades, caminos sin mesones,
y atónitos palurdos sin danzas ni canciones
que aun van, abandonando el mortecino hogar,
como tus largos ríos, Castilla, hacia la mar!
Castilla miserable, ayer dominadora,
envuelta en sus andrajos desprecia cuanto ignora.
¿Espera, duerme o sueña? ¿La sangre derramada
recuerda, cuando tuvo la fiebre de la espada?
....
La madre en otro tiempo fecunda en capitanes,
madrastra es hoy apenas de humildes ganapanes.
Castilla no es aquella tan generosa un día,
cuando Myo Cid Rodrigo el de Vivar volvía,
ufano de su nueva fortuna, y su opulencia,
a regalar a Alfonso los huertos de Valencia...
....
Filósofos nutridos de sopa de convento
contemplan impasibles el amplio firmamento;
y si les llega en sueños, como un rumor distante,
clamor de mercaderes de muelles de Levante,
no acudirán siquiera a preguntar ¿qué pasa?
Y ya la guerra ha abierto las puertas de su casa.
....
Castilla miserable, ayer dominadora,

envuelta en sus harapos desprecia cuanto ignora.

Con el sol que declina, el poeta se vuelve a la ciudad lejana, dejando detrás ese amargo mensaje de decadencia y desesperanza: voz indignada de toda una nueva y rebelde generación...

Y tras el poeta, el filósofo: José Ortega y Gasset, que con su genio logró alcanzar, al igual que Ramón y Cajal, las cumbres universales de su profesión. Prosa brillantísima. Contribuciones originales y profundas a la metafísica y la sociología con sus ideas sobre la «razón vital», sobre el yo y su circunstancia como realidad radical, sobre la esencia de la estética y la crítica literaria, sobre otros infinitos temas y, entre ellos, el de la naturaleza del pueblo hispano como colectividad nacional y el sentido de su historia. Es un escritor profundamente afectado por el dolor patriótico. Y también un teórico persistente del amargo destino de su tierra. Su explicación más detenida del grave problema nacional aparece en su famosísimo libro *España Invertebrada* (1921). Como Cánovas del Castillo dos tercios de siglo antes, sostiene que desde 1580, cuanto acontece en el país es sólo «decadencia y desintegración». El vigésimo año del reinado de Felipe II «puede considerarse la divisoria de los destinos peninsulares... Hasta su cima, la historia de España es ascendente y acumulativa, desde ella hacia nosotros, la historia de España es decadente y dispersiva.... La desintegración avanza en riguroso orden de la periferia al centro... Es el triste espectáculo de un larguísimo, multisecular otoño...»[52] Por otra parte, coincidiendo con Ramón y Cajal, Ortega sostiene que en rigor no puede hablarse de decadencia cuando, en verdad, la histora entera del país, salvo fugaces jornadas, ha sido la historia de un declive permanente... «Como España no ha tenido nunca salud... no cabe decir que ha decaído.» Conclusión sorprendente: ¡España está enferma desde la Edad Media!

---

[52] José Ortega y Gasset, *España Invertebrada,* fragmento recogido en Ángel del Río y Amelia A. de del Río, *Antología general de la literatura española,* vol. 2, Nueva York, 1960, p. 693.

Buscando las raíces de esta realidad para él evidente, Ortega estudia en detalle dos de esas causas: el particularismo y sus variadas consecuencias y la ausencia de un verdadero feudalismo en la etapa medieval del proceso histórico de su país. No podemos seguirlo aquí en esos complejos análisis. Lo que deseamos subrayar es el fenómeno mismo. Casi un cuarto de siglo después del gran desastre del '98, la más alta figura intelectual de la nación retrata a su patria con las siguientes palabras: «Cuando se atraviesan los Pirineos y se ingresa en España, se tiene siempre la impresión de que se llega a un pueblo de labriegos. La figura, el gesto, el repertorio de ideas y sentimientos, las virtudes y los vicios son típicamente rurales. En Sevilla, ciudad de tres mil años, apenas se encuentran por la calle más que fisonomías de campesinos. Podréis distinguir entre el campesino rico y el campesino pobre; pero echaréis de menos ese afinamiento de rasgos que la urbanización, que la selección debía haber fijado en un tipo de hombre, producto de una ciudad tres veces milenaria.»[53] Es decir, que en la época de la industrialización y la urbanización típicas del mundo contemporáneo, España seguía siendo un país agrícola, retrasado y pobre.

Ese rancio olor a decadencia que arrastra consigo la historia española hasta bien avanzado el siglo XX satura la atmósfera del '98, a partir en verdad del XVII en que, ante las ruinas de «Itálica famosa», el sevillano Rodrigo Caro había descubierto que

> las torres que desprecio al aire fueron a
> su gran pesadumbre se rindieron.

Lo pone muy bien Fernando García de Cortázar cuando en su hermosa versión lírica del pasado de su tierra, nos trae la voz del gran catalán y gran hispano Joan Maragall:
> ...¡Oh triste España!
> ¿Dónde tus barcos? ¿Dónde tus hijos?

---

[53] Ortega y Gasset, *op. cit.*, fragmento recogido por Ángel del Río y M. J. Bernardete, *El Concepto Contemporáneo de España*, Buenos Aires, 1946, p. 524.

Pregúntalo al poniente, a la ola brava:
Perdiste todo, a nadie tienes.
¡España, España, vuelve en ti,
rompe el llanto de madre!

Casi al lado de esta cita, sopesando los avances y retracciones de la evolución española, coloca García de Cortázar el siguiente párrafo: «España progresó (en la segunda mitad del siglo XIX) y aunque con retraso, siguió el movimiento de las demás naciones de Europa... Nada más engañoso, sin embargo, que el lento avance de la economía y el progreso de unas cuantas ciudades en medio de una sociedad española abrumadoramente atrasada, con la gran mayoría de la población dedicada a la agricultura. Todavía a finales del siglo del motor y la fábrica, la Edad Media quedaba a escasas horas de tren de las capitales de provincia. El régimen canovista no hizo nada por romper el contraste entre la España moderna y capitalista de la periferia y la España interior, campesina y profunda, cautiva de su estructura caciquil y la tiranía de los latifundistas, que gracias a sus alianzas con el gobierno controlaban gran parte de la superficie cultivable de Castilla, Extremadura y Andalucía:»[54] El «nuevo florecer de España» con que soñaba don Francisco Giner de los Ríos –florecer otra vez detenido– tendría que esperar hasta finales del siglo XX para convertirse en realidad.

No sabemos si Pascual Cervera y Topete leyó algunas de las obras finiseculares arriba citadas. Como hombre culto y preocupado por el destino de su patria, por lo menos debe haber tenido noticia de su existencia. De todos modos, lo que sí sabemos es que el almirante del *María Teresa* había respirado el ambiente ideológico y emocional que en ellas se refleja. Su escepticismo, su pesimismo (¿o sería mejor decir, su realismo?) expresados sin cesar, con agónico ardimiento, frente a las fantasías pseudopatróticas de sus superiores en el gobierno madrileño, ¿afectó, acaso, el proceso y los resultados de la campaña naval en que participó como protagonista? Podrá verse más adelante. Baste decir

---

[54] Fernando García de Cortázar, *Historia de España: de Atapuerca al Euro*, Barcelona, 2002, p. 221.

ahora que Cervera fue hijo muy típico de su tiempo. Por eso se convirtió en hombre representativo del costado hispánico de ese momento histórico, con todas las virtudes y todas las contradicciones que éste portaba en su seno. En cierto modo, esa fue su tragedia. Pero también, irónicamente, el origen de su gloria.

CAPÍTULO III

La Ruta hacia el Desastre

Al dejar el mando del *Pelayo* en 1890, Cervera había vuelto, por casi dos años, a otra época de repetidos y rápidos cambios de puestos. Era lo de siempre: la alta burocracia en acción. La inestabilidad total de las posiciones oficiales. La rotación constante de los cargos, en que la designación de hoy era el despido o el traslado de mañana. Lo que determinaba que ningún funcionario pudiera ver realizados sus planes, que casi siempre después desechaba su sucesor. Por fortuna para Cervera (y, al propio tiempo, para desgracia suya) está cerca la hora en que su destino va a fusionarse con el de su patria. Mientras tanto, nada puede hacer sino esperar y cumplir con celo. Que es lo que hace el futuro almirante.

En octubre de 1890 Cervera se encuentra en Cádiz como Presidente de la Junta Revisora de Cuentas de los Fondos Económicos, título muy pomposo, pero posición en verdad insignificante. En abril de 1891, un gran salto: la Reina Regente lo llama a la Corte para que le sirva de Ayudante de Órdenes. (Otra vez, Madrid, con la familia. Como nuestro marino no es muy ducho en reglas cortesanas, le sirve de «practicante» –así le llama él– una dama de la Reina, la Condesa de Cumbres Altas, quien lo ayuda a navegar por aguas tan procelosas.) Son ocho meses casi de vacaciones. El 23 de noviembre del mismo año es ascendido a capitán de navío de primera clase. El 24 de diciembre regresa a Cádiz, como Mayor General del Departamento, de donde pronto se verá trasladado a Vizcaya para tomar posesión el 16 de mayo de 1892 de un cargo, éste sí, de gran importancia: el de Director Técnico-Administrativo de los Astilleros de Nervión, cerca de Bilbao. Su misión: garantizar la veloz y eficiente construcción inmediata de tres de los seis cruceros aprobados por el Gobierno como parte del Plan Rodríguez Arias, el *María Teresa*, el *Vizcaya* y el *Oquendo*, que tan importante papel iban a desempeñar en su vida. Pronto hubo de enfrentarse con múltiples y gravísimos problemas, debido a las discrepancias entre los socios de la empresa constructora. En un momento, para evitar la interrupción de los trabajos, el Gobierno tuvo que dictar la incautación de los astilleros. Pero Cervera logró tener listos los tres cruceros mucho antes de 1898. Y pudo llevarlos consigo a Santiago de Cuba en el famoso «año terrible».

El 17 de diciembre de 1892, en uno de esos vuelcos o «turnos» típicos de la política restauracionista, le tocó al jefe liberal Práxedes Mateo Sagasta formar lo que él llamó un Gabinete de Notables. Entre ellos, como Ministro de Marina, se encontraba Pascual Cervera y Topete. Su gestión ministerial iba a resultar muy breve: tres meses y diez días. Tenía él plena conciencia de que su carácter, sus criterios y su formación militar no se avenían fácilmente a las flexibilidades que demandaba la política al uso. Hubiera preferido no aceptar la posición. Pero otra vez cedió a la presión de varios amigos y parientes y, sobre todo, de la Reina Regente, aunque con una condición: que de ningún modo se rebajaría –como se rumoraba– el presupuesto de la Marina de Guerra. El país la necesitaba más que nunca pujante y poderosa, ante las amenazas internacionales perfectamente visibles en el horizonte. Sagasta accedió y Cervera juró el cargo, un poco a regañadientes. Otra vez la familia a Madrid, a un modesto piso de la calle de Lagasca, donde sólo la presencia del coche del Ministerio, que venía a buscar a don Pascual, denunciaba que allí vivía una alta figura del Gobierno. (Aunque su pequeña hija Anita sí gozaba lo indecible anunciando a viva voz, todos los días, la llegada del vehículo.)

A la hora de presentar el proyecto de presupuesto de su departamento el flamante Ministro lo ajustó lo más que pudo hasta reducirlo al mínimo aceptable de 23,903,990 pesetas. Después de infinitas idas y venidas, vueltas y revueltas, el Gabinete decidió cortar de esa suma la cantidad de 1,400,000 pesetas. Cervera protestó con todas sus fuerzas. Era la violación de la palabra dada, que se supone sagrada. No obtuvo él, sin embargo, mucho apoyo. Ante semejante falta de seriedad y de respaldo, Cervera renunció el 21 de marzo. Tres días después quiso hacer público un urticante Manifiesto explicando su decisión.

Sólo le dio publicidad un periódico conservador. Se explica: una de sus primeras medidas reformadoras al llegar al Ministerio había sido la liquidación del llamado «fondo de reptiles», del que se nutría sabrosamente una prensa mercenaria que sabía muy bien cuando insultar y cuando callar... El último párrafo del documento refleja muy bien el carácter de su autor: «Si razones de alta política , que yo no alcanzo, han obligado al Gabinete a exigirme lo contrario de lo que se me consintió hace tres meses, yo respeto esas razones, y muy agradecido siempre a la deferencia recibida, aprovecho gustoso la ocasión de volver a mi modesta posición, de la que nunca debí salir.»[55] Y de ese modo se puso punto final a su brevísima carrera de político partidista.

La rectitud de Cervera debe haber impresionado a Sagasta porque en el verano de 1893 dispone su nombramiento como Jefe de la Comisión de Marina de España en Londres. A falta de *attachés* en la Legación, estos comisionados se encargaban por esa época de los asuntos navales pertinentes de su país en la Gran Bretaña y muy particularmente de hacer cumplir sus obligaciones a las compañías constructoras inglesas que fabricaban barcos para la armada española. Celoso como siempre en el cumplimiento de sus deberes, Cervera logró incorporar algunas naves a la defensa de las costas de Cuba y Filipinas. Supo además aprovechar su tiempo no sólo para adquirir información detallada de las construcciones navales en la nación que marchaba a la cabeza del mundo en tales materias, sino también en ponerse al día en el campo de las relaciones internacionales, con especial énfasis en las referentes a Estados Unidos. El futuro Almirante expresó sus hondas preocupaciones sobre los peligros que amenazaban a las posesiones españolas en Asia y en el Caribe en varias cartas dirigidas a destacados líderes políticos y militares de su patria, tales como el Ministro de Fomento Segismundo Moret y el Ministro de la Guerra, general Azcárraga. Al primero le decía: Cuba y Filipinas «se nos están escapando de las manos» y sólo pueden ser defendidas si España es «dueña del mar», para lo cual es indispensable una marina poderosa. Al segundo

---

[55] Alberto Risco, *Apuntes Biográficos del Excmo. Sr. D. Pascual Cervera y Topete*, Toledo, 1920, Apéndice 21, p. 27.

le advertía lo peligroso de subestimar el poderío de Estados Unidos –como lo hacían varios periódicos madrileños– al afirmar que su potencia era inferior a la española.[56] Pudiera decirse que en este momento de su vida cuajan las ideas fundamentales de Cevera sobre la situación internacional de España a fines del siglo XIX, que tan importante papel iban a jugar en los acontecimientos que se avecinaban.

El misterioso y trágico hundimiento del crucero *Reina Regente* el 9 de marzo de 1895, cuando el barco se perdió con toda su tripulación, forzó la renuncia de Sagasta y el fin de la misión londinense de Cervera, quien por un tiempo quedó «de cuartel». Aprovecha la ocasión para tomarse una de sus raras vacaciones, esta vez en Vichy. En mayo de 1896 le llega su ascenso a contralmirante (o vicealmirante, en la jerga de hoy). Como premio, el Ministro Beránger, que lo detesta, lo remite a un puesto secundario: comandante general del Arsenal de La Carraca, en Cádiz, bajo las órdenes de otro oficial poco amigo, el vicealmirante Carranza. Cervera bien sabía lo que le había caído encima. La Carraca era un caos. José Cervera Pery lo resume muy bien en la biografía de su antepasado: «Obreros que no trabajaban; jefes que no pueden despedirlos; una maestranza adocenada y levantisca; huelgas, plantes y conflictos sociales debidos a la escasez de producción.»[57] Pero el nuevo contralmirante está de viejo acostumbrado a lidiar con esos inconvenientes. Es un burócrata en guerra permanente con los errores y los horrores del burocratismo. Le siguen meses de intenso trabajo dedicado a enderezar ese desastre y conducir al arsenal por el camino de la eficiencia industrial y el rendimiento lucrativo.

Mientras tanto sigue perfilando sus opiniones sobre la estrategia y las tácticas a seguir en caso de guerra contra Estados Unidos, como se ve en una profética carta dirigida el 14 de marzo de 1896 a su primo Juan Spottorno desde Puerto Real, al otro lado de la bahía de Cádiz, donde en el momento residía:

---

[56] Estas cartas se encuentran en la colección de papeles de Cervera que se guardan en el Archivo Municipal de Medina Sidonia.

[57] José Cervera Pery, *El Almirante Cervera: Un Marino ante la Histori*, p. 133.

«El conflicto con los Estados Unidos parece conjurado, o por lo menos, aplazado; pero puede resucitar cuando menos se piense, y cada día me confirmo más en que sería una gran calamidad nacional.

«Como no tenemos apenas escuadra, adonde vaya ha de ir toda, porque fraccionarla sería en mi juicio el mayor de los disparates; pero el segundo quizá sería enviarla a las Antillas, dejando indefensas nuestras costas y el archipiélago filipino. Por mi parte, no envidio la triste gloria, si gloria puede haber en ser vencido a ciencia cierta, de perecer la cabeza de la escuadra; si me toca, tendré paciencia y cumpliré con mi deber, pero con la amargura de considerar mi sacrificio estéril, y antes de ir han de oír esto que te digo Beránger y Cánovas.[58]

«Todavía si nuestra escuadra estuviera bien dotada de todo lo necesario, y, sobre todo, bien adiestrada, podría intentarse algo; pero tú dices muy bien; que no hay más municiones que las de los pañoles; y yo añado que peor que eso es la falta de organización en todos conceptos, hija de muchas causas, entre las que descuellan la absurda economía de carbón, el continuo pase de los buques de una situación a otras y las exigencias locales.
(¡La «absurda economía del carbón»! ¡Cuántos dolores de cabeza iba a costarle a Cervera esta inexplicable política! ¡Y cuán trágicos resultados a la Escuadra y al País!)

«No me extraña lo que me dices respecto a mi persona –sigue diciendo la carta– porque Beránger me cree su enemigo, y en verdad que yo no soy enemigo suyo ni de nadie. Soy, sí, enemigo del sistema que conduce a este desorden y a esta desorganización.

«Estas ideas no es ocasión nunca de divulgarlas, y menos ahora, por lo que te encargo gran reserva sobre lo que te digo; pero al mismo tiempo te suplico que no rompas esta carta, sino que la

---

[58] Beránger era por aquel entonces Ministro de Marina. Cervera no pudo exponer sus ideas a él ni a Cánovas, pero sí lo hizo, como veremos, a Sagasta y Bermejo, que los sucedieron tras una crisis ministerial.

guardes, por si conviniera alguna vez conocer mis opiniones de hoy.»[59]

El 8 de agosto de 1897 un anarquista italiano asesina a Cánovas en el balneario de Santa Águeda en Guipúzcoa. Otro cambio de gabinete. Sube Sagasta al poder. Cae Beránger. El nuevo Ministro de Marina es Segismundo Bermejo, amigo y admirador de Cervera. Y la suerte de éste cambia entonces radicalmente. Va a encontrarse con su futuro histórico. Se hallaba él tomando otra vez aguas en Vichy, para aliviar sus crónicos problemas estomacales –probablemente una úlcera adquirida en Filipinas– cuando recibe el 11 de octubre de 1897 un despacho telegráfico oficial de Madrid. El Presidente del Consejo de Ministros lo llamaba a asumir el mando de la Escuadra nacional, en ese momento surta en el puerto de Cádiz.

El 30 de octubre se posesionó Cervera del cargo. Y, en seguida, como era su costumbre, empezó a pasar balance de su situación. Iba a heredar una Escuadra (llamada por unos «de Operaciones» y por otros «de Instrucción») que acababa de regresar de un viaje más parecido a un paseo que a un auténtico entrenamiento, puesto que no se había efectuado maniobra alguna, ni siquiera ejercicios de tiro o simulaciones de combate. Pero se trataba de una flota integrada por cuatro cruceros blindados, *Oquendo, Vizcaya, María Teresa y Colón* y tres destructores o cazatorpederos, *Furor, Terror* y *Destructor*. Todos, en su clase, excelentes buques.[60] A los tres primeros cruceros don Pascual los conocía muy bien. Los había visto nacer en los astilleros del Nervión. Llevaba muchos de los datos de su identidad grabados en la mente: desplazaban 7,000 toneladas; autonomía, 11,528 millas; velocidad 18.5 nudos con tiro normal y 20.24 nudos con tiro forzado. Sabía todos los detalles de su protección y tenía la seguridad de recordar las dimensiones de su eslora, su manga, su puntal y su calado. Y las

---

[59] Alberto Risco, S. J., *op. cit.*, p. 230.

[60] Los barcos que llevó Cervera a Cuba no eran vetustos y carcomidos cascos inservibles de madera, como lo ha imaginado, por no decir inventado, una tradición equivocada, sino buques nuevos, con casco y protección de acero.

características de su armamento. El *Cristóbal Colón* era un barco muy bueno, adquirido en Italia y rebautizado con ese nombre. Desplazaba 7,350 toneladas, con velocidad de 20 nudos, autonomía de 9,300 millas y magnífica protección. Cervera tenía fe en todos ellos. Confiaba también en sus capitanes, oficiales todos de primer orden. Algunos, como Víctor Concas, íntimos amigos. Esta vez el Almirante, al llegar a un nuevo puesto, tendía más bien al optimismo. Desde luego, surgirían problemas. Pero, con Bermejo en Madrid y esa oficialidad a bordo de sus buques, sería mucho más fácil resolverlos que antes.

Sin embargo, pronto se percata de que esta vez las dificultades iban a ser mayores: no sólo aquellas de estricta técnica naval, sino además las de carácter político y diplomático. Y ahí cosecharía profundos desencantos. Lo primero que hace el nuevo jefe es llevarse la escuadra el 27 de noviembre a realizar, frente al cabo Santa Pola, cerca de Alicante, los primeros ejercicios de combate en que tomaba parte desde 1884. Mas los efectos de ese entrenamiento no fueron los que se habían esperado. En los barcos había cañones de tiro rápido –como los González Hontoria de 14 centímetros– que no podían ser probados por la sencilla razón de no haberse recibido sus casquillos. En ocasiones se desperdiciaba demasiado combustible. O se interpretaban mal las órdenes de los jefes. Y, a más de éstas y otras deficiencias administrativas, no era fácil crear, sin repetidas prácticas, eficientes hábitos de combate.[61] Para ponerlo en términos deportivos: la Escuadra de Cervera estaba totalmente *out of training*. Cuenta Alfred T. Mahan que poco antes de estallar la guerra, un periodista le preguntó al Almirante si aceptaría el mando de la flota, que según rumores le iban a ofrecer. Este contestó que sí, aunque sabía que iba a un segundo Trafalgar, a menos que se le proveyera de 50,000 toneladas de carbón para hacer

---

[61] Como escribió Víctor Concas, comandante del *María Teresa*, buque insignia de la escuadra de Cervera: «...Cuesta tanto tiempo organizar un buque de guerra moderno, que se considera que hasta después de muchos meses de armado, no está en condiciones de rendir todo el fruto que pueda esperarse de sus máquinas y armamentos.» Víctor M. Concas y Palau, *La Escuadra del Almirante Cervera*, tercera edición, Madrid, 1998, p. 34.

maniobras y de 10,000 proyectiles para prácticas de tiro.[62] Como con ninguna de las dos cosas pudo contar en Santa Pola, Cervera regresó primero a Alicante y luego a su base de Cartagena con tres enojosas preocupaciones: las deficiencias de su Armada, la sabida incompetencia y politiquería del gobierno y el agravamiento de la situación internacional, al agudizarse la cuestión cubana, de largo existente, entre España, Cuba y Estados Unidos, a que pronto haremos referencia.

Para el Almirante la crisis se presentaba erizada de dilemas. Ya él había resuelto los dos primeros, al aceptar –pese a todas sus reservas– el mando de la flota y al decidir exponerle a sus jefes de la capital sus criterios diplomáticos, políticos y de estrategia y táctica militar, sin tapujos ni cortapisas, con todo el crudo realismo que caracterizaba su pensamiento. Mientras espera en Cartagena la llegada del nuevo año y luego, en los meses que siguen, el desarrollo de los acontecimientos, tiene que hacerse cargo de asuntos de variada importancia. Por ejemplo, preocupado por su honor y su futuro renombre, ante circunstancias tan peligrosas, el 30 de enero de 1898 le escribe una carta privada a su primo Juan Spottorno. En ella le recuerda la otra de dos años atrás, que le rogó guardara, y que se refería a la situación de España vis a vis Estados Unidos. Ahora le pide que agregue ésta a aquella, para que ambas constituyan su «testamento militar». Insiste aquí en que la situación relativa entre el poder naval de España y el de Estados Unidos ha empeorado «para nosotros» porque «estamos extenuados sin tener un céntimo y ellos están muy ricos , y porque no hemos aumentado nuestro poder marítimo más que con el *Colón* y los cazatorpederos, y ellos lo han aumentado mucho más...»[63] Ofrece varios ejemplos comprobatorios y concluye: «...No es mi propósito acriminar , sino explicar por qué podemos y debemos temer un desastre. Pero como es preciso llegar al fin, y decir esto públicamente sería hoy un crimen, me

---

[62] Alfred T. Mahan, *Lessons of the War with Spain*, New York, 1899, p. 86. Ya se verá la enorme importancia que el problema del combustible va a adquirir en los acontecimientos venideros.

[63] Pascual Cervera y Topete, *Guerra Hispano-Americana: Colección de Documentos referentes a la Escuadra de Operaciones de las Antillas,* El Ferrol, 1899, pp. 13-15.

callo y voy resignado a afrontar las pruebas a que Dios se ha servido someterme.» (*Col. Doc.*, 14.)

También tenía que ocuparse de cuestiones internas en su lucha permanente contra un burocratismo indiferente. Se dirige, por ejemplo, a su amigo Segismundo Moret, para pedirle que use su influencia en apoyo a los esfuerzos que realizaba para que las familias de los marinos enviados a largas misiones lejos de su hogar, recibieran asignaciones especiales, con el fin de evitar que pasaran hambre por falta de recursos. O le escribe al Jefe del Estado Mayor de la Comandancia General de la Escuadra sobre las circunstancias por la que ésta atraviesa. Se refiere al desgraciado crucero *Alfonso XIII*, que lleva años en pruebas que no hacen sino mostrar su total inutilidad. Apunta que en los tres cruceros fabricados en Bilbao (*María Teresa, Oquendo y Vizcaya*) la artillería de 14 centímetros está prácticamente inútil, por el sistema de sus cierres de culata y la debilidad de sus escasos casquillos.[64] Al *Colón*, «el mejor de todos los buques que tenemos», le faltan sus cañones gruesos. En cuanto a los cazatorpederos, el andar del *Destructor* retrasa al resto de la flota y el *Furor* y el *Terror* difícilmente podrán hacer uso de sus piezas de 75 milímetros. No hay carbón suficiente para hacer pruebas. No hay galletas suficientes para las tripulaciones. No hay mapas de los Mares de América. A pesar de todo, el espíritu del personal es «inmejorable». La Patria puede contar con sus marinos.[65]

Mientras tanto, se le hacía más evidente cada día el progresivo deterioro de las relaciones entre su patria y Norteamérica. Aquí va él

---

[64] Este problema no pudo ser plenamente resuelto antes de la partida para el Caribe. En su momento veremos de qué modo eso afectó la batalla. Ya en febrero 11 Cervera le había escrito a Bermejo: «Mientras la artillería de 14 centímetros continúe con los actuales extractores, *me parece prácticamente de desecho*, quizá más aún que los cañones del *Colón*, y esto no es pesimismo, sino hacerme cargo de la triste realidad... pero... puesto que no tenemos otra, preciso es servirnos de ésta, y con ella nos batiremos si llega el caso...» Cervera, *op. cit.*, p. 24. (El énfasis es nuestro.)

[65] *Col. Doc.*, pp. 17-18: Comunicación enviada desde Cartagena el 6 de febrero de 1898. (Desde ahora en adelante, en este trabajo incluiremos en el texto mismo la sigla *Col. Doc.* para referirnos a la obra de Cervera citada en la nota 9.)

a encontrarse con otra de esas contradicciones típicas de aquel complejo momento histórico. Mientras en los círculos intelectuales predominaba la tesis de la «nación enferma», en los círculos políticos, así como en gran parte de la opinión pública, se aceptaba que la nación atravesaba por una seria crisis, pero no que se encontrara en estado de decadencia. Su glorioso pasado histórico vivía intacto para ellos. Sobre todo en lo naval, España –decían– conservaba su poderío. Su Escuadra, recientemente reforzada como hemos visto, seguía siendo la cuarta del mundo y muy superior, según ellos, a la norteamericana. Y estos criterios, no sólo repetidos hasta la saciedad por una prensa patriotera, sino sostenidos además, con mayor o menor sinceridad, por casi todos los jefes políticos, se había convertido en la opinión predominante en las clases altas del país.

Cervera, desde luego, no se dejaba desorientar por estas ilusiones. El era hombre de hechos, no de fantasías. Y en varias cartas a su superior inmediato, el Ministro Bermejo, especulaba sobre las alternativas con que a ese respecto tenía que enfrentarse la nación española. Ante la desbordada presión diplomática de Estados Unidos, que estudiaremos en detalle en próximo capítulo, era preciso decidir, en primer lugar, si se aceptaba el reto, yendo a una guerra que él consideraba perdida de antemano, o se trataba de resolver el problema mediante negociaciones que inevitablemente conducirían a grandes pérdidas y sacrificios. Cervera se inclinaba a la segunda de estas alternativas. Para él resultaba evidente que una guerra entre España y Estados Unidos no podía decidirse sino en el mar. Y con un análisis comparativo de la fuerza naval de ambas naciones trataba de demostrar que la flota hispana (no la que aparecía en los papeles, sino la que realmente navegaba y podía participar en el conflicto) era muy inferior en poderío a la norteamericana. Por ejemplo, el desplazamiento (en toneladas) de la primera era la mitad del desplazamiento de la segunda y la artillería de los buques de Norteamérica superaba a la de España por un factor de 5 a 2. Dadas éstas y otras circunstancias similares (como la inferioridad del blindaje de los buques españoles y, sobre todo, la carencia de recursos bélicos y económicos) ir a la guerra era ir al desastre inevitable. (*Col. Doc.*, 17 y ss..)

La posición de Práxedes Mateo Sagasta y su gabinete ante estas realidades era una de irresponsable duplicidad. En el fondo, ellos coincidían con Cervera en que España no podía vencer a Estados Unidos en una guerra. ¿Por qué, entonces, insitía el Primer Ministro en hacer declaraciones como aquella famosísima de que Cuba era parte de la Patria, cuya pérdida resultaba inaceptable, por lo cual había que «sacrificar hasta la última peseta.... y hasta la última gota de sangre del último español antes que consentirla»? Se temía que si se perdía Cuba sin pelear, aun vendiéndola en cientos de millones de dólares, el hecho conduciría a una insurrección o a un golpe de estado militar. Y, en consecuencia, se adoptó una táctica política que podría ser resumida en la frase quijotesca pronunciada por Sagasta en las Cortes: «La Nación española puede ser vencida, pero jamás impunemente afrentada.» Como bien dice José Ramón Milán García, biógrafo de Don Práxedes, éste «prefirió arrostrar las consecuencias de una derrota militar, pensando que era la solución menos costosa para el régimen. De hecho, durante los meses que duró el conflicto, mantuvo un doble lenguaje en el que si en público prorrumpía en declaraciones belicistas y apenas insinuaba la inevitable derrota a que se encaminaban, para satisfacer a una opinión pública cuyos sentimientos patrióticos excitó irresponsablemente la prensa..., en privado se expresaba desolado y con gran angustia por el curso de la guerra. Todo ello mientras trabajaba para obtener una paz lo más rápida y menos costosa posible.»[66] Actitud —pronto lo veremos— que a la larga sólo condujo a una costosísima catástrofe nacional.

Ante lo agudo de la situación, Cervera tenía que hacer ciertas solicitudes: «Como no ceso de pensar en la posible guerra con los Estados Unidos, creo que sería muy conveniente que se me dieran los informes posibles de lo siguiente: 1– Cómo están distribuidos los buques de los Estados Unidos y movimientos que hagan. 2– Dónde tienen sus puertos de aprovisionamiento. 3– Las cartas, planos y derroteros de lo que puede ser teatro de operaciones. 4– Qué objetivo han de

---

[66] José Ramón Milán García, *Sagasta o el arte de hacer política*, Madrid, 2001, pp. 407-408.

tener las operaciones de esta Escuadra, ya sea la defensa de la Península y Baleares, ya la de Canarias o la de Cuba, o por fin el caso improbable de que fueran las costas de los Estados Unidos, cosa que no podría ser, a menos de tener algún aliado poderoso. 5– Planes que el Gobierno tenga en cada caso, para la campaña.» Y hace en seguida una petición casi elemental, que de haber sido satisfecha pudiera haber cambiado luego el curso de los acontecimientos. Pide que se le informe en seguida de los «puntos dónde la escuadra pueda encontrar recursos y cuáles sean estos.» (*Col. Doc.* 25-26.) Es decir, Cervera solicitaba se le dijera dónde podía reabastecerse de carbón, de agua, de vituallas. Era evidente: unas pocas semanas antes del estallido de la guerra, España no había elaborado ni el esquema siquiera de un plan de combate para afrontarla. Por eso no puede extrañar que el Jefe de la Escuadra suplique en ese mismo documento que se le envíen urgentemente orientaciones oficiales, «porque esta tensión nerviosa no puede soportarse mucho tiempo.» (*Col. Doc.*, 26.) Y termina repitiendo en pocas palabras su diagnóstico y su receta: La Marina de Estados Unidos «es tres o cuatro veces más fuerte que la nuestra, y cuentan con la alianza de la insurrección en Cuba, lo que les pondrá en posesión de sus magníficos puertos, excepción de la Habana y tal vez algún otro. Lo mejor de todo es evitar la guerra de cualquier modo.» (*Col. Doc.*, 26.)[67] ¿De cualquier modo? ¿Incluyendo la pérdida de la isla de Cuba?

El Almirante era declarado enemigo de la propaganda triunfalista de gran parte de la prensa peninsular y de muchos altos funcionarios del Gobierno, dirigida a ocultar las realidades, alentando un falso patriotismo basado en apreciaciones (que él consideraba igualmente falsas) del poderío nacional. De ahí que protestara con energía cuando hombres tan serios como su amigo Bermejo se dejaban arrastrar por optimismos infundados e ilusorios. O cuando personajes como el almirante Beránger, en entrevista publicada en *El Heraldo,* le decía a su entrevistador que España iba a vencer en el mar porque los marinos

---

[67] No falta hoy quien asegure que Cervera exagera en sus cálculos comparativos. Pero si se toman en consideración todos los factores del caso nos parece indudable que esa superioridad existía, como lo demostraron los hechos. Sobre este tema volveremos más adelante.

españoles eran disciplinados, mientras los «americanos» comenzarían a desertar tan pronto se abriera el fuego.[68] Basar el supuesto predominio naval hispano en semejantes premisas era casi criminal. Resultaba absurdo, por ejemplo, esperar que los barcos en proceso de reparación pudieran estar listos para participar a tiempo en el combate que se avecinaba. Contar con el *Pelayo*, el *Carlos V*, el *Vitoria*, el *Lepanto* o el *Numancia* no era más que soñar despiertos. La escuadra disponible no era ni podía ser otra que aquella que él había conducido a las malogradas maniobras de Santa Pola: los tres cazatorpederos a que hemos hecho referencia: *Destructor, Terror y Furor;* los tres cruceros fabricados en Bilbao: *Oquendo, Vizcaya,* y *Maria Teresa* y el cuarto, adquirido en Italia, el *Colón*...Los siete con todas las limitaciones antes señaladas... Y ahora, en el momento de mayor peligro, regados por medio mundo. El *Oquendo* y el *Vizcaya* por América para devolverle a los Estados Unidos, con su visita, la «muy gentil» que le estaba haciendo el *Maine* al puerto de La Habana. El *Colón,* allá por Génova, tratando –inútilmente– de resolver el problema de los cañones. Los cazatorpederos, al mando de Villaamil, formando una escuadrilla, en Cádiz, en La Carraca. Y Cervera con su Escuadra reducida al *María Teresa* y el *Lepanto*, que pronto tendría que irse en busca de reparaciones también. Todo ese caos mientras la guerra –pensaba don Pascual– se acercaba «en tren expreso».

El 15 de febrero el *Maine* explota en la bahía habanera. Muere casi toda la tripulación. Y, como veremos, el hecho ha de convertirse en *casus belli* de un conflicto entre España y Estados Unidos El día siguiente el Almirante se entera de la noticia. Y en seguida calibra su extraordinaria importancia. ¡Otro paso desgraciado en el camino hacia la guerra que él está empeñado en evitar! Y un peligro para el crucero español *Vizcaya*, que debía llegar a Nueva York precisamente ese día 16 de febrero. «Dios haga que no cometan con él un atentado», le escribe a Bermejo en misiva que responde a otra del Ministro, donde éste formulaba lo que pudiera llamarse «el *Plan Bermejo* en caso de guerra». Según éste, «en la Península y en las proximidades de Cádiz

---

[68] Esta cita está tomada del libro de Alfred T. Mahan antes mencionado, pp. 86-87.

quedaría una división compuesta de la *Numancia*, la *Victoria*, el *Alfonso XII* o el *Lepanto* más los tres destroyers *Audaz, Osado* y *Proserpina* y tres torpederos.– En Cuba, *Carlos V, Pelayo, Colón, Vizcaya, Oquendo, María Teresa*, tres destroyers y tres torpederos que unidos a los ocho buques principales del Apostadero (de La Habana), tomarán la posición de cubrir las comunicaciones en el Seno (o Golfo) Mejicano y el Atlántico, procurando destruir a Cayo Hueso, donde tiene hoy principalmente su depósito de víveres, municiones y carbón la Escuadra de los Estados Unidos. Si esto se consiguiese y la estación fuera favorable, podría el bloqueo extenderse sobre sus costas del Atlántico, para cortar sus comunicaciones y comercio con Europa; todo esto salvo las contingencias que puedan resultar de encontrar Ud., combates en que se decidirá quién puede quedar dueño del mar.» (*Col. Doc.*, 28.)

Cervera desinfla con su agudo sentido común y su extenso conocimiento de la realidad naval española y la norteña, este plan descabellado, demostrándole a su amigo Bermejo que «los sueños, sueños son». «Me parece que padece Ud. algún error al sumar las fuerzas de que disponemos en el desgraciado caso de una guerra con los Estados Unidos», le escribe. Y tratando de convencerlo, repite un análisis de la situación de los barcos de la armada, demostrando que la inmensa mayoría de ellos se encuentran fuera de combate. Los ocho del Apostadero de la Habana son buques sin valor militar alguno. «Lo que me parece un sueño que raya en el delirio, –agrega– (es) pensar... en establecer el bloqueo de ningún puerto de los Estados Unidos. Una campaña contra ellos *será hoy día defensiva o desastrosa*, a menos de contar con alianzas, en cuyo caso podrían volverse las tornas... Miedo da pensar en los resultados de un combate naval, aun cuando nos fuera ventajoso, porque ¿cómo y dónde remediaríamos nuestras averías? Yo, sin embargo, no rehusaré hacer lo que se juzgue preciso, pero me parece conveniente analizar la situación, tal cual ella es, sin hacernos ilusiones que puedan acarrear desengaños funestos.»(*Col. Doc.*, 31. El subrayado es nuestro.) Y el 25 de febrero aporta otra detallada comparación de la Marina de los Estados Unidos con la de España, demostrando con cifras incontrovertibles que tanto en desplazamiento como en artillería, la primera supera ampliamente a la segunda. Y añade:

«Para emprender cualquier operación seria en una guerra marítima, lo primero que se necesita es asegurar el dominio del mar, batiendo las Escuadras enemigas, o reducirlas a la impotencia, bloqueándolas en sus puertos... ¿Podemos hacer esto con los Estados Unidos? Me parece evidente que no.» (*Col. Doc.*, 32-33.) ¿Cómo enfrentarse al país más rico del mundo con la severa falta de recursos de todo género típica del gobierno español, es decir, con lo que él llama «nuestra penuria» en todo cuanto se relaciona con las necesidades de una guerra marítima, tales como municiones, pertrechos, carbón y víveres?

La opinión de Cervera, radicalmente contraria a la guerra con los Estados Unidos, suscitaba de inmediato, como hemos visto, una grave interrogación: «¿Qué hacer con Cuba?». Pregunta que el Almirante contestaba con otra: «¿Vale la isla de Cuba la ruina de España?» Bien sabe él que esta postura podía ganarle antipatías, mas ¿no es un deber patriótico la franqueza absoluta y leal? Decide poner todas sus cartas sobre la mesa y plantear abiertamente a sus superiores su juicio sobre la cuestión cubana. «Me pregunto (escribe) si me es lícito callarme y hacerme solidario de aventuras que causarán, si ocurren, la total ruina de España, y todo por defender una isla que fue nuestra y ya no nos pertenece, porque aun cuando no la perdiésemos de derecho, con la guerra la tenemos perdida de hecho, y con ella toda nuestra riqueza y una enorme cifra de hombres jóvenes, víctimas del clima y de las balas, defendiendo un ideal que ya sólo es romántico. Y creo más: creo que esta opinión mía debe conocerla la Reina y todo el Consejo de Ministros.»[69]

Durante todo el mes de marzo hay un constante ir y venir de mensajes entre el Ministro y el Almirante, de Cartagena a Madrid, de Madrid a Cartagena. Cervera insiste en sus puntos de vista, ofrece nuevos datos para apoyar sus argumentos y sus cartas se convierten en una colección de profecías. Ir a la guerra es ir al desastre, dice. (A veces la palabra que usa es: catástrofe.) Conducirá sin remedio a una paz humillante, a una ruina espantosa. Repite y vuelve a repetir que no puede contarse con el *Vitoria*, ni el *Pelayo*, ni el *Carlos V*, ni el *Nu-*

---

[69] Comunicación de Cervera a Bermejo del 26 de febrero de 1898. *Col. Doc.*, p. 36.

mancia... El *Vizcaya* llevaba más de ocho meses sin limpiar y su lentitud detendría la marcha de la flota. El *Colón* seguía sin su artillería mayor y su utilidad era más que dudosa. ¿Cómo vencer con la escasez de municiones, de combustible, de piezas de repuesto, de vituallas... de todo...? Más de una vez ofrece ir a la capital a discutir con el gobierno sus opiniones. Nadie le hace el menor caso. Sabe que se ha convertido en una fatigosa molestia para la superioridad. Y se pregunta repetidamente cómo es posible que Madrid no vea lo que es tan evidente en Cartagena. El día se acerca en que lo comprenderá todo.

Mientras tanto la situación internacional se agravaba. Cervera recibe la orden de trasladar la escuadra a Cádiz. El 2 de abril reportaba desde Puerto Real: «A pesar del mal tiempo llegamos bien.» Piensa: me dirán latoso, pero voy a seguir insistiendo. Y pone al amigo Ministro al día del estado de los barcos e insiste en la necesidad de llegar a un arreglo con Norteamérica. «...Cualquier arreglo será bueno, por malo que parezca, si viene sin que tengamos que lamentar un gran desastre como puede suceder si entramos en la guerra con barcos a medio artillar, ya muy pocos en sí y con la falta de medios y sobra de trabas que tenemos.» (*Col. Doc.*, 52.) Sin cansarse telegrafía: «Como no tengo instrucciones, es conveniente que vaya a Madrid para recibirlas y formar plan de campaña.» (*Col. Doc.* p. 53.) Lo que recibe es un golpe contundente. Bermejo le contesta: «En estos momentos de crisis internacional, no se puede formular de una manera precisa nada concreto.» (*Col. Doc.*, p. 53.) Es decir, que el gobierno español, con la guerra encima, andaba al garete, a la zaga de los acontecimientos, sin plan ni concierto. Un poco más y casi le precisan: basta ya, Almirante, no necesitamos sus consejos.

A Cervera le parece increíble lo que está sucediendo, pero él sabe sujetarse. Con calma indestructible vuelve a la carga el día 6: «Precisamente por el estado de ansiedad en que todos estamos, es por lo que interesa, y mucho, tener pensado lo que se ha de hacer, para no andar con vacilaciones, si llega el caso, sino obrar rápidamente con medidas que puedan ser eficaces... Si nuestra fuerza naval fuese superior a la de los Estados Unidos, la cuestión sería muy sencilla, pues con cerrarles el paso, bastaría; pero como no solamente no es superior, sino muy inferior, tratar de cerrarles el paso, o sea presentarles una batalla naval, con carácter de decisiva, sería el mayor de los desatinos, porque sería buscar una derrota cierta, que nos dejaría a merced del enemigo, que se apoderaría, si quería, de alguna buena posición en las Canarias...» Y agrega: «A estas consideraciones obedeció mi telegrama, y mis ideas no han variado, porque si nos coge sin plan, vendrán las vacilaciones, las dudas, y tras de la derrota, pueden venir la humillación y la vergüenza...» (*Col. Doc.*, pp.53-54.) ¡Que fue exactamente lo que sucedió!

El día siguiente recibe la orden de salida para América. Bermejo le dice: «Es preciso que sea mañana. Diríjase V. E. a San Vicente de Cabo Verde; así que llegue tomará carbón y agua...»

El mismo día telegrafía Cervera: «Mañana por la tarde efectuaré salida para Cabo Verde, donde la escuadrilla de torpederos quedará a mis órdenes. Como desconozco los planes del Gobierno y no se me dice qué he de hacer después, esperaré sus instrucciones cubriendo Canarias.» A lo que Bermejo le contesta: «La premura de la salida impide por el momento darle a conocer plan que solicita... Se le dará en Cabo Verde. Sigue barco abarrotado de carbón.» (*Col. Doc.*, 55.) A lo que Cervera responde el 8 diciendo que los barcos están listos y espera salir esa tarde y, sin poder contenerse, añade: «Siento mucho salir sin haber concertado ningún plan en sus líneas generales, para lo que tan repetidas veces solicité ir a Madrid; creo entrever, en el conjunto de telegramas recibidos, que se persiste en la idea que la Escuadrilla vaya a Cuba, y me parece una aventura que puede costarnos muy cara, porque la pérdida de nuestra Escuadrilla y la derrota de nuestra Escuadra en el mar Caribe, entraña un gran peligro para las Canarias y quizá el bombardeo de nuestras ciudades del litoral. No menciono la suerte de Cuba, porque ésta la tengo descontada hace mucho tiempo, y creo que una derrota naval precipitaría mucho su pérdida definitiva...» (*Col. Doc.*, 55-56.) A las cinco en punto de la tarde sale el último telegrama de Cervera desde Cádiz: «Estoy saliendo con el *Teresa* y *Colón*.» (*Col. Doc.*, 55.) Del mismo día 8 de abril son las instrucciones del Gobierno al Jefe de la Escuadra, que irán detrás de él, a bordo del *San Francisco*, buscándolo por el Atlántico camino de Cabo Verde.

Seis días le tomó a Cervera, del 8 al 14 de abril, llegar a San Vicente, donde estaban los tres torpederos esperándolo. La flota va tomando cuerpo. El *San Francisco* arribó cuatro días después, el 18, con las famosas instrucciones, que resultaron retrasadas y confusas.. Cervera pudo leer: «Tan pronto reciba usted esta orden saldrá con el buque de su insignia y el *Cristóbal Colón* para San Vicente de Cabo Verde... (Allí) esperará V. E. las instrucciones que oportunamente se le comunicarán...» Le anuncian que están al llegar de América para incorporarse en seguida a la Flota, los cruceros *Oquendo* y *Vizcaya*. Y lo autorizan a salir para Puerto Rico «si las circunstancias del servicio lo aconsejasen». Y agregan: «El objetivo de la expedición... será la defensa de la isla de Puerto Rico, que tomará V. E. a su cargo en la parte marítima, combinando su acción con la militar, de acuerdo con el Gobernador General de la isla.... En Puerto Rico encontrará V. E. todo género de recursos, incluso municiones... El Gobierno de S. M. lo espera todo del celo, pericia y patriotismo de V. E...» (*Col. Doc., 57-58.*) ¿Cuál sería la reacción de Cervera al recibir en Cabo Verde la orden de salir para... Cabo Verde? Mayor aun hubiera sido su desconcierto de haber sabido que el Ministerio de Ultramar había recibido un cable del Gobernador de Puerto Rico, general Macías, redactado en estos términos: «V. E. y Ministro Guerra conocen escasos recursos de que dispongo y convendría saber qué hacen nuestras fuerzas navales...» (*Col. Doc., 62.*) Es decir, que a Cervera lo mandaban a buscar recursos que no existían.

El 19 telegrafía Cervera a Bermejo, con gran alivio: «Llegaron sin novedad *Oquendo* y *Vizcaya*.» Y en una carta: «Yo no sé si en San Juan de Puerto Rico puede refugiarse bien la Escuadra. Y respecto a Puerto Rico, muchas veces me he preguntado si deben amontonarse allí todas nuestras fuerzas, y me parece que no.» (*Col. Doc., 61-62.*) En cambio deja saber que le preocupan Las Filipinas. (Con toda razón, por lo que se vio después.) El 20, víspera de la declaración de guerra, dada la incertidumbre reinante, el Comandante General de la Escuadra convoca una reunión de los dos Jefes superiores de la Armada y los Capitanes de Navío. Se celebra a bordo del *Colón* y en ella Cervera pide que se discuta la siguiente cuestión: «En las circunstancias actuales que atraviesa la Patria, ¿conviene que esta escuadra vaya a América, o cubra nuestras costas y Canarias, para desde allí acudir a cualquier contingencia?» Cerca de cuatro horas duró el Consejo en que se cambiaron diversas opiniones hasta arribar a la conclusión de que, en vista de «las deficiencias grandes de nuestras fuerzas navales, en relación con las del supuesto enemigo» y «los escasísimos recursos que actualmente presentan, tanto la isla de Cuba como la de Puerto Rico» lo más sensato es ir a las Canarias, con lo que estas islas quedarían libres de un golpe de mano y, además, «todas las fuerzas podrían acudir con prontitud en caso necesario a defender la madre patria.» (*Col. Doc.*, 63-64.)

La división entre el Gobierno y su Escuadra se ahonda por momentos. Se produce una apasionada, aunque respetuosa, discusión por vía telegráfica entre Madrid y Cabo Verde. Mensajes van y vienen el 21 y 22 de abril mientras en el terreno internacional a la paz sigue la guerra. De Cervera a Bermejo: «Mientras más medito mayor es mi convicción que continuar viaje a Puerto Rico será desastroso.» De Bermejo a Cervera: «Como Canarias está perfectamente asegurada... salga con todas las fuerzas para proteger isla de Puerto Rico que está amenazada, siguiendo la derrota que V. E. trace...» De Cervera a Bermejo: «He recibido telegrama cifrado con la orden de seguir para Puerto Rico. A pesar de persistir en mi opinión, que es opinión general de los comandantes de los buques, haré todo lo que pueda por avivar la salida, rechazando la responsabilidad de las consecuencias.» Bermejo a Cervera: «No puedo dar instrucciones más concretas que las que tiene, dejándolo en libertad para la derrota que ha de seguir, burlando si es posible, el encuentro de la flota enemiga para arribar a cualquier punto de la isla de Puerto Rico.» Y, por fin, de Cervera a Bermejo: «La sorpresa y estupor que ha causado a todos estos Comandantes la orden de marchar a Puerto Rico, es imposible de pintar, y en verdad, tienen razón, porque de esta expedición no se puede esperar más que la destrucción total de la Escuadra, o su vuelta atropellada o desmoralizada, cuando aquí, en España, podría ser la salvaguardia de la Patria... Si hubiesen sido otras las circunstancias, habría pedido mi pase a la reserva...» pero no da el paso para no producir en la Escuadra «el deplorable efecto de una deserción de su Almirante al frente del enemigo.» (*Col. Doc.*, 68-72.)

Atrapado entre la presión del Gabinete y la vigorosa resistenia de la flota, Bermejo busca ayuda. Convoca el 23 de abril (el mismo día que España declara la guerra a Estados Unidos) una junta consultiva de Generales de la Armada en Madrid, bajo su presidencia. Después de larga discusión, la mayoría de los presentes se manifiesta en contra del criterio reiterado de Cervera de que la Escuadra no haga rumbo al Caribe sino que se dedique a proteger a las Península y a las Canarias. Y, en consecuencia, los cuatro cruceros y los tres torpederos que se encontraban en Cabo Verde deben salir para el Mar de las Antillas con el objeto de defender la isla de Puerto Rico. El día siguiente Bermejo le comunica a Cervera lo ocurrido y le dice que sometida la opinión de los Generales al Gobierno éste la había aceptado. Y disponía que se dieran al Almirante «amplias facultades para dirigirse a las Antillas, confiando en su pericia, conocimiento y valor, pudiendo tomar informes en aquellas antes de recalar sobre Puerto Rico o a Cuba, si lo estimase más conveniente... La derrota, recalada, casos y circunstancias en que V. E. debe empeñar o evitar combate, quedan a su más completa libertad de acción.» (*Col. Doc.*, 82.) Ahora se coloca a Cuba como posible destino. Y, a falta de plan, se le dan a Cervera plenos poderes para actuar según su leal saber y entender.

Recibida la orden de salida, el Almirante carga todo el carbón que puede y comenta sobre el caso: «Como ya es un hecho consumado no insistiré sobre el juicio que me merece. Quiera Dios que no sea profeta, como lo he sido cuando decía a Ud. que para fines de abril no estarían listos ni el *Pelayo, Carlos V, Vitoria y Numancia*, ni el *Colón* tendría sus cañones gruesos, como no fueran los defectuosos, ni nosotros tendríamos municiones de 14 cm. para batirnos, etcétera, etc. Con la conciencia tranquila voy al sacrificio, sin explicarme ese voto de los Generales de Marina, que significa la desaprobación y censura de mis opiniones, lo cual implica la necesidad de que cualquiera de ellos me hubiese relevado...» (*Col. Doc.*, 83-84.) Bermejo le comunica que ha dado órdenes a Londres de enviar 5,000 toneladas de carbón con destino a Curazao a su disposición. El 29 de abril salen los cuatro cruceros y los tres torpederos para el Nuevo Mundo. Van sin base de operaciones previamente fijada, sin plan de combate concreto –salvo el que pudiera el jefe improvisar sobre la marcha– y hasta sin combustible y vituallas suficientes, que era como enviar a un ejército a combatir «sin más víveres ni cartuchos que los que llevaban las tropas en sus mochilas.»[70] El día anterior Cervera le había escrito a su hermano Vicente, que se encontraba en Puerto Real, una carta de despedida en la que le decía: «Acabamos de refrendar nuestros pasaportes... para el cielo. Hoy hemos confesado y comulgado casi todos los de esta escuadra para cumplir con el doble precepto que nos obliga, el del precepto pascual y el del peligro de muerte. Algunos han faltado con gran pena mía, pero no me ha parecido bien obligarles. Vamos a un sacrificio tan estéril como inútil. Vicente, si sucumbo, como espero, cuida tú de mi mujer y mis hijos. A todos os abraza, Pascual.»[71]

La Escuadra atravesó el Atlántico en trece días, algo más de lo proyectado, porque pronto tuvo que reducir su andar a 7 millas. El *Vizcaya*, por lo sucio de sus fondos no podía seguir a los otros buques. Además –tarea ímproba– había que remolcar a los cazatorpederos. Y ya se sabe que la velocidad de una flota es la de su miembro más lento. El primer objetivo era Martinica. Al acercarse a Fort-de-France los cazatorpederos *Terror* y *Furor*, al mando de Fernando Villaamil, recibieron órdenes de adelantarse para buscar noticias, carbón y víveres. El día siguiente se reintegró Villaamil a la Escuadra. Traía un informe muy poco alentador de su visita: Pimero: el cónsul de España en Fort-de-Frances no había recibido aviso alguno de la posible llegada de la Escuadra y no se encontraba en la ciudad. Segundo: El Gobernador de la isla, agrio y descortés, negó permiso para carbonear, aunque permitía avituallarse. Tercero: la guerra había estallado por fin y en Cavite España había sufrido un enorme desastre. Cuarto: dos buques de guerra norteamericanos merodeaban los alrededores en busca de la flota española; además, desde Cárdenas hasta Cienfuegos la isla de

---

[70] Concas, *op. cit.*, p. 112.

[71] Risco, *op. cit.*, pp. 245-246.

Cuba estaba bloqueada por la marina de Estados Unidos y el almirante Sampson con parte de la flota se acercaba a Puerto Rico; Santiago de Cuba era, por el momento, el único puerto cubano importante libre de presiones enemigas... Y, por último: lamentablemente, en esta misión el *Terror* había sufrido graves averías, quedando reducido a «una boya inservible».

El día 12 de mayo Cervera manda al *Terror* a Fort-de-France para que le arreglen sus calderas y convoca para ese día una junta de comandantes que se celebra en el *María Teresa*. La cuestión a discutir puede reducirse a una simple pregunta: ¿A dónde ir ahora? ¿A San Juan, sometido ya al fuego enemigo? ¿A La Habana, rodeada de barcos norteamericanos? ¿A Cienfuegos, igualmente bloqueada? «Quedaba como única solución la ida a Santiago de Cuba, segunda capital de la isla, que debíamos suponer y suponíamos abastecida y artillada...Pero como también suponíamos que las fortificaciones... no habrían de servirnos de apoyo para una salida, no se decidió la ida a dicho puerto, en la esperanza de una solución que nos permitiera forzar el de La Habana.»[72] Además, ¿no había anunciado el Gobierno de Madrid en telegrama del 26 de abril que en la isla de Curazao encontraríamos un buque repleto de carbón? La junta decide marchar a Curazao, «porque de tener nosotros un buque carbonero, podíamos haber desaparecido en el mar de las Antillas, y por medio de una operación, por arriesgada que fuera, venir a caer sobre La Habana, cuya entrada, más o menos maltratados, no nos la hubiera impedido nadie, siempre que el combate hubiera sido a la vista de los fuertes.»[73] ¡Pues a Curazao! es el acuerdo esperanzado de los comandantes y es la orden que, siguiendo su consejo, da el jefe de la flota.

No les duró mucho su débil esperanza. Al llegar a Curazao el 14 de mayo no se sorprenden grandemente al enterarse de que ningún carbonero los espera. Y de que el Gobernador holandés, invocando las condiciones de neutralidad, sólo les permitía la entrada de dos buques

---

[72] Concas, *op. cit.*, p. 104.

[73] *Ibidem, id..*, pp. 104-105.

por un plazo de 48 horas para tomar una cantidad muy moderada de carbón y algunos víveres. Entran en el puerto el *María Teresa* y el *Vizcaya*, quedando fuera el *Colón*, el *Oquendo* y los cazatorpederos *Furor* y *Plutón*. Se carga lo que se puede. Cervera aprovecha la ocasión para telegrafiarle a Bermejo: «...Vine aquí con esperanza de encontrar buque carbonero anunciado y no he podido adquirir el que necesito, lo que crea conflicto del que veré cómo salgo...» (*Col. Doc.*, 93.) En la tarde del 15 salen los dos cruceros del puerto para unirse a los otros buques. Apenas se entra en alta mar, Cervera reúne sus comandantes a bordo del *María Teresa*. Una palabra domina el encuentro: la palabra carbón, el indispensable carbón. Para todos era evidente: las 600 toneladas recién adquiridas eran un simple «mendrugo de pan para ser repartido entre seis bocas hambrientas», como diría años después el Padre Risco. No había más que el combustible indispensable para encontrar refugio en el puerto español más cercano... que no estuviese bloqueado... Examinada detalladamente la realidad, se concluyó que ése no era otro que Santiago de Cuba. El Almirante da la orden: «¡A Santiago!» No podía él saberlo, pero con esa decisión iba a sellar el destino de su flota y el desenlace del conflicto en que ésta se veía envuelta, así como el curso de la paz que le siguió. Que así se tejen y entretejen los hilos de lo individual y lo colectivo en el lidiar constante de la historia.

Hacia Santiago se ponen las proas, después que la flota forma de nuevo la línea de fila. Se han tomado todas las precauciones, porque no se sabe dónde estaba el enemigo, sin duda al acecho. Los buques van listos para romper el fuego en cualquier momento. Y el andar era algo lento debido a los problemas que sufrían el *Oquendo* y el *Colón*. Pronto se perfilan en el horizonte unas montañas. Es la isla de Jamaica. Cuba está cerca. A media noche hay que burlar la vigilancia de dos buques de guerra enemigos. Y al amanecer del 19 de mayo aparece la escuadra sobre Santiago de Cuba. Los destructores han hecho un pequeño reconocimiento previo de la costa y, al saberla limpia de peligros, los cruceros entran en el puerto, donde pronto quedaron fondeados con toda seguridad a las ocho de la mañana de aquel día...Arribo «tanto más afortunado, cuanto que el *Oquendo* y el *Colón*, que no habían entrado en Curazao, tenían muy poco carbón, especialmente el primero, que apenas contaba con 100 toneladas.»[74] Según el testimonio de José Müller y Tejeiro esa mañana fue una de esas tan frecuentes en los países tropicales en que ni la más ligera brisa ondea la superficie de las aguas, ni una sola nube mancha el hondo azul del cielo.[75] Dulce mañana de paz. Presagio exactamente al revés de lo que pronto iba a ocurrir ahí.

Lo que ignoraban los recién llegados a la bahía santiaguera era el desenfado con que el Gobierno de Madrid había jugado con el destino de su flota, mientras ésta buscaba desesperada e inútilmente por los puertos de las Antillas Menores, cómo abastecerse del combustible indispensable para realizar su misión. El mismo día en que la Escuadra partía de las cercanías de Martinica, el Ministro de Marina Bermejo, suponiendo que Cervera se encontraba en esa isla, le dirige allí un telegrama que decía así: «Desde su salida han variado las circunstancias. Se amplían sus instrucciones para que si no cree que esa escuadra opera ahí con éxito, puede regresar a la Península, reservando su derrota y punto de recalada, con preferencia Cádiz.» Ese mensaje estuvo saltando de isla en isla por todo el Caribe sin encontrar a Cervera en ninguna parte. Sin embargo, pocos días después, la autorización a regresar fue rescindida en otro cablegrama igualmente elusivo. Otra voltereta estratégica de un Gobierno por lo visto sin brújula. Este era el cuarto viraje de su política naval en menos de un mes. Primero, la Escuadra a Puerto Rico. Luego, a un punto cualquiera de las Antillas. Más tarde, que regrese a España. Y, por fin, que vaya a donde buenamente pueda... pero sin regresar. Quizás, paseando como solía, con las manos en las espaldas, por la popa del *María Teresa*, el Almirante se preguntó una y otra vez: «Pero, Señor, ¿es esto gobernar?»

La rescisión de la orden se debía a que el gobernador de Cuba, general Blanco, había protestado violentamente, en telegrama al Go-

---

[74] *Ibidem, id.*, pp. 109-111.

[75] José Müller y Tejeiro, *Battles and Capitulation of Santiago de Cuba*, (Traducido del español por la Oficina de Inteligencia Naval de los Estados Unidos), Government Printing Office, Washington, D. C., 1899, p. 27.

bierno central, de la autorización de retorno transmitida a Cervera, alegando que si éste volviera a la Madre Patria sin batirse con Estados Unidos, eso «podría ser causa de una página de sangre y de baldón, derrumbándose nuestra historia, y de la pérdida definitiva de la isla y de la honra de España. Si nuestra Escuadra es batida, aumentaría aquí la decisión de vencer o morir, pero si huye, el pánico y la revolución son seguros.» Blanco se refería a las amenazas del Cuerpo de Voluntarios españoles de La Habana de sublevarse si no se producía un enfrentamiento militar. ¡Las amenazas de los voluntarios dictándole la política internacional del país al Gobierno metropolitano![76] El telegrama de Blanco llega a Madrid cuando, tras otra crisis ministerial, Sagasta forma un nuevo gabinete. Y una de las primeras medidas del nuevo Ministro de Marina, Ramón Auñón, es telegrafiarle al Comandante de Marina de Santiago de Cuba: «Si tuviesen medios de comunicar con el almirante de nuestra Escuadra, manifiéstesele que el Gobierno anula telegrama sobre vuelta a España.» (*Col. Doc.*, 101.) Madrid había claudicado. Al llegar a Santiago, Cervera recibe la comunicación de que ya no debe devolverse a la Península, cosa que lo sorprendió grandemente, por la sencilla razón de que ni la orden de ida ni la de regreso jamás habían llegado a sus manos.

La población hispana de la ciudad de Santiago de Cuba recibió a la flota con bombos y platillos. El 20 cerraron todos los comercios, hubo manifestaciones por las calles, misa y Te Deum en la Catedral y el 21 un gran banquete en el Círculo Español a toda la oficialidad. Se pronunciaron en ese acto numerosos brindis y el señor Arzobispo predijo en el suyo –provocando estruendosa ovación– que pronto flotaría la

---

[76] El Cuerpo de soldados voluntarios de La Habana se distinguía por su fanatismo, intransigencia y bravuconería. Blanco sabía que en noviembre de 1871, una turba de estos voluntarios forzó el fusilamiento, tras juicio sumarísimo, de ocho inocentes estudiantes de medicina. En su discurso de defensa de los estudiantes, el capital español Capdevila, llamó a esos soldados «un pequeño grupo de sediciosos, alzados contra la verdadera autoridad de la colonia». Tampoco podía olvidar el Capitán General los motines y saqueos con que esos voluntarios protestaron contra la supuesta «autonomía» concedida por el Gobierno español a Cuba en enero de 1898. Esos desórdenes fueron, en realidad, lo que provocó el envío del *Maine* a La Habana, para proteger los intereses norteamericanos amenazados, aunque el viaje diplomáticamente se disfrazara con el velo de «visita de cortesía».

bandera española en el Capitolio de Washington.[77] Por algo Víctor Concas, al hablar del estado de opinión de los españoles en Cuba, tuvo que decir: «Nada puede haber comparable con el desastroso estado de Santiago el día de nuestra llegada; y entre lo más desastroso debía contarse la estupenda ignorancia de los españoles allí residentes, que no se daban cuenta, ni en poco ni en mucho, de cuál era la verdadera situación.»[78] Cervera, por su parte, perfectamente enterado de lo que pasaba, dirigió ese mismo día este cable, realista como siempre, al Ministro Auñón: «Santiago de Cuba está muy escaso de víveres y si no los recibe sucumbirá. Como esta Escuadra es muy inferior a la americana, no podremos aceptar un combate decisivo, que sería derrota segura, y si somos bloqueados antes de hacer carbón (que está escaso) , sucumbiremos en la plaza. Si vienen víveres se podrá resistir mientras duren.»(*Col. Doc.*, 105.) Mensaje profético que se cruzó con otro de la Reina Regente felicitando al Almirante «por la pericia demostrada».

Cervera tenía pensado permacer sólo unos pocos días en Santiago de Cuba, para carbonear, avituallarse y realizar algunas reparacions urgentes. Pero pronto se convirtió en uno de los protagonistas de una comedia de errores. Mientras el Almirante pensaba encontrar en el puerto santiaguero una ayuda sustancial para su flota, el gobernador Blanco, en La Habana, pensaba que con la Escuadra la Isla recibiría... «una ayuda sustancial»... Cuando Cervera se dirigió al Comandante del Apostadero de La Habana Montarola, indagando la situación presente de recursos en la isla, éste contestó, con toda ingenuidad, que él había esperado junto con la Escuadra un numeroso convoy de víveres y pertrechos, para aliviar la grave situación de la capital. Por otro lado, Blanco le comunicaba al Ministro de la Guerra su decepción: «Según dije a V. E. llegó a Santiago de Cuba Escuadra Cervera... escuadra sin víveres ni carbón que toma allí, donde no podrá permanecer mucho tiempo, pues se expondrá a ser bloqueada, completamente incomunica-

---

[77] Sobre la presencia de la flota y sus miembros en la bahía y la ciudad de Santiago de Cuba en 1898, véase Emilio Bacardí, *Crónicas de Santiago de Cuba,* Segunda Edición, Madrid, 1973, vol IX, pp. 332 y ss.

[78] Concas, *op. cit.*, p. 113.

da, limitando escasos recursos plaza. Si hubiesen venido con ella *Pelayo, Carlos V* y flotilla torpederos, podría intentar algo importante y contribuir poderosamente defender islas, pero reducida como viene, tiene que *evitar choque*, limitándose a maniobras que no la comprometan y que no podrán ser de grandes resultados. Tampoco ha traído ningún transporte con carbón y víveres que tan útiles nos hubieran sido, así como armas y municiones.» (*Col. Doc.*, 103.)

Una de las tareas más urgentes de la expedición era la de proveerse de combustible. El Almirante quería carbón inglés Cardiff, el de mayor eficiencia calorífica para buques como los que formaban su flota. Pronto se dio cuenta de no iba a ser fácil obtenerlo. El carbón escaseaba mucho en Santiago de Cuba. Moviendo sus influencias oficiales, Cervera consiguió que prácticamente se confiscara el de las minas de Juraguá y del ferrocarril de Sabanilla, que en parte era Cardiff y en parte antracita, o «hulla seca», que arde con dificultad y da poca llama. Tener que transportarlos a los dos muelles santiagueros, para ser luego llevados a los barcos en lanchas, hacía el proceso trabajoso y lento. Y tampoco ayudaba a la tarea la escasez de lanchas y los problemas que éstas encontraban en los muelles por el reducido nivel del agua durante las mareas bajas. Aunque el carboneo no cesó un instante, día y noche, mientras estuvo la escuadra en la bahía, nunca se llenaron las carboneras de los barcos.[79] En ningún momento se logró embarcar más de 150 toneladas diarias, cantidad insignificante para seis buques que, al entrar, habían apagado las calderas para limpiarlas pero pronto volvieron a encenderlas, por lo que pudiera suceder. Una buena parte de las 150 toneladas se consumían en mantener funcionando las máquinas y en el alumbrado, la cocina y los botes de vapor.[80]

Cuentan que cuando Práxedes Mateo Sagasta se enteró de la entrada de la Escuadra en Santiago de Cuba, desolado lanzó la pregunta: «¿Cómo saldrá de allí?» Esa era precisamente la cuestión que atormentaba a Cervera, mientras mal abastecía de combustible a sus barcos

---

[79] Müller y Tejeiro, *op. cit.*, pp. 36 y ss.
[80] Concas, *op. cit.*, p. 118.

para tratar de realizar la escapatoria, que él consideraba de urgentísima necesidad, entre otras cosas, por la terrible situación que había encontrado en Santiago. No quería que la Escuadra le quitara el pan a los soldados de tierra ni a sus hermanos de la población civil. Victor Concas describe con exactitud lo que la flota encontró al llegar: «Sitiada de hecho (Santiago de Cuba) por los insurrectos, se podían obtener algunas verduras y legumbres para el mantenimiento de la misma... pero (la ciudad) sentía los efectos de la estrechez y las clases pobres la del hambre, un mes antes de que se hubiera visto un buque enemigo junto a la boca del puerto.... Las tropas del ejército que había en Santiago estaban completamente extenuadas por tres años de guerra en aquel clima horroroso, con una escasez de pagas que llegaba a trece meses, y una alimentación imposible, consecuencia de esa falta de pagas: eran más bien espectros que soldados...»[81] Decididamente había que salir.

Mientras trataba de tomar una decisión, Cervera recibía informaciones a la vez alentadoras y desilusionantes. Había comenzado el carboneo. Era lento, pero le habían prometido acelerarlo. El 22 podía decirle a Auñón: «Estamos haciendo carbón que no hay bastante para rellenar pero si llega el vapor de carga salido de Curazao, rellenaremos y sobrará algo.» El mismo 22 se recibía un cable de San Juan: «Vapor inglés *Restormel* tres mil toneladas Cardiff para Escuadra, salió ayer Curazao para ese puerto...» Excelentes noticias. Pero también le arribaban otras sobre serios peligros. Blanco le telegrafía el 23: «Tengo confidencia desde Montreal de que Escuadra Schley sale para Sur de Cuba, después Sampson.» Toda la flota norteamericana situada frente a la Habana había desaparecido. Obviamente se dirigía al sur de la isla. Doce buques enemigos estaban ya frente a Cienfuegos. Era evidente, el bloqueo se acercaba. ¿Llegaría a tiempo el buque carbonero? ¿Salimos? ¿Esperamos?

Como siempre, Cervera quiere oir la voz de sus comandantes. La reunión se celebra el 24 en su cámara del *María Teresa*. Se exponen los pros y los contras, las ventajas y desventajas de salir del puerto. Pregunta: ¿Posee la escuadra la velocidad que necesita para escapar?

---

[81] Concas, *op. cit.*, pp. 114 y 115-116.

Respuesta: La velocidad se ha reducido a 14 millas por hora debido a la lentitud que impone el sucísimo casco del *Vizcaya*. ¿Son 14 millas suficientes? Es muy posible que no. Otra pregunta: si se sale ¿adonde ir en busca de refugio? La respuesta es otra interrogación: ¿A San Juan de Puerto Rico? La verdad es que allí la escuadra estaría mil veces peor protegidos que en Santiago de Cuba. Por lo demás ¿habrá carbón suficiente para llegar a San Juan? Los buques sólo han podido repostarse de la tercera parte de su combustible. El *María Teresa* apenas rebasaba las 300 toneladas, el *Oquendo* y *Vizcaya, 500* cada uno y 700 el *Colón*. Tal vez esto alcanzará para llegar a la isla borinqueña . Mas ¿será posible rellenar allí para seguir adelante? Lo más probable es que no. Por otro lado, ¿no está casi al llegar a Santiago desde Curazao el buque carbonero? ¿No es sensato esperarlo? Y además, ¿no acaba de anunciar el gobernador Blanco que la flota norteamericana avanza a paso de carga para bloquear el puerto santiaguero? ¿Y no se ha reforzado la escuadra norteña, ya formidable, con el poderoso *Oregon,* que ha venido desde el Pacífico doblando el cabo de Hornos y ya se encuentra en Cayo Hueso? ¿Y no acababa de regresar al puerto el destructor *Plutón,* después de su misión exploratoria de esa mañana, para informar de la presencia de unidades norteamericanas en las cercanías? Conclusión: el peligro cierto de la salida era muy superior a las pocas ventajas que pudieran obtenerse logrando alcanzar el puerto de San Juan. Si el *Restormel* traía buen carbón, quizás se pudieran probar otras alternativas. Por hoy, acuerdan los comandantes, estamos obligados a quedarnos aquí.[82] El día siguiente –golpe mortal–el *Restormel* es apresado por el crucero enemigo *Saint Paul*, a la vista del Morro santiaguero.

A pesar de todo, mientras el nudo se apretaba, los jefes de la Escuadra trataban todavía de encontrar un hueco por donde escapar. El 25 de mayo Cervera le cablegrafía al Ministro Auñón: «Estamos bloqueados; califiqué desastrosa nuestra venida... Hechos empiezan darme razón. Con la desproporción de fuerzas es absolutamente imposible ninguna operación eficaz. Tenemos víveres para un mes.» Pero este pesimismo

---

[82] Véase acta de la reunión en *Col. Doc.*, 112-113; además: Concas, *op. cit.*, pp.119-120.

no era absoluto. El 26 amanece con mal tiempo en el área. Y los ánimos de la oficialidad se levantan. ¿Será posible abandonar el puerto aprovechando la ventolera y la fuerte marejada? Vale la pena examinar el asunto. Los jefes vuelven a reunirse enseguida en la cámara del *María Teresa*. Rápidamente se llega a un acuerdo: se debe salir en enseguida, aprovechando los vientos y la lluvia, rumbo a Puerto Rico. Se dan órdenes de encender todas las calderas y estar listos para las cinco de la tarde. Aunque persistía una duda: ¿permitiría la marejada reinante una salida franca de los buques? Poco después del mediodía el semáforo señaló la presencia de tres buques enemigos. Y, además, el mal tiempo amainaba con rapidez.

Cervera convoca una segunda reunión. Informa que había enviado a uno de los prácticos a la boca de la bahía a explorar y éste estimaba que la Escuadra podría pasar si se exceptuaba al *Colón*, cuya cala ofrecía dificultades debido a una laja que existía sobre la punta del Morrillo. El Almirante formula la pregunta de rigor: ¿conviene arrostrar los riesgos de avería al *Colón*, el mejor barco de la flota, o por el contrario no efectuar la salida? La votación resulta algo sorprendente. Cinco comandantes votan que no se debe salir. Joaquín Bustamante, el jefe del estado mayor, vota que sí: «Hoy es casi seguro –dice– que las escuadras enemigas no están sobre el puerto; mañana es casi seguro que lo estarán... Aunque sólo salvemos tres buques, es preferible salir.» Víctor Concas, el comandante del *María Teresa* también vota que sí. «La escuadra enemiga que viene de Cienfuegos y que esperábamos esta mañana, detenida seguramente por el temporal, puede estar aquí al amanecer, desde cuyo momento el bloqueo habrá que romperlo contra fuerzas inmensamente superiores, aun sin contar con la otra escuadra que se anuncia que vendrá por el canal viejo.... Pues, que se corra el riesgo, hasta la pérdida total que considero remotísima...» Pero el Almirante jefe de la flota vacila. En una votación se reserva su voto. Tras largo rato, por fin se decide. «No. No vamos. No podemos correr el riesgo de perder el *Cristóbal Colón*. ¡Se suspende la salida!» (*Col. Doc.*, pp. 121-125.)

Víctor Concas, escribiendo sobre esa junta famosa, expresa criterios casi sediciosos: «Dos de los votos que habían opinado por la salida manifestaron que en su honor y conciencia tenían el convencimiento de que el Gobierno de Madrid tenía el determinado propósito de que la escuadra fuese destruída lo antes posible, para hallar un medio de llegar rápidamente a la paz, y que, por consiguiente, convenía salir, no porque fuese lógico, sino porque recibiríamos la orden militar y terminante de hacerlo aun en peores condiciones.» ¡Extraordinaria acusación de dos jefes de la Escuadra contra el Gobierno que los mandaba! ¡Hasta esos extremos conducía a sus subordinados la probada incompetencia y dudosa seriedad del mando central de Madrid! Pronto Cervera iba a concebir una opinión muy similar a esa. El 28 de mayo el Almirante le comunica a Auñón: «El puerto está bloqueado por Escuadra enemiga más poderosa que la nuestra...» El 31 las fortificaciones del puerto de Santiago son bombardeadas por el enemigo. Y el 1 de junio, según Cervera: «A la escuadra de bloqueo han llegado grandes refuerzos.» La ratonera ha cerrado todas las puertas de escape. De ahora en adelante, salir es perecer.

El Almirante se pregunta: ¿cuál es nuestro futuro? Y se responde: el desastre que predije, si a la escuadra la enviaban a América. El semicírculo de hierro que nos bloquea ahí afuera duplica nuestro desplazamiento. Duplica en poder al de nuestra artillería. Cuenta con más y mejor carbón y dispone de mejor atención médica que nosotros. Y si en velocidad podiéramos aventajarlos, con estos barcos sin limpieza de fondos por meses y meses, como sucede con el *Vizcaya*... sólo el *Colón*, con su buen andar y si lo asiste la buena suerte, tal vez logre escapar para bien de la marina española. Críticos tengo, lo sé bien y críticos tendré. Por eso voy a confiarle mis papeles al Señor Arzobispo de Santiago y a pedirle que si muero en esta guerra se los envíe a mi familia. Tengo la conciencia tranquila.[83]

---

[83] Críticos tuvo y críticos tiene todavía. Ver: Agustín R. Rodríguez, *Operaciones de la Guerra de 1898: Una Revisión Crítica*, Madrid,1998, pp. 71 y *passim*; French Ensor Chadwick, *Relations of the United States and Spain: The Spanish American War*, New York, 1911, pp. 313-318; Ivan Musicant, *Empire by Default: The Spanish-American War and the Dawn of the American Century*, New York, 1998. Este autor llama la atención hacia el irónico hecho de que precisamente en la tarde del 25 de mayo el almirante Schley retiró su escuadra de las cercanías de la bahía santiaguera, lo que facilitaba la salida de la flota española. Desde luego,

El 1 de junio se juntaron frente a Santiago los dos escuadrones, el de Schley y el de Sampson, bajo el mando de éste último, formando el famoso «semicírculo de hierro» ante la boca del puerto santiaguero. (Ese era el «refuerzo» a que se refería Cervera en su mensaje a Auñón.) A las seis de la tarde del siguiente día Sampson ordenó poner en acción un plan largamente tramado para embotellar completamente la flota en la bahía hundiendo un barco carbonero, el *Merrimack*, en su boca. «Será el corcho de la botella», decía Richmond Hobson, a quien el Almirante norteamericano había designado como jefe de la peligrosa operación. A la una de la mañana del 3 de junio el carbonero, con ocho hombres a bordo, entraba en la bahía, pasando entre la fortaleza del Morro, de un lado, y la batería de la Socapa, del otro. El plan era hacer detonar varias cargas de dinamita para hundir el barco en la parte más estrecha del canal. Pero ya bajo el fuego de los cañones españoles la explosión no se produjo como había sido planeada y el *Merrimack* se hundió más allá de la parte crítica de la entrada. Hobson y sus hombres abandonaron el barco y se rindieron nada menos que al propio almirante Cervera, quien andaba por los alrededores. Llevados al *Reina Mercedes* –que ya fuera de combate estaba anclado ahí desde hacía tiempo– fueron tratados con la mayor cortesía y devueltos poco días después a la flota norteña.

Probablemente no fueron los bombardeos del puerto de Santiago por la escuadra norteña los días 31 de mayo y 6 de junio sino el fracaso de taponar la bahía lo que volvió a traer a discusión en la flota española el tema de la necesidad de la salida. El mismo día 6 Cervera la comunica al Ministro de Marina Auñón: «Temo que el enemigo llegue a obstruir la boca del puerto; nosotros no podemos impedirlo por su gran superioridad.» ¿Qué hacer ante ese peligro? Como siempre, Cervera convoca a una junta de jefes el 8 de junio. Allí en seguida surge una idea que ya antes había sido mencionada pero no examinada con rigor. Es el jefe del Estado Mayor de la flota, capitán Bustamante quien la propone: «Se debe resueltamente aprovechar este obscuro de luna para

---

ni Cervera ni sus comandantes podían tener conocimiento alguno de esa prometedora coincidencia.

efectuar la salida». Y presenta un plan de cómo deben moverse los barcos y qué maniobras han de realizar tan pronto abandonen la boca del puerto. «Estoy seguro de que, en el peor de los casos, nunca perderíamos mas de la mitad de nuestra Escuadra», agrega. Víctor Concas apoya la propuesta con otros argumentos. Pero la oposición se mantiene firme: «No debe intentarse la salida mientras subsistan las circunstancias presentes.»[84] Cervera acepta la voz de la mayoría pero decide explorar por su cuenta esta posibilidad. Mientras tanto, ordena mantener las calderas encendidas.

Es un hecho perfectamente documentado: aun después de saber bloqueado el puerto, Cervera continuó buscando soluciones a la cuestión de la escapatoria. Hizo una visita nocturna a la batería de la Socapa, cuyas fortificaciones habían sido reforzadas recientemente con cañones sacados del destartalado *Reina Mercedes*. Tras detenido examen, el Almirante llega a una conclusión que traslada en seguida al jefe de las fuerzas españolas en Santiago, general Linares: «...Me he convencido de que es absolutamente imposible el que (esta flota) de mi mando pueda salir desapercibida, a favor de la oscuridad de la noche, mientras la artillería de la costa no consiga alejar a los buques que con sus proyectores eléctricos iluminan constante y completamente la boca del puerto.»[85]

---

[84] Véase el acta de esta reunión en *Col. Doc.*, pp. 130-132.

[85] Emilio Bacardí, *op. cit.*, vol. IX, p. 359. Negarse a salir de noche es quizás la más discutida de las decisiones de Cervera en toda la guerra. La primera vigorosa censura de ella se debe al Comandante Jacobson de la Marina de Guerra alemana, en *Sketches of the Spanish-American War*, publicado por la Oficina de Inteligencia Militar del Gobierno de los Estados Unidos, Government Printing Office, Washinton, 1900. Recientemente (1998) usa argumentos parecidos Agustín R. Rodríguez en el libro que acabamos de citar en la nota 23, (pp. 92-94). Y todavía se sigue discutiendo la cuestión. Hay quienes sostienen, con Rodríguez, que «las baterías de la escuadra, podrían disparar muy eficazmente sobre los bloqueadores y sus proyectores, y no sólo la noche de la salida, sino varias antes» para desgastarlos y hacer que se alejaran. (Rodríguez, p. 93.) Hay quienes responden con la vieja tesis del general Arsenio Linares, que se encontraba en el lugar de los hechos y sostenía que los norteamericanos podrían mantenerse a 6 millas de distancia de la costa, fuera del alcance de los cañones españoles, y todavía iluminar perfectamente los barcos en fuga, atacarlos y destruirlos si salían uno tras otro por la boca de la bahía. (Bacardí, *ibidem, id.*, p. 360.) El capitán Bustamante argumentaba: si se perdía media escuadra en la salida, se salvaría posiblemente la otra

Por su parte, mientras espera la llegada del Ejército, la flota norteamericana inicia una campaña para apoderarse de la bahía de Guantánamo, con el propósito de poseer una carbonera cerca del futuro campo de batalla, evitando de esa manera las molestias de tener que recibir el combustible en pleno mar o que ir a buscarlo a Cayo Hueso. Comenzó la acción el 7 de junio con el bombardeo de las fortificaciones del poblado de Caimanera, terminal ferroviaria y puerto de embarque del azúcar y el café de la región, situada bien al interior de la bahía. Y siguió con varios desembarcos de tropas, facilitados por la limpieza previa de tropas españolas que el Ejército Libertador cubano, al mando del coronel Enrique Thomas, había realizado en el área. Esta fue la primera vez que lucharon juntos soldados cubanos y norteamericanos en el conflicto. Y la colaboración resultó muy efectiva, consiguiéndose una rápida ocupación de la zona. De inmediato la marina estableció en Punta del Este la base de reparaciones y carboneo que necesitaba. Posteriormente, el almirante McKeala, en un discurso pronunciado el 23 de julio de 1898 ante fuerzas cubanas y norteamericanas, reconoció el importante papel desempeñado por los mambises, diciendo que los cubanos habían ido a salvarlos de sus dificultades con los continuos ataques de los españoles, que no los dejaban respirar. «No sé cómo agradecer bastante, en nombre del Gobierno de Norteamérica y en el propio, a los cubanos que, como una bendición del cielo, llegaron en momentos precisos para evitarle un desastre a las fuerzas americanas de desembarco.»[86]

En el teatro santiaguero, la guerra seguía el curso ya establecido: Cervera embotellado; Sampson bloqueando. Y, a ratos, como sucedió el 13, 14, 16 y 17 de de junio, bombardeando la Escuadra y los fuertes españoles. Eran simples fintas preparatorias, para irle abriendo el camino al ejército ya en camino desde las floridanas playas de Tampa.

---

mitad, lo que era mejor que perderlo todo si no se actuaba en seguida. Por lo demás, debe reconocerse que la medida, obvio producto de la desesperación, hubiera sido un público reconocimiento de la inevitabilidad de la derrota.

[86] Felipe Martínez Arango, *Cronología Crítica de la Guerra Hispano-cubano-americana*, La Habana, 1973, pp. 154-155.

La respuesta de las baterías costeñas a estos ataques era débil e ineficaz. Luis Gómez Amador ha llamado la atención al hecho de que la penuria de proyectiles que sufría la flota, jugaba aquí un papel capital. «De noche un buque se acercaba a unas dos millas y con proyectores eléctricos, gran novedad tecnológica en aquellos días, vigilaba la boca del puerto. Las luces de esos poderosos aparatos penetraban larga distancia a lo largo del canal.» Pero la escasez de proyectiles tanto en los buques como en la artillería costera, obligaron a reducir su empleo al mínimo posible, reservándolos para casos graves de emergencia.[87] El 14 de junio –como ya hemos visto– salían hacia Cuba las fuerzas expedicionarias de Estados Unidos, y el 22 y 23 desembarcaban en Daiquirí y en Siboney, como se verá en detalle más adelante. Al bloqueo marítimo seguiría el cerco terrestre de Santiago de Cuba, para forzar la salida de la flota acorralada.

Ahora que se acerca la batalla decisiva, crece en el Almirante la indignación contra un Gobierno incapaz, irresponsable y manipulador. Cervera –militar ante todo– está dispuesto a exponer su vida, pero no a perder su honra. Le duele tener que tomar una decisión con la cual está en radical desacuerdo.¿Lo culpará la posteridad de haber perdido la Escuadra porque fue él quien ordenó su salida? Inesperadamente, le llega un alivio. A última hora hay un cambio en la jerarquía del poder naval en Cuba. El Gobernador de la Isla, general Blanco, siempre pensó que a él le correspondía la voz final de mando en el uso de la Escuadra. Así, una y otra vez, lo había solicitcado a los Ministros de Marina y de Guerra. El 24 de junio este último le hace saber que, por decisión del Gobierno, debía asumir la dirección de todas las fuerzas navales que operaban en el territorio bajo su mando, lo que se le

---

[87] Luis Gómez Amador, *La Odisea del Almirante Cervera y su Escuadra: Batalla Naval de Santiago de Cuba, 1898*, Madrid, 2001, p 192. Sobre las dificultades de la flota con los proyectiles defectuosos, véase Concas, *op. cit.*, p. 141-143. Concas explica que debido a esos problemas, a los accidentes que ocurrían cuando se disparaban los cañones y a la suspensión de las prácticas, los barcos españoles fueron al combate «en la condición tremenda de que el primer tiro que tiraban los cañones de 14 centímetros fuera al enemigo, ocurriendo lo que no podía menos de suceder, que en el *Oquendo* un cañón despidió el cierre, matando a todos los sirvientes...» (*op. cit.*, p. 143.)

comunicó también a Cervera. Este contestó con un cable que decía: «Aunque siempre me he considerado subordinado del General en Jefe, doy a Vuecencia las gracias por esta disposición que da fuerza legal a las relaciones ya establecidas y, dando unidad a las operaciones militares, me relevará de tomar por mí mismo resoluciones extremas de la mayor gravedad.» A la vez, telegrafía a Blanco: «Ministro de Marina ordena me ponga a las órdenes de V. E. según lo mandado en Real Orden 13 Noviembre 1872, lo que hago con el mayor gusto.» (*Col. Doc.*, pp. 140-141.) El traslado de la responsabilidad queda bien clara. Y el lenitivo, evidente. Para que no haya dudas sobre la situación, añade: «Creo mi deber exponer el estado de la Escuadra. De 3,000 cargas para cañón Hontoria de 14, sólo 620 son de confianza, las demás han sido calificadas de inútiles, no habiéndose reemplazado por faltar existencias a la salida; dos cañones Hontoria de 14 del *Vizcaya* y uno del *Oquendo* no ofrecen confianza...; carecemos de torpedos Bustamante; al *Colón* le falta su artillería gruesa: *Vizcaya* está muy sucio y ha perdido su velocidad; *Teresa* no tiene cañones de desembarco y los del *Vizcaya* y *Oquendo* son inútiles; tenemos poco carbón y víveres para todo Julio. Escuadra de bloqueo es cuatro veces superior, por lo que la salida sería nuestra destrucción absolutamente segura. Tengo mucha gente en tierra para reforzar la guarnición, de la que me considero solidario. Han desembarcado tripulaciones Escuadra para ayudar Ejército. Ayer salieron cinco batallones de Manzanillo; si llegan a tiempo prolongarán agonía, pero dudo mucho que salven la plaza. Como es absolutamente imposible que la Escuadra escape en estas condiciones, pienso resistir cuanto pueda y destruir los buques en último extremo. Esto expresa mi opinión en conformidad con los Comandantes de los buques.» (*Col. Doc.,* 141-142.)

    Una vez más pasa revista a la realidad que lo rodea. No puede comprender la incomprensión que muestran quienes tienen acceso a los mismos datos que él posee. Es evidente: la Escuadra está perdida. Lo está desde que salió de Cabo Verde, dada la desproporción enorme que había entre las fuerzas españolas y las enemigas. Por eso se opuso él enérgicamente a la salida. El gran error había sido enviarla a América. Hay quienes arguyen que los bloqueos pueden romperse. Es verdad. El mismo lo había hecho. Con una goleta de siete millas de velocidad, disfrazado de barco francés, entró en Cartagena cuando estaba ocupada por la escuadra cantonal, permaneció allí hora y media y volvió a salir. Pero las circunstancias aqui son completamente distintas. La salida de la bahía de Santiago ha de hacerse barco a barco, uno a uno, en fila india, sin que quepan ardides ni disfraces, y la consecuencia de ello –absolutamente segura– es la ruina de todos y cada uno de los buques. La alternativa es destruir la Escuadra nosotros mismos, o perderla sacrificando a la vanidad la mayor parte de la tripulación. El nunca decretará esa medida por su cuenta, porque se sentiría responsable ante Dios y ante la Historia de esas vidas sacrificadas en aras del amor propio y no en la verdadera defensa de la patria. Ahora bien, el telegrama que se recibía por la mañana lo pone a las órdenes de Blanco. A él le toca decidir. Cervera sencillamente obedecerá. Y en un mensaje al general Blanco le resume esas ideas.[88]

La respuesta de Blanco a Cervera inicia el día 26 una agitada conversación cablegráfica entre La Habana, Santiago de Cuba y Madrid. BLANCO A CERVERA: «Usted exagera las dificultades. Es posible salir de noche. Abrigo gran confianza en el éxito. El Gobierno opina lo mismo.» AUÑÓN A CERVERA: «Debe intentarse salvación total o parcial por salida nocturna.» CERVERA A AUÑÓN: «Tal cual está bloqueada boca del puerto, salida durante la noche es más peligrosa que de día, porque el enemigo está más cerca de tierra. Los comandantes de los barcos piensan lo mismo.» CERVERA A BLANCO: «Considero telegrama de V. E. como la orden de salida. Estoy pidiendo el reembarco de las fuerzas que prestamos al general Linares. Suplico me confirme orden salida para estar seguro.» BLANCO A CERVERA: «La Escuadra permanecerá ahí sin apurarse ni precipitarse, puesto que aún tiene raciones, acechará la ocasión oportuna para salir, dirigiéndose a donde V. E. juzgue conveniente, pero en el caso que los acontecimientos se agravaran hasta el punto de creerse próxima la caída de Santiago de Cuba, la Escuadra saldrá resueltamente, lo mejor que pueda, confiando su destino al valor y pericia de V. E.» CERVERA A

---

[88] Véanse los documentos que aparecen en *Col. Doc.*, pp. 142-144.

BLANCO: «Creo entender la síntesis de su orden: si se puede aprovechar una ocasión favorable, hacerlo, y si no, a última hora, salir, aun cuando sea segura la pérdida de la Escuadra.»[89]

Mientras España discute qué hacer con su Escuadra en el mar, por tierra el ejército norteño, pese a sus ineficiencias, avanza sin cesar, con el apoyo del Ejército Libertador cubano. El primero de julio, tropas de la coalición cubano-americana toman el pueblo del Caney, el fuerte del Viso y las alturas de San Juan, dejando libre el camino hacia Santiago de Cuba. Asustado –y con razón– Blanco le envía a Cervera un telegrama marcado como *urgentísimo*: «Reembarque tripulaciones... Salga con todos los barcos de esa Escuadra..» Quince minutos más tarde, otro: «Apresure lo posible su salida de ese puerto.» Y al Jefe de la plaza: «Escuadra... deberá salir lo antes posible para no tener que rendir ni destruir los barcos.» Cervera contesta: «Mando encender para salir en cuanto se reembarque mi fuerza.» Pero el Jefe de la Plaza protesta: «Si se llevan las tropas sacadas de los barcos, caerá la ciudad de Santiago.» Mientras Cervera insiste: «Sin las fuerzas tomadas de la flota no podremos hacer funcionar los barcos.» Al amanecer del día 2 de julio convoca por última vez a sus comandantes. No es para discutir, sino para planear. La orden ha llegado. ¡A salir, a salir pronto! Ahora las posibles consecuencias carecían de importancia. Lo esencial era no rendir ni destruir los barcos. ¡Que perecieran cientos de hombres en el combate si era necesario! No se pedía que se ganara o se perdiera. ¡Que hundieran la Escuadra a cañonazos! ¡Lo que había que salvar era el «honor nacional»! «Vamos a salir en fila india. A intervalos de unos diez minutos.» Será esta tarde a las cuatro, si para entonces la tropa ha regresado a los barcos... Como la tropa no termina su reembarco hasta pasadas las cuatro, la salida se pospone para la mañana siguiente.. El día 3 de julio recibe el Ministro Auñón un cable del Jefe del Apostadero de La Habana Manterola: «Salió nuestra Escuadra.» La batalla decisiva había comenzado.[90]

---

[89] Véase el material telegráfico en *Col. Doc*, pp. 144-147.

[90] Sobre la discutida responsabilidad personal de Pascual Cervera en la derrota de su escuadra véase el Apéndice 1, al final de este capítulo.

La batalla, en verdad, no fue muy larga. Duró sólo unas cuatro horas. Se convirtió en la simple suma de seis combates. Uno por barco. El *Teresa* iba delante en la salida del puerto y el suyo fue el primero. La nave capitana –en ella iba el jefe de la flota– atravesó el canal sin dificultades. Concas, su capitán y ahora jefe del estado mayor, porque Bustamante había sido herido de muerte peleando en tierra, ordena que la corneta anuncie el comienzo de la ofensiva. Mientras ésta suena él piensa: «¡Es la señal de que terminan cuatro siglos de grandeza y España pasa a ser nación de cuarto orden!» Y tornándose a su jefe le dice: «¡Pobre España!» Cervera contesta con gesto de resignación patriótica. Y en seguida se escucha la primera descarga.[91] Estamos ante una de las páginas más patéticas de la historia de España, en la que resalta el espíritu del deber absurdo pero admirable de estos jefes militares.

Por diez cortos y larguísimos minutos *Teresa* era el único barco español que había salido del puerto. Y en esos diez minutos recibió el fuego de toda la artillería enemiga. Así había sido planeado el día anterior en la cámara del Almirante. La nave capitana iba a ser sacrificada para abrirle el paso a los barcos de la Escuadra que venían detrás. Un plan que en parte se logró: el *Vizcaya* y el *Colón* no encontraron tanta oposición al salir como el buque insignia. Cumpliendo los acuerdos, éste embistió al *Brooklyn*, el más rápido de los buques norteños, con el propósito de pasarlo por ojo y lo obligó a virar bruscamente, en una maniobra que casi provocó un choque con el *Texas*. Y que, además, hizo fracasar, al menos en parte, el plan original del almirante Sampson: converger en la boca y destruir la flota española a medida que cada barco salía. Ahora lo que iba a ser una cacería a quemarropa devino una persecución.[92] De todos modos, no fue necesario mucho tiempo para que el castigo concentrado sobre el *Teresa* resultara devastador. Uno de los primeros proyectiles que recibió había roto un tubo de vapor auxi-

---

[91] Véase Concas, *op. cit.*, pp. 157-159.

[92] Véase a este respecto el análisis de José Manuel Allendesalazar, *El 98 de los Americanos*, Madrid, 1974, p. 193. La maniobra del almirante Schley todavía se discute, con pros y con contras, en los análisis contemporáneos de la batalla.

liar, haciéndole perder velocidad. Otros provocaron fuegos que no podían apagarse porque la red de agua contra incendios estaba destruida. ¡Y había tanta madera en estos cruceros: puentes, cubiertas, paredes, techos, puertas, muebles...! ¡Y tanto lujo innecesario contra el que Cervera tantas veces había alzado la voz! Pronto el buque entero ardía. Ardía la popa. La proa. Los mástiles y con ellos hasta la bandera. Comenzó entonces la explosión de los depósitos de municiones en las baterías. El *Teresa* se había convertido en un volcán flotante de llamas, humo, vapor y hierros retorcidos.[93] Toda defensa era imposible. Como la consigna era «no rendirse bajo ningún concepto», no quedó más remedio que dirigirse a Punta Cabrera y embarrancar.[94] El Almirante permaneció a bordo mientras pudo. Por fin, despojándose del pesado uniforme de gala que portaba, vestido con sólo la ropa interior, se lanzó al agua.[95]

El cuarto barco en salir fue el segundo en ser aniquilado: el *almirante Oquendo*. Mientras el *Vizcaya* y el *Colón* seguían navegando hacia el Oeste, en busca del refugio bastante improbable de Cienfuegos, el *Oquendo*, apenas tomó la derecha al salir del puerto, fue víctima de un aplastante castigo, sobre todo de parte del acorazado *Iowa* y el crucero *Brooklyn*. Como le sucedió al *Teresa*, incendios incontrolables pronto se extendieron por todo el buque. (¡Ese inflamable maderamen!) En la popa ardían las cámaras de torpedos, el comedor y los camarotes de

---

[93] En el curso de la acción ninguno de los cruceros españoles fue herido vitalmente en el casco o la maquinaria. Fueron los incendios provocados por la artillería enemiga y animados por el viento levantado por la marcha de los buques, lo que constituyó el factor decisivo en su derrota. (Walter Millis, *The Martial Spirit*, Chicago, 1989, pp. 307-308.)

[94] Cervera no hizo otra cosa que cumplir al pie de la letra lo que mandaban las Ordenanzas de la Armada (artículo 153, título I del tratado 5): «Los comandantes de los barcos deberán combatir hasta donde quepa en sus fuerzas contra cualquier superioridad, de modo que, aun rendido, sea de honor su defensa entre los enemigos. Si fuere posible, varará en costa, amiga o enemiga, antes de rendirse...»

[95] Poco antes de salir de la bahía santiaguera, en una alocución que tenía más de elegía patriótica que de arenga combativa, el Almirante había ordenado que, dada la solemnidad del momento, la tripulación vistiera sus uniformes de gala a la hora de la batalla. Los que saltaron al agua al final de la jornada, tuvieron que desnudarse previamente.

oficiales, las taquillas de las clases y las despensas, comunicándose seguidamente por el ascensor a la plataforma y por las maderas encendidas del piso al comedor de oficiales. En la proa, las llamas consumían la cámara central, incluyendo los maleteros de la tripulación. Otro infierno. El *Oquendo* trató de defenderse, pero los cañones de 14 centímetros comenzaron a crear problemas. «Al cuarto disparo del cañón número seis de 14 centímetros, saltó el cierre, roto por el eje de giro, matando o hiriendo a los sirvientes y dejando ciego al artillero...» (*Col. Doc.*, 164-165.) Al incapacitarse en pocos minutos, en obediencia a las órdenes del Comandante, el crucero puso proa a la costa y encalló dos millas al oeste de la nave capitana. En el parte oficial se dice que en ese momento las condiciones no podían ser peores, «llenos de muertos y heridos las cubiertas, la artillería inútil y devorados por el incendio.» (*Col. Doc.*, 164.) Eran las diez y cuarenta de la mañana, cinco minutos después de quedar el *Teresa* fuera de combate.

Los cazatorpederos o «destructores», que salieron los últimos, pronto sufrieron parecida suerte. El *Plutón*, al abandonar el puerto, seguía las aguas del *Furor*, pero quedó eliminado de la contienda cinco minutos antes que éste. Ambos fueron agredidos por un enjambre de buques auxiliares, que a cortísima distancia los aniquilaron, con la ayuda de la artillería de tiro rápido del *Indiana*. Concas resume así lo sucedido a los destructores: «Esos buques tan delicados, que no pueden recibir un tiro sin que sea un golpe mortal, quedaron destrozados inmediatamente a la salida, yéndose a pique el *Furor* y estrellándose en la costa el *Plutón*, ya casi sumergido, habiendo perdido cada uno de los buques la tercera parte de la tripulación, casi todos muertos.»[96] En una media hora España había perdido dos terceras partes de la Escuadra. A las once de la mañana sólo quedaban navegando el *Vizcaya* y el *Colón*, huyendo desesperadamente hacia el oeste. Lo perseguían el *Brooklyn*, el *Texas*, el *Iowa* y el *Oregon*, a los que se les incorporó después el *New York*, la nave capitana de la flota norteña, en que el almirante Sampson se había trasladado, temprano en la mañana, a sostener una entrevista

---

[96] Concas, *op. cit.*, p. 165.

con el general Shafter en Siboney, y que sólo pudo disparar unos pocos cañonazos cuando regresó a toda prisa al teatro de la batalla.

El *Colón*, más marinero, había logrado adelantarse, ganándole distancia al enemigo. Sobre el *Vizcaya*, a la zaga, cayó el peso de casi toda la flota norteamericana. Y, por fin, pasó con él lo mismo que había sucedido con el *Teresa* y el *Oquendo*. En su parte de guerra el capitán de navío Eulate, comandante del *Vizcaya*, parece a ratos estar repitiendo los informes prebélicos del Almirante. Primero, la ineficiencia de los cañones: «...Se rompió fuego sobre los buques enemigos, que muy nutrido en un principio, fue decreciendo en la batería de catorce centímetros por los defectos de sus cañones y cargas... Las averías de estos cañones fueron muchas, pero muy especialmente las ya conocidas de escupir las agujas, no cerrarse el cierre y no entrar los proyectiles...» Y, en seguida, el peligro del fuego: «...Un incendio de la popa había tomado tal incremento que era imposible pensar en dominarlo... (y) vino a complicar más esta triste situación la iniciación de otro incendio en la plataforma de proa, producido por haber reventado un tubo de vapor y la explosión de una o varias calderas...» (*Col. Doc.*, pp. 166-167.) No hubo más remedio que ponerle fin a la operación. A las doce y cuarto, bajo un fuego nutridísimo, varó el *Vizcaya* en los bajos del Aserradero.

Quedaba sólo el *Colón,* que avanzaba y avanzaba hacia Cabo Cruz. Careciendo de su artillería gruesa a duras penas podía defenderse, aunque los disparos enemigos le hacían muy poco daño. Santiago estaba ya a unos cien kilómetros de distancia. A la una de la tarde sus persecutores más cercanos, el *Brooklyn y el Oregon,* comenzaban a desesperar de alcanzarlo, cuando éstos de pronto notaron que el *Colón* perdía velocidad. ¿Qué estaba pasando? Ahora, para completar la pérdida de la escuadra, el factor esencial no iba a ser el exceso de madera en el buque sino ese viejo enemigo: la falta de buen carbón. Habiendo consumido todo el Cardiff de primera clase, el crucero español estaba usando carbón de baja calidad adquirido en Santiago de Cuba. De inmediato cae en picada la presión de las calderas. Disminuyen las revoluciones de las hélices. El ingeniero en jefe comunica que no podía mantener una velocidad de catorce nudos más que por unos minutos. El *Oregón* comienza a ganarle en el andar, rompiendo fuego con sus cañones de grueso calibre. En vista de la seguridad absoluta de ser apresado por el enemigo, lo que debía evitarse a cualquier costo, de acuerdo con las instrucciones recibidas, y para no sacrificar inútilmente las vidas de la tripulación, se hizo proa al río Turquino, en cuya playa embarrancó el *Cristóbal Colón*, a las dos de la tarde. Cuando el capitán Cook, del *Brooklyn*, subió a bordo se enteró de que las bajas del *Colón* se reducían a un muerto y 25 heridos y pudo comprobar que el barco estaba intacto. Se hicieron esfuerzos por liberarlo de su atasco. Fueron inútiles. En poca agua, el mejor crucero de la marina española se volteó por el lado de babor. Sus cañones de estribor miraban inútilmente al cielo.

Entre tanto, la batalla había seguido su curso y el Almirante, en el mar, trataba de salvar la vida. Nadar cientos de metros, a su edad, no era fácil tarea. Cuando se cansaba, le ayudaban su hijo el teniente de navío Ángel Cervera y dos cabos que iban a su lado. Por fin, los pies desnudos en la playa. Y al dar la vuelta hacia el horizonte, allí, agonizando, el *Teresa*. Envuelto por el humo y por las llamas. Y ahora estremecido por violentas explosiones. Un mulato mal vestido, con rifle en la mano y machete al cinto, se le acerca. Obviamente un insurrecto cubano. Ángel explica, señalando a su padre:

—Es el Jefe de la Escuadra española, almirante Cervera.

—¿Se rinde usted, señor?

—No, señor, ya me he rendido a los americanos.

El mambí ofrece ayuda para los numerosos marinos hispanos heridos y quemados que yacen en la playa. Cervera lo agradece.

—Casualmente, tenemos un médico en el campamento. Me los llevo para allá...

De una lancha, con bandera norteamericana en la popa, bajan a tierra tropas norteñas. El jefe le comunica a Cervera que lo va a conducir al yate blindado *Gloucester*. Y al llegar a éste recibe una sorpresa. Cuando sube a bordo, en ropa interior chorreando agua, la tripulación estaba formada para recibirle con todos los honores correspondientes a su alta jerarquía. El comandante Wainwright lo lleva a su cabina, le proporciona ropa, lo invita a un almuerzo tardío. Al caer la tarde es trasladado, con sus oficiales, al *Iowa*, cuyo capitán Robley D. Evans más tarde relató en sus memorias el recibimiento que le dio su barco al Almirante derrotado: «Se formó una guardia de 80 hombres, los oficiales se reunieron a estribor del alcázar; los oficiales y tripulación del «Vizcaya» (ahora prisioneros), a babor; y la tripulación del *Iowa* se agrupó en las torretas y la superestructura. El capitán Wainwright, del *Gloucester,* acompañaba personalmente al almirante. «La guardia presentó armas; los oficiales se descubrieron, las cornetas hicieron sonar sus voces; y cuando el eminente oficial que, en una hora, había perdido más que ningún otro hombre ha perdido en los tiempos modernos, apareció en la entrada del alcázar, la tripulación del *Iowa* rompió en aplausos y durante un minuto el almirante Cervera se inclinó dando las gracias... Aunque pobremente vestido, era un almirante de la cabeza a los pies. Con sencillez y tranquila dignidad recibió los aplausos de sus recientes enemigos y la silenciosa simpatía de sus compañeros vencidos. Una vez terminada la recepción, ofrecí al almirante un asiento en la toldilla de popa y un habano, y durante varias horas discutí con él amistosamente los incidentes de la inolvidable batalla.»[97] Todo muy versallesco... para los que quedaron vivos... Los norteamericanos tuvieron un solo muerto en todo el combate, pero del lado español hubo un total de 323 muertos, entre ellos Villaamil, el jefe de los cazatorpederos y Lazaga, el comandante del *Oquendo*.[98]

Del *Iowa* Cervera fue llevado al *Saint Louis*, que lo condujo a Portsmouth, Virginia, y de allí al lugar definitivo de su cautiverio, la Academia Naval de Annapolis, en la bahía de Chesapeake, a donde llegó el 16 de julio. Lo recibe una entusiasta bienvenida de la población

---

[97] Robley D. Evans, *A Sailor's Log: Recollections of Forty Years of Naval Life*, New York, 1902, p. 121.

[98] Hay más de un estimado del número de muertos en la batalla naval de Santiago de Cuba. Véase a este respecto, French Ensor Chadwick, *The Relations of the United States and Spain: The Spanish American War,* New York, 1911, vol. 2, pp. 176-177. Nosotros preferimos la cifra de Concas, quien tuvo acceso a las listas rectificadas y comprobadas del almirantazgo español. Ver Concas, *op. cit.*, p. 178. Existe una versión según la cual Lazaga se suicidó en la cubierta del *Oquendo*, después de haber salvado lo que quedaba de su tripulación. Véase una versión contraria en Chadwick, *op. cit.* pp. 172-173. Nótese, además, que Cervera, en su parte del combate, no menciona tal suicidio. (*Col. Doc.,*161.)

civil y un alojamiento casi de lujo. Inmediatamente se dedica a averiguar el estado en que se hallaban sus compañeros de cautiverio. Los visitó el 5 y 12 de agosto en los hospitales de Norfolk y Portsmouth, donde casi todos se encontraban. Y consiguió que las autoridades navales norteñas mejoraran las condiciones existentes en ese último lugar. Poco a poco le fueron llegando noticias de lo que ocurría en Cuba y en España. La renuncia en pleno del gabinete español el 11 de julio y su casi inmediata reconstitución con buena parte del mismo personal. La firma del armisticio y la capitulación de Santiago de Cuba, el 16.La entrada de las tropas norteamericanas en esa ciudad el 17. Y por fin el comienzo de los contactos internacionales para la negociación de la paz. Lo que no hizo sino renovar –intensificados– los sentimientos que todos estos sucesos catastróficos provocaron en el pueblo español. Fue pasar de la ciega y desbordada euforia de un patriotismo engañado al desconcierto de una derrota inesperada e impensable. De esta estrofilla de *Blanco y Negro* en los «buenos tiempos»

> A MacKinley le han salido
> dos granos en la mollera;
> uno en la forma de Cuba,
> y otro en forma de Cervera.

A esta otra, sobre la bandera española, después del Desastre:

> Hoy, desmayada y triste,
> con humildad se pliega,
> amarilla de rabia
> y roja de vergüenza.

No fue sino bien entrado el año 1899 cuando, por fin, cayó el gabinete liberal de Práxedes Sagasta, culpable directo de la derrota, para ser sustitido por uno conservador presidido por Francisco Silvela. Y se explica. El golpe fue tan duro que el pueblo pasó de la sorpresa al abatimiento y de ahí al escepticismo y a una suerte de indiferencia rayana en la insensibilidad. Julio Burell ofrece testimonio de esa atmósfera colectiva en un artículo publicado a fines de 1898 en el *Heraldo de Madrid*: «El espantoso balance de este año memorable no dice sólo: tantos miles de muertos, tantas colonias perdidas,tantos buques en el fondo del mar, tantos millones deshechos...Lo peor de ese balance es lo que añade: la fe destruida; el espíritu nacional sin bríos para recobrarse; los hombres de Estado, sustituidos por flamantes quirománticos, peregrinos de una nueva piedra filosofal; los particularismos, los egoísmos, los escepticismos de toda especie, desperezándose al sol...»[99] La nación iba a tener que pasar por los fracasos de una monarquía impotente, la destrucción de la Segunda República en una espantosa Guerra Civil y los dolores de una dictadura fascista para lograr salir, en la segunda mitad del siglo XX, de su histórico atolladero.

Por su parte Cervera, que con su conducta se había ganado las simpatías del pueblo norteamericano y la buena voluntad de sus captores, aprovecha esa circunstancia para tratar con éstos el regreso a su país de los marineros y oficiales españoles detenidos. El 31 de agosto puede comunicarle al Ministro de Marina Auñón, de nuevo en el cargo, que el Gobierno de Estados Unidos les concedía la libertad incondicional y éste contesta autorizando a Cervera para contratar transporte para el el retorno. El 12 de septiembre de 1898 el *City of Rome* deja la bahía de New York rumbo a la Península, con Cervera ,71 oficiales y 1,574 clases y soldados a bordo. Triste retorno al hogar de cientos y cientos de hombres disminuidos por la tragedia de la derrota.

Y mientras tanto, a España, vencida, postrada, la obligan en París a aceptar la paz dictada por el vencedor. La paz que ha de certificar su Máximo Desastre de Fin de Siglo. De las muchas estampas que del gran conflicto flotan en la memoria (las llamas, el humo, los hierros retorcidos, la sangre y la muerte en las aguas ardientes del Caribe) hay una que se impone con punzante viveza: la del Almirante derrotado, con sus húmedos calzoncillos largos como único atuendo, cosechando en el

---

[99] Melchor Fernández Almagro, *Historia Política de la España Contemporánea*, vol. 3, segunda edición, Madrid, 1970, p. 182.

Gloucester los aplausos del enemigo. Con esa escena, casi de vodevil, termina el histórico drama imperial de España en América.[100]

POST SCRÍPTUM

¿Hasta dónde alcanza la responsabilidad personal de Pascual Cervera en la derrota de su Escuadra? Su más severo crítico contemporáneo, Agustín R. Rodríguez González, en *Operaciones de la Guerra de 1898: Una Revisión Crítica* (que ya hemos citado) nos pinta un jefe indeciso y vacilante, inexperto e ignorante de los supuestos tácticos y estratégicos básicos de la marina de guerra progresista de su tiempo. Nos dice: «Pascual Cervera y Topete era un marino de reconocido prestigio y valor más que acreditado... Pero la mala gestión, los errores y los fracasos en la reconstrucción de la escuadra, le habían llevado de una actitud crítica a algo cercano al fatalismo, considerando que los males no tenían remedio, que Cuba estaba ya virtualmente perdida y de que en caso de guerra con los Estados Unidos, la derrota era inevitable.» (p. 58.) «Pese a su destacada hoja de servicios, lo cierto es que el almirante hacía mucho tiempo que no mandaba una agrupación naval y le faltaba experiencia operativa en buques modernos... Se confió el mando a un ilustre marino... que dejaba que desear como jefe de una fuerza a flote...» (p. 61) ...A un viejo marino «quisquilloso», «perfeccionista»,

---

[100] Al regresar a la patria Don Pascual tuvo que moverse (como dice José Cervera Pery) entre «el honor y la injusticia». En Estados Unidos era una figura legendaria. En España la mayoría del país lo tenía por héroe. Pero hubo políticos aprovechados que lo acusaron de incompetencia y hasta de traición. Y un senador llegó a sugerir que merecía la horca. El Almirante fue sometido a un proceso criminal que duró casi un año. Al fin, la causa fue sobreseída. Cervera supo defenderse con los documentos cuya custodia había confiado al Arzobispo de Santiago de Cuba y éste le devolvió oportunamente. Con ellos le fue facilísimo demostrar que él nunca quiso que la flota fuera a America. Que una vez allí, nunca dispuso del carbón necesario para moverse, viéndose obligado a refugiarse en Santiago de Cuba. Y que salió de esa bahía por órdenes expresas y apremiantes del su Jefe Superior el general Blanco. A partir de 1901 fue nombrado para varios cargos importantes en la Marina. Desde 1905 comenzó a padecer de fuertes ataques de disnea, pero siguió trabajando hasta 1908 en que su enfermedad cardíaca lo obligó a retirarse a Puerto Real. Allí murió rodeado de su esposa Ana, sus hijos Juan, Ángel, Luis, Pascual, Rosario y Anita, sus nietos y otros familiares, el 3 de abril de 1909.

«derrotista», «fatalista»y anticuado, quien «seguía pensando en términos de un combate naval decisivo a la vieja usanza, que indudablemente su escuadra no podía ganar.» (p. 61.)

Sucede, sin embargo, que en sus predicciones Cervera acertó totalmente. Dijo que los males de la marina española de su tiempo no tenían inmediato remedio. Y no lo tuvieron. Dijo que Cuba estaba virtualmente perdida (opinión que compartía con él, aunque no lo expresara en público, nada menos que el Primer Ministro Práxedes Mateo Sagasta). Y al fin y al cabo, Cuba se «perdió». Dijo que en caso de guerra con Estados Unidos, la derrota de España era inevitable. Y así resultó. Por otra parte, más que un jefe vacilante, Cervera mostró una determinación, una terquedad irreductible en la defensa de sus opiniones estratégicas y de las tácticas que decidió aplicar. Rodríguez parece anticiparse a esta objeción cuando escribe: «Y en cuanto a sus dotes para predecir el futuro, cabe la sospecha de si su acierto posterior no se debió a la típica «profecía autocumplida», es decir: que, a menudo basta que uno vea el futuro sombrío, y actúe convencido de que el fracaso es inevitable, para que, con toda seguridad, el fracaso se produzca.» (p. 60.)

Cabe también la sospecha de que atribuir la culpa de toda una catástrofe nacional a sólo un ciudadano constituye una exageración del poderío que puede residir en una sola persona, por más Almirante que sea. Aconsejar a un imprudente que no aplique su tea a un depósito de dinamita no es derrotismo o fatalismo sino simple realismo, que no convierte al consejero en culpable de la explosión. Para evitar la derrota naval de 1898 no había que anular la «profecía autoculpable» de Pascual Cervera, sino dotar a la Escuadra de los medios necesarios para obtener la victoria, medios por los cuales luchó constante y firmemente el Almirante por meses y por años, sin lograrlos jamás.

Debe recordarse, además, que la postura estratégica de Cervera en lo referente a un conflicto bélico con Estados Unidos era, primero, tratar por todos los medios de evitarlo, pero si éste llegaba a producirse, adoptar ante el mismo una postura intransigentemente defensiva. Así se lo expresó en numerosas ocasiones a sus superiores en el Gobierno de Madrid. Para no citar más que una muestra, en su famosa carta del 16 de febrero de 1898 al Ministro de Marina Segismundo Bermejo, el

Almirante acuña su consigna: esa campaña debía ser «*defensiva o desastrosa*». Y agrega «Miedo da pensar en los resultados de un combate naval...» (*Col. Doc.*, 30.) A Cervera, en verdad, no puede culpársele de la derrota del 98 por la sencilla razón de que esa derrota era inevitable, fuese quien fuese el jefe de la Escuadra. Cierto es que, a ratos, la lectura de sus cartas oficiales despiertan sentimientos contradictorios. Nuestro Almirante no era un electrizante héroe romántico. Un Nelson, por ejemplo. En cierto modo, fue más bien un personaje irónico, cuya fama procedía de una valerosa y brillante... ¡derrota naval!... Hay ocasiones en que, más que un gran militar, nos impresiona como un buen burgués a cargo de un negocio en quiebra. Y hay otras en que nos parece un anciano regañón, que machaca y machaca hasta el aburrimiento opiniones negativas sobre la marina española de su tiempo. Pero la verdad es que si el negocio estaba en quiebra la culpa no era suya. Por el contrario hacía todo lo posible por salvarlo. Y sus interminables críticas se proponían remediar las deleznables consecuencias de un burocratismo incorregible y desesperante.

Buscando un balance, permítasenos oponer a los criterios anticerveristas expresados por Agustín Rodríguez González en *Operaciones de la Guerra de 1898*, las opiniones... del propio Agustín Rodríguez González contenidas en *Política Naval de la Restauración (1875-1898)*, un verdadero clásico de la historiografía marítima de España, donde en la página 248 nos dice:

«La Escuadra de Cervera no estaba lista para entrar en combate; tripulaciones no completas, averías en cañones y torres, escasez de municiones y carbón. Pese a ello se la ordenó concentrarse en Cabo Verde, debiendo dos de los cruceros atravesar el Atlántico previamente desde Cuba... El *Vizcaya* tenía los fondos sucios lo que limitaba su velocidad...

«Sin embargo, recibieron la orden de salir hacia el Caribe, sin ninguna instrucción precisa. Faltos de carbón, y de buques avitualladores, la escuadra debió mendigarlos en Martinica y Curazao, con escasa fortuna. Al final logró refugiarse en Santiago, puerto donde no existían medios para reparar lo buques y el carbón era escaso y malo. Para colmo de males, la plaza fue asediada, debiendo parte de la marinería desembarcar para contribuir a su defensa, mientras escaseaban los alimentos.

«Por último, y obedeciendo órdenes superiores, la escuadra debió abandonar el puerto ante la previsible caída de la plaza. La situación táctica fue desesperada, saliendo los buques uno tras otro, a plena luz del día, contra un semicírculo de buques enemigos que los iban destruyendo en sucesión.

«Es cierto que los buques enemigos eran superiores a los españoles, pero no conviene fijarse mucho en ello: hubieran debido ser realmente muy inferiores para no obtener la victoria en dichas circunstancias.»

A confesión de parte, relevo de pruebas. ¿Qué misterioso genio de la estrategia naval era capaz de obtener una victoria en semejante situación? ¿Cómo puede medirse la capacidad de un almirante cuando se le da el mando de una flota que «no estaba lista para entrar en combate» y se desconocen sus sugerencias para remediar esa condición? Cervera puede haber cometido algún que otro error táctico. A lo mejor (aunque es discutible) debió salir de noche, por ejemplo, como ya vimos. Pero la flota estaba condenada desde que salió de Cabo Verde y se vio obligada a refugiarse en Santiago de Cuba. La batalla se perdió no porque un Almirante inexperto diera órdenes equivocadas, sino porque el Gobierno español –desoyendo los consejos de ese mismo Almirante– se dejó arrastrar a una guerra para la que el país no estaba preparado, contra un enemigo al que no podía derrotar. El propio Rodríguez González parece aceptarlo cuando afirma en la página 96 de *Operaciones de la guerra de 1898* que: «Los cruceros españoles no podían realmente vencer en combate abierto a sus mucho mejor blindados enemigos, pero como ya se ha dicho, lo decisivo fue que tuvieron que luchar cada uno contra varios enemigos por el dispositivo de salida.» Y en la última página del mismo volumen agrega: «La victoria era casi imposible de obtener por España.» Este último es un «casi» sumamente retórico... que en la práctica se reduce a cero. La victoria era sencilla y llanamente *imposible*. Y nadie ha resumido las causas de esa gran verdad mejor que el maestro Rodríguez González, en su obra ejemplar.

Theodore Roosevelt

SEGUNDA PARTE

Theodore Roosevelt: El Camino de San Juan

> Es con voz de la Biblia o verso de Walt Whitman,
> que habría de llegar hasta ti, Cazador,
> primitivo y moderno, sencillo y complicado,
> con un algo de Washington y cuatro de Nemrod.
> Eres los Estados Unidos,
> eres el futuro invasor
> de la América ingenua que tiene sangre indígena,
> que aun reza a Jesucristo y aun habla en español.
> Eres soberbio y fuerte ejemplar de tu raza;
> eres culto, eres hábil, te opones a Tolstoy.
> Y domando caballos o asesinando tigres,
> eres un Alejandro Nabucodonosor.
> ....
> Crees que la vida es incendio,
> que el progreso es erupción,
> que donde pones la bala,
> el porvenir pones.
>   ¡No!
>
>   Rubén Darío, *Canto a Roosevelt*

CAPÍTULO IV

Un Niño Enfermizo se Hace Hombre de Acción

¿Quién es este hombre de mediana estatura, facha de Rough Rider (polainas, pantalones bombachos, camiseta azul, revólver prominente al cinto, pañoleta al cuello, sombrero tejano) que con sus caídos bigotes agresivos y sus incongruentes gafas montadas al aire, desembarcó el 22 de junio de 1898 en el puertecito minero de Daiquirí, situado al sur del Oriente cubano? Se llamaba Theodore Roosevelt (sus amigos y admiradores le decían Teddy) y había nacido en la isla de Manhattan, ciudad de Nueva York, el 27 de octubre de 1858. Muchas cosas había sido en su vida, entre ellas, recientemente, Subsecretario de Marina en el gobierno republicano de William McKinley. Ahora llegaba a Cuba como teniente coronel y segundo en el mando de un cuerpo de voluntarios, parte del ejército invasor que los Estados Unidos mandaban a la isla para ponerle fin al poderío de España en América. Y probablemente sin siquiera imaginarlo, con ese gesto, al poner pie en el tembleqüeante muellecito, daba el primer paso hacia la elaboración de la leyenda propagandística que iba en poco tiempo a conducirlo hasta la Casa Blanca como Presidente. Y a su país al proceso de expansión imperialista que habría de convertir al siglo XX en la llamada «Centuria Americana».

***

La familia era rica aunque no multimillonaria. Un Roosevelt distaba bastante de ser un Vanderbilt o un Astor. Estos Roosevelt que ocupaban la mansión de arenisca pardo-rojiza marcada con el número 28 de la calle 20 Este, en Nueva York (y que pertenecían a la aristocracia municipal de la ciudad) celebraban la llegada al hogar de un varoncito. Theodore, el padre, orgullosamente, le lega al hijo su nombre. La madre, Martha Bulloch, (la familia le dice Mittie), una de las llamadas «beldades sureñas», ha tenido un parto feliz. El niño, que pesó al nacer ocho libras y media, era según su abuela paterna, «uno de los bebitos más dulces y lindos que ella había visto en su vida». Dos adjetivos que, en un futuro cercano, nadie osaría aplicar a su famoso nieto.

Sus virtudes iban a ser otras. Voluntad de hierro. Inteligencia penetrante y clara. Memoria fotográfica. Cultura multifacética. Gran capacidad para la expresión literaria viva, oportuna, eficaz. Magnetismo de líder nato. Ego masivo. Genio explosivo. Alto sentido de la decencia y el honor. Valor personal. Hondo sentido patriótico, junto con una fanática visión del destino de su país... Pero todo eso iría evidenciándose poco a poco. Ahora, en la niñez, su gran problema iba a ser la salud. Uno de sus primeros recuerdos es sentirse en brazos de su padre cuando éste lo paseaba por su habitación, mientras él, jadeante, trataba desesperadamente de hacer entrar un poco de aire en sus congestionados pulmones de asmático. El asma iba a ser la eterna y oscura compañera de toda su vida. Aun en su edad avanzada, cuando la creía totalmente vencida, de pronto lo sorprendía con un ataque. En su infancia eran tantos y tan seguidos, que llegó a convertirse casi en un inválido. Sufría entonces de toses, catarros, náuseas, fiebres y una variedad congénita de diarrea nerviosa que en la casa se encubría con el eufemismo de *cholera morbus*... Cuando se enfermaba, perdía el apetito. Se desnutría. Su padre temía por su vida. Pero, al fin, los ataques pasaban. Y, por un tiempo al menos, Teedie –apodo familiar– mejoraba. Hasta que la enfermedad atacaba de nuevo.

Obviamente no podía ser ésta una niñez normal. En lugar de ir a la escuela, el muchacho fue educado en su casa, primero por su amadísima tía Annie Bulloch, quien le enseñó a leer, escribir y a contar y luego por preceptores dedicados a las distintas ramas del saber. Pronto comenzó a nutrir su imaginación con todo género de lecturas. Y, a la vez, de aficiones que acabaron por convertirse en juveniles especializaciones científicas, como la ornitología y la taxidermia. Le encantaba observar y coleccionar animales. A los siete años había fundado lo que él llamaba el Roosevelt Museum of Natural History, que funcionó en su habitación hasta que la sirvienta protestó contra la colección de sapos, serpientes, arañas, ratones, tortugas y pájaros muertos y vivos que allí se amontonaban y hubo que trasladar el «Museo» al fondo de la casa. A los nueve años escribió su primer ensayo: un breve estudio de las hormigas, a lo que siguió todo un tratado sobre la *Historia Natural de los Insectos*, donde hacía saber a sus lectores que todas las especies allí estudiadas vivían en Norteamérica y agregaba: «De vez en cuando un amigo me ha dicho algo sobre ellas, pero de los hábitos de su inmensa mayoría yo me he enterado mediante mi observación.»[101] Y a todo eso había que agregar el dominio de idiomas extranjeros (francés, italiano, alemán y hasta su pizca de árabe) que adquirió o perfeccionó en los frecuentes y prolongados viajes de la familia por Europa y el Medio Oriente. Sin contar con el latín y el griego, que formaban parte también del curriculum hogareño.

Doce años tenía cuando su padre lo llamó para decirle: «Posees una buena mente... pero sin ayuda del cuerpo la mente no puede desarrollar todo su potencial. Tienes que hacerte de un buen cuerpo. Es difícil, pero tú puedes hacerlo.» La reacción del niño fue la que de él podía esperarse: lacónica y firme. «Voy a hacerme de un buen cuerpo, papá.» Y se entregó a esa tarea con su tenacidad habitual. Calistenia. Cacería. Carreras a pie. Mucho aire libre, siempre que era posible. Hasta aprende boxeo y lucha greco-romana. Y para practicarlos tiene que despojarse de las gafas con que rectifica su intensa miopía.[102] A los 17 años él mismo se mide. 5 pies y 8 pulgadas de estatura. Y 34 pulgadas de pecho. Se pesa: 124 libras de puro músculo. Se había convertido en un atleta consumado, pese al asma que volvía de vez en cuando. Su padre le había proporcionado el lema: *Mens sana in corpore sano*. Ya podía estudiar fuera de la casa. Pronto habría de matricularse en el Harvard College.

Mientras Teedie pasa a ser llamado Teddy y luego sus profesores universitarios comienzan a decirle *Mr.* Roosevelt, el joven asiste a uno

---

[101] Citado por Edmund Morris en *The Rise of Theodore Roosevelt*, New York, 2001, p. 18.

[102] A los trece años descubrió Roosevelt su fuerte miopía. Los cristales fueron para él una revelación: «Me abrieron un mundo enteramente nuevo» –escribió en su *Autobiografía*-. «Yo no tenía idea de la belleza del mundo hasta que obtuve esos espejuelos.» Theodore Roosevelt, *An Autobiography,* New York, 1913, (Reimpresión, 1985), p. 19.

de los períodos más agitados y polémicos de la historia de su país. Se ha dicho más de una vez que como hombre y como ciudadano, Theodore Roosevelt constituía una compleja trama de contradicciones. Un enclenque niño asmático que se convierte en *cowboy* y en dinámico jefe de soldados. Un elocuente vocero de la guerra como máxima expresión de hombría a quien le otorgan el Premio Nobel de la Paz. Un líder «conservacionista» que era, a la vez, el Gran Cazador de su época. Un leal militante republicano que partió a su partido en dos. Un intelectual y también un hombre de acción. La lista se hace interminable... Quizás el ambiente histórico que rodeó su etapa formativa ayude a comprender esas paradojas. Había nacido –ya lo vimos– en 1858, el año anunciador del Gran Conflicto que se acercaba, cuando John Brown ataca a Harpers Ferry y es ahorcado por ello. Tenía dos años y medio cuando estalla la Guerra Civil y seis y medio cuando ésta termina en 1865, el año del asesinato de Abraham Lincoln, gran amigo y jefe político de su padre. Su infancia está repleta de referencias a ese feroz conflicto fratricida, en que su padre neoyorquino simpatiza con el Norte y su madre, que era de Georgia, con el Sur, aunque una cuidadosa y civilizada cortesía permitía sortear los escollos polémicos en ese hogar. Teedie tomó partido por la causa de su padre. Y cuando le parecía que su madre lo había regañado sin razón se vengaba a la hora de las oraciones vespertinas de toda la familia, pidiéndole a toda voz al Todopoderoso que «hiciera polvo a las tropas del Sur.»

***

Entre la época de Washington y la de Lincoln se producen en Estados Unidos dos cambios epocales. En el Norte, paso a paso, avanza una revolución tecnológica y económica que transforma a un país básicamente agrícola en otro fundamentalmente industrial, bajo un régimen de capitalismo clásico de trabajadores libres, de fábricas dirigidas por patronos y de creciente aunque incompleta democracia.. En el Sur la nueva tecnología agraria, sobre todo en el cultivo del algodón, conduce a la consolidación y desarrollo de una agricultura algodonera orientada a la exportación, bajo un régimen socioeconómico de capitalismo esclavista, de enormes plantaciones y de un gobierno oligárquico controlado por grandes señores: un régimen que, para sostenerse, había creado una cadena de criaderos de esclavos, dedicados a producir siervos con los mismos métodos empleados para producir animales para el mercado. Estos desarrollos divergentes sólo podían conducir a la contradicción y al conflicto, sobre todo porque cada lado trataba de imponerle sus valores éticos, económicos y políticos al otro lado, que a su vez se empeñaba en repudiarlos. La historia norteamericana de la primera mitad del siglo XIX es, en gran parte, la historia de estos antagonismos, encuentros y colisiones, que por fin desembocan en una inmensa y trágica conflagración: la Guerra Civil de 1861 a 1865.

Terminada esa sangrienta guerra fratricida, comenzó lo que se llamó la Reconstrucción: el esfuerzo por unir de nuevo a la nación desgarrada. La tarea era complejísima. ¿Qué hacer con los estados rebeldes y derrotados del Sur? ¿Qué hacer con los cuatro millones de libertos que la abolición había creado? ¿Qué hacer con los líderes de la sedición? Tras la muerte de Lincoln le sucedió en el poder el vicepresidente, Andrew Johnson, único senador federal sureño que había permanecido fiel a la Unión en los comienzos del conflicto, quien prometió seguir la misma política de su predecesor. Pronto se comprobó que distaba mucho de ser así. Las medidas que proponía llevaban a la readmisión de los estados del sur exactamente en los términos que éstos demandaban. En la práctica, en cada estado se ponía el poder en las manos de los que en 1861 habían dirigido la secesión, sin garantía alguna de respeto a los derechos de los negros. Se creaban en la región nuevos gobiernos que eran una copia de los viejos, dirigidos por los generales, coroneles y demás oficiales del Ejército rebelde. Los legisladores sureños elegidos exclusivamente por votantes blancos pasaron una serie de leyes, conocidas como «Códigos Negros» que como ha dicho Page Smith tenían el evidente propósito de «reducir a los negros libres a una nueva forma legal de servidumbre caracterizada por todas las desventajas de la esclavitud sin ninguna de sus ventajas, un estado que... era peor que la propia esclavitud.»[103]

La reacción de los republicanos radicales, encabezados por el senador Charles Sumner y el representante Thaddeus Stevens, no se

---

[103] Page Smith, *A People's History*, Vol. 5, «Trial by Fire», New York et al, p. 678.

hizo esperar. Para ellos era indispensable, para bien de la nación, reestructurarla sobre la base de una democracia que garantizase a los negros igualdad de derechos en lo político e igualdad de oportunidades en lo económico.[104] En Febrero de 1866 lograron que el Congreso aprobara una ley extendiendo la vida y los poderes de la polémica institución denominada Buró de Libertos (Freedman's Bureau), creada por Lincoln para ayudar a los negros en la difícil transición de la esclavitud a la libertad. El presidente Johnson la vetó. En medio de búes y rechiflas, la Cámara de Representantes y el Senado anularon el veto. Y el conflicto quedó abiertamente planteado entre el poder ejecutivo y el legislativo, que iba a conducir al juicio congresional para destituir a Johnson, quien por un voto no perdió su cargo. Inmediatamente los Radicales decidieron ir al fondo del problema e hicieron aprobar una serie de leyes que cambiaron totalmente la política oficial que habría de orientar la postguerra en el Sur. Al menos por unos cuantos años.

La primera ley (aprobada en abril de 1866) fue la de Derechos Humanos, que convertía a los negros en ciudadanos, con los mismos derechos que los blancos. (Poco después esta medida adquirió carácter constitucional mediante la Enmienda 14, aprobada en junio de 1866.) Y con el mismo sentido de justicia histórica se pasaron cuatro Actas de Reconstrucción: la del 2 de marzo de 1867; las de marzo 23 y 19 de julio del mismo año; y la del 11 de marzo de 1868.[105] En su conjunto estas leyes establecían que el Sur se dividiera en cinco distritos militares, cada uno al mando de un general del Ejército, encargado de aplicar la legislación aprobada. Se ordenaba, mediante sufragio universal masculino (que incluía a los negros), la elección de convenciones para dotar de textos constitucionales a los estados, que no podrían ser readmitidos a la Unión a menos que acogieran en ellos los principios esta-

---

[104] Véase Eric Foner, *Reconstruction: America's Unfinished Revolution, 1863-1877*, New York, 1988, p. 237.

[105] Puede consultarse toda esta legislación en *Reconstruction: America's First Effort at Racial Democracy* de Hans L. Trefousse, New York, 1971, pp. 101 y ss. Para opiniones contemporáneas de los hechos, véase Robert W. Johannsen (ed.), *Reconstruction: 1865-1877*, New York, 1970, pp. 23 y ss.

blecidos por la Ley de Derechos Civiles y la Décimocuarta Enmienda. En seguida la maquinaria entró en acción. Las elecciones se celebraron. Las convenciones crearon los nuevos gobiernos. Y éstos fueron organizados por medio de elecciones libres. Por primera vez, las cámaras legislativas del Sur contaron con legisladores negros elegidos por el pueblo. Y aun más: también se eligieron representantes y senadores negros del gobierno federal que ocuparon sus puestos en el Capitolio de Washington. Medidas que constituían, sin lugar a dudas, toda una revolución política.

Mucho se ha discutido sobre la sinceridad democrática de los políticos norteños que dirigieron el proceso de reconstrucción que acabamos de esquematizar. Se ha sostenido que el verdadero motivo detrás de todas esas medidas era garantizar el desarrollo de un vigoroso Partido Republicano en el Sur, capaz de hacerle frente al Demócrata, que tradicionalmente había monopolizado el poder allí. Esa alianza con los negros, agradecidos por haber obtenido del partido de Lincoln la libertad de los esclavos y el derecho a votar y ser elegidos, garantizaba leyes favorables al proceso democrático sureño, pero también favorecía los intereses de los llamados «carpetbaggers»: norteños que habían bajado al Sur para explotar en su beneficio la situación existente. Y produjo, además, una ola de corrupción política y administrativa, aunque tal vez ésta no pudiera competir en extensión e intensidad con la coetánea del Norte. De todos modos, resulta difícil dudar de la sinceridad de igualitaristas blancos como Charles Sumner y Thaddeus Stevens. Este último murió en Washington D. C. el 11 de agosto de 1868 y, en obediencia a su testamento, fue enterrado en el cementerio negro de Lancaster. Por orden suya en la lápida de su tumba hacía constar que descansaba allí para probar en la muerte lo que había predicado toda su vida: «Todos los hombres son iguales ante los ojos de su Creador.»

Desde luego, estos progresos provocaron una violenta ola de odios raciales de parte de los blancos sureños acostumbrados a mandar. No sólo de los ricos y poderosos sino también de la inmensa mayoría de los pobres y de la clase media, para quienes el negro era un ente inferior cuyo destino tenía que ser la servidumbre y la sumisión. Lo que había ocurrido en el Sur de la postguerra «por imposición de los políticos del Norte» constituía, para la raza dominante, una abominación. Si no era posible eliminarla por las buenas había que recurrir a las malas, es decir, a la violencia, al terror, para aplastarla. Se organizaron sociedades secretas, como el Ku Klux Klan o los Caballeros de la Camelia Blanca, dedicadas a perseguir, aterrorizar y linchar a los negros. Y surgieron grupos paramilitares como las Camisas Rojas, las Ligas Blancas y los Clubes de Rifleros dedicados a impedir que los negros ejercieran su derecho al voto. A lo que se agregó la presión económica. La mayoría de la población negra se dedicaba a la agricultura. Pero la indispensable reforma agraria, que hubiera hecho del negro un propietario, nunca se llevó a efecto. En vez de la esclavitud se estableció un sistema semifeudal de aparcería, llamado «sharecropping», que colocaba a los negros en una situación de absoluta dependencia. Carentes de poderío económico, pronto fue fácil despojarlos del poder político. Una era caótica, de terrible violencia en el Sur, hizo que los industriales del Norte, anhelosos de recibir sin problemas el algodón para sus fábricas de tejidos, así como de explotar los mercados sureños, le retiraron su apoyo a la Reconstrucción. El golpe final vino en 1877 cuando el presidente Rutherford B. Hayes sacó las tropas federales de los estados «reconstruidos». Y hasta la Corte Suprema se unió al vapuleo, emasculando las enmiendas constitucionales democratizadoras, cuando permitió a las organizaciones privadas (hoteles, ferrocarriles, teatros, centros deportivos, escuelas, etc.) poner en práctica, sin restricción alguna, la política de segregación racial.[106] Samuel Eliot Morison lo ha resumido así: «Los sureños perdieron la guerra, pero ganaron la paz.»[107] Tal vez pudiera ponerse de este otro modo: «Los blancos sureños ganaron la

---

[106] La obra de William Gillette *Retreat from Reconstruction, 1869-1879*, Baton Rouge, La., 1980, es particularmente convincente en su aguda crítica de la administración de Hayes y en su estudio del fracaso de la política reconstruccionista.

[107] Samuel Eliot Morison, *The Oxford History of the American People*, New York, 1965, p. 707.

paz, mientras los negros sureños perdían la guerra y la paz.» El Viejo Sur volvía al camino con sus primitivos arreos de siempre.[108]

***

No hay evidencia de que Teddy Roosevelt prestara particular atención a lo que estaba sucediendo en el Sur. Ni una sola vez alude siquiera al tema en su copiosa correspondencia de esa época.[109] Aunque dado el carácter de la familia a que pertenecía lo más probable es que estuviera al tanto de los principales acontecimientos. En Harvard desde el 27 de septiembre de 1876, entra en un período decisivo de su existencia. Va a determinar en los próximos años lo que en verdad quiere ser. Pensaba al principio que su vocación era la ciencia. En la habitación que había alquilado fuera del recinto universitario, siempre en busca de independencia, reconstruyó su Museo personal de pájaros, sapos, culebras, tortugas y demás bicharracos que tanto fastidiaban a sus amigos, porque ciertamente a ámbar no olían. Pronto se percató, sin embargo, de que la moda en la pedagogía científica de la época en Harvard (y probablemente en todo el país) era el trabajo en el laboratorio cerrado y la investigación con microscopio, muy lejos de la observación al aire libre del «naturalista fáunico», que –como dice en su *Autobiografía* (p. 26)– él prefería. En las vacaciones de 1877, cuando contaba sólo 18 años, publica su primer libro. Y es de ornitología: *The Summer Birds of the Adirondack*, en el que sorprende su agudeza en la aprehensión de las características diferenciales del canto de las aves. Y en el que a ratos demuestra poseer, a más de una precoz capacidad para la investigación

---

[108] Véase: Stetson Kennedy, *After Appomatox: How the South Won the War*, Gainesville, Fl., 1995. La relectura de un libro favorito, *Being in the Storm So Long: The Aftermath of Slavery*, de Leon F. Litwack, (New York, 1979), permite afirmar que la obra conserva todo su vigor y todo su fuego originales. Sigue siendo, pese a su extensión, (721 páginas), una de las mejores introducciones al problema histórico de la Reconstrucción como experiencia viva de una raza dentro del pueblo de que forma parte. Puede verse con provecho una obra más reciente de Litwack, *Trouble in Mind: Black Southerners in the Age of Jim Crow*, New York, 1998.

[109] Roosevelt fue un grafómano impenitente. Y, además, un incurable epistológrafo. Se calcula que escribió en toda su vida más de 150.000 cartas. (¡Sí, *ciento cincuenta mil!*) Y en ellas se refería a todo lo divino y lo humano que le interesara en el momento.

científica, una fina sensibilidad poética. Así queda demostrado en un bello párrafo de esa obra, saturado del lírico romanticismo de la época:

«Quizás el canto de pájaro más melodioso que yo haya escuchado jamás vino de un tordo hermitaño. Fue mientras cazábamos venados en un pequeño lago en el corazón del monte; la noche estaba oscura, pues la luna aun no había salido... pero a medida que nos deslizábamos por la superficie del agua en ese perfecto silencio tan extraño y casi opresivo... sólo podía vislumbrar los contornos de los bosques tenebrosos e impenetrables que nos rodeaban. Llevábamos dos o tres horas afuera pero nada habíamos visto... Nada había ocurrido para romper el silencio casi mortal de la noche... Fatigados ya retornábamos por fin a la casa cuando de pronto el canto de un tordo hermitaño rompió la quietud... un canto que se hizo más fuerte y más claro desde las profundidades del bosque tosco y sombrío, hasta que la melodía dulce y triste pareció llenar el aire y vencer por un momento la pesadumbre de la noche; luego fue muriendo y cesó tan repentinamente como había empezado. Quizá el canto hubiera parecido más dulce durante el día, pero por ocurrir en esas circunstancias y sonar tan extraño y tan bello en medio de ese paraje grandioso y desolado, jamás podré olvidarlo.»

Apenas había comenzado el segundo año de sus estudios superiores cuando lo estremece un golpe inesperado. Recibe noticias de que su padre padecía de un ataque de «peritonitis», que mejor diagnosticado, resultó ser un cáncer de los intestinos, del que murió tras muy largos sufrimientos el 9 de febrero de 1878. A Teddy le tomó años reponerse de esta pérdida. Tal vez nunca lo logró plenamente. La desaparición de su mejor amigo, su mentor y su guía, significaba que el joven tenía que enfrentarse, solamente con sus propias fuerzas, al tránsito aun en marcha hacia su adultez. Y, como el varón de mayor edad en la familia, le correspondía asumir funciones para las cuales consideraba no estar todavía preparado. Su luto lo lleva a concentrarse en sus estudios. Y luego, como contrapeso, en las vacaciones de 1878, en la residencia veraniega de Oyster Bay, en Long Island, recordando los consejos paternos, entra en un frenesí de actividad física: cabalga, rema y nada por horas, practica la lucha libre, caza y emprende largas caminatas con los ojos siempre abiertos a la fauna y la flora que lo rodeaba. Pero cuando regresa a Harvard lo que comienza a investigar es el aspecto naval de la guerra de 1812, sobre el cual quiere publicar un libro. Trabajo que no interfiere con sus estudios en el College, siempre ayudados por una voluntad de hierro y una memoria fotográfica. En una visita a Maine conoce a Alice Hathaway Lee, una joven de la aristocracia bostoniana. Pronto decide que iba a casarse con ella. Exuberante como siempre, convierte su cortejo en una campaña apasionada y casi violenta, que a ratos asustaba a la pretendida.

No descuidaba, sin embargo, sus estudios. Y, por primera vez, siente que la política le atrae como posible carrera. Por supuesto, desde el principio pone los ojos en lo más alto. «Podrás reirte –le comunica a un condiscípulo– pero tengo el presentimiento de que algún día voy a ser Presidente.»[110] El 30 de junio de 1880 se graduó *magna cum laude* del Harvard College. Su tesis de grado se titulaba: *Practicability of Giving Men and Women Equal Rights*, donde se entremezclaba lo viejo y caduco con lo nuevo y fecundo: la idea de que el lugar de la mujer era el hogar, con la demanda de modificar las leyes que regulaban el matrimonio para igualar absolutamente a los dos sexos. En cuanto al sufragio femenino, pensaba que si la mujer lo pedía era obligatorio dárselo. Cuatro meses después, vencedor en la lid amorosa, contraía matrimonio con Alice Lee. E iniciaba un nuevo capítulo en su biografía.

***

Mientras Theodore nace, crece y alcanza la madurez, los estados del Norte viven un período de fabuloso desarrollo y expansión. En los años que siguen a la Guerra Civil, en el Norte crece y se amplía esa vasta revolución, ya vigente desde comienzos de siglo, que continúa durante el conflicto y sigue avanzando con todo su vigor hasta el año crítico de 1898. Muchos la califican de «industrial». Pero los cambios que produce son tan profundos y tan extensos que obviamente se convierte en una revolución a la vez técnica, económica, social y cultural, es decir, en un

---

[110] Edmund Morris, *op. cit.*, p. 89.

auténtico cambio de época. Cobra por entonces preponderancia –es cierto– una nueva tecnología. Reinan nuevos materiales: hierro y acero, por ejemplo. Nuevas fuentes de energía: hulla, petróleo, vapor, electricidad. Nuevas máquinas para tejer, para transportar, para fundir y moldear, hasta para cultivar la tierra. Pujantes locomotoras trasladan personas y productos en todas direcciones. (Ya veremos el papel que jugaron estas máquinas en la culminación de la conquista del Oeste.) Surge una nueva organización del trabajo humano. La fábrica va desplazando al taller. Se imponen la división del trabajo y la especialización, la producción en masa y el comercio en masa. Mas, sin embargo, las transformaciones van más allá del puro cambio de técnicas y de sistemas productivos. Hay cambios sociales muy hondos. El obrero sustituye al artesano. Y brotan las organizaciones sindicales y los movimientos ideológicos y políticos de los trabajadores. Encabezan los grandes magnates industriales y financieros, los poderosos «barones», (los John D. Rockefeller, Andrew Carnegie, Cornelius Vanderbilt, John Pierpont Morgan...), empresas gigantescas que tienden al dominio del mercado mediante el monopolio y de la política mediante la corrupción del proceso democrático. La nueva burguesía crea, como veremos en el próximo capítulo, una nueva filosofía social para justificar su poderío como clase dominante. Los pequeños pueblos ligados al agro son sustituidos por enormes centros urbanos, donde pronto va a vivir la mayoría de la población: los ricos en palacios de corte renacentista y la población más pobre en miserables covachas ratonescas. Epoca paradójica ésta, en que se explota miserablemente el trabajo de los niños y de las mujeres, aunque mejora estadísticamente el standard de vida de la mayoría de la población y un extenso movimiento reformista trata de eliminar los peores abusos. Los cambios se manifiestan también en el mundo del arte: aparece una nueva arquitectura. En Chicago, en 1884, William Le Baron Jenney descubre el modo de levantar rascacielos usando las armazones de hierro fundido y los ascensores recién inventados.[111] Y estos edificios comienzan a constituir la marca típica del paisaje urbano

---

[111] Leonardo Benevolo, *History of Modern Architecture*, Cambridge, Mass., 1996, vol I, pp. 220-225.

en todas las grandes metrópolis. Y, además, en casi todas, algún puente se incorpora a esa imagen novísima. En 1883, tras trece años de trabajo, se inaugura en New York el famoso puente de Brooklyn donde se hermanan la audacia arquitectónica, la utilidad pública y belleza de las líneas.[112] Resulta obvio: a la sociedad norteamericana la estremece en este tercio final del siglo un movimiento potente y pujante de creación, que pese a sus contradicciones, es considerado por la mayoría del país como algo positivo, como una gran promesa de avance y de progreso hacia un seguro futuro mejor.

Es verdad que hubo algunas interrupciones cíclicas –por ejemplo las de 1873 y 1893– pero el proceso de auge y ascenso continuó, invencible, a lo largo de las décadas, como lo prueban algunas cifras estadísticas. En 1870 la producción de acero era de 30,000 toneladas, que subía en 1880 a 850,000 y a 1,250,000 en 1884. En esta última fecha Estados Unidos producía ya la quinta parte del acero del mundo. Y al terminar la centuria había pasado a Inglaterra como la primera nación productora de ese metal. En la producción de carbón se iba de 20 millones de toneladas en 1860 a 270 millones en 1900. El millaje de los ferrocarriles aumentaba dramáticamente también: 30,626 en 1860; 52,922 en 1870; 93,262 en 1880; 166,703 en 1890. Y el proceso de crecimiento no ocurría tan sólo en el terreno de los productos básicos. También tenía lugar en las industrias alimenticias. La producción de carne sufrió un cambio total: en vez de salir de los mataderos locales llegaba a los grandes centros urbanos en carros de ferrocarril refrigerados, lo que abarataba y mejoraba el producto. Surgen los alimentos enlatados, que iban a cambiar los hábitos alimenticios de toda la nación. Y gracias a la ayuda de la mecanización se produce un crecimiento sin precedentes de muchas otras industrias como la textil, la del calzado, la de confección de ropas, de armas y de maquinaria agrícola. Es ésta, además, la era del telégrafo (pronto internacionalizado mediante el cable, uno de los primeros pasos de lo que hoy llamamos globalización) y la del teléfono, que pronto se extendió por todo el país y por el mundo entero, con

---

[112] Véase la interesante crónica de José Martí sobre el puente y su fiesta inaugural en *Obras Completas*, (Editorial Lex), La Habana, 1953, vol. I, pp.1527-1535.

idénticos efectos. Una de las consecuencias de todos estos desarrollos fue la aparición de un enorme mercado nacional, formidable ayuda al crecimiento industrial del país. Por lo demás, las innovaciones de la tecnología moderna comienzan su penetración en la vida diaria del pueblo con la bombilla eléctrica, la máquina de coser, el fonógrafo y hasta la máquina de escribir que de las oficinas salta a los hogares.

Simultáneamente, la población aumentaba con rapidez nunca vista en la historia humana. Así lo proclaman las cifras del censo. En 1860 vivían en los Estados Unidos 31,443,283 personas. Diez años después había 39,818,449. En 1880 se llegaba a 50,155,783 y en 1890 a 62,947,714. Al doblar el siglo la población era de 75,994,575. A ese proceso contribuían dos factores: la tasa de crecimiento natural de la nación y una política inmigratoria de puertas abiertas, que permitió la entrada en el país de millones de personas, sobre todo europeos: ingleses, irlandeses, escandinavos, alemanes, rusos, húngaros, italianos, polacos, judíos de distintas nacionalidades... Un gran número de ellos poblaron las ciudades, pero muchos otros se trasladaron a las regiones rurales y participaron activamente en el gran «boom» agrícola de la época, aprovechando la política gubernamental de proveer a los colonos de tierra barata y, a veces, gratis en el Oeste. Al comenzar la década de los noventa, pese al gigantesco desarrollo de la industrialización, todavía la mitad de la población estaba dedicada a las tareas agrícolas. (La cifra, desde luego, siguió bajando. En 1910 sólo llegaba al 32.5 por ciento.)

Conviene agregar aquí que ninguna sección del país resultó totalmente intocada por esos cambios trascendentales. Aunque la profundidad y extensión del proceso distan mucho de ser iguales en todas partes. El Sur, durante este período, continúa siendo en lo fundamental una región agrícola. Se desarrollan algunas industrias, como la textil y la del tabaco, por ejemplo. Sin embargo, lo cierto es que casi toda la población negra y una mayoría sustancial de la blanca vivían del cultivo del suelo. En 1890 sólo un tres por ciento de la fuerza de trabajo sureña rendía su labor en la industria, mientras en el país en su conjunto la cifra se elevaba ya a un veinte por ciento. El algodón seguía siendo «el rey». Es verdad que si se examina la literatura económica y social de la época, encontraremos que aparece con gran frecuencia el marbete del «Nuevo Sur». Para referirse a él, se apuntaba hacia la indudable expansión del ferrocarril, sobre todo en la década del 80. Y también hacia el ostensible incremento de la vida urbana. Mas sucedía que la anquilosada estructura clasista y racista de la región frenaba los esfuerzos que favorecían el desarrollo. En todas partes, la vieja política de discriminación y segregación racial dominaba las relaciones humanas en todos los niveles de la sociedad. En eso el Nuevo Sur se parecía al Viejo como las proverbiales gotas de agua entre sí. Y hubo que esperar más de medio siglo para que otra revolución, en la segunda mitad del siglo XX, comenzase a ponerle fin a esa vergüenza nacional.

***

Teodoro Roosevelt fue hijo directo y representativo de ese complejo y dinámico período histórico que culmina en 1898. Al regresar de su luna de miel buscaba ansiosamente el modo de insertarse en él. Aunque con sus dudas, porque era hombre de muy variados intereses, escoge un camino. Va a dar un gran salto: en vez de científico será abogado e historiador. En consecuencia, se matricula en la Escuela de Derecho de la Universidad de Columbia y recomienza sus investigaciones para el libro en preparación sobre la guerra naval de 1812. Los recién casados se han establecido en la mansión neoyorquina de los Roosevelt, ahora en 6 Oeste de la calle 57. Allí asume Teddy el rol que le corresponde, pese a sus escasos 22 años, como patriarca de la familia y reclama su puesto en la llamada «alta sociedad» de Manhattan, que por aquel entonces regía con puño de hierro Mrs. William Astor. Esta famosa dama se había dejado ganar por la gracia de Alice y la vitalidad de su esposo, a quienes invitaba con frecuencia a compartir su mesa y a disfrutar de sus saraos. Los Roosevelt no serían multimillonarios, pero pertenecían a la casta dominante de la isla y su mujer a una de las más exclusivas familias de New England.

Teddy permaneció en la escuela de Leyes de Columbia menos de dos años. Pronto descubrió que el derecho como profesión no era para él. Su profesor preferido fue el de Ciencia Política, John Burgess, quien predicaba la superioridad de los anglosajones «en la ruda batalla por extender en el mundo la democracia entre los pueblos inferiores.» Pero, en general, la carrera no despertaba su interés. La historia sí le apasionaba. Sigue investigando con vigor. Aunque poco a poco se da cuenta de que otra inclinación ha ido cobrando fuerza y pugna por convertirse en dominante: la pasión por la política militante y activa. No se le escapa que para triunfar en esta profesión era preciso comenzar desde la base. En el otoño de 1880 comenzó a visitar Morton Hall, cuartel del Partido Republicano en su distrito electoral. (Desde luego, tanto por tradición familiar como por ideología no podía ser otra a cosa que republicano.) En ese local se reunían los «sargentos» (tan parecidos a los «caciques de barrio» de las ciudades españolas) y los militantes de la organización, en su mayoría irlandeses, gente de pueblo, grandes bebedores de cerveza, fumadores de tabaco y, por lo general, clientes fieles de la «maquinaria». Los amigos aristocráticos de Teddy condenaban esos contactos frecuentes con «toda esa gentuza», mientras él se justificaba diciendo: «Si voy a representarlos, tengo que conocerlos. Yo ni siquiera entiendo bien su lenguaje, pero lo voy aprendiendo... Y me entero de sus necesidades también.» Aprendió bien. Y pronto, pese a su indumentaria de caballero rico, que no abandonaba para presentarse en el Hall, fue aceptado por ellos como «uno del grupo». Como él bien decía: «Yo me acostumbro a ellos como son y ellos se acostumbran a mí como yo soy.»

En el verano de 1881 realizan Alice y Teddy su soñado y pospuesto viaje de bodas por Europa: Irlanda, Inglaterra, Francia, Italia, Suiza, Austria, Baviera. Buena ocasión para que él demuestre sus facultades de alpinista (en los Alpes escala el Matterhorn) y ella supere a su marido en apreciación pictórica (en Londres disfruta mucho un Turner que Teddy, estancado en el romanticismo, califica de «idiótico»). No regresaron hasta el mes de octubre. Ese largo recorrido le proporciona a Roosevelt una enseñanza que resume en carta a William Sewell: «He gozado muchísimo (mi visita a Europa), pero mientras más veo, más satisfecho me siento de ser norteamericano; nacido libre y criado libre en un país donde no tengo que reconocer como mi superior a ningún otro hombre, excepto por su propio valer, ni mi inferior a nadie, más que por su propio demérito.»[113] Trabajador incansable, Roosevelt lleva en el viaje el manuscrito de su libro en preparación. Y en Inglaterra aprovecha la oportunidad para completar sus pesquisas sobre la guerra de 1812 entre Estados Unidos y Gran Bretaña.

Al regresar al hogar, casi por sorpresa, inicia en serio su carrera política. Se aproximan las elecciones en su distrito para representante estatal a la asamblea de Albany. Y es evidente que hay gran descontento con quien está ocupando la posición, hechura de la corrompida maquinaria local republicana. Inesperadamente, resulta Roosevelt nominado candidato. La campaña es breve. El la aprovecha para proclamar su independencia, declarándose libre de todo compromiso, sin cacique a quien obedecer ni claque a la cual servir. Obtiene la victoria por abrumadora mayoría en noviembre de 1881. Lo reeligen en 1882 y 1883. Es éste para él un período de aprendizaje. A veces aprende ganando. A veces, perdiendo. Y a veces contemplando a una victoria convertirse en derrota. Como sucedió cuando Samuel Gompers, lider de los tabaqueros neoyorquinos –y luego fundador de la Federación Americana del Trabajo– le pidió el voto para un proyecto de ley que prohibía la fabricación de puros a destajo en las covachas del East Side de Manhattan y que obligaba a los patronos a proveer fábricas dotadas de condiciones civilizadas de trabajo. Roosevelt dudaba. Y Gompers lo invitó a visitar esas casas-talleres. Fue. Y lo que encontró allí lo horrorizó. La suciedad. La miseria. La enfermedad. La explotación inmisericorde de pobres inmigrantes recién llegados: hombres, mujeres y niños. Roosevelt se convirtió en campeón de la ley y ésta fue aprobada por los dos cuerpos colegisladores y firmada por el gobernador, Grover Cleveland, pero declarada inconstitucional por las cortes judiciales. Así Teddy recibió juntas dos lecciones: había que prestar atención a los pavorosos efectos que el desarrollo capitalista y la revolución industrial producían en la vida y condiciones de trabajo de los obreros. Y era preciso dedicarle atención también a la frecuente y sospechosa ceguera del poder judicial a la hora de apreciar la justicia y la verdad.

---

[113] Carleton Putnam, *Theodore Roosevelt. Vol. I: The Formative Years*, New York, 1958, p. 236.

En 1882 publica Roosevelt su obra *The Naval War of 1812*, un clásico de la historiografía en ese campo, caracterizado por una riqueza tal vez abrumadora de datos (el joven historiador no quiso sacrificar ni uno solo de los que encontró), pero también por un estilo saturado de claridad, precisión, exactitud e imparcialidad. Por décadas fue la obra indispensable de consulta sobre la materia y aun hoy puede leerse con provecho. El autor demostró, además, en muchos pasajes, su capacidad para la reconstrucción vívida y luminosa del pasado, presentando fuertes estampas donde resaltaba el heroísmo de aquellos que sabían morir por la patria. Cuando comenzó sus investigaciones, su ignorancia sobre asuntos navales era, si se me permite la expresión, enciclopédica. Siempre autodidacta, supo autoeducarse hasta devenir un verdadero experto en la materia, lo que iba a ayudarlo a desempeñar un papel muy importante tanto en el terreno de las letras como en la vida pública del país. En su dimensión política, el libro es una proclama a favor de una marina de guerra poderosa como antecedente indispensable de la grandeza norteamericana: consigna central y constante en su plataforma de hombre de estado.

El año de 1884 fue crítico en la existencia de Teodoro Roosevelt. En las primeras dos semanas de febrero estaba empeñado en una ruda campaña legislativa contra la corrupción política, representada en Manhattan por la nauseabunda clique del Tammany Hall, cuando el día 13, con diferencia de pocas horas recibe dos telegramas. El primero le comunicaba que era padre de una hermosa niña, el segundo que tanto su esposa como su madre estaban gravemente enfermas. Tomó el primer tren disponible para Nueva York. A las pocas horas de su llegada, ya en el 14 de febrero, día de San Valentín, en la misma casa, mueren Alicia de nefritis y Mattie de tifus. El 15, en una página de su diario, Teodoro traza una gran cruz y bajo ella escribe sólo una frase: «The light has gone out of my life», *Se ha apagado la luz de mi vida.*

El durísimo golpe lo aturde y momentáneamente lo paraliza. Pero una semana después regresa a sus deberes de representante estatal. (La Asamblea lo recibe de pie en un largo minuto de silencio.) Nuestro viudo se hunde vertiginosamente en el trabajo. Ha regresado con un nuevo espíritu conciliador, que favorece el entendimiento con los adversarios. Logra que casi todos sus proyectos de leyes contra la corrupción sean aprobados. Participa luego en la campaña electoral de ese año. En la Convención Nacional Republicana de 1884, reunida en Chicago con el objeto de nominar el candidato presidencial del partido para las elecciones de ese año, Roosevelt propone que se nombre a John R. Lynch, congresista por Mississippi, para presidir la asamblea. El hecho carecería de relevancia histórica si no fuese por la circunstancia de que el señor Lynch era negro. En su discurso, Roosevelt pronunció estas palabras: «Hace menos de un cuarto de siglo que, en esta ciudad, el gran Partido Republicano... nominó a Abraham Lincoln, de Illinois, quien rompió los grilletes de los esclavos, desprendiéndolos para siempre de la servidumbre. Es por eso apropiado escoger para que presida esta convención a un miembro de esa raza, cuyo derecho a sentarse aquí fue ganado por la sangre tan pródigamente derramada por los fundadores del Partido Republicano.»[114] El gesto de Roosevelt provocó cierto escándalo en la asamblea, pero en definitiva Lych resultó vencedor por votación de 424 a favor y 384 en contra.

Roosevelt, quien se había convertido en líder del movimiento reformista dentro del republicanismo neoyorquino, combatió con todas sus fuerzas la nominación del candidato presidencial escogido por la maquinaria del partido, James G. Blaine, a quien tenía por un político corrompido, un fullero y un ladrón. Pero pierde la batalla. Se le plantea entonces un serio problema de conciencia. ¿Saldría a hacer campaña disciplinadamente por el candidato oficial, elegido por la mayoría, pese a su maloliente pasado? ¿Se abstendría de participar en las elecciones? La alternativa de apoyar al candidato demócrata le resultaba imposible... ¿No sería eso votar por el partido del sur, al que su padre fustigó sin descanso toda su vida? Consulta con sus amigos más cercanos, en particular con el bostoniano Henry Cabot Lodge. Decide apoyar a Blaine. Por el momento, sostiene, el Partido Republicano está en manos de la podredumbre. Para rescatarlo hay que seguir dentro de él. Es una cuestión de espera y esperanza. Es una labor de limpieza. ¿Cómo hacerlo sin mancharse las manos? Muchos de los reformistas lo acusaron de

---

[114] Edmund Morris, *op. cit.*, p. 255.

traidor, de oportunista vendido al enemigo. Varios de sus biógrafos de nuestros días sostienen que ese es «el comienzo de su madurez política». En definitiva la victoria es para los demócratas. Grover Cleveland resulta electo Presidente. Aplastado en lo más íntimo, Roosevelt, decide escapar a las llamadas Badlands del Territorio de Dakota, donde había comprado un rancho. Su hija Alice queda en New York, al cuidado de su hermana Bamie. Como buen norteamericano de su tiempo, ante una crisis personal, busca el camino del Oeste, con cuyo destino acaba por identificar el suyo.

***

Hacia el Oeste se había movido desde sus orígenes el país. Con el Atlántico a las espaldas, crecer sugnificaba, desde la época colonial, abrir nuevas tierras en la dirección opuesta hasta tocar con el Pacífico. El proceso tardó unos 300 años y no culminó hasta la última década del siglo XIX. En realidad este complejo fenómeno histórico comprende varios períodos y aspectos diferentes, aunque íntimamente relacionados entre sí. Es una incorporación, a veces pacífica y a veces violenta, de nuevos territorios a aquellos que Estados Unidos tenía bajo su jurisdicción desde 1783, cuando el Tratado de París extendió la frontera occidental del país hasta el río Mississippi: pacífica, como la compra de la Louisiana a Napoleón en 1803; violenta, como la que siguió a la Guerra con México (1846-1848). Es también –y paralelamente– un movimiento migratorio, un desplazamiento de individuos o grupos humanos hacia nuevas tierras despobladas o casi despobladas, principalmente con propósitos de desarrollo agrícola o ganadero, o de explotación minera. Movimiento que el gobierno federal estimulaba proporcionándoles a los pioneros tierra barata –y a veces hasta gratuita– así como autogobierno en los territorios recién incorporados. Todo ello precedido por la famosa exploración de Lewis y Clark (1804-1806) que sentó las bases para establecer la ruta que conducía hasta el Pacífico.

Empujada constantemente por los pioneros, la frontera –la línea divisoria entre los territorios ocupados y los que no lo estaban– había atravesado el Mississippi hacia 1820. Y en la década de 1840 al 50 los pioneros cruzaban y abandonaban precipitadamente los Grandes Llanos y las Montañas Rocosas en su marcha hacia el oeste. Lo que se explica:

no es fácil cultivar sobre las rocas de los montes ni en las áridas planicies. Los pioneros dejaron tras sí un enorme vacío demográfico. La región montañosa fue la primera en poblarse, cuando los transeúntes fueron muchas veces detenidos en su marcha por las promesas de los depósitos de oro y de plata. El asentamiento inicial tuvo un carácter minero. Los Grandes Llanos, situados entre las estribaciones de las Rocosas y la márgen izquierda del Gran Río –gigantesca pradera de yerbas enanas, totalmente desprovista de árboles excepto en las orillas de sus escasos ríos y donde el promedio de lluvia apenas llegaba a 10 pulgadas al año– tardaron mucho más en poblarse. Primero con una ola de rancheros, luego con otra de agricultores. Los Grandes Llanos en verdad no comenzaron a desarrollarse plenamente hasta el período de entreguerras (1865-1898), cuando la expansión del ferrocarril hizo posible el auge de la ganadería, primero, y de la agricultura, después.

La fiebre de construcción ferroviaria algún día tenía que llegar hasta ahí. En 1865 existían en el país unas 35,000 millas de vías férreas, situadas casi todas al este del Missisippi. Para 1887 éstas se habían más que triplicado, llegando a 122,000 y no sólo habían invadido los Grandes Llanos, sino también conectado los dos extremos del país con cinco líneas transcontinentales. La primera y más simbólica fue la central. El 10 de mayo de 1869, en Promontory Point, en el territorio de Utah, se encontraba una locomotora de la Union Pacific con otra de la Central Pacific, mientras el último riel que unía las dos líneas se fijaba con clavos hechos de oro. Desde ese instante se podía viajar por tren desde New York a San Francisco sin cambiar de carro. El pueblo de Estados Unidos celebra el hecho como una gran victoria nacional. Y Bret Harte escribe su famoso *Diálogo de las Locomotoras*, en el que después de discutir quien aportaba más al país, ambas llegaban a un acuerdo patriótico:

> Yet today we shall not quarrel.
> Just to show these folks this moral.
> How two Engines –in their vision-
> Once have met without collision

(Pero hoy no discutimos, para mostrarle a nuestra gente esta moraleja: cómo dos máquinas –mirando hacia el futuro– se han encontrado sin embestirse.)

Esta insistencia en el rol unitivo del ferrocarril es muy elocuente. Para todos era claro: no hay comunión sin comunicación. Y en este momento crucial nada acelera más que el ferrocarril (con la ayuda hermana del telégrafo) el proceso de integración de la nacionalidad norteamericana. Los clavos de oro de Promontory Point unieron ciertamente algo más que los rieles de una vía.

En el terreno más prosaico de la economía, sin embargo, la vía férrea rinde otras funciones. Permite, por ejemplo, proveer de carne a los crecientes centros urbanos del este y hasta a la misma Inglaterra. Gracias al invento de la refrigeración, en vez de transportar reses que pierden peso en el camino, se embarcan toneladas y toneladas de carne fresca a precios mucho más bajos que antes. El resultado fue el paralelo desarrollo de los ranchos en la región de los Grandes Llanos, el primer paso serio hacia el poblamiento y desarrollo de la región. El ferrocarril facilitó, además, llevar a los pioneros muchos de los productos que éstos necesitaban. Así se consolida lo que ha sido denominado el Reino del Ganado, que perduró por toda una generación, mientras a su lado y en constante conflicto con él aumentaba en número y poderío la tercera ola migratoria: la de los agricultores. Estos fueron venciendo la falta de humedad en el suelo con las técnicas del cultivo de secano, prácticas agrícolas que permitían acumular más agua en el subsuelo, como dejar la tierra en barbecho o mantener el terreno libre de hierbas y otras plantas que consumen las cortas reservas. Además los inmigrantes europeos trajeron consigo semillas de plantas resistentes a la sequía. Sobre todo variedades de trigo dotadas de esas propiedades. Y de ese modo lo que muchos consideraban casi un desierto pronto se convirtió en uno de los centros trigueros de la nación. El conflicto entre ganaderos y agricultores por la utilización de la tierra ha servido de tema a multitud de películas del oeste. En la realidad de la vida, la finca agrícola venció al rancho. El alambre de púas acabó por derrotar las estampidas de las reses enardecidas... ¡y las de sus dueños!

Alrededor de 250,000 indios americanos vivían en los Grandes Llanos mientras ocurrían estos hechos. Las «Cinco Tribus Civilizadas» (Cherokee, Choctaw, Chickasaw, Creek, Seminole) habitaban el llamado Territorio Indio a donde habían sido trasladadas en 1830. Otros, también sedentarios, vivían en los «pueblos» de New Mexico y Arizona. Pero los Apaches, los Sioux, los Comanches y otros, que dependían de los búfalos para comer y vestir y contemplaban cómo bandas de cazadores profesionales exterminaban las manadas de bisontes con el beneplácito de los colonizadores blancos, respondieron con todas las fuerzas a su alcance a la violación de sus derechos. Fueron tres décadas de guerras intermitentes y feroces, guerras de guerrillas, sin cuartel de parte y parte. Al principio los indios gozaban de cierta ventaja. En primer lugar, la movilidad que les daban sus caballos, descendientes de los que habían traído consigo los conquistadores españoles. Además, sus flechas resultaban más eficientes que los viejos fusiles de sus adversarios, todavía cargados por la boca. Se defendieron por un tiempo heroicamente. Sus bandas de 300 a 500 jinetes han sido más de una vez consideradas «la mejor caballería ligera de toda la historia militar». Llegaron a obtener sonadas victorias, por ejemplo cuando vencieron al general George Armstrong Custer en 1876 en la batalla de Little Bighorn. Pero las tropas oficiales aprendieron a usar las tácticas de la lucha guerrillera, mejoraron notablemente los armamentos, establecieron fortalezas inexpugnables y aumentaron el número de sus tropas y de sus equipos. Por fin, se impusieron, pese a la resistencia enemiga, sobre todo de los Apaches, que contaban con jefes tan distinguidos como Mangas, Cochise y Gerónimo. Cuando éste último fue hecho prisionero en 1886, la guerra podía darse por terminada. Aunque, en realidad, el episodio final tuvo lugar en 1890 y estuvo ligado a la muerte violenta de otro de los líderes llamado Sitting Bull. Este fue perseguido en una ocasión hasta más allá de la frontera del Canadá. Cuando regresó a su tribu, la encontró empeñada en un violento conflicto con el gobierno federal, al que se acusaba de violar un tratado. Sitting Bull se puso al frente de la protesta. La policía trató de arrestarlo y, en un incidente, perecieron seis policías y ocho indios, entre ellos Sitting Bull y su hijo de 17 años Crow Foot. Le reacción de los Sioux fue violentísima. Al enterarse de que el ejército venía a «imponer el orden» la tribu escapó para las Badlands de las Dakotas y allí fueron masacrados por las tropas que los seguían, a orillas de un arroyo conocido con el nombre simbólico de Wounded Knee... que fluía por el mismo territorio donde tuvo su rancho Teodoro Roosevelt. La mayoría de los tres centenares de muertos de «Rodilla Herida» eran mujeres y niños.

* * *

Roosevelt visitó las Badlands de Dakota por primera vez en 1883. Fue como deportista, como cazador. Y allí mató su primer búfalo. Aunque acabó por comprar un rancho antes de regresar a New York. Ahora, en 1884, iba a establecer una relación más íntima con ese Oeste que lo fascinaba. Venía buscando un cambio de ambiente, escaldado por la política, devastado por la pérdida de Alice. En lo que escribe por aquel entonces, a solas en su cabaña solitaria, refleja su profunda melancolía. Como sucede en esa suerte de poema en prosa que titula «Winter Weather», donde la presencia repetida de la muerte redobla como una campanada escalofriante:

«Cuando los días han menguado hasta la mayor brevedad, y las noches parecen infinitas, los grandes llanos del norte se convierten en una morada de férrea desolación. A veces las furiosas borrascas soplan desde el norte, impulsando ante ellas las nubes polvorosas de nieve, que envuelven en un manto de muerte a todo ser sin albergue que se enfrente a su ira desatada. Las ventiscas rugen en truenos sordos mientras barren las praderas o se arremolinan por los cañones desnudos; hacen temblar los grandes, frágiles chopos y bajo su roce áspero, las ramas heladas de los pinos que se aglomeran en las barrancas, cantan como las cuerdas de un arpa eólica. Empero, en el frío extremado de mediados de invierno, puede haber una quietud total, sin que palpite la más breve brisa. Y entonces el frío inmóvil, inmisericorde, terrible, que tiende su pesadumbre sobre la tierra como la sombra de la muerte silente, parece aun más tenebroso en su rigor doliente, que en la locura anárquica de las tormentas. Toda la tierra es puro granito, los grandes ríos permanecen quietos en sus cauces, como si se hubieran convertido en acero escarchado. En las noches largas no hay sonido que interrumpa el silencio sin vida. Bajo el juego incesante de las Luces del Norte, o iluminados sólo por la invernal brillantez de las estrellas, los llanos vestidos de nieve se extienden hacia desiertos interminables y yertos, de un blanco reluciente.»[115]

El hombre que era capaz de sentir así y de escribir así, fue después cazador de tigres, rinocerontes y elefantes. Siempre acababa por aparecer el otro costado de su espíritu. Y es ahora el crudo Oeste quien va a devolverle la vida que él quería vivir. Porque en el Territorio de las Dakotas exploraba y cazaba a su gusto. (Pronto vamos a enterarnos, por su propia palabra, de su famosa aventura con un feroz oso gris.) Pero, sobre todo, trabajaba intensamente en el rancho. Y, según acaba de verse, escribía algunas de sus mejores páginas. Como era de muy poco dormir, fundiendo otras vez dos mundos, podía dar rienda suelta por las noches a su grafomanía. Además de leer sin cesar. En una ocasión, persiguiendo por varios días a unos ladrones de ganado, sustituía buena parte del descanso nocturno con la lectura de *Ana Karenina* a la luz de una lámpara de kerosene. El caballerito visitante del 83 se fue convirtiendo en el ranchero residente del 84 y el 85, que no sólo dirigía la empresa sino que participaba con sus empleados en las rudas tareas de la finca ganadera. Como siempre, aprendía haciendo. Según confesión propia, no llegó a ser nunca un artista consumado del lazo y la montura, pero sí adquirió las destrezas básicas de un buen vaquero, ganándose el respeto y el cariño de quienes en verdad lo eran. La vida al aire libre lo fortalecía, salvándolo de los odiosos ataques de asma. La infinita soledad de la pradera le curaba poco a poco la suya personal. La libertad de esos horizontes abiertos de los Grandes Llanos le permitía vivir a plenitud lo que antes era un concepto abstracto. El contacto igualitario con gente sencilla de pueblo le limaba su acento de aristócrata neoyorquino, enseñándole el verdadero sentido de la palabra igualdad. Fue una experiencia decisiva. Algún día, en el futuro, diría que sin las Dakotas jamás hubiera sido Presidente. Las Dakotas, con sus *cowboys,* le proporcionaron el modelo para los Rough Riders. Y sin los Rough Riders su existencia hubiera tomado rumbos muy distintos.

---

[115] Theodore Roosevelt, *Ranch Life and the Hunting Trail,* Ann Arbor, 1966, p. 73. También en *Works*, Hermann Hagedorn, (ed.), National Edition, 20 vols., 1926, vol I, p. 341. La traducción es de Gabriela Castellanos.

Desde luego, el rancho era también un negocio, que pretendía aprovechar la bonanza ganadera de la época. Pero alguien ha dicho que Teodoro Roosevelt, un genio político y literario, era un idiota como hombre de negocios. Quizás fuera eso, quizás la mala suerte de unas perversas sequías veraniegas y unos crudelísimos inviernos árticos, o la dura competencia que bajó los precios de la carne, lo cierto es que las Badlands le consumieron una buena parte de su fortuna. Y su entusiasmo por la empresa decayó. Además, se dió cuenta de que lo peor de su convalecencia material y espiritual había pasado. En uno de sus viajes a New York había restablecido sus relaciones con Edith Carow, la amiga de su infancia que había abandonado por Alicia. Y por fin se comprometió a casarse con ella, quien ciertamente no se sentía atraída por una existencia de vaquera en las Dakotas, a menos que la crisis económica de la familia se lo impusiera. En 1886 Roosevelt volvió a su Manhattan inicial para quedarse. Pero el Oeste siguió viviendo siempre en su conciencia, como una fuerza creadora. Sobre la expansión nacional, que hacia ese Oeste empujaba, iba a escribir –ya lo veremos– su mejor obra histórica. Y sobre los modos de vida de la joven sociedad pionera, las mejores de sus muchas crónicas costumbristas. En su *Autobiografía*, un clásico del género, publicado en 1913, todavía vibra en su prosa la visión romántica que de los Grandes Llanos del occidente norteño conservó siempre:

«Era una tierra de vastos espacios silenciosos, de ríos solitarios, de llanuras donde los animales salvajes miraban fijamente a los pasajeros a caballo. Era una tierra salpicada de ranchos, de manadas de ganado vacuno con largos cuernos y de jinetes impetuosos que hundían impasibles su mirada en los ojos de la vida y de la muerte. En esa tierra llevábamos una existencia libre y recia, con el caballo y con el rifle. Trabajábamos bajo un sol abrasador en medio del verano, cuando el ancho llano resplandecía y ondulaba en el calor. Y conocíamos el suplicio glacial de cabalgar en la guardia nocturna del ganado, a la hora tardía de la última recogida otoñal. En las suavidades de la primavera las estrellas aparecían gloriosas ante nuestros ojos cada noche antes de acostarnos y en el invierno cabalgábamos atravesando las ventiscas, mientras el aguijón de un polvo de nieve nos quemaba la cara... Conocíamos del trabajo y la fatiga, del hambre y de la sed. Y veíamos a hombres arrastrados a una muerte violenta mientras trabajaban entre los caballos y el ganado o cuando se batían en duelos y peleas entre sí... Pero sentíamos el fuerte latido de la vida en nuestras venas. Y eran nuestras la gloria del trabajo y la alegría del vivir.»[116]

Ese género de vida, elemental y puro, sencillo y complejo, se convierte para él no sólo en costumbre sino en un modelo y un ideal que lo atraen hasta los últimos años de su existencia. Es en las obras que escribe sobre sus aventuras en el Oeste donde primero se organizan y se expresan esa visión y esa escala de valores que van a servirle de guía. Así puede verse, para citar sólo un caso, en su obra *The Wilderness Hunter* («El Cazador de la Tierra Solitaria»), donde se encuentran páginas y páginas sobre «la vida libre, aventurera, confiada en sí misma» y la «vigorosa democracia» que ésta establecía entre los hombres libres que la compartían. Y donde podemos disfrutar de muy hermosos párrafos sobre «el agudo deleite de la caza en esas tierras solitarias», cuyos paisajes describe con notable vigor y entusiasmo.[117]

A veces, para describir una cacería, Roosevelt produce su mejor prosa. Así sucede, por ejemplo, cuando relata su aventura con un gran oso grisáceo que se le enfrentó al ser herido en la espalda por un tiro disparado por él: «Torció violentamente hacia mí su cabeza; hilos de espuma escarlata le colgaban de los labios; sus ojos ardían como áscuas en la sombra. Me mantuve firme, apuntándole al pecho, y mi bala destrozó la punta o el extremo inferior de su corazón, arrancándole un pedazo. Inmediatamente el enorme oso giró sobre sí mismo con un áspero rugido de furia y de reto, resoplando las babas de su boca, permitiéndome ver el destello de sus blancos colmillos. Y entonces cargó derecho hacia mí, abriéndose paso por una espesura de laureles, a los

---

[116] Roosevelt, *An Autobiography*, pp. 94-95. (La traducción es nuestra.)
[117] Roosevelt, *op. cit.*, pp. 11 y ss.

que destrozaba y aplastaba, haciéndome difícil apuntar. Esperé hasta que llegó a un árbol caído. Cuando lo saltaba, apreté el gatillo y la bala le atravesó el pecho... pero el oso ni se desvió ni vaciló y, en ese instante, yo no sabía que lo había herido. Un segundo después me venía encima con paso firme. Le disparé a la frente pero mi tiro fue un poco bajo, le entró por la boca y le aplastó la mandíbula inferior, enterrándose por fin en su cuello. Salté hacia un lado mientras apretaba el gatillo; y, a través del humo de la pólvora, lo primero que vi fue su garra que me lanzaba un bárbaro zarpazo. El empuje de su asalto lo llevó hacia adelante. Al tratar de pegarme dio un tumbo hacia el frente, dejando un charco de rojísima sangre allí donde su hocico tropezó con el suelo. Se recobró todavía. Dio dos o tres saltos más... pero sus músculos de pronto parecieron ceder. La cabeza se le hundió en el pecho y comenzó a dar vueltas y más vueltas como un conejo herido.»[118]

Pudiera decirse que Roosevelt, fundiendo sus dos disímiles oficios de ranchero y de naturalista, creó un nuevo género de literatura del Oeste, donde junto a emocionantes y románticas escenas de caza, como la que acabamos de citar, se ofrecían también descripciones muy objetivas y detalladas de la gente y de los animales que habitaban en esas tierras de pioneros. Y se estudiaban, además, desapasionada e impersonalmente, sus usos, costumbres y hábitos más peculiares. Acuda el lector, para no citar sino un ejemplo, a *Ranch Life and the Hunting Trail* («La Vida en el Rancho y el Sendero de Caza») y encontrará allí el examen más detallado que existe de todos los aspectos de la vida del carnero cimarrón de cuernos curvilíneos y todos los detalles del trabajo que rendían los vaqueros en los ranchos, desde la doma del bronco hasta la recogida del ganado para defenderlo, en lo posible, de los crueles inviernos de las Badlands.[119]

¡Ah, aquellos días gloriosos en el Territorio de las Dakotas! No pudo –lo hemos visto– seguir residiendo ahí. Pero siempre guardó un cariño especial por esa tierra dura y embrujadora donde acabó de cuajar y

---

[118] Cit. por Edmund Morris, *op. cit.*, p. 417. Traducción nuestra.

[119] Roosevelt, *op. cit.*, passim.

solidificarse su filosofía de la vida. La que iba a formular muchos años después en una conferencia ofrecida en la Sorbona en 1910: «No es el crítico quien cuenta; ni tampoco quien explica cómo tropieza el hombre fuerte, o cómo lo que ha hecho un hombre de acción puede ser mejorado. El crédito pertenece al hombre que en verdad está en la arena con la cara estropeada por el polvo, el sudor y la sangre; el que lucha con valor...; aquel empeñado en una causa valiosa; ése que, en el mejor de los casos, alcanza al fin un triunfo de altas realizaciones, y en el peor, si fracasa, por lo menos lo hace procurando algo grande, de manera que su puesto nunca estará entre esas almas frías y tímidas que jamás conocieron ni victoria ni derrota.» Lo que no es sino una repetición de lo que dijo el 10 de abril de 1899, siendo Gobernador de New York, en un discurso pronunciado en Chicago: «Yo quiero predicar, no la doctrina de la comodidad innoble, sino la doctrina de la vida estrenua, la vida del afán y el esfuerzo, del trabajo y la lucha; quiero predicar esa forma más alta de éxito que se da no al hombre que desea una mera paz fácil, sino al hombre que no se acobarda ante el peligro, ante las penalidades o la amargura de la faena, y que con todo esto gana la última y espléndida victoria... Yo sólo pido que aquello que solicita para sí cada uno de los norteamericanos que se respetan a sí mismos... se demande también de la nación norteamericana entera.»[120] En el fondo de estas palabras parece resonar el ruido de los cascos de esos broncos que domó en su rancho el petimetre convertido en *cowboy*. Casi sentimos elevarse el olor de la sangre de las piezas cobradas en las cacerías. De algún modo en ellas vibra la silenciosa protesta de una tierra nunca definitivamente conquistada por la mano del hombre. El reto, la acción, la vida: las grandes lecciones nunca olvidadas. Ese es el precioso legado de las Dakotas.

Y por eso, ese territorio, esté él donde esté, siempre lo acompaña. Siempre le preocupan sus problemas. Siempre sigue su historia: hasta el momento en que su clase social pierde allí definitivamente la pelea. En la *Autobiografía*, años después del fracaso económico que tanto le dolió, se refiere a la victoria que en definitiva obtuvieron los agriculto-

---

[120] Theodore Roosevelt, *An American Mind: Selected Writings*, New York, 1994, p. 184.

res sobre los rancheros en los Grandes Llanos en los tiempos de la entreguerra. Y agrega estas palabras, permeadas de hondo sentido patriótico y, hasta cierto punto, de personal justificación: «Los 'homesteaders'[121], los pobladores permanentes, los hombres que uno a uno levantaron las fincas en que vivían y allí criaron y educaron sus familias, representan desde el punto de vista nacional el más deseable de todos los usuarios y moradores de la tierra. Su advenimiento significó la fragmentación de los grandes ranchos. Y ese cambio resultó una ganancia para la Nación, aunque para algunos de nosotros fuera una pérdida individual.»[122]

***

Apenas arriba a New York en 1886, la dirección de su partido le pide el sacrificio de servir como candidato a alcalde de la ciudad en las elecciones de noviembre de ese año, que para todo el mundo estaban perdidas de antemano. Teddy acepta. Tras una breve y furiosa campaña, resulta derrotado. E inmediatamente parte para Londres, a casarse con Edith Carow, quien allí residía por entonces con su familia. La ceremonia tiene lugar el 2 de diciembre y a ella sigue el inevitable viaje de bodas por el Continente. Regresa con su esposa a su ciudad natal, pero a los pocos días se ve obligado a partir para las Dakotas. Le han avisado que el invierno ha sido el peor de la historia de la frontera, con temperaturas tan bajas y tanta nieve y tanto hielo que gran parte de su ganado había perecido. Al llegar lo comprueba: está ante un desastre. Ha perdido casi la mitad de su fortuna. La vuelta a New York tiene ahora el sello de lo definitivo. En esta ocasión, sin embargo, Roosevelt no liquidó sus posesiones en las Badlands. Las conservó en su poder hasta 1899. En las varias oportunidades en que volvió a visitarlas lo hizo para cazar. Y respirar aire puro. Y huir del asma y de las miasmas de la ciudad.

Transita otros caminos. Tratando de nivelar su presupuesto se convierte en escritor profesional. Como siempre, su actividad es volcánica. A más de innumerables artículos para revistas, por lo general sobre la

---

[121] Es decir, los colonos que le habían comprado sus tierras al gobierno federal.

[122] Roosevelt, *op. cit.*, p. 95.

vida en el Oeste, escribe en menos de tres meses la biografía de Gouverneur Morris, uno de los padres de Constitución norteamericana, publica en 1888 *Ranch Life and the Hunting Trail* («La Vida en el Rancho y el Sendero de Caza») e inicia sus investigaciones para componer la que será su obra maestra en el campo de los historiografía: *The Winning of the West* (La Conquista del Oeste) cuyo primer volumen apareció en 1889. Lo que no le impidió participar activamente en la campaña republicana que elevó a Benjamin Harrison a la Presidencia de la República y, además, tomarse un par de semanas para ir de cacería en las Dakotas. En abril de 1889 el Gobierno le ofrece un puesto en Washington D. C. como Miembro de la Comisión de Servicio Civil. Su amigo Henry Cabot Lodge cree que debe rechazar la oferta de una posición tan secundaria y tan mal pagada. Roosevelt sorpresivamente acepta. Algunos creen que ése va a ser el fin de su carrera. «Tan joven y encerrado ya en una tumba política», dicen. Pero, una vez más, Teddy iba a demostrar que sabía ver más lejos.

Lo que entró en las oficinas de la Comisión el 13 de mayo de 1889, día en que Roosevelt tomó posesión del cargo, no fue un cadáver sino un huracán humano. Eterno reformista, se proponía transformar un organismo casi irrelevante, en lo que debía ser: la némesis de la corrupción administrativa, de la venalidad, del nepotismo y la simonía civil y, a la vez, en el guardián de la eficiencia y la decencia burocráticas. Dura tarea que lo enfrentaría con la violenta oposición de los políticos acostumbrados a disponer de los destinos públicos para sus fines electoreros. Roosevelt entró en acción. Desnudó fraudes, condujo investigaciones, interrogó testigos, publicó reportes, pronunció discursos y escribió artículos para los periódicos y magazines defendiendo la causa de la reforma. Pronto las actuaciones de la Comisión empezaron a aparecer en la primera página de los periódicos. Y el Comisionado se convertía en un importante personaje de la política nacional. Pese a los poderosos enemigos que lo atacaban, permaneció en el puesto durante todo el período de Harrison y luego dos años más, cuando Grover Cleveland volvió a nombrarlo. En esos seis años, algo más de 26.000 posiciones gubernamentales pasaron de la categoría de botín político a la de cargos adjudicados sobre la base de exámenes competitivos.

En sus momentos libres Theodore seguía trabajando en *La Conquista del Oeste*.[123] En 1894 pudo publicar el tomo III. Y el año siguiente sacó a la luz el IV. La obra había obtenido un gran éxito de crítica y de venta, de lo que se sentía el autor muy orgulloso. Pero sólo hasta el tomo cuarto llevó adelante ese proyecto literario. En realidad, se sentía cada vez más preso en Washington D. C. y echaba mucho de menos la política neoyorquina. Por lo que al presentársele la oportunidad de ser nombrado Comisionado del Consejo Administrativo de la Policía de New York, cargo importante y bastante bien remunerado, aceptó en seguida, tomando posesión del mismo el 8 de mayo de 1895. Inmediatamente fue elegido Presidente del Cuerpo.

***

El reparto de puestos públicos entre colboradores y parientes del político de turno, según la consigna de que «los despojos pertenecen al vencedor», no constituía sino un aspecto de la enorme corrupción que permeaba la vida política del país, tanto a nivel federal y estatal como local, en la segunda mitad del siglo XIX. Era en las ciudades donde esta lacra resultaba más evidente. El rápido desarrollo urbano de la época había dado origen a violentas paradojas. En las pujantes áreas metropolitanas se enfrentaban la pobreza más miserable y la más ostentosa riqueza; la peor ignorancia y la más alta cultura; el ejercicio prudente y democrático de los derechos cívicos y la venta del voto por parte de una población en buena parte compuesta de inmigrantes amontonados en malolientes casas de vecindad. Y también se encaraban los jefes de los partidos –que aprovechaban esa miseria para su beneficio personal– y una clase hambrienta y menesterosa, que trataba de ayudabase disponiendo de lo único que poseía: su sufragio.

Por lo general, en cada una de esas ciudades, una «maquinaria política», regida por un «gang» o pandilla al mando de un *boss,* (o, para decirlo a la española, un *cacique)*, acaparaba el gobierno municipal.

---

[123] En este libro –probablemente su obra maestra– se muestran ya los antecedentes de la ideología expansionista y luego imperialista del autor. Dejamos su estudio para el próximo capítulo, donde examinaremos en detalle la formación de estos conceptos en la conciencia del pueblo norteamericano.

Para ser más exactos: las ciudades eran gobernadas por una alianza de capitalistas rapaces y de esos caciques venales, que podían ser estatales, como Chauncy Depew en el estado de New York, o Matthew Quay en Pennsylvania; o municipales, como el más notorio de ellos, el neoyorquino William Marcy Tweed, que fue quien llevó más lejos los métodos de la venalidad organizada. A mediados de la década del '60, Tweed, un mecánico que había hecho fortuna aprovechándose del sistema, logró obtener el control de Tammany Hall, un viejo club íntimamente vinculado a la dirección del Partido Demócrata. Y desde ahí dirigió una operación de saqueo sistemático que despojó a la ciudad de New York de más de doscientos millones de dólares. No hubo práctica de libertinaje político que Tweed no utilizara: la malversación, el soborno, la compraventa del sufragio y de los puestos burocráticos, la falsificación de documentos, la concesión de contratas para obras y edificios públicos mediante el pago de «comisiones»... El cacique neoyorquino llevó sus prácticas a un extremo tal de cinismo que las fuerzas reformistas de la prensa y de la ciudadanía en general fueron capaces de formar un frente para detenerlo, juzgarlo (después de depurar al tribunal encargado del proceso) y, por fin, condenarlo a doce años de prisión en 1872.

Con la caída de Tweed, la corrupción política había recibido un fuerte golpe en la capital económica de la nación. Pero ese golpe distaba mucho de ser decisivo. No lo sería mientras buena parte de la opinión pública siguiese creyendo que la culpa del problema pertenecía casi por completo a los inmigrantes analfabetos que congestionaban las grandes ciudades y vendían vergonzosamente el voto. Era preciso poner las cosas en su lugar, para la comprensión de todos. Y la verdad era que, como escribió Page Smith, «la ignorancia, la pobreza, el crimen y el vicio que universalmente se les achacaba a los inmigrantes, no eran características genéticas sino el producto de las condiciones en que éstos vivían y, sobre todo, de la explotación que sufrían por parte de caseros abusadores y de patronos insensibles.»[124] La permanencia de las causas no podía producir más que idénticos efectos. La lucha por la decencia y la justicia social demandaba dedicación, perseverancia y una pronta

---

[124] Page Smith, *op. cit., p. 378.*

liquidación de muchos prejuicios. Sólo esas rectificaciones ideológicas permitirían incorporar activamente al combate a todos los sectores de la ciudadanía, sin cuyo poderoso concurso nada permanente podría lograrse.

Esa campaña fue asumida por un grupo minoritario pero creciente –y muy elocuente– de periodistas que, ignorando el sometimiento de la mayor parte de la prensa a los intereses creados, con sus valientes denuncias fueron poniendo en evidencia la verdadera situación. Uno de los más influyentes miembros de ese periodismo reformista fue Jacob Riis, un inmigrante danés que había llegado a los Estados Unidos en 1870, a los veinte años de edad. Conocedor, por experiencia propia, de la triste existencia de los extranjeros en las casas de vecindad y del mal trato que recibían de parte de la policía, dedicó todos su esfuerzos a hacérselo saber al resto de la población neoyorquina en una serie de sensacionales reportajes periodísticos (que ilustró con elocuentes fotografías tomadas por él mismo) y, posteriormente, en un libro que devino un *best-seller* titulado *How the other half lives* («Cómo vive la otra mitad»), cuya lectura impresionó vivamente a un joven político llamadoTheodore Roosevelt. En este clima de rechazo creciente a la corrupción y la explotación de los inmigrantes, el nombre de Roosevelt como político honesto y sensible empezaba a resonar. Cuando William L. Strong, el alcalde reformista recién electo, anunció en 1895 que iba a nombrar a un nuevo miembro a la Comisión de la Policía, Riis inmediatamente pensó que Roosevelt era el hombre para el puesto. Y cuando se enteró de que efectivamente éste había sido nombrado, inmediatamente le ofreció sus servicios para acometer la batalla de saneamiento que la ciudad necesitaba. Desde ese momento se convirtió en su alter ego y su guía por los oscuros rincones del gueto de Manhattan. Roosevelt, neoyorquino de nacimiento, iba a descubrir ahora el New York que apenas conocía. El de esa otra dolorida «mitad» del título de Jacob Riis.

Antes, sin embargo, era preciso atender a asuntos más urgentes. El primero: destruir las fuerzas directrices de la corrupción. Poco antes de tomar Roosevelt posesión de su cargo, un Comité del Senado estatal de New York había hecho público un informe sobre los ingresos ilegales de la policía de la ciudad. Según este documento un sistema de «impuestos» ilícitos nutría las arcas de los «guardianes del orden». Esas «contribuciones» iban desde uno o dos dólares diarios que pagaban los vendedores de verduras y frutas en las aceras, hasta los $10,000 por una licencia para vender licores y los $35,000 anuales para mantener abierto un burdel. El cálculo del Comité era que esos sobornos producían anualmente más de diez millones de dólares, que se repartían de arriba abajo en toda la jerarquía policial. «Tengo en mis manos el departamento más importante y corrompido de New York», había dicho el nuevo Comisionado. Y, sin hacer caso a quienes le aconsejaban «prudencia», comenzó su ofensiva por arriba, obteniendo las renuncias inmediatas del Jefe del Cuerpo, Thomas F. Byrnes, del Inspector Alexander Williams y otros oficiales igualmente corruptos. Además hizo saber que la práctica de comprar los cargos (desde $10,000 a $15,000 por una capitanía, hasta unos $300 por un puesto de vigilante) sería severamente perseguida y castigada.

Cumplidas esas misiones, Roosevelt pudo dedicar más atención a mejorar la disciplina y eficiencia de su fuerza. Ahí le resultaron muy útiles los servicios de Jacob Riis y de otro periodista que iba hacerse famoso como «muckraker»[125], Lincoln Steffens. Con ellos –y, a veces, otros miembros de la prensa– comenzó a realizar exploraciones nocturnas de la ciudad para conocer de primera mano la atención policíaca que ésta en verdad estaba recibiendo. Esa curiosa actividad dio origen a mucho ruido en la prensa y a muchas graciosas anécdotas. Recordando al califa de Bagdad en *Las Mil y Una Noches*, Teodoro comenzó a ser llamado «Harún-al-Ras...velt». Cuando Riis lo llevó a conocer los horrores de los barrios bajos, Roosevelt no pudo menos que recordar la experiencia similar a que lo había sometido Samuel Gompers, en sus años de representante estatal de New York, varios años atrás. Oscuras, malolientes, insalubres, esas vecindades eran asiento de vicios y de crímenes y, al mismo tiempo, de pobreza, de ignorancia, de enfermeda-

---

[125] Es decir, como expositor de ruindades y corruptelas de todo género. Los «muckrakers» (en español «rastrilladores de cieno») integraron un movimiento reformista de gran renombre e influencia, que alcanzó todo su vigor en la primera década del siglo XX en los Estados Unidos. Steffens fue uno de los iniciadores de esa amplia y famosa campaña periodística y literaria.

des y... de esa neblinosa nostalgia provocada por el sueño fracasado de tantos inmigrantes. Liquidar esa compleja situación constituía una tarea hercúlea. Dado el puesto que él ocupaba, poco pudo hacer para cambiarla. Si acaso hacer cumplir las ordenanzas municipales relacionadas con la salud pública, mandando, por ejemplo, a cerrar ciertos mataderos ilegales y purulentos. Por lo demás, preciso es reconocer que, por desgracia, en Estados Unidos, más de un siglo después, los problemas de los guetos siguen en lo fundamental sin resolver. No obstante, no se debe olvidar que su conocimiento íntimo, vivo y patente de la injusticia social iba a jugar un papel muy importante en la evolución ideológica del nuevo jefe de la policía.. Y las relaciones personales que estableció con ese brillante grupo de jóvenes periodistas iban a resultar decisivas a la hora de ascender en su precipitada carrera política, como ya veremos más adelante.

Nathan Miller ha resumido muy bien los aportes de Roosevelt a la mejora del Departamento de Policía de New York en sus dos cortos años de labor: «...Estableció un sistema de profesionalismo hasta entonces desconocido e hizo una serie de importantes cambios, reformas e innovaciones que siguieron en pie después de su partida. Centralizó el control ejecutivo, reduciendo la influencia política en asuntos puramente policíacos; amplió el uso especial de escuadrones para una lucha más efectiva contra el crimen; aplicó la ley de servicio civil en el reclutamiento de policías; amplió las oportunidades de empleo para las mujeres; abrió una academia para entrenar a los policías; introdujo en el cuerpo la nueva tecnología, como el sistema Bertillon de identificación, el teléfono y los coches de patrullas, estandarizando además las armas usadas por los vigilantes...»[126]

***

Mientras tanto nuestro Comisionado no descuidaba sus deberes políticos con el Partido Republicano, al que tanto ya debía y que tanto aun podía darle. Se acercaban las elecciones presidenciales de 1896 y había que defender la candidatura de William McKinley. Fiel a sus

---

[126] Nathan Miller, *Theodore Roosevelt: A Life*, New York, 1992, pp. 230-231.

compromisos, el Comisionado se incorporó a la campaña. Iban a ser éstos unos comicios donde muy directamente se disputarían, con todo vigor, los intereses primarios de las clases económico-sociales del país. Como ya hemos apuntado páginas atrás, el proceso de desarrollo industrial de los Estados Unidos se había acelerado dramáticamente en los últimos años del siglo XIX. Al iniciarse el XX, el país era ya el más rico del mundo. De ello se enorgullecía el magnate del acero Andrew Carnegie, en su libro *Triumphant Democracy,* («Democracia Triunfante»), utilizando, como antes lo habían hecho los españoles, una imagen ferroviaria: «Las viejas naciones marchan a paso de caracol y Estados Unidos a la velocidad de un tren expreso. En población, riqueza, ahorros anuales y créditos, ausencia de deudas, agricultura e industria, América está ya a la cabeza del mundo civilizado.»[127] Norteamérica poseía en abundancia los materiales básicos, los mercados, la mano de obra nativa o inmigrante, la capacidad técnica y empresarial imprescindibles para echar a andar ese tren. Al cierre de la centuria, efectivamente, venciendo todas las dificultades, el tren marchaba hacia adelante a toda velocidad.

Desde luego, aun para los más optimistas, no todo era tan positivo. Por una parte se planteaba una cuestión de poder. En su soberbia, los grandes capitalistas parecían marchar hacia la supresión de toda competencia, convirtiéndose en dueños y señores de la sociedad, mediante la creación de *trusts* o monopolios, cada uno de los cuales acaparaba o controlaba la producción y venta de una mercancía determinada. (Estos señores eran los llamados «Robber Barons», los «Barones del Robo», tales como John D. Rockefeller, Cornelius Vanderbilt, James Fisk, Andrew Carnegie, Henry Clay Frick, Edward H. Harriman, John Pierpont Morgan y algunos más.) Por otra parte, había un problema de distribución. Porque cada vez resultaba más evidente que no todos los sectores de la vida nacional se beneficiaban igualmente de este nuevo sistema económico. Los industriales y los banqueros se enriquecían exageradamente, mientras los campesinos, los obreros y aun las clases medias no disfrutaban plenamente de esos beneficios. Por el contrario,

---

[127] Citado por José Manuel Allendesalazar en su libro *El 98 de los Americanos*, Madrid, 1974, p. 35.

en la década del '90 había cierto deterioro en el nivel de vida de la población.

En lo que a la calidad de vida se refiere, se convertía en astronómica la distancia de unas pocas cuadras que separaban el palacio de Morgan en la Quinta Avenida de New York de los cuchitriles infectos de los inmigrantes del East Side neoyorquino que horrorizaron a Teddy Roosevelt cuando Gompers lo llevó a visitarlos.

Precisamente por esa época se estaba completando el tránsito de la agricultura de subsistencia a la comercial. En vez de producir fundamentalmente para sí mismo, el campesino producía para el mercado, especializándose en un producto (trigo, maíz, etc.) y convirtiéndose así en empresario y en patrono de obreros agrícolas. Ahora en tiempos buenos podían obtenerse ganancias. Pero dependiendo de tantos factores fuera de su control (vaivenes de los mercados, fletes ferroviarios, tasas de interés) la mayor parte de los tiempos eran malos. Y al terminar el siglo la situación del campesino norteamericano era muy grave. El hecho se debía al descenso vertical del valor de los granos. En 1870 el precio de un *bushel* (35.23 litros) de trigo era $1.60. En 1900 había bajado a $0.49. Resultado: deudas, hipotecas, desahucios, miseria. Es explicable, pues, que toda la amplia zona agraria del país por aquellos años fuera centro de enormes protestas que, tras la fundación de dos grandes «Alianzas Campesinas», culminaron en la organización de un Partido Populista, dedicado sobre todo a defender los derechos del campesinado, pero en cuyo seno se acomodaban otras causas de variada proyección popular.

El fin de siglo fue también tiempo de aguda crisis para los obreros. En este sector la transición había sido del artesanado al proletariado, lo que tampoco había ayudado a muchas familias trabajadoras a mejorar sus condiciones de vida. La masiva ola inmigratoria, procedente en lo fundamental de Europa, hacía bajar los salarios, a veces hasta niveles de pura subsistencia. Y, sometidos los obreros a los intereses –y hasta los caprichos– de sus patronos, los despidos eran frecuentes, el desempleo endémico y la miseria y el hacinamiento universales en los barrios pobres de las ciudades industriales. No puede extrañar que ese medio produjera todo género de extremismos, que conducían a brutales represiones. Aun estaba vivo todavía el recuerdo del famoso «Atentado de Haymarket Square». El 4 de mayo de 1886 alguien lanzó una bomba en un mitin de protesta laboral que se celebraba en esa plaza en la ciudad de Chicago, ocasionando la muerte de varios policías. Atribuído el hecho a los anarquistas, siete de ellos fueron condenados por un tribunal y cinco ejecutados en la horca, a pesar de que el autor material nunca fue localizado. La mayoría se defendía, sin embargo, poniendo otros métodos en práctica, sobre todo creando organizaciones como los Knights of Labor (Caballeros del Trabajo) o la más perdurable American Federation of Labor (Federación Americana del Trabajo), fundada por Samuel Gompers en 1886, donde se integraron numerosos sindicatos obreros que se habían fundado antes. Las diversas sectas socialistas y anarquistas nunca pudieron competir con la AF of L, que en 1890 contaba con más de medio millón de afiliados.

Los remedios que se recomendaban para todos estos males sociales, desde luego, abundaban. Tratando de calmar la indignación general contra los *trusts*, «combinados» o monopolios, en 1890 el Congreso federal había aprobado la Antitrust Act (Ley Antimonopolio de Sherman), con la cual, por primera vez se trataba de controlar a nivel nacional las perniciosas actividades de estas corporaciones. Aunque por su imprecisión –que muchos calificaban de deliberada– esta ley poco sirvió para lograr los fines que aparentemente se proponía. Los monopolios siguieron creciendo en número, voracidad y poderío y sus adversarios continuaron combatiéndolos con todas las fuerzas a su alcance. Por su parte los obreros demandaban leyes específicas de justicia social contra los peores abusos del sistema imperante. Y lo hacían enérgicamente por medio de mítines, manifestaciones y huelgas, que provocaban muchas veces severas represiones. En los años del segundo gobierno de Grover Cleveland (1893-1897), la violencia se desató por todo el país. Al extenderse la huelga contra la fábrica de coches Pullman, en 1894, el Presidente apeló al ejército para mantener el orden en la ciudad de Chicago. Y una manifestación obrera en Washington D. C. fue disuelta a palos por la policía y su líder arrestado «por haber pisado el césped del Capitolio». La tensión entre la masa obrera y el gobierno era ostensible todavía en 1896. A su vez, para este año, los agricultores habían sintetizado sus demandas en una mayor. Se convencieron de que la raíz de sus males residía en la escasez de moneda en circulación, que mantenía muy bajos los precios de los productos que cultivaban. Un campesino que hubiese tomado una hipoteca de $5,000 en 1870 (entonces equivalentes a 2,500 bushels de trigo), tenía que producir para pagarlos 5,000 bushels un cuarto de siglo después. Para ellos era evidente: contra la deflación, la inflación. ¿Cómo? Aumentando la cantidad de dinero circulante en la nación mediante la emisión de monedas de plata. Libre acuñación de plata, esa era la solución y la demanda.

Como puede apreciarse, lo que todos reclamaban era la inmediata intervención del gobierno federal para resolver sus respectivos problemas. De ese modo la cuestión adquiriría un carácter esencialmente político. En las elecciones de 1896, el candidato demócrata William Jennings Bryan adoptó el programa populista de «plata libre»; el republicano, William McKinley, hizo suyo el programa de los capitalistas: fuertes barreras arancelarias para proteger las industrias de la competencia extranjera, «asegurándoles a los patronos su mercado y a los obreros trabajo fijo y mejores salarios». Los republicanos convencieron a los obreros de que el inflacionismo les encarecería gravemente la vida. McKinley ganó las elecciones por amplio margen no sólo de sufragios sino también de compromisarios electorales. Hoy sabemos que ninguna de las medidas que se proponían era capaz de resolver por sí sola la gran crisis. Pero esas elecciones sirvieron, por lo menos, para poner al desnudo la gran preocupación nacional: que los magnates de la industria y las finanzas estaban secuestrando el poder político y económico de los Estados Unidos. Que se negaban a compartir sus ganancias con el resto de la población. Y que al desaparecer las oportunidades se estaban destruyendo los cimientos teóricos sobre los cuales se levantaba el edificio mismo de la Unión. Este serio problema habría de ocupar el centro de la polémica política en este país hasta los tiempos de Franklin Delano Roosevelt, ya avanzada la vigésima centuria.

***

Theodore Roosevelt cumplió fielmente sus deberes de líder republicano en los comicios del '96, que conmovieron la nación con una ola de fanatismo nunca visto en los Estados Unidos. Bryan era un poderoso orador y agitador, que había ganado la candidatura en la Convención demócrata con un discurso memorable contra el patrón oro. Los republicanos tenían que oponerle otro orador y agitador de fuste. El candidato McKinley no lo era. Hizo toda la campaña desde el portal de su casa en Canton, Ohio, a donde le traían grupos de partidarios para que les hablase y les diese un apretón de manos. Teodoro Roosevelt —era ya sabido— reunía todas las cualidades del hombre de campaña: exuberante, emocional, ingenioso, sarcástico. Lo destinaron al Oeste, que tan bien conocía, y lo recorrió en todas direcciones, a bordo de trenes que paraban en todas las estaciones pequeñas y grandes, donde combatía la prédica inflacionista usando ejemplos tan simplistas y pedagógicos como éste: «¿Ven este pan?», gritaba, agitando uno de buen tamaño. «Vale ahora ocho centavos... Si ganan los de la plata libre (y agitaba un pan mucho más pequeño que el anterior)... un pan como éste costaría no ocho sino nueve centavos!» Temiéndole a la inflación los trabajadores urbanos decidieron votar por los republicanos. McKinley resultó electo por amplia mayoría.

Para todo el mundo era evidente que Theodore Roosevelt merecía una posición importante, un cargo de verdadero peso en el nuevo gobierno. En el verano de ese año electoral, Roosevelt le había confesado a su amiga María Longworth Storer, esposa de un hombre a quien McKinley debía un gran favor, que el puesto que en verdad deseaba era el de Subsecretario de Marina. Después de la victoria, Henry Cabot Lodge le sugirió al Presidente electo el nombre de Roosevelt para ese cargo. Cuando Mrs. Storer hizo lo mismo, McKinley contestó: «Quiero paz en mi gobierno y me han dicho que su amigo siempre está envuelto en peleas con todo el mundo. Temo que sea demasiado pugnaz.» A lo que la dama contestó: «Pues déle usted la oportunidad de probar que puede ser pacífico.» Durante todo el invierno del '96 al '97 Roosevelt esperó ansiosamente, sufriendo un fuerte ataque de asma, que siempre parecía estar asociado con esas tensiones. Por fin el 5 de abril de 1897 Lodge le informó a su amigo que el Presidente iba a someter inmediatamente su nombre al Senado para que lo confirmara en el cargo deseado. Dos días después el Senado lo hizo. Roosevelt, entraba en una ruta que habría de conducirlo, con sorprendente rapidez, a las más altas posiciones políticas de la nación.

CAPÍTULO V

La Ideología de un Impulso Imperial

En el siglo XIX, junto con el continuo avance de la frontera en dirección Oeste y Sur, se desarrolla en Estados Unidos una ideología que justifica y anima esa expansión. El apetito había estado siempre ahí. Desde el primer momento. Y por eso, cuando se presentaba la ocasión, automáticamente se le echaba garra a la presa sin que nadie se inquietara por «pequeñeces». Como sucedió por ejemplo con la compra de la riquísima y mal llamada «Luisiana», que Napoleón Bonaparte, por sus propias diplomáticas razones, inesperadamente colocó en las manos del presidente Thomas Jefferson, por sólo quince millones de dólares. (Para legalizar la compra fue preciso darle varios estirones interpretativos a la Constitución del país, pues ésta explícitamente no autorizaba al Poder Ejecutivo para realizar semejantes operaciones.) En esta primera fase, la expansión se hacía a costa del indio americano. Y la justificación del hecho parecía muy natural en esta era donde no abundaba el respeto por los indígenas. Incorporar el Oeste a la Unión, abriendo el territorio a los pioneros blancos, se consideraba sencillamente un loable esfuerzo civilizador y cristianizador. Pero cuando los ojos del gobierno de Washington se clavaban, por ejemplo, en tierras de México, nación que contaba con varios siglos de existencia, primero como colonia y luego como República independiente, la exculpación demandaba otro tipo de apologética. Y ésta, en su primera versión, recibió el nombre de *Destino Manifiesto*.

Claro que desde temprano en el siglo, los sueños imperiales, bajo velos sutiles, florecían en Washington, D. C. Thomas Jefferson, siempre influyente, envió expediciones exploratorias no sólo hacia el Noroeste, sino también hacia el Sur, haciaTexas. Como hemos visto, con la compra de la Luisiana le agregó al país tanta tierra como la que ya éste tenía dentro de sus límites al concluir la Guerra de Independencia. Y desde su retiro de Monticelli, en carta a James Monroe, el 24 de octubre de 1823, fijó los principios básicos de la doctrina que éste formuló y que lleva su nombre: «Nuestra máxima primera y fundamental (de política exterior) debe ser no enredarnos nunca en las pendencias de Europa. Y la segunda, nunca aceptar que Europa se entrometa en los asuntos del otro lado del Atlántico.» Pocas semanas después, en su informe presidencial al Congreso de 2 de diciembre del mismo año, Monroe declaraba que los Estados Unidos «considerarían todo intento (por parte de las potencias europeas) de extender su sistema a cualquier parte de este hemisferio como peligroso para nuestra paz y nuestra seguridad.» Como se ve, lo que se establece es una curiosa mezcla de aislacionismo (Norteamérica no interviene en Europa) y expansionismo (América entera se declara «zona de influencia exclusiva» de Estados Unidos.) Por su parte, James Madison había dado ya los primeros pasos para la adquisición de la Florida Oriental. Y John Quincy Adams había fijado la política norteña sobre Cuba: aunque él estaba totalmente seguro de que un día no muy lejano la isla, «como una fruta madura», se desprendería del árbol hispano para caer en el seno de su gran vecino del Norte, por el momento sin embargo, debía continuar bajo el control de su presente dueño. Adams era fiel a un precepto previamente sugerido también por Jefferson, por el cual se regiría la política norteamericana con respecto a la Perla de la Antillas a lo largo de casi todo el siglo XIX. Junto a la política de la fruta madura reinaría la política del «fideicomiso», o sea, la de «retener la prenda en las manos de la débil España», en espera de «tiempos mejores».

    En cuanto a México, el conflicto inicial tiene que ver con Texas. La adquisición del territorio que luego sería el estado de Texas era un viejo sueño del gobierno norteamericano, desde los tiempos de los presidentes John Quincy Adams y Andrew Jackson. Tras prolongados conflictos y múltiples vaivenes este territorio fue admitido como estado de la Unión el 25 de diciembre de 1845, pese a las enérgicas protestas del gobierno mexicano. El presidente James Polk cumplía de ese modo con una de las promesas expansionistas de su plataforma electoral del año anterior. El resultado fue una guerra entre México y Estados Unidos (1846-1848) en la que este último resultó vencedor. Por el Tratado de Guadalupe Hidalgo, ratificado el 23 de febrero de 1848 por el Senado, Estados Unidos adquirió más de 900,000 millas cuadradas de territorio ajeno, que incluía a Texas, California, Nuevo México y Arizona. Y que convertía además al país en una potencia del Pacífico. Fue precisamente por aquellos tiempos que se empezó a hablar cada día con más fuerza en los periódicos, las revistas y las salas de conferencias de Norteamérica, de lo que se venía llamando el *Destino Manifiesto*.

Esta frase fue acuñada en julio de 1845 en un editorial de la revista *United States Magazine and Democratic Review*, que había sido escrito por su director John O'Sullivan para justificar el programa expansionista de la administración de Polk. En él aparecían estas palabras: «Lo que América demanda, por el derecho que nos da nuestro destino manifiesto, es que nos extendamos hasta poseer todo el continente que la Providencia ha puesto en nuestras manos para desarrollar el gran experimento de libertad y gobierno propio que se nos ha confiado.» La expresión «destino manifiesto» se hizo popular y comenzó a ser usada para referirse a lo que se consideraba «el hado» o «la misión sagrada» del país, su deber ineludible de atravesar las fronteras y ocupar nuevos territorios para establecer en ellos «el reino de la libertad y del progreso». Poco a poco fueron agregándose explicaciones y aplicaciones a este concepto hasta convertirlo en toda una teoría del expansionismo imperialista. (Aunque los preconizadores subsiguientes del imperialismo, con la excepción de Alfrred T. Mahan, huyeron siempre de utilizar el término.)

A un joven historiador, Frederick J. Turner, Profesor de la Universidad de Wisconsin, se le debe el haber interrelacionado este expansionismo, que impulsaba a la joven nación estadounidense a extenderse fuera del territorio nacional, con la expansión interna, que se desarrolló dentro de los límites continentales. En una reunión de la American Historical Association, celebrada durante la Feria Mundial de Chicago de 1893, Turner leyó un ensayo con el título de *El Significado de la Frontera en la Historia Americana*. Aunque recibido por el público que lo escuchó con aburrida indiferencia, esta disertación iba pronto a iniciar un verdadero proceso revolucionario en la historiografía norteamericana de la época. Conviene advertir que la palabra «frontera» no se refería allí a una línea que separase una nación de otra, sino a una franja de tierra recién ocupada por pioneros, que avanzaba constantemente hacia el Oeste inexplorado, para abrir nuevos horizontes al desarrollo agropecuario del país. Según Turner ese fenómeno constituía la clave para comprender el proceso histórico de Estados Unidos, desde sus orígenes hasta la última década del siglo XIX. Haciéndole frente con valor e ingenio a un mundo hostil, pero prometedor (según explicaba el joven conferenciante) los pioneros cultivaban esas tierras, construían cabañas, levantaban escuelas, erigían iglesias, creaban sus propias leyes y administraban su propia justicia, estableciendo un régimen de vida autosuficiente que habría de constituir la base de su posterior desarrollo. Dentro de esa sociedad surgía un hombre también nuevo: individualista, confiado en sí mismo, enérgico, dinámico, progresista, demócrata, que miraba positivamente hacia el futuro movido por su gran fe en el éxito final de su empresa. El espíritu del Oeste, al fundirse con el del Este de donde venía, engendraba ese Nuevo Mundo que era la sociedad norteamericana. Y por eso había que considerar a la frontera como el crisol donde se forjaba la nacionalidad y, junto con ella, el carácter del pueblo norteamericano. «Hasta hoy –decía Turner– la historia americana ha sido en una gran medida la colonización del Gran Oeste... La peculiaridad de las instituciones americanas radica en el hecho de que se han visto obligadas a adaptarse a los cambios que lleva consigo cruzar un continente, conquistar tierras salvajes y pasar en cada zona de ese proceso de unas condiciones económicas y políticas primitivas a las complejidades de la vida ciudadana.»[128]

Con el andar del tiempo, Turner agregó lo que consideraba implicaciones y consecuencias inescapables de su tesis inicial hasta construir un amplio sistema que, por muchos años, dominó la interpretación del pasado de su país. Posteriormente esta teoría fue sometida a dura crítica. Se la acusó de parcial y exclusivista, por desconocer muchos de los factores económicos, políticos y sociales que contribuyeron a la integración de esa nacionalidad que hoy llamamos Estados Unidos. Para nosotros, en esta obra, la importancia de la tesis de Turner reside más

---

[128] Frederick Jackson Turner, *La Frontera en la Historia Americana*, traducción de Rafael Cremades Cepa y prólogo de Guillermo Céspedes, Madrid, 1960, p. 21.

que en la polémica exactitud o inexactitud de sus postulados, en la influencia que ejerció en su tiempo, al constituirse en uno de los pilares de esa ideología imperialista, que veía al país empeñado en una expansión constante, primero dentro de los límites oficiales de la nación, pero una vez cerrado ese ciclo, fuera de ellos también. Es decir, que esta teoría de la «frontera» le otorgaba un respaldo supuestamente científico al concepto de «destino manifiesto». De ahí la enorme popularidad que pronto alcanzó no sólo en los círculos académicos sino también en la opinión pública del país.

Las raíces de ese expansionismo vienen de muy atrás y parecen fundirse con los primeros desarrollos de la nación. Ya en la segunda mitad del siglo XVIII hay evidencia de que la conciencia nacional norteamericana se encuentra en proceso de formación. Nada de extraño. Desde el Mayflower se había acumulado suficiente pasado para que las colonias inglesas del Nuevo Mundo pudiesen mirar solidariamente hacia adelante con un proyecto de futuro común. Para decir lo mismo con otras palabras: Norteamérica estaba constituyéndose como nación. Todos los factores que impulsan la integración nacional comienzan a acelerar su ritmo creador. Todas las comunidades que propician la nacionalidad comienzan a cuajar: comunidad de lengua, de territorio, de economía, de psicología, de cultura. El idioma sigue siendo aquel que se trajo de Inglaterra, pero ha ido adquiriendo aquí los nuevos ritmos, las nuevas sonoridades, el nuevo vocabulario, el nuevo espíritu que sugiere la tierra inédita. Las sorprendentes dimensiones geográficas del acá, tan distintas a las del allá, empujan en dirección opuesta a la de Europa, hacia el otro Océano, hacia el Pacífico. Una corriente contínua de inmigración interna abre e incorpora prometedores territorios vírgenes, que parecen interminables. Apuntan, además, los grandes cambios económicos que van a transformar a todo el país, según tendremos pronto ocasión de ver. Y paso a paso estos ingleses casi recién llegados van a percatarse de que su modo de ser, de sentir, de pensar, de producir cultura era algo original y propio, que había transformado –y, en su opinión, mejorado en numerosos aspectos– el mundo que quedó atrás.

En 1771, por ejemplo, Philip Freneau –que con el tiempo ganaría el título de «El Poeta de la Revolución»– leyó al graduarse en la Universidad de Princeton un poema titulado *The Rising Glory of America* («La Ascendente Gloria de América») en que demandaba una nueva literatura para un pueblo nuevo, una nueva voz lírica para cantar a la patria que nacía ante los ojos de todos. Según él, América era «la nueva Jerusalem», «otro Canaan» que habría de superar al anterior, un «Paraíso Terrenal» perfecto donde ningún ser humano se dejaría engañar por la serpiente. Como bien dice Page Smith: «Encontramos en Freneau los temas mayores de la nueva conciencia americana: la visión utopista, un fervor democrático religioso en su intensidad, una adoración de la naturaleza como evidencia visible de la gloria de Dios.»[129] Como tantos norteamericanos de su tiempo, Freneau tomó del Iluminismo su creencia en la posibilidad de una sociedad perfecta donde reinasen la libertad, la justicia y la igualdad, a la vez que rechazaba los «prejuicios antirreligiosos» de los filósofos franceses. Ese utopismo creaba las bases para la idea de que esa Norteamérica ideal y perfecta que proponía Freneau tendría como misión redimir al resto de la humanidad de la «tiranía y la opresión». Idea que iba a ser adoptada con entusiasmo por la gran mayoría del pueblo de Estados Unidos.

La Revolución Norteamericana vino a reforzar estas tendencias al crear un estado federal que unificaba toda la región. Y entre la Revolución y la Guerra Civil se produce lo que se ha llamado el Renacimiento Norteamericano, que es en verdad el Nacimiento de una nueva nacionalidad, expresado en una literatura especial y privativa. Sobre todo después de la Guerra de 1812 contra Inglaterra, que tanto animó los sentimientos patrióticos, los escritores intensificaron sus esfuerzos para crear una cultura verdaderamente nacional. Es éste un período extraordinariamente dinámico y productivo. Apuntemos tan sólo a algunos nombres cimeros. William Cullen Bryant (1794-1878), por ejemplo, prestigia en vívidos versos el escenario de New England. Washington Irving (1783-1859), humorista de buen humor, publica en 1809 el primer gran libro norteño de literatura satírica y cuando regresa de sus andanzas por España describe la vida del Oeste norteño en *Tour of the*

---

[129] Page Smith, *A People's History of the Young Republic: The Shaping of America*, New York, 1980, Vol. 3, pp. 36-37.

Prairies, «Un Viaje por las Praderas» (1835). El genio inventivo de Edgar Allan Poe (1809-1849), fundiendo la realidad con la fantasía y lo bello con lo grotesco, crea en el cuento corto y la novela de misterio nuevos géneros capaces de expresar las nuevas sensibilidades y preocupaciones intelectuales de un país en pleno proceso de integración. James Fenimore Cooper (1789-1851), el padre de la novela norteamericana., escribe sobre la Revolución en *The Spy,* «El Espía» (1821), sobre la frontera en *The Leatherstoking Tales* «Los Cuentos de Leatherstoking» ( )[130] y sobre un indio americano idealizado en *The Last of the Mohicans* (....) «El Ultimo de los Mohicanos». James Russell Lowell (1819-1891) se rie de un pasado acartonado en los populares versos de *The Bigelow Papers* (1848 y 1867) «Los Papeles de Bigelow». Y otro de los llamados «Brahamanes de New England» Henry Wadsworth Longfellow (1807-1882), uno de los poetas más populares de su tiempo, contribuye creando un rico corpus de leyendas románticas norteamericanas en poemas narrativos tan leídos como *Evangeline* (1847) y *The Song of Hiawatha* (1855) «El Canto de Hiawatha». Y terminaremos citando a dos escritores que todavía ejercen influencia sobre el pensamiento contemporáneo: Ralph Waldo Emerson (1803-1882) y Henry David Thoreau (l817-1862) La contribución máxima de este último es su doctrina de la resistencia pasiva para la defensa de los derechos humanos que tan importante papel iba a tener en la lucha por la igualdad racial en el siglo XX. De Emerson, una de las grandes figuras de la literatura universal, dijo José Martí en un articulo necrológico: «Fue un hombre que se halló vivo y se sacudió de los hombros todos esos mantos y de los ojos todas esas vendas, que los tiempos pasados echan sobre los hombres...»[131] Ese empeño –tan típicamente norteamericano– de roturar nuevos caminos es lo que mejor caracteriza a ese hombre de quien Oliver Wendell Holmes dijo que era al autor de «nuestra Declaración Intelectual de Independencia..»[132] Y ¿quién puede negarlo? ¿No fue él

---

[130] Donde habla de un personaje conocido por ese apodo: «Medias de Cuero».

[131] José Martí, *Obras Completas,* La Habana, 1953, vol. I, p.1052.

[132] Cit. por Paul Johnson en *A History of the American People,* New York, 1999, p. 406.

quien propuso como ideal sustituir la pasión por Europa con la pasión por Norteamérica? ¿No fue él quien demandó que se expulsara la «lombriz solitaria de Europa» del cuerpo joven de Norteamérica? En su empeño por americanizar la literatura y la ideología de su país desarrolló todo un movimiento filosófico denominado Transcendentalismo que enfatizaba el valor del individuo y la independencia de pensamiento, la eliminación del elitismo y la extensión de la democracia en una sociedad igualitaria. Y a todo eso agregaba un inapagable optimismo y un hondo orgullo nacional, acercándose mucho en ocasiones a la fórmula expansionista del *destino manifiesto*.[133]

A estos factores hay que agregar el desarrollo de la prensa, que desempeña un rol notabilísimo en varias direcciones. En primer lugar va poniendo la cultura al alcance de las masas, pero además, va abriendo las puertas para la expresión literaria y política a escritores procedentes no sólo de los tradicionales círculos aristocráticos sino de las clases medias y de los trabajadores del país. La influencia de las publicaciones periódicas, como fuente de información, de formación de ideas y de extensión de valores, ayudó notablemente a impulsar la integración nacional en este crítico período de gestación sociopolítica. Lo mismo puede decirse de las revistas y magazines que proliferaron notablemente a lo largo del siglo XIX. El importantísimo papel de lo que en inglés llaman «journalism» puede medirse por el gran número de norteamericanos que ganaron fama igual como periodistas, estadistas y hombres de letras en Estados Unidos, como Benjamin Franklin, Alexander Hamilton, William Cullen Bryant, Mark Twain, Walt Whitman y Theodore Roosevelt.

En esta época de profundos cambios, muchos intelectuales, a pesar de ser críticos del imperialismo de su propio país, compensaban sus censuras con un jubiloso entusiasmo ante los innegables progresos de la joven nación. Para no citar más que un caso: Mark Twain, que tanto combatió el imperialismo, mantenía una postura positiva sobre los adelantos evidentes de su patria en el siglo XIX. Y en una carta de

---

[133] Desde luego ésta no es sino una lista muy abreviada pero indicadora de la enorme riqueza intelectual de este gran momento formativo de la cultura norteamericana.

felicitación a Walt Whitman, al cumplir éste setenta años le decía: «Usted ha vivido precisamente en los setenta años más grandes de la historia universal y los más ricos en beneficios y avances para los pueblos. Estos setenta años han hecho más por ensanchar la distancia entre el hombre y los demás animales que lo logrado en las cinco centurias precedentes... ¡De cuántos nacimientos ha sido usted testigo! La prensa de vapor, el barco de vapor, el ferrocarril, la desmontadora de algodón perfeccionada, el telégrafo, el teléfono, el fonógrafo, la fotografía, el fotograbado, el electrotipo, la luz de gas, la luz eléctrica, la máquina de coser, y la sorprendente e infinita variedad de productos extraídos del carbón, todas esas últimas y extrañas maravillas de una época maravillosa...»[134] No es un treno jeremíaco a la decadencia, como el que coetáneamente sonaba en España, lo que la intelectualidad entonaba en Estados Unidos, sino una entusiasmada loa al progreso, aun cuando se alzara al mismo tiempo la voz pidiendo las reformas necesarias para corregir los males provocados por los egoísmos del neocapitalismo industrial.

Mientras Miguel de Unamuno, Joaquín Costa y Santiago Ramón y Cajal insisten en el tema de la decadencia de su patria, la obra de un Walt Whitman refleja positivamente el adelanto de Estados Unidos en el siglo XIX. José Martí, en un ensayo inolvidable, lo considera el poeta «más intrépido, abarcador y desembarazado de su tiempo», no sólo por la novedad de su retórica sino por la justeza de sus miras. Proclama su lenguaje «profético», su poesía «grandiosa», su gran libro *Hojas de Hierba*, «pasmoso», dotado de una «gracia heroica», que los literatos de corte académico eran incapaces de comprender, asustados por la enorme fuerza lírica de su Verbo, tan potente como el pueblo en que había nacido. Escribía Martí: «La vida libre y decorosa del hombre en un continente nuevo ha creado una filosofía sana y robusta que está saliendo al mundo en épodos atléticos. A la mayor suma de hombres libres y trabajadores que vio jamás la Tierra corresponde una poesía de conjunto

---

[134] Citado por Roger Asselineau, *The Evolution of Walt Whitman: The Creation of a Book*, Cambridge, Massachusetts, 1962, p. 192.

y de fe, tranquilizadora y solemne, que se levanta como el Sol del mar, incendiando las nubes...»[135]

Pudiera tal vez argüirse que la fe patriótica de Whitman vacila en 1871 cuando en su obra *Democratic Vistas* contrasta el notable progreso material del país con las limitaciones de su vida espiritual y cívica. Y cuando, siempre jupiterino, truena contra «las depravaciones de las clases comerciales e industriales» y contra «la atmósfera de hipocresía» que reina en la aplicación de los principios éticos a la vida social.[136] Sucede, sin embargo, que hay tanto de negativo como de positivo sobre la realidad norteamericana en las páginas de *Democratic Vistas*. Y, además, que su fe brilla, totalmente revivificada, en 1879, en su reporte del primer viaje que hace en tren al Oeste de la nación, donde su pluma convierte a las Montañas Rocosas en «la columna vertebral del hemisferio». Y a los Grandes Llanos en el inagotable paraíso del trigo, el maíz, el ganado, el queso, la mantequilla, la lana, el carbón, el hierro... y del aire puro, fino, penetrante, reparador.

Es Whitman un poeta original y profundo, dueño de su propia metafísica y su propia religión; poeta de múltiples contradicciones que se resuelven en variadas síntesis: de ser y de nada, de materia y espíritu, de pasión desbordada y de meditada preceptiva literaria, de sombras y de luces, de vida y de muerte, de pasados, presentes y futuros. De esas identificaciones, la más fecunda tal vez es la del poeta con su pueblo. La palabra más usada en su obra es «yo». Sin embargo, no se considera yoísta. Lo que explica diciendo: «Contengo multitudes.» Porque él es el Whitman del «Salut au Monde»: «Dentro de mí la latitud se ensancha, la longitud se alarga. Asia, Africa, Europa, están hacia el Este y el Oeste nos entrega la América.» Es él un americano esencial. Como los pioneros que atravesaban el Continente, lo consume el entusiasmo por la creación de un Mundo Nuevo. Ha sido ungido con «el sacro deseo de lo futuro.» Por eso declara su amor ilimitado por todos los que forman parte de esa gran masa nacional. Así lo resume Martí: «El ama a los

---

[135] José Martí, *Obras Completas*, (Editorial Lex), La Habana, 1953, p. 1136.
[136] Walt Whitman, *Leaves of Grass and Selected Prose*, New York, 1981, p. 475.

humildes, a los caídos, a los heridos, hasta a los malvados. No desdeña a los grandes, porque para él sólo son grandes los útiles. Echa el brazo por el hombro a los carreros, a los marineros, a los labradores. Caza y pesca con ellos, y en la siega sube con ellos al tope del carro cargado... El entiende todas las virtudes, recibe todos los premios, trabaja en todos los oficios, sufre con todos los dolores...»[137]

Su concepto de la democracia trasciende lo político: es la clave misma de la esencia de su patria, a la que canta en su poema *América*:

> Centro de hijas iguales, de hijos iguales,
> todos igualmente amados: los crecidos y los por crecer, jóvenes
> [o viejos;
> fuertes, amplios, justos, duraderos, capaces, ricos;
> perennes como la Tierra, como la Libertad, la Ley y el Amor;
> una magnífica Madre sabia, grandiosa, arraigada,
> asentada en el diamante del Tiempo.

Si el pueblo, en un siglo convulso, produce una revolución industrial, él la ama también y le canta a su dinamismo, que empuja el carro de la patria hacia adelante. Con su valentía literaria habitual, incorpora a sus versos el prosaico vocabulario de los oficios y los implementos típicos del mundo de la industria, como sucede en *A Song for Occupations*, extraordinario mural, donde aparecen los hombres trabajando: los carpinteros levantando casas, los techeros cubriendo cabañas, los herreros moldeando metales, los albañiles construyendo aceras, los toneleros haciendo barriles, los mineros sacando carbón de las entrañas de la tierra, los forjadores tratando el acero, los campesinos arando los campos, los panaderos horneando el pan, y así, los hombres todos produciendo con los instrumentos que manejan: desde el martillo hasta la locomotora, desde el serrucho hasta los altos hornos y los molinos y las grandes fábricas. Y los obreros produciendo bienes: máquinas, carros, prensas, zapatos, comida enlatada, barcos de vapor para el comercio marítimo y fuegos pirotécnicos para las fiestas nacionales, relojes y sillones de

---

[137] José Martí, *op. cit.*, p. 1141.

dentista, todo así en aparente desorden, en armoniosa sinfonía de creación y de abundancia. Para terminar llamándolos, sencillamente: «Ustedes, trabajadoras y trabajadores de estos Estados, viviendo vuestra vida divina y poderosa!...» Y anunciando: «Yo quiero alcanzarlos con mi mano...» Con sus manos de poeta, de mitológico cantor. La América pujante poduce un poeta pujante, la América que crece es a la vez madre e hija del poeta de la creación. A veces la llama Estados Unidos y dice de él que es «el más grande de los poemas». Otra veces conserva el viejo nombre: América. Y dice de ella que es «no solamente una nación sino una exuberante Nación de Naciones». Aquella que, entre todas las de la Tierra, «posee la más plena naturaleza poética.» En sus años de madurez, Whitman no se dejó arrastrar hacia el parroquianismo. Hay en su obra mucho panamericanismo, mucho internacionalismo y cosmopolitismo. Pero es la historia de su patria la que define su filosofía de la historia. Y así, escribe: «He vivido en una era revolucionaria, engrendradora de futuros... En el curso de mi tiempo Estados Unidos ha emergido de la vaguedad nebulosa a la plenitud...; ha alcanzado triunfos que valen por centurias, aunque es ahora cuando va a entrar en su verdadera historia, siguiendo el camino que le abre lo ocurrido en la Guerra de Secesión... Porque los últimos cien años no son más que la preparación: viajes de práctica y de prueba del barco antes de dirigirse a las aguas profundas...»

En esta magna obra, la mirada se dirige siempre hacia adelante. Por eso se explica que en el momento más dolorido de *Hojas de Hierba,* quizás de toda su producción lírica, en su inmortal «Canto de las Lilas», precisamente cuando, refiriéndose al asesinato de Abraham Lincoln, llora la muerte del extraordinario Leñador que había liberado a los esclavos de su patria, las tinieblas del dolor y de la muerte se ven atravesadas por la insistente tocata de ese vibrante pájaro elegíaco, que es la expresión inapagable de la vida y el futuro.

A pesar de las penurias y la devastación que dejó la Guerra Civil, el período posterior continuó y reforzó el optimismo de los norteamericanos, por lo menos en el norte del país. Ya desde la primera mitad del siglo XIX se produjo en Estados Unidos un hondo impulso de afirmación nacional, que sirvió de vigoroso refuerzo a las tendencias expansionistas e imperialistas. Las dos generaciones que iban a enfrentarse con los acontecimientos epocales del '98 se habían formado bajo la influencia de una poderosa ola de exaltación patriótica. La escuela, el púlpito, la universidad, la prensa diaria, las revistas, los libros no cesaban de glorificar el progreso constante, creciente y excepcional del país en el tercio de siglo que precedió a la guerra contra España. Era natural que el pueblo se enorgulleciera cuando oía o leía que a partir de 1885 Estados Unidos ocupaba el primer lugar en la producción mundial de acero, carbón, oro y plata. Y que a partir de 1895 Norteamérica estaba a la cabeza del consumo mundial de energía. Y que la población se había duplicado entre 1870 y 1898, mientras las exportaciones se triplicaban entre 1860 y 1897 y sólo Inglaterra las superaba en el comercio mundial. En tanto los españoles de la época se lamentaban de su atraso, los norteamericanos podían vanagloriarse de un avance sin paralelo en la historia. En España predominaba el pesimismo, en Estados Unidos se imponía una visión optimista del futuro, confirmada día a día con la avalancha de innovaciones técnicas que luego se extendían por todo el mundo civilizado: luz eléctrica, teléfono, fonógrafo, refrigeración de alimentos, automóviles, cine, aeroplanos... y tantas otras más. Y, como bien ha dicho Ramiro Guerra: «Estas manifestaciones de poderío no se limitaban a lo técnico, lo político y lo económico. En todos los demás aspectos de la vida nacional, el norteamericano de 1898 se sentía en posesión de una superioridad indiscutible. El de Estados Unidos –pensaba– era el pueblo más libre y más progresista de la tierra; el que poseía un sentido más amplio, noble y humano de los derechos individuales, la igualdad política y la justicia. La única nación donde existía, realmente, «un gobierno del pueblo para el pueblo», según la famosa frase de Lincoln... Y esta ingenua creencia popular era compartida por los hombres más eminentes y respetables del país...»[138] Era inescapable que este vehemente sentido de superioridad condujera al criterio del destino manifiesto, la fatal obligación de llevar este progreso a la parte de la humanidad que carecía de él. Y de imponerlo a las buenas o a las malas. Si alguien protestaba habría que contestarle: nadie tiene el derecho a vivir en el atraso y la

---

[138] Ramiro Guerra, *La Expansión Territorial de los Estados Unidos a Expensas de España y de los Países Hispanoamericanos*, La Habana, 1975, pp. 368-369.

barbarie. Con lo que, en realidad, se trataba de ocultar el racismo que se escondía tras la doctrina expansionista.

***

Durante las dos décadas que siguen a la rendición sureña en Appomattox, que puso fin en 1865 a la Guerra Civil, el pueblo norteamericano concentra su atención en los asuntos internos del país, aplicándose sobre todo a la tarea del desarrollo económico, en la que iba a obtener un éxito sin precedentes en la historia. Sin embargo, en las altas esferas gubernamentales, las tendencias expansionistas sobreviven y se manifiestan una y otra vez. Los impulsos del «destino manifiesto»seguían trabajando en la sombra. Sangrantes todavía las heridas provocadas por la Guerra Civil, el presidente Andrew Johnson, en un mensaje al Congreso, el 9 de diciembre de 1868, proclamaba: «Una política nacional comprensiva parece sancionar la adquisición e incorporación a nuestra Unión Federal de varias comunidades adyacentes, continentales e insulares, con tanta rapidez como sea compatible con el empleo de medios pacíficos y legales, sin violación de la justicia, la fe o el honor de los Estados Unidos. La posesión o el control extranjero de esas comunidades ha perjudicado el crecimiento y ha menoscabado la influencia de esta nación. La revolución crónica o la anarquía, en esos países, son igualmente perjudiciales para nosotros. Cada uno de ellos, incorporado a los Estados Unidos, sería una nueva fuente de fuerza y de poder.»[139] El Secretario de Estado de Johnson, William Henry Seward, era por aquella época el promotor más destacado de la incorporación de nuevos territorios a la Unión.. En los últimos años de su mandato hizo gestiones para comprarle las islas Vírgenes a Dinamarca, exploró las posibilidades de comprar a Cuba, Puerto Rico, Islandia y Groenlandia, asi como de obtener bases navales en Haití y Santo Domingo. Era partidario de la futura anexión de Hawaii y eventualmente de Canadá y de México por decisión voluntaria de sus pueblos. Sus ilusorios proyectos sólo lograron la adquisición de las islas Midway (dos granitos de arena en medio del Pacífico, pero situadas estratégicamente a mitad de camino entre las costas de América y Asia) y la compra de Alaska a Rusia, calificada por la opinión pública

---

[139] Ramiro Guerra, *op. cit.*, p. 290.

coetánea como la «chifladura de Seward», antes de que pudiera saberse que guardaba una de las más grandes reservas de petróleo del continente.

Durante la administración de Ulysses Grant (1869-1877) el expansionismo volvió los ojos hacia el norte, hacia el Canadá, que desde los tiempos de la Revolución Norteamericana había tentado los apetitos de sus vecinos más cercanos. Cuando la Guerra Civil, los intereses financieros de Liverpool, íntimamente ligados a los algodoneros del Sur, facilitaron la construcción de buques de guerra para el gobierno confederado –como el famoso *Alabama*– que hicieron enormes daños al comercio marítimo de la Unión. El Presidente de la Comisión de Relaciones Exteriores del Senado norteño, Charles Sumner, mantenía que el gobierno británico era responsable de esos daños y debía, en consecuencia, como compensación ceder el Canadá a los Estados Unidos. Tanto el presidente Grant como su Secretario de Estado Hamilton Fish simpatizaban con la idea, pero ante la poderosa resistencia de Londres y las escasas simpatías que el proyecto despertó en el pueblo canadiense –y, además, la verdad sea dicha, en el norteamericano– prefirieron arreglar el asunto por vía diplomática.

La primera Guerra de Independencia de Cuba, llamada de los Diez Años (1868-1878), colocó la cuestión cubana en el centro de la política anexionista norteamericana, provocando agudos incidentes e impulsando un intento más de compra de la isla.[140] Por otro lado, en 1870 el presidente Grant, a espaldas de su Secretario de Estado, había gestionado y obtenido del gobierno de Santo Domingo un tratado de anexión de esa isla a Estados Unidos. Fish, indignado, renunció, aunque Grant consiguió que retirara la renuncia. De todos modos el plan fracasó cuando Charles Sumner se declaró contrario al tratado y, en consecuencia, éste no fue aprobado por el Senado. La Administración aprovechó el envío de un mensaje explicativo al Congreso para declarar unilateralmente: «De ahora en adelante ningún territorio del continente podrá ser objeto de transferencia a una potencia extranjera.»

---

[140] Las relaciones de Estados Unidos con Cuba y su metrópoli española durante este período seran examinadas en la tercera parte de esta obra.

En los cuatro años de la presidencia de Rutherford Hayes (1877-1881) el expansionismo se siente particularmente atraído por el problema de la construcción de un canal interoceánico en Panamá. En 1879 un Congreso Internacional de Ciencias Geográficas celebrado en París se declaró partidario de la inmediata construcción del mismo y Ferdinand Lesseps, el constructor del canal de Suez, fue puesto al frente del proyecto. Inmediata y vigorosamente el Gobierno norteamericano reaccionó contra el plan francés. El Congreso pasó una resolución declarando que tal proyecto se consideraba «poco amistoso hacia los Estados Unidos». El Secretario de Estado, William Evarts, trató en vano de conseguir que el gobierno de Colombia anulara la autorización que había concedido a Lesseps. Y el presidente Hayes envió un mensaje especial al Congreso, en el que se decía: «...Un canal interoceánico a través del Istmo cambiará radicalmente las relaciones geográficas entre las costas del Atlántico y del Pacífico de los Estados Unidos y entre los Estados Unidos y el resto del mundo. El canal será la vía de comunicación más importante entre nuestras costas del Atlántico y el Pacífico; virtualmente una parte de la línea de costa de los Estados Unidos. Nuestro interés comercial, por sí solo, es mayor que el de todos los otros países, a la vez que las relaciones del canal con nuestro poder y nuestra prosperidad como nación, con nuestros medios de defensa, nuestra unidad, nuestra paz y nuestra seguridad, son materias de un interés preferente para el pueblo de los Estados.»[141] Quedaba así establecido el principio: el canal debía ser norteamericano o no ser. Tesis política que fue mantenida por todos los Presidentes hasta que el canal fue construido.

En el período presidencial de Chester Arthur (quien reemplazó a James Garfield cuando éste fue asesinado en septiembre de 1881) se evidencia una honda preocupación por el terrible atraso en que se encontraba la marina de guerra del país. Y se toman algunas decisiones para sacarla de ese triste estado. Son esfuerzos tentativos, preliminares. En 1882 el Congreso aprueba un plan de reconstrucción naval que sustituye a 17 antiquísimos barcos de madera por buques con casco de acero. Un

---

[141] James D. Richardson, *Messages and Papers of the Presidents, 1789-1902*, 10 vols., New York, 1903, vol. VII, p. 585.

paso hacia adelante, sin duda, pero de alcance muy limitado. Porque la casi totalidad de estos buques dependían, como antes, de velas. ¿Cómo competir entonces con las modernas escuadras europeas del momento con barcos movidos a vapor? Lo cierto era que la urgente necesidad de una escuadra de alta calidad y número adecuado de unidades se iba haciendo cada vez día más evidente. Y la causa era muy sencilla: la enorme cantidad de productos industriales y agrícolas que en ola creciente Estados Unidos lanzaba al mercado no podía colocarse en el mercado interno ya plenamente saturado. Era preciso buscarle a los sobrantes salida al exterior. Para empezar, en los lugares más cercanos y asequibles: la América Central y la del Sur. Tanto los altos intereses económicos como los círculos políticos del país se sentían fuertemente atraídos en esa dirección. El senador californiano John F. Miller, lo resumió por aquel entonces en una frase sintética: «Nuestra India yace hacia el sur.» En 1884 Arthur nombró una Comisión para investigar las potencialidades de ese mercado. Su informe fue positivo. La competencia europea –expresaba– podía ser vencida. Había que insistir.[142]

James G. Blaine, Secretario de Estado en el gabinete de Benjamin Harrison (1889-1893), había concebido un plan para limitar la influencia europea en el hemisferio, elevando paralelamente la norteamericana tanto en el terreno del comercio como en el de la diplomacia.. Su programa comprendía: 1) la construcción de un canal en el istmo controlado por Estados Unidos: 2) el desarrollo de la marina mercante con la ayuda de un subsidio federal: 3) la negociación de tratados recíprocos para bajar las tarifas comerciales; 4) el establecimiento de un sistema monetario interamericano para facilitar el intercambio; 5) la convocatoria de una Conferencia Panamericana para unificar las Américas, favoreciendo así el liderazgo continental de Estados Unidos.[143] Este último punto se llevó a la práctica. La Conferencia tuvo lugar en 1889. Sus resultados fueron más formales que reales, debido sobre todo a la desconfianza de los países latinoamericanos, respecto a las verdaderas intenciones de su

---

[142] David M. Pletcher, *The Awkward Years*, Columbia, Mo., 1962, pp. 340-342.

[143] James G. Blaine, *Political Discussions, Legislative, Diplomatic and Popular*, Norwich, Conn., 1887, pp. 186.193; 300-336, 411-419.

«gran vecino» del Norte. El presidente Harrison y sus Secretarios de Estado y de la Marina, Blaine y Benjamin Tracy, coincidían en que era necesario aumentar y mejorar la Armada y conseguir bases ultramarinas para hacer posible su eficaz funcionamiento. En 1890 el Congreso aprobó un Plan de Construcción Naval que en menos de ocho años iba a convertir la flota norteña en una de las mejores del mundo: la flota que derrotó a España en Santiago de Cuba. En 1891 el presidente Harrison le escribía Blaine que en cuanto a la adquisición de bases navales y «puntos de influencia» había que huir «de las opiniones demasiado conservadoras que habían sido mantenidas hasta ahora.»[144] Era obvio: al comenzar la década del '90 el ímpetu imperialista parecía a punto de hacer explosión.

Y así fue. Para comprobarlo, basta comparar la temperatura expansionista del primer gobierno de Glover Cleveland con la del segundo. Cleveland ocupó la Casa Blanca en dos ocasiones: de 1885 a 1889 y de 1893 a 1897. En la primera, la única muestra sustanciosa de expansionismo consistió en llevar fielmente hacia adelante el programa de reconstrucción de la marina de guerra a que ya hemos hecho referencia. Pero en la segunda cambian radicalmente las cosas como lo prueba, por ejemplo, el «affair venezolano» de 1895. Desde el principio del siglo XIX, Venezuela mantenía una disputa con la Gran Bretaña sobre la frontera que compartían con la Guayana inglesa, agudizada en la década del '80 por el descubrimiento de minas de oro en la región. En 1887 Venezuela solicitó de Estados Unidos que sirviera de árbitro en el conflicto, pero los británicos se negaron a aceptar la participación norteamericana en la cuestión y la cancillería de Washington decidió posponer el caso para mejor oportunidad. En 1894 se repitió la petición venezolana, con las mismas consecuencias. Pero esta vez el Secretario de Estado de Cleveland le responde a Londres en julio de 1895 con una nota saturada de evidente agresividad, donde se acusaba a Inglaterra de tratar de extender sus dominios a expensas de una nación americana, en franca violación de la Doctrina de Monroe. Y se añadía: «Estados Unidos es

---

[144] David Healy, *US Expansionism; the Imperialist Urge in the 1890s*, Madison, Mil. y London, 1970, pp. 42-43.

hoy prácticamente soberano en América, y su *fiat* es ley en los asuntos en que interviene. ¿Por qué? No es por la pura amistad o la buena voluntad que se sienta hacia nuestra nación. No es tan sólo debido a su elevado carácter como estado civilizado, ni por la sabiduría, justicia y equidad que son características constantes de su proceder. Es que, a más de todo eso, sus infinitos recursos, combinados con su aislamiento nos hacen dueños de la situación y prácticamente invulnerables contra cualquier poder aisladamente o contra todos los demás poderes juntos.»[145]

La respuesta del Primer Ministro y Ministro de Relaciones Exteriores de la Gran Bretaña. Lord Salisbury, fue moderada, aunque firme. La Doctrina Monroe –decía– no era ley internacional y Estados Unidos no tenía derecho alguno a inmiscuirse en una cuestión entre Venezuela e Inglaterra, que por siglos había tenido posesiones en América. Para sorpresa de la Cancillería londinense y de la opinión pública mundial, Estados Unidos reaccionó con una agresividad inesperada. El 17 de diciembre de 1895 el presidente Cleveland envió un mensaje especial al Congreso en el que insistía en reclamar respeto para la Doctrina de Monroe y lanzaba fuertes cargos contra la Gran Bretaña, declarando a Estados Unidos como protector de todos los pueblos de América contra cualquier ambición foránea y anunciaba que enviaría a Venezuela una Comisión encargada de estudiar el problema. Si ésta fallaba en favor de Venezuela, Estados Unidos sostendrían esta decisión con todas las fuerzas a su alcance. El Presidente hacía saber que «tenía plena conciencia de la responsabilidad en que incurría y se daba cuenta, con toda claridad, de las consecuencias que podrían sobrevenir.» De pronto el mundo se encontraba ante la posibilidad de un conflicto bélico entre dos grandes potencias.

La crisis, sin embargo, se resolvió pacíficamente. La Gran Bretaña dio un paso atrás. Las negociaciones se trasladaron a Washington. Se aceptó la presencia norteamericana en la solución del conflicto con Venezuela. Y, más aún, como bien dice Ramiro Guerra, Lord Salisbury admitió el principio monroísta de que los Estados Unidos podían interve-

---

[145] T. Harry Williams, Richard N. Current, Frank Freidel, *A History of the United States Since 1865*, tercera edición, New York, 1969, p. 243. (La traducción es nuestra.)

nir en las disputas de los países americanos con los poderes extranjeros, y que hasta podían sustituir al país disputante y asumir la dirección exclusiva de las negociaciones. «De un solo golpe, el Primer Ministro inglés abandonaba la antigua política de Canning... y reconocía, junto con el principio del interés predominante de los Estados Unidos, la hegemonía de éstos sobre todo el Continente. La soberanía proclamada por Olney fue aceptada por Salisbury. En el momento en que éste adoptó dicha decisión, el expansionismo norteamericano –el imperialismo, como muy pronto iba a llamársele– pudo reanudar su marcha, libre del único obstáculo serio con que había tropezado hasta entonces: la barrera británica...»[146]

Mucho se ha discutido sobre las causas de esa *volte-face*. Hoy generalmente se acepta que la principal fue el cambio sustancial que había tenido lugar a fines del siglo XIX en el balance de poder de las grandes potencias mundiales. La oleada imperialista de esa época, que convirtió en fuerza imperial hasta a una nación tan pequeña como Bélgica; el enorme desarrollo industrial, militar y colonial de Alemania; la formidable emergencia norteamericana; el fortalecimiento militar de varios países europeos; el entusiasmo nacionalista que la postura de Cleveland había despertado en la opinión pública y el Congreso norteños; y, en definitiva, la secundaria importancia del problema fronterizo de Guayana, se combinaron para convencer al gobierno inglés de que la vetusta política de «espléndido aislamiento» había devenido inoperante. Y que si era absolutamente necesario buscar aliados, resultaba absurdo enajenar la amistad de uno potencialmente tan útil como Estados Unidos. De enemigos, las dos potencias anglosajonas acabaron con el tiempo por convertirse en aliados. Estados Unidos había entrado decididamente a ocupar un puesto de importancia entre los grandes poderes de la tierra. Y pronto, en 1898, iban a consolidar su posición gracias a una guerra victoriosa que iba a ganarles un imperio con bases en los dos extremos del mundo, Asia y la América Latina. El primer escalón hacia la «centuria americana».

***

---

[146] Ramiro Guerra, *op. cit.*, p. 315.

El impulso imperial norteño del siglo XIX tuvo como motor ideológico un movimiento intelectual que produce una literatura tan vasta como variada. Por esa época gana prestigio y popularidad una doctrina supuestamente científica, la del llamado *darwinismo social* que rápidamente deviene uno de los soportes máximos de los dogmas imperialistas. En 1859 había aparecido *Sobre el Origen de las Especies por Medio de la Selección Natural* de Charles Darwin. Su impacto fue inmediato y poderoso. En seguida, sus tesis biológicas se aplicaron no sólo al ser humano, como miembro de una especie animal, sino a la sociedad que éste había construido a lo largo de los siglos. Cuando apareció el segundo clásico de Darwin *Descendencia del Hombre* en 1871 ya los criterios del primero habían dado origen a varias versiones de esa peculiar interpretación de lo social bajo la luz del «darwinismo». Clémence-Auguste Royer, en Francia; Ernst Haeckel, en Alemania; Herbert Spencer, Francis Galton y Walter Bagehot, en la Gran Bretaña; Charles Loring Brace, en Estados Unidos, habían publicado sus comentarios sobre las flamantes teorías evolucionistas y sus posibles aplicaciones. Muchos otros autores les seguirían los pasos. El resultado fue la aparición de una *Weltanschauung* sinóptica, una visión del mundo, sostenida sistemáticamente por las clases dominantes y compartida por muchos sectores populares de la nación.[147]

Como ha señalado Arno Mayer, el darwinismo social, débido a su calidad sintética, (era, a la vez, ciencia y fe) atrajo la atención de los dos extremos del pensamiento social. Karl Marx, por ejemplo, elogió a Darwin por haber eliminado a la religión y a la metafísica del panorama de las ciencias naturales y por haber formulado una teoría causal capaz de explicar el proceso evolutivo de la sociedad humana como algo automático, irreversible y estructurado. Al mismo tiempo, la teoría

---

[147] No podemos entrar aquí en un estudio detallado de la naturaleza e influencia del darwinismo, en general, y del darwinismo social, en particular. El tema –extraordinariamente vasto y polémico– exige las dimensiones del libro. Vamos tan solo a examinar brevemente aquellas interpretaciones de las teorías de Darwin que más influyeron sobre las tendencias expansionistas e imperialistas de Estados Unidos durante la últimas décadas del siglo XIX. Para nada aludimos a los esfuerzos por aplicar científicamente el evolucionismo al estudio de la realidad social, tal como se practica en el día de hoy.

ofrecía apoyo pseudocientífico a las clases dominantes que estaban tratando de hacer valer «sus derechos». El darwinismo social se avenía muy bien «con su mentalidad elitista, en la cual la idea de la desigualdad estaba hondamente arraigada. Según su punto de vista los hombres eran por naturaleza desiguales, y lo mismo podía decirse de la estructura social, que para siempre estaba destinada a ser regida por una minoría de aquellos con mejores dotes para gobernar.»[148]

En su forma más radical (tal vez sea mejor decir: en su forma más cruda) el darwinismo social de fines del siglo XIX resulta de la deformación de algunos conceptos capitales de la teoría darwinista. Charles Darwin había propuesto, para explicar el surgimiento y la desaparición de las especies animales y vegetales, un mecanismo biológico que denominó *selección natural*. Casi siempre la herencia sirve para conservar las especies tal como son, al reproducir en la progenie las características de los progenitores. Pero sucede también que constantemente aparecen en el grupo individuos con algunas variaciones o rasgos no poseídos por la generación anterior. (Hoy se sabe que tales variaciones son el producto de mutaciones genéticas y de la recombinación del material genético durante la reproducción.). Si alguno de esos rasgos resulta favorable para la supervivencia del individuo en cuestión (por ejemplo un cambio de color que lo protege de predadores), esa ventaja lo ayudará a sobrevivir y, al transmitirla a sus descendientes podrá crear una nueva variedad y, a lo largo de los tiempos, tal vez una nueva especie. Darwin llamó a ese proceso *la lucha por la existencia*, una de las varias metáforas que utilizó para ayudar a la comprensión de su teoría,[149] como metafórico es también el uso de la expresión «supervivencia del

---

[148] Arno Mayer, *The Persistence of the Old Regime*, New York, 1981, p. 282. Para hacer justicia es preciso reconocer aquí que no todos los darwinistas sociales eran conservadores y defensores de status quo. Por ejemplo, Charles Loring Brace, pionero del trabajo social y apasionado opositor de la esclavitud, defendió la igualdad entre todas las razas en su obra *The Races of the Old World*, London, 1863, pp. 365 y ss. Aunque, a este respecto, Brace pertenecía a un grupo en verdad minoritario.

[149] El mismo lo expresa cuando dice: «Uso la expresión 'lucha por la existencia' en un amplio sentido metafórico.» Charles Darwin, *On the Origin of the Species by Means of Natural Selection*, (editado por Penguin) Hamondsworth, 1968, p. 116.

más apto» y del término «competencia», cuando sostenía que los organismos compiten por los recursos disponibles en un medio dado. «La teoría de la selección natural se basa en la creencia de que cada nueva variedad, y en definitiva cada nueva especie, surgen y se mantienen por poseer una ventaja sobre aquellas con que compiten, a lo que sigue de modo casi inevitable la extinción de las formas menos favorecidas.»[150]

Los darwinistas sociales norteamericanos de fines del siglo XIX deformaron los postulados de su maestro por lo menos de tres modos diversos. En primer lugar, asimilando literalmente las relaciones que predominaban entre las especies menos desarrolladas del reino animal con las que son privativas del género humano. Además, convirtiendo el concepto *selección natural* en una suerte de lucha feroz e implacable entre los miembros individuales de cada especie. Y, por fin, extendiendo anticientíficamente su sentido, convirtiéndolo en la fuerza primaria y dominante en las sociedades humanas, cuyo último destino no podía ser otro que una guerra permanente entre individuos, clases y naciones «inferiores» y «superiores». Se utilizaba así el darwinismo para darle una justificación «científica» a los prejuicios de todo tipo que operaban en el seno de la sociedad norteña.

En realidad, la creencia en la superioridad de la supuesta «raza» anglosajona, fundida con la tesis del «destino manifiesto», predominaba ya en Estados Unidos desde los tiempos de la guerra contra México. Sus partidarios consideraban a la raza caucásica como superior a todas las demás; a los germanos como la rama más inteligente de la raza caucásica; y a los anglosajones, sobre todo en Inglaterra y Norteamérica, como los descendientes más capaces de los germanos. Como ha escrito Reginald Horsman: «Hacia 1850 un claro patrón iba emergiendo: los éxitos de su pasado histórico como colonos puritanos, como patriotas revolucionarios, como conquistadores de un continente selvático y como creadores de una inmensa prosperidad material, constituían para los norteamericanos prueba incontestable de que eran un *pueblo escogido*. De los ingleses habían aprendido que los anglosajones poseían dotes

---

[150] Darwin, *op. cit.*, p. 323.

especiales para el arte de gobernar. De los científicos y etnólogos estaban aprendiendo que pertenecían a la iniguaulable raza caucásica, dotada de innatas habilidades que la colocaban por encima de todas las otras ramas. Y los filólogos, a menudo mediante el estudio de fuentes literarias, les enseñaban que descendían de los arios, el pueblo que siguiendo el curso del sol había llevado la civilización al mundo entero.» En los años que corren de 1830 a 1850, momento de grandes cambios que provocaban enormes dislocaciones e inseguridades, muchos norteamericanos hallaron sostén en el prestigio y la grandeza que este linaje racial les proporcionaba. La nueva ideología racial les servía para justificar el trato que daban a los inmigrantes, los negros, los indios y los mexicanos. «Los sentimientos de culpabilidad eran mitigados por una presunción de inevitabilidad histórica y científica.» Y esa necesidad de exculpar la explotación a que eran sometidos amplios sectores de la sociedad era particularmente apremiante en aquellos que se enorgullecían de sus ideales democráticos. «La retórica de la libertad no servía para justificar los maltratos, la explotación o la destrucción de los iguales.» Mas la retórica del *destino manifiesto* mágicamente transformaba la política expansionista e imperialista de Norteamérica en un simple episodio de redención de las masas atrasadas y semicivilizadas del mundo, gracias al liderazgo magnánimo de la «raza superior». La política del despojo se encubría con el manto de una cruzada salvadora de «los más altos valores del espíritu».[151]

En los círculos intelectuales, en las universidades y las escuelas, el culto a la idea racista de la superioridad anglosajona floreció como nunca en la segunda mitad del siglo XIX. No tiene esto nada de extraño. Recuérdese que fue ésta la época de la manía craniométrica que hacía de los indios y los negros seres inferiores a los blancos. Y de las teorías criminológicas de Cesare Lombroso que conducían a lo mismo. Eran los tiempos de José Arturo de Gobineau y su prédica de la «superioridad aria». Y la de J. C. Nott y de sus *tipos de* humanidad, donde el negro apenas se distinguía del mono. De los círculos académicos esas ideas se

---

[151] Reginald Horsman, *Race and Manifest Destiny: the Origin of American Racial Anglosaxonism*, Cambridge, Mass., 1981, pp. 5-6; 42-43; 30 y *passim*.

extendieron a la prensa, a la tribuna, a la acción política. Para propagarlas se importaban las «autoridades» convenientes. Edward Augustus Freeman, profesor de Historia Moderna de la Universidad de Oxford, recorrió en 1881 Estados Unidos pronunciando conferencias donde afirmaba que la «raza teutónica» en sus tres hogares (Inglaterra, Alemania, Norteamérica) era la fuente básica de la civilización universal. Y donde proclamaba que «el mejor remedio para los males de América sería que cada irlandés matara un negro y fuera después ahorcado por su crimen.»[152]

Uno de los principales propulsores del anglosajonismo norteamericano fue John Fiske, abogado, historiador y también conferencista de mucho renombre. Desde 1874 era un apasionado defensor del darwinismo, predicando siempre el papel supuestamente humanizador y civilizador de los mecanismos evolucionistas tales como la «lucha por la existencia» y la «supervivencia de los más aptos». En 1880, invitado a hablar ante el Royal Institute de la Gran Bretaña, Fiske dio lectura a tres ensayos en los que resumió los principios fundamentales del anglosajonismo.[153] Desde mucho antes había expresado su creencia en la superioridad de la raza aria, así como en la teoría de la «democracia teutónica», dos ideas que santificaban cualquier conquista incidental de la expansión anglosajona. Ahora, ante el Royal Institute, elogiaba al Imperio Romano como guardián de la paz mundial, pero lo censuraba por no haber adoptado un sistema de gobierno local autónomo, como el de los arios y los teutones, y como el que «siguiendo esa tradición» establecieron en los pueblos de New England los primeros inmigrantes ingleses.

Basándose en la tesis darwinista de la fertilidad racial de los «mejores», Fiske preveía un futuro universal, dentro de unas pocas centurias, en el que la población de Inglaterra y, sobre todo, de Estados Unidos, se extenderían sobre el mundo entero llevando con ellas todo su acervo material y cultural de civilización y progreso. Los denominados países «inferiores» debían someterse y al fin y al cabo se someterían al invasor,

---

[152] Citado por Thomas F. Gossett, *Race: The History of an Idea in América*, Dallas, 1963, p. 109.

[153] Véase *American Political Ideas*, editado en 1885 por Harper and Bros. en New York.

cambiando sus costumbres, sus tradiciones y hasta su idioma por aquellos de sus conquistadores anglosajones. Ese era –afirmaba Fiske– el Destino Manifiesto de la Raza. Más de las tres cuartas partes de la población mundial sería de origen anglosajón. «Extendida desde el sol naciente hasta el poniente, la Raza ejercería su soberanía sobre los mares y al mismo tiempo disfrutaría de esa supremacía comercial que había comenzado a adquirir cuando los primeros colonizadores ingleses se establecieron en el Nuevo Mundo.»[154] El éxito que obtuvo con estas prédicas, tanto en Estados Unidos como en la Gran Bretaña, sorprendió hasta al mismo Fiske. Su conferencia sobre el Destino Manifiesto fue publicada en la revista *Harper's* en 1885 y reproducida en más de veinte importantes periódicos de Norteamérica. Y, a petición del presidente Hayes y del Presidente del Tribunal Supremo de Justicia Waite, fue repetida en Washington, D. C. La teoría del expansionismo imperialista iba ganando adeptos, extendiéndose con rapidez por todo el país.

El gran best seller de ese año de 1885 fue, sin embargo, otro libro: *Our Country: Its Possible Future and Its Present Crisis,* (escrito por Josiah Strong, pastor congregacionista y Secretario de la Sociedad Evangélica de Estados Unidos), donde se asimilaban las doctrinas de Darwin con los prejuicios sociales de la Norteamérica rural de la época. Strong expresó en ella no sólo su preocupación sobre la inferioridad de los inmigrantes, sobre todo irlandeses, que se dejaban entrar en el país, para indignación del famoso conferencista Mr. Freeman, sino que cantó también la loa de la supremacía anglosajona. Esta «raza» insigne-sostenía Strong– era representativa de dos grandes ideas: la libertad civil y el «cristianismo espiritual puro». Para acelerar la llegada del Reino de Dios era evidente que el anglosajón, depositario de esas dos gracias sagradas, mantenía una peculiar relación con el futuro del mundo: había sido comisionado por Dios para ser, en un sentido muy peculiar, *el guardián de su hermano*. Además, resultaba también evidente que «la América del Norte era el gran hogar del anglosajón, el asiento principal de su poderío,

---

[154] Richard Hofstadter, *Social Darwinism in American Thought*, New York, 1969, p. 177.

el centro de su vida y de su influencia.»[155] Lo que quería decir que el destino de la «raza» anglosajona no podía separarse del destino de Estados Unidos.

Strong se sentía movido por un impulso mesiánico. Según él se acercaba un tiempo –el más importante de la historia humana desde el nacimiento de Jesucristo– en que una nueva generación iba a moldear los destinos de la humanidad por siglos y siglos. La velocidad de los cambios que se estaban produciendo así lo anunciaba. Había llegado el momento de la evangelización total del mundo. Y el mecanismo que iba a presidirlo era el enunciado por Charles Darwin: «Se aproxima la hora en que la presión de la población sobre los medios de subsistencia se sentirá tanto aquí como ahora se sufre en Europa y en Asia. Entonces el mundo entrará en una nueva etapa de la historia: la competencia final entre las razas, para la cual el anglosajón ha sido ya educado... Entonces esta raza de inigualada energía, con toda la majestad de los números y el poder de su riqueza, como representante... de la mayor libertad, el más puro cristianismo y la más alta civilización... se extenderá por toda la tierra. Si no me equivoco esta raza poderosa se intalará en México, en la América Central y la del Sur, en las islas del océano, aun en Africa y más allá. ¿Y puede nadie dudar que el resultado de esta competencia entre las razas será la supervivencia del más apto?»[156]

Este modelo de darwinismo social no sólo influyó en ciertas sectas protestantes (como en el caso de Strong) sino también en los círculos universitarios, donde elaboraron y enseñaron sus dogmas algunos de los más destacados anglosajonistas del momento. Por ejemplo, en la Universidad de Johns Hopkins, el historiador James Hosmer, autor de una *Short History of Anglosaxon Freedom* («Breve Historia de la Libertad Anglosajona») explicaba que el gobierno «del pueblo y para el pueblo» tenía un origen anglosajón, único pueblo que podía garantizar su desarrollo, porque «sólo gracias a esa raza ha sido preservado en medio de mil peligros; porque con esa raza tan sólo plenamente se congenia; y si fuera

---

[155] Josiah Strong, *Our Country: Its Possible Future and Its Present Crisis*, New York, 1885, pp. 161 y 165.

[156] Josiah Strong, *op. cit.*, p. 175.

concebible la desaparición de esa raza, pocas serían las posibilidades de que esa libertad sobreviviera.»[157] Y agregaba: «...La primacía del mundo nos corresponde. Las instituciones inglesas, el idioma inglés, el pensamiento inglés, van a convertirse en el rasgo característico de la vida política, social e intelectual de toda la humanidad.»[158] Mientras tanto, en la Universidad de Columbia, el profesor de Ciencias Políticas, John W. Burgess (a quien tanto admiraba su discípulo Teddy Roosevelt), enseñaba que la capacidad política no era una virtud que poseyeran todas las razas, sino un número muy reducido de ellas: en los arios y, sobre todo, en sus descendientes, los pueblos teutónicos, capaces de dominar al mundo debido a su «genio político». Y escribía: «El estado nacional, el más alto modelo de organización política... es una invención de esos teutones geniales... Las naciones teutónicas son las naciones políticas por excelencia, y eso las autoriza, en la economía del universo, para asumir el liderazgo en el establecimiento y la administración de los estados... Las naciones teutónicas nunca pueden considerar el ejercicio del poder político como uno de los derechos del hombre. Para ellas este poder tiene que basarse en la capacidad que se posea para realizar los deberes políticos. De ahí que sean precisamente esas mismas naciones teutónicas el mejor órgano que hasta ahora haya aparecido para determinar dónde y cuándo semejante capacidad existe.»[159]

Es importante señalar que las tendencias imperialistas se identificaban con todas las variedades del racismo, incluyendo la ideología jimcrowista del Sur de Estados Unidos. C. Vann Woodward lo vio con perfecta claridad, en un estudio famoso: «Las doctrinas de la superioridad anglosajona, con las cuales el profesor de Columbia University John W. Burgess, el capitán Alfred T. Mahan de la Marina de los Estados Unidos y el senador Albert Beveridge de Indiana justificaban y racionalizaban al imperialismo en las Filipinas, Hawaii y Cuba, no diferían en nada de las teorías raciales utilizadas por el senador Benjamin R. Tillman de

---

[157] James Hosmer, *A Short History of Anglosaxon Freedom*, New York, 1890, p. 308.

[158] James Hosmer, *op. cit.*, p. 309.

[159] John W. Burgess, *Political Science and Comparative Constitutional Law,* Boston, 1890, vol I, pp. 3-4, 39, 44-45.

South Carolina y el senador James K. Vardaman de Mississippi para justificar la supremacía blanca en el Sur. El *Boston Evening Transcript* del 14 de enero de 1899 admitió que la política racial del Sur era ahora la política de la Administración (de Washington), del mismo partido que había conducido al país a una guerra civil para darle libertad a los esclavos.»[160] El triunfo del segregacionismo en el Sur, coincide con el triunfo del racismo intervencionista en Cuba, como tendremos ocasión de ver en la tercera parte de esta obra. Ambas tendencias forman parte de la crisis de la democracia que abatió a Norteamérica a fines del siglo XIX y comienzos del XX.

Esta ideología imperialista y racista se extendió a la mayor parte de las élites intelectuales y políticas, y llegó a ser tan influyente que muchos historiadores han llegado a detectar su presencia en la sociedad norteamericana en su conjunto. Así, por ejemplo, leemos en una obra de Warren Zimmermann: «Las teorías que establecían jerarquías raciales ayudaron a moldear la formación intelectual virtualmente de todos los norteamericanos que llegaron a la edad adulta durante la segunda mitad del siglo XIX. Sin proponérselo siquiera, los políticos norteamericanos bien educados llevaban en su mente grandes dosis de anglosajonismo que les habían administrado en las universidades... Estados Unidos al acercarse el final de la centuria era una sociedad racista. Aquellos que creían en el mito anglosajón podían atribuirle inferioridad a grandes masas de la población, tanto dentro como fuera del país, incluyendo a los negros, a los indios, a los trabajadores, a los inmigrantes y a la mayoría de los extranjeros. Esa atmósfera cultural conducía muy fácilmente a iniciativas imperialistas, porque el imperialismo –al igual que el anglosajonismo, el darwinismo social y el destino manifiesto– se basaba también en el principio de la desigualdad de las razas.»[161]

***

No había razón para que Theodore Roosevelt se sustrajera al influjo del clima ideológico que venimos describiendo. Efectivamente, las ideas

---

[160] C. Vann Woodward, *The Strange Career of Jim Crow*, New York, 1957, p. 55.

[161] Warren Zimmermann, *First Great Triumph: How Five Americans Made Their Country a World Power,* New York, 2002, pp. 36 y 37.

expansionistas aparecen en sus amigos y colaboradores. Aunque no era de los más íntimos, merece destacarse la figura de Albert J. Beveridge, joven abogado y ampuloso orador republicano, electo senador por el estado de Indiana cuando tenía 37 años de edad en 1899, quien representaba a la nueva generación que, tras la de Roosevelt, Lodge, Hay y Root, se había incorporado al movimiento proimperialista. Hábil agitador, Beveridge supo utilizar todos los argumentos fundamentales de la causa. Por ejemplo, en un discurso pronunciado durante la campaña electoral de 1898 empleó el de la inevitable extensión de las fronteras nacionales como consecuencia del constante crecimiento territorial de la nación. Dramáticamente allí se refirió al desarrollo de la conciencia del país a partir de 1789, contrastando el apocamiento de quienes no ambicionaban conquistar el continente con la gloria del espíritu imperialista: «Las almas tímidas de aquella época decían que no hacía falta más territorio... Pero Jefferson, por cuyo intelecto marchaban las centurias; Jefferson, el primer imperialista de la república; Jefferson adquirió ese territorio imperial que se extendió desde el Mississippi a las montañas, desde Texas a las posesiones británicas... y la marcha de la bandera comenzó... Los infieles al evangelio de la libertad se enfurecieron, pero la bandera siguió arrasando... Texas respondió al toque de la trompeta de la libertad y la marcha de la bandera siguió hacia adelante. Por fin vino la guerra con México y la bandera barrió con el Sureste, con California, más allá de la Puerta de Oro con Oregon, y desde el Atlántico al Pacífico resplandecieron sus pliegues gloriosos.»[162] ¿Quién podía detener ese «vuelo de águila»?

En otra ocasión Beveridge invocó el argumento del «destino manifiesto» como el cumplimiento de un plan divino que convertía a Estados Unidos en un pueblo escogido por Dios para cumplir sus planes. Hablando del general y presidente Ulises Grant, expresó: «Nunca olvidó que somos una raza de conquistadores y que debemos obedecer a nuestra sangre y ocupar nuevos mercados, y, si es necesario nuevas tierras. Grant poseía la mirada vidente del profeta que contemplaba, como parte del

---

[162] Citado por Claude G. Bowers, *Beveridge and the Progressive Era*, Cambridge, Mass., pp.74-75. Traducción nuestra.

plan infinito del Todopoderoso, la desaparición de civilizaciones envilecidas y de razas decadentes ante la civilización superior del más noble y más viril de los tipos humanos... Poseía el instinto del imperio...»[163] Y, en el mismo tono: «Dios no ha estado preparando a los pueblos Teutónicos y de habla inglesa durante un milenio nada más que para una vana y vacía autocontemplación y autoadmiración. ¡No! Dios nos ha hecho los maestros mundiales de la organización para establecer un sistema allí donde reina el caos... Y de todos los pueblos de nuestra raza, Dios ha escogido al pueblo norteamericano como la nación que ha de conducir al mundo a su final regeneración. Esta es la misión divina de los Estados Unidos de América.»[164]

Este sentido mesiánico del destino de su país se fundía con la conciencia del valor comercial, lo cual lo llevó a usar el argumento de la necesidad económica cuando en otro discurso dijo: «Las fábricas norteamericanas están produciendo más de lo que el pueblo puede consumir. El destino nos ha impuesto la política a seguir: el comercio del mundo tiene que ser y será nuestro. Y lo vamos a obtener haciendo lo que nuestra madre nos enseñó. Vamos a establecer factorías en todas partes del mundo como puntos de distribución de nuestros productos. Vamos a construir una marina a la medida de nuestra grandeza Y alrededor de nuestras factorías crecerán grandes colonias que se gobernarán a sí mismas, desplegando nuestra bandera y comerciando con nosotros. Nuestras instituciones seguirán a nuestra bandera al soplo de las alas de nuestro comercio.»[165]

Quizás el más influyente de los aliados de Roosevelt fue el capitán de la Marina de Guerra norteña Alfred T. Mahan, eminente filósofo de la historia y estratega marítimo de profunda mirada, quien en una larga serie de artículos y libros se propuso convencer al pueblo de Estados Unidos de la inescapable necesidad de la expansión ultramarina. Y, sin

---

[163] Citado por Anders Stephanson, *Manifest Destiny: American Expansionism and the Empire of Right*, New York, 1995, p. 98. Traducción nuestra.

[164] *Annals of America*, Vol. XII, *1895: Populism, Imperialism and Reform*, Encyclopaedia Britannica, 1976, p. 343.

[165] Cit. por Claude G. Bowers, *op. cit.*, p. 69.

duda alguna, lo logró. Su obra, aparte de sus indudables méritos en el terreno de la teoría, logró tambien otorgarle una dimensión pragmática a la prédica expansionista, poniendo en evidencia cuál era el instrumento capaz de convertir en realidad lo que hasta entonces no constituía más que una consigna: la posesión de un poderío naval, de una marina de guerra, capaz de hacerse respetar por todas las otras potencias del mundo.

Mahan había comenzado su carrera como decidido anti-imperialista. Escribía, por ejemplo: «La mera sospecha de una política imperial es odiosa; especialmente la mezcla de nuestra política con la de América Latina. Me empavorecen aquellas colonias e intereses que, para ser mantenidos, requieren grandes establecimientos militares.»[166] Nada extraño. Esa era la opinión de la mayoría del país, profundamente anti-militarista desde que terminó la Guerra de Independencia. Sin embargo, pronto se produjo una sorprendente conversión y, de un criterio, pasó al opuesto.Más y más a lo largo de su obra manifestó su enojo ante el estado detestable en que se hallaba la flota de guerra de la nación, hecho que lo colocaba a él a menudo en vergonzosas situaciones al encontrarse con los buques modernos de otros países. El proceso era evidente. Durante la Guerra Civil la marina se desarrolló extraordinariamente. Pero en los años que siguieron al conflicto su decadencia fue constante. El resultado era que Estados Unidos tenía menos barcos de guerra que los de un país cercado por tierra, como Austria.Hungría. Esta situación provocaba en nuestro capitán una gran desazón.

Durante una estancia en el puerto peruano de El Callao, al mando del *Wasuchett*, Mahan encontró en la biblioteca del English Club de Lima una traducción al inglés de la famosa *Historia de Roma* de Theodore Mommsen. Su lectura provocó su conversión. Lo que Mahan aprendió en ese libro fue algo que lo obligaba a rectificar: la gran verdad de que «el control comercial y militar del mar había constituído siempre una poderosa influencia en las decisiones políticas de las naciones. Y era, además, un factor igualmente decisivo en el éxito o el fracaso de las

---

[166] Alfred T. Mahan, *Letters and Papers of Alfred Thayer Mahan*, ed. Robert Seager II y Doris D. Maguire, Annapolis, 1975, vol. 1, p. 574.

mismas.»[167] La victoria romana en las Guerras Púnicas –explicaba el renombrado erudito alemán en su obra– se debió en buena parte al poderío naval de Roma. Mahan lo explica así: «Como Aníbal no dejó memorias, se desconocen los motivos que lo movieron a realizar la peligrosa –casi ruinosa– marcha por la Galia y sobre los Alpes. Es verdad que su flota... no era lo suficientemente fuerte para hacerle frente a la de Roma. Si lo hubiera sido... tal vez (por otras razones) hubiera seguido la misma ruta que tomó. Pero de haber ido por mar no hubiera perdido 33.000 de los 60.000 soldados veteranos con que había comenzado la campaña.»[168]

Gracias a su formidable desarrollo económico y su no menos notable expansión territorial, a lo largo del siglo XIX Estados Unidos se había convertido en una potencia mundial. Al saturarse la demanda en el mercado interior, el mercado externo (cada vez mayor y en fuerte competencia con los países europeos) necesitaba urgentemente la protección naval que sólo una flota de guerra poderosa podía prestarle. Y, además, en su propia área de influencia desde México a la Patagonia, cubierta por la Doctrina de Monroe, ¿hasta cuándo sería posible hacer a ésta valedera sin un poder marítimo capaz de enfrentarse, por lo menos en igualdad de condiciones, con las fuerzas de sus competidores, cada vez más agresivos? Y todo esto resultaba aun más evidente después de la revolución técnica que había cambiado la vela por la caldera de vapor movida por carbón. Sin carboneras estratégicamente situadas ¿cómo mantener en pie una flota digna de respeto? La expansión de la marina de guerra era imposible sin una expansión territorial fuera de las fronteras nacionales. La política de una marina poderosa conducía al imperialismo. Y el imperialismo, a su vez, conducía a una marina poderosa.

Por otro lado, apuntaba Mahan, era preciso tomar en cuenta los intereses de Estados Unidos en el Pacífico, que a su vez demandaban la creación de una gran fuerza naval. Y no se trataba tan sólo de proteger

---

[167] A. T. Mahan, *From Sail to Steam, Recollections of a Naval Life*, New York, 1907, p. 283.

[168] A. T. Mahan, *The Influence of Sea Power upon History, 1660-1783*, Twelfth editions, Boston, 1890, p. 15.

la enorme costa occidental de la nación. La seguridad del país por el Oeste no podía garantizarse sin contar con posesiones como Hawaii, situada en el mismo centro estratégico del océano, entre San Francisco y Australia, y guardián occidental del futuro canal de Panamá.. De ese modo el control del Pacífico se identificaba con el de Centroamérica y el Caribe, que a su vez exigía dominio del Estrecho de Maisí o Paso de los Vientos, cuya defensa dependía de la bahía de Guantánamo en la costa sur de la provincia oriental de la isla de Cuba. O sea, que la cadena demandaba cada vez más eslabones.[169] La expansión obliga necesariamente a la expansión.

Aunque no faltaron sus opositores, los criterios de Mahan fueron adquiriendo popularidad y peso en la opinión pública norteña a medida que se acercaba el fin de siglo. Para citar un ejemplo: la importante *Review of Reviews* se hizo eco de ellos en un artículo aparecido en febrero de 1898, donde se decía: «La verdadera fuerza del movimiento para la anexión de Hawaii hay que buscarla en un sentimiento nacional que no puede ser comprendido sino por quienes lo experimentan. Trátase de una corriente emocional que brota del fondo de nuestra historia y descansa en la fe, que sobrevive aun, en la vieja doctrina norteamericana del 'destino manifiesto'. Cuando éramos todavía un poder pequeño, en lucha con grandes dificultades, nuestros antepasados tuvieron la amplitud de miras necesaria para extender, sin cesar, más y más al Oeste los límites de la nación, hasta adquirir todo nuestro espléndido dominio continental, ganado, no para beneficio inmediato, sino como patrimonio para los hijos y gloria futura de la patria. Ellos, en su época, tropezaron con una oposición idéntica a la que sale al paso actualmente a los hombres de la misma amplia visión y la misma fe en el mañana. El pueblo norteamericano se congratula hoy, unánimemente, de la compra de la Louisiana por Jefferson y de la adquisición de Alaska por Seward. Las personas bien documentadas convienen en que Grant estaba en lo cierto

---

[169] Véase, además, el análisis de la importancia estratégica del Mar Caribe y del Golfo de México con respecto al comercio de los Estados Unidos a través del río Mississippi y New Orleans en la obra de Mahan *The Interest of America in Sea Power, Present and Future*, Port Washington, New York y London, 1897, Capítulo VIII, pp. 271 y ss.

y Sumner en un error en el asunto de la anexión de Santo Domingo. El océano Pacífico será el teatro de grandes acontecimientos en el siglo XX. Las dos próximas generaciones de norteamericanos querrán jugar un importante papel en el mismo, seguramente, no obstante las declaraciones de ciertos señores que viven en la actualidad de espaldas a una política de expansión. La anexión de Hawaii debe mirarse como un paso indispensable en una política general que abarca, en última instancia, ls construcción y el dominio del canal en el istmo por Estados Unidos, la gradual adquisición de una considerable influencia en las Indias Occidentales..., y la anexión de una o más de estas islas.»[170]

A veces, la prédica vigorosa de Alfred T. Mahan parece más bien una justificación que una exhortación. Porque desde 1882 el gobierno de Washington está empeñado en un programa de reconstrucción naval que, como ya hemos visto, contó con el apoyo decisivo tanto del Presidente republicano Arthur como del demócrata Cleveland. Se construyen barcos de primera categoría por su blindaje, su velocidad, su autonomía y la cantidad y calidad de sus armamentos. Por su parte, la Ley Naval de 1890 otorgó nuevos créditos para fabricar más y mejores unidades de combate. Y así se hizo la flota que en 1898 derrotó decisivamente a España en Cuba y en las Filipinas. A la conciencia pública que logró darle vida a ese programa de reconstrucción y expansión nadie contribuyó más que ese ilustre capitán que, pese a toda su fama, sólo fue ascendido a almirante después haber recibido su retiro. Mahan tuvo que enfrentarse con la burocracia naval para lograr el gran cambio. Y ya se sabe que los tábanos nunca son simpáticos para quienes viven contentos en el disfrute del status quo.

En 1895 la revolución pro renuevo naval avanzaba a paso de carga. Pero los cambios en la diplomacia que debían acompañarla para hacerla efectiva, todavía distaban bastante de haberse producido. A la labor en la tribuna pública y en el Senado del más íntimo de los amigos de Theodore Roosevelt, Henry Cabot Lodge, se debe el impulso más efectivo en esa dirección. Lodge estaba muy interesado en la cuestión de Hawaii donde los intereses azucareros norteños habían dirigido una revolución

---

[170] *Review od Reviews*, febrero de 1898, pp. 143-144.

que derrocó en 1893 a la reina Liliuokalani. Las demandas anexionistas de este movimiento fueron desconocidas por el gobierno de Grover Cleveland. El 19 de enero la voz de Lodge se alzó en el Senado contra esta posición antianexionista. Según él, la mayoría del pueblo favorecía que las islas cayeran en las manos de Estados Unidos. Y agregaba con tono imperativo que las islas debían convertirse en parte de la República norteamericana. De lo contrario, la Gran Bretaña las haría suyas, aprovechando la debilidad de Washington. El 22 de enero Lodge se expresaba en los siguientes términos: «Yo no quiero decir que debemos entrar en un sistema ampliamente extendido de colonización. Esa no es nuestra línea. Pero sí deseo expresar que debemos apoderarnos de todo el territorio circundante que sea necesario para nuestra defensa, para la protección del Canal del Istmo, para aumentar nuestro comercio y para mantener nuestra seguridad militar en todas partes... No puedo permitir que nuestra bandera sea abatida allí donde antes se alzaba y me disgusta que donde hemos avanzado comencemos a retroceder.»[171]

Lodge sostenía que era imposible encontrar una pizca de imperialismo en toda la historia norteamericana, pero en seguida agregaba: «aunque, desde luego, sustento el criterio de que sí existe algo que se llama 'expansión' y que los Estados Unidos tendrán que controlar lejanas dependencias.»[172] Todos estos tiquismiquis semánticos (que Roosevelt compartía) tal vez no eran sino elementales hojas de parra. En verdad, no cuadraba muy bien con los principios ilustres de la Declaración de Independencia el imponerle con los cañones a un pueblo extranjero la dominación foránea. Para satisfacer todos los escrúpulos, Estados Unidos inventó una fórmula que hacía posible el control de las «dependencias» –como las llamaba Lodge– sin tener que incorporarlas como colonias. Se descubrió que los tratados de comercio y la inversión de capitales (salpicados con alguna que otra visita «amistosa» de los acorazados) bastaban para poner en manos del país «expansionista» poderes tan efectivos como los que confería la incorporación abierta, sin las

---

[171] Henry Cabot Lodge, *Speeches and Addresses, 1884-1909*, Boston, 1909, pp. 167 y 177.
[172] Ver H. W. Brands, *The Reckless Decade*, New York, 1995, p. 295.

dificultades de todo género que ésta engendraba. En la década del '90, en su mayoría, los norteamericanos no eran expansionistas *territoriales*. En cambio el expansionismo *económico*, variedad novísima del *imperialismo* clásico, se consideraba simplemente como un desarrollo lógico: la ineludible proyección exterior del sistema corriente de negocios establecido en el país, que tantos éxitos había obtenido, y un medio para llevar el progreso y la civilización a las naciones atrasadas. Lo que era bueno para Estados Unidos tenía que ser bueno para el resto del mundo. Ya veremos como Cuba devino el primer conejillo de Indias de ese novedoso experimento histórico.

El joven senador bostoniano sabía, además, hacer buen uso de las enseñanzas de Mahan, el marino. Y en sus discursos incluía párrafos como éste: «El poder naval ha sido una de las fuerzas predominantes en la historia. Sin ese poder ninguna nación ha podido llegar a la grandeza. El poder naval depende, en primer lugar, de tener una marina adecuada y una flota adecuada. Mas para sostener esa marina hay que poseer postas que sirvan de estaciones navales, lugares fortificados donde la flota pueda ser defendida y abastecida.» Y agregaba que sólo poseyendo una flota de primer orden, capaz de ir a los puertos extranjeros a defender los interes comerciales y los ciudadanos norteños amenazados, podría Estados Unidos decir que es una potencia internacional. «El comercio sigue a la bandera», explicaba. Y pedía barcos y más barcos, burlándose de quienes objetaban el costo, diciendo: «Con lo que hemos gastado construyendo edificios públicos espantosos bastaría para pertrechar a la marina más grande del mundo.»[173]

Y hacía culminar retóricamente la apasionada defensa de *su* expansionismo, para nosotros ya francamente imperialista, con estas descarnadas palabras: «Fue el poder naval en la historia lo que permitió a Roma aplastar a Aníbal, quizás el genio militar más grande de todos los tiempos; fue el poder naval el que permitió a Inglaterra arruinar al imperio de Napoleón; fue el poder naval, más que nada, lo que aplastó la rebelión en este país, al bloquear todos los puertos de los Estados del Sur. Es el poder naval lo esencial para conducir a la grandeza a los pueblos esplén-

---

[173] Lodge, *ibidem,* pp. 182-185. (Traducción nuestra.)

didos. Nosotros somos un gran pueblo; nosotros controlamos este continente; nosotros dominamos este hemisferio; tenemos una herencia demasiado grande para que se quiera jugar con nosotros o se pretenda deshacerse de nosotros. Porque nuestra es, para defenderla y extenderla.»[174] Palabras que, pronunciadas –como lo fueron– en el hemiciclo del Senado de Washington, adquirían toda la vibración belicosa de un reto.

***

Para Theodore Roosevelt la expansión territorial constituía la principal fuerza motriz de toda la historia norteamericana. Operando primero dentro de sus marcos continentales, luego desbordándolos, siempre en acción, dotado de una frontera movediza algunas veces, abrazando la conquista patente en otras, Estados Unidos vivía en perpetua difusión, en propagación constante. Ya sabemos que a penas graduado de Harvard, Teddy publicó un libro muy importante: *The Naval War of 1812* («La Guerra Naval de 1812», donde se estudiaba desde todos los ángulos ese conflicto bélico entre su país y la Gran Bretaña. Su conclusión central: la inescapable necesidad de una marina de guerra poderosa si se quería que la nación desempeñase el papel que le correspondía en el mundo: el de potencia imperial. La obra había recibido una calurosa acogida por la crítica. Para la *Harper's Review* era la descripción «más exacta e imparcial» de ese conflicto. El *New York Times* la consideraba «excelente en todos los aspectos». Y un experto en la materia, Edward K. Eckert afirmaba que producía un viraje esencial en la historiografía naval norteamericana. Su influencia, sin embargo, iba más allá de los círculos intelectuales. Alcanzaba a muchos otros sectores de la población, cuyos criterios expansionistas se sentían fuertemente respaldados por una obra erudita y popular a la vez.

Los resultados prácticos comenzaron a hacerse evidentes. No fue por casualidad que pocos meses después de la aparición del vigoroso alegato rooseveltiano, el Congreso de Estados Unidos apropiara, en marzo de 1883, $1.3 millones de dólares para construir los cruceros protegidos *Atlanta, Boston* y *Chicago*, un importante paso de avance en el proceso de renovación. Con *The Naval War of 1812*, Roosevelt se hizo conocer

---

[174] Lodge, *op. cit.*, p. 185. (Traducción nuestra.)

como primer campeón del movimiento «navalista». La obra de Alfred Thayer Mahan, que como ya vimos desarrollaba el tema más amplia y profundamente que nadie, no apareció sino algunos años después. Theodore Roosevelt fue el precursor. Y fue, además, uno de los primeros en destacar el mérito de *The Importance of Sea Power upon History, 1660-1783* en un entusiasta artículo publicado en la prestigiosa revista *Atlantic Monthly*. De ahí surgió la estrecha amistad y colaboración entre los dos destacados expasionistas, que pronto comenzaron a ser considerados por la opinión pública como los máximos apóstoles de su causa.

El libro de Roosevelt funde la prédica de la preparación naval con el creciente nacionalismo norteamericano del siglo XIX. Según nos dice nuestro autor en su *Autobiografía,* por la época en que escribió su obra –al comienzo de la década del ochenta-, «la marina (norteña) había alcanzado su nadir y nosotros éramos totalmente incompetentes para poder enfrentarnos con España o cualquier otra potencia que tuviese una marina de guerra. Poco después comenzamos de modo tímido y vacilante a construir una flota.»[175] Refiriéndose a las victorias de Estados Unidos en la guerra contra los ingleses, Roosevelt dice: «La explicación de esos impresionantes e inesperados éxitos residía en que nuestra marina en 1812 era exactamente el reverso de lo que nuestra marina es ahora, en 1882... Mientras lo que tenemos ahora es un gran número de buques inservibles, muy por debajo de lo que deben ser en sus clases respectivas, nosotros poseíamos entonces unos cuantos barcos que no podían ser superados por ninguno extranjero de su clase...»[176] Y, regresando al tiempo en que vivía, afirma: «Ahora no hay razón para mantener un ejército de gran tamaño; mientras que, por lo contrario, la necesidad de una marina eficiente es tan clara que sólo nuestra increíble miopía nos impide construir una.»[177]

También por el camino de la historia iba a llegar Teodoro Roosevelt a parecidas conclusiones. Ya hemos hecho referencia a su obra *The*

---

[175] Roosevelt, *op. cit.,* p. 210.

[176] Roosevelt, *The Naval War of 1812*, edición Modern Library, New York, 1999, p. xv.

[177] Roosevelt, *op. cit.*, p. xxviii.

Winning of the West («La Conquista del Oeste»): cuatro volúmenes repletos de fascinantes anécdotas y de interesantísimos personajes, con los que el autor construye lo que, en su obra literaria, se acerca y se parece más a una mitología o epopeya inicial de la sociedad norteña. Mas de esas páginas se desprende también una teoría del *ser americano*, una antropología filosófica de su pueblo natal. Para Roosevelt esa expansión hacia el Oeste de la frontera, no era sino la continuación transatlántica de un movimiento demográfico procedente de los bordes septentrionales y orientales de Europa, la emigración de los germanos hacia *su* Oeste.

Según se supone en *The Winning of the West*, el acontecimiento más importante de la historia universal en la Edad Moderna (siglos XVII, XVIII y XIX) fue la expansión de los pueblos de habla inglesa por lo que ahora llamaríamos el mundo de los países subdesarrollados. Ninguna «raza» –se mantiene allí– ha logrado expandirse por tan grande extensión en tan poco tiempo. En verdad este fenómeno es parte de uno mayor; que hunde sus raíces en los finales de la Edad Antigua, cuando los pueblos germánicos, aplastando el poder de la Roma imperial, ocuparon la Europa central y occidental. Desde el Báltico al Mediterráneo, desde el Volga hasta las Columnas de Hércules, se reconoció el dominio de los advenedizos monarcas de sangre teutónica y escandinava.

Sucedió, sin embargo, que en el Continente los germanos, vencedores en lo militar y lo político, fueron derrotados en lo cultural por los pueblos que habían conquistado. Acabaron por fundirse con ellos injertando el sistema feudal en la jurisprudencia romana, interpolando algunas palabras teutónicas en las lenguas romances, pero adquiriendo, en definitiva, el idioma, las leyes y las constumbres de los vencidos. Fue sólo en la mitad meridional de Britania, cuando significativamente su nombre había sido cambiado por el de Inglaterra, que brotó aquella rama de la estirpe germánica que iba a adquirir el dominio del mundo. De acuerdo con la visión adoptada en *The Winning of the West*, mientras el poder de los godos, francos y burgundios se evaporaba en la superficie de la tierra, los anglosajones sostenían en sus manos el destino de la humanidad.

Para Roosevelt el descubrimiento de América no fue más que una nueva etapa en el proceso de la expansión germánica. Los anglosajones atravesaron el Atlántico y se establecieron en Norteamérica, llevando consigo lo esencial de su legado cultural. ¿Quien será capaz de detectar los elementos teutónicos que sobreviven en los pueblos de Francia, Italia y España? Nadie, dadas las mezclas allí existentes. En cambio, la historia de los anglosajones avanzaba en línea recta desde los tiempos de la conquista normanda. Los celtas de Britania fueron exterminados o asimilados y cuando los ingleses llegaron a América hicieron algo parecido con los indios. En la vena del inglés promedio corre la sangre germánica tal como en la vena del norteamericano promedio corre la sangre inglesa. La historia de los españoles en América es muy otra. Ellos no expulsaron o acabaron con los aborígenes. Se establecieron entre ellos. Se mezclaron con ellos. Por eso los pueblos americanos de origen inglés disfrutan de la herencia cultural superior de los anglosajones, mientras los de origen español sufren de la herencia cultural mezclada e impura de un pueblo en constante decadencia. Norteamérica comenzó su conquista del Oeste cuando la nación nacía como entidad independiente, pero por su herencia «racial» no hacía sino continuar avanzando con la gran ola demográfica y cultural que sus antepasados habían puesto en movimiento. Esta es, en resumen, la tesis rooseveltiana que se desprende de las páginas de *The Winning of the West*. Es, desde luego, una teoría en que se entremezclan caprichosamente hechos indiscutibles con opiniones inaceptables, originadas por un racismo radical en absoluta contradición con los principios básicos de la ciencia biológica, que con vigor proclaman la identidad universal del ser humano. Ideas peligrosísimas que tanta sangre costaron al mundo en el pasado siglo XX. A pesar de sus errores, esta teoría tuvo una gran influencia en el momento crítico en que apareció a fines del siglo XIX. A partir de la primavera de 1897, desde su nuevo cargo de Subsecretario de la Marina en la administración de William McKinley, Theodore Roosvelt comenzaría a ejercer sobre la política expansionista de Estados Unidos una influencia instrumental y efectiva, como veremos en el próximo capítulo.

***

Conviene apuntar aquí un hecho que matiza la realidad de este momento histórico: el expansionismo tuvo que enfrentarse inesperadamente con una fuerte oposición en el seno de las fuerzas conservadoras del país. Uno de los primeros grupos en manifestarse contra la expansión imperial, en la década del '80, fueron los llamados *mugwumps*[178], miembros del Partido Republicano que se alzaron en 1884 contra la candidatura presidencial de James G. Blaine y apoyaron al candidato demócrata Grover Cleveland. Además de condenar la corrupción interna, que los obligaba a desertar de su partido, los *mugwumps* se declararon apasionados enemigos tanto del expansionismo como de la política inmigratoria de «puertas abiertas», por donde –según ellos– se colaban en Estados Unidos millones de «extranjeros indeseables», una masa enorme de «gente ignorante y vulgar» que ejercía una «influencia maléfica» sobre la cultura del país. ¿Cuál podía ser el futuro de una nación –se preguntaban– donde los extranjeros y sus hijos ya superan en número a los descendientes de la vieja población fundacional anglosajona? Y ahora, ¿qué se proponen los expansionistas? Anexar territorios como Cuba, Puerto Rico, Filipinas y Hawaii, es decir, provocar una invasión de cubanos, puertorriqueños, hawaianos y filipinos, gentes que –al decir del senador Carl Schurz, unos de los jefes más destacados de los *mugwumps*– no pueden ser asimilados por la Unión, porque no tienen nada en común con los norteamericanos, «ni lenguaje, ni hábitos, ni instituciones, ni opiniones... no, ni siquiera un código de ética; gentes que no pueden ser influídos por nuestra cultura, porque están inacapacitados para entenderla.»[179] En otro lugar pregunta Schurz: «¿Han pensado ustedes en lo que eso significa?... Imaginen diez o doce estados de gente de los trópicos agregados a los estados del Sur que ya poseemos; imaginen los senadores y representantes de diez o doce millones de gentes del trópico, gentes de raza latina, de sangre mezclada con la de los indios y los negros... Imagínenlos sentados en los salones del Congreso, arrojan-

---

[178] Entre los indios algonquinos de Nueva Inglaterra *mugkuomp* quería decir «jefe», «gran hombre». El término pasó ligeramente modificado al inglés con un dejo de mofa: vino a ser utilizado para aludir a quienes se decían «grandes hombres» sin serlo. Y en ese sentido usó la palabra la ortodoxia del Partido Republicano en 1884, para ridiculizar a quienes se negaban a votar por la candidatura oficial en las elecciones de ese año. Como sucede tantas veces, los aludidos adoptaron el marbete para llamarse a sí mismos.

[179] Robert L. Beisner, *Twelve Against Empire. The Anti-imperialists, 1898-1900,* New York, 1968, p. XIV.

do el peso de su inteligencia, de su moral, sus criterios y hábitos políticos, sus prejuicios y pasiones, en la balanza del destino de la República; y, lo que es más, imaginen al gobierno de la República haciéndose responsable del orden y la seguridad y de las instituciones republicanas en tales estados, habitados por gente como ésa; piénselo bien y díganme, si su imaginación no retrocede espantada ante semejante cuadro.»[180] Con lo que queda comprobado: el racismo y el desprecio a los pueblos hispanoamericanos abundaban tanto en las filas de los imperialistas como entre los que se decían anti-imperialistas. Era una grave enfermedad ideológica, ampliamente extendida en muy diversos niveles de la sociedad norteamericana de la época.

No fueron únicamente los *mugwumps* como Carl Schurz, Moorfield Storey y Charles W. Eliot, quienes combatieron la prédica imperialista. Participaron en esa campaña voces de variada procedencia. Entre ellas, las de dos expresidentes: Benjamin Harrison, republicano, y Grover Cleveland, demócrata. Y la de un eterno aspirante al cargo, el demócrata William Jennings Bryan. Las de senadores demócratas como Ben Tillman y Arthur Gorman y de senadores republicanos como George Hoar, Eugene Hale y Justin Morrill. Las de reformistas independientes como E. L. Godkin y Charles Francis Adams, Jr. o de profesores universitarios de renombre como William James, William Graham Sumner y Thorstein Veblen. De líderes obreros como Samuel Gompers y magnates industriales como Andrew Carnegie y escritores de la talla de Mark Twain, Edgar Lee Masters, Edwin Arlington Robinson y Ambrose Bierce. Como se ve figuras de primera categoría, cada uno en su campo. Ya nos encontraremos otra vez con algunas de ellas en el próximo capítulo, cuando sea necesario.

Sin embargo, a pesar de contar con figuras de tantos quilates, en definitiva los antimperialistas fueron decisivamente derrotados. Como dice Robert Beisner: «El hecho es que los antimperialistas no lograron alcanzar los objetivos que se propusieron, sea de inmediato, sea a largo alcance... El imperio norteamericano quedó establecido pese a (todas) las

---

[180] Frederick Bancroft, (ed.), *Speeches, Correspondence and Political Papers of Carl Schurz*, New York, 1913, 6 vols., New York, 1913, Vol. II, pp. 77-78, 98-99.

protestas...»[181] Los anti-imperialistas no pudieron ni resquebrajar ni seducir a las arraigadas opiniones nacionalistas del pueblo norteamericano, vigorosamente agitadas por una campaña de prensa sin precedentes. (Ya tendremos ocasión más adelante de referirnos a esta «prensa amarilla», que tanto influyó en llevar al país a la guerra contra España.) En fin de cuentas, las bases del patriotismo norteamericano de la época resultaron inconmovibles. Si el mesianismo de un Josiah Strong, y de otros pastores protestantes hallaba por aquel tiempo tan fácil eco en la conciencia popular norteamericana, no es difícil comprender por qué la prédica contra el «destino manifiesto» era rechazada por las masas populares del país. ¿Cómo resistirse a la idea de que su patria era el nuevo Israel, el pueblo elegido del Señor, el portavoz de la Nueva Era comenzada en el Nuevo Mundo?[182]

Porque desde los tiempos de la Colonia, los norteamericanos consideraban como propia la tradición de libertad, supuestamente de origen anglosajón, que reinaba en su metrópoli y que ésta –decían ellos– les había legado. La Revolución Independentista, en el fondo, se fundamentaba en esas creencias: no era sino una protesta contra las violaciones, por parte del gobierno inglés, del sagrado principio de gobierno libre, que dotaba a las nuevas comunidades americanas tanto de su peculiar personalidad e influencia en este Continente, como de su papel providencial en la historia de la humanidad. Estados Unidos, por ser el país de la libertad, era al mismo tiempo el país del progreso incesante, tanto material como espiritual. El pueblo de Norteamérica seguía al dedillo las enseñanzas de Thomas Jefferson, cuando con plena ilusión iluminista profetizaba que, siguiendo el ejemplo norteamericano, la humanidad iba a barrer pronto la barbarie de la faz de la tierra. Y estaba plenamente convencido de que Teddy Roosevelt tenía toda la razón cuando afirmaba en su artículo *El Verdadero Americanismo*: «Nuestra nación es precisamente aquella, entre todas las naciones de la tierra, que sostiene en sus

---

[181] Beisner, *op. cit.*, p.226.

[182] Conrad Cherry, (ed.), *God's New Israel: Religious Interpretation of American Destiny*, 1998.

manos el destino de los próximos años.»[183] Ningún argumento podía conmover criterios tan arraigados en el corazón y la mente de un pueblo, fuesen o no esos postulados completamente ciertos. Del orgullo de su pasado anglosajón al «destino manifiesto» no había más que un paso. Una vez dado, se convirtió en irreversible. Y para pasar del «destino manifiesto» a abrazar casi unánimemente el imperialismo liderado por Roosevelt, no fueron necesarios más que cincuenta años, un período relativamente breve en la historia de una nación.

Mas estos sentimientos no son unánimes. En algunos círculos intelectuales hay claras manifestaciones de desencanto con el tipo de desarrollo social y ético predominante, que –según ellos– estaba creando una nación grosera, ruda, cruda, materialista, vulgar. Según Theodore Roosevelt el escritor más representativo de esta actitud negativa y –según él antinacional– es Henry James (1843-1916), el novelista norteño más afamado del momento, quien nacido en New York se había autoexiliado en Londres y cuya obra era una comparación constante de la civilización europea con la norteamericana, en la que ésta siempre salía muy mal parada. Se trata del Henry James que invitado a volver a vivir en su ciudad natal, contestó: «¿Volver a New York? Tal vez para morir... pero nunca, nunca para vivir.» Lo que hería profundamente el «americanismo» de Teddy, quien calificó cierta vez a James de «amanerado» y, en otra ocasión, tras de leer uno de sus cuentos le comentó a su hermana Bamie: «Creo que este cuento supera los límites de la máxima degradación. ¡Qué miserable y diminuto esnob es Henry James! Sus pulidos, insubstanciales y aburridos cuentos sobre la clase alta de Inglaterra lo abochornan a uno, al recordar que un tiempo atrás era un norteamericano.»[184]

---

[183] Carta de Jefferson a William Ludlow, 6 de septiembre de 1824, en *The Writings of Thomas Jefferson,* Washington D. C., 1905, vol. XVI, p. 75. Cita de Theodore Roosevelt en su obra *American Ideals and Other Essays, Social and Political,* New York and London, 1897, p. 12.

[184] Véase a este respecto, Leon Edel, *Henry James: The Master,* Philadelphia y New York, 1972, pp. 264-265 y Stephen Lorant, *The Life and Times of Theodore Roosevelt,* New York, 1959. Por su parte, James decía de su detractor que era «un peligroso y ominoso 'jingo'.»

Es muy probable que haya sido pensando en el autor de *The Ambassadors* y *The Wings of the Dove* que escribió Roosevelt esas líneas famosas de su artículo «El Verdadero Americanismo»: «Es en el seno de aquellas profesiones en que nuestras gentes han tratado con mayor tesón de moldearse como europeos, donde son más escasos los que han triunfado en su empeño; y esto sigue siendo cierto en el día de hoy, cuando esos que han hecho de Europa su morada, se han convertido en europeos de segunda clase, supercivilizados, supersensitivos, super-refinados, que han perdido la audacia y el coraje viril indispensables para vencer en la aguda lucha de la vida nacional... Recordad también que este mismo ser no se ha convertido: sólo cesa de ser un norteamericano, para convertirse... en nada... El hombre que se europeíza, que pierde el poder de hacer una buena obra en este lado del mar y que pierde el amor por su tierra natal, no es un traidor, pero sí un ciudadano tonto e indeseable.»[185]

Desde el ángulo filosófico, el pensador Brooks Adams también sostenía una visión intensamente pesimista sobre el destino de Estados Unidos y de la cultura de Occidente en su discutida obra *The Law of Civilization and Decay* («La Ley de la Civilización y la Decadencia»), publicada en 1895. Roosevelt le salió inmediatamente al encuentro con un artículo publicado en *The Forum* en enero de 1896, donde afirma que «la lóbrega filosofía de la vida de Adams puede deducirse del hecho que coloca el miedo y la avaricia como las dos formas de energía predominantes: el miedo en la primera etapa y la avaricia en las postreras de la evolución que va de la barbarie a la civilización...» Y todavía peor: según Adams, nadie poseía los medios para detener ese proceso, lo que resultaba un execrable sacrilegio para quien, como don Teodoro, era un devoto creyente en el papel predominante de los héroes en el desarrollo de la historia. Refiriéndose a la función que el autor asigna a los cobardes y los avaros, Roosevelt expresa en su artículo: «Estos dos tipos tan poco atractivos son para él los productos inevitables de toda civilización, tal como ésta se ha desarrollado hasta ahora, y cuando surgen, lo que sigue es un período estacionario (en el que la sociedad gradualmente se

---

[185] Theodore Roosevelt, *American Ideals and other Essays, Social and Political*, New York y London, 1892, pp. 20 y 22.

osifica y atrofia) o, si no, un período de total desintegración... No es ésta una teoría muy agradable.» Como se ve los guantes críticos son de seda. El articulista embota lo más agudo de su censura en honor a la vieja amistad que lo une al autor del libro que analiza. Pero a otro amigo le confiesa que, a ratos, la mente de Brooks Adams le parece «un tanto desequilibrada».[186]

Henry Adams, uno de los intelectuales más destacados del fin de siglo norteño, comparte a plenitud estas ideas decadentistas de su hermano. Henry es el autor de tres clásicos de la historiografía de su país: *Historia de los Estados Unidos de 1801 a 1817*, (1889-1891, 9 vols.), que por décadas fue la obra más citada sobre las administraciones de Thomas Jefferson y James Madison; *La Educación de Henry Adams* (1906), un modelo de autobiografía; y *Mont-Saint-Michel and Chartes* (1913), una obra finísima y a la vez muy erudita sobre la cultura del Medioevo, cuya frase inicial parece robada a una novela de James Joyce, Virginia Woolf o Gabriel García Márquez: «El Arcángel amaba las alturas...» En su libro póstumo, *Degradation of the Democratic Dogma* (1920), expresa Henry su identificación con el esquema de filosofía de la historia que Brooks había defendido obstinadamente... y que su amigo y colega Teodoro Roosevelt había combatido siempre con idéntica pasión. Con todo su prestigio, estos intelectuales negativistas no lograron influir sobre unas masas a quienes, por lo general, despreciaban.

Como vemos, el clima intelectual de las postrimerías del siglo XIX en Estados Unidos, contenía diversas tendencias, que iban desde el rechazo del materialismo y la codicia típicos de la moderna era, tal como lo expresaron los hermanos Adams, hasta la exaltación del vigor del país como una nación joven y creadora a la que cantó Whitman, y desde la empecinada reiteración del aislacionismo que proponían los mugwumps, hasta el imperialismo contundente de Teddy Roosevelt, pasando por la crítica a las tendencias imperiales de autores como Mark Twain. Por otra parte, en el ánimo general del pueblo norteamericano se había producido, ya desde las primeras décadas del siglo, una trascendental transición del

---

[186] Véase a este respecto: G. J. A. O'Toole,*The Spanish War: An American Epic– 1898*, New York, London, 1984, pp. 94-95.

reinado de la *conciencia nacional* al reinado del *nacionalismo de corte imperialista*, dos conceptos que no deben ser confundidos entre sí. El primero es sinónimo de patriotismo, de amor al terruño. El segundo es una degeneración patológica del anterior, que le destruye toda su validez ética. Progresivamente lo que era simple y legítimo orgullo patrio va convirtiéndose en arrogancia de quien se cree sustancialmente superior a los demás pueblos en lo político, en lo económico, en lo cultural. Los enormes progresos materiales producidos por la revolución industrial reafirmaban en los Estados Unidos ese sentimiento de superioridad. Por eso, las necesidades de esta nación se consideraban como primarias. Y si la satisfacción de las mismas contradecía las de otros grupos humanos, éstos debían ser obligados a aceptar esa prioridad, aunque fuese a la fuerza. Por otra parte la nación era vista como una entidad colectiva dotada de una misión histórica peculiar: la de llevar el progreso y la civilización a los pueblos «atrasados» y «bárbaros». Y en esas circunstancias se tenía como perfectamente aceptable también el uso de la fuerza, si era imprescindible para garantizar el éxito de la «misión» salvadora. La potencia de estos radicales sentimientos nacionalistas, muy extendidos en todas las capas de la población norteña, fue un factor muy importante en el curso de los acontecimientos que llevaron al encuentro de 1898.

CAPÍTULO VI

La Ruta hacia el Imperio

Edith y Teddy lo habían decidido: la familia no lo acompañaría a la capital cuando él fuera a tomar posesión del cargo de Subsecretario de la Marina en el nuevo gobierno de McKinley. No era justo despojar a los muchachos (ya eran cinco: Alice, Ted, Kermit, Ethel y Archie) de sus vacaciones en la casona de Sagamore Hill en Oyster Bay, Long Island, para sumergirlos en la insoportable caldera veraniega de Washington D. C. Además, Edith estaba en estado de gestación y prefería el fresco del mar. Se esperaría hasta entrado el otoño para el viaje. Mientras tanto Roosevelt solicitaría refugio en la casa de su gran amigo, el senador Henry Cabot Lodge. Se hizo así. Y el flamante subsecretario aprovechó la ocasión para sostener largas conversaciones con Lodge y con su otro amigo, el capitán Alfred T. Mahan, frecuente visitante, sobre el curso que debía tomar en el futuro inmediato la política del país.

Con frecuencia conversaba Roosevelt también con los miembros del llamado «lobby» o cabildo de expansionistas que funcionaba por aquel entonces en la capital. Sería falso atribuirle a Roosevelt la fundación de este grupo, pero lo cierto es que rápidamente devino su máximo líder. A más de Mahan y Cabot Lodge (influyentes ideólogos del movimiento) militaban en él, entre otros, influyente senadores como James Donald Cameron, W. P. Frye y William E. Chandler; el comodoro George Dewey, de próximo ascenso; el comandante Charles H. Davis, jefe de Inteligencia Naval; el popularísimo juez William H. Taft; el geólogo Clarence King y otros personajes de menos calibre. En New York se adhería al punto de vista expansionista Charles A. Dana, director del periódico *The Sun*. Y en Londres hacía lo mismo John Hay, embajador norteamericano en la Gran Bretaña. Unidos todos por idéntico objetivo: convertir a Estados Unidos en una gran potencia mundial antes del arribo del siglo XX.

Tanto Roosevelt como muchos de los cabilderos del expansionismo arriba mencionados eran miembros del prestigioso y exclusivo Metropolitan Club de la capital y allí se relacionaban con otros conocidos pro-imperialistas como el comodoro (luego almirante) Winflield Schley; el capitán Robley Evan, que también terminó su carrera como almirante; el capitan Stephen Luce, mentor de Mahan; el coronel Leonard Wood, futuro jefe de los Rough Riders; el general Arthur MacArthur, más tarde gobernador militar de las Filipinas; y Elihu Root que iba a ser Secretario de Guerra y posteriormente de Estado. Este grupo del Metropolitan Club fue otro importante centro agitador de la propaganda expansionista, cuyos objetivos pudieran resumirse así: para convertir a Estados Unidos en una gran potencia mundial era preciso 1) acelerar el vigoroso plan de construcción naval; 2) anexar a Hawaii; 3) ponerle fin a la dominación española en Cuba; 4) expulsar a España de las Filipinas y de Puerto Rico; 5) construir un canal en Nicaragua o en Panamá; 6) establecer una larga cadena de carboneras y estaciones navales en las Antillas, Centroamérica y el Pacífico. Casi todo lo cual, para sorpresa de muchos, se consiguió en 1898, dos años antes de la fecha fijada como límite.

Lo que pudiéramos llamar el Manifiesto Programa de este círculo se dio a conocer en un discurso pronunciado por Roosevelt ante el Naval War College, en Newport, Rhode Island el dos de junio de 1897, donde dijo: «Ha pasado una centuria desde que Washington escribió: 'El modo más efectivo de promover la paz es estar preparado para la guerra.' La verdad de esta máxima es obvia para cualquier hombre de previsión y patriotismo... Es la nuestra una gran nación pacífica; una nación de comerciantes y manufactureros, de campesinos y mecánicos; una nación de trabajadores, que laboran incesantemente con la mano y con la mente. Es ocioso decir que tal nación puede inclinarse a una política de perversa agresión o a buscar conflictos con otras potencias militares por el hecho de poseer una marina suficiente...» Y, en seguida repite: «Prepararse para la guerra es la más segura garantía de la paz... La paz es una diosa sólo cuando viene con una espada ceñida al muslo... Nunca en el curso de su historia, los Estados Unidos han sufrido daño alguno por prepararse para la guerra, o por entrar en una guerra. Pero hemos sufrido daños incalculables, una y otra vez, cuando tontamente no hemos sabido prepararnos para la guerra o al mostrarnos renuentes a pelear cuando pelear era lo apropiado.» Evidentemente lo que el círculo rooseveltiano perseguía era apoyar y extender el plan de reconstrucción de la marina que estaba en proceso desde hacía algunos años: el plan que produjo la potente flota vencedora en la batalla naval de Santiago de Cuba el 3 de julio de 1898.

Buscando refuerzo argumental, Roosevelt alude a la necesidad de poseer una marina fuerte si se quiere defender la Doctrina Monroe, uno de los pivotes tradicionales más prestigiosos y más populares de la diplomacia norteña: «Si poseemos una marina formidable, mínima será la posibilidad de que seamos arrastrados a una guerra para defender la Doctrina Monroe. Si no la poseemos se nos impondrá ir a ella en cualquier momento... Es cierto, pues, que necesitamos una marina de primera clase. Es evidente también que ésta no debe ser una marina defensiva.... En una guerra la defensiva nunca da resultado y no puede llevar más que a un desastre. Las fortificaciones y los cañones pesados en la tierra y los botes torpederos en la mar son indispensables... Pero sólo podemos poner nuestra plena confianza en los grandes barcos de guerra acorazados, con sus cañones pesados y sus partes vitales a prueba de bala... La diplomacia es totalmente inútil cuando no hay fuerza que la respalde; el diplomático es un siervo y no un patrón del soldado... Nosotros pedimos que el trabajo de construcción de la marina, para poner a Estados Unidos donde debe estar entre las potencias marítimas, debe seguir hacia adelante sin interrupción alguna. Ninguna nación debe ir a la guerra insensible y perversamente; pero ninguna nación debe evitarla al costo de una pérdida del honor nacional.» Y pide que no se preste atención a los «tímidos doctrinarios» que predicaban «una tímida paz desde sus estudios enclaustrados.»[187]

En lo profundo de este plan estratégico late toda una filosofía del belicismo según la cual la guerra es un bien necesario no sólo para los individuos sino también para las naciones. Teddy hace sonar sus ardorosas fanfarrias: «Todas las grandes razas dominadoras han sido razas

---

[187] Theodore Roosevelt, «Washington's Forgotten Maxim», (Discurso en el Naval War College), en *An American Mind: A Selection from his Writings*, New York, 1994, pp.173-179.

peleadoras. Y en el mismo instante en que una raza pierde sus virtudes marciales, no importa qué otras virtudes conserve ni qué capacidades posea en el comercio, las finanzas, las ciencias o las artes... de todos modos habrá perdido el soberbio derecho a reclamar un puesto entre los mejores. La cobardía en una raza tanto como en un individuo es un pecado imperdonable... Ningún triunfo de la paz es tan grande como los supremos triunfos de la guerra... Es posible que en algún momento aún oscuro del porvenir la raza necesite que el espíritu bélico desaparezca, pero esa época tardará mucho en llegar. Hasta ahora ninguna nación es capaz de mantener su puesto en el mundo ni de realizar una labor digna de respeto, si no se alza dispuesta a defender sus derechos con las armas en la mano.» [188]

***

Partiendo de lo expuesto en el capítulo IV, resulta fácil comprender por qué la victoria electoral del presidente William McKinley en 1896 provocó una verdadera explosión de euforia en los círculos dominantes de Estados Unidos. Tras una larga y dura batalla, los cambios radicales propuestos por Bryant en la campaña –sobre todo la reforma del sistema monetario y la demolición de las tarifas proteccionistas– habían sido rechazadas por el electorado. La posible alianza del campesinado y la clase obrera en un movimiento homogéneo también había sido derrotada. Lo que pudiera llamarse «la oposición social»quedaba dividida. Temporalmente, al menos, la dirección del proceso de desarrollo industrial a que venía sometido el país por varias décadas, seguiría en las manos de los grandes intereses industriales y financieros. Para Roosevelt y su grupo el resultado de los comicios significaba un vigoroso espaldarazo a la política que propiciaban. Cierto que, respecto a la tesis imperialista, la opinión no era unánime en los círculos empresariales. Muchos hombres de negocios –entre ellos figuras tan influyentes como Andrew Carnegie– consideraban la posición colonialista de Roosevelt como belicista, aventurera y peligrosa, pues bien pudiera detener el proceso de recuperación que estaba sacando al país de la grave crisis económica de 1893. Además, cabía preguntar: ¿dónde estaban la marina y el ejécito

---

[188] Citado por Nathan Miller, en *Theodore Roosevelt: A Life*, New York, 1992, p. 255.

necesarios para obtener la victoria? ¿No sería ella una fuente de conflictos con potencias europeas mucho mejor preparadas para hacerle frente a una contienda internacional? ¿No era más prudente esperar hasta tener, al menos, una marina de guerra medianamente aceptable? ¿Por qué no continuar la expansión del comercio y la inversión de capitales en el extranjero por las vías pacíficas que tan excelentes resultados había producido en las últimas décadas?

Roosevelt consideraba esta prudencia cobarde y antinacional. Apuntaba que la creación de una marina de guerra poderosa en Estados Unidos había ya comenzado y avanzaba a pasos agigantados. Y añadía que la expansión territorial no se haría nunca afectando los intereses de las grandes potencias coloniales. Estados Unidos debía extenderse dentro de la esfera de influencia enmarcada por la Doctrina Monroe, aceptada por todos los países del mundo, y en algunos puntos de Asia como Hawaii donde los intereses norteamericanos eran generalmente reconocidos. Si en este proceso se tropezaba con alguna nación europea, sería con España, un imperialismo en plena decadencia, al que Estados Unidos podía fácilmente derrotar. Y para apoyar sus puntos de vista, Teddy y sus amigos comenzaron a utilizar la presión de la pensa vocinglera y cuantos medios estaban a su alcance. Había inclusive que presionar al propio presidente McKinley, cuya opinión sobre el expansionismo imperialista era por entonces considerada muy nebulosa. Había sido él electo en 1896 como abanderado del Partido Republicano, cuya plataforma electoral abogaba por una política exterior «firme, vigorosa y digna» pero que pedía también la construcción de un canal en Nicaragua «hecho, poseído y manejado por Estados Unidos» y «paz e independencia para la isla de Cuba». En toda su campaña, sin embargo, McKinley no había mencionado a Cuba ni una sola vez. Y en su discurso inaugural, en marzo de 1897, había proclamado: «No queremos guerras de conquista. Tenemos que evitar la tentación de la agresión territorial.» Mas apenas tomó posesión del cargo, reinició la campaña para anexar a Hawaii. El Metropolitan Club de Washington se enfrentaba a una vieja tradición aislacionista, según la cual –lo vimos ya– la expansión dentro de los límites continentales era aceptable y la que se dirigía hacia el extranjero, no. Pero, pese a todos sus esfuerzos, no podía determinar a ciencia cierta cual era la posición presidencial al respecto.[189]

Y, sin embargo, un ardiente soplo de optimismo encendía por aquel entonces los ánimos del expansionismo norteño. La extensión de las ideas mesiánicas y ultranacionalistas que resumimos en el capítulo anterior empujaban al pueblo norteamericano a un profundo sentimiento de orgullo nacional. Y aunque se daba cuenta de los graves problemas económicos y sociales que afectaban a su país, para los cuales algunos recetaban radicales remedios que llamaban «progresistas», la clara conciencia de lo fecundo que había sido su pasado histórico y de los beneficios que éste, pese a todas sus limitaciones, le había proporcionado, lo conducían a considerarse una nación elegida por mandato divino a conducir al resto de la humanidad hacia la civilización, el progreso y la abundancia. Esa era la gran fuerza social que el expansionismo trataba de impulsar para conseguir el triunfo de sus ideales: la percepción colectiva de la propia grandeza nacional. Porque la opinión pública estaba convencida de que en el país había suficiente inteligencia, imaginación, capacidad práctica, vigor cívico, decisión y patriotismo para hacer a Estados Unidos cada día más grande y poderoso. Era una idea extendida por toda la nación: que ésta era capaz de purificar la vida pública, de mejorar la situación de los desvalidos, de aumentar los ingresos de obreros y campesinos, de domar el poderío de los privilegiados, de consolidar la democracia y de llevar hasta el resto de América y hasta Asia todos estos bienes inapreciables. Los imperialistas trataban de agregarle a esas premisas una conclusión: si para lograrlo era preciso ir a la guerra, bien valía hacer ese duro sacrificio «para bien de la humanidad».

---

[189] McKinley fue siempre un político muy cauteloso. Hablaba casi siempre valiéndose de generalidades. Escribía sólo cuando no le quedaba más remedio. Poquísimas cartas suyas se encuentran hoy en los archivos. Ernest R. May afirma que no pudo hallar «casi nada» que saliera de su mano entre sus papeles, hoy guardados en la Biblioteca del Congreso de Washington D. C. Y agrega que «el enigma de la personalidad de McKinley hace extraordinariamente difícil penetrar en los motivos que impulsaban sus decisiones.» Ernest R. May, *Imperial Democracy: The Emergence of America as a Great Power*, New York, 1961, pp. 112-114.

***

A este proyecto de expansión imperial, la agudeza que adquirió por aquel tiempo el conflicto bélico cubano le iba a servir a la vez de propulsión y de pretexto. El 24 de febrero de 1895, respondiendo a la inspiración de algunos de sus líderes más famosos, como José Martí, Antonio Maceo, Máximo Gómez y Juan Gualberto Gómez, el pueblo de Cuba reinició su protesta armada contra la dominación española. Pronto la «cuestión cubana» iba a ocupar un puesto céntrico en la diplomacia norteamericana. La política de Grover Cleveland, por entonces en su segundo período presidencial (1893-1897), consistió en seguir la línea básica que había gobernado a lo largo del siglo XIX las relaciones de Washington con Cuba: mantener la isla en manos de su vieja metrópoli hasta que –ya «madura la fruta»– cayese en el seno de la federación norteña. El 12 de junio de 1895 Cleveland proclamó la «neutralidad» de su país en el conflicto hispanocubano. Era una «neutralidad» muy peculiar porque concedía a España el derecho de adquirir en Estados Unidos cuanto necesitase para combatir a los rebeldes cubanos, mientras les prohibía a éstos pertrecharse ahí para defenderse, encarcelando como «filibusteros» a quienes lo intentasen. En la práctica, Cleveland mantenía viva una antigua alianza con el gobierno de Madrid para mantener el status quo en la isla del Caribe, mientras se esperaban «tiempos más propicios».

De nada sirvieron las simpatías mostradas hacia la causa cubana por amplios sectores de la población norteña. Gran parte de la prensa a lo ancho y largo del país expresaba en reportajes y editoriales su apoyo a la beligerancia mambisa y a la independencia del país. Y a ello siguió un amplio movimiento de opinión en favor de ambas consignas. Al abrirse la sesión legislativa, en diciembre del '95, las dos cámaras del Congreso fueron inundadas por peticiones en ese sentido de parte de Cámaras del Comercio, Ayuntamientos, Legislaturas estatales, Universidades, Asociaciones de Veteranos, Sindicatos Obreros, Asociaciones Campesinas, Agrupaciones Pacifistas, Organizaciones de Profesionales o de simples mítines o reuniones públicas. A partir del mes de enero de 1896, el Congreso discutió varias resoluciones propuestas por influyentes senadores como John T. Morgan, demócrata por Alabama y Don Cameron, repúblicano por Pennsylvania y otros, recogiendo esas expresiones de la opinión pública. Por fin, tras tres meses de debate, el Congreso norteamericano declaraba entusiásticamente en el mes de abril, por amplias mayorías, su deseo de que se reconociese la beligerancia de los mambises y se ofreciesen a España los buenos oficios de Estados Unidos para obtener la paz y garantizarle su independencia al pueblo de Cuba en armas.

Como estos acuerdos eran simples manifestaciones de opinión sin carácter de obligatorio cumplimiento, el gobierno de Cleveland decidió ignorarlas. Y cuando William McKinley tomó posesión de la presidencia el 4 de marzo de 1897, siguió el mismo camino. Su primera referencia pública a Cuba ocurrió el 5 de abril. El Presidente declaró en esa fecha que mantendría vigente la política de evitar «expediciones filibusteras» a la isla. Ese mismo día el crucero norteamericano *Vesuvius* se apoderaba de una nave repleta de material bélico para el ejército revolucionario de la isla. Y un mes después se hacía pública una declaración presidencial en contra del reconocimiento de la beligerancia a los insurrectos cubanos. Modificando un tanto la imagen usada por el historiador cubano Emilio Roig de Leuchsenring para referirse a Cleveland, nos sentimos tentados a afirmar que McKinley se había sentado bajo el manzano (si manzano era el histórico árbol de John Quincy Adams) a esperar que la famosa fruta cayese por su propio peso en sus manos.[190]

Sucede, sin embargo, que McKinley distaba mucho de haber adoptado una posición totalmente pasiva ante el problema cubano. Si algo poseía el astuto político de Ohio era ojo clínico para las cuestiones públicas. Y algo le decía que la situación en Cuba estaba acercándose a un punto crítico. Al fracasar la política pacificadora con que el general Martínez Campos había tratado de resolver el conflicto cubano, el gobierno de Cánovas había enviado a la isla al general Valeriano Weyler para aplicar una táctica de sangre y fuego contra los insurrectos. Weyler, quien se hizo cargo del gobierno insular en febrero de 1896, era un

---

[190] Emilio Roig de Leuchsenring, *Cuba no debe su independencia a los Estados Unidos*, La Habana, 1950, p. 69. Recuérdese que la política de la «fruta madura» fue formulada por John Quincy Adams en abril de 1823, cuando era Secretario de Estado.

inteligente y despiadado experto en luchas antiguerrilleras, que apenas llegado a Cuba reforzó en seguida los sistemas defensivos, sobre todo las llamadas *trochas*, extensas líneas de fortificaciones que, en diversos lugares, iban de la costa norte a la sur de la estrecha isla de Cuba, con el propósito de fragmentar al ejército de los insurrectos cubanos y de dificultarles sus comunicaciones. (El hecho de que estableciese una de esas trochas desde Mariel a Majana en la provincia de Pinar del Río, el extremo oeste de la Isla, es buena prueba de que la guerra independentista, que había comenzado en Oriente, se extendía ya por todos los rincones del país.) Weyler engrosó al ejército español en Cuba, que pronto sobrepasó la cifra de 200.000 hombres. Redobló el sistema de terror establecido en las ciudades. Y puso en vigor en las zonas rurales la escandalosa política llamada de «reconcentración», que forzaba a los campesinos a abandonar sus fincas y refugiarse en determinadas «áreas militares», verdaderos campos de concentración, como los que Hitler organizó contra los judíos, donde perecieron por miles y miles aplastados por el hambre y por las plagas. En definitiva el sombrío general español había establecido un sistema de «guerra total», anticipando la totalitaria del siglo XX.

Obviamente McKinley no podía ignorar tal situación. Pero antes de llevar a su país a la guerra mandó a Cuba en viaje de inspección a William Calhoun, un hombre de su absoluta confianza, quien al regresar, le entregó, el 22 de junio de 1897, un informe saturado de crudo realismo donde podían leerse párrafos como éste: «He viajado por ferrocarril de La Habana hasta Matanzas. Fuera de los puestos militares, el país se encuentra prácticamente despoblado. Todas las casas han sido quemadas, las matas de plátano han sido cortadas, los campos de caña barridos por el fuego. Todo lo que pudiera ser alimento ha sido destruído... No vi una casa, ni un hombre, una mujer o un niño; ni un caballo, una mula, una vaca, ni siquiera un perro. No vi un signo de vida, excepto por un buitre o aura tiñosa deslizándose por el aire. El país está envuelto en la parálisis de la muerte y el silencio de la desolación.»[191] En sus conclusiones, Calhoun no hacía sino confirmar lo que venía diciendo también por su cuenta Fitzhugh Lee, cónsul norteamericano en La Habana: sólo la intervención de Estados Unidos ofrecía una esperanza de lograr la pacificación y el desarrollo posterior de la isla de Cuba.

En ese instante, la prensa norteamericana atravesaba por un período de fiera competencia que condujo a una explosión intensísima del sensacionalismo y el sentimentalismo, dando origen a lo que se llamó la «prensa amarilla». La lucha era particularmente brutal en New York, donde existían quince periódicos, aunque dos de ellos iban a la cabeza en esta contienda: el *New York Journal* de William Randolph Hearst y el *New York World* de Joseph Pulitzer. (El *New York Times* mantenía una política editorial y de formato periodístico tradicionalista y conservadora.) A los fuegos, escándalos y asesinatos que eran sus manjares cotidianos, estos dos periódicos «amarillos» ahora agregaron como tema de sus escandalosos cintillos la circunstante situación de Cuba. Y muy particularmente los horrores de la dictadura weyleriana, con lujo de detalles... y –la verdad sea dicha– también con algunas exageraciones e inexactitudes aportadas por los reporteros. Pronto el resto de la prensa del país (incluyendo la conservadora) comenzó a ocuparse del asunto. La opinión pública nacional se alzó indignada contra semejante barbarie ejecutada a las puertas mismas de Estados Unidos. Y comenzó a presionar a los políticos dentro y fuera del gobierno para exigirle a España que pusiese fin a una política colonial que sólo podía calificarse de incivilizada.

Quizás el más destacado de todos los casos explotados por la prensa amarilla en su campaña antiespañola fue el de Evangelina Cisneros, que Enrique Pérez-Cisneros ha reconstruído con su rigor investigativo de siempre.[192] Era Evangelina una bella criolla de 18 años, cuyo padre Agustín, veterano de la Guerra de 1868, cumplía una condena de cadena perpetua en la cárcel de Isla de Pinos, por conspiración, desde fines de

---

[191] H. Wayne Morgan, *America's Road to Empire: The War with Spain and Overseas Expansion*, New York, 1967, p. 25. El documento se encuentra en el Archivo Nacional (National Archives) de Washington D: C. «Special Agents Reports», vol. 48.

[192] Enrique Pérez-Cisneros, *En Torno al «98" Cubano*, Madrid, 1997, pp. 19 y ss.

1895. Unos meses más tarde, la hija, víctima de idéntica acusación, era detenida y trasladada a una prisión en la ciudad de La Habana. El 17 de agosto de 1897, Hearst comenzó en el *Journal* una campaña a favor de la joven y ordenó a uno de sus colaboradores que movilizara a las mujeres de Estados Unidos para pedir su libertad a la Reina de España. Ese empeño tuvo éxito. Miles de mujeres suscribieron una petición de clemencia, entre ellas la madre del presidente McKinley y Clara Barton, la fundadora de la Cruz Roja Americana. Pero Hearst no se conformó con esto y ordenó a su corresponsal en La Habana, Karl Decker, que preparara la fuga de la «Juana de Arco cubana». Pérez-Cisneros resume así lo ocurrido: «Decker alquiló en La Habana una casa contigua a la cárcel... reclutó dos ayudantes y visitó a Evangelina para ponerse de acuerdo con ella. Durante la noche del 6 de octubre Decker y los dos hombres colocaron una escalera entre el techo de la casa y la azotea del penal. Después de limar los barrotes de la habitación donde se encontraba la muchacha, la sacaron, llevándola a un cuarto franco en el que permaneció hasta el 9 de octubre de 1897, fecha en que salió para Nueva York en el *Séneca*, disfrazada de marinero y con pasaporte falso. Obviamente, el periodista había comprado el silencio de los guardas.»[193]

El recibimiento de la heroína en Estados Unidos, organizado e impulsado por Hearst y sus agentes, fue apoteósico. Banquete de gala en el famoso restaurante «Delmónico», con asistencia de Don Tomás Estrada Palma (futuro Primer Presidente de la flamante República de Cuba a partir 1902) así como de otros miembros de la Junta Cubana de New York. Mitin concurridísimo en el Madison Square Garden, clausurado por encendidas palabras del famoso economista Henry George. Viaje a Washington D. C. para entrevistarse con el presidente McKinley y otros altos dignatarios norteños. Recorrido por varias ciudades recaudando fondos para la revolución cubana. Mítines, reuniones, entrevistas, autobiografía en el *Journal*. Y todo ampliamente reportado por éste y muchos otros periódicos que se unieron al coro. El caso Cisneros fue uno de los grandes golpes propagandísticos de la era. Una muestra perfecta del nuevo poder de la «prensa amarilla». Y de la gracia, inteligencia y

---

[193] Pérez Cisneros, *op. cit.*, p. 23.

discreción de una joven patriota cubana. Con cada día que pasaba la causa de Cuba Libre ganaba nuevos adeptos en el seno de la sociedad norteamericana. Los hombres de negocios, por lo general, se oponían a la guerra contra España. Pero la mayoría del pueblo se manifestaba en favor de ir a ella –según se decía– «para garantizarles a los cubanos su independencia».

***

Teddy Roosevelt no necesitaba de esos estimulantes para adherirse al movimiento pro-independentista criollo. Desde años atrás estaba convencido de que separar a Cuba de España era el primer paso hacia la anhelada expansión norteña en el Caribe. Cuando estalló la Guerra de 1895 este axioma político le pareció aun más evidemte. Así se lo expone a su hermana Bamie por esa época: «Deseo que nuestro pueblo realmente intervenga en Cuba... Debemos expulsar a los españoles de Cuba; sería una cosa muy buena.» A mediados de septiembre de 1897 en tres ocasiones discute la cuestión cubana con el presidente McKinley. El 14 de ese mes fue invitado a un paseo en el coche presidencial y, entre otros temas, introdujo el de Cuba. El Presidente le dijo que «no estaba muy seguro de poder evitar un conflicto con España», a lo que Roosevelt comentó que en ese caso renunciaría a la subsecretaría para ir a esa guerra. Tres días después recibió una invitación a cenar en la Casa Blanca y tres días más tarde otra llamada a pasear en coche. En esta última ocasión Teddy le presentó a McKinley el bosquejo de un plan elaborado por el Departamento de la Marina para el caso de un conflicto con España. Según él, la flota debía establecer su base en Key West, lo que facilitaría bloquear a Cuba en un plazo de cuarenta y ocho horas. Un escuadrón de cruceros armados debía ser enviado a hostigar las costas españolas. El escuadrón asiático mientras tanto iría a Filipinas y tomaría Manila. Una fuerza expedicionaria desembarcaría en Cuba. Estaba seguro que con estas medidas la campaña no debía durar más de seis meses.

No se sabe qué dijo McKinley sobre este proyecto, que con tanto tino anticipó mucho de lo que iba a suceder al estallar la guerra el año siguiente. Pero es evidente que estaba considerando, con gran seriedad, las posibilidades de un enfrentamiento entre Estados Unidos y España. Y examinaba discretamente con sus colaboradores los distintos aspectos de esta preocupante realidad. McKinley, un hombre de profundas convicciones religiosas[194] –era miembro destacado de la iglesia Metodista Episcopal– había peleado en la Guerra Civil. Se alistó en los ejércitos del Norte como soldado raso. Subiendo grado a grado, al terminar la lucha era comandante. Fue testigo de tantos horrores, que le cobró al conflicto armado una profunda aversión. Evitar el derramamiento de sangre le parecía un deber ético indeclinable. Así se lo había dicho a su médico de la Casa Blanca, Leonard Wood: «Nunca entraré en una guerra hasta estar seguro de que la aprueben Dios y la Humanidad. Pasé por una; he visto los cadáveres formando pilas y no quiero volverlo a ver.»[195] Pero el Presidente sentía también sobre sí el agudísimo apremio que en favor de una salida bélica del problema cubano ejercía buena parte de la prensa y de la opinión pública en general. McKinley era, sin duda, un expansionista económico, particularmente interesado en el aumento del comercio exterior de su país, que durante su mandato, subió en exportaciones de $833 millones en 1896 a $1.488 millones en 1901. Las exportaciones norteñas a Cuba, que en 1893 sumaban más de $78 millones habían descendido en 1897 a $18 millones debido a la ruina general provocada por el conflicto bélico hispanocubano. Ese era otro poderoso argumento que lo convencía de la necesidad de separar, de una vez por todas, a la isla de España.

Ahora bien, la cuestión era: ¿cómo lograrlo? Y, ¿qué hacer con ella después de esa separación? Con su flema habitual, McKinley fue desarrollando sobre la cuestión cubana una fórmula diplomática que una vez elaborada como táctica, mantuvo con gran firmeza, frente a todos los antagonismos, hasta el momento mismo en que estalló la guerra. Resultaba para él denigrante, como cristiano, que se le pudiera acusar de conducir a su país a un conflicto bélico que fuera evitable por vía diplo-

---

[194] Por alguna razón misteriosa, la religiosidad de William McKinley ha sido puesta en entredicho más de una vez. Su costumbre de arrodillarse ante el Señor, en busca de inspiración cuando debía tomar una decisión política importante, ha dado origen a agudezas como aquella según la cual «el Presidente parecía saber siempre lo que quería Dios... y Dios siempre quería lo que quería él.»

[195] Kevin Phillips, *William McKinley*, New York, 2003, p. 92.

mática. Sobre todo cuando estaba convencido de que mediante altas presiones diplomáticas y prudentes concesiones era posible arrancar la Perla de las Antillas de la corona de España pacíficamente y determinar qué hacer con la joya después. Para comenzar, decidió presentar una demanda a la Cancillería española, en la cual, después de dejar establecida la legitimidad del interés de Estados Unidos por la cuestión cubana, en vista de la vecindad y los lazos económicos existentes, era preciso exigir, de entrada: 1) que se pusiera fin de modo inmediato a la inhumana política de reconcentración de Valeriano Weyler; 2) que en seguida también se otorgaran a los cubanos los derechos políticos elementales que les correspondían; y 3) que se accediese a buscar junto con Estados Unidos definitivas soluciones democráticas a la larga crisis cubana. Si España no aceptaba estas condiciones, Estados Unidos se vería obligado a intervenir en el conflicto.

Como lo más probable era que España no aceptara esos términos, habría que experimentar con otra maniobra: la compra de la isla (sin contar para nada, desde luego, con la opinión del pueblo cubano) alternativa que había sido intentada por tantos de sus antecesores en el cargo: (Polk en 1848, Pierce en 1854, Buchanan en 1859 y 1860, Cleveland en 1896). Si todo fracasaba, nadie podría acusar al Presidente de guerrerista. El 26 de junio de 1897 el Secretario de Estado John Sherman dirigía una nota al gobierno de Madrid recogiendo todas estas demandas. Ahora sólo faltaba nombrar el nuevo embajador norteño para que llevase a Madrid ese complejo plan diplomático. En julio McKinley seleccionaba para el cargo al general (y notable abogado) Stewart Woodford. Y, como no parecía haber por parte de Washington ninguna urgencia especial, este no desembarca en San Sebastián hasta el 13 de septiembre de 1897.

***

Desde principios de agosto hasta fines de septiembre de 1897, mientras el Secretario de la Marina John D. Long tomaba sus vacaciones, el subsecretario Roosevelt quedó al mando del Departamento. Como siempre que adoptaba nuevas responsabilidades, devino un indetenible huracán administrativo. Lo que realiza en menos de dos meses es casi increíble para quien no lo conozca. Presenta nuevos planes para seguir ampliando la escuadra (urge la construcción inmediata de seis acorazados, seis grandes cruceros, setenta y cinco torpederos y cuatro diques de carena, así como la compra de cuantiosos materiales). Escribe extensos informes técnicos, administrativos y políticos. Inspecciona la flota anclada en Sandy Hook. Participa en los ejercicios del Escuadrón del Atlántico del Norte. Disfruta de tres días de experimentos bélicos con el *Iowa*, por aquel entonces bajo el mando del capitán William Sampson. Resuelve numerosas investigaciones. Elimina numerosos trámites burocráticos innecesarios. Soluciona conflictos entre el Buró de Pertrechos y el de Construcciones. Redacta una Ley de Reforma del Personal Naval. Logra mediante hábiles maniobras que se nombre al comodoro George Dewey, miembro prominente del círculo expansionista, comandante en jefe del Escuadrón Asiático, que por dificultades de comunicación requería un jefe como él, capaz de actuar por propia iniciativa en los momentos difíciles. Cabildea en el Capitolio para conseguir nuevos fondos. Consulta frecuentemente con el Presidente. Mantiene detalladamente informado a su jefe de todo lo que hace. Y en sus ratos libres redacta y publica un libro sobre cacería y envía largas cartas a sus amigos, como la que dirigió a Cecil Spring Rice en la que profetizaba: «Si Rusia sigue en su misma línea de resistir el avance del liberalismo... el tiempo llegará en que sufra un sistema de terror rojo que hará empalidecer al de la Revolución Francesa...»[196] ¿A qué hora dormía?

Long regresa a su puesto de Secretario el 28 de septiembre. Dos días después Roosevelt empieza unas vacaciones de dos semanas en Sagamore Hill. El quince de octubre está de regreso a Washington con toda la familia. Y el 19 de noviembre Edith da a luz a un varón, al que llaman Quentin. Por ese entonces Theodore vive obsesionado por dos temas, que se funden en uno solo: Cuba y la guerra, o por mejor decir, la guerra en Cuba. El lo hace saber en su *Autobiografía*: «Poco después de comenzar mi trabajo de Subsecretario de la Marina me convencí de que la guerra era inevitable. La revuelta en Cuba se había venido arrastrando por largo tiempo y las condiciones en la isla habían llegado a extremos tan desgraciados que sería deshonroso de parte nuestra el permitir su continuación... España ha tratado de gobernar sus colonias sobre la base de

---

[196] Cit. por Edmund Morris, *op. cit.*, p. 607.

principios tan arcaicos que el control que ejercen sobre ellas se ha hecho incompatible con el progreso humano e intolerable para la conciencia de la humanidad... Mil veces más vidas se perdieron durante esos años en que nosotros continuábamos 'en paz', que en los tres meses de la guerra que puso fin a esa carnicería.» Con toda sinceridad alude a los intereses materiales de Estados Unidos envueltos en el conflicto: «Nuestros propios intereses directos eran grandes, debido al tabaco y al azúcar cubanos, y especialmente debido a la relación de Cuba con el proyectado canal del Istmo.» Pero insiste en el carácter humanitario de la empresa: «...Los intereses de humanidad eran mayores...Por eso... yo estaba a favor de la guerra. Y, mirando hacia atrás, hoy, cuando es más fácil contemplar las cosas con claridad, habrá muy pocos hombres honorables y humanitarios que no crean que esa guerra fue a la vez justa y necesaria.»[197]

Ya veremos en la tercera parte de esta obra, cómo estas palabras aparentemente tan razonables no se conjugan muy bien con el trato que el gobierno norteamericano dio en la postguerra al pueblo que había ido a «defender»y a «liberar».

Convencido de que la efectividad de la propaganda depende en buena medida de la repetición incesante de las consignas, Roosevelt machacaba sin cesar sus temas favoritos, particularmente su empeño intervencionista en Cuba y en otra partes, ante todo el que quisiera oirlo... y aun ante aquellos que no lo deseaban. A más de los discursos, las conferencias, los artículos y las declaraciones a la prensa, utilizaba además la conversación privada y la correspondencia epistolar como armas permanentes de combate. A veces lograba inducir a figuras prominentes del gobierno, como al Subsecretario de Estado William R. Day, a pasar por alto la autoridad del Secretario del ramo, John Sherman, y convencer a McKinley de que enviara para su aprobación al Senado, el 16 de junio de 1897, un tratado de anexión de las islas de Hawaii. Y 48 horas después, por su cuenta y riesgo, invitaba a almorzar en el Metropolitan Club a varios senadores para que escucharan el informe de un enviado especial del gobierno, que acababa de regresar de las islas del Pacífico. Por esa época

---

[197] Theodore Roosevelt, *op. cit.*, pp. 213-214.

recogió en un libro que provocó muchos comentarios, titulado *American Ideals*, una serie de artículos de carácter belicista y expansionista. El 30 de junio, tres días antes de que regresara Long de sus vacaciones, tenía redactado un plan de guerra para el Departamento de la Marina.

Roosevelt dedicaba lo más encendido de su vocabulario a los antiimperialistas que –ya lo vimos– con el nombre de *mugwumps* se habían opuesto a la expansión y ahora, en los últimos años del siglo, habían vuelto a la palestra. A ellos se había agregado la legión de predicadores del anticolonialismo que en 1898 fundaron una Liga Anti-imperialista, con el propósito de combatir la política exterior de McKinley. Esta organización contaba entre sus filas a varias figuras de relieve nacional, como Andrew Carnegie y Mark Twain, pero la mayoría de sus miembros procedía del Noreste del país, sobre todo del área de Boston, constituida especialmente por abogados y profesores universitarios como Charles E. Eliot, Charles Francis Adams Jr., William James y Charles Eliot Norton.[198] Contra ellos disparaba Teddy Roosevelt sus más agudos dardos, llamándolos traidores, «goo-goos»[199] y mentirosos, que sufrían de una «miopía ética complicada con estrabismo intelectual». La polémica era inevitable y se entabló pública y privadamente entre los dos campos. Unos argüían que la necesidad de apoderarse de Cuba era parte esencial de la tradición diplomática de Estados Unidos, desde los tiempos de las declaraciones de Thomas Jefferson (1805) y, sobre todo, de John Quincy Adams (1823), con su tesis de «la fruta madura», ratificada por los esfuerzos de varios gobiernos norteños para comprarla. Los otros contestaban que, en el mejor de los casos, esa tradición diplomática era bastante ambigua y que, en ninguna de esas ocasiones, se consideró necesario lo que ahora proponían los belicistas rooseveltianos: ir a la guerra con España para obligarla a soltar la presa. Estos últimos aducían que la debilidad militar de Estados Unidos en sus comienzos como nación, explicaba la prudencia con que se había procedido siempre, pero que la situación había cambiado por completo. El país contaba ahora con

---

[198] Zimmermann, *op. cit.*, p. 330.

[199] Para él: tontos y superficiales defensores académicos del «*good*-government» y otras «vaciedades políticas del mismo tipo».

una flota seguramente incapaz de hacerle frente a la de Gran Bretaña, pero sin duda alguna muy capaz de derrotar a España en un conflicto. Y mientras tanto, como siempre, William McKinley escuchaba, callaba y seguía fiel a sus planes diplomáticos.

***

El general Woodford llegó a España precisamente cuando ésta trataba de reponerse del enorme golpe que significaba el asesinato de Cánovas. En su primera nota, el nuevo Embajador fijaba un plazo hasta el 31 de octubre para que el gobierno español terminase con la funesta política de reconcentración de Weyler, humanizara la guerra, introdujera libertades en Cuba y formulara alguna proposición bajo la cual la oferta de buenos oficicios de Estados Unidos para poner fin al conflicto en Cuba pudiera hacerse efectiva. En secreto Woodford llevaba consigo, como objetivos, dos alternativas: una era la compra de Cuba, la otra, conseguir que el gobierno español otorgara a Cuba «verdadera autonomía» y le hiciese a Estados Unidos concesiones especiales que habrían de convertir a la Isla prácticamente en un protectorado de su vecino del Norte, aun cuando España retuviera soberanía nominal sobre ella. Durante sus largas negociaciones, Woodford ponía énfasis sobre uno u otro propósito, de acuerdo con las circunstancias del momento. Era obvio: Norteamérica estaba perdiendo la paciencia. Era preciso actuar. El gobierno de Sagasta contestó con una serie de medidas dentro del plazo señalado. Weyler fue sustituido por un moderado, el general Blanco. Se prometió que la guerra tomaría un curso más civilizado. Y el 26 de noviembre, mediante un decreto, apareció en la *Gaceta Oficial* el texto de una Constitución Autonómica de Cuba y Puerto Rico. Para algunos, eran concesiones importantes, aunque el punto clave, la aceptación de la mediación norteamericana, no se mencionaba. Cediendo al apremio de la opinión pública, en su mensaje anual del 6 de diciembre, el presidente McKinley saludó estas decisiones pero no renunció a la política de intervención, dejando así suspendida una amenaza sobre España al decir: «El próximo futuro demostrará si llegarán a alcanzarse las condiciones para una paz justa. La exigencia de una acción posterior distinta de parte de Estados Unidos, si así no fuere, queda en pie y se hará efectiva en su oportunidad.»[200] O sea, que Estados Unidos estaba dispuesto a esperar por un corto tiempo, a ver cómo se desarrollaban los acontecimientos. Si la paz, tal como la concebía dicho país, no se realizaba, éste se reservaba el derecho de intervenir en el conflicto hispano-cubano.

Mientras tanto, allá en Washington D. C., Theodore Roosevelt celebraba las fiestas de fin de año, con la tranquilidad de saber que el 8 de diciembre Dewey había partido para Asia con instrucciones claras y precisas. Y ese mismo día zarpaba de Norfolk el acorazado *Maine* con rumbo a Cayo Hueso, a donde llegó el 15 de diciembre. Paso a paso, las piezas iban ocupando su puesto en el tablero de la historia...

***

A medida que avanzaba el mes de enero de 1898, las esperanzas de resolver por vía pacífica la crisis hispanoamericana iban disipándose. El día de Año Nuevo quedó establecido en La Habana un gobierno autonómico, encabezado por el viejo líder liberal José María Gálvez. Pero el nuevo régimen fue recibido con escasos aplausos. Los peninsulares lo odiaban y no se escondían para expresarlo. El 12 de enero pandillas de voluntarios y soldados regulares españoles se amotinaron en la capital y otras poblaciones de la isla, apedreando edificios y destruyendo las imprentas de periódicos autonomistas. El cónsul norteño en La Habana, el ex-general sureño Fitzhugh Lee, pidió al State Department el envío de un buque de guerra para proteger a los norteamericanos residentes en la capital de la Isla. Conciliador siempre, McKinley acordó con Sagasta un formal intercambio de visitas: el acorazado *Maine* iría a Cuba, mientras el *Vizcaya* viajaría a New York. El 25 de enero el blanco casco del *Maine* se deslizaba por la boca de la bahía habanera, con el Castillo del Morro y su famoso faro a babor y las fortificaciones de la Punta a estribor, sin imaginarse que ese viaje nunca iba a tener regreso.

Por su parte, los *mambises* –como se autodenominaban los independentistas cubanos– tanto dentro como fuera de la isla rechazaban de modo categórico la supuesta «solución» autonómica por considerarla una burla. ¿Qué clase de «autonomía» era ésa –preguntaban– en que los miembros de los cuerpos legislativos nombrados por el gobierno colonial

---

[200] Véase: Ramiro Guerra, *op. cit.*, p. 376.

dominaban esas asambleas, cuyas decisiones, además, estaban a la merced de los caprichos del Capitán General español? ¿Qué clase de «autonomía» era ésa en que todas las decisiones finales estaban en las manos de la «madre patria»? El General en Jefe del Ejército Libertador, Máximo Gómez, le hizo saber al pueblo norteamericano, por medio de periódicos como el *New York Herald* y *The World* que los cubanos no aceptarían jamás otra salida para el conflicto que la independencia total y absoluta. El Presidente de la República en Armas, Salvador Cisneros Betancourt, también rechazó la autonomía y juró «reducir la isla a cenizas» antes que aceptar la dominación española. Y Tomás Estrada Palma, máximo representante en el exilio del gobierno revolucionario cubano, le informaba al Secretario de Estado John Sherman: «Es mi deber anunciar de nuevo que nada que no sea la absoluta independencia será aceptado por nosotros como base para la paz... Jamás vamos a deponer nuestras armas hasta que logremos liberarnos de la soberanía de España.»[201] Y no se trataba de bravuconería alguna. Los mambises no tenían que doblegarse porque obviamente estaban ganando su guerra contra España. Y ésta era incapaz de derrotar la insurrección. Al presidente McKinley no le quedaba más remedio que hacerle frente a esta ineludible realidad política.

Mientras tanto, incidentes no faltaban. El 9 de febrero el *New York Journal* salía a la calle con el texto en español e inglés de una carta privada del Ministro español en Washington, Enrique Dupuy de Lome, dirigida a un amigo suyo en Cuba, que contenía referencias altamente insultantes sobre William McKinley, describiéndolo como «un hombre débil y deseoso de la admiración de la multitud; un politicastro que siempre trata de dejar una puerta abierta a sus espaldas mientras se mantiene en buenas relaciones con los jingoístas de su partido.»[202] El documento había caído en poder de los insurrectos cubanos, quienes se lo mostraron al Secretario de Estado, William R. Day, poniéndolo luego

---

[201] Véase Louis A. Pérez, Jr., *Cuba Between Empires, 1878-1902,* Pittsburgh, 1983, pp. 148-149. Hemos retraducido al español, de la versión inglesa, el mensaje de Estrada Palma.

[202] Citado por Donald Barr Chidsey, *La Guerra Hispano-americana, 1896-1898*, Barcelona, 1973, p. 58.

en las manos de William Randolph Hearst para publicarlo en su periódico. El escándalo fue enorme. Dupuy de Lome renunció a su cargo, mientras la prensa hacía buen uso de su indiscreción para agitar la bandera belicista... Y unos pocos días después se producía otro grave acontecimiento de resonancia mucho mayor.

Por casi tres semanas el «barco americano»*Maine* constituyó la máxima atracción en el puerto y la ciudad de La Habana, tanto para los curiosos, que nunca habían visto nada semejante, como para los observadores políticos locales que se preguntaban sobre el sentido de la inesperada visita. El ambiente daba señas de haberse tranquilizado un tanto. A ratos, parecía ser casi festivo. Los oficiales del barco y los españoles reciprocaban invitaciones a cenar en los mejores restaurantes. Y, ocultando su disgusto, los voluntarios, no pasaban de tragarse su bilis en los cuarteles. Pero todo cambió de repente. En la madrugada del 15 de febrero, el oficial de turno en la Casa Blanca despertaba al Presidente de Estados Unidos para que recibiera una llamada telefónica del Secretario de la Marina, John Long. Ese oficial nunca olvidó la cara de sorpresa e indignación de McKinley ante la noticia que le daban. «¡Ha estallado el *Maine*!, ¡Ha estallado el *Maine*!», exclamó a toda voz.[203] Efectivamente a las 9 y 45 de la noche del día anterior una tremenda explosión (¿o fueron acaso dos, según afirmaban algunos testigos?) había reducido el acorazado a pura chatarra que se asentó en el cieno del fondo de la bahía. Sólo parte del palo mayor salía del agua como testimonio acusador de su presencia. A las cuatro de la madrugada el *World* de New York, con enormes cintillos, comenzaba, en un país indignado, la agitación informativa y editorial que siguió al desastre, aunque todavía era demasiado pronto para conocer las causas de lo ocurrido. Lo que nadie ignoraba era

---

[203] Ivan Musicant sostiene que la primera noticia que le llegó a McKinley de lo ocurrido fue por medio del telegrama inicial que Long recibió y que en seguida le mandó al Presidente con un mensajero. Según Musicant esta versión «es más probable» que la otra. (Musicant, *op. cit.*, p. 143 y nota 33 en p. 670.) Pero si Long disponía de un teléfono y el Presidente también, tratándose de un hecho de tal magnitud, lo lógico es que lo usara y luego enviara de inmediato el telegrama como confirmación. Véanse H. Wayne Morgan, *William McKinley and his America*, Syracuse, N. Y., 1963, p. 360 y Walter Millis, *The Martial Spirit*, Chicago, 1989, p. 102.

que casi toda la tripulación de 354 hombres había perecido. (Luego se estableció que los muertos eran 266.) Y el honor nacional se sentía hondamente herido. Por todas las bocas pasaban dos interrogaciones apremiantes: ¿Accidente? ¿Sabotaje? Y en todas las mentes se agitaba la duda: «¿Guerra?»

No la hubo, de inmediato. Pese a la gravedad de la situación, todavía McKinley pensaba que era posible desprender a Cuba de España sin necesidad de ir a la guerra. Valía la pena seguir explorando los caminos de esa paz. Por supuesto, era imprescindible averiguar rápidamente y en detalle lo ocurrido en La Habana. Y utilizar la tragedia para fortalecer la posición norteña en las negociaciones. Pero había, además, que prestar atención al estado de la opinión pública: una mezcla de luto y de profunda y confusa agitación de quienes sentían que el honor de Estados Unidos había sido ultrajado. La opinión pública mundial reaccionaba de distintos modos. Hubo quien llegó a decir: «¡Fueron los propios yanquis!» Otros decían: «¡Fueron los españoles!» Unos pocos (poquísimos) dijeron: «Fue un accidente.» Y en Estados Unidos abundaron los mítines y las manifestaciones saturados de belicismo. Muchos imperialistas gritaron: «¡Ha llegado la hora!» Y los anti-imperialistas repetían: «No debemos precipitarnos.» Teddy Roosevelt expresaba su convicción de que «ese acto de sucia traición» había sido cometido por los españoles, mientras el teniente Frank F. Fletcher le escribía a su colega Albert Gleaves que la opinión general en la Estación de Torpederos en Newport, Rhode Island, se inclinaba a creer que la explosión se debía a que la santabárbara del *Maine* era contigua al depósito de carbón, donde podía haberse iniciado un proceso de combustión espontánea.[204] Por su

---

[204] Fue el teniente Fletcher quien más se acercó por aquel entonces a la completa verdad, que sigue hoy en suspenso. La última palabra sobre el asunto, hasta hoy, pertenece al almirante Hyman G. Rickover quien, en 1976, resume los resultados de una extensa y honda revisión del asunto en su libro *How the Battleship Maine Was Destroyed*, con estas palabras: «No hemos encontrado evidencia técnica en los materiales examinados de que una explosión externa iniciara la destrucción del *Maine*. La evidencia que poseemos sólo es consistente con una explosión interna. Por lo tanto concluimos que la causa de la explosión fue de origen interno. Su causa más probable fue el calor de un incendio en el depósito de carbón adyacente a la santabárbara de los proyectiles de 6 pulgadas. Sin embargo, como no hay modo de probar esto, otras causas internas no pueden ser eliminadas como posibilidades.» (Rickover, *op. cit.*,

parte, el gobierno de McKinley insistía en aconsejar: «Esperemos en calma el dictámen de la Comisión de investigaciones.» Aunque el 8 de marzo, a petición suya, tal vez para calmar un tanto los ánimos exaltados, el Congreso aprobó por unanimidad en ambas cámaras, apropiar la entonces fabulosa suma de cincuenta millones de dólares «para la defensa nacional.» Como para decirle a Madrid: «Vamos en serio».

En esos días finales de marzo el proceso diplomático entra en lo que parece su fase final. Tanto en lo externo como en lo interno se producen hechos decisivos. Desde España Woodford transmite noticias altamente desalentadoras para McKinley. El gobierno de Sagasta parecía preferir la pérdida de Cuba en un conflicto armado con Estados Unidos antes que darle su independencia, rindiéndose ante la presión norteña. Washington resucitó la alternativa de la venta, tan ofensiva para los cubanos. En febrero del '98 se le había hecho a la Reina Regente una proposición de ese tipo, que fue rechazada a principios de marzo. El 17 de ese mes Woodford reitera la oferta. Pero el 26 Madrid contestaba vigorosamente que no. El 28 la Comisión norteña que buscaba las causas del hundimiento del *Maine* hizo público su veredicto: la explosión era de carácter externo, provocada por una mina. (La Comisión española sostenía, por su parte, que la explosión había sido de carácter interno, provocada por la ignición espontánea del carbón.) La reacción de la opinión pública se acercaba mucho a la histeria, reflejada como era natural en el Congreso de la nación. Gran número de representantes y senadores exigían del Presidente una reacción violenta, firme e inmediata. Para la mayoría, la diplomacia había fracasado por completo. Ni la compra ni el establecimiento de una suerte de protectorado parecían viables. Sólo quedaba abierto el camino de la fuerza. Y sin embargo, como si quisiera contestar a los que lo acusaban de vacilante e inseguro, con sorprendente firmeza, McKinley insistió en seguir el camino de la diplomacia, «hasta agotar la última posibilidad de salvar la paz».

* * *

Para Roosevelt, los tres primeros meses del '98 estuvieron cargados de enormes tensiones tanto en lo privado como en lo público. Las más

---

pp. 126-127.)

serias se debieron a las graves enfermedades de su esposa Edith y de su hijo Ted. La primera sufrió por semanas y semanas unas fiebres altísimas. Pensando en el pasado, Teddy, angustiado, se preguntaba: «¿Tifus?» Y los médicos entraban y salían de la casona de Washington D. C. sin encontrar la causa. Lo del niño era aún más complicado. Padecía de lo que entonces llamaban «agotamiento nervioso», que parecía también incontrolable. Por fin, al terminar febrero, un especialista logró diagnosticar lo de Edith: un tumor en el bajo vientre era el culpable. La operación tuvo lugar el 6 de marzo y la lenta recuperación de la enferma se extendió hasta principios de abril. El niño tardó algo más en reponerse. Lo suyo era una problema psicológico provocado por las presiones y excesivas exigencias de su padre. Theodore, consternado, prometió enmendarse, suavizando sus métodos de educación infantil, sobre todo con los varones. Las niñas nunca habían sido tratadas con el mismo rigor.

Ya hemos visto cuán agitados fueron estos días iniciales de 1898. Como era de esperarse, nuestro Subsecretario de la Marina hizo todo lo que estuvo a su alcance para conducir a su país hacia la guerra con España, que él consideraba necesaria, inevitable y casi inminente. Su jefe, el Secretario Long, lo acusaba (en privado) de ser un «maniático», pues estaba empeñado en conseguir un puesto de oficial en cualquier rama de las fuerzas armadas que lo aceptara, para participar directa y personalmente en el conflicto. Lo peor –decía Long– era su ceguera para el hecho obvio de que él podía servir mucho mejor a su patria en Washington D. C. que yendo a desperdiciar sus energías «combatiendo con los mosquitos en la isla de Cuba.» Pronto veremos la salida que tuvo ese conflicto. Pero mientras permanecía en la capital, la actividad de Roosevelt era ciclónica. Tómese el caso del 25 de febrero. Mientras el país se estremecía frente a lo del *Maine*, Roosevelt lograba poner toda la flota en posición de combate, esperando lo que viniera. Sucedió que Long decidió tomarse la tarde de descanso ese día 25, dejándolo a él al frente del Departamento. En unas pocas horas, sabiendo gracias a su prodigiosa memoria donde estaba cada barco de *su* marina, escribió una serie de comunicaciones que, en algunos casos, resultaron de enorme valor táctico. Por ejemplo: dirigió un mensaje al Congreso pidiendo autorización para reclutar «un número ilimitado de marinos». Ordenó al Escuadrón del Atlántico que mantuviese siempre repletos los depósitos de carbón de todos los buques, para poder entrar en acción inmediatamente. Pidió al Buró de Artillería que enviase cañones de 6 y 5 pulgadas al Depósito de la Marina en Brooklyn para montarlos en cruceros auxiliares. Y remitió un telegrama, que se haría famoso, a George Dewey, Jefe del Escuadrón Asiático, donde le decía: «Ordene al Escuadrón Asiático, excepto el *Monocacy*, a Hong Kong. Manténgase lleno de carbón. En caso de declaración de guerra a España, su misión será asegurar que el Escuadrón Español no abandone la costa asiática. Después, siga con operaciones ofensivas Islas Filipinas. Quédese con el *Olympia* hasta nuevas órdenes.» Este fue el más importante de los mensajes, que Dewey, más tarde, consideraría como «el primer paso para la conquista de Filipinas.»

Cuando volvió a su despacho el día siguiente, la reacción del Secretario Long ante esta conmoción inesperada fue muy peculiar: de sorpresa, condenación y protesta, que consignó luego en su diario, pero a la vez, de aceptación resignada del hecho consumado. Aun más, el señor Secretario extendió las mismas órdenes previsorias y preparatorias, concebidas y enviadas por el Subsecretario, a *todos* los Escuadrones y *todos* los barcos de la Marina de Guerra norteamericana, donde quiera que se encontrasen. Por eso, a nuestro juicio, tiene plena razón Nathan Miller cuando escribe: «...Debido a la persistencia de Roosevelt, la marina estuvo mucho mejor preparada para la guerra que el ejército.»[205] Y a Long, al hacer suya la política de su subordinado, desde entonces se le atribuye ese acierto militar en la historia norteamericana.

La apropiación por el Congreso de los cincuenta millones de dólares a la que ya nos referimos, aumentó mucho el trabajo de la Secretaría de la Marina. Gran parte de ese dinero fue destinada a un programa de emergencia de construcción naval: 3 acorazados de 12,500 toneladas, 16 destructores, 14 torpederos y 4 monitores debían estar todos listos para el combate cuanto antes. Además de vigilar esa labor, le tocaba a Roosevelt comprar barcos mercantes que pudiesen convertirse rápidamente en

---

[205] Miller, *op. cit.*, p. 269.

cruceros. Los sucesos de marzo lo confirmaron en su opinión de que los últimos empeños pacifistas de McKinley eran inútiles. Hasta la oposición a la guerra en algunos círculos de la industria y las finanzas se iba esfumando ante la fiebre de la opinión pública. El discurso de Teddy el 26 de marzo en el Gridiron Club era casi un reto: «¡Vamos a tener esta guerra pésele a quien le pese!» Y ante la inminencia de los acontecimientos escribe una carta que parece arrancada de su diario íntimo: «Digo con toda sinceridad que no voy (a la guerra) para complacencia propia. Por el contrario, si consultara solamente mis sentimientos personales, desearía con todas mis fuerzas la paz. Amo mucho la vida. La mía ha sido siempre muy gozosa. Gusto del pensamiento y de la acción, y sería para mí muy amargo tener que abandonar a mi esposa y a mis hijos; y, aunque creo que podría encarar la muerte con dignidad, no tengo deseo de hacerlo antes de que me llegue el momento de pasar a las sombras eternas.... De modo que no iré a la guerra con indebido regocijo del espíritu o con un estado de ánimo que de algún modo se acerque al atolondramiento o la frivolidad; pero lo más importante de mis posibles contribuciones ha sido completado ya aquí... Una de las mofas más comunes dirigida contra hombres como yo es que somos unos patrioteros de salón y de sillón, que disfrutamos mirando a los demás realizar lo que nosotros no hacemos más que aconsejar. La mofa no me ofende mucho, excepto por lo que afecta mi utilidad, pero no puedo permitirme desconocer el hecho de que mi capacidad de hacer el bien, sea la que fuere, desaparecería si yo no tratara de vivir de acuerdo con las doctrinas que he venido predicando.»[206] Y el 7 de abril le escribía a su condiscípulo Robert Bacon que iba a pelear para asegurarle la independencia a un pueblo «que, valga mucho o valga poco, ha sido tratado con espantosa brutalidad por sus opresores.»[207] En cierta ocasión Teddy había escrito: «Nuestro país necesita una guerra.» Tan pronto McKinley enviara su

---

[206] Morris, *op. cit.*, pp. 637-638.

[207] *Ibidem*, p. 638. El lenguaje obviamente despectivo de Roosevelt con respecto a los cubanos parece ser más propio de un imperialista consumado que el de un defensor desinteresado de ese pueblo oprimido, planteando inevitablemente el problema de su sinceridad. Volveremos sobre el tema en la tercera parte de este libro.

informe al Congreso –no le cabía duda alguna– él iba a tener en sus manos *la suya*. Y nadie iba a impedirle participar en ella..

***

El mensaje presidencial llegó al Congreso el 11 de abril de 1898. En él McKinley solicitaba que se le autorizara a usar las fuerzas armadas de la nación para «asegurar la plena y final terminación de las hostilidades» entre España y «el pueblo de Cuba», y, además, se explicaban las causas que lo movían a hacer esa solicitud. Agregando que no era necesario reconocer al Gobierno Revolucionario establecido en la Isla y, a la vez, olvidando mencionar siquiera una vez la palabra «independencia». Iba a pasar más de una semana antes de que el Congreso tomase una decisión sobre lo que se le pedía La Cámara de Representantes reaccionó en seguida, aprobando el día 13, por votación de 342 contra 19, una resolución casi calcada del comunicado de McKinley. En el Senado, por el contrario, el mensaje provocó una encendida polémica. La cuestión de la guerra estaba decidida en la mente de todos: había que ir a ella. Lo que preocupaba a muchos eran las consecuencias. Y, sobre todo, qué hacer con la isla de Cuba, cuyo destino inmediato estaba en la balanza. Pronto se hizo evidente que las opiniones dividían a los senadores en tres grupos. Uno, minoritario, enemigo acérrimo de toda intervención de Estados Unidos en el conflicto hispanocubano. Otro, muy nutrido, integrado por partidarios del gobierno, que pedían la aceptación total y casi literal del mensaje de su jefe. Y, por fin, un tercero, no menos nutrido, de senadores demócratas y republicanos, que presentaban muy serias objeciones a varios aspectos del comunicado, tales como las siguientes:

1– que no se reconociera al Gobierno Revolucionario que funcionaba en Cuba desde 1895;
2– que no se declarase como objetivo fundamental del conflicto con España la independencia absoluta del pueblo de Cuba;
3– que quedara sumida en la mayor ambigüedad el tipo de relaciones que debía existir entre Cuba y los Estados Unidos, lo que dejaba en pie la posibilidad de anexar la isla a Norteamérica.

Después de muy largas discusiones y varias votaciones sobre enmiendas, votos particulares y otros instrumentos parlamentarios, se llegó a

una transacción por la cual se excluiría del texto el reconocimiento del Gobierno Revolucionario Cubano, pero se agregarían dos proposiciones de los senadores John Foraker de Ohio y Henry Teller de Colorado reconociendo la independencia de la isla y renunciando a todo intento de anexión. El 19 se aprobó una Resolución Conjunta de ambas cámaras del Congreso norteño, la cual después de una breve introducción establecía:
«1– Que el pueblo de la isla de Cuba es y por derecho debe ser libre e independiente. 2– Que es deber de los Estados Unidos exigir... que el gobierno español renuncie de inmediato a su autoridad y retire sus fuerzas terrestres y navales de Cuba y de sus aguas. 3– Que el Presidente de Estados Unidos sea autorizado, y por la presente lo es, a utilizar todas las fuerzas terrestres y navales de Estados Unidos, y a llamar al servicio activo de Estados Unidos a la milicia de los distintos estados, en la medida que se haga necesario para hacer cumplir estas resoluciones. 4– Que a partir de este momento Estados Unidos niega cualquier disposición o intención de ejercer soberanía, jurisdicción o control de la citada isla, salvo para la pacificación de la misma; y que cuando ésta se logre, dejará el gobierno y el control de la isla a su pueblo.»
(La votación en la Cámara fue de 311 a 6, en el Senado de 41 a 35. Doce senadores y 38 representantes se abstuvieron de votar.)

El 20 de abril McKinley firmó la Resolución. El 25 el Congreso declaró que desde el 21 existía un estado de guerra entre España y Estados Unidos.

Aprobada la transacción, los dos bandos que favorecían la guerra se consideraron victoriosos. La oposición pensaba que la independencia de Cuba estaba garantizada. Foraker había extraído la famosa frase «es y por derecho debe ser libre e independiente» nada menos que del documento más sagrado de la historia norteamericana, la Declaración de Independencia de 1776, donde se definía lo que la palabra independencia significaba, al expresar que los estados libres «tienen plenos poderes para declarar la guerra, concluir la paz, contraer alianzas, regular el comercio y realizar todas las actividades y demás cosas que semejantes estados tengan el derecho a hacer.» Pero McKinley y los suyos estaban contentos también. Al conseguir que no se reconociera al Gobierno de Cuba en Armas se planteaba una muy flexible situación factual. Una vez derrotada España, ¿quién iba a gobernar? Obviamente el ejército norteamericano tendría en las manos el poder político del país. Y el Presidente que había intentado más de una vez comprar a Cuba para manejarla a su antojo creía ver ahora la puerta abierta para imponer su voluntad a la Perla de las Antillas, dejando para un futuro indefinido la determinación de su status. Ya veremos en la tercera parte de esta obra cómo el gobierno de Estados Unidos se valió de esas flexibilidades para limitar la soberanía del estado cubano y la independencia y la libertad del pueblo de Cuba. El sueño dorado del Capitan Mahan estaba a punto de realizarse plenamente. Con Cuba en la mano, el canal interoceánico de Panamá se haría posible. Y el expansionismo norteamericano en el Caribe y en el Pacífico eliminaría el último de los obstáculos que obstruían su camino.

Varios factores de muy diferente peso se combinaron para producir el fenómeno. La madurez creciente del desarrollo capitalista en Estados Unidos había creado una serie de necesidades apremiantes en la economía del país: primero, de materias primas accesibles y seguras para sus fábricas en crecimiento constante; luego, de mercados para los productos de sus fábricas; y. por fin, de receptáculos para los excesos de capital que se iban acumulando sin encontrar donde invertirlos dentro de las propias fronteras. A eso había que agarregar la precisión de bases navales para asegurar las vías imperiales de comunicación y de un canal en la América Central para facilitarlas. El impulso hacia el exterior en busca de solución a estos problemas resultó incontenible cuando la cuestión de la guerra de Cuba despertó los sentimientos humanitarios del pueblo norteamericano, cuando además la «prensa amarilla» encontró una causa adecuada para sus escándalos, el hundimiento del *Maine* le agregó leña al fuego y los ideólogos del nuevo expansionismo desplegaron sus banderas propagandísticas.[208]

***

Como hemos visto, desde que se hizo cargo de la Subsecretaría de Marina, Teddy Roosevelt intensificó su campaña en favor de la guerra contra España y de la ampliación y mejora de la marina de guerra. Y elaboró un serie de planes navales para hacerle frente a esa eventualidad. Ya indicamos cómo trató de educar al Presidente en esas urgentes cuestiones, porque él sabía que McKinley no tenía la menor idea del estado en que se hallaban la Flota y el Ejército. En verdad no fue hasta el mismo 20 de abril cuando, por boca del general Miles, el señor Presidente se enteró de que la campaña militar no podría comenzar hasta pasados un par de meses por lo menos, porque el Ejército estaba incapacitado para entrar en acción inmediata. Para Roosevelt esa situación era incomprensible. ¿No se lo había dicho él más de una vez a su jefe, el Secretario Long? «Si no nos preparamos de antemano... nos veremos forzados a pasar las primeras tres o cuatro semanas (de la guerra) no atacando, sino preparándonos para atacar, por no haber hecho mucho antes lo que debíamos hacer.» Y ahora era eso precisamente lo que estaba sucediendo. A veces, exasperado, Roosevelt hacía entre sus amigos comentarios muy poco diplomáticos sobre la diplomacia presidencial, como cuando

---

[208] No se nos escapa que en 1936 Julius W. Pratt publicó *Expansion 1898: The Acquisition of Hawaii and the Spanish Islands*, donde planteó la tesis de que los intereses comerciales, industriales y financieros de Estados Unidos se habían opuesto vigorosamente a toda acción bélica contra España y que la declaración de guerra tenía como único origen los sentimientos humanitarios de su pueblo, heridos por la barbarie desatada contra el pueblo de Cuba por Valeriano Weyler. Por años éste fue el el punto de vista universalmente aceptado por la historiografía norteña para explicar los orígenes del conflicto. Estudios más recientes prueban que el manejo de las fuentes por parte de Pratt fue limitado e ineficiente. Cuando se examinan en su conjunto las publicaciones periódicas de los círculos de negocios del país de 1895 a 1898 se descubre que, en abrumadora mayoría, esos círculos se habían declarado en favor de la intervención bélica. Y que fueron esos intereses los que empujaron a la prensa amarilla a desatar una violenta campaña guerrerista. Movido por esta propaganda, el pueblo presionó al gobierno para que entrara en un conflicto armado contra la monarquía española. Esa cadena de acontecimientos ofrece una explicación mucho más lógica de los hechos que aquella según la cual un gobierno dominado por las camarillas imperialistas declarase una guerra a la que éstas resueltamente se oponían.

dijo: «McKinley no tiene más espinazo que un éclaire de chocolate.» Si el atacado se enteró de esas lindezas, lo cierto es que no despojó de su cargo al atacante, atendiendo quizás a su indiscutible eficiencia y popularidad.

Durante la semana larga en que el Congreso discutía y redactaba la Resolución Conjunta, Teddy se dedicó a buscar un puesto en el Ejército para participar en el conflicto. El gobierno acababa de llamar a las armas a 125,000 voluntarios para reforzar a un ejército regular de 28,000 soldados. La orden incluía una provisión de tres regimientos de expertos rifleros montados. Y el Secretario de Guerra Russell Alger le ofreció el mando a Roosevelt. Este declinó el honor. No tenía experiencia suficiente en la formación de cuerpos militares. Pero aceptaría un cargo de teniente coronel bajo el mando del experimentado coronel Leonardo Wood. Alger accedió a la petición. Y Wood y Teddy recibieron el comando del Primer Regimiento de Caballería del Ejército de los Estados Unidos, que pronto iba a hacerse famoso con el nombre de «Rough Riders». Roosevelt había logrado lo que quería: su guerra y un puesto de combate en ella. Su renuncia a la Subsecretaría de Marina produjo una explosión de sorpresa. «Se ha vuelto loco de remate», decían muchos. Y Long comentaba en su diario: «Ha perdido la cabeza.» Pero el flamante teniente coronel se justificaba en carta a un amigo: «Si voy a servir para algo en la política será porque se me considere un hombre que no predica lo que teme practicar... Durante todo el año pasado he estado predicando en favor de la guerra contra España... Me sentiría muy avergonzado si no practicara ahora lo que he predicado antes.»[209] El entrenamiento de los Rough Riders iba a tener lugar en San Antonio, Texas. Y para allá partió en seguida Wood, mientras Teddy se dedicaba en Washington a limpiar su escritorio de la Secretaría de Marina.

Todavía preparando la salida, Roosevelt tuvo la satisfacción de comprobar que las medidas tomadas por él como Subsecretario de Marina rendían estupendos frutos. El Escuadrón del Pacífico de la flota norteña, que por órdenes suyas se encontraba en Hong Kong, en estado de alerta, con las calderas encendidas desde hacía muchos días, el 27 de

---

[209] Miller, *op. cit.*, pp. 273-274.

abril zarpaba hacia las islas Filipinas, situadas a 600 millas de distancia. El 30 estaba frente a Manila. Y a las diez de la noche el jefe de la expedición, comodoro George Dewey, daba la orden de penetrar en la bahía, lo que se realizó sin resistencia alguna, burlando los cañones inesperadamente silenciosos de la sorprendida fortaleza situada en la rocosa isla de Comendador. Al romper la mañana comenzó el combate. Al medio día, cuando se disiparon los humos, se hizo evidente el resultado: la escuadra española había sido reducida a un montón de hierros torcidos y palos en llamas y su mando alzaba la bandera de capitulación. Dewey no había sufrido ni una sola baja. Sus barcos estaban intactos. Era una victoria completa y estruendosa. Las Filipinas pasaban a manos norteamericanas. Eliminando el secular poderío colonial hispano en Asia, Estados Unidos, con un solo golpe, se convertía en una gran potencia del Océano Pacífico.

Cuando, por fin, Teddy se incorporó al campamento tejano de los «Jinetes Curtidos» o Rough Riders, como se les conocía ya nacionalmente, tuvo la agradable sorpresa de comprobar el gran progreso que en la organización del cuerpo había logrado el coronel Wood, en tiempo tan corto. Porque el grupo de voluntarios no podía ser más heterogéneo. Como Roosevelt le decía a Cabot Lodge en una carta, «incluía una veintena de indios, y otros tantos hombres de origen mexicano de New Mexico, hay unos cincuenta procedentes del Este (casi todos graduados de Harvard, Yale, Princeton, etc.) y casi el mismo número de gente de los Llanos o las Montañas Rocosas. Tres cuartas partes de los reclutados han sido «cowboys» o pequeños ganaderos; y dos tercios de ellos son hijos de soldados que pelearon de uno u otro lado durante la guerra civil.»[210]

Había entre ellos policías de New York, estrellas del football colegial, domadores de caballos, jugadores de polo, un campeón nacional de tennis, algunos jugadores profesionales, cazadores de búfalos, aristócratas de Boston y un ex-alcalde de Arizona. Pero todos gustaban de la vida ruda al aire libre y todos tenían excelente dominio de las armas de fuego. En pocos días estaban integrados en una unidad militar disciplinada y

---

[210] O'Toole, *op. cit.*, p. 225.

funcional, sin que hubiera sido necesario enseñarles a disparar con eficacia, a montar y hasta domar caballos, a marchar, a estar alerta, a obedecer rápidamente y a tomar la iniciativa cuando fuera necesario. El 25 de mayo el teniente coronel podía escribirle ya al Presidente: «Estamos listos para partir en cualquier momento... Esperamos que nos lleven a Cuba con las primeras tropas que salgan, mientras más pronto mejor.»[211]

La orden llegó pocos días después. Los mil hombres que componían el Primer Cuerpo de Caballería de Voluntarios, con sus 1.200 caballos y mulos, debían partir de San Antonio inmediatamente para Tampa, Florida, donde serían embarcados para «un destino indeterminado» pero que todos sabían era la isla de Cuba.

***

Era inevitable: el arma mejor adiestrada fue la primera que entró en acción. Por eso la guerra, como ya vimos y veremos más adelante, comenzó en el mar. En cambio, a las fuerzas de tierra, que nada habían hecho para prepararse, les tomó bastante tiempo ponerse en condición de combate. Al principio todo era improvisación, ineficiencia, desorganización. Que fue lo que encontraron los Rough Riders cuando llegaron a Tampa el 2 de junio, después de un viaje de cuatro días que ya anunciaba el desastre que les esperaba. Como los trenes para trasladarse al puerto desde el campamento no llegaban, Roosevelt había montado a su gente en un tren carbonero vacío, de modo que los Rough Riders llegaron a Tampa cubiertos de polvo negro de pies a cabeza. El segundo jefe del cuerpo de voluntarios, teniente coronel Teodoro Roosevelt, describió el panorama en Tampa así: «Al bajarnos del tren encontramos un estado de perfecta confusión... Todo lo que dependiera de los ferrocarriles o del ejército estaba inextricablemente enmarañado. Nadie apareció para indicarnos dónde nos tocaba acampar, tampoco hubo nadie que nos consiguiera alimentos en las primeras veinticuatro horas... Tuvimos que comprar nuestra propia comida y apoderarnos de los vagones vacíos para acomodar el exceso de equipaje cuando por fin nos enteramos del lugar que nos habían asignado.» Tomó cierto tiempo poner un poco de orden

---

[211] O'Toole, *ibid.*, p. 226.

en el caos. No aparecían los uniformes, ni los fusiles, ni las municiones, ni la comida, ni los proyectiles de los cañones. «Esto no tiene pie ni cabeza –protestaba Teddy, indignado– es un desplome total del sistema ferroviario y del militar...» Largas ristras de vagones cerrados se perdían en el horizonte. Y como las facturas no aparecían por ninguna parte, nadie se atrevía a romper los sellos. Hasta que los oficiales, desesperados, empezaron a hacerlo y a «saquear» los depósitos. Además el campamento estaba a nueve millas del puerto, comunicándose ambos por una línea ferroviaria de una sola vía, lo que producía embotellamientos constantes. Y en el único muelle del puerto sólo podían cargarse dos barcos a la vez, provocando otros amontonamientos.

Roosevelt tuvo la suerte de que Edith pudiera venir a despedirlo, alojándose en el único hotel tampeño, repleto por entonces de corresponsales de los periódicos norteños, de attachés militares de medio mundo, de altos oficiales del ejército norteamericano y de algunas de sus esposas. Tan pronto la de Teddy regresó al hogar neoyorquino, éste recibió un rudo golpe. Se les hizo saber a los Rough Riders que, por falta de espacio en los transportes, sólo podrían embarcarse las dos tercera parte de la tropa y únicamente los caballos de los oficiales. El batallón entrenado para caballería se convertía, de golpe, en infantería. Y llegó el momento de alistarse para la partida.. A Wood le informaron que se le había asignado para el viaje a Cuba, un vaporcito costero llamado *Yucatán*. Enterado de que éste había sido destinado también para otro regimiento, Roosevelt condujo a sus hombres al muelle y se apoderó del buque, provocando un pequeño conflicto que consiguió ganar, agitando la bandera del hecho consumado. Al fin y al cabo ¿no era él experto en manipular el caos a su favor?[212] Sin embargo, la orden de partir aun se

---

[212] Hemos presentado los fallos organizativos del ejército norteamericano para respetar lo que creemos la verdad histórica. Pero conviene prestar también atención al historiador James A. Huston cuando dijo: «Repleta de confusión, de falsos movimientos y de carencia de coordinación, como lo fue, la movilización de hombres y materiales resultó poco menos que extraordinaria. Partiendo de la nada el Ejército armó a más de un cuarto de millón de hombres en un plazo de cuatro meses...» (J. A.Huston *The Sinews of War: Army Logistics 1775-1953*, Washington D. C., 1966, p. 280.) Sobre el caos en Tampa la mejor fuente es una carta de Theodore Roosevelt a Henry Cabot Lodge del 10 de junio de 1898 donde, con su pericia narrativa habitual, el jefe de los Rough Riders pinta con vivos colores lo que él llama

demoró. Fiel a sus prácticas ineficientes, el Ejército mantuvo hacinados en viejos transportes sin sanidad ni ventilación a 17.000 hombres que se asaron por casi una semana, bajo un sol implacable, en medio de la bahía tampeña. En el *Yucatán* el hedor a carne corrompida obligó a echarla toda al mar. Hasta el 14 de junio no llegó la orden de partida.

Esta orden se produjo como secuela del aspecto naval del conflicto bélico. La flota del Atlántico aplicó al comienzo de la guerra una táctica de bloqueo de Cuba y de espera y búsqueda de la escuadra de Cervera, que –como vimos en la Primera Parte– había partido de Cabo Verde el 29 de abril. Y que poco después, pareció esfumarse en el océano. Por días y días la gran pregunta en el alto mando de la Marina norteña era: «¿Dónde se encuentra la armada española?» Los barcos de Estados Unidos patrullaban la costa norte de Cuba, llegaban hasta Puerto Rico y volvían a La Habana, sin hallar huellas del almirante. En algún momento –se decían– éste tendrá que tocar tierra. Lo más lógico es que lo haga en la costa meridional de la isla caribeña. ¿En Guantánamo? ¿En Santiago? ¿En Cienfuegos? Por fin –ya se sabe– Santiago fue el punto escogido. La respuesta de los norteamericanos fue dirigir hacia allí su escuadra. Y enviar detrás de ella las tropas concentradas en Tampa, con el general William Shafter a la cabeza. Pronto el convoy pasó cerca de Key West y como las condiciones atmosféricas eran favorables, el 19 dobló la Punta de Maisí, continuó sin pararse frente a Guantánamo y el 20 al mediodía estaba frente a la entrada de la bahía santiaguera. Allí lo esperaba el almirante William Sampson con su flota.

No es sino entonces, ya casi a la hora del combate, cuando se produce un esfuerzo para articular los planes bélicos del Ejército con los de la Marina, algunos de estos últimos bastante descabellados, como aquel que recomendaba tomar primero el Castillo del Morro, una fortaleza empotrada en una escarpada roca casi inaccesible. Finalmente se desistió de

---

«la confusión y carencia de sistema y el infame manejo de la situación» por parte del ejército en el puerto floridano. La carta puede leerse en *The Selected Letters of Theodore Roosevelt*, New York, 2001, pp. 185-187. Para acabar con el desorden, Teddy hace una recomendación en la postdata: «Un hombre debería tener el control aquí, con autoridad autocrática.» Es obvio: sin mando centralizado y puño fuerte no hay ejército. ¡Ah, si él pudiera ser ese hombre...!

tal disparate y la flota permaneció a la entrada del puerto. En cuanto a las tropas, el jefe del ejército invasor vacilaba sobre el punto donde debían desembarcar. ¿Aguadores? ¿Siboney? ¿Daiquirí? Todas esas pequeñas mellas de la costa al este de la bahía santiaguera tenían sus pros y sus contras. Por fin Shafter decide pedirle su opinión a Calixto García, jefe del Ejército Libertador cubano en la provincia de Oriente, con quien ya se habían hecho previos contactos. La entrevista tuvo lugar el 20 de junio en Aserradero, al oeste de Santiago, donde se encontraba el campamento del general Rabí, jefe del estado mayor de García. En una casa cubierta con hojas de palma (o sea, en un *bohío* con techo de *guano*, como se dice en Cuba), el máximo jefe cubano les hizo saber al general y al almirante norteamericanos que eran erróneos los datos que traían sobre la presencia de seis a ocho mil soldados españoles en esa zona. «No llegan a mil», les dijo. «Y yo me encargo de que en 24 horas no quede ni uno.» Por fin se aceptaron las recomendaciones de García: serían dos los desembarcos, uno en Daiquirí, otro en Siboney. De esos lugares a Santiago de Cuba no había ni veinte millas de distancia.

    El 22 tuvo lugar el desembarco en Daiquirí. Que por su imponente caos le hizo competencia al embarco de Tampa. En el lugar había dos puentes: uno altísimo, para embarcar mineral de hierro; otro, bajo, corto y desvencijado, que se pudo utilizar. Aunque buena parte de los hombres y del material tuvieron que ser desembarcados en plena mar, lo más cerca posible de la orilla. A los animales hubo que echarlos al agua para que se salvaran a nado y muchos perecieron en el empeño (entre ellos el caballo favorito de Teddy Roosevelt.) Como no había orden ni concierto, nada estaba donde debía estar. Era dificilísimo encontrar lo que cada quien necesitaba. Pero tras muchos esfuerzos, idas y venidas y maldiciones mil, comenzó la marcha hacia Santiago la tarde siguiente. A Roosevelt le debemos un importante comentario sobre este episodio de la campaña: «Este lugar hubiera presentado muy grandes dificultades a las fuerzas atacantes si hubiera habido resistencia. El terreno era una masa de ásperas y empinadas colinas cubiertas enteramente por un matorral impenetrable. Quinientos hombres decididos pudieran haber impedido el desembarco a muy poco costo para ellos. Más o menos ese número de soldados españoles se encontraban en el lugar esa madrugada, pero se habían ido. En su lugar encontramos cientos de insurgentes cubanos, una de las bandas más completas de zarrapastrosos que ojos humanos vieron, armados con toda una variedad de rifles distintos en diversos estados de dilapidación...»[213] Lo que omitió el señor Roosevelt fue que de no ser por esos mismos «zarrapastrosos», que atacaron y expulsaron del lugar a los españoles la noche antes del desembarco, éste –de haber podido realizarse– hubiera sido extraordinariamente más costoso para los norteamericanos. Al no contar con oposición alguna, no tuvieron ni una sola baja ocasionada por fuego enemigo.

Ahora, ya en tierra firme, era el momento de comenzar la ofensiva.

***

Por la costa sur de la provincia de Oriente, desde Santiago de Cuba hasta Sigua, se extendía un camino real, en paupérrimas condiciones de conservación, pero que abría una trocha transitable en medio de la espesa maleza tropical. Primero iba entre el mar y la montaña: el mar al sur y, al norte una escarpada cordillera de piedra caliza, un verdadero farallón. Pasando por el norte de Daiquirí y luego de Siboney, llegaba hasta una quebrada en ese farallón denominada Las Guásimas. Y una vez vencida esa garganta, a ratos en terreno menos accidentado, el camino comenzaba a inclinarse hacia el noroeste, en busca de la ciudad y el puerto santiagueros. (*Véase mapa # 1*. Página 271.) Temeroso del paludismo y la fiebre amarilla, feroces en esa región durante el verano, el general Shafter necesitaba moverse con rapidez. Por eso, como vimos, aceptó el plan de desembarco sugerido por el general García. (Esa carretera permitía salir con relativa presteza de las playas, y marchar rápidamente hacia el objetivo principal de la campaña.) Y por eso, además, decidió que se arrancara hacia el oeste, desde Daiquirí, tan pronto hubiesen bajado a tierra fuerzas suficientes para desatar una ofensiva.

---

[213] Theodore Roosevelt, *The Rough Riders*, New York, 1999, p. 46.

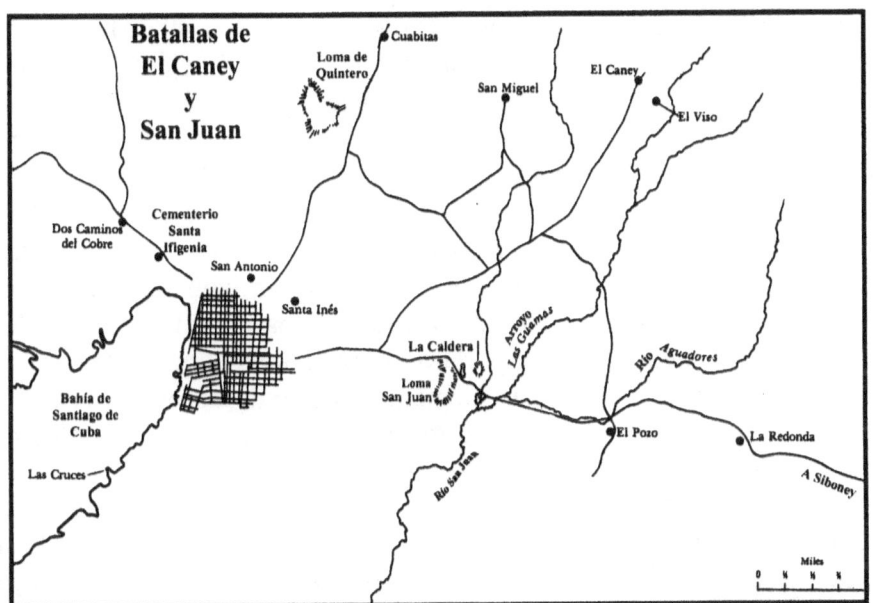

Mapa # 1

El general Joseph Wheeler, interpretando a su manera las órdenes superiores, ordenó que las tropas desembarcadas el 22 y el 23, siguiendo el camino real, salieran en las primeras horas de la mañana del 24 de junio hacia el oeste en busca del enemigo. Por el camino real mismo marcharía la brigada de soldados negros (mandados, desde luego, por oficiales blancos, con el general Young a la cabeza). Por un trillo paralelo, situado a la izquierda del camino, irían los Rough Riders de Wood y de Roosevelt. Al frente, como vanguardia, realizaría la labor exploratoria un buen número de soldados cubanos aportados por el general Castillo Duany. A las 5 y 30 a. m. comenzó el movimiento. Un par de horas más tarde tropezaban con las avanzadas de un cuerpo de ejército español mandado por el general Antero Rubín, que había detenido momentáneamente su retirada. Lo que siguió se conoce en la historia con el nombre de la batalla de Las Guásimas, por llamarse así esa quebrada, que permitía atravesar la sierra. En verdad apenas pasó de ser una escaramuza. Las bajas norteamericanas llegaron a 16 muertos y 52 heridos. Las españolas, a diez muertos y 25 heridos. Los españoles, sin embargo, se vieron obligados a reanudar su retirada, quedando los norteños dueños del campo. Los Rough Riders se portaron muy bien en el combate, con su jefe Theodore Roosevelt –aparentemente invulnerable a las balas enemigas– a la cabeza. Teddy había puesto a su lado, en un lugar de preferencia, a dos periodistas amigos, Richard Harding Davis del *New Yok Herald* y Edward Marshall del *New York Journal*, quienes en sus despachos convirtieron ese bautismo de fuego en un combate épico, donde el teniente coronel había peleado como un superhéroe. Como explica Edmund Morris, en su famosa biografía, «ambos habían reportado favorablemente, en el pasado, sus proezas como Comisionado de la Policía. Roosevelt ahora confiaba en ellos para que lo glorificaran como guerrero y por eso cultivaba su amistad. A Stephen Crane , del *World*, que no le caía nada bien, lo puso en la retaguardia.»[214] De ese modo comenzó la campaña publicitaria que, por fin, llevaría a Roosevelt hasta

---

[214] Morris, *op. cit.*, p. 672. Edward Marshall fue herido en Las Guásimas por la bala de un Mauser español y quedó paralítico para toda su vida. Retorciéndose en lo que parecía su agonía de muerte, le dictó a Stephen Crane el último despacho que le publicó el *Journal*.

la Presidencia de la República. En definitiva, lo cierto fue que la toma de la quebrada de Las Guásimas le abrió al ejército de Estados Unidos un camino seguro hasta las defensas enemigas situadas en las lomas de San Juan, al este de Santiago de Cuba. Ese mismo día por la mañana comenzaba otro desembarque del ejército en Siboney, que continuó hasta el 26, mientras en Daiquirí seguían bajando a la playa tropas y materiales bélicos hasta el 28. Al terminar la operación –realizada con la misma desorganización y anarquía que dominaron la salida de Tampa– Shafter, mal que bien, había puesto casi 17.000 hombres en suelo cubano.

Los problemas de abastecimiento se presentaron de inmediato. Las tropas habían desembarcado con raciones para tres días. Era preciso avituallarlas con urgencia. Y la única ruta para hacerlo era el malísimo camino real por donde los soldados habían avanzado, ahora empeorado porque la recién comenzada estación de las lluvias convertía los baches en lodazales casi impasables. Desde luego, el movimiento de tropas hacia el objetivo estratégico no podía detenerse. Pero los problemas logísticos comenzaron a retrasar su movimiento. Los males venían de muy atrás. De Tampa no se llevaron barcazas alijadoras ni lanchas de motor para transbordar vituallas y materiales bélicos de los buques a las playas. Los vagones para transporte terrestre eran pocos y su marcha por los baches y el fango del único camino muy lenta y dificultosa. Las mulas no daban abasto y, dada la carencia de puentes, a veces se ahogaban en los ríos y arroyos desbordados por los aguaceros. El resultado fue un gigantesco atoramiento en Siboney y Daiquirí que no se desenredó por días y días que parecían interminables. Y a todo eso debía agregarse la falta de previsión. Cuando era necesario cortar cercas de alambres de púa, las tenazas cortalambres no aparecían por parte alguna. Y cuando los médicos y enfermeros se disponían a tratar a los heridos, se enteraban de que los intrumentos y las medicinas seguían en los barcos, sin que pudiera determinarse si estaban en Siboney o en Daiquirí. Teddy Roosevelt, por ejemplo, se quejaba de que la ropa que les suministraban eran más adecuadas para el polo norte que para el trópico. El mismo Roosevelt resumió muy bien el problema: «Como nación nos enorgullecemos de nuestra habilidad para los negocios y nuestra destreza en las artes de la paz, mientras los extranjeros, por otra parte, no nos daban mucho crédito como dueños de especiales capacidades para las artes bélicas. Resulta curioso que cuando vino la guerra nos hemos desintegrado precisamente en la parte administrativa, mientras la capacidad de las tropas para la lucha ciertamente no ha dejado nada que desear.»[215]

A través de la garganta de Las Guásimas los invasores llegaron hasta el caserío de Sevilla, desde cuyas afueras, en línea recta, podía verse claramente la ciudad de Santiago situada a unas siete millas de distancia. De ahí siguieron hasta la loma de El Pozo. En esta región, bien dotada de aguas, Shafter –por fin en tierra– decidió darle un breve descanso a las tropas y preparar la ofensiva. El 30 de junio por la tarde en una reunión celebrada en El Pozo se acordó el plan de batalla. El ataque comenzaría el día siguiente por la mañana. El grueso de las fuerzas se lanzaría frontalmente contra las tropas enemigas atrincheradas en las Lomas de San Juan, una cordillera de colinas al este de Santiago de Cuba, casi en las afueras de esa ciudad, donde el general en jefe de las tropas españolas, Arsenio Linares, había establecido su principal línea de defensa. Pero antes, para proteger ese ataque, el ala derecha norteamericana, mandada por el general Lawton, con una división de infantería y otra de artillería tomaría el pueblo de El Caney, situado al noreste (y a seis millas) de Santiago. El lugar estaba bien defendido por seis blocaos de madera y una fortaleza de piedra llamada El Viso. Lawton prometió cumplir su misión en sólo dos horas. Inmediatamente después el resto del ejército se incorporaría a la lucha para el empuje final.[216] Al terminar la reunión, Roosevelt se enteró de que Leonard Wood debía sustituir a un general enfermo. A Teddy se le encargaba el mando de los Rough Riders y se le ascendía a coronel. «Para mi delicia.... obtuve mi compañía», fue el comentario del nuevo jefe, años después, al relatar los sucesos.[217] Su biografía parecía siempre vestirse con los ropajes de una buena novela de aventuras, porque el día siguiente, 1 de julio de 1898,

---

[215] Theodore Roosevelt, *The Rough Riders*, p. 111.

[216] Aunque la participación cubana en el conflicto será estudiada en detalle en la tercera parte de esta obra, conviene dejar sentado aquí que en el plan acordado se asignaban tareas importantes a los cuatro mil soldados cubanos que acompañaban al ejército norteño.

[217] Roosevelt, *Autobiografía*, p.245.

el de la victoria de San Juan, iba a ser, según sus propias palabras saturadas de orgullo, «el más grande de mi vida... Me elevé sobre esos oficiales del ejército regular como un globo...»[218]

A las cuatro antes meridiano de esa famosa jornada, Lawton entró en acción. Tras un desayuno de agua y galletas sus tropas empezaron a tomar posiciones ante las defensas de El Caney. El combate comenzó a las siete de la mañana. Según los planes tendría que estar decidido a las nueve. A esa hora El Viso, clave de las defensas de la región, debería estar ya en manos norteñas. Pero la resistencia de los españoles fue mucho más terca de lo esperado. Los pocos y anticuados cañones del capitán Allyn Copron (sólo cuatro piezas de 3.2 pulgadas) resultaron incapaces de realizar rápidamente su misión. Un disparo derribó la bandera española que flotaba en lo alto del fuerte. Pero desde las trincheras y alambradas que lo rodeaban, así como desde el fuerte mismo, se desbordaba un fuego sostenido y letal que producía numerosas bajas en las filas de los atacantes norteamericanos y cubanos, quienes tuvieron que ganar su terreno paso a paso, pulgada a pulgada. Desde lo alto de la loma, los españoles afinaban la puntería guiándose por el rastro que dejaban los Springfields enemigos al disparar desde abajo con pólvora negra. Por fin, la superioridad numérica se impuso. El continuo cañoneo dejó sentir su peso. A las diez de la mañana todavía ambos lados se disparaban sin cesar, pero después, tras una pausa que duró hasta la una de la tarde, las fuerzas de Lawton lanzaron la ofensiva final. A las dos y media llegaban al pie de la colina, poniéndose así fuera del alcance de las armas españolas. Desoyendo una inexplicable orden de detener la marcha emitida por Shafter, Lawton continuó subiendo hasta penetrar en la fortaleza y recibir allí la bandera blanca de rendición. En el fuerte, de pronto, se imponía un breve y profundo silencio. Eran las cuatro en punto de la tarde.

Había, sin embargo, que terminar la tarea tomando la cercana villa de El Caney, desde donde llegaban molestos disparos. Pisándoles los talones a los fugitivos vencidos en El Viso, los hombres de Lawton se

---

[218] Edmund Morris, *op. cit.*, p. 875. Carta de Roosevelt a Hermann Hagedorn de 14 de agosto de 1917.

lanzan entonces hacia el centenario poblado, centro de la mejor región frutera de la isla de Cuba (piñas deliciosas, infinitas variedades de mangos, que pronto iban a deleitar a los invasores y ayudar a subsistir a los refugiados que llegaban de Santiago.). La línea del último empujón avanza sin cesar. Pronto es dueña del campo. En el camino de Santiago encuentran un blocao de madera.. Unos cuantos soldados españoles hacen valiente resistencia y mueren como héroes.. Mientras tanto en la plaza, frente a la iglesia, el general en jefe Joaquín Vara del Rey, todavía se esfuerza por organizar sus tropas ya vencidas, hasta que lo derriban del caballo varios balazos en las dos piernas. Es colocado en una camilla, donde le alcanza otra bala que le destroza la frente. Cuando, al final, se pasa balance, los muertos españoles llegan a 248, los norteamericanos a 81. Las bajas norteñas en toda la operación representaban un siete por ciento de las tropas envueltas en el combate, el mismo porcentaje que sufrieron las cubanas que participaron en el mismo, al mando del coronel González Clavel. El ala derecha del ejército invasor, aunque tardíamente, había cumplido su misión..

Por su parte, el grueso del ejército, que iba a actuar a la izquierda, hacia San Juan, tuvo que modificar en algo su plan. En la mañana del 1 de julio, fiel al acuerdo del día anterior, se encontraba en espera de la «inminente» noticia de la victoria de Lawton para iniciar el ataque. A las ocho, en una acción preparatoria, los cuatro cañones de 3.2 pulgadas, colocados muy cerca del El Pozo, comenzaron a disparar contra la línea de defensa española. El resultado, sin embargo, fue negativo. La pólvora negra denunció de donde procedía el fuego y las baterías enemigas pronto le contestaron hasta silenciarlo. En consecuencia, los ocho mil hombres empeñados en el asalto tuvieron que ejecutarlo sin ayuda alguna de la artillería. Pagarían buen precio por ello. Cuando el alto mando se percató de que la toma de El Viso se demoraba más y más, decidió no seguir esperando y lanzar, de todos modos, la ofensiva contra las Lomas de San Juan. La primera fase del combate consistía en apropiarse en seguida de la colina del Caldero, estratégicamente colocada entre los dos combatientes. (*Véase mapa #2*). Lo que se suponía que iba a empezar a las diez se pospuso para la una de la tarde. A un cuerpo de soldados regulares negros, a otro de regulares blancos y a los Rough

Riders se les encargó la tarea. El flamante coronel Roosevelt, cabalgando su otro corcel, llamado Texas, iba delante de sus hombres. Llegó hasta cuarenta metros de lo alto de El Caldero, donde lo detuvo una cerca de alambre de púas. Allí tuvo que bajarse del caballo y seguir subiendo a pie. Fue uno de los primeros en alcanzar la cumbre, precisamente cuando la abandonaban los españoles que habían sobrevivido.

Al mirar a su izquierda los Rough Riders pudieron observar que el resto del ejército por fin se había puesto en movimiento y estaba a punto de llegar a la cumbre de la sierra de San Juan. Poco después de iniciado el asalto a El Caldero, el general en jefe, Jacob Kent, había dado a dos de sus brigadas la orden de iniciar el asalto. Bajo intenso fuego, éstas, al mando del general Hawkins, comenzaron el ascenso, destruyendo en el avance las alambradas defensivas. Estando al descubierto, mientras los españoles disparaban desde la cumbre, los atacantes sufrían numerosas bajas. Un corresponsal británico, John Black Atkins, resume bien la situación al preguntarse: «¿Iban estas alturas a ser tomadas prácticamente sin ayuda de la artillería? La artillería debía haber golpeado, golpeado y golpeado la posición y entonces la infantería hubiera podido barrerla a la carrera...» Pero no fue así. «La infantería tuvo que actuar totalmente sola...»[219] Y sufrir las consecuencias... Las tropas de Hawkins subían y subían mientras sus hombres caían y caían. Afortunadamente un destacamento de ametralladoras Gatling, compensando en algo la limitación artillera, comenzó a disparar contra el fuerte situado en la cima. Lo hizo por unos minutos. Poco después se reanudó el asalto. Según el reportero Richard Harding Davis, avanzaban no como una masa sino formando delgadas líneas azules que se deslizaban implacablemente hacia lo alto, hundiéndose a ratos en la alta yerba tropical para resurgir y avanzar luego, «inevitables como la subida de la marea.»[220] Por fin, con una suerte de explosión, en una acometida incontenible, las líneas azules, integradas en un bloque, alcanzaron la cumbre, donde encontraron

---

[219] Cit. por Virgil Carrington Jones, *Roosevelt's Rough Riders*, Garden City, New York, 1971, p. 176.

[220] Ver Frank Freidel, *The Splendid Little War: The Dramatic Story of the Spanish-American War*, Short Hills, New Jersey, 2002, p. 127.

numerosos cadáveres españoles. El resto de la guarnición había escapado. El fuerte se encontraba, al fin, en manos norteamericanas. Mientras tanto todo esto sucedía, los vencedores de El Caldero se incorporaban a esa última fase de la batalla. Comenzaron a disparar contra las lomas situadas frente a ellos, el extremo de la sierra de San Juan. Para llegar a ellas había que atravesar un pequeño valle. Roosevelt dio la orden. ¡Adelante! Todo fue rapidísimo. Cuando llegaron a lo alto, otra vez el enemigo retrocedía a gran prisa. Blancos y negros, peleando unidos y revueltos,[221] habían obtenido un importante triunfo. Desde esa cima, Teddy y su tropa divisaban la ciudad de Santiago de Cuba, tendida casi a sus pies. Y lo mismo hacían los hombres de Hawkins, desde el otro remate de la sierra.

(Y aquí es justo colocar un pequeño paréntesis para explicar que existe una vasta mitología de la guerra del '98 en dos idiomas y tres países, que no siempre coincide con la verdad histórica. Un buen ejemplo de ella es una de las versiones más populares de la toma de San Juan que coloca a Teddy Roosevelt, a veces a pie, a veces a caballo, con un sable en la mano, a la cabeza de todas las tropas norteamericanas que abatieron el fuerte, llegando antes que nadie hasta la cumbre. La participación de Roosevelt en la batalla fue un modelo de valentía personal y pericia militar, pero la verdad es que él arribó a la cima después que las tropas de Hawkins lo habían tomado. En realidad, en lo mucho que escribió sobre la hazaña, Roosevelt nunca reclamó la gloria de la primacía. El crédito de la victoria pertenece al diez de caballería (desmontada) del ejército regular, una unidad de combate formada por soldados negros.)[222]

Mientras transcurría el día primero de julio, la población de Santiago de Cuba iba cayendo más y más en un estado de pánico. Los rumores volaban de labio en labio por todas partes sin cesar. Que el cónsul francés, monsieur Hippeau, iba a sacar a todos sus nacionales por el camino

---

[221] Roosevelt informa que al llegar ese momento «los diferentes regimientos estaban completamente entremezclados» (*The Rough Riders*, p.84.)

[222] Ver a este respecto: Ronald Barr Chidsey, *La Guerra Hispanoamericana: 1896-1898*, traducido por Marcelo Covián, México D. F. y Barcelona, 1973, pp. 146-147.

de Cuabita. Que muchos ingleses le pedían al suyo, mister Ramsdem, que hiciese lo mismo. Que los «americanos» avanzaban a paso de carga hacia la ciudad. Que algunos oficiales españoles habían afirmado públicamente: «Si los americanos siguen atacando como lo han hecho durante todo el día, la plaza caerá en poder de ellos esta misma noche.»[223] La verdad era que, dueño el ejército invasor de las avanzadas de El Caney y San Juan, los defensores de la capital de Oriente quedaban reducidos a las trincheras abiertas en las afueras de la plaza, sus fuertes y la valla alambrada. «El ejército sitiador –dice con plena razón Bacardí– tenía franco el paso para cortar el acueducto de Boniato y la línea férrea a San Luis y La Maya, sin que pudiera recibir la plaza frutos del país, forraje y combustible y sin poder contar con más agua que la escasa de los pozos y aljibes o la que las nubes quisieran enviarle.»[224] «¡Esta noche entran los yanquis!» Eso pensaba la inmensa mayoría de la población.

Pero nada de eso tuvo lugar. La noche transcurrió en absoluta tranquilidad. «...Y los habitantes de Santiago de Cuba al clarear el siguiente día se asombraron de amanecer sanos y salvos.»[225] Sin aceptar los consejos de Calixto García, quien recomendaba continuar sin tregua la ofensiva, el general Shafter, que había pasado toda la batalla en su tienda de campaña, echado en un catre, casi paralizado por el calor, la gota y la gordura –pesaba más de 300 libras– ordenó que el avance se detuviera en San Juan, estableciendo una línea atrincherada, a un kilómetro de distancia de la ciudad. Desde entonces el fuego violento en torno a Santiago cesó prácticamente para no reanudarse hasta el día 10. El día 3, dando muestras de una prudencia que más bien parece pánico, Shafter dirige al Secretario de la Guerra en Washington el siguiente mensaje: «Hemos embestido la plaza por el N. y por el E.: pero nuestra línea es muy débil. Al aproximarnos a la plaza hemos encontrado defensas fuertemente organizadas, que me sería imposible tomar por asalto. Yo

---

[223] Emilio Bacardí, *op. cit.*, vol. X, pp. 18-19.
[224] Bacardí, *op. cit.*, p. 18.
[225] Bacardí, *op. cit.* p. 20.

pienso seriamente en retirarme y tomar posición a cinco millas próximamente sobre las alturas entre el río San Juan y Siboney.»[226]

Le asiste a Ivan Musicant toda la razón cuando comenta al respecto: «Desde el punto de vista militar, esa opción era demencial. Retirarse después de haber alcanzado el objetivo a tanto costo hubiera resultado devastador para la moral de las tropas. Eso, sin contar con el hecho de tener que repetir la acción con una fuerza atacante sustancialmente menor y un enemigo grandemente alentado por la victoriosa defensa de sus posiciones.»[227] Era cierto que el ejército invasor había extendido más de lo prudente sus líneas de abastecimiento debido al caos administrativo del que Shafter era en parte culpable. Los caminos desde los lugares de desembarco hasta el frente se habían convertido en un hacinamiento caótico de hombres, animales y carretas, de armamentos, comestibles, forraje, uniformes, ropas, medicinas, instrumentos quirúrgicos y de cuanto se había traído para la campaña. Situación que se repetía en las playas y en los barcos que seguían deambulando el Mar Caribe sin descargar, mientras en el frente escaseaba la comida. De las 17 ambulancias embarcadas en Tampa sólo tres llegaron a tiempo para el combate y, por falta de transporte, los heridos y hasta los operados durante el encuentro se depositaban sobre la yerba cuando no podían caminar trabajosamente hacia Siboney. Todo eso es verdad. Verdad también que, cediendo a la presión de sus consejeros, Shafter dirigió un mensaje al general en jefe español Toral, exigiéndole la rendición y que éste le contestó que nunca lo haría. Pero los hechos demostraron que el gran susto del general en jefe norteamericano era injustificado. El mismo día del famoso cable derrotista enviado a Washington, Cervera se veía forzado a abandonar la protección de la bahía y salir a mar abierto, para perder —como ya hemos visto— toda su flota, lo que automáticamente decidía la guerra. Por algo el ejército español no trató en ningún momento de rescatar la loma de San Juan. Obviamente, la ausencia de visión estratégica del inexperto alto mando de Estados Unidos en Cuba no sabía

---

[226] War Department, (Governmente Printing Office), *Correspondence Relating to the War with Spain,* Washington, 1902, vol 1, pp.74-75.

[227] Ivan Musicant, *op. cit.*, p. 428.

distinguir entre un éxito y un fracaso, interpretando lo que de hecho era una victoria en progreso como una derrota que exigía inmediata retirada. Por fortuna para ellos las permanentes debilidades –ya históricas– de España le impidieron a ésta aprovecharse de los errores de juicio de su adversario. A centenares y centenares de millas de distancia, pero con más serenidad que su general en Santiago, el gobierno de Washington le vetó la retirada, impidiendo que se cometiera semejante disparate militar y político. Era cierto que la batalla había sido dura, pero los resultados no justificaban el pánico.

La conducta de Shafter provocó muy serias críticas. Entre los que alzaron su voz de protesta se encontraba Theodore Roosevelt quien el 7 de julio le decía a Henry Cabot Lodge: «Es criminal mantener a Shafter en el mando. El es totalmente ineficiente; y ahora se encuentra en estado de pánico. Wheeler es un viejo muy querido; pero apenas un poquito más apto para el mando que Shafter... Esta batalla se peleó bajo la dirección de los comandanates de brigadas y regimientos... La falta de liderazgo, de sistema y de capacidad ejecutiva por poco nos conduce al desastre...»[228] En todo esto hay mucho de verdad. Pero es cierto también que poco a poco, al enterarse de la derrota de la escuadra española el 3 de julio, Shafter parece serenarse, parece ir captando el sentido de su verdadera posición militar y diplomática. Por lo pronto, él no era el único en haberse dejado arrastrar por la alarma y el sobresalto. El propio Roosevelt, seguramente movido por su inexperiencia militar, ese mismo día 3 le había escrito a Lodge: «Por el amor de Dios dile al Presidente que nos mande cuanto regimiento y cuantas baterías sean posibles... Nos encontramos a medible distancia de un terrible desastre militar; *tenemos* que recibir ayuda: miles de hombres, baterías, y alimentos y municiones...»[229] ¿Es ésta la voz de la calma imperturbable o la del pavor y del susto? También Teddy tuvo que controlar sus nervios. Y los acontecimientos del 3 de julio, uno de los días más trascendentales de la historia de los Estados Unidos, lo cambian todo.

---

[228] H. W. Brands, (ed.), *The Selected Letters of Theodore Roosevelt*, New York, 2001, pp. 196-197.

[229] Brands, *op. cit.*, p. 193.

En primer lugar, desde luego, la decisiva batalla naval a que acabamos de referirnos. El día 3 por la mañana, entre San Juan y el mar, se encontraban los cañones de una flota enemiga.. Por la tarde, ese peligro había desaparecido. Y a la vista de la ciudad cercada por completo, la victoriosa escuadra norteameriana seguía bloqueando el puerto. A partir de ese momento, le llegan al comando norteño constantes noticias sobre el estado de caos que reina en Santiago de Cuba. Los vecinos, temerosos del bombardeo que los amenaza, huyen despavoridos hacia El Caney, Cuabita, Dos Bocas, Boniato. Más de 30,000 hombres, mujeres y niños llenan los caminos en busca de refugio, llevando consigo la poca comida que han podido conseguir. Las calles están vacías, a no ser por los maleantes dedicados al saqueo y el incendio, que no pueden combatirse porque también los policías y bomberos han huido. La escasez de víveres compite con la del agua potable. Constantemente alcanzan la ciudad, procedentes de los barcos hundidos, marineros españoles heridos, cansados, sedientos, provocando una nutrida concentración de derrotados. El 3 por la noche arriban por fin a la plaza la columna española de 3,500 hombres mandados por el coronel Escario, procedente de Manzanillo. Azotada en todo su camino por las tropas mambisas, llega esta columna retrasada, maltrecha, sin bagajes, una carga más que un auxilio. El 5 Shafter insiste con Toral: «Ríndase usted.» Y recibe la misma respuesta: «No me rindo.» Mas para esta fecha ya el alto mando sabe que la suya debe ser una táctica de asedio: «Amenaza, espera, insiste y vuelve a esperar». ¿Para qué perder más vidas en un asalto innecesario?

En el campo español el espíritu de resistencia va resquebrajándose. El 8, Toral le dice en cable a Blanco que sus soldados se alimentan tan solo con arroz, café y azúcar. La situación es obviamente insostenible. El 10, cansado de esperar, Shafter decide dar otro apretón. A las cinco de la tarde las baterías de la escuadra y del ejército inician un bombardeo de la ciudad, al que los españoles apenas contestan. Están cortos de municiones y sus piezas de artillería, por si solas. se desmontan de sus cureñas al disparar. A las seis y media cesa el fuego. Como para decir: esto es sólo una advertencia. Pero como no hay respuesta a la misma, al día siguiente por la mañana, se reanuda el fuego norteamericano de artillería naval y terrestre, de infantería y de ametralladoras.. En la ciudad, casi vacía, no hay bajas de civiles y muy pocas de militares. A las dos de la tarde: silencio. A las cinco los norteamericanos alzan una bandera blanca en el fuerte de San Juan. El general Shafter desea comunicarse con el lado español. Y se entablan negociaciones. El mismo día, desde su cama de enfermo, el antiguo general en jefe, Linares, se dirige a Blanco para decirle: «La rendición es inevitable...El sacrificio es estéril...»[230] Y por fin el Primer Ministro, Sagasta, comprendiendo que no valía la pena esperar más, pues toda la honra que podía defenderse, defendida –y derrotada– estaba, en un cablegrama le hace al capitán general Blanco un resumen: de las circunstancias. «Los norteamericanos –le dice– son absolutamente dueños de la situación.» En lo adelante se limitarán «a extender y reforzar el bloqueo, y a bombardear puertos... y aun las ciudades del litoral de la Península... El deber de todo Gobierno, es evitar males tan grandes e irremediables, buscando, por todos los medios el fin de una lucha tan desigual y desastrosa. La paz se obtendría hoy en condiciones que serían aceptables y honrosas para el ejército...» Y conociendo la violenta indisciplina de los voluntarios habaneros, casi pide permiso para actuar: «Yo confío que... usted y los generales a sus órdenes... rendirán obediencia a las resoluciones del Gobierno, con respecto a la paz... Espero su respuesta.»[231] Blanco no tuvo más remedio que asentir. Y en seguida telegrafió a Toral: «Queda usted autorizado para capitular con el enemigo.» En consecuencia, el mismo 13, Shafter y Toral, bajo la gran ceiba que estaba a la derecha del camino de San Juan, arriban a un acuerdo de rendición de las tropas españolas, «siempre que las condiciones fuesen aceptadas por el gobierno de Madrid.» El 15, en Santiago, los oficiales del ejército español acuerdan por unanimidad en una junta «que es llegado el caso de capitular.» El 16 a las 6 de la tarde, bajo la misma ceiba, que desde entonces llevará el nombre de Arbol de la Paz, se firma el acta de capitulación, por cierto sin la presencia de los cubanos que no fueron invitados a participar en esta ceremonia.

---

[230] Bacardí, *op. cit.* vol. X, p. 84.
[231] *Ibidem., id..*, p. 87.

El 17 era domingo, fecha escogida el día anterior para la rendición solemne del ejército de España y la entrega de la ciudad. Por la mañana, en el Arbol de la Paz, Toral le presenta su espada a Shafter, quien se la devuelve galantemente. En seguida los soldados españoles depositan el armamento en el suelo, formando pabellones con los fusiles y van a ocupar los campamentos que se les había asignado en las Alturas de San Juan y en Las Lagunas. A las doce entran en Santiago de Cuba el general Shafter, el almirante Sampson y sus estados mayores, seguidos de un batallón y un escuadrón del ejército norteamericano, tras de una batería y una banda de música. En el edificio del Ayuntamiento, frente a la Catedral, en el centro de la ciudad, el general Toral, el gobernador Ros, el arzobispo Sáenz de Urturi y otras autoridades esperan a sus conquistadores. A las doce en punto en un asta que había permanecido vacía toda la mañana se alza la bandera de Estados Unidos, mientras suenan las notas del himno nacional norteño. La bandera, irónicamente, flota sobre un gran letrero que hubo que bajar poco después porque decía: ¡Viva S. M. Alfonso XIII!

Don Emilio Bacardí, en sus conocidas *Crónicas de Santiago de Cuba* nos informa que «La concurrencia del pueblo fue muy escasa: algunas personas en el corredor del Club San Carlos, otras en el atrio de la Basílica y sus cercanías.»[232] Sin duda gran parte de esos testigos y otros muchos que no pudieron asistir a la entrega de la ciudad, al notar en la ceremonia un gran vacío para ellos (o ellas) incomprensible, se preguntaron: «¿Y los cubanos, donde están los mambises? ¿Por qué razón no han entrado los mambises en Santiago de Cuba?»

***

A fines de julio y principios de agosto, mientras se preparaban las condiciones para el tratado de paz, un nuevo enemigo atacaba al ejército invasor: las plagas. El paludismo, el tifus y la fiebre amarilla se cebaban con saña creciente en las tropas norteñas. El Departamento de la Guerra, sin embargo, se negaba a retirarlas. El 3 de agosto de 1898 una conferencia de oficiales decide comunicarle a Washington que el ejército debía ser evacuado de Cuba *inmediatamente* para evitar un desastre. Así lo

---

[232] *Ibidem, id.*, p. 104.

proclamaba un mensaje firmado por todos. Lo había escrito el coronel Theodore Roosevelt, quien por su propia cuenta y riesgo, al remitirlo, acompañó una vigorosa carta suya al presidente McKinley y extraoficialmente hizo llegar copias de ambos documentos a la Associated Press. En los periódicos, al siguiente día estalló el escándalo. El gobierno, conteniendo su furia, no tuvo más remedio que ordenar la retirada. El 8 de agosto embarcaban en Santiago de Cuba los Rough Riders en el transporte *Miami,* con su jefe a la cabeza. El 15 desembarcaban en Montauk Point, el extremo oriental de Long Island, no muy lejos, por cierto, de Oyster Bay y de la casa de Teddy en Sagamore Hill.

Poco a poco resultó evidente: Roosevelt se había convertido en la figura política más popular de su país. Pronto habría elecciones. Y un vigoroso movimiento de opinión impulsaba su candidatura al cargo de gobernador del estado de New York. Theodore fue postulado y fue electo. Su carrera política ascendía y ascendía. En los comicios de 1900, en que McKinley fue reelegido, Roosevelt fue electo vicepresidente, cargo del que tomó posesión el 4 de marzo de 1901. El 6 de septiembre de ese mismo año, en la Exhibición Panamericana de Buffalo, William McKinley resultaba gravemente herido por el polaco-americano Leon Czolgosz. Al enterarse, Roosevelt corrió al lado de su jefe. Cuatro días después, como los médicos le asegurron que el herido estaba fuera de peligro, reanudó sus vacaciones. El 13 de septiembre, alpinista empedernido, escalaba Mount Marcy, el pico más alto de las Adirondacks. Pero los médicos se habían equivocado. Al bajar de la montaña recibe las noticias. Primero: McKinley estaba al borde de la muerte. Y poco después: el Presidente había fallecido el día 14 a las dos de la mañana. Horas más tarde, Roosevelt, llegaba a Buffalo. Lo esperaba en la estación ferroviaria su amigo Ansley Wilcox con un destacamento de caballería para protegerlo. Después de visitar a Mrs. McKinley y presentarle sus respetos, se traslada a la residencia de Wilcox donde un juez le administra el juramento. Casi en estado de shock se percata de que a los 42 años de edad era Presidente de Estados Unidos: el más joven hasta entonces en ascender a ese cargo. Cuando Edith llega a Washington para asistir al entierro solemne, encuentra a su marido «muy serio y más viejo», aunque sereno. Y escribe: «Todo el país parece estar a su lado.»[233]

Y así, un golpe de azar colocaba a Theodore Roosevelt en un puesto de mando que le permitiría ejercer una influencia decisiva en los destinos de la todavía convulsa isla de Cuba, de Hispanoamérica, de buena parte del Asia, y, desde luego, de los Estados Unidos de Norteamérica. El Metropolitan Club de Washington D. C., viejo campeón del nuevo expansionismo imperialista, había llegado decididamente al poder.

---

[233] Kathleen Dalton, *Theodore Roosevelt: A Strenous Life*, New York, 2002, p.201.

TERCERA PARTE

Calixto García: El Camino Truncado

*Al volver de distante ribera
con el alma enlutada y sombría,
afanoso busqué mi bandera
¡y otra he visto además de la mía!
¿Dónde está mi bandera cubana,
la bandera más bella que existe?
¡Desde el buque la vi esta mañana,
y no he visto una cosa más triste!...
Con la fe de de las almas austeras
hoy sostengo con honda energía
que no deben flotar dos banderas
cuando basta con una: ¡la mía!*

Bonifacio Byrne

Calixto García Íñiguez

CAPÍTULO VII

En Marcha hacia La Demajagua... y El Zanjón

El 28 de abril de 1898 el general Calixto García se apoderaba de la ciudad oriental de Bayamo, cuna de la revolución independentista cubana, donde inmediatamente establecía su Cuartel General. Tres días más tarde allí llegaba el teniente del Ejército de Estados Unidos Andrew S. Rowan con un mensaje del gobierno de Washington para el jefe mambí. El «americano» había sido traído de Kingston, Jamaica, por los patriotas que allí servían de correos. Y tropas del Ejército Libertador, atravesando la Sierra Maestra, lo habían conducido hasta la comandancia bayamesa. El eficiente sistema de comunicaciones con el exterior establecido por el gobierno revolucionario había llevado al mitológico personaje del «Message to García» desde Nueva York hasta su destino en la Isla de Cuba. Allí, mientras se hacían las presentaciones de rigor, el oficial norteño contemplaba curioso la estampa del jefe criollo que cortésmente, de pie, lo recibía. Sorprendente le parecía el porte nórdico de aquel general del trópico: un inesperado gigante fornido, robusto, corpulento, de tez muy blanca, ojos muy azules, cabellera cana, amplio bigote blanco y en medio de la frente la cicatriz del balazo con que trató de quitarse la vida, durante la Guerra Grande, antes que rendirse al enemigo que lo rodeaba. Poderosa figura la de este jefe militar, realzada por la impecable vestimenta: guayabera blanca, pantalón de dril crudo, altas botas bien usadas. ¡Y con quien era tan fácil entenderse, porque hablaba un perfecto inglés! Solos conversaron por más de una hora. Fue una entrevista secreta, pero que pronto devino un secreto a voces: había estallado la guerra entre España y Estados Unidos y éstos solicitaban la cooperación del Ejército Libertador para la campaña que se avecinaba. Lo que García, a nombre de su gobierno y de su pueblo prometió sin ambages. Era el primer paso hacia la alianza entre las fuerzas militares de Cuba y Norteamérica, que tan importante papel iba a jugar en la victoria aparentemente común que pronto habría de producirse.

Mapa de Cuba Oriental

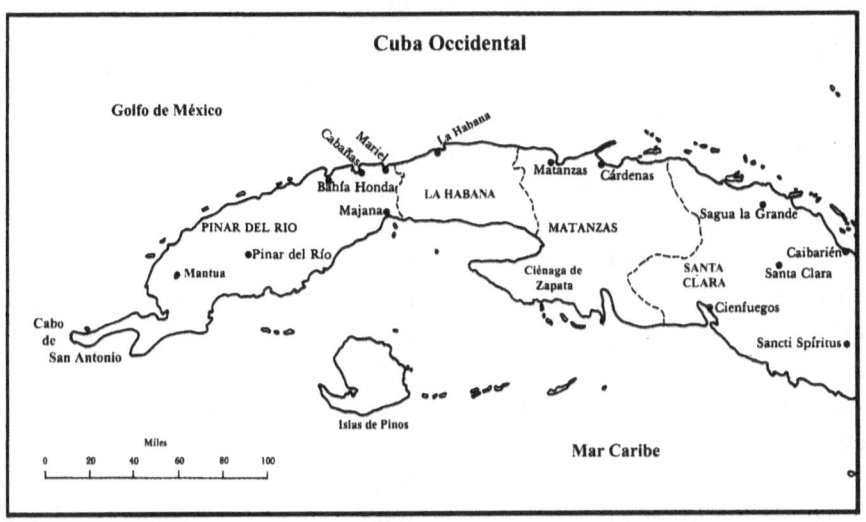

Mapa de Cuba Occidental

***

Ramón García González no quiso que su esposa Lucía Íñiguez diera a luz en su finca de Jiguaní. La llevó a la casona de sus suegros en Holguín. Y allí nació Calixto García Iñiguez, el 4 de agosto de 1839. Era la suya una familia de comerciantes y campesinos adinerados, que había llevado a Cuba desde Venezuela su abuelo español, Don Calixto García Izquierdo, el único de sus antepasados que dejó una huella –aunque pequeña– en la páginas de la historia local. Por lo menos de la local. Pues en la ciudad oriental de Holguín, donde Don Calixto se asentó allá por 1824, conductas como la suya no podían ser consideradas, por parte de los partidarios del gobierno colonial, sino como extremadamente escandalosas. Recuérdese que después de La Habana, Holguín era la ciudad de Cuba con más partidarios del gobierno español. El abuelo homónimo de Calixto García siempre dio muestras de un liberalismo que era muy mal visto por los conservadores holguineros, pero su conducta más perturbadora ocurrió en tiempos de lo que puede llamarse en la historia de Cuba la «lorenzana» de 1836.

El 12 de agosto de ese año, en el sitio real de La Granja cercano a Madrid, donde veraneaba la familia real, los sargentos sublevados obligaron a la reina regente doña María Cristina a restablecer y proclamar la constitución de 1812. En Cuba las opiniones se dividieron. El gobernador de Santiago, general Manuel Lorenzo, decidió celebrar el acontecimiento con grandes fiestas religiosas y civiles. Y tras un Te Deum, hasta «La Marsellesa» se cantó por las calles de la ciudad.

En Holguín, la minoría verdaderamente liberal recibió el golpe de La Granja con delirante alegría. Con cientos de otros conciudadanos Don Calixto García salió a la calle a gritar a toda voz: «Ya se acabó la esclavitud. Todos somos iguales.» La policía en un informe oficial lo califica de «loco» y «exaltado» y le lanza la peor acusación con que se justificaban por aquel tiempo todas las persecuciones gubernamentales en Cuba: se le llamó «agitador abolicionista». Y se agregaba que su «pandilla» animaba a los negros a la rebelión y a la violencia.

La alegría liberal no duró mucho, pues el Capitán General de la Isla, general Miguel Tacón, reaccionario absolutista, se negó a jurar la vieja Carta liberal. Para sorpresa de muchos, el nuevo gobierno «progresista» de Madrid ordenó que no se aplicase la Constitución liberal en Cuba y poco después decretó que la colonia fuera gobernada por leyes especiales, la primera de las cuales concedía «poderes omnímodos» al Capitan General. Derrotado, Lorenzo, tuvo que regresar a la Península. Y el episodio se convirtió en un símbolo de las relaciones hispano-cubanas de todo el resto del siglo. Era obvio: ni siquiera cuando gobernase en España un régimen «liberal», «moderado» o «progresista» podría Cuba esperar de su metrópoli otra cosa que despotismo, opresión y explotación.

Una vez derrotado el «lorencismo» se desató la represión y Don Calixto pagó caro sus demostraciones de amor a la libertad y la democracia. Preso primero en Holguín, luego lo enviaron a la Fortaleza de la Cabaña en La Habana. donde estuvo por un buen tiempo. Cuando le permitieron volver a su hogar –por entonces tenía ya setenta años– lo sometieron a un régimen de «vigilancia oficial» que todavía padecía cuando le llegó el nieto de su propio nombre. Había, pues, en la familia una tradición de lucha contra la tiranía, que de seguro le llegó en baja voz al muchacho en sus años formativos. Y que pronto se fundió con las corrientes independentistas posteriores.

Todos estos datos están avalados por documentos fidedignos. Pero de ahí en adelante un gran bache informativo impide conocer con seguridad el desarrollo de la infancia y la adolescendecia de nuestro biografiado. Mientras de Teodoro Roosevelt se conservan hasta sus manuscritos infantiles, nada semejante ocurre con el futuro general cubano. Se cuenta de él que antes de ir a la escuela, gustaba de jugar a la guerra con soldados de plomo. Desde luego, se había elevado a sí mismo al grado de general. Y las batallas terminaban todas con la victoria de los cubanos sobre los españoles. Lo que si no es verdad merece serlo. Porque Calixto siempre demostró poser un carácter imperioso y fuerte y, desde niño, un alma incipiente de militar. Aunque es preciso aceptar que a veces en su infancia y luego en su juventud consideró otras posibilidades de empleo, pues en la Cuba de entonces, ser soldado significaba ser soldado o «voluntario» español o españolizado, algo que para él era inaceptable. Se afirma, además, que «de muy corta edad» pasó a Jiguaní, donde estaba situada la finca de su padre, hacendado ganadero acomodado. Es lógico que así ocurriera. Pero ¿cuándo? Y ¿cuánto duró esa estancia? ¿Repartió el muchacho sus primeros días entre la casa jiguanicera de la finca paterna y la de los abuelos en la ciudad de Holguín, donde podría instruirse debidamente? ¿Será verdad que lo hizo, asistiendo a esa «escuelita de taburete» de las maestras Agustina y Manuela Almaguer? Podemos suponer que aprendió a leer y escribir en ese centro escolar con la consabida cartilla de «Cristo, ABC» y que se le instruyó en las cuatro reglas de la aritmética? Pero ¿hasta dónde pasó a estudios de mayor entidad? Siendo, como quedó demostrado después, muy inteligente, curioso y dueño de sí mismo, seguramente avanzó hasta donde sus oportunidades se lo permitieron.

Gerardo Castellanos afirma que «asistió al colegio de primeras letras del peninsular don Andrés Vales y al de enseñanza superior de los hermanos Vives.»[234] Juan J. Casasús, por su parte, ha escrito: «Nosotros podemos afirmar que Calixto García no sólo no realizó estudios universitarios, ni que tampoco cursó académicamente... la segunda enseñanza, pues a pesar de que la familia tenía rentas suficientes para mandarlo a estudiar, circunstancias ignoradas frustraron su noble apetito de superación académica.»[235] . Contradicciones y más contradicciones. De todos modos, ya veremos que de adulto García fue un perseverante autodidacta. Para desarrollarse como militar tuvo maestros muy capaces, comenzando por el general Máximo Gómez. Para lo intelectual, en cambio, dependió casi siempre de sí mismo. ¿No acostumbraba él a decir que la cárcel política había sido su universidad, porque las dos veces que la padeció había dedicado todo su tiempo a leer o, por mejor decir, a estudiar siguiendo planes que él mismo elaboraba?

---

[234] Gerardo Castellanos García, *Tierras y Glorias de Oriente: Calixto García*, La Habana, 1927, p. 31.

[235] Juan J. Casasús, *Calixto García, el Estratega*, Cuarta Edición, Miami, 1981, p. 31. El doctor Casasús realizó prolijas investigaciones en los archivos del Instituto de Segunda Enseñanza de Santiago de Cuba y de la Universidad de La Habana, sin encontrar información alguna al respecto. A lo mejor Calixto estudió «por la libre» el bachillerato en Holguín pero nunca se presentó a exámenes legalizados en el único Instituto oficial de Segunda Enseñanza que existía en Oriente en el siglo XIX, el de Santiago de Cuba.

Sea como fuere, a los 14 años de edad dominaba los conocimientos básicos de una enseñanza primaria y algunos de la secundaria. ¿Hubo alguna situación familiar que le obligara a terminar sus estudios, o simplemente se consideró que su educación era ya suficiente? En cualquier caso, cuando en 1853 su tío Santiago se lo llevó a Bayamo, el centro cultural y patriótico más importante de la provincia de Oriente, para trabajar en la tienda que allí poseía, el muchacho gozaba ya de una base intelectual bastante sólida y de una decidida orientación separatista. Por aquella época no se enseñaba en Cuba la historia del país, sino la de España solamente, pero los datos capitales de la lucha criolla por la libertad le habían llegado al muchacho por boca de su madre, doña Lucía Iñiguez, mambisa de corazón. Con ella aprendió Calixto a amar los nombres de cubanos ilustres como el padre Félix Varela, el poeta revolucionario José María Heredia, el poeta abolicionista Gabriel de la Concepción Valdés («Plácido»). Y fue ella quien primero le habló de los mártires independentistas «Frasquito» Agüero y Manuel Andrés Sánchez, ahorcados por el gobierno español en la Plaza Mayor de Puerto Príncipe el 16 de marzo de 1826. Y de los horrores de la represión a sangre y fuego de la llamada Conspiración de La Escalera en 1844. Estaba preparado, pues, para asimilar los jugos de la ciudad donde en 1868 se destacarían líderes cívicos como Carlos Manuel de Céspedes, «Perucho» Figueredo, Francisco Vicente Aguilera, Fracisco Maceo Osorio, José Joaquín Palma y tantos otros hombres de letras y de encendido patriotismo. Aunque no los conociera personalmente, respirando ese ambiente bayamés, ¿cómo no iban a fortalecerse y germinar las semillas que el jovencito ya traía con él?

En septiembre de 1854, un golpe inesperado. Aunque, como siempre, desconocemos los detalles del cómo y el por qué del trágico suceso, su tío Santiago es asesinado. Por un tiempo Calixto tiene que hacerse cargo del establecimiento, a pesar de tener sólo 15 años. En los meses que siguen debe haberse dado cuenta de que el comercio no le interesaba. Si no podía ser militar, ¿por qué no hacerse abogado, lo que significaba combatir en otra forma? Comienza a ahorrar para hacer un viaje de exploración a La Habana. Por fin lo logra en 1857. Obviamente no encuentra allí lo que busca porque pronto regresa al hogar oriental pasando antes por Trinidad, otra ciudad de hondas raíces criollas. En cuanto regresa a la provincia de Oriente, su madre le pide que se haga cargo de la administración de un tejar que posee en Arroyo Hondo, muy cerca de Jiguaní. Allá va. En cierto modo es un honor que le encarguen tareas como ésa, pues sólo cuenta 18 años de edad. Su precocidad se hace obvia. Es aceptado en Arroyo Hondo como un joven adulto, serio pero alegre, entendido en los negocios pero también excelente bailador y favorito de las jóvenes de la región. Se divierte. Sabe reírse y hacer amigos. Y le encantan las fiestas, la danza y los traguitos de ocasión. Es decididamente un extravertido. Pero también muy dueño de sí mismo. Sabe ahorrar. Y va creando poco a poco su propio peculio. A los veintidós años poseía un tejar en Santa Rita, siete caballerías de tierra en el mismo lugar, dos esclavos domésticos, siete yuntas de bueyes, dos carretas y seis caballos.

En un baile en el vecino pueblo de Jiguaní conoce a Isabel Vélez Cabrera. Se enamora y pronto decide casarse con ella. Pide la mano, como se hacía en aquellos tiempos. Es aceptado como novio, y en breve preparan la boda. Como aun no cuenta 23 años de edad, necesita el permiso legal de su padre. Pero Don Ramón se lo niega. Este incidente es importante porque nos da algún indicio de sus relaciones con su padre, uno de los tantos misterios que rodean sus primeros años.[236] Para frustración del biógrafo el asunto ha quedado totalmente a oscuras excepto por este incidente en el momento del matrimonio ¿Tendría algo que ver con la negativa de don Ramón el hecho de que Isabel, aunque bella y virtuosa, era huérfana y carecía de bienes de fortuna? ¿O había otras causas más complejas y y desconocidas? En cualquier caso, el negarle a su hijo este permiso seguramente no contribuyó a mejorar las relaciones entre ambos. Otro indicio de cómo veía Calixto a su padre, puede dárnoslo el siguiente hecho: Con el andar del tiempo, Calixto García adquirió fama de malgenioso. Aunque a veces no es fácil distinguir el mal genio de la firmeza de carácter y las fuertes demandas de eficiencia propias de un vigoroso ejecutivo, y más aun, de un militar, el propio García reconoció

---

[236] Las relaciones de Calixto García con su madre fueron siempre estrechísimas. Y ya veremos más adelante lo que ello significó para él en momentos muy críticos de su vida.

que a veces se dejaba vencer por los malos humores, cuando dijo: «Soy García y soy Iñiguez. García cuando me incomodo y se me sube lo de García; soy Iñiguez cuando estoy normal.»[237] Esa obvia preferencia por la progenie materna no hubiera ciertamente agradado mucho a Don Ramón, de haber conocido estas palabras.

Ante la negativa de su padre, Calixto demuestra en seguida el temple de su carácter. El 17 de enero de 1862 inicia expediente ante el gobierno para que, pasando por encima de la desautorización del padre, se le permita contraer matrimonio. Cuando llega el permiso ya había Calixto cumplido los famosos 23. Y el 11 de agosto de 1862 –contaba entonces con 23... y siete días– contrajo matrimonio con Isabel en la parroquia de Jiguaní. Las crónicas, siempre tacañas, no cuentan si Don Ramón asistió a la ceremonia.

Siguen seis años de felicidad conyugal, de creciente riqueza y prestigio social. Pero también de muy serias preocupaciones patrióticas. Tiene ya tres hijos: Leonor, Calixto, Carlos. Y su esposa trae otro en el vientre. Obviamente le favorece la fortuna. No es un Francisco Vicente Aguilera, de quien se decía que muchas de sus fincas eran más extensas que algunos principados alemanes. Pero tampoco es un pobrete. Lleva relaciones con gente de pensamiento y capitales. Y, fiel a su costumbre, piensa, estudia, aprende. No a amar a la patria, que eso lo trae en la sangre y le viene de muy atrás. Pero sí a examinar la situación en que ella por aquel entonces se encontraba. No hay documento que lo pruebe, pero su vida futura lo sugiere: escoge pronto el camino a seguir. En esos años, cuajados de discusión política, el sentimiento patriótico se trueca en una causa sagrada: la independentista, que paso a paso va perfilándose como perentoria necesidad de acción. Tal vez de guerra civil. El anda en contacto no sólo en Jiguaní sino a la vez en Holguín y en Bayamo con conspiradores que lo invitan a unirse a la causa. De todos ellos, quien estableció lazos más íntimos de amistad con él fue Donato Mármol Tamayo, que administraba una finca de su suegro situada junto al río Cautillo, justo en el límite de las jurisdicciones de Jiguaní y Bayamo. La identificación se explica. Eran casi de la misma edad. (Donato había

---

[237] Juan J. Casasús, *op. cit.*, p. 34.

nacido en 1838.) Y tenían muy parecidos gustos e ideales. A Calixto le atraía la mayor sofisticación y refinamiento de su amigo, quien se había educado en el Seminario San Basilio el Magno en Santiago de Cuba y, al graduarse, había viajado por España y otros países de Europa. Mármol, quien participa muy pronto en la conspiración iniciada por el patricio Francisco Vicente Aguilera, logra convencer a García y ambos asisten a reuniones en las logias masónicas creadas, como veremos, para disimular las ilegales actividades de los conjurados. Ninguno de los dos es todavía un líder de cuerpo entero. Pero, tal vez sin darse cuenta, se preparan para serlo.

Y un histórico día, el 10 de octubre de 1868 suena en el ingenio La Demajagua, en Oriente, muy cerca de donde ellos vivían, una famosa campana. Es el llamado a congregarse para el grito de independencia que desatará la Guerra de los Diez Años. Ambos la oyen. Y ambos, presurosos, acuden a la cita.

***

¿Mas cómo ha llegado la Isla hasta ese instante crítico? Toda la evolución del siglo XIX cubano desemboca en ese momento crucial, que iba a iniciar una Guerra de Treinta Años (1868-1898) por la independencia patria. Siglo intensamente dinámico el XIX, donde se acelera violentamente en Cuba el ritmo de la historia, con transformaciones tan rápidas y profundas que bien merecen ser calificadas de revolucionarias. Porque, efectivamente, hoy resulta obvio que una revolución en cinco campos que se entrecruzan y enlazan entre sí iba cambiar para siempre el destino de la Gran Antilla. Se trata de una revolución en los ámbitos tecnológico, social, económico, cultural y, por fin, político.

El desastre político y económico de Haití, a fines del siglo XVIII, iba a abrirle las puertas a Cuba hacia los mercados azucareros del mundo. Por algún tiempo los productores cubanos del dulce –conocidos como hacendados– gozaron de las ventajas de la venta a muy altos precios, lo que facilitaba la capitalización y la consiguiente expansión. Pronto se hizo evidente, sin embargo, que para seguir avanzando eran necesarios por lo menos tres cambios: 1) la sustitución de la vieja política mercantilista de España por una de mercado relativamente libre; 2) la solución del problema de la mano de obra mediante la importación masiva de esclavos africanos; y 3) la mejora inmediata de los métodos productivos, aplicando en los ingenios azucareros los modernos de la revolución industrial, ya en avanzado progreso desde su inicio varias décadas atrás en Inglaterra. Los dos primeros, tras intensa lucha, les fueron arrancados a la metrópoli española por los hacendados criollos. El tercer gran cambio se llama sencillamente: *la revolución tecnológica en la industria azucarera* del país. No podemos entrar aquí en los detalles. Lo más importante es la introducción del trapiche de hierro de masas horizontales junto con la máquina de vapor para moverlos. Luego siguen otros progresos, como los trenes *al vacío*, que duplican de golpe los redimientos. Y las centrífugas, para separar el azúcar de las mieles. Y el desarrollo de los ferrocarriles, con la extensión de la red ferroviaria para trasladar los productos de los ingenios a los puertos. Y el uso de la física y la química vigentes en la época para mejorar la producción del dulce. En 1825 había ya 25 ingenios dotados de maquinarias de vapor. El número sube a 286 (la quinta parte del total de fábricas de azúcar) en 1846. Y a 949 (69.5% del total) en 1860. Los resultados se hicieron pronto evidentes. En primerísimo lugar, el aumento constante de la producción, reflejado en las exportaciones, como puede apreciarse en la siguiente tabla:

EXPORTACIONES AZUCARERAS CUBANAS[238]

Año	Toneladas
1800	28,761
1815	45,396
1829	84,187
1840	161,248
1850	294,952
1860	428,769
1868	720,250

---

[238] Véase: Manuel Moreno Fraginals, *El ingenio: complejo económico social cubano del azúcar*, 3 vols., La Habana, 1978, Vol. 3, pp. 43-45.

Por esta última fecha, Cuba producía el 30 por ciento del azúcar que se vendía en el mercado internacional. El país podía sentirse orgulloso: se había convertido en la primera potencia azucarera del mundo, a pesar de que, como veremos, la revolución tecnológica azucarera del siglo XIX no abarcó a toda Cuba, pues nunca se extendió a la mitad oriental de la isla.[239]

Ahora bien, esos avances tecnológicos y económicos no encontraban eco igualmente positivo en el terreno social donde esa revolución se producía. Una de las consecuencias de tales cambios fue la sustitución progresiva de los pequeños *cachimbos* (que hacían girar sus trapiches con bueyes) por *ingenios* (movidos por máquinas de vapor). Y otra, la aparición inmediata de la *plantación azucarera*, que devino el eje central de la economía y de la vida social de la Isla y que dependía casi totalmente para su funcionamiento del trabajo esclavo. Decir plantación, pues, quería decir *sociedad esclavista*, basada en la explotación inmisericorde de «las negradas» que trabajaban en los ingenios. La distancia social entre los empleadores y los empleados, es decir entre los hacendados y los esclavos se hizo abismal. Y como la superexplotación conduce forzosamente a la rebelión del oprimido, en Cuba se vive en estado permanente de guerra social durante casi todo el siglo XIX. Los alzamientos de esclavos se suceden sin cesar, desbordando a veces los límites locales para extenderse por amplias regiones del mundo azucarero, como sucedió con la Conspiración de La Escalera en 1844, cuando fue fusilado en Matanzas el poeta Gabriel de la Concepción Valdés, *Plácido*. Brutales represiones que no hacían sino radicalizar el movimiento abolicionista, cada día más extendido. A esos males pueden agregarse otros muy graves. Sobre todo, la trata ilegal de africanos que, con la corrupción administrativa que la acompañaba, ejercería por décadas un efecto deletéreo en el seno de la sociedad cubana. Y toda esta

---

[239] Además del azúcar, dos productos contribuyen en el siglo XIX a la prosperidad cubana: el café y el tabaco. Este último tiene más sello de permanencia. El café, después de un rápido desarrollo, se derrumbó dramáticamente. Se calcula que las exportaciones alcanzaban las 50,000 arrobas en 1804 y llegaban a 2,566,359 arrobas en 1833. Pero en 1845 era sólo de 559,332 arrobas y de 154,208 en 1867. Esa ruina afectó intensamente a la provincia de Oriente, teatro de la guerra que comenzaría en 1868.

situación conducía al empeoramiento de las relaciones entre blancos y negros en el seno de la sociedad criolla, acentuando las tendencias racistas que operaban en Cuba desde los comienzos de la vida colonial.

La presencia masiva en el país de un tipo de inmigrante forzado, con idiomas, religiones y costumbres muy distintas de las propias, obligado a trabajar bajo el látigo en un estado de total ignorancia, mientras se le destruía todo el soporte de su estructura social originaria, hacía muy difícil la asimilación de los esclavos al nuevo mundo en que se veían forzados a vivir. Y en modo alguno ayudaba a la integración de la nacionalidad cubana, por entonces bastante adelantada. Porque ésa era la otra revolución por la que atravesaba en ese momento la isla de Cuba: la *nacional*. Pese a las contradicciones y los conflictos generados por un complejo desarrollo histórico, en la colonia iba formándose, paso a paso, una nación. Primero surge el mundo *criollo* de los españoles americanos. Y ya en el siglo XVIII ese mundo comienza a evolucionar hacia una realidad social aun más diferenciada: proceso que culmina a fines del siglo XIX con la aparición de una nueva nacionalidad, la *cubana*.

Resumir ese proceso exigiría, por su extensión y complejidad, todo un libro, probablemente con varios tomos. En esencia se trata, como siempre en la historia, de la contradicción dialéctica de dos fuerzas opuestas: en este caso, entre las diferencias radicales, que separan y enfrentan, y los factores transculturativos, que amasan y unifican. La cercanía de la vida en común, que provoca tantos rozamientos, tiende a la vez a homogeneizar. Los hábitos de la proximidad vital se imponen sobre las divisivas pasiones que separan y oponen a las clases, las razas, las culturas. En consecuencia, en Cuba se produjeron primero los localismos, pero a medida que estos se ensanchaban y avecinaban también se avenían y acababan por identificarse. En las relaciones sociales, el *otro* ya no lo era tanto, porque había nacido en la misma tierra, hablaba el mismo idioma y era dueño de la misma cultura. Lo que quiere decir, que iban naciendo así distintas formas unificadoras de vida comunal.

La primera en aparecer fue la comunidad territorial. Viviendo juntas en Cuba generaciones tras generaciones de españoles, indios y africanos, por fin los tres van a considerar a Cuba como *suya*, como algo propio, por ser la tierra donde a todos les tocó nacer. Y los escritores del país, en prosa y en verso, se encargan de exaltar su hermosura y a fortalecer el amor que sienten sus hijos por ella: por sus ríos y sus mares, sus montañas y sus valles, su fauna y su flora..¿Que hace Félix Varela sino forjar patria cuando la llama en un discurso pronunciado en diciembre de 1818 «isla afortunada de la naturaleza», «isla deliciosa», «suelo privilegiado» (sin granizo, sin escarcha, sin volcanes, sin fieras devoradoras), «mansión de la paz» donde «reina una eterna primavera»? ¿O José María Heredia cuando en 1825 le canta en un poema inmortal: «Te hizo el cielo la flor de la tierra», libre y pura «como el aire de luz que respiras...»? Estos fundadores inician un prolongado movimiento literario que ve en la prestancia de la naturaleza cubana el fundamento de la comunidad territorial, presagio de una patria en gestación. La lista de sus cultivadores incluye a los más altos valores literarios del país en las tres décadas que preceden a la primera guerra de independencia que estalló en 1868. Es una larga lista que incluye varios nombres ilustres: Gabriel de la Concepción Valdés (Plácido), Domingo Delmonte, José Jacinto Milanés, José Fornaris, Juan Cristóbal Nápoles Fajardo (El Cucalambé), Ursula de Céspedes, Joaquín Lorenzo Luaces, Juan Clemente Zenea y muchos más... hasta llegar a Gertrudis Gómez de Avellaneda quien, en su *Serenata de Cuba*, penetra en la médula más honda de la cubanidad al articular la belleza de la luz del trópico con las sombras de una misteriosa noche criolla. Basta la lectura de ese poema, por tantas razones antológico, para comprobar el absurdo de negarle a la Avellaneda como propia la patria en que nació y que durante toda su vida reclamó como suya:

> ¡Oh Antilla dichosa! ¿Qué mágicos sones,
> Qué luz inefable, que extrema alegría,
> Del cielo destierran los negros crespones
> Prestando a esta noche la pompa del día?
> ¿Por qué tan ufana, tan bella la luna
> Con faz refulgente comienza su giro,
> Y no hay leve sombra que cruce importuna
> Su trono exaltado de plata y zafiro?
> ¿Por qué de su manto las perlas desprende,
> Salpica con ellas del campo las flores,

Y envuelta en aroma la brisa desciende
Los aires hinchando de dulces rumores?
¿Por qué los arroyos murmuran süaves
Sus diáfanas ondas cubriendo de espumas?
¿Por qué canto insólito preludian las aves
De gozo rizando las nítidas plumas?
¿Por qué al tenue soplo de silfos traviesos,
Las palmas suspiran, las cañas se mecen
Y allá entre el follaje de bosques espesos
Circulan cocuyos, que estrellas parecen?
¿Por qué la mar tiende tranquila sus olas
Con ecos que imitan cantar de sirenas,
Y formas cambiantes de luz y aureolas
Bordean de nácar las limpias arenas?
De mar, cielo y tierra contemplo asombrada
Los nuevos primores, la nueva armonía...
Respóndeme ¡oh Cuba! ¿qué genio, que hada
Le presta a la noche la pompa del día?
....
Me asocio a la noche, los astros, las flores,
Las nubes, las aves, los silfos y el mar...

Como hemos dicho en otro lugar: «¿Ha sido cantada alguna otra vez con tan sofisticada originalidad la naturaleza cubana? ¿Y con tan perceptivo patriotismo? La cadena de interrogaciones sin respuestas le otorgan a esa noche que se canta en el poema las dimensiones de un cerrado misterio. ¿De dónde proceden esas fulgurantes tenebrosidades? Porque ésta es poesía de obvio ambiente natural cubano. Poesía de la cenestesia, de la sensualidad, de todos los tipos de sensaciones fundidos en una sola y total realidad sensorial. Ahí lo auditivo, lo olfativo lo gustativo, lo táctil, lo visual... Sones. Sombras. Plata. Zafiro. Aromas. Murmullos. Aureolas. Nítidas plumas. Suspiros de palmas. Brillar de cocuyos. Ecos marinos. Y una palabra en que se funde todo: armonía. «La nueva armonía...» O la armonía de lo nuevo. De la patria que surge. De una nación en proceso de ser inventada.... La poeta pregunta, niega, afirma. Para concluir descubriendo en medio de la «noche oscura» la esencial luminosidad del ser de su patria. Esa es la respuesta poética de Gertrudis Gómez de Avellaneda: ¡Aun en medio de las tinieblas más cerradas, Cuba, su patria, es «toda luz.»[240] Es la misma fe que late, un siglo después, –vida en la muerte-, la exclamación cubanísima de Emilio Ballagas: «¡Oh! suelo en que estaré... ¡por fin!... ¡dormido!»? ¿No se siente la vibración casi mística? En el principio ¿no fue el Verbo?

Detrás de lo territorial viene lo idiomático. Pasa el tiempo y en un país repleto de andaluces, castellanos, gallegos, catalanes, extremeños, mandingas, congos, carabalíes, lucumíes y otras gentes de variada procedencia y hablas muy distintas, el único modo de entenderse es adoptando una lengua común. Y, por eso, sobre la heterogeneidad lingüística acaba por imponerse la comunidad de lenguaje: un idioma que toma de todos pero no es de nadie en particular: el español cubano. Y ya con esto entramos en el dilatadísimo terreno general de la cultura, del cual, como muestra muy particular, vamos a destacar tan solo un factor de importancia extraordinaria en la creación de la cubanidad: la música y su compañero inseparable, el baile.

Dos estilos predominan en la música popular cubana durante los primeros siglos de la colonia: el español y el africano. Los negros esclavos trajeron consigo al Nuevo Mundo su rica tradición musical y en Cuba la recrearon tanto en sus ceremonias religiosas como en los demás aspectos de su existencia cotidiana. Así se constituye el polo afrocubano de la música nacional, en constante juego dialéctico con el polo eurocubano procedente de la música que llevaron a la isla los colonizadores. Sucede, sin embargo, que desde muy temprano se produce lo que Natalio Galán llamó «el trueque sonoro», el intercambio de influencias entre los dos sectores. Para no citar sino un ejemplo: a fines del siglo XVIII y comienzos del XIX se impone en Cuba la contradanza, de indudable origen europeo, pero que se va acriollando al adoptar ritmos de obvio origen africanoide. Es esa contradanza, amulatada en los estratos populares, la que penetra en la llamada «alta sociedad». Así lo explica Félix Tanco en una carta a Domingo Delmonte: «¿Quién no ve en los movi-

---

[240] Jorge Castellanos, *Invención Poética de la Nación Cubana*, Miami, 2002, pp. 55-56.

mientos de nuestros mozos y muchachas cuando bailan contradanzas y valses, una imitación de la mímica de los negros en sus cabildos?»[241] Ese es el comienzo de un prolongado proceso transculturativo que conduce de la contradanza a la danza criolla y, por otras vías, produce la habanera, el danzón, la guaracha, la rumba, la conga y, más adelante, el mambo, el chachachá y, por fin, la salsa y sus hijuelas más o menos anglosajonizadas.. Eso sin contar con el son, el género vernáculo más antiguo del país, que caminando del bohío a los palacios de la capital, demostró de qué modo la música criolla ponía en evidencia la existencia de una naciente unidad nacional en nuestra isla caribeña. Y es preciso tener en cuenta que éste de la música no es sino uno de los varios factores que se articulan para formar esa entidad peculiar que se llama Cuba.

En esa tarea de creación social participa, de un modo u otro, toda la población del país: los campesinos, los trabajadores (libres o esclavos) y los patronos (esclavistas o no), los analfabetos y los intelectuales, los hombres y las mujeres, los niños y los adultos, los ricos y los pobres, los negros, los blancos, los mulatos, los «indios»... De ese esfuerzo comunitario brota una nación: una sociedad inédita, idiosincrática, ni española, ni africana, ni aborigen sino enteramente *cubana*. Proceso en verdad complejo, difícil, porque se trata de conjugar por lo menos cinco modos de comunidad: la territorial, la idiomática, la psicológica, la económica, la cultural. La nación completamente formada supone territorio propio; lengua propia; un peculiar modo de ser, de ver y de sentir; una economía diferenciada de la hispánica y, además, resumiéndolo todo, una cultura distintiva, independiente, privativa, articulada por un pasado histórico solidario y una firme voluntad de vida futura en común.[242] Es muy difícil determinar exactamente cuando se completó el fenómeno. Mucho de ello parece existir ya en los años agitados de la primera guerra de independencia de Cuba que van de 1868 a 1878. O tal vez fue preciso esperar al período intermedio entre 1878 y 1895, cuando todas las fuerzas parecen convergir en una sola idea y una sola pasión de patria. Pero es indudable

---

[241] Jorge e Isabel Castellanos, *Cultura Afrocubana*, Miami, 1994, vol. 4, p. 333.

[242] Estas ideas han sido desarrolladas con amplitud en nuestro libro *Invención Poética de la Nación Cubana*, Miami, 2002.

que la nación ya existía en 1895, cuando comenzó la segunda y definitiva Guerra de Independencia.

***

No todos estos fenómenos relacionados con el devenir cubano del XIX suceden del mismo modo en toda la extensión de la Gran Antilla. Hay algunos que sólo tienen lugar en una sección del país. Así pasa, por ejemplo, con la importantísima revolución tecnológica azucarera y sus numerosas consecuencias. Es indiscutible que ésta no se extendió, por entonces, a la mitad oriental de la isla. Por eso la economía y la sociedad en el territorio que va desde Trinidad, en Las Villas, hasta la punta de Maisí, eran tan distintas a las del Occidente criollo al iniciarse la guerra de independencia en 1868. Se sentiría uno tentado a hablar de dos Cubas distintas, si no fuera porque el proceso de integración nacional, a que anteriormente nos referimos, avanzaba sin dudas en lo lingüístico, lo territorial, lo psicológico, tanto en una región como en la otra. Oriente se pondría a la vanguardia de la rebelión contra la metrópoli pero, ¿no le sirvió el Occidente de cuna al líder máximo del independentismo criollo, José Martí, nacido en el seno de una familia españolísima? De todos modos, en el Oeste reina la economía de plantación: es una sociedad *plantacional*. En el Este continúa en pie la economía *preplantacional*, con formas más moderadas de explotación: es una sociedad básicamente patriarcal, donde la esclavitud se parece más a la doméstica tradicional. Algunas cifras ayudarán a comprobar estos asertos. La zafra de 1860 fue de 508,249 toneladas métricas de azúcar. En la zona occidental se produjeron 461,611 toneladas y en la oriental sólo 41,638 (apenas un 9% del total nacional). Tres años después (1863) la situación era la misma: la zafra subía a 512,427 toneladas; el Oeste contribuía con 464,941 y el Este con 47,486 (9.2% del total.) Volviendo a 1860, en la zona occidental se dedicaron 19,257 caballerías de tierra al cultivo de la caña; en la oriental 1,507 caballerías. En el oeste molían 829 ingenios movidos a vapor; en el este, sólo 120, de ellos 61 en los alrededores de Santiago de Cuba. En la zona del alzamiento inicial del '68, las cifras no pueden ser más elocuentes: en Bayamo había uno movido a vapor, en Jiguaní cero.

El comercio exterior se repartía así: el oeste, 89.9%; el este, 9.1%.Las vías férreas: oeste, 87%; este, 13%[243].

Y pudiéramos seguir aportando números. Pero con lo dicho basta para concluir que la revolución tecnológica se detuvo, en esa época,al llegar al este de Las Villas. Y el hecho tuvo notables implicaciones sociales y políticas. Como ya hemos dicho, la mitad oriental de la isla, es decir, las provincias de Oriente y Puerto Príncipe (luego Camagüey) no participaron del boom azucarero como lo hizo la región de Occidente, por lo cual la esclavitud nunca alcanzó la misma magnitud. Por eso no existía en la mitad oriental el temor a que una lucha por la indepedencia condujera a un levantamiento esclavo, que a su vez podría llevar a una guerra social. Como nos lo dice Leví Marrero, este argumento de los occidentales, de viejo esgrimido por José Antonio Saco y otras figuras cubanas de la época, este temor al «fantasma de la esclavitud», era el que frenaba una participación activa de muchos habaneros en las luchas por la independencia.[244] Se ha dicho y se ha repetido que mientras la Guerra del 95 fue organizada por la pequeña burguesía, la Guerra de los Diez Años lo fue por la burguesía. Hay que precisar el aserto. A la Guerra Grande no la impulsó ciertamente la pequeña burguesía, pero tampoco lo hizo la alta burguesía, característica de Occidente, que poseía los poderosos ingenios de La Habana y Matanzas, sino otra muy distinta, una «burguesía pequeña», más ganadera que azucarera, dueña de grandes haciendas y muchos viejos cachimbos tradicionales. Basta, para comprobarlo, examinar el censo de las propiedades de uno de los más destacados líderes del alzamiento de 1868, Francisco Vicente Aguilera. Poseía él tres «ingenios», más bien clasificables como «cachimbos» de tracción animal, dos cafetales, varios potreros y vegas de tabaco, así como numerosas haciendas de ganado, con un total de 10,000 caballerías de tierra, más de 35,000 cabezas de ganado, 4,000 caballos... y unos 500 esclavos, a quienes dio la libertad tan pronto comenzó la lucha armada. Sin duda, una de las fortunas más cuantiosas de Cuba. Pero que no lo convertían

---

[243] Véase Louis A. Pérez, Jr., *Cuba Between Reform and Revolution*, New York y Oxford, 1988, pp. 78 y ss.

[244] Leví Marrero, *Cuba: economia y sociedad*, vol. 15, Madrid, 1992, p. 260.

en hacendado o capitalista industrial sino en un acaudalado terrateniente. Gran parte de los otros líderes de la rebelión poseían también bienes de fortuna de tipo similar a los de Aguilera, pero de menor cuantía que éstos.[245]

En el terreno político, los patriotas cubanos, para quienes Cuba era ya sin duda alguna una nación perfectamente diferenciada de España, llegaron a la conclusión en 1868 de que el gobierno español, hundido en el burocratismo, la corrupción y una eterna intransigencia, había destruido todas las alternativas al alzamiento armado como única fórmula para resolver los problemas del país. En la Cuba del XIX funcionaban varias corrientes políticas distintas. Había, por un lado, tres formas de *integrismo* (movimiento empeñado en mantener a Cuba perpetuamente unida a España). El primero era el *asimilismo*, partidario del *status quo*, que predicaba la fusión permanente de ambas entidades por entender que ambas eran sustancialmente idénticas e inseparables. El segundo era el *reformismo*, que defendía aquellos cambios económicos o políticos considerados como necesarios, pero sin modificar sustancialmente el sistema imperante. El tercero era el *autonomismo,* que quería preservar la unión histórica, pero dotando a la colonia de la mayor descentralización administrativa y gubernativa posible. Frente al integrismo se alzaba su polo opuesto, el *separatismo*, dividido en dos tendencias. Primero, el *independentismo*, que abogaba por una separación política total, absoluta y permanente entre Cuba y España. Y en segundo lugar el *anexionismo*, que prefería unir a Cuba a Estados Unidos después de separarla de su metrópoli. A lo largo de toda la centuria el asimilismo integrista en el poder había hecho imposible que el país experimentara con otras perspectivas. Varios empeños independentistas y anexionistas habían sido ahogados en sangre. Y los intentos de autonomía y de reformas habían fracasado también. La última esperanza de una solución pacífica a la prolongada crisis cubana era la Junta de Información, convocada para reunirse en Madrid a fines de 1866 con el objeto de acumular los datos y las opiniones indispensables para emitir un informe sobre el contenido

---

[245] Eladio Aguilera Rojas, *Francisco Vicente Aguilera y la revolución en Cuba de 1868*, La Habana, 1909, vol. I, pp.19-20.

que debían tener las leyes especiales de las Antillas españolas que establecía –hasta entonces sin que se cumpliera– la Constitución del reino.

Este organismo debía componerse de 44 comisionados, 22 designados por el gobierno español y los otros 22 elegidos en comicios especiales en Cuba y Puerto Rico. De los 16 seleccionados en Cuba, 12 eran reformistas. La primera reunión de la Junta tuvo lugar el 25 de noviembre de 1866. Y desde el mismo comienzo se hizo evidente la mala voluntad de la autoridades que trataban de manipular el organismo para obtener los acuerdos que querían, sobre todo cuando se trataba la cuestión de la esclavitud. La asamblea parecía ahogarse en un océano de palabras. Y el 12 de febrero de 1867, inesperadamente, los comisionados antillanos recibieron un golpe que iba a resultar fatal para el reformismo. El gobierno, sin el conocimiento de la Junta, promulgó el 12 de febrero de 1867 un Real Decreto que introducía toda una serie de cambios en la política fiscal existente, suprimiendo y creando impuestos a su antojo, con total desconocimiento de las reformas sugeridas y solicitadas. Y peor aún, se trató de engañar a la opinión pública insinuando que tales medidas habían sido sugeridas por la Junta misma. El escándalo fue enorme. Muchos de los comisionados antillanos se dispusieron a retirarse de la Junta en señal de protesta. Al fin decidieron quedarse para completar su informe. Pero el prestigio del organismo había sufrido un golpe irreparable. Y el reformismo cubano, desacreditado y decadente, había sido herido de muerte. Quedaba demostrado que España era incapaz de hacer concesiones a sus colonias antillanas ni siquiera como sugerencias en un papel.

Los comisionados regresaron a su patria con un marbete de «fracasados» en la frente. En cierto modo, era una injusticia. Pues, como bien ha explicado Ramiro Guerra: «Los reformistas habían movido la opinión, ilustrado al pueblo, organizado y dirigido una gran campaña política en medio de grandes dificultades, escogido candidatos de gran autoridad y prestigio, asegurado un triunfo electoral que parecía imposible, y sometido al Ministerio un completo y meditado plan de reformas económicas, sociales, hacendísticas y políticas. La implantación de éstas habría colmado durante largos años las aspiraciones de las clases más ilustradas de Cuba y preparado el terreno para nuevos y más considerables avances, en un mañana que el crecimiento de la población y la paulatina desaparición de la esclavitud podrían acercar rápidamente. Si España, en perpetua crisis interna, sorda y ciega a las enseñanzas de la historia, persistía, con criminal obcecación, en la práctica de los tradicionales métodos de opresión y explotación que le habían acarreado la ruina de su inmenso imperio colonial, culpa no era de los reformistas.»[246] El verdadero fracaso, en realidad, correspondía a España, a la España «pobre y escuálida y beoda» del gran poema de Antonio Machado. Aunque iba a tomar tres largas décadas de luchas y sufrimientos para que el hecho quedara plenamente demostrado.

* * *

Durísimo año para Cuba el de 1866: la crisis económica mundial viaja de Inglaterra y España a Cuba; se desploman los precios de azúcar, del tabaco, del café; sube la tasa de interés; aumenta el desempleo; crece el número de bancarrotas. Se extiende la miseria por todo el país. Y como siempre sucede en esos casos, comienzan a volar los *por qués*. ¿Por qué tenemos los cubanos que cubrir el déficit perpetuo de la Hacienda metropolitana? ¿Por qué tenemos que pagar los cubanos los gastos de las aventuras internacionales absurdas de una potencia en decadencia, como por ejemplo, los provocados por la guerra del pueblo dominicano contra la ocupación española de su país; o los de la expedición llevada por Prim a México; o los de la guerra del Pacífico? Con la crisis crecía la insatisfacción por la impotencia oficial para detenerla.¡Y ahora, en la primavera de1867, el fracaso de la Junta de Información y, como si fuera poco, la irritante aprobación de un impuesto directo sobre la renta y sobre las utilidades de los negocios! Los ánimos de la opinión pública se encendían hasta límites muy peligrosos. La paciencia se extinguía. Y lo que había comenzado como una protesta se convertía en secreta conspiración antigubernamental y, poco más tarde, en abierta insurrección.

---

[246] Ramiro Guerra, *Manual de Historia de Cuba*, (Edición del Centenario), La Habana, 1971, pp. 654-655.

Estos últimos pasos se dieron en la provincia de Oriente, en colaboración con los camagüeyanos, ya que en Las Villas y La Habana, por diversas causas, el movimiento revolucionario se retrasó. La primera conjura independentista tuvo por centro la ciudad de Bayamo. Allí, el 14 de agosto de 1867, en la casa del abogado Pedro Figueredo se celebró una reunión de descontentos convocada por Francisco Vicente Aguilera y Francisco Maceo Osorio, donde se acordó iniciar un movimiento revolucionario para ponerle fin a la dominación española en Cuba. Posteriormente, para poder reunirse en secreto sin despertar sospechas oficiales, la reuniones tuvieron lugar en las logias masónicas, donde el secreto es sagrado. Terminada una reunión, tras la retirada de los no comprometidos, aquellos que lo estaban podían discutir y organizar a sus anchas. Algunas logias fueron fundadas con ese propósito específico. En Bayamo en 1867 por ejemplo, Aguilera estableció primero *El Gran Oriente Cubano*, y luego la *Estrella Tropical Número 19*, a la que perteneció el abogado y hacendado bayamés Carlos Manuel de Céspedes, quien habría de convertirse en el primer presidente de la república en armas. Poco más tarde, para los mismos fines, éste organizó en Manzanillo la llamada *Buena Fe*, cuyo lema secreto era *Independencia o Muerte*. El joven Calixto García se afilió a otra logia fundada por Aguilera en el ingenio Santa Isabel, cerca de Bayamo, donde ascendió en poco tiempo a maestro grado 18. Pero más cerca de casa, en Jiguaní, funcionaba el grupo insurgente que dirigía Donato Mármol. Y es con éste que García se incorpora a la revolución naciente.

    Cuatro veces se reunieron los delegados de las distintas jurisdicciones de Oriente y Camagüey con el propósito de fijar la fecha del alzamiento. En esas reuniones se evidenció una división entre los conspiradores. Unos era moderados; otros, impacientes. Unos querían esperar hasta que se contase con armas suficientes para asegurar la victoria. Otros querían lanzarse a la lucha inmediatamente para evitar que los españoles descubriesen la conjura. En la última de las reuniones convocadas, que tuvo lugar en el ingenio *El Rosario*, propiedad de Jaime Satiesteban, temiendo ser descubiertos, se impone el criterio radical, acordándose iniciar la lucha abierta el 14 de octubre. Y aun fue necesario adelantar esa fecha. El 8 de octubre Carlos Manuel de Céspedes recibió aviso de que había llegado a Bayamo un telegrama del Capitán General ordenando su detención y la de otros jefes. Avisados todos, salieron para sus respectivos centros conspirativos. El 10 de octubre los comprometidos se reunen en el ingenio *La Demajagua* (propiedad de Céspedes) y convocados al batey por su campana oyen de labios de su líder la buena nueva: «Ha comenzado la lucha. ¡Viva Cuba Libre!» A lo que añade otra gran noticia: «En este momento le doy la libertad a todos mis esclavos. El que quiera, ¡que se una a nuestras fuerzas!» Desde el primer momento la Revolución Cubana convocó a blancos y a negros a pelear juntos por la independencia de su patria común.

No hay alzamiento sin declaratoria. Y el Diez de Octubre del '68 tiene la suya: el *Manifiesto de la Junta Revolucionaria de la Isla de Cuba* que el mismo Céspedes redactó. Allí se explican las causas de la actitud adoptada. Según el documento, las hay de todo género: económicas, políticas, sociales. Pero lo que se subraya en el papel es el despotismo insufrible y eterno que España ha implantado en el país. «Nadie ignora que España gobierna a la Isla de Cuba con un brazo de hierro ensangrentado... Los cubanos no pueden hablar, no pueden escribir, no pueden ni siquiera pensar... Innumerables han sido las veces que España ha ofrecido respetarles sus derechos; pero hasta ahora no se ha visto el cumplimiento de su palabra... Cuando un pueblo llega al extremo de degradación y miseria en que nosotros nos vemos, nadie puede reprobarle que eche mano a las armas para salir de un estado tan lleno de oprobio.» Y, en seguida se resume el programa de la revolución independentista: «Nosotros proclamamos estos dos venerables principios; nosotros creemos que todos los hombres somos hermanos, amamos la tolerancia, el orden y la justicia en todas las materias; respetamos las vidas y propiedades de los ciudadanos pacíficos aunque sean los mismos españoles residentes en este territorio; admiramos el sufragio universal que asegura la soberanía del pueblo; deseamos la emancipación gradual y bajo indemnización de la esclavitud, el libre cambio con las naciones amigas que usen de reciprocidad; la representación nacional para decretar las leyes e impuestos, y en general demandamos la religiosa observancia de los derechos imprescriptibles del hombre, constituyéndonos en nación independiente; porque así cumple a la grandeza de nuestro futuro destino y porque estamos seguros de que bajo el cetro de España nunca gozaremos del franco ejercicio de nuestros derechos.»[247]

Terminada la histórica ceremonia, el alto mando ordena una ofensiva hacia el vecino pueblo de Yara. Pero el bisoño contingente de La Demajagua es rechazado. Yara es el primer fracaso cubano y tal vez por eso los españoles usaron desde entonces su nombre para referirse al alzamiento. Por fortuna, el 12 de octubre, más de 300 hombres al mando de Luis Marcano se incorporan a los vencidos. Marcano traía de su tierra dominicana una considerable experiencia bélica, adquirida en el conflicto entre Santo Domingo y España. Céspedes le encomienda la tarea de organizar sus tropas y Marcano lo convence de que es preciso buscar mejores posiciones para hacerlo. Y en cuanto a la próxima ofensiva, le hace ver que es más ventajoso atacar la ciudad de Bayamo, en vez de lanzarse contra Manzanillo, como se tenía proyectado. Céspedes acepta esos consejos, se traslada a la sierra de Nagua y de allí va hasta Barranca donde un sacerdote cubano bendice por primera vez la bandera de La Demajagua.

Mientras tanto la hoguera revolucionaria se propaga por la provincia de Oriente. Partidas y más partidas de *mambises*[248] aparecen por todas partes. El 12 de octubre se reunen en el potrero de SantaTeresa, Donato Mármol, Calixto García, Félix Figueredo y otros comprometidos de Jiguaní: un total de unos cien hombres, en su mayoría sin otra arma que su machete. La mañana siguiente atacan el pueblo de Santa Rita y lo toman sin grandes dificultades. Al mediodía se lanzan contra Jiguaní y lo ocupan también, haciendo prisionero al teniente gobernador, un pariente del capitan general Lersundi. Y en seguida asaltan a Baire. En cosa de doce horas se habían hecho dueños de una amplia y rica zona

---

[247] Véase el documento completo en *La Enciclopedia de Cuba*, vol. IV, Madrid, 1974, pp. 462-463.

[248] Para referirse despectivamente a sus adversarios, los españoles empezaron a llamarlos *mambises*, palabra de raíz africana que quiere decir miserable o vil. Como se repite tantas veces en la historia, los insurrectos orgullosamente adoptaron el término para llamarse a sí mismos, hasta hacerlo sagrado en el vocabulario patriótico nacional. Ese plural de *mambí* viola los preceptos gramaticales, pero hay que respetarlo pues así lo usaban los insurgentes criollos.

con más de veinte mil habitantes. No contamos con testimonios sobre lo que puede haber sentido entonces el joven Calixto García (tenía 29 años). Pero podemos imaginarlo. No se trataba sólo de la euforia del triunfo. En su mente, como en la de todos, debía estar la conciencia del paso histórico trascendental que estaba dándose al conquistar para la naciente República las primeras poblaciones. Al enterarse de esos acontecimientos Carlos Manuel de Céspedes le envía a Mármol su nombramiento de mayor general. Este, a su vez, nombra a Calixto García coronel. (Como se ve, estamos ante carreras militares que comienzan en las cumbres. Aunque no se trataba de satisfacer vanidades. Era necesario construir una cúpula militar que pudiera asumir las funciones de mando en el naciente ejército. Y el hecho de que se le diera ese cargo a Calixto García nos muestra que su autoridad natural, su capacidad de liderazgo, eran evidentes, aun en los inicios de la guerra.)Y ese mismo día Pedro Figueredo tomaba a Cauto del Embarcadero; Francisco Maceo Osorio a Guisa y Esteban Estrada al Dátil. Y se recibía noticia de que, desde el 12, Francisco Vicente Aguilera se había incorporado a la campaña. Céspedes, quien sigue organizando la ofensiva que lanzará para tomar a Bayamo, le pide refuerzos a Donato Mármol y éste acude en seguida a ofrecerlos. El flamante coronel García, a quien Mármol había nombrado gobernador militar de Jiguaní, prefiere delegar su cargo a un sustituto «para seguir con Donato». La batalla por Bayamo se acercaba y él no quería perdérsela.

El ataque de Céspedes contra la dominación española de su ciudad natal comienza el 17 de octubre, cuando poco antes de ponerse el sol, rodea la plaza con sus tropas y las que había ido recogiendo en el camino. (Entre las de Donato Mármol marchaban el joven coronel García y un antiguo soldado dominicano llamado Máximo Gómez, quien ese día iniciaba una carrera que en Cuba iba a ser ilustre.) El 18 temprano por la mañana comienza la batalla. Pronto los mambises dominan toda la ciudad menos el cuartel donde se encerraron, tratando de resistir, los soldados españoles al mando del general Udaeta. El 20 ese jefe, sabiéndose derrotado, decide rendirse. El 21, en la plaza de Isabel II, se firma el acta de capitulación y se entregan las armas al vencedor (500 carabinas, 300 tercerolas de caballería, 276 cajas de municiones) entre las exclamaciones de júbilo de los bayameses emocionados y el sonar de las campanas de las iglesias. El 22 con un Te Deum de acción de gracias en la Iglesia Mayor, se celebra el triunfo. Y al terminar la ceremonia un coro de señoritas entona, por primera vez en una ciudad liberada, las notas del Himno de Bayamo, hoy himno nacional de Cuba, escrito poco antes por «Perucho» Figueredo.

El mismo día 18 de octubre tropas cubanas atacaron sin éxito a la ciudad de Holguín, pero el 7 de noviembre con otro ataque lograron entrar en ella y cercar a la guarnición en un edificio llamado «La Periquera». Hubo también alzamientos en El Cobre y otras zonas cafetaleras del municipio de Santiago de Cuba.. En el centro de la provincia, después de lo de Bayamo, siguió actuando la recién creada División de Cuba, al mando de Donato Mármol, donde se formaban –bajo el comando y las enseñanzas del general Máximo Gómez– algunos de los jefes que más iban a brillar en la futura historia del Ejército Libertador: los futuros generales Antonio Maceo, José Maceo, Flor Crombet y Calixto García..

El alzamiento de Camagüey se produjo el 4 de noviembre del '68. Por un lado los hermanos Augusto y Napoleón Arango se apoderaron del poblado de Guáimaro. Por otro, un grupo integrado por los futuros jefes de la rebelión camagüeyana se alzó en el Paso de las Clavellinas, a unos 10 kilómetros de Puerto Príncipe, posición que pronto se vio rodeada por tropas rebeldes. Desde el principio hubo allí dificultades internas. Napoleón Arango propuso llegar a un acuerdo con los españoles, lo que fue rechazado, tras un gran discurso de Ignacio Agramonte, en la reunión consultiva de Las Minas, el 26 de noviembre.

En La Habana no hubo muchos alzados. La rebelión tomó más bien la forma de salida hacia el exilio. Un grupo de jóvenes radicales se dirigió a las Bahamas y de allí llevaron a Cuba la primera expedición con armas y medicinas, la del *Galvanic*. Otros destacados líderes de la alta burguesía como Miguel Aldama y José Morales Lemus se refugiaron en Estados Unidos y desde allí prestaron grandes servicios a la causa. En Matanzas abundaron las detenciones y el acto revolucionario más destacado fue el alzamiento de Gabriel García Menocal, administrador del central «Australia», quien logró apoderarse de Jagüey Grande, pero al no ser secundado como esperaba, se acogió a una amnistía dictada por el capitán general Dulce.[249] En Las Villas el pronunciamiento no se verifica hasta principios de febrero del '69, cuando se lanzaron a la manigua numerosos grupos en Santa Clara, Sagua la Grande, Remedios, Cienfuegos, Trinidad y Sancti Spiritus. El primer combate tuvo lugar en el ingenio de *Ruiz Zorrilla*, cerca de Santa Clara.

***

Volviendo a Oriente: después de la ola, vino la resaca, aunque esta primera vez frustrada. A los peligrosos avances cubanos en Oriente, el gobierno español responde con contraofensivas. Del oeste, de Manzanillo envía contra Bayamo una columna al mando del coronel Campillo, la que detenida en Babatuaba por un tercer dominicano ilustre, Modesto Díaz, es rechazada a su lugar de partida. Pocos días más tarde, una columna mandada por el coronel Quirós, procedente del este, de Santiago de Cuba, es derrotada en El Pino de Baire, debido a las cargas al machete, lanzadas por *mambises* de la división de Donato Mármol mandadas por el general Máximo Gómez. Quirós también tuvo que retirarse. El combate de El Pino fue muy importante porque dejó establecida la *carga al machete* como el instrumento táctico básico de las tropas cubanas en las guerras independentistas. Como bien dice Fernando Portuondo: «Fue en El Pino donde por primera vez el *garantizado* (como le llamaban los campesinos al machete de marca Collins) probó su eficacia en la carga sobre un grupo relativamente numeroso, anotándose *él solo* la decisión del combate.»[250] Dada la endémica escasez de armas de fuego en el campo *mambí*, el hecho adquiere especial relevancia.

---

[249] Para Calixto Masó, la Revolución en el Departamento Occidental fracasó no sólo porque éste era la sede de las máximas autoridades civiles y militares en Cuba, sino también «porque en su población predominaban los españoles y los esclavos, y parte de los cubanos estaban más o menos cerca del gobierno español», unos para defender sus intereses de esclavistas y otros porque de alguna manera dependían de la burocracia colonial. Además. «las numerosas vías férreas y carreteras, el terreno llano y carente de sierras y bosques», salvo en la Cordillera de los Organos, le permitían a las tropas españolas actuar a sus anchas en la región. (Ver Masó, *Historia de Cuba*, tercera edición aumentada, Miami, 1998, p. 247.) Por otra parte no puede olvidarse que, como el adolescente José Martí, innumerables jóvenes y adultos habaneros sufrieron los horrores del presidio político por manifestar su amor encendido a la patria natal.

[250] Fernando Portuondo, *Historia de Cuba*, La Habana, 1950, p. 408.

Tendremos que volver sobre el tema más adelante. Baste dejar establecido ahora que la primera etapa de la guerra independentista –desde el 10 de octubre hasta comienzos de 1869– es de continuo avance de la insurgencia revolucionaria.

La alarma del capitán general Francisco Lersundi ante estos acontecimientos conduce al envío de un ejército de 3.000 hombres, al mando de Blas Villate, Conde de Valmaseda, a Camagüey, donde el cerco de la capital jurídica de la Isla por los rebeldes constituía un escándalo inaceptable. Valmaseda, sobre el terreno, decidió que el peligro mayor se encontraba en Oriente y, más específicamente, en Bayamo. Y hacia allá dirigió sus fuerzas, pasando por el territorio de Victoria de las Tunas antes de llegar a la capital de los insurgentes. Luego de derrotar decisivamente a Donato Mármol en la batalla de El Saladillo, Bayamo cayó en sus manos el 16 de enero de 1869. O, por mejor decir, lo que cayó en sus manos fue el montón de cenizas de una ciudad incendiada por sus propios habitantes, antes de abandonarla. Un mes más tarde los españoles lograron eliminar el cerco en que los cubanos habían mantenido a Puerto Príncipe. Y poco después lo mismo sucedió con Holguín y Victoria de las Tunas. Quedaba establecido el sistema militar que iba a reinar en el conflicto: España sería dueña de las ciudades y los pueblos y podría iniciar de cuando en cuando ataques más o menos exitosos contra los *mambises*. Estos, mientras tanto, gozarían del dominio más o menos extenso del campo, de lo que ellos llamaban *la manigua irredenta*. O sea, que predominó lo que hoy se conoce como *guerra de guerrillas*. Aunque en este caso especial no puede llamarse así, porque durante la Gran Guerra de Treinta Años se daba el nombre de *guerrilleros* a los cubanos traidores que peleaban en favor de España.

La fuga en masa de la población bayamesa, después del incendio de la ciudad, constituye la primera evidencia de que esta guerra que comenzaba iba a tener el carácter de un alzamiento general de la población cubana, con la participación activa de la familia criolla entera: hombres, mujeres y niños. El papel desempeñado por las mujeres resulta particularmente notable. Un historiador español, Antonio Pirala, les rinde un noble homenaje: «Las mujeres son las que han hecho la insurrección de Cuba. Ellas, si no fueron las primeras en sentir los impulsos de la dignidad ultrajada, fueron las primeras en manifestarlo... Hablaban sin ambages, sin embozo y sin miedo; a nosotros (los españoles), de nuestros desmanes; a los suyos (los cubanos), de sus derechos desconocidos y de sus deberes. Antes de la insurrección se despojaron de sus joyas para cambiarlas por hierro. Después que estalló, como las matronas de Roma y de Esparta, le señalaban a los suyos el camino y les decían: 'Ahí está vuestro puesto.' Y los seguían, compartían con ellos todos los azares de la lucha, todos los rigores de la intemperie... Habían visto con los ojos secos, los cadáveres de sus esposos, de sus hijos... Y siempre firmes, decididas, haciendo en su interior votos fervientes al cielo por el triunfo de los suyos.»[251] Lucía Iñiguez, la madre de Calixto García, y Mariana Grajales, la madre de los Maceo, pueden considerarse como prototipos de estas heroínas cubanas.

Pocos días después de alzarse García, su familia –no podía ser de otro modo– le seguía al campo insurrecto. Isabel, sus hijos, su madre, sus hermanos, los padres y hermanos de Calixto, después de deambular durante semanas por los bosques de la región oriental, llegaron el 13 de abril de 1869 a la laguna de San Pedro de Cacocúm, situada a unos veinte kilómetros de la ciudad de Holguín. Al arribar a una ranchería a Isabel se le presentaron los dolores del parto. Y allí, sobre un improvisado colchón de hojas de plátano, nació Justo García Vélez. Hasta agosto no pudo el general reunirse con su familia, que permaneció en el refugio de Cacocúm por casi año y medio. Calixto la visitaba cada vez que podía. Al comprobar que se estrechaba el cerco enemigo y que la situación se hacía más y más amenazante, tenía planeado buscarle otro albergue cuando, en agosto de 1870, una columna española atacó por sorpresa y capturó a todo el núcleo familiar. En medio de procaces insultos, hombres, mujeres y niños, a pie, fueron conducidos a Holguín, a donde llegaron el 11 de agosto. En septiembre todos fueron trasladados a La Habana y encerrados en la ergástula de Las Recogidas, entre prostitutas y ladrones. Gracias a la entereza y espíritu de lucha de Doña Lucía por fin lograron la libertad provisional, con la ayuda generosa de señoras cubanas casadas con oficiales españoles. Poco después, Isabel, sus cuatro

---

[251] Antonio Pirala, *Anales de la Guerra de Cuba*, 3 vols., Madrid, 1898, vol. 1, p. 335.

hijos, su madre, su hermana y otros familiares fueron expulsados del país y se establecieron en Cayo Hueso –como llamaban y aun llaman los cubanos a Key West en el estado de la Florida– donde fueron protegidos y ayudados por los tabaqueros cubanos. De allí Isabel con sus muchachos se trasladó a Nueva York. Cosía para sostenerse, pero también recibió la ayuda de algunos exiliados. La hija mayor, Leonor, fue internada en la escuela neoyorquina del Sagrado Corazón gracias a la generosidad del fabricante de tabacos de Tampa Vicente Martínez Ibor. Al mayor de los varones, Calixto, otros patriotas le pagaron la escuela en una Academia Militar, mientras Carlos por gestiones de Rosa Aldama ingresó en un orfelinato. Así pasaron los años, mientras su padre, el general mambí, combatía en Cuba y luego –como veremos– padecía en las prisiones españolas.

***

La llamada Revolución Gloriosa (que como vimos en la Primera Parte de esta obra, estalló en la Península unas tres semanas antes del levantamiento del Diez de Octubre que dio inicio a la Guerra de los Diez Años) no fue capaz de cambiar la vieja política colonial de España en Cuba. Es cierto que, para buscar un entendimiento con los mambises, el gobierno despachó para La Habana como Capitán General al «liberal» Don Domingo Dulce. Los esfuerzos conciliadores de éste resultaron baldíos ante la intransigencia integrista del Cuerpo de Voluntarios, resucitado poco después de La Demajagua por el ex-gobernador Lersundi. Recordemos que ese Cuerpo, al que ya nos hemos referido, estaba compuesto por recalcitrantes partidarios de la dominación española y del más estricto autoritarismo. Por eso, de nada le sirvió a Dulce girar en redondo, cancelando sus decretos de libertad de prensa y remitiendo a sumarísimos consejos de guerra los casos de los «infidentes». Los Voluntarios nunca confiaron en él. El 5 de junio de 1869 sitiaron el Palacio de Gobierno en La Habana, exigiendo su deposición y Dulce fue obligado a regresar a España. Desde ese instante, durante toda la Guerra de los Treinta Años, desde los tiempos de Dulce a los de Blanco, la voluntad omnímoda de los voluntarios habaneros se impuso en la capital y en definitiva en toda la Isla, sostenida por el apoyo cómplice de sus aliados: la clase dominante de españoles y de algunos criollos ricos, la clase media de peninsulares y la alta jerarquía militar del país.

A partir de entonces, la estrategia gubernamental frente al reto independentista consistió en poner en marcha lo que hoy llamamos la «guerra total», que no se limita al campo de batalla, sino que se propone la aniquilación plena y absoluta del enemigo, utilizando cuántos medios se encuentren a su alcance. En las ciudades, los agentes de este procedimiento fueron los voluntarios, con su sistema de terror. Así, en La Habana, esas tropas asaltaron teatros acusados de «laborantismo», es decir, de simpatías «insurgentes», asesinaron a tiros numerosos espectadores inofensivos y aplicaron la tea incendiaria al palacio de la cubanísima familia Aldama. Mientras tanto en la provincia de Oriente, el conde Valmaseda y su jefe de estado mayor, Valeriano Weyler, habiendo recibido refuerzos de todo género, lanza en 1869 una vigorosa ofensiva que los cubanos bautizaron con el nombre de «la creciente de Valmaseda.» El propósito era aplastar por completo la revolución en la provincia oriental, como base para un ataque posterior al resto de la Isla. El método era terrorista, era la *guerra total*, como se anunció en el bando del 4 de abril de 1869: «Todo hombre, desde la edad de 15 años en adelante que se encuentre fuera de su finca, como no acredite un motivo justificado para haberlo hecho, será pasado por las armas. Todo caserío que no esté habitado será incendiado por las tropas. Todo caserío donde no campée un lienzo blanco en forma de bandera, para acreditar que sus dueños desean paz, será reducido a cenizas. Las mujeres que no estén en sus respectivas fincas o viviendas, o en casa de sus parientes, se reconcentrarán en los pueblos de Jiguaní y Bayamo, donde se proveerá a su manutención: las que así no lo hiciesen serán conducidas por la fuerza.» Las consecuencias no tardaron en producirse. El número de ejecuciones de prisioneros se elevó hasta los miles. Las propiedades de los campesinos fueron reducidas a cenizas. Y la crueldad más brutal reinó en los campos de Oriente. Sólo una muestra: en una carta del 22 de septiembre de 1869 el oficial de voluntarios Pedro Fardo le escribía a su padre: «No dejamos una criatura viva por donde pasamos, sea hombre o animal. Si encontramos reses, las matamos; caballos, lo mismo; si perros, ídem. Hombres, mujeres o niños lo mismo; las casas las quemamos, así cada uno recibe su pago; los hombres, las balas; los animales, la bayoneta. La isla quedará desierta.»[252] Estos maestros de la «guerra total» eran indudables precursores de los «totalitarios» de nuestro tiempo.

Los mambises respondieron como pudieron a este ataque feroz. Su problema capital era la escasez y, a veces, la total carencia de pertrechos. Valmaseda, que acabó por reconquistar todas la poblaciones antes ocupadas por el Ejército Libertador en Oriente (Santa Rita, Jiguaní, Baire, Palma Soriano, El Cobre) estableció en puntos intermedios entre ellas estaciones donde podían refugiarse los convoyes de abastecimientos en su marcha hacia los principales centros urbanos. Perseguir estas columnas y apoderarse de los suministros era en ocasiones el único modo que tenían los insurgentes de obtener municiones y medicinas. A veces, venciendo la tenaz persecución de las autoridades norteamericanas y la vigilancia de los barcos españoles (como aquellos –ya lo vimos– en que Pascual Cervera inició en Cuba su carrera naval) algunas expediciones enviadas desde Estados Unidos por los exiliados cubanos, llegaban a las costas de la Isla. Entonces seguía un período en que los mambises abastecidos por ellas se lanzaban a la ofensiva, pero al acabarse los pertrechos, las tropas cubanas volvían a sus antiguas y osadas tácticas de «golpea y huye», con que dejaban establecido que la Revolución seguía viva.

Pudiera afirmarse que las tácticas del Ejército Libertador cubano estaban en gran parte determinadas por la posibilidad de obtener material de guerra en los Estados Unidos. Por eso resulta interesante mostrar la influencia que ejercieron las relaciones internacionales (sobre todo las que mantenía Norteamérica con España y con Cuba) en el resultado final de la Guerra Grande. Durante casi todo el conflicto ocupaba la silla presidencial en Washington el general Ulysses S. Grant. Este, no muy ducho en cuestiones diplomáticas, en lo relativo a Cuba prestó al principio de su mandato gran atención a su íntimo amigo, el Secretario de Guerra, general Rawlings, quien sentía simpatías por la causa mambisa. A través de su representante ante el gobierno de Washington, José Morales Lemus, los cubanos presentaron una petición sencilla, justiciera

---

[252] Leví Marrero, *op. cit.*, vol. 15, p. 380.

y esencial: el reconocimiento de su beligerancia, que les permitiría, entre otras cosas, adquirir con facilidad y abundancia material de guerra en el cercano país norteño. En una entrevista en la Casa Blanca, Morales Lemus escuchó de labios del Presidente estas palabras prometedoras: «Sosténganse ustedes y alcanzarán mucho más de lo que desean.» Sin embargo, después de la muerte de Rawlings, en el Gabinete de Grant predominó la voz del Secretario de Estado, Hamilton Fish, y la beligerancia nunca se le reconoció a los patriotas criollos. A cambio de ello, Fish presentó un plan de mediación por parte de Estados Unidos para conseguir la anexión de Cuba a Estados Unidos gracias al pago de cien millones de pesos a España, lo que fracasó por completo ante la total intransigencia del jefe del gobierno español, general Juan Prim. Intransigencia que los mambises consideraron esta vez afortunada para Cuba, pues la compra hubiera dado al traste, quizás para siempre, con los anhelos independentistas de los cubanos. Después de largas negociaciones, el Jefe de la Revolución Gloriosa hizo saber que nunca consideraría siquiera la concesión de un armisticio ni la cuestión de la independencia de Cuba mientras los rebeldes se mantuviesen sobre las armas contra el Gobierno español. O sea, que para el ilustre «revolucionario» hispano era legítimo promover en la Península revoluciones en favor de la libertad y la democracia. Hacerlo en Cuba, por el contrario, era visto como un crimen. Sea como fuere, el empeño cubano de abastecerse en Estados Unidos de los materiales bélicos, las medicinas y los alimentos que necesitaban, siguió frustrada por la renuencia de Grant a apoyar la causa cubana, con lo cual no se pudo convertir la contienda en una guerra de carácter convencional. Sin cañones, por ejemplo, ¿cómo tomar una fortaleza? En consecuencia, el mambí tuvo que recurrir –como hemos dicho– a la «guerra de guerrillas». Bien se sabe que la historia muchas veces se convierte en un complejo tejido de hilos que en apariencia nada tienen que ver unos con otros. La decisión (o indecisión) de Grant determinó en buena medida que el conflicto cubano deviniera una interminable «guerra de desgaste».

Para ser plenamente justos en este análisis es preciso establecer que otros factores además de la escasez crónica de armas y municiones, contribuyen también a determinar el tipo de actividad bélica que se veían obligados a practicar los patriotas cubanos a lo largo de toda la Guerra de los Treinta Años. Al respecto habrá que mencionar aquí las tendencias regionalistas y localistas que predominaban en el campo mambí, particularmente durante la primera guerra de independencia. A lo que debe agregarse el personalismo y el caudillismo individualista, heredados de la tradición política hispana, fuente constante de conflictos internos que medievalizaban y fragmentaban la voluntad revolucionaria, conduciendo muchas veces a los jefes militares a actuar exclusivamente en zonas circunscriptas, peleando con sus propios medios y para sus propios fines. Y debe recordarse también que, como hemos dicho, el soldado mambí tenía por lo general consigo a su familia en el campo cercano a donde se movía. Resultaba muy difícil para ellos trasladarse a regiones lejanas, abandonando y desamparando a los suyos, que además les proporcionaban alimentos, ropas y cariñoso cuidado cuando caían enfermos o eran heridos de gravedad en los frecuentes combates con el enemigo. Todo esto es indudablemente cierto. Pero el factor determinante era sin duda la permanente escasez de material bélico. Y de esto la culpa principal era de Estados Unidos. El general Grant, que había combatido brillantemente para dar la libertad a los esclavos de su país se negaba a ayudar al gobierno que luchaba en Cuba por darle libertad a los suyos. Pudiera considerarse padójico, si no fuera evidente que la intención de por lo menos un ancho sector de la sociedad norteamericana era apoderarse de Cuba y no colaborar a que se independizara.

***

Los españoles estaban convencidos de que, tras la toma de Bayamo, la «creciente Valmaseda» iba a acabar rápidamente con la rebelión en el departamento oriental. ¿No lo había anunciado así el general en una proclama fechada el 21 de enero de 1870? Y cuando, una tras otra, caen en sus manos –como hemos visto– todas las poblaciones del centro de la provincia, la opinión parecía confirmarse. El 18 de diciembre de 1870, en Santiago de Cuba, Valmaseda vuelve a anunciar la pacificación. Y decide celebrarla con un Te Deum en la catedral. No contaba él, sin embargo, con Máximo Gómez, quien enterado de esos planes toma una rápida decisión. Le dice a Calixto García: «Hay que hacer una hombrada. La gente se creerá que estamos muertos. Pero vamos a demostrarles que no es verdad.» Y horas antes de la fiesta, por la madrugada, llega a la bahía de Santiago y quema el caserío de La Socapa allí situado, frente por frente al Castillo del Morro. Así, mientras se preparaba para asistir al Te Deum de la Paz, en el atrio de la catedral, el público se enteraba de la respuesta del Ejército Mambí: los restos de una columna de humo en la misma boca de la bahía atestiguaba que la Revolución seguía viva.

Y es que esos dos años de resistencia habían sido, además, de endurecimiento y de aprendizaje. En ese bienio, para la división que mandaba Donato Mármol, resultó decisiva la ayuda de Máximo Gómez en lo que pudiera llamarse una pedagogía bélica, cuya premisa básica era: en guerras como ésta, hay que aprender a pelear... peleando, aun cuando fuera preciso hacerlo en las más difíciles circunstancias: en la retaguardia del enemigo. El caso de García a este respecto es muy peculiar. Según ya vimos, en vez de ascender de grado en grado como los demás, comenzó su carrera como coronel, algo así como alto ejecutivo de un negocio que desconocía por completo. Su suerte fue la presencia magisterial de Gómez, quien reconoció en seguida las dotes militares de su discípulo y le ayudó a desarrollarlas a su lado en la ruda fragua de la brega cotidiana. Así aprendió Calixto a observar y entender las tácticas del enemigo y a aprovechar sus debilidades, tales como su relativa lentitud de movimientos y su tendencia a aceptar combate fueran cuales fueran las circunstancias. Aprendió la conveniencia de los ataques nocturnos para sorprender al adversario; la necesidad de establecer –cuando en marcha– un campamento con la mayor rapidez posible para descanso de la tropa y curación de los heridos. Aprendió a determinar cuándo aceptar un reto y cuándo darle de lado. Y a dominar la táctica del contraataque, aparentando una retirada para volver luego contra la retaguardia enemiga. Y a establecer sistemas de información con que estar al tanto de los movimientos de los españoles. Y, sobre todo, a desarrollar el manejo del machete y la organización de las cargas. La historia militar de este período está repleta de ejemplos de la capacidad de Calixto García para emplear éstos y otros métodos de lucha. Y es interesante observar cómo éste reconoció siempre que se le presentó la ocasión, el decisivo papel tutelar de Máximo Gómez, su jefe, en el desarrollo de su carrera. Por ejemplo, en una carta que le dirigió el 26 de marzo de 1896, al informarle de su viaje a la Cuba en armas le decía: «Traigo también 8 expedicionarios, entre ellos mi hijo mayor Carlos, al que deseo le enseñe Ud. a pelear como enseñó a su padre.»[253]

En ese difícil período de la guerra, cuando llegaba una expedición, como la del *Anna,* y se disponía de parque, se pasaba aunque fuera brevemente a la ofensiva. Se lanzaba un ataque contra Jiguaní. O contra Baire. O se tomaba por un tiempo otra vez a Santa Rita. Es verdad que también se sufrían dolorosas bajas. En junio de 1870 el paludismo mata –a los 32 años de edad– al general Donato Mármol, a quien desde el 7 de julio sustituyó como jefe de la división de Santiago de Cuba (que comprendía las jurisdicciones de Baracoa, Guantánamo, Santiago y Jiguaní) el general Máximo Gómez, quien en seguida entra en acción. Su lugarteniente Calixto García, sin embargo, no pudo acompañarlo de inmediato. En enero una bala le había partido el húmero en una escaramuza, que poco después se infectó gravemente, dejándolo fuera de combate por varios meses. Hasta julio no puede abandonar la casa en que se reponía. La familia que lo acogió pagó muy cara su generosidad. Pocos días después de la partida del jefe mambí fue asaltada por una partida enemiga. Al no hallar la presa que consideraba segura, su jefe Lolo Benítez «desahogó su ira, asesinando a Felicita Mora y cinco hijos, el mayor de 8 años, a una anciana de 76 y a otros 6 niños, nietos de esta última», según informó el propio Calixto García en carta que publicó *La Revolución* de New York el 24 de septiembre de 1870.

Para desesperación de Valmaseda y de los voluntarios, la guerra, como vemos, seguía su curso. El espíritu combatiente se reflejaba en las numerosas proclamas de los jefes cubanos en esa época. Citemos sólo dos. La de Donato Mármol, escrita poco antes de morir: «De nada ha servido a los tiranos hacernos una guerra bárbara que repugna a las naciones civilizadas y que hace estremecer a todo corazón humano... Hoy que los españoles han emprendido una campaña activa para hacer sus últimos esfuerzos... debo dirigirme a vosotros para avisaros que el

---

[253] José Abreu Cardet y Elia Sintas Gómez, *Calixto García: Pensamiento y Acción Militar,* Holguín, 1990, p. 4.

momento supremo se acerca ya... Espero que en los presentes momentos no cederéis vosotros en esfuerzos a vuestro valientes hermanos de otros distritos, que seréis consecuentes con vuestra conducta anterior, y que concluida la campaña podré yo siempre decir con orgullo que estuve a la cabeza de hombres verdaderamente libres.»[254] O la de Calixto García, del 8 de febrero de 1871, dirigida a los jiguaniceros y baireros: «Vuelvo a dirigiros la palabra a vosotros, compañeros del 10 de octubre, para recordar ese gran día... La hora de la victoria cada vez más certera se acerca, y a vosotros está destinada una bella parte en la empresa, abandonando al tirano que solo y sin recursos, expiará el mal causado a vuestro país... Corred a los campos de nuestra rica Cuba donde os espera con los brazos abiertos vuestro compañero Calixto García.»[255]

Es preciso recordar aquí que a lo largo de toda su vida el general Mármol confió en que el gobierno de Estados Unidos acabaría por reconocer la beligerancia de los patriotas cubanos. En carta del 2 de abril de 1869 a José Valiente, escribe: «La falta de armas, la falta de cañones y municiones de guerra, nos tienen reducidos a la defensiva y a atacar únicamente en los caminos a los soldados enemigos, los cuales aunque sufriendo bajas en todos los encuentros, llegan siempre al punto hacia donde se dirigen, por la superioridad de sus armas o más bien por la artillería de que disponen, cuyos fuegos no podemos contestar por carecer de ella... Pero no es creíble que el gobierno americano se muestre por más tiempo espectador indiferente de nuestra Revolución; al contrario, todos esperamos recibir en el curso de este mes la plausible noticia del reconocimiento de Cuba como independiente, decretado por la gran República, y que ésta intervenga cerca de España para que la guerra que nos hace pierda el carácter salvaje, y se ajuste a las prescripciones del derecho de gentes.»[256] Esta es una opinión que compartían con su jefe tanto Máximo Gómez como Calixto García. Hasta donde y hasta cuando esta esperanza mantuvo encendido el fuego revolucionario no resulta

---

[254] José González Mármol, *Donato Mármol, Mayor General en la Revolución del Separatismo Cubano*, Coral Gables, 1991, Apéndice XI, pp. 375-376.

[255] Gerardo Castellanos, *op. cit.*, p. 45.

[256] González Mármol, *op. cit.*, pp. 366-67.

fácil de determinar, porque en 1870 el presidente Grant en mensajes al Congreso igualó a cubanos y españoles en sevicia y en barbarie, diciendo que ambos «eran indignos de toda justa simpatía» por el modo con que «quebrantaban los principios de humanidad establecidos entre los pueblos cultos.» Asombra un tanto esa acusación, considerando que la Guerra Civil en Estados Unidos, en la que se destacó ese general, no puede calificarse precisamente de humanitaria ni de universalmente caballerosa. Por otra parte, si los cubanos hubieran contado con la posibilidad de abastecerse en el norte, cosa que él había vedado, no se hubieran visto obligados a librar una guerra de guerrillas. Como bien dijo el senador Thurman, esa proclama de Grant «constituía un mandato a los cubanos a rendirse y deponer las armas.»[257]

Al comienzo de 1871 la situación se presentaba difícil para los mambises. Casi apagada la insurrección desde Las Villas hasta Pinar del Río, la pobreza de medios limitaba seriamente también las posibilidades en Oriente y Camagüey. Aunque lo cierto era que el gobierno español tenía, por su parte, que enfrentarse con graves problemas. Los efectos de una guerra sin cuartel eran desastrosos para ambos combatientes. Así lo reconoce el historiador Antonio Pirala cuando decía: «Era desconsolador el estado de la guerra en algunos Departamentos, a pesar de moverse tanto las columnas. Decíase del Puerto Príncipe que desde principios de noviembre de 1868, no había llevado el ferrocarril a los muelles de Nuevitas un solo bocoy de azúcar, ni una toza de madera, ni un caballo de guano, ni una arroba de miel, ni una carga de tabaco, ni extraídose de la jurisdicción una sola res, de los centenares de miles que producía; que ya se habían perdido tres cosechas y se perdería la de 1871, que por sí solas representaban cuantiosos capitales; a todo lo cual se unía la destrucción por la tea insurrecta de casi todas las fincas del Departamento, la pérdida de los aperos de la agricultura y la desaparición de los amojonamientos de todas las fincas rústicas.»[258]

---

[257] Sobre estos mensajes presidenciales véase: José Ignacio Rodríguez, *Vida del Dr. José Manuel Mestre*, La Habana, 1909, pp. 154 y ss.

[258] Pirala, *op. cit.*, vol. II, pp. 162-163.

Ante la ruinosa situación de buena parte de la isla, el Conde de Valmaseda, ascendido a Capitán General de la Isla el 13 de diciembre de 1870, promete una vez más ponerle fin al conflicto, desatando una nueva ofensiva arrolladora, mientras los cubanos se preparan, una vez más, para tratar de detenerla en seco. Es la vieja contienda entre el empeño de *pacificación total* de los españoles y la resistencia perseverante de los cubanos dirigida a probar su supervivencia. Valmaseda salió de operaciones el 18 de febrero del '71 y dos días después Ignacio Agramonte, tras saldar sus diferencias con el presidente Céspedes, toma otra vez el mando en Camagüey y asalta la estratégica torre óptica llamada de *Colón* o de *Pinto*, cerca de la ciudad de Puerto Príncipe. Tras una dura batalla de tres días, en que ambas partes sufrieron muchas bajas, los cubanos tuvieron que retirarse. Pero dejaron demostrado que la famosa «pacificación» valmasédica era un mito. Y lo confirmaba el hecho de que pocos días después el general Villamil se apoderaba de la ciudad de Ciego de Avila. Fuerzas mambisas obligaban al brigadier español Sabas Marín a devolverse a Victoria de las Tunas. En abril este general le decía en una carta a Valmaseda que los alzados de esa región «nunca se han batido con más tenacidad que ahora.» Y el 15 de mayo, después de un largo recorrido desde Las Villas hasta Oriente, el nuevo Capitán General se retiraba a la capital convencido de que la guerra «iba para largo». Cediendo a las presiones de los voluntarios, el 25 de agosto fusilaba al poeta y patriota Juan Clemente Zenea, demostrando de ese modo que el gobierno de Madrid, que favorecía el perdón, era impotente en La Habana. El cónsul de Estados Unidos en la capital cubana le escribía a su gobierno: «Zenea tuvo que ser sacrificado para satisfacer los sanguinarios instintos de las más bajas clases de la población peninsular de La Habana.»[259] El cónsul se refería especialmente al Cuerpo de Voluntarios de la capital.

***

1871 es –repetimos– un año duro pero repleto de actividad mambisa. Agramonte deviene un prodigio de dinamismo bélico, combatiendo y organizando a la vez. Y el 8 de octubre, con sólo 35 hombres, rescata de

---

[259] Herminio Portell Vilá, *op. cit.*, vol. II, p. 350.

manos enemigas, a filo de machete por carecer de otras armas, al brigadier Julio Sanguily, en una de la hazañas más sonadas de la guerra. En Oriente, al comenzar el año, se sufre una severa cortedad de parque. Máximo Gómez lo refleja en su *Diario de Campaña*, donde escribe el 12 de marzo: «No tengo pertrechos. Ya todo se ha consumido. El enemigo nos persigue por todas partes con tesón y tengo que moverme con frecuencia.» Aun así, el 19 ataca (aunque no puede tomar) un campamento enemigo en La Vuelta. Y el primero de junio, a filo de machete como Agramonte, destroza una columna en Lajas (aunque en seguida tiene que replegarse).[260] Por esos días, sin embargo, llegan dos expediciones que les permiten apertrecharse, y Gómez puede elaborar planes de más envergadura. En agosto inicia la invasión de Guantánamo, una de sus operaciones más brillantes, donde va a distinguirse uno de los futuros héroes mayores del panteón patriótico cubano, el entonces coronel Antonio Maceo. Calixto García, ya ascendido a brigadier y todavía curándose del brazo, recibe órdenes de mantener muy activa la retaguardia en el centro de la provincia para evitar que de Holguín y Manzanillo se envíen refuerzos a la región invadida. García se mueve sin cesar. Y lleva a efecto ataques a Baire Arriba, a Jiguaní, a La Güira, a Guisa, siendo la de Jiguaní la operación más sonada, pues de nada le sirvieron a los españoles las fortificaciones que allí habían contruído. Los mambises entraron en el pueblo y salieron de él con un riquísimo botín. En junio de 1872 sorprende a Calixto una noticia: Máximo Gómez había sido destituido del mando de la División Cuba por el presidente Céspedes y, en su lugar lo designaba a él, de modo que entre junio de 1872 y octubre de 1873 tenía bajo su mando las tropas de Guantánamo, Santiago de Cuba, Jiguaní y Holguín.

El conflicto entre Gómez y Céspedes fue otro de los muchos que se produjeron, más que por intrigas y resentimientos personales –que existieron sin duda alguna– por las endémicas dificultades de entendimiento, durante la guerra, entre los militares y el gobierno civil. La Revolución se organizó políticamente en una asamblea que tuvo lugar en Guáimaro (Camagüey) en la primera quincena de abril de 1869. La

---

[260] Máximo Gómez, *Diario de Campaña, 1868-1899*, La Habana, 1968, pp. 20-21.

constitución allí aprobada creó un gobierno republicano con un Presidente dotado de poderes muy limitados y una Cámara de Representantes con poderes casi absolutos. Uno de los padres de esa carta magna, Antonio Zambrana, dejó claramente establecido que esa Cámara era «depositaria de la autoridad suprema; el verdadero centro del poder público; la entidad realmente responsable del gobierno...» Muy democrático, quizás, pero muy poco práctico. Porque el resultado fue que la Cámara se convirtió en una fuente perpetua de contradicciones de todo género, que condujeron a una constante lucha entre el poder civil y el poder militar. ¿Cómo no iban a chocar el presidente Céspedes y el general Gómez cuando éste consideraba al poder civil como un estorbo y no se escondía para proclamarlo? La explicación que ofrece Gómez de lo sucedido –que el gobierno le había pedido unos convoyeros, que él contestó no podía dárselos por carecer de ellos, que Céspedes interpretó la respuesta como un desacato merecedor de la destitución– resultaría incomprensible de no tener en cuenta que este incidente baladí fue el último de una larga cadena de conflictos entre el general y un gobierno que él consideraba inepto y entrometido en decisiones militares que no eran de su incumbencia. No se trataba, pues, sino de un episodio más de una vieja contienda entre los dos poderes del estado revolucionario. El 8 de junio de 1872 Gómez escribió en su *Diario*: «...Pienso que los hombres que componen el actual Gobierno de Cuba no están a la altura de la revolución, y con ellos no podrá nunca triunfar ésta, pues matan las aspiraciones del Ejército y carecen absolutamnente de tacto para desenvolverse hasta en las cuestiones de poca entidad.»[261] Hay que reconocer que Céspedes posteriormente supo hacerle justicia a Gómez, restituyéndole el mando en un cargo de importancia. Y Gómez, a la vez, siempre mostró absoluto respeto por el Jefe del Poder Ejecutivo.

De todos modos, en vez de permanecer inactivo debido a su deposición, Máximo Gómez participó en otra brillante operación mambisa. Porque ocurrió que Calixto García, quien se sentía incómodo en el cargo al considerar que pertenecía a su maestro, invitó a éste para que le sirviera de «consejero». Y juntos, como buenos amigos y compadres que

---

[261] Máximo Gómez, *op. cit.*, p. 29.

eran, prepararon los planes de la que fue una victoriosa campaña en la jurisdicción de Holguín, que culminó con la toma de la ciudad del mismo nombre, según fue relatado en el Diario de Campaña del viejo general: «Caímos a las doce de la noche y por sorpresa sobre la población, que se ocupó por espacio de dos horas en sus principales calles y plazas. El enemigo estaba muy débil, se concentró en sus cuarteles y fortines y nuestras tropas tuvieron libertad de apoderarse de un riquísimo botín de los establecimientos de comercio de españoles y de cubanos españoliza-dos... Nos retiramos a las tres de la mañana del 20...»[262] Gómez y García permanecieron juntos sólo hasta fines del mes, aunque volvieron operar lado a lado por algún tiempo en marzo del '73. En enero y febrero de ese año, Calixto había continuado con éxito su campaña en la región holgui-nera, combinando pequeñas escaramuzas con asaltos a varios pobla-dos.[263] Obviamente la revolución seguía viva.

Por su parte, los voluntarios habaneros, decepcionados ante el mal sesgo de la guerra, comenzaron a acusar a su antiguo ídolo, el general Valmaseda, de incapacidad militar y administrativa. Y a demandar medidas cada vez más severas para acabar con la insurrección. Las turbas dominaban las calles de la capital y las autoridades locales se veían imposibilitadas de contenerlas. Por fin la exasperación de la impotencia, el resentimiento, el odio y la violencia de los voluntarios llevó, el 27 de noviembre de 1871, a un crimen sin nombre: el arbitrario y brutal fusilamiento de ocho estudiantes del primer año de medicina de la Universidad de la Habana, falsamente acusados de haber profanado la tumba de un periodista español. Este acto de barbarie produjo una pro-funda indignación no sólo en Cuba sino en todo el mundo civilizado. En la misma España la prensa casi entera, desde la republicana hasta la carlista, condenó el hecho.[264] En La Habana sólo la enérgica y valiente defensa de los estudiantes realizada ante al tribunal por el capitán espa-ñol Federico Capdevila rescató en algo el honor herido de su patria.

---

[262] Máximo Gómez, *op. cit.*, p 31.

[263] José Abreu Cardet y Elia Sintes Gómez, *Calixto García: Pensamiento y Acción Militar*, Holguín, 1990, pp. 14-16.

[264] Véase Fermín Valdés Domínguez, *El 27 de Noviembre de 1871*, Madrid, 1872, p. 71.

Valmaseda, que se hallaba en Victoria de las Tunas, inició rápidamente su regreso a la capital, pero no se atrevió a llegar a ella antes de que se cumplieran las ejecuciones. Su situación parecía insostenible. Todavía, maniobrando, logró mantenerse por un tiempo en el puesto. Pero por fin fue destituído el 11 de julio de 1872. Llevaba tres años y nueve meses de combate incesante contra los alzados. A su caída sigue un período de rápido trasiego de Capitanes Generales. De julio del '72 a noviembre del '73 ocupan el cargo Francisco Ceballos, Cándido Pieltaín y Joaquín Jovellar. Esta inestabilidad no era un símbolo de victoria para España sino más bien una muestra clara de la capacidad de resistencia de Cuba revolucionaria.

En 1873 la Revolución recibe varios golpes y obtiene varias victorias. El 11 de mayo en el potrero de Jimaguayú, Ignacio Agramonte muere de un balazo enemigo. Los españoles se apoderaron de su cuerpo exánime. Una famosa redondilla iba a fijar para la memoria de los tiempos su final destino:

> Y su cadáver augusto
> quemaron en Camagüey
> porque el muerto daba susto
> a los soldados del rey.

Pero el hecho más resonante del año tiene lugar el 27 de octubre, cuando acusado de violar la Constitución, el presidente Carlos Manuel de Céspedes fue destituido de su cargo por la Cámara de Representantes, que nombró en su lugar a Salvador Cisneros Betancourt. Contradicciones provocadas por enconados resentimientos personales tanto como la vieja lucha entre el poder civil y el poder militar conducían otra vez, para desgracia de todos, al sacrificio político del hombre de La Demajagua. Este, pese a la debilidad del poder civil en la revolución, no se dejaba manipular por ningún general. En Bijagual, cerca de Jiguaní, mientras la Cámara discutía, se fueron concentrando unos 1.500 hombres, del ejército de Oriente, previamente convocados al efecto. No todos sus oficiales recibieron con gusto la noticia de la deposición. Pero cuando Calixto García (desde hacía algún tiempo ya Mayor General), acompañado por los jefes de su Estado Mayor, «pasó revista a caballo a las tropas formadas en el campamento, comunicándoles la destitución de Céspedes... los aplausos fueron clamorosos:»[265] La tropa respondía sencillamente a la obvia inclinación de la jefatura.

No fue éste ciertamente el mejor día de la naciente república cubana y la participación de García en él podría juzgarse desafortunada. Por una parte, Céspedes era un verdadero patriota y lo que se hacía con él era injusto. Por otra parte, no era preciso ser un zahorí para comprender el enorme daño que le haría a la Revolución, dentro y fuera del país, lo que en la práctica constituía un golpe de estado. Sin embargo, el historiador Ramiro Guerra es partidario de absolver a Calixto García de toda culpabilidad en este triste episodio. Céspedes –nos dice– se empecinaba en mantener dividido el mando en la provincia de Oriente, lo que García consideraba fatal para la causa. Por eso, con plena conciencia de su responsabilidad, el General bien podía aprobar que el Presidente cesase constitucionalmente en su cargo, lo que por demás parecía un hecho consumado cuando García llegó a Bijagual.[266] De todos modos, ésa de Bijagual no fue página histórica de que pudo nunca enorgullecerse el general holguinero.

Y aun faltaba otro suceso trágico en ese año durísimo: la captura y la ejecución en masa, a principios de noviembre, de los expedicionarios y tripulantes del vapor *Virginius*, que traía armas y pertrechos a los insurrectos. Apresado por un buque de guerra español cerca de Jamaica el barco fue llevado a Santiago de Cuba, donde el Gobernador de la ciudad, brigadier Burriel, ordenó se enjuiciara a todos los que en él venían. Condenados a muerte, 53 de ellos fueron fusilados, hasta que la sentencia fue suspendida por la enérgica protesta de Sir Lambton Lorraine, capitán de la fragata inglesa *Niobe*, quien amenazó con bombardear la ciudad si continuaban los fusilamientos.

Tras la destitución de Céspedes el Ejército Libertador fue reestructurado, creándose dos Departamentos, el Occidental capitaneado por

---

[265] Ramiro Guerra, *op. cit.*, vol. II, p. 217.
[266] . Guerra, *op. cit.*, vol. II, p. 211.

Gómez y el Oriental dirigido por García. Como puede verse, éste último alcanzaba un papel protagónico de primera línea en el Ejército mambí. La primera operación importante acometida por el nuevo jefe fue el ataque y la toma de Manzanillo, puerto de gran importancia comercial y militar, muy bien fortificado y defendido. En su marcha hacia la ciudad, el ejército mambí entró en contacto con el enemigo a las 10 de la noche del 10 de noviembre de 1873 a un kilómetro de la misma, con lo que se perdió el factor sorpresa. Además la coordinación con el movimiento clandestino manzanillero falló también. De todos modos se repitió lo que sucedía tantas veces: las tropas españolas se retiraron en seguida a sus cuarteles y fortalezas, mientras los invasores se apoderaban de toda el área urbana y de un rico botín, compuesto sobre todo de pertrechos. Careciendo de artillería, que el gobierno norteamericano les prohibía comprar en Estados Unidos, a los cubanos resultaba imposible atacar las fortificaciones. A las cuatro de la mañana el general García dio la orden de retirada. Mientras dejaban atrás la presa, los invasores contemplaban el fuego que consumía más de la mitad de la población.[267] Posteriormente Calixto tomó los poblados de Calicito, La Caridad, Blanquizal y el ingenio San Luis.

Basándose en las enseñanzas de Gómez, el general García elaboró y puso varias veces en práctica un complejo sistema de tácticas para que la hoy llamada «guerra de guerrillas» portase en su seno una «guerra de posiciones», aunque sólo fuese por unas horas, mediante el ataque y la toma de poblados y ciudades. (Desde el 13 de octubre de 1868 al 5 de septiembre de 1874 García dirigió más de cuarenta asaltos a centros urbanos.) Su plan comprendía: 1) estrecha colaboración con los simpatizantes de la causa cubana que vivían en tales lugares; 2) ataque nocturno para acentuar la sorpresa; 3) ataque con estudiada superioridad numérica , gracias a una concentración de fuerzas que permitiera asaltar por varios lugares la vez; 4) respeto cuidadoso para la población civil, estando establecido que quienes abusasen de las mujeres serían fusilados; 5)

---

[267] Juan Cué Badá, «El ataque a Manzanillo», *Revista de Historia*, mayo-diciembre de 1971, pp. 22 y ss. Véase la versión generalmente aceptada de esta batalla en Fernando Figueredo Socarrás, *La Revolución de Yara*, La Habana, 1902, pp. 55 y ss.

destrucción de todo cuanto pudiese servir al enemigo; 6) confiscación de pertrechos, ropas, alimentos, medicinas y todo cuanto sirviese al Ejército Libertador.[268] El aprovechado discípulo de Máximo Gómez demostraba poseer ya ideas tácticas y estratégicas muy propias.

En el mismo año de 1873 los mambises habían obtenido otras importantes victorias. En la llamada «Trocha del Este», entonces en fabricación para aislar a Oriente de Camagüey, Vicente García tomaba el importante fuerte de La Zanja, de donde se llevó cuantioso material bélico. Al norte de la provincia oriental, Calixto García derrota al temido teniente coronel español Gómez Diéguez, conocido por «El Chato», quien muere en el combate, dejando en el campo unos 300 muertos. Por su parte, Máximo Gómez, toma y saquea las poblaciones de Nuevitas y Santa Cruz, pero sobre todo triunfa en dos encuentros históricos: las batallas de La Sacra y Palo Seco. En la primera unos 500 jinetes camagüeyanos le causan a una columna enemiga más de cien muertos. En la segunda el teniente coronel Vilches, al mando de 600 hombres, sufre durísima derrota donde pierde la vida junto con la mitad de sus tropas, mientras los mambises tienen tres muertos y un puñado de heridos. A un oficial español se le encontró una orden firmada por el capitán general Jovellar donde se le mandaba: «...En lo sucesivo no haga prisioneros, y si los hace, fusílelos y dé parte de muertos.» Fernando Portuondo comenta al respecto: «Esta terrible orden había sido dictada cuando en España gobernaban los republicanos.»[269] Algunos mambises habían pensado que la proclamación de la República Española abría la esperanza de un posible entendimiento justo con la metrópoli, basado desde luego en la independencia de la isla. Pero eso no fue más que otro sueño de verano. La realidad era que ninguna victoria ni ninguna derrota de parte y parte resultaba decisiva. El conflicto parecía haberse convertido en una lucha entre dos impotencias.

No faltó en el '73 una interesante sorpresa: a principios de año se había presentado en el campamento de Calixto García en Dos Bocas un

---

[268] José Abreu y Elia Sintes ofrecen un valioso análisis de estas tácticas y sus resultados en su obra citada, pp. 25 y ss.

[269] Fernando Portuondo, *op. cit.*, p. 449.

visitante inesperado: era James J. O'Kelly, un periodista enviado por el *New York Herald* para investigar el verdadero estado de la guerra en Cuba y enterar de ello a la opinión pública norteamericana. O'Kelly era un exiliado irlandés que había combatido junto al gran Charles Parnell por la independencia de Irlanda, lo que le hacía simpatizar con la causa cubana. Al regresar a Estados Unidos publicó una serie de artículos en el *Herald* que luego recogió en un libro titulado *La Tierra del Mambí*. Encontramos allí, ante todo, un vivo retrato del jefe de la región oriental: «El general Calixto García –nos dice– es un joven alto y de complexión delgada; de treinta y tres años, y aunque en sus cabellos se notaban muchas canas, no representaba la edad que tiene. De maneras afables, no carece de gracia y aun de cierto aire distinguido. Rápido e imperativo en el hablar y de carácter nervioso, enérgico y astuto, posee indudablemente las facultades intelectuales necesarias en un jefe, en la clase de guerra hecha por los cubanos.» Mas no sólo de la guerra hablaron O'Kelly y García, sino también –y extensamente– de política. Es el periodista quien informa a los mambises del reciente establecimiento de la república en España. Según él, el general no creía que el hecho cambiase el destino de Cuba. «Ese gobierno será de corta duración», le dijo proféticamente. O'Kelly insistió sobre el tema: «Pero si se estableciera una república estable, ¿decidirían los cubanos permanecer como parte integrante de los dominios españoles?» La respuesta fue un rotundo ¡No! «La inestabilidad de los gobiernos españoles no nos ofrece garantías... Estamos muy separados de España por la distancia y los intereses para que nos sometamos a ser arrastrados por ella a las continuas revoluciones que marcan las etapas de sus gobiernos. Deseamos ser independientes.» Y para dejar bien en claro lo que por independencia se entendía, agregó: «Creo que existe aquí un partido en favor de la anexión (a Estados Unidos). En el Departamento central ha habido siempre muchos anexionistas, pero en el oriental el objetivo principal ha sido siempre la independencia.» Y no dejó de incluir una fuerte queja sobre la conducta negativa que el gobierno norteamericano había siempre puesto en práctica contra la revolución.

O'Kelly agregó, por su cuenta: «Todos los cubanos presentes aceptaron con ligeras modificaciones estas ideas.»[270]

***

En 1874 ambas partes tratan de romper el impasse. El resultado fue otro año de alentadoras victorias, de esperanzas fallidas y pérdidas lamentables. Nombrado jefe de Camagüey al morir Agramonte, Máximo Gómez pronto comenzó a trabajar en el proyecto de invadir Las Villas, como paso previo a llevar la guerra al Occidente, centro de la industria azucarera cubana en esa época, es decir, a las provincias de Matanzas y La Habana. No encontró fácil el proyecto. Para llevarlo a cabo necesitaba un fuerte contingente oriental y Calixto García estaba dedicado a la tarea de ponerle fin a varias sublevaciones que dañaban gravemente la moral de las tropas de esa región. La mala semilla de la deposición presidencial daba sus frutos amargos. Por fin, Oriente contribuyó con sólo 400 hombres. Y mientras esperaba, Gómez tuvo que enfrentarse con serias concentraciónes de tropas enemigas lanzadas contra él, lo que condujo a dos combates famosos. El primero, el 10 de febrero, en El Naranjo. El segundo, el 15 de marzo, en Las Guásimas. Por el número de participantes son batallas de cierta consideración. En la primera suman cuatro mil quinientos. En la segunda unos siete mil. Entre las dos, los españoles perdieron mil trescientos hombres. Los cubanos menos de cien. En ambas los cubanos obtuvieron victorias decisivas, a pesar de la superioridad numérica del enemigo. En ambas Gómez combinó brillantemente el uso de su caballería y su infantería. En ambas la infantería tuvo como jefe al general Antonio Maceo. Los propios españoles reconocen el notable progreso que había hecho el ejército mambí. El comandante de Estado Mayor español L. Barrios, después de reconocer que Las Guásimas era «el desastre mayor que sufrimos en toda la campaña», refiriéndose a las tropas Gómez, agregaba: «Ya no eran las masas desorganizadas del principio; adquirieron la cohesión que les faltaba, el espíritu militar de toda tropa que cuenta hechos de armas más o menos

---

[270] James J. O'Kelly, *La Tierra del Mambí*, con un prólogo de Fernando Ortiz, Edición del Centenario de La Demajagua, La Habana, 1968, pp. 209-211.

brillantes...»²⁷¹ Pero entre El Naranjo y Las Guásimas los cubanos habían consumido casi todo su parque y luego llegó la estación de las aguas. Y hubo que posponer la invasión para la seca del año siguiente.

Mientras todo esto sucedía, la revolución sufría un serio infortunio: la muerte del ex-presidente Carlos Manuel de Céspedes. Céspedes había asimilado el golpe de la destitución con su serenidad, dignidad y patriotismo de siempre. Al recibir la notificación oficial emitió un manifiesto «Al Pueblo y al Ejército de Cuba», probablemente el documento oficial más bello escrito en Cuba, donde decía: «En desacuerdo desgraciadamente con el Poder Legislativo, y no siéndome posible renunciar a mi puesto sin sujetarme a desfavorables interpretaciones, creí mi deber defender lo que consideraba mis principios, las exigencias de la situación, la observancia de las leyes y la soberanía del Pueblo. En esa defensa creí deber mío desplegar toda la inflexibilidad de mi carácter. La Cámara ha hecho uso de su prerrogativa, y acallada la más exquisita susceptibilidad, no me toca otra cosa que obedecer lo preceptuado en ese mismo Código Fundamental que tanto me precio de venerar. En consecuencia, he dado inmediato cumplimiento a lo acordado por ese alto Cuerpo, dentro de sus atribuciones constitucionales. Como antes, como ahora y como siempre, estoy consagrado a la causa de la libertad e independencia de Cuba. Prestaré de todo corazón mi débil apoyo a cualquier gobierno legítimo en esa misma línea: en ella sé que estaré al lado de los buenos cubanos. Tengo el gusto de dejar la Revolución de Cuba en estado próspero, y deseo sinceramente que el actual gobierno dé en breve feliz término a la obra del 10 de octubre de 1868, confirmada por cinco años de contínuos trabajos. ¡Pueblo y Ejército de Cuba! Habéis cumplido con vuestro deber de sensatez y patriotismo. Réstame daros las más expresivas gracias por las muestras de cariño y respeto que generalmente os habéis dignado dispensarme.» La Cámara respondió negándole permiso para trasladarse al extranjero. Y –peor aun– despojándolo de toda escolta que lo protegiese. El ex-presidente se retiró a la prefectura de San Lorenzo, en la Sierra Maestra, donde se dedicó a enseñarle a leer

---

[271] Cit. por Benigno Souza, *Máximo Gómez, el Generalísimo*, Edición Especial, Santo Domingo, República Dominicana, 1975, pp. 48-49.

a los niños. Y allí, casi solo, el 27 de febrero del '74, lo encontraron las tropas españolas enviadas para perseguirlo, las que después de matarlo le destrozaron el cráneo a culatazos.

La segunda gran pérdida de ese año fue la captura de Calixto García. El doctor Félix Figueredo, médico, amigo y ayudante del general en la manigua, asegura que en los primeros días de septiembre (hoy se cree que fue el 6) se produjo una conversación entre él y su jefe sobre el peligro en que se encontraban en el campamento de San Antonio de Baja por haberse enviado a la mayor parte de la fuerza a buscar alimentos en las cercanías. «Sólo quedan quince hombres aquí –dice Figueredo– y agrega una pregunta: «¿Qué harías, Calixto, si te vieras prisionero de los españoles?» A lo que García responde: «No, nunca caeré prisionero. Mi revólver tiene seis balas. Cinco para el enemigo. Y la última para mí.» ¿Premonición? ¿Casualidad? Esa misma tarde el campamento es asaltado por una guerrilla al mando del teniente Ariza. La superioridad numérica de los atacantes es aplastante. Se produce un tiroteo. El general se ve rodeado de enemigos que dan vivas a España. Se oye un fuerte «¡Viva Cuba!» Y la detonación de un revólver de alto calibre. Calixto García se ha disparado un tiro debajo de la barba. La bala le ha salido por la frente. Cae al suelo, aparentemente agonizante. El teniente Ariza oye la explosión: «Es el general Calixto García.» Y ocurre un primer milagro. El teniente pudo rematarlo, como era costumbre de las tropas españolas. Pero no. No lo mató. Ordenó recogerlo y lo llevó al cercano poblado de Veguitas, donde un médico provee los primeros auxilios. Y de ahí los españoles marchan con el herido a Manzanillo. Y aquí el segundo milagro: el jefe de la plaza pudo haberlo rematado. Pero no. No lo mató. Comunicó al gobernador de Santiago de Cuba, Sabas Marín, de la presa que tenía en las manos. ¿Qué debo hacer? ¿Matarlo? Tercer milagro: Sabas Marín ordena: «De ninguna manera. Salgo ahora mismo para allá.» Tan pronto llega, recoge al herido y con él se dirige a Santiago en el mismo barco que lo había traído. Cuarto milagro: pudo haberlo fusilado, pero no lo hizo. Se dirige al Capitán General en la Habana y le dice que a su juicio el prisionero no debía ser ejecutado. Y quinto milagro: el Gobernador de la Isla José Gutiérrez de la Concha, acepta la sugerencia y se lo comunica al Gobierno de Madrid.

Doña Lucía Iñiguez siempre creyó que en esa ocasión ella le había salvado la vida a su hijo. Al enterarse de que había caído prisionero, corrió a pedirle clemencia al Gobernador de la Isla, general José Gutiérez de la Concha, quien le facilitó los medios para dirigir su súplica por cablegrama a los altos poderes de Madrid. Estos devolvieron la petición a Cuba, pidiéndole a Concha su opinión y éste, el 15 de octubre de 1874, contestó en los siguientes términos: «Desde el momento que fue hecho prisionero Calixto García, que con el carácter de General venía mandando a los insurrectos del Departamento Oriental, me propuse perdonarle la vida, y autoricé a su madre para que pusiese un despacho al Presidente del Poder Ejecutivo pidiéndole indulto de la pena capital... El hecho solo de no haber dispuesto pasaran por las armas a Calixto García después de su aprehensión y la autorización concedida a su madre para transmitir aquel despacho telegráfico, probará a V. E. que en mi opinión no era conveniente de ninguna manera aquella disposición que podía tomar con arreglo a los bandos vigentes. En el estado en que se encuentra la guerra y la insurrección después de seis años, no he creído de ninguna manera conveniente ensangrentar aquella, y he podido seguir mis propios sentimientos de humanidad evitando un fusilamiento que no puede producir otro resultado (que) excitar las pasiones , haciendo más difícil la terminación de esta guerra. Como he dicho a usted repetidamente, esta guerra no ha de acabarse por el exterminio de los insurrectos: se les podrá batir y reducirlos en número, pero exterminarlos es muy difícil si no imposible. Es preciso, pues, batirlos, es preciso combatirlos activamente por todas partes, y esto será mi primera atención... Pero para concluir con esta guerra se necesita que los insurrectos, después de eso, crean en la posibilidad de un perdón y de un olvido y en la seguridad de sus personas. Esa confianza y esa seguridad contribuirá mucho a darla, el ver perdonada la vida de Calixto García, que por otra parte no se ha señalado por su inhumanidad con nuestros prisioneros...»[272] Obviamente el Capi-

---

[272] Archivo Histórico Nacional de Madrid, Sección de Ultramar, Legajo 4793: Calixto García, titulado general cubano. 1874. (Este legajo incluye el texto de los telegramas aludidos en el texto y la carta de Concha que citamos.) Véase también: José Abreu Cardet y Elia Sintes Gómez. *Calixto García en España*, Holguín, (1990?), pp. 8-9.

tán General tenía ya su decisión formada antes de que lo visitara doña Lucía.

De todos modos, estamos ante un documento de capital importancia, en el que la primera autoridad española en Cuba acepta que la política seguida por España durante el curso de toda la guerra, de 1868 a 1874, ha fracasado por completo. La tesis de la *guerra total*, es decir del necesario aplastamiento absoluto de la insurrección, ha resultado completamente falsa y fallida. Después de seis años de lucha feroz, ambas partes son incapaces de obtener una victoria decisiva y final. Frente a las proclamas encendidas de Valmaseda y los gritos histéricos de los voluntarios se encuentra la realidad: ni España ha podido derrotar a Cuba ni Cuba ha podido derrotar a España. Y –según el general español– hay que buscar otro camino. El del entendimiento entre las partes. El de la transacción que ponga fin al dominio de la intransigencia, el odio y el fanatismo. En realidad esta carta de Concha es la primera clarinada de una política de pacificación. Y Concha mismo, un precursor de Martínez Campos. España tiene que transigir si quiere pacificar. Y a los mambises hay que atraerlos al acuerdo y a la paz mediante actos de moderación como ése de perdonarle la vida a uno de los jefes máximos del movimiento revolucionario cubano. Desgraciadamente casi cuatro años han de pasar antes de que estos postulados se conviertan en realidad. Casi cuatro años tan sangrientos y dolorosos como los seis que les precedieron.

***

Regresando a los milagros: ¿habrá alguno más extraordinario que el de esa bala que penetra por la barbilla, atraviesa la boca, hiere la lengua sin destrozarla, rompe el paladar y sigue avanzando de seno en seno hasta llegar al frontal, por donde sale sin tocar ni un solo órgano vital? El herido, desde luego, perdió el conocimiento. Y un poco de sangre. Perdió también el uso de la lengua, por lo cual tuvo que aprender de nuevo a hablar. Además sufrió terribles dolores de cabeza. Andando el tiempo se vio obligado a adquirir un nuevo paladar. Pero en ningún momento su vida estuvo en peligro. Desde Veguitas hasta La Habana, pasando por Manzanillo y Santiago de Cuba recibió toda la atención médica que la ciencia del momento podía administrar en su caso. Y cuando lo declararon curado, comenzaron para él cuatro años de saltos de prisión a prisión. En la capital cubana le tocó de cárcel el Castillo del Morro de donde poco después lo despacharon para España. Desembarca en Santander y de allí lo llevan al vecino puerto de Santoña, donde ingresa en el Castillo del mismo nombre el 5 de marzo de 1875. El próximo traslado ocurre exactamente dos meses después: va a la prisión de San Francisco en la ciudad de Madrid. La cárcel es siempre cárcel, pero la de San Francisco no resultó excesivamente opresiva y dolorosa para él. Su madre, la incansable e invencible doña Lucía Iñiguez, abandona su exilio interno en Guanabacoa y se marcha a Madrid para ayudar a su hijo. Le permiten verlo, llevarle comida, medicina, ropas, periódicos y libros. Y traer con ella de visita a varios estudiantes cubanos instalados en la capital, que simpatizan con su gesto heroico, como Eusebio Hernández y Raimundo Menocal. Hasta dejan pasar a la asturianita Paula Ruiz, con quien tiene un hijo.[273] Y le dejan retratarse decentemente vestido y arreglado, alto, delgado y todavía sin muchas canas. Calixto, por su parte, procura vencer la torpeza de la lengua que le dejó el balazo con ejercicios inventados por él, a los que añade la repetición de los sonidos ajenos del inglés y el francés, idiomas que estudia con fervor cercano al fanatismo. Según él, eso le ayudaba a «soltar la sin hueso». Y así, poco a poco, va recobrando el habla normal.

La situación favorable de la prisión madrileña cambia en abril del '76 cuando se descubre que esos jóvenes amigos que lo visitan estaban preparándole al prisionero un plan de evasión. El día 9 de ese mes y año se encuentra ya éste en otra cárcel, la Ciudadela de Pamplona, en un calabozo oscuro y frío de una ciudad fría y oscura. Desde luego, hacia allá va en seguida la tenaz Doña Lucía, quien con su habilidad y su

---

[273] Muestra elocuente de los sentimientos, prejuicios y tradiciones de la época es el caso de ese hijo de García y Paula Ruiz, engendrado en la cárcel. Recogido en España por su abuela Lucía, ésta –para evitarle los bochornos y las dificultades de la ilegitimidad– le paga a un matrimonio español, para que lo reconozcan como su legítimo descendiente. Así Raimundo Domínguez Eguarás va con su abuela a Cuba y crece a su lado en Jiguaní. Al estallar la Guerra de Independencia en 1895 Raimundo ingresa en el Ejército Libertador y muere de tifus en un campamento criollo en marzo de 1898, poco antes de cumplir los veinte años.

paciencia logra que por lo menos le permitan a Calixto salir diariamente a coger sol por veinte minutos en un patio de la ergástula y a recibir correspondencia, libros y revistas en tres lenguas. Porque Calixto García utilizó esa estancia forzosa en Pamplona seguir desarrollando el riguroso plan de estudios concebido en San Francisco. La cárcel fue –como hemos dicho– la Universidad a la que no pudo asistir. Casasús resume muy bien el asunto: «El general sabe aprovechar el tiempo. En (su) correspondencia... no hemos pasado nunca más de dos cartas sin que leamos o una petición urgente de libros, o el acuse del recibo de los enviados. No es sólo el estudio de idiomas (francés e inglés) y de literatura y de historia el que ocupa las horas del general en su cautiverio. Allí se dedica, asidua y afanosamente, al estudio de la táctica, de la estrategia, de la fortificación, de la castrametación y de la historia militar, ramas técnicas del arte de la guerra cuyo dominio tanto habrá de valerle durante la última campaña..»[274]

En este período, sobre todo en conversaciones con su madre, va enterándose en detalle de la odisea de su esposa y sus hijos. Descubre así que Isabel ha adoptado el oficio de costurera para sostenerse, y sabe de la ayuda recibida por su familia en Cayo Hueso, y posteriormente en New York, donde sus hijos pudieron estudiar gracias a las gestiones de varios cubanos, como ya se ha dicho. José Abreu y Elia Sintes destacan que pese a vivir a tanta distancia de su patria, los niños nunca le perdieron el amor: «En las vacaciones y en los días de asueto que pasaban en el hogar vivían rodeados del recuerdo de la lejana isla. Las figuras de revolucionarios que residían y que pasaban por la ciudad, como Francisco Vicente Aguilera y Antonio Maceo se convirtieron para sus mentes infantiles en símbolos casi míticos de Cuba.»[275]

En noviembre de 1877 ingresa en el Castillo de San Fernando de Figueras como prisionero de guerra el Presidente de la República de Cuba en Armas, Tomás Estrada Palma. Pronto se produce un intercambio epistolar entre él y Calixto García. Por esa fuente de primera mano,

---

[274] Juan J. Casasús, *op. cit.*, p. 128.
[275] Abreu y Sintes, *op. cit.*, p. 32.

el cautivo de Pamplona se entera de la gravísima crisis por que atravesaba en Cuba la Revolución. En realidad, resultaba evidente que, desde hacía cierto tiempo, agonizaba. Verdad que, tras infinitas posposiciones, la invasión de Las Villas había comenzado. En la noche del Día de Reyes de 1875, Máximo Gómez con sus tropas –y con sólo seis bajas– atravesó la trocha de Júcaro a Morón, que el capitán general Concha acababa de fortificar, precisamente para evitarlo. Había sido un instante de renovada esperanza. La guerra, estancada en Oriente y Camagüey, se dirigía hacia Occidente, hacia el corazón de la economía y del poder político de España en Cuba. En Matanzas y La Habana, centro de la industria azucarera y del régimen esclavista en que se basaba, la guerra limitaría al menos esa rica fuente de ingresos para el gobierno colonial y obtendría el apoyo de miles de esclavos ansiosos de libertad. El triunfo en Las Villas era la clave de la victoria mambisa. Cierto que las tropas invasoras eran muy limitadas en número –poco más de mil hombres– y sufrían una escasez dramática de recursos bélicos –una docena de balas por cabeza–. Pero los mambises estaban acostumbrados a abastecerse de material bélico y humano en el propio campo de combate. La tarea distaba mucho de ser imposible. Una entrada temprana (18 de enero) en el *Diario* del futuro Generalísimo nos puede servir para comprender el sistema. «Día 18, por la madrugada marcho sobre el pueblo del Jíbaro, que a la hora poco más o menos de resistir su guarnición, que era de 40 soldados de línea y algunos más armados, gente toda del país, se rindió con más de 20 bajas. El pueblo... después de proveerse la tropa de lo que más necesitaba, se incendió todo. Se curaron los heridos españoles (12), y se dejaron en completa libertad. Se ocuparon 151 armas de precisión, 35,000 tiros, cápsulas, 200 machetes, 120 caballos, muchas medicinas, 50 monturas, muchos efectos de escritorio y un abundante y muy rico botín de nueve establecimientos de comercio... Nuestras bajas, 7: cinco heridos y dos muertos... Dispongo colocar todas las familias en una Subprefectura.»[276]

Desde el comienzo aplica Máximo Gómez sus viejas tácticas guerrilleras de amagos y escapadas, de concentraciones para esfuerzos mayo-

---

[276] Máximo Gómez, *op. cit.*, pp. 72-73.

res y dispersión en grupos para la brega constante de tábano implacable, siempre tratando de ganar terreno, de extender el conflicto hacia el oeste. Explica en el *Diario*: «Es mi plan recorrer la mayor parte de territorios de Sancti Spiritus con objeto de recoger caballos y con la presencia de nuestras fuerzas levantar en lo posible el espíritu de la revolución en esta parte, así como ver la manera de cómo introduzco algunas fuerzas en las otras Villas. Por eso y porque aun no estoy bien orientado de la topografía del territorio donde por primera vez vengo a hacer la guerra con tan escasos elementos, por eso repito, no entra en mis planes presentar combates formales al enemigo y ni mucho menos, comprometer lances que aunque en ellos pudiese destrozar una columna enemiga, siempre por nuestra parte se sufrirían bajas y para cuyos heridos no tenemos todavía ciertas zonas que ofrezcan seguridad y garantía.»[277]

Mediante estos procedimientos, los cubanos obtuvieron algunos éxitos. Hubo momentos en que subiendo y bajando, adelantando y retrocediendo, la invasión llegó hasta las puertas de Matanzas. En la región de Cienfuegos, por ejemplo, causaron daños considerables. «Desde principios de febrero (de 1875) –dice Enrique Edo– tornaron los rebeldes a realizar sus propósitos de destruir toda la riqueza, quemando las fábricas de los ingenios de la jurisdicción... *Buenavista, Rosario, Santa Bárbara, Santa Trinidad, Conchita* y *Santa Teresa*. A esto unieron la quema de los caseríos Arimao y la Sierra, y la tienda y sitiería de Diego Alonso. Más adelante, en abril, la de los ingenios *San José* y *Cometa*, y luego, en 5 de julio, la de dos tiendas y la casa que hacía de fuerte en la Caimanera, donde incendiaron también varias casas. En Agosto sufrieron igual suerte los ingenios *La Niña, Manacas* y varias tiendas, edificios y viviendas de potreros en distintos puntos. En octubre los ingenios *Adela* y *Donastilla* y algunas casas próximas al castillo de Jagua; y en diciembre, el ingenio *Rosario*, parte de los cañaverales de los de*Teresa* y *Divertido*, otra vez varias casas del poblado junto al castillo de Jagua, en un asalto que dieron a aquel caserío...»[278]

---

[277] *Ibidem, id.*, p. 74.
[278] Enrique Edo, *Historia de Cienfuegos*, La Habana, 1943, pp. 440-441.

Pero el desgaste era continuo. Y los refuerzos que Gómez le pedía al Gobierno no llegaban. ¿Cómo iban a llegar, si el campo mambí se entregaba en el Este a un destructivo proceso de disidencias, escisiones, disputas, sediciones y levantavientos internos que ponían en peligro la vida misma de la causa? El primer acto de insubordinación fue el llamado *Movimiento de las Lagunas de Varona*, que encabezó el general tunero Vicente García en abril de 1875. Era Vicente García un jefe muy prestigioso. Su habilidad para sorprender convoyes enemigos y distribuir luego lo capturado entre las tropas le había procurado una gran popularidad. Por otro lado, era también un regionalista impenitente, casi un cacique político a la española y un militar muy amigo de proceder por cuenta propia, lo que conducía a muchos rozamientos con el poder central de la República en Armas. Sintiéndose preterido por éste en la distribución de los altos cargos militares, sus resentimientos estallaron en total indisciplina al recibir órdenes de enviar un destacamento de soldados de Tunas a reforzar las fuerzas de Máximo Gómez en las Villas. En una reunión, convocada por él, en el arruinado ingenio *Lagunas de Varona*, un grupo de jefes firmaron un manifiesto demandando la destitución del Presidente de la República Salvador Cisneros Betancourt, la introducción de cambios en el gobierno sin tomar en cuenta la Constitución vigente y la anulación de la orden de enviar tropas tuneras a Las Villas. El golpe de estado tuvo éxito. Se nombró un nuevo presidente: Juan Bautista Spotorno. A Vicente García se le dio el mando del Ejército Libertador en Oriente y Camagüey. Y, como una concesión, las tropas de Oriente que debían reforzar a los invasores fueron enviadas a Las Villas. El golpe infligido a la moral del mambisado fue enorme. Al poco tiempo, los camagüeyanos se negaron a obedecer a los jefes orientales y los villareños reclamaron el derecho a tener jefes de su región. En el '76 Spotorno fue sustituido por Tomás Estrada Palma. Gómez ganó la batalla del *Cafetal González*. Vicente García tomó por un corto tiempo a Victoria de las Tunas. Pero, incapaces de llevar la revolución hasta toda Matanzas y La Habana, la indisciplina se desató, llegando varios jefes villareños a pedirle la renuncia a Máximo Gómez. Por fin el general Roloff destituyó a Gómez de su mando en Las Villas, partiendo éste con el alma rota para Camagüey el 14 de noviembre de 1876, ratificando las tristísimas palabras que días antes había escrito en su *Diario:* «Este pueblo tal vez no estaba preparado para la lucha y de ahí las tendencias al abuso de la libertad mal entendida, y de ahí el estado latente de sorda anarquía que se nota desde el fatal suceso de las Lagunas de Varona.»[279] La invasión de Las Villas había terminado. El gran plan estratégico de la Revolución había fracasado. Sin embargo, la guerra seguía en pie. Los cubanos peleaban entre sí, pero nadie quería rendirse al enemigo. El conflicto continuaba como antes: como una serie de refriegas entre dos impotencias.

Incapaces de cambiar de política colonial para ponerle fin a la guerra en Cuba, las autoridades españolas se entretuvieron en cambiar Capitanes Generales en la Isla. Trece pasaron por el Palacio de Gobierno de La Habana desde 1868 hasta 1878, desde Francisco Lersundi a Arsenio Martínez Campos. Este –como ya vimos en el capítulo primero– arribó a La Habana acompañado de grandes refuerzos militares (el ejército llegó a tener más de 120.000 hombres sobre las armas) pero, a la vez, puso en vigor un programa de conciliatorias concesiones. Procuró atraerse la buena de voluntad de muchas familias criollas afectadas por los embargos, devolviéndoles sus bienes. Otorgó perdón a los insurrectos que decidieran «presentarse». Refrenó los abusos de los Voluntarios, sobre todo de los habaneros... y reforzó las guarniciones con los soldados que llegaban de la «Madre Patria». Encontró un país cansado de una década de lucha que había devastado la mitad del país. En Camagüey, única provincia de la que se posee un estimado de las pérdidas, la relación no puede ser más pavorosa. La población había disminuido en un 21% en siete años. De los 4,396 caseríos de fincas y poblados, no quedaban más que 100. De las 350,000 cabezas de ganado vacuno no sobrevivían sino unos pocos cientos. El ganado caballar y mular había desaparecido. La producción de azúcar de 950,000 arrobas había caído a cero: no funcionaba ningún ingenio. Las otras abundantes producciones de la región habían dejado de existir. Un visitante habanero comparó en 1879 la ciudad de Camagüey con un cementerio en medio de un desierto. Y algo muy parecido podía decirse de Las Villas y de Oriente, particular-

---

[279] Máximo Gómez, *op. cit.*, p. 109.

mente de este último donde importantes ciudades como Bayamo, Victoria de las Tunas y, en parte considerable, Holguín habían sido destruidas. El cansancio era general y el resultado inevitable.

Los últimos meses fueron trágicos. Después de la captura de Tomás Estrada Palma, el nuevo presidente Francisco Javier de Céspedes, hermano de Carlos Manuel, apenas pudo gobernar. Murieron en combate el Presidente de la Cámara Eduardo Machado y el Representante Francisco La Rúa, hombres de prestigio y experiencia. Máximo Gómez, que después de ser echado de Las Villas, había sido designado Secretario de la Guerra, renunció a un cargo en que nada serio podía hacer. Por fin Céspedes también renunció. Lo que quedaba de la Cámara nombró Presidente nada menos que al general Vicente García, que poco antes, desde Santa Rita, se había negado otra vez a enviar tropas tuneras a Las Villas. Los acontecimientos se precipitaron. Martínez Campos aprovechó la situación para ofrecer protección a los insurrectos que quisieran exiliarse. En Camagüey, algunos jefes militares y un grupo de Congresistas habían constituído un Comité para tratar de la paz con el alto mando español y el 8 de febrero de 1878 éste le ofreció al General en Jefe del Ejército Español en Cuba, que tenía su campamento en un lugar llamado El Zanjón, las bases para un acuerdo de capitulación. El día 10 Martínez Campos aceptaba esas bases y ordenaba la suspensión de hostilidades. Las cláusulas más importante del Pacto eran las cinco primeras, que rezaban: «1– Concesión a la isla de Cuba de las mismas condiciones políticas, orgánicas y administrativas de que disfruta la isla de Puerto Rico. 2– Olvido de lo pasado respecto a delitos políticos desde el año 1868 hasta el presente, y libertad de los encausados o que se hallen cumpliendo condena dentro y fuera de la Isla; indulto general a los desertores del ejército español, sin distinción de nacionalidades, haciendo extensiva esta cláusula a quienes hubieran tomado parte directa o indirectamente en el movimiento revolucionario. 3– Libertad a los esclavos y colonos asiáticos que se hallan hoy en las filas insurrectas. 4– Ningún individuo que en virtud de esta capitulación reconozca y quede bajo la acción del Gobierno español, podrá ser compelido a prestar ningún servicio de guerra mientras no se establezca la paz en todo el territorio. 5– Todo individuo que desee marchar fuera de la Isla queda facultado y se le proporcionarán por el gobierno español los medios de hacerlo sin tocar en población, si así lo deseare.»[280] Casi todos los alzados capitularon. A las pocas semanas sólo quedaban luchando las tropas que mandaban en Oriente los generales Vicente García y Antonio Maceo y en Las Villas Ramón Leocadio Bonachea. García pronto salió para Venezuela, donde murió algún tiempo después.

Por su parte, Maceo le pidió una entrevista a Martínez Campos. Esta tuvo lugar en Mangos de Baraguá el 15 de marzo, un encuentro de jefe a jefe, en la que el cubano insistió en dos requisitos para ponerle fin a la guerra: la independencia de Cuba y la abolición de la esclavitud, a lo que el general respondió, como era de esperarse, con firme negativa. El general español insistía en convencer al general cubano de las ventajas que para todos presentaba el Pacto del Zanjón. Maceo repetía que sin independencia y abolición no podía haber acuerdo alguno. La reunión terminó en completa disensión. Se suponía, en consecuencia, por ambas partes, que el conflicto iba a continuar. Pero el mambisado no pudo menos que darse cuenta en seguida de que la lucha resultaba absolutamente inútil. En mayo el general Maceo decidió salir para Jamaica, a lo que dio su consentimiento Martínez Campos. «Pacificador» siempre, le ofreció al adversario vencido un cortés almuerzo de despedida en San Luis y le rindió todo género de honores. Maceo tomó el tren para Santiago de Cuba. Y allí se embarca para Kingston. La Guerra Grande había pasado a la historia.

***

Para muchos cubanos los sucesos que llevaron al Zanjón y el Pacto mismo contituyeron golpes anonadantes. Se sentían como lo había anticipado Juan Clemente Zenea en una célebre estrofa:

> Tengo el alma, Señor, adolorida...
> por unas penas que no tienen nombres,
> y no me culpes, no, porque te pida
> otra patria, otro siglos y otros hombres.

---

[280] Ver el documento completo en *La Enciclopedia de Cuba,* Madrid, 1974, vol. 4, p. 470.

Para otros lo ocurrido no era sino un incidente en una larga y difícil gesta de fundación nacional. Se sentían ligados por el hondo sentimiento que estremecía al joven Abdala cuando, en el poema épicodramático escrito en 1869 por un José Martí aun adolescente, respondía a la madre que le suplicaba no marchara a la guerra:

> El amor, madre, a la patria
> no es el amor ridículo a la tierra,
> ni la yerba que pisan nuestras plantas:
> es el odio invencible a quien la oprime,
> es el rencor eterno a quien la ataca...

«Odio invencible.» «Rencor eterno.» El Zanjón no era el final del drama, sino el introito de una nueva saga.

***

Así lo concebía en su diminuto, oscuro y frío calabozo de la prisión de Pamplona el general Calixto García, mientras esperaba que se le aplicara la amnistía acordada en Cuba. Tal vez por no haber asistido personalmente al desastre y tener de él sólo noticias de segunda o tercera mano, la desilusión no se había apoderado de su espíritu. A su modo de ver El Zanjón distaba mucho de constituir la derrota final del independentismo cubano. España no había *vencido* a los mambises sino *pactado* con ellos. El General en Jefe español no había enviado a Antonio Maceo a la cárcel sino que lo había sentado a su mesa. Todavía –estaba seguro de ello– podían juntarse fuerzas suficientes para reanudar la lucha armada. Como pasaban los días y las semanas y seguía en la cárcel fue preciso acercarse a Martínez Campos en La Habana, quien en un telegrama pidió al Gobierno español su libertad inmediata. El 8 de junio de 1878, por fin libertado, Calixto abandonó las infernales rejas pamplonesas y fue a encontrarse con su madre y sus compatriotas en Madrid. Lo primero que pide –y lo obtiene– es un ajiaco tan criollo como lo permitan los mercados de la capital hispana. Se entera de que en New York funciona un Comité Revolucionario Cubano. Creado originalmente para ayudar a los insurrectos que seguían peleando en Cuba, ahora se dedicaba a organizar un nuevo levantamiento. Calixto siente que su deber está ahí.

Huye de Madrid y se traslada a Paris donde se hospeda en la casa de su gran amigo, el médico Eusebio Hernández. De allí pasa a Londres. Y de Londres toma camino hacia Estados Unidos donde se une a la conspiración. En septiembre de 1878 el Comité Revolucionario lo hace Presidente de la institución. Se verificaba así la transición de la «Guerra Grande» a la que habría de ser llamada «Guerra Chiquita», aunque esos nombres no comenzaron a usarse entre los cubanos sino algún tiempo después. La voluntad de patria libre era en Cuba obviamente indestructible. Ya veremos muy pronto cómo en esa forja bélica acabó de fraguarse, por fin, la esencia de la cubanizad.

CAPÍTULO VIII

La Tregua Fecunda

«La tregua fecunda»... Esa frase la acuñó José Martí para referirse al paréntesis transicional de 17 años entre las dos grandes guerras cubanas (1878-1895). «Tregua», porque el pueblo de Cuba –para usar lenguaje unamuniano– aunque vencido no estaba convencido de que su destino fuese otro que el de la libertad y la independencia más absolutas. Y estaba siempre dispuesto a volver a la pelea para conseguirlas, como vamos a ver en seguida. «Fecunda» porque nunca antes en la historia del país se habían producido tantos y tan profundos y rápidos cambios económicos, políticos y sociales como los que ocurrieron en tan corto espacio de tiempo. El esfuerzo mambí del '68 no había sido inútil. Con el Pacto del Zanjón se inició un proceso de concesiones del gobierno español a su colonia cubana. Las hubo políticas, como el derecho a realizar propaganda pacífica y organizar partidos. Y las hubo sociales, como aquellas que en definitiva condujeron a la abolición de la esclavitud en la década del ochenta. Sin embargo, para los patriotas cubanos, sobre todo para aquellos ligados emocionalmente al conflicto que acababa de terminar, nada podía sustituir al ansia suprema: la independencia plena. Pudiera decirse que, en lo fundamental, la opinión cubana se escindió en dos bloques: los autonomistas, que creían en la posibilidad de una Cuba libre y democrática bajo España, y los mambises, empeñados en la idea de que sólo la independencia podría propiciar la libertad. Fue esa terquedad revolucionaria la que engendró, inmediatamente después del Zanjón, el primero y más serio de los esfuerzos dirigidos a reiniciar la guerra en Cuba antes de 1895, la conspiración y el alzamiento que culminan en la llamada «Guerra Chiquita».

***

Cuando el mayor general Calixto García llegó a New York a fines de 1878, su atención se concentró en su familia, de la que había estado separado durante ocho larguísimos años. Isabel le preparó el mejor recibimiento posible: congregó a todos sus hijos en el apartamento de la vieja casa neoyorquina que ocupaba en el 360 Oeste de la calle 45 en Manhattan, sacándolos de sus colegios respectivos. Y ahí los muchachos comenzaron a conocer a su padre, de cuya grandeza tenían conocimiento no sólo por boca de su madre sino de los exiliados cubanos que visitaban a la familia cuando ellos venían de vacaciones. Por aquel entonces el general García se había convertido para los cubanos en una figura casi mítica, con su frente marcada por la cicatriz de su patriótica protesta. Por eso no puede extrañar que, como ya hemos dicho, el Comité Revolucionario de Nueva York le entregara el mando de la naciente conspiración. Y el viejo mambí respondió a tan alto honor con su volcánica actividad y su notable capacidad organizativa de siempre. Formuló un plan. Había que unir voluntades. Crear clubes tanto en Estados Unidos como en Cuba. Acumular recursos para la guerra. Su hijo Carlos, en su Diario, nos lo pinta haciendo patria: «Bajaba de mañana a la tienda de Leandro Rodríguez, tesorero de la Junta Revolucionaria y allí en un rincón estrecho recibía sus visitas, con su benevolencia hidalga, castigaba con arranques elocuentes la desidia o abyección de sus paisanos, recordaba con chispas en los ojos la bravura de la guerra, comentaba, con lucidez singular, la historia de los pueblos y la literatura militar.»[281]

En la casa, la orgullosa aunque dolorida pobreza se compensaba con la alegría de los chicos y del aumento de la familia, pues Isabel estaba en estado de gestación. (En enero de 1880 nacía otro varón, al que llamaron Mario.) Y según Carlos, cuando venían los aprietos, Calixto le vendía a Néstor Ponce de León los libros de historia y las obras literarias, que había traído de España y Francia. Mientras tanto, paso a paso, la red revolucionaria se iba extendiendo. Después de New York, donde se organizaron cuatro clubes de exiliados cubanos, surgieron otros en Jacksonville, Filadelfia, Tampa, Cayo Hueso, New Orleans, Baltimore

---

[281] José Abreu Cardet y Elia Sintes Gómez, *Calixto García en España,* Holguín, s/f., p. 35.

y Chicago. También en algunas ciudades de la América Latina y el Caribe: en Ciudad México, Yucatán, Kingston, Costa Rica, Panamá, Paraguay, Haití, Ecuador, Uruguay, República Dominicana, Argentina, Perú y Puerto Rico: donde quiera que la diáspora cubana hubiese formado una colonia de desterrados. Y en la Isla se fundaron más de treinta clubes: cinco en La Habana, tres en Regla, dos en Guanabacoa y otros más en un gran número de poblaciones tales como Jaruco, Güines, Matanzas, Santa Clara, Jovellanos, Santiago de los Caballeros, San Antonio de los Baños, Sancti Spiritus, Remedios, Puerto Príncipe, Holguín, Manzanillo, Santiago de Cuba, Guantánamo y Baracoa. A lo que podía agregarse la solidaridad de varias logias masónicas. Más la de clubes fundados por mujeres mambisas –siempre presentes a la hora del sacrificio– tanto en Cuba como en Estados Unidos.

Una de las tareas capitales de Calixto García y sus compañeros del Comité Revolucionario de New York fue la de obtener la colaboración de los altos jefes de la guerra pasada, diseminados por numerosos países de las Américas. Encabezaba la lista, desde luego, el general Máximo Gómez, quien herido por dudas y recelos contestó negativamente, desde San Pedro Sula, Honduras, con palabras proféticas: «Siempre estaré dispuesto como el primero, pero permítame decirle que, a mi juicio, el movimiento que Ud. intenta es prematuro; no ha sonado aun la hora y es muy probable que Ud., en vez de victorias, recoja fracasos.»[282] En seguida venía el general Antonio Maceo, sin duda el más popular de los líderes mambises de la postguerra entre todas las castas sociales del país –negros, mulatos y blancos– tanto en la Isla como en la emigración. El general Antonio –como muchos ya le llamaban– desde el fracaso de su famosa Protesta de Baraguá andaba los caminos de América buscando fondos para regresar a la lucha. A la invitación del Comité Revolucionario neoyorquino contestó que sí, aceptando la dirección suprema del general García «sin reservas de ningún género.»[283] También se esforzó el Comité por obtener el apoyo del general Vicente García y le escribe

---

[282] Benigno Souza, *Máximo Gómez, el Generalísimo*, Santo Domingo, 1975, p.67.

[283] José Luciano Franco, *Antonio Maceo: Apuntes para una Historia de su Vida*, La Habana, 1975, vol.1, pp. 169 y ss.

a su refugio venezolano invitándolo a trabajar con él «por la indepencia de la patria». El famoso tunero «nunca se negó a participar en la conspiración» y de hecho prometió su concurso, pero por una u otra razón nunca su apoyo se convirtió en realidad.[284]

El caso del teniente coronel Ramón Leocadio Bonachea es muy particular. Pasando por alto los acuerdos del Zanjón, siguió peleando, sin que lo detuviera el fracaso del movimiento iniciado por Maceo en Baraguá. Meses después –ya en 1879– continuaba en acción y Calixto García, que había establecido contacto con él, lo consideraba como su «punta de lanza» en el interior del país. Sin embargo, como el tiempo pasaba y los jefes del exterior no llegaban, ni los de adentro se pronunciaban, Bonachea, asediado por un ejército de más de 20.000 hombres enviado en su persecución, decidió suspender hostilidades, deponer las armas y retirarse de la Isla, pero sin rendición formal al enemigo ni aceptación del Pacto. ¡El no sería jamás un jefe mambí «capitulado»! De todos modos, con la retirada de Bonachea se liquidaba por completo la Gran Guerra que comenzara el Diez de Octubre en La Demajagua. ¡El último rebelde abandonaba el campo! El hecho era un golpe más a la moral revolucionaria ya muy herida y desanimada. Porque, como le escribía uno de los conspiradores habaneros al Comité neoyorquino en abril de 1879, aunque el viejo insurrecto y sus compañeros «materialmente no hiciesen mucho... moralmente nos daban mucha fuerza, siendo además el eslabón que unía a la nueva Revolución con la iniciada por Céspedes.»[285]

Cuando José Martí llega a New York el 13 de enero de 1880, escapando de su segundo destierro en España, la guerra (que con el tiempo sería conocida como la Guerra Chiquita) había ya comenzado. Temerosos de ser arrestados, los jefes orientales se lanzaron a la manigua. El primero había sido Belisario Grave de Peralta en Holguín el 24 de agosto de 1879 con unos 200 hombres. Un par de días después lo hacían en Santiago de Cuba José Maceo, Guillermo Moncada y Quintín Banderas con varios centenares también. El 27 se alzaba en Tunas Esteban Varona.

---

[284] Francisco Pérez Guzman y Rodolfo Sarracino, *La Guerra Chiquita: una Experiencia Necesaria*, La Habana, 1982, p. 108.

[285] Pérez Guzmán y Sarracino, *op. cit.*, pp. 144-145.

Y el 29 tiene lugar el primer combate en el ingenio Borgita, mientras en Las Villas fuerzas al mando de Serafín Sánchez, Francisco Carrillo y Emilio Núñez se batían bravamente. Martí estableció contacto con Calixto García, Carlos Roloff y otros jefes militares exiliados en Estados Unidos y éstos lo incorporaron a los trabajos del Comité. Aquel joven de 29 años daba muestra de un talento poco común. Civilista decidido, no le faltaban aprensiones sobre la conducta política de los militares. «Los sables cortan», había escrito en una ocasión. Pero realista también, tenía clara conciencia de quienes eran los que tenían a su cargo el hacer las guerras. Pronto pronuncia su primer discurso patriótico en la tierra de Lincoln, recibido por la concurrencia con extraordinario entusiasmo. Sobre el estruendoso clamor del público cayeron las inusitadas metáforas del cierre de la oración: «¡Antes que cejar en el empeño de hacer libre y próspera a la patria, se unirá el mar del Sur al mar del Norte y nacerá una serpiente de un huevo de águila!» Era la expresión saturada de vida y esperanza de un pueblo que se negaba a morir.[286] Desde entonces no hubo documento público importante del Comité que no fuese redactado por él. Y un buen día se encontró presidiendo la organización.

Sin embargo, el Comité encontraba grandes dificultades para organizar los hondos sentimientos independentistas del pueblo cubano, dentro y fuera del país, en un movimiento revolucionario integrado y efectivo. A los obstáculos tradicionales, se agregaban ahora el desaliento y el cansancio tras un esfuerzo nacional tan prolongado como había sido la Guerra de los Diez Años. Algunos viejos combatientes estaban dispuestos a volver de inmediato a la lucha, pero muchos otros necesitaban un respiro. La situación del reclutamiento y la recolección de fondos para la nueva empresa así lo revelaban. La reaparición de desconfianzas provocadas por vetustos prejuicios clasistas y racistas y las bizantinas rivalidades y conflictos internos, lo ratificaban. Sin embargo, los alzamientos que se estaban produciendo espontáneamente en Cuba obligaron al mando neoyorquino a tomar medidas radicales. Urgía hacer acto de presencia en la Isla fuese como fuese. Y, en la precipitación, se cometieron serios errores. La composición étnica del levantamiento oriental y el

---

[286] Jorge Mañach, *Martí, el Apóstol*, New York, 1963, p. 145.

temor a que se viese como «una guerrita de negros» llevó al Comité a sustituir al general mulato Antonio Maceo por un jefe blanco de menor categoría y popularidad en el mando de la expedición que iba de vanguardia a Cuba. Se provocaba así una grave disensión en el instante crítico de la partida. Calixto García trataba de explicárselo así al general Antonio: «Compañero, yo he dispuesto la salida de Benítez antes que la de usted, porque como los españoles han dado en decir que la guerra es de razas *y aquí los cubanos libres tienen sus temores*, no he creído conveniente que usted vaya primero, porque se acreditaría lo supuesto, aunque usted sabe que yo, que lo conozco, no soy capaz de creer tal cosa.»[287] Después de vencer muchas dificultades, por fin salió Calixto para Cuba el 23 de marzo de 1880 en la goleta *Hattie Haskel*. Pero no pudo desembarcar sino en Jamaica, donde consiguió una pequeña embarcación en que se trasladó a Cuba con 19 expedicionarios, desembarcando en la costa del sur de Oriente, cerca del Aserradero, el 7 de mayo de 1880.

Al explicarle al pueblo de Cuba, en una proclama, la significación del acontecimiento, José Martí hizo énfasis en el carácter estrictamente civilista de la causa: «Con el general García han ido a Cuba la organización militar y política que nuestra patria en lucha requería; con el hombre de armas ha ido un hombre de deberes; con la espada que vence, la ley que la modera; con el triunfo que autoriza, el espíritu de la voluntad popular que enfrena al triunfador. A vencer y a constituir ha ido el caudillo no sólo a batallar. No a abarcar en sus manos un poder omnímodo, cualesquiera que puedan ser las razones que para ello le dieren los amigos de semejantes soluciones. A prepararnos para la paz en medio de la guerra, sin debilitar la guerra, a esto ha ido. A convocar al país para que dicte su ley; a establecer, como ya ha establecido, un gobierno por todos esperado, y para él por todos reservado; a ofrecer y a cumplir, que no envainará la espada sino luego de pasado el último umbral del enemigo, y que en sus manos no volverá a lucir sino para romperla en aras de

---

[287] Pérez Guzmán y Sarracino, *op. cit.*, p. 256. El subrayado es nuestro. Recuérdese que fue García quien, en el '68, gestionó que se ascendiera a Maceo al grado de General de Brigada.

las leyes.»²⁸⁸ Es la posición sobre las relaciones entre el poder militar y el civil que va a mantener a todo lo largo de su carrera política.

La odisea de García en los montes orientales ha sido dramáticamente resumida en una carta suya del 21 de julio del '80 a Esteban Estrada, que vamos a copiar íntegramente, pese a su extensión, porque refleja muy bien las circunstancias reinantes en la Isla, tanto las que afectaban personalmente al general mambí como las que pesaban sobre el movimiento que éste dirigía: «Mi querido amigo: Con gran deseo de escribir a usted desde mi llegada me he privado de hacerlo por falta de un conducto seguro. Hoy que he encontrado uno que lo tengo por tal, le dirijo ésta suplicándole me conteste lo más pronto posible, pues me interesan sobremanera los informes que le pido. Empezaré por decirle que el 7 de mayo desembarqué al pie del Aserradero con 19 hombres. Que desde esa fecha no he parado un momento para reunirme con algún jefe cubano; pero con tan mala fortuna que según he llegado a un lugar, la primera razón que he tenido del jefe solicitado, es que lo habían muerto, o se había presentado. Así me pasó en (Santiago de) Cuba donde supe la presentación de Cabrera; con Rabí en Jiguaní; con Víctor Ramos en Guisa; y cuando esperaba reunirme al general Benítez en Bayamo, me aseguran se había embarcado para el extranjero. Al mismo tiempo se me dice que el general Moncada y toda la gente que había en armas en Guantánamo y Baracoa ha capitulado. Mientras tanto el enemigo me persigue sin descanso. De 19 hombres que desembarcamos sólo quedamos seis desnudos y descalzos. Mi posición se hace cada día más difícil y para empeorarla estoy padeciendo de fiebres y no tengo ni quinina para cortármelas. Deseo, pues, amigo mío, que usted me diga qué hay en verdad de estas noticias, dándome razón del estado del movimiento en Oriente y Villas para saber a qué atenerme. Yo creo que si se confirman las noticias que tengo, no me quedará más remedio que tratar de salir para el extranjero y para ganar tiempo desearía que usted me dijese si se puede conseguir un bote en Manzanillo, y en caso que usted lo crea posible, me ponga en comunicación con alguna persona de confianza que viva allí y que quiera ayudarme en mi empresa... Como usted compren-

---

[288] José Martí, *Obras Completas*, La Habana, 1975, vol. 1, pp. 153-154.

derá la cuestión para mí es de vida o muerte, y morir poco me importa si algún beneficio reportara a mi país; pero en las actuales circunstancias sería un beneficio estéril.»[289] Se cumplía así la profecía de Máximo Gómez: en vez de victorias García sólo cosechaba fracasos. El 1 de agosto de 1880 García se dirige al Comandante del Departamento de Costas de Mabay para comunicarle que está dispuesto a rendirse. El día 4, un telegrama del Capitán General desde La Habana le comunica al Presidente del Consejo de Ministros en Madrid que «el titulado Mayor general Calixto García se ha presentado incondicionalmente» junto con el brigadier Fonseca y tres individuos más. Y en agosto 15 manifiesta que «en el vapor-correo *Méndez Núñez* serán conducidos a la Península... el cabecilla insurrecto D. Calixto García, D. Modesto Fonseca, Juan Soto y los morenos Juan Espinosa y Juan Moncada.»[290] En Las Villas, Emilio Núñez se resistía a darse por vencido sin recibir órdenes directas del Comité Central de New York. José Martí, que entonces lo presidía, le instó que no siguiera él solo en armas y Núñez se rindió en diciembre de 1880. La Guerra Chiquita había pasado a la historia.

Desde luego, la obstinación a veces anárquica del independentismo criollo se manifestó entre 1880 y 1895 con brotes y estallidos siempre fracasados. En 1883 Ramón Leocadio Bonachea se propuso invadir de nuevo el territorio cubano. Apresado el barco en que iban cerca de Manzanillo, tanto él como sus acompañantes fueron pasados por las armas. Lo mismo le ocurrió a Limbano Sánchez en 1885. También por esa época fracasó una extensa conspiración iniciada en 1884 y dirigida nada menos que por los generales Máximo Gómez y Antonio Maceo (de ahí su nombre de «Plan Gómez-Maceo») cuando los dos líderes se percataron en 1886 de que había que esperar mejores tiempos. Y, por fin, en 1890 el general Maceo, audazmente, visitó primero La Habana y luego Santiago de Cuba, hizo labor de proselitismo entre todas las clases

---

[289] Esta carta cayó en manos del Ejército Español y se encuentra en el Archivo Histórico Nacional de Madrid, Sección de Ultramar, Legajo 4793. 1880.Asunto: «D. Calixto García, deportado político de la Isla de Cuba.» Ver también: Abreu Cardet y Sintes Gómez, *op. cit.*, pp.38-40.

[290] Archivo Histórico Nacional de Madrid. Sección Ultramar, Legajo 4793.

sociales del países, desde la llamada «sociedad elegante» hasta los obreros y campesinos. Llegó a señalar la fecha del alzamiento para el 8 de septiembre, fecha de la Virgen de la Caridad. Pero al ser detenido Maceo por las autoridades españolas y expulsado del país, el movimiento, decapitado, también se malogró. Mientras tanto, en Nueva York, José Martí, que tan profundas lecciones había aprendido de la derrota sufrida por el Comité Revolucionario de New York, esperaba pacientemente el momento oportuno para volver a la palestra.

***

Ya lo hemos dicho: el otro costado de la opinión política cubana en estos años intermedios era el autonomismo, que precisamente alcanza después de 1880 su pleno desarrollo y su mayor influencia. Una de las posibilidades políticas abiertas por El Zanjón era la creación de partidos políticos en Cuba. Como una continuación peculiar del viejo reformismo criollo, en 1878 se funda el Partido Liberal que tres años más tarde, modificando su programa, se convierte en el Partido Liberal Autonomista. Frente a él, representando a los amigos de mantener el status quo, se levanta el Partido de Unión Constitucional. La composición social del primero difiere bastante de la del segundo. La dirección Liberal estaba integrada por hacendados medianos; abogados famosos como José María Gálvez, Carlos Saladrigas, Antonio Govín o Rafael Montoro; médicos ilustres como Juan Bruno Zayas o José Ramón Montalvo; buena parte de la elite intelectual del país y algunos veteranos criollos de la Guerra Grande dispuestos a darle una oportunidad a la «evolución pacífica» y que se llamaban a sí mismos «autonomistas condicionales». Unión Constitucional era el partido de los hacendados más poderosos y de los industriales y comerciantes ricos, con una base popular de artesanos y dependientes españoles, ampliamente representados en los cuerpos de voluntarios.

La política de estos últimos era *asimilista*, empeñada en homogeneizar la sociedad criolla españolizándola, suprimiendo las peculiaridades americanas de la colonia, lo que significaba «la aceptación del dominio español tal y como éste se halla establecido», rechazando «la elaboración de leyes especiales... tal y como solicitaban los liberales.»[291] Para los asimilistas (también llamados *integristas*) Cuba no existía como entidad propia, separada de la sociedad peninsular. Entre Cuba y España todo un océano unía, más que separaba. Las peculiaridades de la colonia antillana no eran mayores que las existentes en «las demás provincias» de la nación. Y el objetivo de su política se dirigía a eliminar tales diferencias con el objeto de reforzar la unidad nacional hispana. En cambio, para los autonomistas, la sociedad cubana de fines del siglo XIX constituía una realidad político-social perfectamente diferenciada de la llamada «madre patria», pero cuyo destino («para evitar destructores conflictos») era permanecer bajo su manto, siempre que por medio de leyes especiales se reconocieran esas diferencias y el derecho de hacerles frente por medio del autogobierno.

Antonio Govín, uno de los más destacados líderes de ese movimiento, resumió la posición central del mismo sobre esa cuestión en un artículo aparecido en el periódico *El Triunfo* en 1880: «La Isla de Cuba constituye una perfecta y acabada individualidad dentro de la nación española; individualidad que debe ser reconocida..., individualidad que debe ser organizada en el orden político y administrativo, con sujeción a sus rasgos característicos, a su fisonomía propia, a sus manifestaciones peculiares...»[292] Lo que no podía considerarse en modo alguno como un paso hacia el fin que toda auténtica nacionalidad se propone: adquirir la plena independencia. Para Govín la autonomía era un fin, no un medio. Por eso insiste en que: «El Partido Liberal ha sido siempre autonomista, lo es desde su nacimiento y organización, y lo será mientras subsista y ocupe puesto en la vida pública.»[293] Con la autonomía Cuba alcanzaría «la plenitud de su personalidad». Y se evitarían los terribles sacrificios que impondría un nuevo conflicto bélico. Lo de la Guerra de los Diez Años no debía repetirse jamás. Este punto de vista es fácilmente explicable. Como dicen Marta Bizcarrondo y Antonio Elorza, los líderes del

---

[291] Marta Bizcarrondo y Antonio Elorza, *Cuba / España. El Dilema Autonomista, 1878-1898*, Madrid, 2000, p. 71.

[292] Antonio Govín, *Las Leyes Especiales: Colección de artículos,* La Habana, 1880, p. 3.

[293] Antonio Govín, *Discursos*, La Habana, 1955, p. 46.

autonomismo eran en el fondo conservadores. «Son propietarios, gente de orden, y ven con horror las destrucciones y el espíritu revolucionario que acompañan la insurrección. Su lema de 'libertad y orden' se opondrá siempre a la temida revolución social, y ésta será la justificación de fondo a las rotundas tomas de posición del partido sobre el tema entre 1879 y 1895.»[294] El miedo a la revolución social los paralizaba y los conducía a combatir los ideales independentistas.[295] Porque, además, el independentismo era por en aquel tiempo visto en Cuba como un delito y no podía ser defendido en la prensa hasta que Juan Gualberto Gómez lo hizo en un artículo famoso publicado en 1890 en «La Fraternidad» con el título de «Por qué somos separatistas». Por darlo a la estampa, la Audiencia de La Habana lo condenó a presidio en marzo de 1891, aunque el Tribunal Supremo de España anuló la sentencia en noviembre del mismo año, reconociendo el derecho a propugnar la independencia de Cuba desde la prensa con las únicas armas de las ideas.

En los primeros tiempos que siguieron al Zanjón parecía que la política de concesiones, preconizada por el general Martínez Campos, iba a producir cambios esenciales en Cuba. Pronto se comprobó, sin embargo, que esto no era más que otra ilusión. Ya en junio de 1878, un Real Decreto iba despertar muy legítimas sospechas sobre la sinceridad de la nueva política colonial. Allí volvían a definirse los poderes del Gobernador General de la Isla de Cuba (como en el momento se llamaba al antiguo «Capitán General»). Y, como antes, éstos eran absolutos. Todas las autoridades y organismos que funcionaban en Cuba le estaban totalmente subordinados. Y en otros decretos se le daban poderes para nombrar los alcaldes y destituirlos a su antojo, para suspender las diputaciones provinciales, para impedir la aplicación de las leyes y para aplicar la ley de prensa de 1834, con censura previa. Evidentemente, ante semejante situación, los resultados electorales fueron paso a paso perdiendo importancia para la conciencia política criolla. Porque, además, las

---

[294] Marta Bizcarrondo y Antonio Elorza, *Cuba/España. El dilema autonomista, 1878-1898*, Madrid, 2000, p. 99.

[295] Por «revolución social» se entendía entonces el simple reconocimiento de los derechos democráticos elementales de las clases desposeídas, particularmente de los negros.

elecciones se reglamentaron para favorecer a los candidatos españoles frente a los cubanos y las consecuencias pronto se hicieron evidentes: los autonomistas resultaban casi siempre vencidos en los comicios por los aspirantes del partido españolista, sobre todo en La Habana y en Matanzas. Aunque hay que reconocer, por lo menos, dos cosas: primero, que deslizándose por los resquicios legales que quedaron abiertos, algunos cubanos lograron ocupar ciertos cargos de importancia, particularmente en el Congreso español, donde se distinguieron por sus altísimas dotes oratorias; y, en segundo lugar, que la relativa libertad de prensa y de discusión de los problemas cívicos en los mítines y en los periódicos ayudaron a perfilar ante la conciencia nacional no sólo las posiciones de los dos partidos oficiales, sino también las del ilegalizado partido independentista. Por ejemplo, en la cuestión social, mientras los españolizantes se oponían a la abolición de la esclavitud y los autonomistas vacilaban por un tiempo sobre el método para obtenerla, todo el mundo sabía en Cuba que los independentistas eran partidarios de la liquidación inmediata y completa de la nefasta institución sin exigir indemnización alguna.

Relacionado con ese tema hay otro punto que separa al autonomismo de la ideología independentista. Se trata de la actitud del Partido Liberal con respecto a la ya aludida cuestión racial: una rectificación del «reformismo» clásico de José Antonio Saco y Domingo Delmonte, para quienes la nación cubana estaba compuesta sólo de blancos. Estos autonomistas, en la era de la «tregua» admitían que el negro también era cubano, pero lo era como ciudadano de segunda clase, cuya inferioridad radical le impedía actuar como factor positivo y creador dentro de la nacionalidad. Y, en consecuencia, se veía obligado a vivir bajo la «tutela benigna y generosa» de los blancos. El periódico habanero *El Triunfo*, órgano oficial del partido, en editorial del 17 de junio de 1880, afirmaba que esa raza «apenas dotada del sentimiento de la personalidad, desconocedora casi por completo del de la familia, imposible es que en mucho tiempo pueda levantarse hasta la noción completa de la patria.» Es verdad que hay en la organización una minoría que sustenta ideas más democráticas sobre el tema, pero lo que domina en ella son opiniones como la de un José María Zayas (considerado por aquel entonces como «liberal moderado») según la cual «las razas inferiores siempre lo serán; aquí no son españoles más que los descendientes de la raza caucásica.»[296] O la de José María Gálvez, presidente del partido, para quien la población negra era «un mal inevitable... sin perjuicio de llegar a la igualdad más adelante.» De lo que se deducía que era imperativo y urgente «blanquear la isla de Cuba.»[297] Aunque, para ser justos, debemos recordar que en el problema de la eliminación de la esclavitud, tras ciertas vacilaciones iniciales, desde 1879 el autonomismo se mantuvo firme en una postura abolicionista.

Pedían los autonomistas también una serie de medidas de carácter económico. Reclamaban la supresión del derecho de exportación sobre todos los productos de la Isla. Y solicitaban una reforma de los aranceles, que liquidara los «derechos de importación llamados diferenciales» que encarecían las mercancias procedentes del extranjero o que venían en buques extranjeros. Una demanda muy importante era la rebaja de los derechos aduanales que se pagaban al pasar por los puertos de la Península los azúcares y las mieles procedentes de Cuba. Y aún de mayor importancia era la petición de tratados de comercio entre España y otras naciones, particularmente Estados Unidos, sobre la base de la más estricta reciprocidad arancelaria, otorgándoles a los productos extranjeros las mismas franquicias y los mismos privilegios en las aduanas de la Isla que aquellas naciones concediesen a los productos cubanos en las suyas. Así se evitarían absurdos como el de aquel barril de harina que Rafael Montoro hizo famoso en su discurso del 11 de octubre de 1890 en la Sociedad Económica de La Habana: «Un barril de harina, comprado en Nueva York se lleva a la Península, se desembarca en Santander, por ejemplo, se vuelve a embarcar allí para La Habana, y liquidados todos los derechos y todos los gastos, arroja un total de $8.79. Ese mismo barril, remitido directamente desde Nueva York a La Habana, merced a nuestro mecanismo arancelario, representa un total de costos de $11.46. Es negocio, por tanto, hacerle dar aquella larga vuelta, y el

---

[296] Bizcarrondo y Eliorza, *op. cit.*, p. 101.

[297] Bizcarrondo y Elorza, *ibidem, id.*

especulador de la Península, dedicado a esa combinación, obtiene fáciles y seguras ganancias, con daño para nuestros consumidores y nuestro comercio. Apenas habrá un artículo de importancia para la generalidad en que no puedan hacerse cálculos semejantes.»[298] Y Francisco de Armas y Céspedes completa la imagen: «De suerte que para proporcionarle lucro a algunos comerciantes de harinas, se perjudican las provincias peninsulares donde la extracción del polvo encarece la subsistencia, se daña a las provincias antillanas donde una parte de la población no come absolutamente pan o lo come caro y malo y se perjudica al fisco, por virtud del contrabando, consecuencia inevitable de tan monstruosa legislación.»[299] Un episodio más de la extendida corrupción administrativa, plaga de la colonia, que también combatía con muy poco éxito, el Partido Autonomista.

***

Uno de los episodios más importantes de la postguerra fue la transformación de la industria azucarera que se inició entonces y vino a culminar a principios del siglo XX. La principal fuente de riqueza de la Isla cambió totalmente de faz. Los pequeños ingenios tradicionales fueron sustituidos por un número más reducido de grandes ingenios y «centrales». La propiedad industrial se separa de la agrícola. Los llamados *colonos* producen la caña y los ingenios y centrales la muelen y producen el azúcar. Mientras del trabajo esclavo se pasa al asalariado. Toda una revolución. En su primera fase, ese proceso transformativo es sólo parcial. En primer lugar, lo que por entonces se tenía por «gran ingenio» no necesitaba más que unas 80 caballerías cultivadas de caña. Pero ya habían aparecido algunos, como el Soledad, que en 1893 necesitaba 370 caballerías cultivadas. En 1878 había en todo el territorio nacional 1,191 fábricas de azúcar. En 1890 éstas se habían reducido, por ese proceso de concentración, a 850 «de las cuales solamente 150 a 200 podían ser consideradas como centrales, esto es, fábricas equipadas con

---

[298] Rafael Montoro, *Discursos Políticos y Parlamentarios, Informes y Disertaciones, 1878-1893,* Philadelphia, 1894, pp. 289-290.

[299] Francisco de Armas y Céspedes, *Régimen Político de las Antillas Españolas,* Palma, 1883, p. 172.

trenes modernos, nutridas de caña producidas por «colonos» o cultivadores especializados; el resto era un conjunto de fábricas muy disímiles en cuanto a capacidad, a organización y a equipo y, por lo general, ineficientes.»[300] El camino del futuro quedaba definido. Siempre habría en Cuba ingenios más pequeños, pero el tipo básico de producción iba a ser el *central*. Aquí se entrecruza la revolución industrial cubana con la mundial, porque el *central* era sólo factible si se llevaban más y más cañas desde campos más y más alejados hasta el «centro», lo que por aquel entonces sólo podía efectuarse gracias al uso del ferrocarril. Y éste, a su vez, podía extenderse mediante la nueva técnica inventada por Henry Bessemer para la fabricación en masa del acero, que bajó el precio de los raíles de $166 por cada cien libras a $46 en 1877 y a $30 o menos en la década del '80. La extensión de las líneas férreas facilitaba, además, el traslado del azúcar a puertos cercanos, rompiendo muchos monopolios comerciales. Y, además, intensificaba los lazos económicos con Norteamérica de donde los raíles de acero se importaban.

Además de estas mudanzas, casi todas de raíz tecnológica, se producen por entonces otras de carácter eminentemente económico, con notables consecuencias políticas tanto nacionales como internacionales. La gran crisis provocada por la Guerra de los Diez Años conduce a la pérdida de la primacía de que Cuba había gozado por décadas en el mercado azucarero mundial. Un competidor inesperado –el azúcar de remolacha– se había alzado con la presa, como lo pueban entre otros estos dos datos: 1) en 1868 se producían mundialmente 1,760,880 toneladas de azúcar de caña y 760,025 tons. de azúcar de remolacha, mientras que las cifras correspondientes a 1888 eran de 2,359,162 de caña y 3,555,900 de remolacha; 2) de 1868 a 1888 la producción cubana bajaba de 720,250 tons. a 662,758 y su participación en el mercado mundial del azúcar descendía de casi un 30% del total en 1868 a un 11% dos decadas

---

[300] Julio Le Riverend, *Historia Económica de Cuba*, La Habana, 1981, p.467. En algunas fuentes el número de fábricas de azúcar se eleva a 1,119 en 1890, pero en realidad, en ese año sólo molían 850, permaneciendo el resto parados en espera de renovación técnica o demolición.

después.[301] Para 1890 el azúcar de remolacha había desplazado al azúcar cubano de su vieja presencia en el mercado europeo, dejando a Estados Unidos como único importador importante del producto. Esta grave crisis condujo a una presencia norteamericana cada día más preponderante en todos los aspectos del negocio azucarero cubano y, a la vez, a una creciente influencia de la gran potencia del norte sobre el destino de la Isla, al convertirse, además, en el principal inversionista en la reconstrucción de la industria en la postguerra. En 1893 las exportaciones cubanas a España eran de 6 millones de dólares y a Estados Unidos de 79 millones. Cuba enviaba a Norteamérica el 90% de todo lo que exportaba. Y el capital norteamericano invertido la Isla pasaba de los 50 millones de dólares. El cambio no podía ser más radical.

Las consecuencias políticas de esta realidad económica no tardaron mucho en manifestarse, como pronto tendremos ocasión de ver. Por ahora señalemos tan sólo una: el alza de los sentimientos anexionistas que se produjo tanto en el interior del país como en Estados Unidos. La minoría enamorada de esta posición en el seno de la Isla se sintió animada por la creciente aparición en los periódicos norteños de artículos destacando el crucial papel estratégico de las Antillas mayores y menores y su importancia como mercados de los productos del Norte, junto con sus inmensas posibilidades de desarrollo industrial, particularmente en Cuba, si se producía la anexión que la convirtiera en un estado más de la potente Federación americana. El tono de esa voz podrá medirse por la cita de un editorial del diario *Detroit Free Press* de mayo 16 de 1891: «Cuba podría devenir uno de los mejores estados de la Unión, y si la riqueza, el espíritu de empresa y el genio de nuestra patria invadieran esa magnífica isla, ésta se convertiría en una verdadera colmena industrial, además de ser una de las regiones más fértiles del mundo. Ya hay un poderoso y creciente partido en la Isla, en favor de la reciprocidad y la anexión a Estados Unidos. Nosotros debemos actuar en seguida para convertir ese sueño en realidad.» Mientras por su parte Wall Street expresaba sus anhelos a través de uno de sus líderes más destacados, Frederick R. Coudert, en un simposium del *American Magazine of Civics*

---

[301] Manuel Moreno Fraginals, *El Ingenio*, vol.III, pp. 36-37.

sobre el tema «¿Debemos anexarnos a Cuba?»: «Se me hace la boca agua cuando pienso en el estado de Cuba como un miembro de nuestra familia.» Y de otro de sus voceros, cuando expresó: «Canadá vendra a su hora; Méjico seguirá a Tejas y a California para caer en su nicho bajo las barras y las estrellas cuando estemos listos para ello. Pero a Cuba la queremos AHORA.»[302] O sea, que al apretarse los lazos crecían los apetitos.

Tan importante como esta revolución económica y política fue otra simultánea de carácter social: la abolición de la esclavitud. El Zanjón había condenado a muerte a la abominable institución. Al conceder la libertad a los negros mambises y negársela a los que permanecieron al lado de España durante el conflicto se creaba una situación insostenible. La presencia en la sociedad de los numerosos *convenidos* (negros que habían obtenido la libertad luchando por la independencia de Cuba) no ayudaba ciertamente a mantener la disciplina en las plantaciones. Como hemos dicho en otra parte: «La historia prueba que sólo a la fuerza y en trance de muerte hizo España concesiones en este erizado problema. En efecto: cuando La Demajagua abrió el camino mambí para la definitiva liberación del negro esclavo y Guáimaro estampó en la historia su página de Igualdad, España promulgó a regañadientes una ley por la que declaró libre a todo hijo de esclava nacido en Cuba desde septiembre de 1868 en adelante, a los que hubieran auxiliado a las tropas españolas contra los libertadores criollos y a los que tuviesen 60 años cumplidos o los cumplieren. Posteriormente cuando se dio inicio a la «Guerra Chiquita», España, asustadísima, dictó en 1880 la abolición gradual de la esclavitud, dejando empero en su lugar el Patronato, o sea una esclavitud disimulada. Cuando el Plan Gómez-Maceo, España, acobardada, hizo en 1886 otra concesión: dictó la abolición definitiva de la esclavitud.»[303]

---

[302] Citado por Philip S. Foner, *The Spanish-Cuban-American War and the Birth of American Imperialism, 1895-1902*, New York and London, pp. xxxi-xxxii.

[303] Jorge Castellanos, *Tierra y Nación*, Santiago de Cuba, 1955, pp. 94-95. La ley del 4 de julio de 1870 fue conocida como «Ley de los Vientres Libres». (Verla en Fernando Ortiz, *Los Negros Esclavos*, La Habana, 1916, pp. 495 y ss.) Las otras dos en Ortiz, *op. cit.*, pp. 510 y ss. y en *op. cit.*, p. 102.

Una de las muchas consecuencias de la abolición de la esclavitud fue la desaparición de la clase de hacendados esclavistas. Una nueva «clase alta», ligada al «coloso del Norte», ocupa su lugar. Por su parte los esclavos se convierten en trabajadores asalariados, aunque en las nuevas fábricas de azúcar la presencia negra disminuye notablemente al preferir los patronos a obreros de la raza blanca. Los negros (acompañados por numerosas negras) nutren las filas de los obreros agrícolas, sobre todo como cortadores de caña. Aunque, en realidad, eso sucede sólo cuando encuentran trabajo, porque el reajuste no fue fácil. Con tantos brazos disponibles, de inmediato los salarios bajaron y el desempleo subió, sobre todo en el campo. Como dice Louis A. Pérez, Jr.: «el descenso del estándar de vida de los esclavos poco después de la emancipación fue tan inmediato como dramático... Miles de trabajadores rurales emigraron en busca de trabajo a las ciudades ya por sí atestadas... La vagancia y la mendicidad devinieron serios problemas sociales al terminar la década.»[304] Este sector de los libertos rurales –el que más sufrió en la transición– fue también uno de los que más tardó en mejorar sus condiciones de vida en la era republicana.

Para el negro urbano éste es un período de importantes avances y de decisiones históricas. La abolición de la esclavitud y sobre todo de la *trata* –que cada año traía miles de esclavos a malvivir en los cañaverales cubanos– pone fin a la inmigración de negros africanos a la Isla, lo que afecta la proporción existente entre las razas en el país. En 1861 la población total de Cuba era de 1,396,530 habitantes. La población llamada «de color» (negros y mulatos) era ese año de 603,046, o sea el 47.57 por ciento del total. El censo de 1899 arroja una población total de 1,572,797, siendo la «de color» 502,915 o el 31.97 por ciento del total. Tanto absoluta como relativamente disminuye el número de negros y mulatos, pero *toda* la población «de color» era ahora libre y podía concentrar sus esfuerzos en mejorar sus condiciones de vida. La Guerra del '68 probó que el negro era capaz de ocupar posiciones de mando y dirección. En el general Antonio Maceo le había proporcionado al país su primer líder *nacional* de color, como quedó demostrado en la visita

---

[304] Louis A. Pérez, Jr., *Cuba Between Empires, 1878-1902*, Pittsburgh, 1983, p. 23.

de éste a Cuba en 1890. Y en todos los aspectos de la vida social, en la educación, la prensa, la literatura y las artes (particularmente en la música y sobre todo como ejecutantes de la clásica) la gente «de color» produjo figuras de primera línea, como José White y Claudio Brindis de Salas, de fama internacional. Durante la «tregua fecunda» se desarrolla un movimiento de gran trascendencia en este sector de la vida cubana. Aparecen las sociedades de recreo y cultura de negros y mulatos a todo lo ancho y largo del país. Y con ellas, sus numerosas revistas y periódicos donde se discutían los problemas de la «clase», se extendía la instrucción y se le abrían cauces adecuados a la producción literaria y científica. Es cierto que, obedeciendo a los prejuicios divisionistas de su tiempo, los negros tenían sus sociedades y los mulatos las suyas, pero con el tiempo se buscaron maneras para articular sus esfuerzos, sobre todo en la defensa de los derechos de todos. En esa tarea de la lucha por la igualdad, las masas negras hicieron por entonces notables contribuciones, produciendo líderes de ancha dimensión nacional como Juan Gualberto Gómez y Martín Morúa Delgado y organizaciones unificadoras tan prestigiosas y útiles como el *Directorio Central de las Sociedades de la Raza de Color*, fundada en 1892.

En esta era interbélica se producen en Cuba cambios importantes en las relaciones inter-raciales. En primer lugar, los negros afirman su decisión de ingresar en la nueva sociedad desprovista de esclavos, no como ciudadanos de segunda categoría, sino como seres humanos dotados de tanta dignidad y merecedores de tanto respeto como los cubanos y españoles blancos que componían el resto de la población. Y los sectores más progresistas de los blancos criollos predican la misma doctrina de unidad nacional, por encima de las divisiones raciales existentes. El proceso de equiparación, igualamiento e integración patriótica, comenzado en la manigua, no podía detenerse. La caída de algunas barreras probaba que otras podían ser derribadas. Y aquí el movimiento social por la igualdad entre las razas se fundía con el movimiento político por la independencia, porque como pronto vamos a ver, en el programa del Partido Revolucionario Cubano fundado por José Martí, la igualdad entre las razas no era sólo un abstracto principio programático de primera importancia sino que se expresaba también en la práctica, con la presencia masiva del mulato y el negro cubanos en la conspiración separatista y sus puestos de mando. La igualdad racial se había convertido en uno de los pilares del espíritu *mambí*.

***

Como puede apreciarse, todas estas transformaciones tenían un carácter aglutinante. Todas tendían a atar los distintos elementos que forman una nación alrededor del primero y germinal: la conciencia de poseer una tierra común. En Cuba, al menos, ese primario discernimiento inicia y desarrolla la conciencia de la cubanidad. En esta etapa de entreguerra la tarea fundamental es de reconstrución de todo lo destruído en el conflicto, desde 1868 hasta 1878. Un buen ejemplo es lo ocurrido con la industria azucarera, a lo que hemos hecho referencia. Como sabemos, hubo a la vez mucha innovación. El sistema de correos y el marítimo de cabotaje, al restablecerse, se mejoraron notablemente. Y lo mismo puede decirse de la red ferroviaria. Ya en 1890 Cuba era el país con mayor densidad de desarrollo en ese campo (es decir, en el de kilómetros de vías férreas por kilómetro cuadrado de superficie) en toda la América Latina. Por eso, y pese a las pérdidas provocadas por la Guerra de Independencia, tan pronto terminó ésta, fue tan fácil llevar el ferrocarril desde Pinar del Río hasta Guantánamo. Pudiera decirse que había por aquel entonces en la isla un apetito insaciable modernidad y progreso. El servicio telegráfico, iniciado en 1851, fue reconstruido plenamente a lo largo y lo ancho del país. Y pronto se extendió internacionalmente con una línea submarina entre La Habana y Key West, que entroncaba con las comunicaciones cablegráficas de América con Europa. Los teléfonos llegaron en la década del '80. Y la corriente eléctrica –con todas sus aplicaciones– arribó al comienzo de los '90. El costado material del proceso de unificación patria avanzaba incesantemente. El país se hacía uno. Y ya veremos cómo ni siquiera las cacareadas trochas que fabricaron los españoles pudieron detener el avance de los ejércitos cubanos en la famosa invasión de Oriente a Occidente durante el conflicto que iba a comenzar en 1895.

En lo económico, un solo sistema industrial, comercial y financiero funcionaba a lo largo de toda la isla al romperse la «tregua fecunda». Con la revolución azucarera de la segunda mitad del XIX, como hemos tenido ocasión de ver, cesaron muchas de las diferencias técnicas entre la producción en el Oeste y el Este del país y sus consecuencias clasistas, mercantiles y sociales. La abolición de la esclavitud homogeneizó el mercado del trabajo, que devino idéntico a todo lo largo del país, con el desarrollo parejo de un proletariado industrial y otro agrícola, así como de un colonato para la producción de la caña que iba a molerse en los ingenios y centrales. Es verdad que, en lo social, la discriminación racial aún provocaba divisiones, pero las relaciones entre las razas habían mejorado notablemente, superando a las que existían en la época precedente. La comunidad idiomática también dio sustanciales pasos de avance desde el momento en que se le puso fin al comercio de esclavos. Por mucho tiempo, además, la inmigración en la isla fue predominantemente de españoles con lo que la uniformidad lingüística se consolidaba. Y el desarrollo de la prensa, tanto de los periódicos como de las revistas literarias y científicas, ayudó a levantar el nivel cultural del pueblo, que en la segunda mitad del siglo XIX, en las zonas urbanas, iba acercándose al de cualquier nación civilizada del mundo.

Todos estos cambios, entrelazados, conducen inevitablemente a la cristalización de una rica unidad de cultura. Como sería imposible resumir aquí ese complejísimo proceso, vamos a aludir tan sólo a unos pocos de sus aspectos capitales. En primer lugar, surge una poesía nacional hondamente saturada de separatismo –heredera de la obra de José María Heredia– que sistemáticamente se dedica a subrayar los elementos autóctonos de la realidad cubana, haciendo buenos los versos heredianos según los cuales

    ...no en vano entre Cuba y España
    tiende inmenso sus olas el mar.

Es en este momento transicional cuando José Fornaris, al decir de Samuel Feijóo, formula la «mágica definición poética de Cuba» en un endecasílabo inmortal. Cuba es –nos dice–:

    Arco en altas palmeras enlazado.

Exiliado como Heredia –éste en México y él en París– Fornaris no sólo redescubre fácilmente el símbolo vegetal perfecto de la patria añorada, sino que lo funde con su último y definitivo anhelo de suelo patrio:

    ¿Qué cubano si respira

> Bajo el cielo de la Patria
> No goza oyendo en las tardes
> El murmurar de las palmas?
> Y si adolorido gime
> Por las extranjeras playas
> No recuerda con tristeza
> Sus racimos de esmeralda?
> ....
> ¿Quién no las ama...? Yo triste
> Lejos de mi dulce patria,
> Del Sena por las orillas
> Clamo por su sombra grata.
> ....
> ¡Ah cuando muera, llevadme
> Bajo el cielo de mi patria,
> Y arrulle mis restos fríos
> La música de mis palmas!

Con lo que vuelve a confirmarse: la nación que tenemos como nuestra es, ante todo, el pedazo de tierra donde queremos ser enterrados.

Este de la «tregua fecunda» es también el momento en que los poetas definen en sus versos lo que esas horas de espera significan para los veteranos del '68. Como lo hizo Manuel Serafín Pichardo en *Soy Cubano,* un poema que mucho se recitó por esa época:

> Visto calzón de dril y chamarreta
> que con el cinto del machete entallo;
> en la guerra volaba mi caballo
> al sentir mi zapato de vaqueta.
> De entonces guardo un Colt y una escopeta,
> por si otra causa de esgrimirlos hallo.
> Es mi gozo en la paz, lidiar un gallo,
> mi orgullo, improvisar una cuarteta.

Es entonces cuando José Martí, desde su prolongado exilio neoyorquino, mientras prepara un nuevo esfuerzo libertador, lanza en sus

Versos Libres su anhelante: «¡Sólo las flores del paterno prado tienen olor!» Y en sus *Versos Sencillos* define a la vez a su patria y a sí mismo valiéndose del supremo símbolo vegetal de su tierra matal:

        Yo soy un hombre sincero
        de donde crece la palma...

Mientras otro gran poeta de esa generación, Julián del Casal, en *El Adiós del Polaco* se vale del ejemplo de otro país rebelde para afirmar la propia rebeldía, burlándose de la censura:

        ¿No ves a los tiranos
        desgarrar de la patria inmaculada,
        con infamantes manos,
        la veste azul de perlas recamada?
        Polonia, enardecida
        por el rigor de sus constantes penas,
        álzase decidida
        a romper para siempre sus cadenas.

    Estos dos poetas criollos, uno en el exilio, el otro dentro de la Isla, se adelantan al resto de Hispanoamérica y aún a España misma en la creación de un movimiento de renovación poética, precursor del *modernismo*, junto al gran nicaragüense Rubén Darío, al colombiano José Asunción Silva, los mejicanos Manuel Gutiérrez Nájera y Salvador Díaz Mirón y algunos más. José Martí es hoy sistemáticamente considerado uno de los antecesores de esa nueva escuela poética, como lo afirmó antes que nadie el propio Darío. Bien lo expresan Emiliano Díez Echarri y José María Roca Franquesa: «...Su poesía, despegada bruscamente de la de casi todos sus coetáneos, se aventura con frecuencia hacia zonas inexploradas del sentimiento y de la expresión...»[305] Sobre sus *Versos Sencillos* estos autores opinan: «Pocas veces con elementos tan parcos se ha conseguido una poesía tan auténtica..» Mientras sobre sus *Versos Libres* agregan: «No conocemos en castellano, con anterioridad a Una-

---

[305] Emiliano Díez Echarri y José María Roca Franquesa, *Historia de la Literatura Española e Hispanoamericana*, Madrid, 1960, p, 1207.

muno, poesía más rasgada, más punzante, de aristas más duras.»[306] Por su parte, Federico de Onís afirma: «El espíritu de Martí no es de época ni de escuela: su temperamento es romántico, lleno de fe en los ideales humanos del siglo XIX, sin sombra de pesimismo ni decadencia; pero su arte arraiga de modo muy suyo en lo mejor del espíritu español, lo clásico y lo popular, y en su amplia cultura moderna donde entra por mucho lo inglés y lo norteamericano; su modernidad apuntaba más lejos que la de los modernistas, y hoy es más válida y patente que entonces.»[307] De todos modos, a Martí hay que verlo como el iniciador de *una* revolución literaria finisecular, llámese como se llame, que estaba íntimamente vinculada a la nueva poesía de esa hora. Y cuya presencia se nota en la obra de otros renovadores hispanoamericanos del momento.

El otro contribuyente cubano a la creación del nuevo estilo de expresión poética fue, como hemos dicho, Julián del Casal.[308] Ya en 1913 Rufino Blanco Fombona había hecho incluir su obra, representando a Cuba, en la antología de C. S. González *Poetas Modernistas de América*.[309] Y, en distintos momentos, han destacado el puesto que a Casal pertenece en la renovación de la lírica hispanoamericana al terminar el siglo XIX, críticos de la talla del propio Blanco Fombona, de José Enrique Rodó, Max Henríquez Ureña, Julio Cejador Frauca y otros. Casal hace el tránsito del romanticismo a la revolución poética finisecular de la mano de Charles Baudelaire. Y talla su propio estilo bajo la influencia de poetas postrománticos franceses como Joris Karl Huysmans, Jean Moréas y Paul Verlaine. En su tiempo lo acusaron de *decadente*, pero «sordo y ciego ante los avisos de indignados censores y de bien intencionados amigos, persistió en recorrer aquel 'tortuoso' camino, apartándose de la senda abierta por Espronceda, Núñez de Arce y Zorri-

---

[306] Díez Echerri y Roca Franquesa, *op. cit.*, pp. 1210-1211.

[307] Federico de Onís, *Antología de la Poesía Española e Hispanoamericana, 1882-1932*, New York, 1961, p. 35.

[308] Sobre la amistad entre Casal y Rubén Darío y la admiración del poeta cubano por la obra del nicaragüense véase Emilio de Armas, *Casal*, La Habana, 1981, pp. 179-192.

[309] Publicado por Garnier Hermanos, París, 1913.

lla, hasta convertirse en un iniciador del primer movimiento literario original que conoció la América Española.»[310]

Fue José Martí quien, antes que nadie, supo apreciar cómo la obra de Casal contribuyó al proceso de integración de la nación cubana.. En una penetrante nota necrológica publicada en el periódico *Patria*, órgano del Partido Revolucionario Cubano, el 31 de octubre de 1893, pocos días después de la muerte del autor de *Nostalgia* (poema en el que éste había suspirado «por las regiones donde vuelan los alciones sobre el mar»), el poeta de los *Versos Libres* explicaba por qué rumbos esa «poesía que le vino de Francia con la rima excelsa» y que con frecuencia olvidaba lo propio era, en el fondo un rechazo completo de la sociedad colonial que lo rodeaba en una tierra sin libertad, sin justicia, sin vergüenza, sin verdad y sin honra. Cierto que Casal tendía a escapar hacia el centro de su ser, repudiando todo lo demás, tal vez movido también por la neurastenia y la depresión a que lo empujaba la tuberculosis que acabó por matarlo. Pero en ese repudio había una afirmación de decencia y patriotismo. Jamás capituló Casal ante la corrupción y el crimen. Siempre fue fiel a sí mismo, a su estética. a su ética... y a su cívica, además... Porque realizó el milagro de lograr que la más subjetiva e intimista de las poesías ayudara a impulsar el carro de la cubanidad ya en marcha y cada día más cerca de su meta. Al rehuir de todo aquello que interfería con el proceso de integración nacional, Casal contribuía a que ese fenómeno se consolidara y acelerara. Eso sin contar con que, al entregarle a su patria en un momento crucial de su formación, el renombre, el prestigio y la gloria de uno de sus mejores hijos, tanto ayudó a fortalecer el espíritu nacional.

Junto a estos hondísimos cambios en la poesía, surge entonces una importante escuela novelística, vigorosamente abolicionista, orientada a fortalecer la unidad entre los dos sectores raciales de la sociedad cubana, sobre todo mediante una intensa campaña contra el régimen esclavista, pero luego también señalando las anticubanas consecuencias de la discriminación racial. Ofreceremos aquí sólo unas muestras.

---

[310] Emilio de Armas, *op. cit.*, p. 169.

En primer lugar tendremos que referirnos a *Romualdo: uno de tantos* de Francisco Calcagno. Estéticamente muy débil (padece de melodramatismo, de folletinismo, de editorialismo, de muy pobre caracterización, de desaliño estilístico y otros serios achaques más) su valor como documento social es enorme. En esa novela la narración no es más que un pretexto, que permite al autor ofrecer un catálogo nutridísimo de los horrores de la sociedad esclavista que odiaba y combatía. Allí encontramos el bocabajo (cubanismo por flagelación), el novenario (la repetición del bocabajo nueve días consecutivos), el cepo, la cadena, el mayoral sádico, el amo indiferente que le consiente su barbarie, la vida en los barracones (auténticas ergástulas), los cimarrones que se escapaban y eran perseguidos por los ranchadores con sus perros de presa, los palenques (comunidades de cimarrones siempre asediadas por las autoridades)... y el rosario de complicidades vergonzosas que la esclavitud imponía a todo el mundo en Cuba, sin excluir al clero. Para el autor, la culpabilidad con respecto a la «institución» por antonomasia, se extendía a todos los niveles del cuerpo social. Y resumía la situación con estas palabras: «Vivimos en una atmósfera de crimen, el aire que nos rodea está impregnado de crimen, respiramos el crimen acostumbrados a él como los gusanos al cieno inmundo en que se crían. Y así estaremos mientras dure esa sacrílega institución que todo lo contamina y envilece, *y en que todos tenemos parte*, el que compra y el que vende, el que posee y el que no posee, y también el que ve y calla, porque el silencio también es un crimen.»[311]

En segundo lugar mencionaremos a la que pronto iba a convertirse en la novela más famosa de la literatura cubana: *Cecilia Valdés o la Loma del Ángel*, donde Cirilo Villaverde hizo un retrato perfecto de los horrores de la esclavitud e insistió en el carácter hondamente divisivo de la institución que era sin duda el peor enemigo de la formación y desarrollo de la nacionalidad cubana. En esa novela creó Villaverde el personaje más popular y más simbólico de la novelística cubana: la mulata Cecilia Valdés. Porque en definitiva Cecilia es Cuba. No la Cuba ideal

---

[311] Francisco Calcagno, *Romualdo: uno de tantos*, La Habana, 1891, p. 94. (El énfasis es nuestro.)

de los sueños patrióticos sino la Cuba tiranizada, vejada, maltratada y corrompida por la indeseable presencia metropolitana. Ya lo hemos dicho en otra parte: «Como Cecilia, Cuba era un ser en proceso de tránsito. Ni era blanca ni era negra. Ni era joven ni era vieja. Era esclava, pero luchaba por ser libre. Era una colonia y aspiraba a la independencia. En ella se juntaban –como en la protagonista de Villaverde– 'las bellezas del físico mundo y los horrores del mundo moral' (de que hablaba Heredia). Inteligente, no podía hacer uso de su capacidad creadora. Buena en el fondo, era arrastrada –como Cecilia– al error, al pecado, al crimen. Vivía, como la jovenzuela andariega de la Loma del Ángel, de la ceca a la meca, del reformismo al anexionismo, del anexionismo al independentismo, sin arribar a parte alguna. Su vida era una constante frustración, un querer sin poder, un ser en el no ser. Cuba era una criatura social caracterizada por la más penosa y radical liminalidad. Cuba era Cecilia, y como ella, seguía existiendo en permanente umbral, pues en la década del '30 del siglo XIX –cuando ocurre la novela– todavía no se habían salvado los obstáculos que le impedían pasar al otro lado de la marca, para encontrar allí la plenitud de su independiente personalidad.»[312] El simbolismo y el realismo se combinan en *Cecilia Valdés* para ofrecernos la pintura más detallada y más profunda del sistema esclavista de Cuba en el siglo XIX y para producir la más enérgica, dramática y creadora expresión del abolicionismo en las letras de la Isla.

Y en tercer y último lugar mencionaremos la *Carmela* de Ramón Meza, en la que se estudia el complejo inter-racial en la sociedad cubana precisamente cuando la esclavitud acababa de morir legalmente. De ella hemos dicho en otro lugar: «Es una obra amena, escrita en buena prosa, repleta de valiosas observaciones sobre la Cuba de la era en que se escribió. Es, además, un libro valiente y útil. Sale a la palestra exactamente a tiempo para probar que la victoria del abolicionismo era, en verdad, parcial. Y que al arte novelesco se le abría una nueva oportuni-

---

[312] Jorge e Isabel Castellanos, *Cultura Afrocubana,* Miami, 1990, vol. 2, p. 218.

dad de servicio histórico: la lucha contra los residuos del régimen esclavista recién ilegalizado.»[313]

Primero, la poesía. Luego, la novela. Y, por fin, ahora, la historia que, entre otras funciones tiene la de actuar como memoria de la colectividad, algo que Cuba parecía necesitar agudamente por aquel entonces. Si la historia medieval –según se ha dicho– era «teología enseñando con el ejemplo» y la iluminista, «filosofía enseñando con el ejemplo», la romántica del siglo XIX era nacionalismo, o si se quiere patriotismo, haciendo lo mismo, al colocar a la nación-estado casi en el puesto que antes se reservaba para Dios.[314] La historiografía cubana de ese período no podía sustraerse de esas influencias. Al terminar la Guerra Grande en 1878 surge una generación de historiadores que se dedican a recordarla y reconstruirla desde ese punto de vista, como gesta fundadora, como una saga homérica, haciendo el panegírico de los grandes héroes de la «epopeya libertadora». Estos historiadores aportan una idea y un instrumento, capaces de organizar la multiplicidad de hechos que conmovieron la sociedad cubana por diez largos años, en una perfilada unidad patriótica.. La idea central es el separatismo, que convierte a esa década en escenario de una heroica batalla en defensa de la libertad y la independencia nacional. Y el instrumento es la voluntad de acción de todo un pueblo dispuesto a ganar esos bienes mediante una guerra santa, impuesta por la intransigencia de una metrópoli voraz, explotadora y opresiva.

Abre la brecha Fernando Figueredo Socarrás con nueve conferencias dictadas en Cayo Hueso entre 1882 y 1885, que mucho más tarde recogió en el libro *La Revolución de Yara*. Al enterarse del hecho, Calixto García le escribió una carta a Figueredo en la que, después de emitir algunas opiniones sobre las obras históricas escritas por los mismos protagonistas, le decía a su amigo: «Reconociendo en Ud. grandes dotes

---

[313] Jorge e Isabel Castellanos, *op. cit.*, vol. 2, p. 232.

[314] Para bien o para mal esa tendencia se extendió al siglo XX. Se le encuentra aun donde menos se le espera. Para citar un solo caso: Fernand Braudel, tan famoso por su obra sobre todo el mundo mediterráneo, particularmente España e Italia, afirma que «el historiador sólo puede enfrentarse en un pie de igualdad con la propia historia, de la que entiende casi instintivamente todas sus vueltas y revueltas, todas su complejidades, originalidades y debilidades.» *The Identity of France*, Vol. 1, London, 1988, pp. 19-21.

para escribir la historia de nuestra Revolución, permítame que le diga que es tarea muy pesada la que se impone, ¿Podrá el coronel Figueredo, ayudante de Céspedes y amigo de los generales Gómez, García, Calvar, Díaz, etc., hacer justicia de todos, es decir alabarlos cuando lo merezcan, para acusarlos severamente por las muchas faltas que cometieron?»[315] Leyendo hoy el libro de Figueredo el lector puede hacerse la misma pregunta. Nadie puede negar, sin embargo, que *La Revolución de Yara* fue recibido con enorme interés, aunque fuera también objeto de numerosas polémicas.

Mucha más influencia ejerció en la opinión pública cubana una obra publicada en agosto de 1887 por el abogado habanero Raimundo Cabrera bajo el título de *Cuba y sus Jueces*, una brillante respuesta al libelo anticubano de Francisco Moreno *Cuba y su gente*, que apareció unos meses antes en Madrid. La obra de Cabrera se convirtió en el primer «best-seller» de la literatura cubana. Lo que era fácilmente comprensible. El pueblo de Cuba necesitaba rescatar su pasado para justificar su futuro. Y para responder al insulto, la contestación de Cabrera fue contundente. Mientras la opinión oficial española, a través de voceros como Moreno presentaba al cubano como un pueblo enfermo, corrompido y holgazán, *Cuba y sus Jueces* probaba el vigor, la laboriosidad y la limpia capacidad creadora del país. Mientras Moreno pintaba una sociedad primitiva y retrógrada, Cabrera evidencia los progresos materiales que en ella se producían sin cesar. Mientras Moreno mostraba a Cuba como un miserable páramo cultural, Cabrera demostraba la fertilidad del talento cubano en la educación, las letras y las artes. Mientras Moreno concentraba su mirada exclusivamente en lo negativo y malsano, Cabrera ponía el énfasis sobre lo positivo y lo creador. Toda una generación aprendió en el libro de Cabrera a defender a su patria y abrir el camino a la Insurrección.

Otra obra popularísima fue *Episodios de la Revolución Cubana*, de Manuel de la Cruz, que apareció en 1890. Narrados en una prosa de corte modernista, pero sin exageraciones barrocas, y saturados de notable fuerza descriptiva, estos vivísimos cuadros de la contienda de 1868-

---

[315] Cit. por Abreu y Sintes, *op. cit.*, p. 75.

1878, dotados de un enorme valor informativo y formativo, historiográfico y patriótico, ejercieron una importante influencia en la juventud de su época. De relatos heroicos como éstos se nutre la trama de la Leyenda Ilustre, el recuerdo sagrado sin el cual no hay nación posible. Y conviene agregar aquí otra contribución de Manuel de la Cruz a su amada causa: su folleto *La Revolución Cubana y la Raza de Color*, escrito en Cuba en abril de 1895 y publicado pocos meses después en su exilio de Cayo Hueso. Bastará copiar uno de sus párrafos para comprender la importancia de su argumentación, con base tan científica como democrática, tan propagandística como histórica: «Libre el país cubano del anárquico y bárbaro dominio español, el negro y el mulato compartirán con el blanco el gobierno y la administración del país... Los que del esclavo hecho por el gobierno de España hicimos el ciudadano sin color de la República de Cuba, los que del ciudadano hicimos soldados, oficiales, jefes, no habríamos de vacilar un punto en hacer magistrados, administradores, representantes, ministros, jefes del Ejecutivo. La nueva organización no podrá hacer más. Al gusto, al carácter, a la índole de cada cual quedará luego el derecho de tomar puesto en el concierto social.»[316] Pequeña pero elocuente muestra de la habilidad del propagandista del '95 para cimentar en la historia todo un programa revolucionario.

En el libro de Ramón Roa *A Pie y Descalzo: de Trinidad a Cuba*[317], se engarzan en unidad narrativa los episodios de una dolorosa peregrinación por toda la «manigua irredenta», desde Las Villas hasta Oriente, venciendo enormes peligros y privaciones sin cuento. La obra, publicada en 1890, fue recibida con duras críticas —entre ellas la de Martí— por entender que la «exageración» de los sufrimientos y martirios sufridos por los veteranos del '68 no iba a ayudar a la tarea de reclutamiento de los que preparaban una nueva guerra. Pese a esas censuras A Pie y Descalzo recibió muy buena acogida tanto en Cuba como en el exilio norteamericano.

---

[316] Manuel de la Cruz, *Estudios Históricos,* La Habana, 1926, p. 32.

[317] Recuérdese que por aquellos tiempos se le daba el nombre de Cuba a la ciudad de Santiago de Cuba.

Y para terminar la lista: en 1893 apareció *Desde Yara hasta El Zanjón* de Enrique Collazo, el resumen más completo de la Guerra de los Diez Años publicado hasta entonces. Lacónico, bastante objetivo y basado en el conocimiento directo de gran parte de los datos que ofrecía, Collazo escribió una crónica que sirvió de fuente por muchos años a los que estudiaron por aquella época ese heroico episodio de nuestra historia.

***

Como puede apreciarse, el dinamismo de este período es, en todas sus dimensiones, extraordinario. Pero falta, sin embargo, hacer referencia, como resumen, al cambio capital que lo caracteriza. Ya se ha visto: el país acababa de atravesar por una guerra de liberación que había dotado al pueblo cubano de una honda y rica tradición patriótica, de una flamante memoria colectiva, enriquecida por un pasado ilustre, casi mítico, (lo que Luis Recaséns Siches llamaba «*conciencia de un pretérito común*».)[318] Y, como si fuera poco, había adquirido, al mismo tiempo, la visión de una vida futura junta y solidaria de un pueblo impulsado por un insaciable apetito de continuidad histórica. Según Manuel Moreno Fraginals: «...La Guerra de los Diez Años y la Guerra Chiquita fueron como el crisol donde se fundió la nacionalidad cubana. Las grandes contradicciones no se liquidaron: prejuicios y patrones formados en siglos no se borran en unos años, pero disminuyeron en su intensidad y forma y se alteraron las prioridades. Todo fue distinto no sólo en el campo de la guerra, sino cuando los hombres que luchaban se reintegraron a la paz con una nueva experiencia, un sentido distinto de la vida y del deber político, y el orgullo y la seguridad de quienes se han acostumbrado a pelear por sus derechos. Fue un extraordinario cambio cultural, de valores y patrones de comportamiento.»[319] Tal vez sería más exacto decir que en esas dos guerras continuó un proceso de integración que vino a culminar en la etapa intermedia a que venimos haciendo refrencia. La aparición en el panorama de «Nuestra América» de una nueva entidad

---

[318] Luis Recaséns Siches, *Tratado General de Sociología*, México, 1964, p. 499.

[319] Manuel Moreno Fraginals, *Cuba/España; España/Cuba: Historia Común*, Barcelona, 1995, p. 255.

socio-política, la nación cubana, es sin duda el fenómeno histórico de más importancia, resonancia y trascendencia que ocurre en Cuba no sólo durante los diecisiete años de la llamada «tregua fecunda»sino en todo el siglo XIX. Al que acompaña inevitablemente la preparación del conflicto bélico conocido en la historia de Cuba como la Guerra de Independencia, iniciada el 24 de febrero de 1895. Porque el primer apetito que surge en el seno de toda nueva nacionalidad es el de la conquista de su propia soberanía.

***

El 10 de octubre de 1887, al comenzar la segunda mitad de la «tregua», se celebra en el Masonic Hall de New York una velada patriótica recordatoria del instante epopéyico de La Demajagua. Para cerrar el acto, Don Tomas Estrada Palma, que lo preside, concede la palabra a José Martí. Trae éste a la tribuna una rica experiencia de la política criolla, desde sus primeros empeños de conspirador en La Habana, junto a Juan Gualberto Gómez, en 1879; pasando por la Guerra Chiquita, junto al general Calixto García, en 1880; hasta el amargo incidente –reflejo de la vieja lucha entre civiles y militares– que lo separó de los generales Máximo Gómez y Antonio Maceo en 1884. A lo que puede agregarse una clara conciencia de que estaba ante un público diverso y dividido en sus opiniones revolucionarias. Ahí, los hiperactivos de impaciencia patriótica casi patológica, dispuestos siempre a las aventuras personalistas que tanto daño hacían cuando fracasaban, como por su divisionismo tenían que fracasar. Ahí, los pasivos totalmente decepcionados, con la fe mustia y la voluntad de acción casi perdida. Y los desalentados que se marchaban a servir de comparsa al autonomismo y al anexionismo. Y, por fin, esa gran masa de esperanzados, fieles a la causa, deseosos de hacer y temerosos de hacerlo para no sufrir nuevos golpes, adversidades y desengaños. Era evidente: para ser efectivo el discurso debía impulsar y a la vez sujetar el ánimo de los oyentes, combinando con pericia el entusiasmo y la discreción o como lo dijo el propio orador en el discurso: «la prudencia que puede refrenar» y «el fuego que no sabe morir.»[320] Maestro en el arte, Martí lo consigue a plenitud. Como bien ha dicho

---

[320] José Martí, *Obras Completas*, Editorial Lex, La Habana, 1953, vol. I, p. 358.

Jorge Mañach: «Fue el discurso, a un tiempo ávido y prudente, de un orientador en quien el arrebato lírico estaba siempre frenado, en lo político, por un sentido exactísimo de la posibilidad y de la responsabilidad. Ni desbocar la acción quería ni cerrarle el camino. Urgía el dolor de Cuba; pero no se trataba de hacer una guerra más, sino de fundar, sana y segura desde las raíces, una república.»[321] En política, la oportunidad, la coyuntura, la conveniencia de tiempo, constituyen un factor de excepcional importancia. Con respecto a Cuba, Martí lo ponía así: «El esperar es en política, cuando no se le debilita por la exageración, el mayor de los talentos.» Y añadía: «Los sucesos históricos no pueden prepararse ni llevarse a cabo sin un cuidado exquisito, calculando con la mayor precisión posible el instante, los resultados y los elementos... El único modo de impedir la revolución es llevarla antes de tiempo, interrumpiendo el desarrollo espontáneo de sus elementos.»[322]

Durante el quinquenio de 1887 a 1892, mientras se gana la vida escribiendo para la prensa hispanoamericana brillantísimas crónicas sobre todos los aspectos de la vida en Norteamérica, José Martí va ganándose también el puesto de máximo líder del movimiento insurreccional cubano en el exilio con su prudente, fervorosa y perseverante prédica patriótica. Para él resultaba evidente: había que curar a los cubanos, tanto a los residentes en la Isla como a los que vivían en el exilio, del abatimiento que predominaba en uno de esos «tiempos de menos fe» por que atraviesan de rato en rato las causas de larga historia. Y para lograrlo era preciso unificar los ánimos y las voluntades dispersas de «allá y acá» en un fuerte haz organizativo. Juntarse era la palabra de orden. Con cartas saturadas de sabiduría política procura el apoyo de aquellos cubanos que más y mejor pueden contribuir al empeño. No falta en ellas la más severa autocrítica. «Mucho hemos errado», dice. «Mucho tiempo hemos perdido», agrega. Y se refiere sin ambages al «desconcierto causado por nuestra falta de preparación». Y también al «carácter confuso y personal» con que la revolución se presentaba ante el país por

---

[321] Mañach, *op. cit,*. p. 192.
[322] Martí, *Obras Completas*, Vol. I, p. 82.

la carencia de «un sistema revolucionario de fines claramente desinteresados que aleje del país los miedos que hoy la revolución le inspira», y los reemplace «por una merecida confianza en la grandeza y previsión que la guerra llevará consigo». Es una autocrítica que no lleva al desaliento. Por el contrario Martí está convencido –y así lo afirma en su correspondencia– de que «el país nos busca deseoso de hallar en nosotros un plan vasto y seguro que lo autorice a echarse por el camino terrible que como única vía le ofrecemos.» Y a eso dedica sus esfuerzos: a formular un plan organizativo y un programa ideológico que conduzcan a la integración de un efectivo movimiento independentista.[323]

Lo que propone Martí es organizar «dentro y fuera de Cuba, con la cordialidad digna de las grandes causas, la guerra que ya mira el país con menos miedo, y en que parece estar hoy su esperanza única.» Para lograrlo es preciso: 1) Reunir en un trabajo común a los jefes militares que vivían en el extranjero con los de la Isla «cada uno con sus amigos, cada jefe de influencia con su comarca», evitando «los proyectos privados e incompletos, sin más fin que la alarma y la impotencia.» 2) Reunir las voluntades dispersas de todas las emigraciones en un solo esfuerzo patriótico. 3) Hacer lo propio con las fuerzas viejas y las nuevas que surgían por todas partes de la Isla. 4) Coordinar todos estos esfuerzos mediante un organismo central de dirección, democráticamente constituído. En definitiva, lo que Martí tenía en mente era la estructuración de un partido de la revolución cubana, disciplinado y efectivo, que proclamase ante el mundo sus sagrados propósitos y organizase en secreto la guerra necesaria, eficaz y creadora. Así se acreditaría ante el país, «disipando temores y procediendo en virtud de un fin democrático conocido, la solución revolucionaria.» Para comenzar la tarea, desde New York se dirige al más alto jefe militar del conflicto de los Diez Años, pidiéndole su colaboración junto a la nueva generación. En esa carta a Máximo Gómez del 16 de diciembre de 1887 (donde en esquema estos planes se explican) le comunica que lo hace a nombre de una Comisión Ejecutiva provisional, «inspeccionada y aconsejada» por el exilio noeyorquino y

---

[323] Véase la carta de Martí a José Dolores Poyo, en *Obras Completas*, vol. I, pp. 85-87. Y también las dirigidas a Juan Ruz y Juan Arnao en el mismo lugar, pp. 81-85 y 87-90.

por compatriotas de Filadelfia y Cayo Hueso, «para iniciar enérgicamente los trabajos preparatorios de organización revolucionaria» del pueblo de Cuba, conforme con los principios arriba mencionados. Esta es la semilla del Partido Revolucionario Cubano –motor de la Guerra de Independencia de 1895– que surgió cuatro años después.[324]

El Programa del '95 es una radicalización del Programa del '68, lo que se debe al cambio que durante la «tregua fecunda» se produce en la naturaleza social del liderazgo de las dos revoluciones. La primera guerra fue capitaneada por el ala izquierda de la burguesía cubana de las provincias orientales (hacendados, terratenientes, grandes propietarios) con la ayuda de algunos sectores de las capas medias, a los que se unieron campesinos, esclavos y miembros del artesanado o de la incipiente clase obrera. Pero la burguesía, como clase, no participó en la guerra que estalló el 24 de febrero de 1895.[325] La hegemonía en ella perteneció a la clase media o pequeña burguesía: antiguos grandes propietarios arruinados por el conflicto precedente, campesinos y pequeños terratenientes, trabajadores e intelectuales de reducidos recursos. La diferencia que existía entre Carlos Manuel de Céspedes y Francisco Vicente Aguilera, de una parte, y José Martí, Antonio Maceo, Calixto García y Juan Gualberto Gómez, de la otra. Y así, aunque para todos la independencia era la clave del movimiento, en el '68 ésta aparecía teñida a ratos por adherencias anexionistas; en el '95 era una demanda pura, absoluta y plena. Mientras en el '68 predominaba un liberalismo moderado que, por ejemplo, vacilaba al principio ante la abolición de la esclavitud, la ideología política del '95 iba más allá del simple democratismo liberal, adhiriéndose a un populismo radical, situado en el otro extremo del espectro políticosocial del país. En el '95 se planteaba la necesidad del sufragio universal, otorgando igual poder político a todos los ciudadanos. Se condenaba el latifundismo y se proponía la entrega de tierras a los

---

[324] Véase la carta a Máximo Gómez, en Martí, *Obras Completas*, vol. I, pp. 90-95. De ella hemos tomado las citas que aparecen en el párrafo precedente.

[325] Esta afirmación podrá parecer polémica. Creemos, sin embargo, haber demostrado su verdad histórica en nuestra obra *24 de Febrero de 1895: Un Programa Vigente*, Miami, 1995, pp. 19-33.

campesinos desposeídos por medio de una reforma agraria amplia y profunda. Dentro del sistema de libre empresa, se propugnaba el desarrollo de industrias propias, originales y genuinas. Y se sostenía que era imprescindible establecer un comercio basado en el principio de la plena independencia económica. Así quedaban fijados los cuatro pilares de la política económica de la Revolución cubana: reforma agraria, diversificación productiva, fomento industrial y equilibrio del comercio exterior. .En este programa se incluía también la referencia a un principio táctico básico: la unidad nacional, que su líder máximo resumía en una famosa consigna: «Juntarse es la palabra de orden.» Era lo mismo que defendía también Antonio Maceo: «La unión, amigos, se impone por fuerza a nuestro patriotismo: pues sin ella serán estériles todos nuestros sacrificios...» Tarea en verdad difícil, dadas la viejas divisiones que, procedentes de la guerra anterior, minaban el exilio, así como los viejos prejuicios clasistas y raciales que venían de tan lejos en la historia de Cuba. O sea que el movimiento debía eliminar de su seno todo elemento de discriminación racial y prometer una república verdaderamente igualitaria, donde el color de la piel no jugara el papel que tenía en la sociedad colonial.

Para Martí el movimiento independentista cubano poseía una dimensión política que desbordaba los límites de la Isla para adquirir una vigencia antillana, americana, universal. Conociendo muy bien las tendencias expansionistas de los Estados Unidos, concebía la revolución cubana como un episodio esencial de la defensa del continente suramericano ante la amenaza creciente del imperialismo procedente del norte. «Las Antillas libres –escribe– salvarán la independencia de nuestra América y el honor ya dudoso y lastimado de la América inglesa , y acaso acelerarán y fijarán el equilibrio del mundo.» Se precisa así el papel que su posición geográfica le reservaba al archipiélago antillano: «El fiel de las Américas está en las Antillas, que serían, si esclavas, mero pontón de la guerra de una república imperial contra el mundo celoso y superior que se prepara ya a negarle el poder –mero fortín de la Roma Americana–; y, si libres... serán en el Continente garantía del equilibrio, la de la independencia para la América española aun amenazada y la del honor para la gran República del Norte, que en el desarrollo de su territorio por desdicha feudal ya, y repartido en secciones hostiles, hallará más segura grandeza que en la innoble conquista de sus vecinos menores, y en la pelea inhumana que con la posesión de ellas abriría contra las potencias del orbe por el predominio del mundo.» Son palabras de advertencia al vecino poderoso de que Cuba no aceptaría la posición de colonia de un amo nuevo. Y un llamamiento a las repúblicas de Centro y Suramérica a luchar con una Cuba libre para detener el impetuoso avance de Estados Unidos. Esa Cuba independiente mantendría una postura de equidistante neutralidad. «Ni uniones de América contra Europa, ni con Europa contra un pueblo de América... La unión con el mundo, y no con una parte de él; no con una parte de él contra otra.»

Conviene insistir en que esta plataforma, indudablemente teñida, como hemos visto, de vigoroso populismo, nunca se desvió hacia el socialismo o el comunismo. Se levantaba sobre una firme base liberal de hondo espíritu democrático, demandando que una vez vencida España, se estableciera una república, un gobierno representativo elegido por medio del sufragio universal, que protegiese todos los derechos cívicos de los ciudadanos, incluyendo el de propiedad privada, libertad de palabra, asociación, religión y reunión, así como una estricta igualdad civil, particularmente en el terreno racial. O sea, que el Programa de la Revolución Libertadora, en resumido esqueleto, se componía de los siguientes elementos: Independentismo. Democracia. Derechos civiles y políticos. Libre empresa. Igualdad racial. Reconocimiento de los derechos obreros. Reforma agraria. Fomento industrial. Diversificación productiva. Equilibrio del comercio exterior. Política exterior anticolonial e independiente. Y limpio, humano y equilibrado internacionalismo, para ayudar a mantener la paz universal. Hasta donde todo esto era ingenuo o practicable se seguirá discutiendo mientras se estudie ese momento crucial de la historia de Cuba.

Ese programa vasto y radical estaba como detenido y flotando en el tiempo, por la falta del instrumento capaz de llevarlo a la práctica, instaurando una república populista, hija de una poderosa revolución triunfante. Ya hemos visto que Martí en el quinquenio de 1885 a 1890 no consideraba suficientemente madura la situación cubana para iniciar en ese momento un vigoroso esfuerzo liberador. En la Isla, buena parte del pueblo, cansado de la guerra, prefería darle una oportunidad al autonomismo para resolver los grandes problemas del país. Bien lo dice Luis Estévez y Romero: «Jamás estuvieron los cubanos más opuestos a la Revolución ni más ansiosos de paz para levantar al país de su postración.»[326] Los líderes autonomistas trataron de aprovechar esa circunstancia para presionar al gobierno de Madrid y forzarlo a conceder las reformas que la colonia demandaba con urgencia. Pero en este sentido fue este un período de completa frustración. En realidad los cambios fueron mínimos.

El gobierno español era incapaz de contener sus apetitos incorregibles que lo conducían a la arbitrariedad y la corrupción. Habituado al engaño, prometía y no cumplía. Y no faltaban ocasiones en que pretendía hacer pasar por reforma lo que en el fondo no era sino otra variedad del atropello y la tiranía. Por ejemplo, el 16 de abril de 1888 el Gobernador de Cuba, general Sabas Marín, dictaba un bando «contra el bandidaje en las zonas rurales», para garantizar la paz y facilitar el trabajo. Pero inmediatamente lo utilizaba para declarar un estado de guerra en todo el centro y el occidente del país, limitando aún más, en todas partes, las mínimas libertades concedidas al pueblo. Consigna popularísima era la de «moralidad administrativa», dirigida contra uno de los vicios más vergonzosos y más odiados del coloniaje. Pero en 1882 una real orden prohibía que los tribunales de justicia conociesen de los «desfalcos, sustracción o malversación de fondos», lo que en la práctica era darle rienda suelta a la corrupción administrativa a todos los niveles del gobierno y, de paso, a los tribunales de justicia. En 1887 el diputado cubano Rafael Fernández de Castro pronunció un famoso discurso contra esas prácticas funestas en la Cortes, pero éstas nada hicieron para corregir esa situación. Los autonomistas presentaron en Madrid numerosos proyectos de ley dirigidos a la reforma electoral, ya que en Cuba las elecciones a diputados se habían convertido en una burla permanente de los derechos de la oposición. Ni uno sólo de esos proyectos llegó siquiera a ser discutido. «No se trataba sólo de que las verdaderas reformas estuvieran bloqueadas, sino que en el interior de la isla, gracias al apoyo indisimulado de las autoridades, la camarilla integrista que monopoliza-

---

[326] Luis Estévez y Romero, *Desde el Zanjón hasta Baire*, La Habana, 1919, p. 297.

ba el poder iba más allá de la eliminación política del autonomismo, tendiendo a extender un dominio exclusivo de los peninsulares.»[327] Los autonomistas desesperaban y muchos de ellos se desviaban hacia el anexionismo. Pero aún faltaba un golpe mortal. En abril de 1890 el ministro de Ultramar presentó un proyecto de ley electoral, que fue aprobado por el Congreso el 5 de mayo del mismo año, cuyos efectos podieran resumirse con las palabras de la *Revista Decenal:* «Los agricultores, los profesionales y los pequeños rentistas, casi todos criollos, perdían el voto; mientras los comerciantes y la burocracia, en su mayor parte integristas, doblaban su representación.»[328] Como bien ha comentado Estévez y Romero, este era el principio del fin de la ilusiones autonomistas y de aquellos cubanos amantes de su patria que hasta entonces los habían seguido. «Aquel afrentoso proyecto marca, sin discusión ninguna , en la isla de Cuba, el más notable descenso de su fe en la Metrópoli y la pérdida de toda esperanza de obtener en no lejano plazo la autonomía...»[329] Y en el Partido Autonomista comenzaron a producirse hondísimas divisiones y sustanciosas deserciones. Hasta *El País,* órgano oficial del partido, reconoce la gravedad del momento: «Tras doce años de penoso batallar contra la acción combinada de la intriga y la violencia... se encuentra el pueblo cubano en peor condición que en 1878, con el alma herida por el desengaño y la paciencia agotada por el sufrimiento.»[330]

A Martí, en New York, no se le escapan estos sensacionales acontecimientos. Del '87 al '90 ha sido fiel a su línea de vigilante reserva –aunque nunca de inactividad– en lo que tocaba a su patria. Continúa participando en actos patrióticos. Continúa escribiéndose con los líderes dispersos del exilio. Escucha , aconseja, orienta... espera.. Si alguien ofende el honor de su país, como el periódico *The Manufacturer* de Filadelfia, alza la voz y pone las cosas en su lugar. Su prestigio crece sin cesar como

---

[327] Marta Bizcarrondo y Antonio Elorza, *op. cit.*, p. 283.

[328] Bizcarrondo y Elorza. *op. cit.* p. 285.

[329] Estévez y Romero, *op. cit.*, p. 398.

[330] Citado por Mañach, *op. cit.*, p. 207.

poeta, como periodista, como diplomático. Había sido nombrado cónsul de Uruguay, Argentina y Paraguay en New York. Y como representante de Argentina, Brasil, Chile y Uruguay presentó ante la Conferencia Monetaria Internacional de Washington un informe defendiendo el bimetalismo. Ya no era un oscuro intelectual antillano perdido entre los rascacielos incipientes de Manhattan sino todo un estadista latinoamericano. Pero sabía contenerse. Sabía ir sembrando en la sombra. Y la oportunidad se dio en 1891. El 26 de noviembre de ese año, invitado por el club «Ignacio Agramonte», de Tampa, ocupa su tribuna y pronuncia un discurso que resultó ser de dimensiones históricas. Cuando, con la mano en el pecho, alza la voz y comienza diciendo: «Para Cuba, que sufre, la primera palabra....», está echando los cimientos del Partido Revolucionario Cubano, el instrumento de la Revolución, que iba a llevar en 1895 la guerra de independencia a su patria. Ofrece un programa: «...Yo quiero que la ley primera de nuestra República sea el culto de los cubanos a la dignidad plena del hombre...» Y llama a toda la gente de la Isla y el exilio, a toda, al blanco y «al negro generoso, al hermano negro» a reiniciar la gran gesta. Seguro de haber tocado las más hondas fibras cordiales del auditorio, termina: «Ahora, ¡a formar filas! ¡Con esperar allá en lo hondo del alma, no se fundan pueblos! ¡Alcémonos de manera que no corra peligro la libertad en el triunfo, por el desorden, o la torpeza, o por la impaciencia en prepararla; alcémonos para la República verdadera!... Y pongamos alrededor de la estrella, con la bandera nueva, esta fórmula del amor triunfante: «¡Con todos para el bien de todos!» Jorge Mañach ha recreado la escena que siguió a ese cierre: «Fue como si el grito hubiera sido una órden de actual movilización. Las primeras filas del público se adelantaron hacia el escenario, donde Martí se veía estrujado por los abrazos. De pie sobre las sillas, las mujeres agitaban sombreros, guantes, pañuelos... Se lloraba, se reía. Multiplicábanse los vivas.»[331] El exilio cubano se había puesto en marcha.

Pese al entusiasmo, iba a tomar tres años el atar los hilos y producir el hecho. ¡Era tanto lo que faltaba por hacer!

***

---

[331] Mañach, *ibidem id.*, p. 218.

Porque la labor era ímproba. Se trataba de unificar dentro de ese Partido Revolucionario Cubano la voluntad independentista de los exiliados, dispersa por toda la América y varios países de Europa, con la de los cubanos de la Isla, tambien muy fragmentada, en un solo empeño bélico, orientado por un mismo programa y por idénticos métodos de acción política y militar. Para iniciar el proceso, Martí redactó un documento: las Bases del PRC donde se establecía el objetivo central del movimiento, «la independencia absoluta de la Isla de Cuba», para fundar una patria «una, sagaz y cordial», «un pueblo nuevo y de sincera democracia», «una nación capaz de asegurar la dicha durable de sus hijos y de cumplir en la vida histórica del Continente, los deberes difíciles que su situación geográfica le señala». ¿Y el instrumento para lograrlo? Duro era decirlo: forzados por la eterna intransigencia española, había que recurrir a la guerra, pero a «una guerra generosa y breve encaminada a asegurar la paz y el trabajo en la Isla de Cuba», «una guerra de espíritu y métodos republicanos», una guerra justa y justiciera. Y en su famoso artículo séptimo, el documento enumeraba los «propósitos concretos» siguientes: 1) unir, antes que nada, la acción de los cubanos residentes en el extranjero; 2) atraerse el respaldo de los veteranos de la Guerra Grande, incorporándolos a la lucha y al mando militar; 3) llevar el mensaje a las masas populares dentro de la Isla preparándolas para el combate inevitable; 4) allegar fondos para la realización del programa y conseguir recursos para la guerra; 5) establecer relaciones discretas con los pueblos amigos para lograr el éxito, estableciendo «la nueva república indispensable al equilibrio americano»; y 6) redactar unos Estatutos Secretos para regir el trabajo del Partido.

Se trataba de darle a esa organización un carácter casi celular, en que el cuerpo se compondría de los clubes que proliferaban por doquier, ahora unificados y lideready por un centro director, elegido democráticamente. Al anuncio de la formación de esa entidad, que ocurrió en enero de 1892, siguió la aparición el 14 de marzo del mismo año de un periódico, *Patria*, que llevaría a todas partes la voz de la emigración cubana en acción y cuyo primer número costearon los tabaqueros de New York. Poco después, el 8 de abril, se reunen en el Hardman Hall de Nueva York las representaciones de los clubes y ejerciendo su derecho al sufragio eligen la directiva, a la cabeza de la cual figuraban José Martí como delegado y Benjamín Guerra como tesorero. (Martí no quiso que lo llamaran presidente para evitar malos entendidos.) Movido por el renaciente entusiasmo, el movimiento se intensifica y extiende. Surgen nuevos clubes en Chicago, Filadelfia y la Florida. Aumentan los mítines. Y comienza a nutrirse la caja revolucionaria con las contribuciones de las masas populares cubanas, porque esta vez fueron pocos los ricos que aportaran ayuda. (En el reglamento interno se establece que cada club reserve para sus gastos la mitad de lo que recaude y envíe la otra mitad al delegado para la preparación de la guerra...) Martí emprende giras. Visita Jacksonville, Thomasville, Saint Augustine, Ocala, Tampa y, por fin Cayo Hueso, donde despierta enorme entusiasmo, a la vez que frena los impulsos desordenados de algunos patriotas que quieren adelantarse por su cuenta, «a la loca y sin fin»... Pronto era evidente: la primera fase de la nueva revolución se había realizado con un éxito casi milagroso.

Era ahora el momento de entrar en la segunda: lograr la colaboración de los veteranos de la Guerra Grande, sin lo cual todo se hundiría en el fracaso. Martí había consultado con aquellos ya incorporados al movimiento y la opinión era casi unánime: la primera figura a conquistar, para conseguir el apoyo de las demás, es el general Máximo Gómez, que por aquel entonces cultivaba la tierra en un finca situada en las afueras de Montecristi, en Santo Domingo. La tarea de ese acercamiento no era fácil. Desde 1884 existían entre el «El Viejo» y Martí serias diferencias. Para éste, Gómez tenía un concepto falso y peligroso del papel de los militares en la guerra de liberación nacional. Para Gómez, el joven líder «carecía de abnegación», se creía superior a los demás y no era capaz de aceptar otra opinión que la suya. Poco a poco, sin embargo, fueron acercándose, con la ayuda de amigos y admiradores de ambos, como el general Serafín Sánchez. A Gómez le sorprendió la notable fuerza que en tan corto tiempo había cobrado, bajo la dirección de Martí, la organización revolucionaria.. Y éste, contra todo lo que Gómez hubiera pensado de él, siempre estaba dispuesto a colocar los intereses de la patria por encima de cualquier resentimiento personal. En los primeros días del mes de septiembre de 1892, Martí parte para la República Dominicana. Su encuentro con el general dura tres días. Desde el primer momento hay un perfecto entendimiento entre ambas partes. El general explica en una bella página de su Diario: «Muchos cubanos prominentes ... con aparente razón, temían que ahora, guardando algún resentimiento contra Martí, por su conducta pasada, negase a la Revolución que él trata de resucitar, mi apoyo moral y todos mis servicios. No debe ser así, pues Martí viene a nombre de Cuba, anda predicando los dolores de la Patria, enseña sus cadenas, pide dinero para comprar armas; solicita compañeros que le ayuden a libertar (a Cuba). Y como no hay un motivo, uno solo, ¿por qué dudar de la honradez política de Martí? Yo, sin hacer el menor esfuerzo, sin tener que ahogar en mi corazón el menor sentimiento de queja contra Martí, me he sentido decididamente inclinado a ponerme a su lado y acompañarlo en la empresa que acomete. Así pues, Martí ha encontrado mis brazos abiertos para él, y mi corazón, como siempre, dispuesto para Cuba.»[332] Quedan definidos así los campos de acción. El líder civil consultaría con el militar todo los relacionado con la guerra y lo mantendría además informado del estado progresivo del partido. Entonces Martí escribe la carta oficial de invitación. Y el general contesta, aceptando: «Desde ahora cuente usted con mis servicios.» Acontecimiento trascendental. Martí podría ahora solicitar la colaboración de los demás altos jefes de la guerra pasada. Y ellos se incorporaron en masa (incluyendo al general Antonio Maceo) a un movimiento de base civil, regido por principios y procedimientos decididamente democráticos.

Se marcha entonces a la tercera fase: la organización del movimiento dentro de la Isla. El delegado establece contactos con jefes veteranos que vivían en Cuba, como Guillermo Moncada y Bartolomé Masó en Oriente, Francisco Carrillo en Las Villas, Pedro Betancourt en Matanzas, Julio Sanguily en La Habana, quienes sin excepción se suman a la lucha. Mas, a la vez, coloca en el centro, como coordinador político en todo el país, a Juan Gualberto Gómez, encargado de mantener vivos los contactos entre New York y La Habana, y, a través de ellos, los de la emigración con la patria, asegurando con ese balance entre lo militar y lo civil la indispensable orientación democrática. Para ello, Juan Gualberto debe crear un sistema de subdelegados municipales para supervisar y promo-

---

[332] Máximo Gómez, *Diario de Campaña, 1868-1899*, La Habana, 1968, pp. 263-264.

ver la organización local en contacto constante con los veteranos. Es cierto que este último aspecto no funcionó en todas partes como se esperaba, pero su existencia revela el empeño por colocar la acción militar bajo el cuidado de la autoridad civil, una de las grandes preocupaciones de José Martí. El nombramiento de Juan Gualberto Gómez, un mulato, para cargo tan importante demostraba, por otra parte, el carácter plena y efectivamente igualitario del PRC, uno de los principios básicos de su ideología. Para mediados de 1893 la dirección del Partido podía contar con una organización realmente continental, capaz de comenzar, tan pronto contase con los armamento necesarios para ello, la guerra libertadora.

Sin embargo, fue preciso esperar casi dos años más para lograrlo. La mayor parte de los ricos se negaban a contribuir. Martí se dirigió a ellos más de una vez en tono casi suplicante: «¡Amigos, es la hora! ¡Es la hora suprema! ¡Dichosos los acaudalados del mundo que pueden dar un poco de lo mucho que tienen! ¡Dichosos los que con un retazo de su fortuna pueden inmortalizarse en los cuadros de honor de los fundadores de un pueblo!» Pero a esa circular no respondió mas que un solo patriota adinerado: Eduardo Hidalgo Gato. ¿Qué otro camino quedaba? Había que acumular los fondos indispensables para comprar armamentos con los centavos de los pobres, de los trabajadores exiliados, que vivían en varias ciudades de Estados Unidos, muchos de ellos gravemente afectados por la crisis económica que azotó a este país precisamente a mediados de 1893. Y a estas dificultades hubo que agregar otra muy seria: la huelga de los trabajadores tabacaleros de Cayo Hueso contra la reducción de sus salarios, así como la guerra laboral que se produjo por la importación de españoles rompehuelgas, traídos desde La Habana. El Partido Revolucionario Cubano tuvo que concentrar sus fuerzas por un buen tiempo en la defensa de los intereses de sus miembros en el sur de la Florida, logrando tras duros esfuerzos, que los rompehuelgas fuesen deportados a su lugar de origen. Una importante victoria, que multiplicó los entusiasmos de las masas patrióticas asentadas en el sur de la Florida.

***

Dispersos por tres continentes, los líderes del movimiento esperaban la hora. José Martí en New York. Máximo Gómez en Santo Domingo.

Antonio Maceo en Costa Rica. Juan Gualberto Gómez en Cuba. ¿Y Calixto García? A García lo dejamos en manos de los españoles al terminar la Guerra Chiquita. De Oriente fue llevado a La Habana y de allí remitido a la Península en el barco-correo «Méndez Núñez», el 15 de agosto de 1880, con una recomendación del Capitan General de Cuba, general Ramón Blanco, de que fuera puesto en libertad en la ciudad española que él escogiera. Evidentemente el Gobernador de Cuba quería reforzar con esa concesión la tarea pacificadora en que estaba empeñado. Sin embargo, una vez llegado a Santander, García fue enviado como detenido a la fortaleza de Santa Bárbara en Alicante, «mientras se consultaba con la superioridad». El resultado fue que estuvo preso hasta el 12 de octubre del '80, cuando lo llevaron a Madrid, por gestiones de Blanco, y allí después de celebrar una entrevista con el Ministro de Ultramar, fue puesto en libertad, bajo palabra de honor de vivir dentro de los límites de la capital y de no salir de la misma sino con permiso del gobierno.[333]

Calixto tuvo la suerte de encontrarse en Madrid con su antiguo compañero de estudios Pedro Sotolongo, por aquel entonces Director del Banco Hispano Colonial, quien le consiguió un puesto en el Banco de Castilla. Al principio el general creía que ese trabajo iba a ser temporal y que podría lograr permiso del gobierno para salir de su forzado destierro madrileño. Cuando se convenció de que eso iba a ser imposible, comenzó a hacer planes para llevar a su lado a su familia todavía establecida en New York. Tuvo la mala la mala suerte de sufrir un fuerte contratiempo, una pulmonía doble que lo puso al borde de la muerte, obligándolo a un largo período de convalecencia. Isabel y sus cinco hijos no llegaron a la capital de España hasta abril de 1882. El general no podía saberlo, pero allí iba él a permanecer trece largos años más.

Calixto García había llegado a España saturado de amargura, aunque seguía fiel a sus ideales de antaño. Así puede verse en una carta escrita

---

[333] En el expediente de Calixto García que se guarda en el Archivo Histórico Nacional de Madrid (Sección de Ultramar, Legajo 4793, 1880) hay una cadena de 38 telegramas entre La Habana, Santander, Alicante y Madrid, donde se describe la odisea del patriota, de barco en barco y cárcel en cárcel, aunque siempre se dice que es tratado «con la mayor consideración... dada su caballerosidad y condiciones de carácter».

el 15 de octubre de 1881 a su amigo Bavastro: «...Por más que yo tengo formada la idea de no ocuparme más de la política, no puedo olvidar a los que fueron mis compañeros, ni he dejado de pensar como siempre. Creo que mis paisanos no quieren ser libres: pero yo no puedo creer que mi país sea feliz con el gobierno tiránico que lo rige y si bien es sumamente difícil que yo vuelva a empuñar las armas por una causa que mis compatriotas no quieren que triunfe, no por eso dejaré de mirar como mi ideal único el que mi país conquiste su independencia.» Y el 15 de marzo del '82, en otra misiva, le agrega: «A pesar de pesares y a pesar de desengaños, late en mi pecho el mismo sentimiento que latía en 1868.»[334] Las contradicciones anímicas no pueden ser más evidentes. Porque cualquiera que estuviese al tanto de la vida del veterano mambí en Madrid sabría que sus lecturas y sus estudios probaban que se preparaba para otro conflicto. ¿Qué obras consultaba por ese entonces? Su mesa de trabajo estaba colmada de libros sobre historia militar, sobre táctica y estrategia militares, sobre fortificaciones y artillería para tomarlas. El exilio, como la cárcel, se convertía en universidad, o si se quiere, en autodirigida escuela de guerra. Obviamente García afilaba la espada. Y, desde luego, no para guardarla en la vaina. Aunque sabía que por entonces no quedaba más remedio que esperar por condiciones más propicias. De seguro fue por eso que no participó en ninguno de los intentos revolucionarios, que en definitiva fracasaron, entre el '80 y el '95.

Fiel a su pasión separatista, la antítesis autonomista lo exasperaba. Como gustaba de asistir a las sesiones de las Cortes cuando se discutían los asuntos cubanos, escuchaba con atención los discursos pronunciados por los brillantes oradores cubanos que el Partido Liberal enviaba al parlamento madrileño. Admiraba la elocuencia, muchas veces intensamente crítica, de estos diputados criollos. Pero lamentaba su incapacidad para comprender que lo que hacían era totalmente inútil: una causa destinada al fracaso. Refiriéndose a ese papel desairado de los autonomistas en el congreso le dice García a Félix Figueredo en una carta permeada del tono irónico y burlón tan frecuente en su modo de hablar: «Aquí tienes a nuestros diputados muy satisfechos. Es verdad que no los

---

[334] J. J. Casasús, *op. cit.*, pp. 133-134.

han dejado hablar, con lo cual les han hecho un gran favor, pues no han gastado su tiempo. En cambio, les han ofrecido, si continúan calladitos, darles la reforma electoral. Si siguen calladitos y no hacen ruido, como se les dice a los muchachos, cuando los grandes están echando la siesta, sabe Dios todo lo que les darán. Lo malo que tienen estos procedimientos infantiles es que el que premia tiene derecho a castigar. Asi es que si no se portan bien les suprimirán los postres, les harán acostar temprano y hasta les darán algunas nalgaditas.»[335] Eso no quería decir en lo absoluto que García rehuyera el trato con ellos, particularmente con Rafael Montoro. Su casa era un verdadero club cubano, muy cargado de independentistas, por supuesto. Si llegaba a la capital un cubano de reconocido separatismo, como por ejemplo Juan Gualberto Gómez, quien arribó a Madrid en 1882, ¿a dónde iba a almorzar con frecuencia sino a la casa del general Calixto? Allí, desde luego, sobre todo conversaban de Cuba, pero a ratos intercambiaban parrafitos en la segunda lengua que ambos tanto amaban, el francés. A Montoro ese ambiente supersaturado de cubanía distaba mucho de molestarle. Por el contrario, le encantaba sumergirse allí en polémicas amistosas con el general y sus amigos mambises, discusiones a veces cargadas de típico humor criollo. Se cuenta que un día el diputado autonomista, defendiendo su posición le dijo a su huésped, con obvia picardía: «Mira usted, general, si triunfa la autonomía, España lo nombrará a usted Jefe del Ejército en Cuba.» A lo que su interlocutor le contestó: «Magnífico. Y mi primera medida será bajar del Morro la bandera española y poner la cubana.» Hasta altos oficiales del ejército español que habían peleado en Cuba, («los decentes, los limpios, nunca un Valeriano Weyler»), visitaban ese hogar. Refiriéndose a esa amplitud de espíritu del general criollo, José Abreu y Elia Sintes informan: «En un gesto que parecía sacado de una novela de caballería, ayudó al teniente Ariza, jefe de la tropa que lo sorprendió en San Antonio de Baja, cuando después de un fracasado movimiento militar contra el gobierno, se vio perseguido.»[336]

---

[335] Casasús, *op. cit.*, p. 142.

[336] José Abreu y Elia Sintes, *Calixto García en España*, Holguín, s/f., p. 64.

Como la permanencia en España se hacía cada vez más larga, a otra gran tarea se ven obligados Isabel y Calixto: a defender el cubanismo de su prole. Ni el general ni su mujer eran antiespañoles. Mas bien simpatizaban con el noble pueblo de Cervantes. Eran particularmente adictos a la música y al baile del país donde vivían, que todos disfrutaban en las fiestas populares a que asistían. Y los madrileños en buen número acogían con simpatía a la familia cubana, cuyos niños se educaban en escuelas madrileñas. Con el trancurso de los años, ¿no limarían estas influencias el sentimiento nacional hasta hacerlo desaparecer? ¿No empezaban ya los más pequeños a cambiar sus jotas y sus zetas por las que día a día escuchaban en todas partes? El peligro principal era precisamente con esos menores, porque los mayores traían del exilio en Estados Unidos una vacuna defensiva difícil de vencer. Carlos, el primogénito, en una página de su *Diario* nos ofrece una elocuente estampa de esa defensa de la cubanidad en el seno de su hogar: «Nunca he podido olvidar los relatos de esas marchas (en la manigua insurrecta) que mi abuela nos hacía todas las noches antes de dormirnos en Cayo Hueso y New York... Mi gran preocupación desde niño fue la idea de la independencia de Cuba. Me había criado en un ambiente de mujeres heroicas en la manigua, a salto de mata, sin ropa ni alimentos, después prisioneras mis abuelas, mi madre y mis tías de ambos ramos. En la emigración, con ellas, oyendo siempre las desdichas de Cuba de boca de otros cubanos refugiados en Cayo Hueso y Nueva York, a donde solían llegar jefes y oficiales libertadores a quienes todos en casa rodeábamos escuchando con religioso respeto e intensa atención los relatos espantosos de aquellos diez años de la guerra del 68.»[337] No hay que decirlo: los García conservaron intacto su patriotismo. Tanto Carlos como Justo pelearon en el '95, alcanzando el primero el grado de general. Las actividades de Mario resultaron decisivas para lograr la fuga de su padre. Leonor y su marido «americano» se establecieron en Paris para ayudar a Betances en su campaña promambisa. Hasta los hijos ilegítimos pariticiparon en la lucha por la patria libre: recordemos cómo Raimundo Domínguez Egua-

---

[337] Abreu y Sintes, *op. cit.*, pp.68-69.

ráz, el hijo de la asturianita, abandonó el hogar de su abuela en Jiguaní para ir a morir en la manigua irredenta.

A fines de octubre de 1887, García se entera del discurso pronunciado por Martí en el Masonic Hall de New York, con su equilibrado mensaje de impulso y de freno. Nada muy alentador. Pero al menos con la virtud de convalidar la sabiduría del propio equilibrio que él lograba establecer entre sus pasiones y sus dudas patrióticas. Pero a fines de año recibe un golpe anonadante: su hijo Calixto, que había ido a Cuba a trabajar, el 14 de diciembre había abatido a balazos a su esposa y después se había suicidado. La noticia lo reduce a un estado de total desesperación. La mujer y los hijos contemplan al bravo guerrero transitando como un fantasma por los pasillos de la casa con los ojos plenos de llanto. El sabe que debe sujetarse, sobre todo para sostener a la desolada Isabel, aunque no siempre lo logra. De todos modos, el tiempo, gran consolador, fue restañando en lo que pudo esas heridas. Y el trabajo intenso también sirvió de ayuda. Los hijos, que rodean de cariño a sus padres, vencen al tiempo y al trabajo en la tarea restauradora. Calixto no tiene un momento de descanso en los siete años que siguen. Para reforzar el presupuesto familiar ofrece clases de inglés y de francés, dos idiomas que ha logrado dominar con sorprendente facilidad. Y, en ocasiones, también enseña matemáticas. (Algo más que tenía en común con su amigo Juan Gualberto: la pasión por los números.) Llegó el momento en que la posición de la familia era lo suficientemente holgada para que Carlos pudiera ir a estudiar en París y Justo fuera a hacer lo mismo en Berlín. Y cuando este último, que no simpatizaba con los alemanes, finge una enfermedad y le dice al padre que viaja a Francia para estar con su hermano, el padre, burlando la vigilancia, decide ir a París a aclarar la situación. Por fin perdona al muchacho. Después de todo, él también prefiere la cultura francesa. Y así fue como pasó varias semanas en París y pudo visitar la Exposición Internacional de ese año. En 1894 un periódico publica la «noticia» de que Calixto García se había suicidado. Y «el muerto» se pasó días y días contestando cartas de pésame. «No me había apercibido de ello», le dice a un amigo. En los últimos días de febrero de 1895 arriba la buena nueva: ha estallado la revolución en

Cuba. Y desde ese momento el viejo mambí no piensa en otra cosa que preparar su partida hacia la patria en armas.

***

La jefatura de un movimiento tan complejo como el Partido Revolucionario Cubano tenía que enfrentarse constantemente con acontecimientos de muy variado género. A veces eran de carácter político, como sucedió con dos intentos de reformas con que legisladores españoles trataron de hacerle frente a los claros progresos de la conspiración independentista. A mediados de 1893 el Ministro de Ultramar por el Partido Conservador Antonio Maura introdujo en las Cortes un proyecto para reformar el gobierno de Cuba, vistiéndolo con engañosos ropajes autonomistas. El Partido Autonomista de Cuba cometió el error de respaldarlo. Y por ello tuvo que pagar muy caro. Juan Gualberto Gómez, en un brillante artículo, no sólo demostró que el plan distaba mucho de ser «autonomista» sino que además, en vez de reducir los tributos, creaba nuevos impuestos y aumentaba los existentes. La ley no fue aprobada. Poco después, en 1894, la discusión sobre las reformas se concentró en el llamado Proyecto Romero-Abarzuza, que pronto se evidenció como otra burla a los deseos y las esperanzas de los reformistas cubanos y nunca se convirtió en realidad. Era lo de siempre. Promesas incumplidas, que exasperaban a un pueblo envuelto por casi un siglo en la lucha por su libertad. 1894 se iba convirtiendo en un año clave para los planes del Partido Revolucionario Cubano.

Junto a lo estrictamente político, los dirigentes del partido prestaban cuidadosamente atención a lo económico. Tómese, por ejemplo, el caso de la llamada Tarifa McKinley propuesta en 1890 por el congresista republicano William McKinley, de Ohio, futuro Presidente de su país. Este proyecto de aranceles, orientado hacia el proteccionismo, era parte de una prologada guerra arancelelaria entre España y Estados Unidos, que iba a afectar muy seriamente la economía cubana de la época. Para obtener ciertas ventajas en sus exportaciones a la Península y a Cuba, el Congreso de Washington, aunque se negó a favorecer al tabaco elaborado, sí suprimió los derechos al azúcar crudo cubano, convirtiendo a Norteamérica en mercado indispensable para el dulce producido en la Isla. Los resultados no se hicieron esperar: se produjo un alza inmediata en la producción criolla, que subió de 725,000 toneladas en 1890 a 869,100 toneladas en 1891, a 981,200 toneladas en 1892 y –por primera vez en la historia del país– a un millón 18 mil 750 toneladas en 1894, batiendo todos los récords y mejorando de paso la vida económica de la Isla.[338] Pero esa relativa prosperidad fue de breve duración. En 1894, el gobierno de Washington anuló las concesiones arancelarias anteriores, imponiendo derechos de un 40 por ciento ad valorem sobre los azúcares cubanos. Inmediatamente las exportaciones a Estados Unidos cayeron en picada: de 64 millones de dólares en 1893 a 45 millones en 1994 y a 13 millones en 1895. Estos hechos probaban que el gobierno español era incapaz de defender a la industria azucarera de su colonia antillana, mientras hundía al país en la miseria. A mediados de 1894 la situación cubana se estaba convirtiendo en desesperada. Los presupuestos se liquidaban con enormes déficits. El precio del azúcar bajaba por primera vez a menos de dos centavos la libra en el mercado mundial. Los hacendados no comenzaban los preparativos de la zafra y el desempleo se generalizaba. El gobierno colonial parecía derrumbarse ante una crisis desesperada. En consecuencia, el separatismo comenzó a hacerse más y más atractivo para numerosos sectores de la opinión pública cubana, antes enajenados por el miedo a los horrores de la guerra, pero que ahora aparecía para muchos como la única alternativa... Y nada de esto escapaba a la mirada alerta de un PRC muy cercano ya a completar los preparativos del alzamiento general revolucionario.

Hacia fines de 1894 Martí tenía ya elaborado un amplio plan para producir el alzamiento. No había sido fácil contener a ratos las impaciencias de los exaltados. Imprudentemente, por su propia cuenta, tres veces se lanzaron al campo en la Isla grupos de rebeldes: en abril de 1893 en Purnio, en noviembre del mismo año en Lajas y en enero del '94 en Ranchuelo. Las tres veces fracasaron. Y lo único que lograron fue poner en peligro la acción combinada desde el centro. Precisamente por esa época Martí hizo numerosos viajes a la América Central, el Caribe y México, no sólo para recabar fondos y mantener vivo el entusiasmo

---

[338] Herminio Portell Vilá, *Historia de Cuba en sus Relaciones con Estados Unidos y España (1878-1899)*, Miami, 1969, vol. 3, p. 71.

revolucionario, sino además para elaborar específicos planes bélicos con los veteranos asentados en esas regiones, particularmente Máximo Gómez y Antonio Maceo, con quienes había restablecido muy buenas relaciones. Se determinó, por ejemplo, que el «Chino Viejo» fuese el «encargado supremo del ramo de la guerra» desde sus cuarteles, que se establecerían en Camagüey. Y que el general Antonio fuese su Lugarteniente General y actuase como Jefe, además, de la provincia de Oriente. Se distribuyeron otros mandos. Se coordinaron esfuerzos marciales con los civiles. Se examinaron cuáles debían ser las relaciones con los gobiernos de los distintos países de América y Europa. Y ya en el terreno táctico, se estableció que la guerra debía comenzar en todo el país simultáneamente, lo que implicaba trasladar a los jefes desde sus lugares de residencia, regados por todo el continente americano, a las costas cubanas de Oriente, Camagüey y Las Villas.

En diciembre del '94, todos estos proyectos fueron articulados por Martí en un Plan General. El alzamiento se produciría en enero del '95. Para llevar a Cuba las gentes y las armas (éstas disfrazadas como instrumentos agrícolas) se habían contratado tres barcos, el *Amadís,* el *Lagonda* y el *Baracoa,* que saldrían en la fecha acordada desde el puerto floridano de Fernandina (de ahí el nombre de *Plan de Fernandina* que tal intento recibió). Uno de esos barcos recogería a Gómez en Santo Domingo para llevarlo a Santa Cruz del Sur en Camagüey. Otro conduciría, desde Costa Rica, a Maceo y Crombet a Oriente. Y en el tercero irían Carlos Roloff y Serafín Sánchez a Las Villas. Por medio de Juan Gualberto Gómez se daría orden a los comprometidos dentro del país para iniciar la lucha en coordinación con la llegada de las expediciones. Todo parecía marchar a la perfección cuando, de pronto, se produjo el desastre. En verdad, los historiadores no han podido determinar con absoluta certidumbre si hubo traición o descuido de parte de los conspiradores, pero lo cierto es que el gobierno de Estados Unidos fue informado de la verdadera naturaleza de la operación y ordenó el embargo de los tres buques. La ventaja de la sorpresa se había perdido. El único consuelo era la prueba fechaciente de que ese «loco» de Martí había sido capaz de adquirir armas por el valor de 750.000 dólares (que serían varios millones en el día de hoy) con los centavos reunidos de los trabajadores cubanos del exilio. Y de armar un plan tan amplio, tan complejo, tan comprehensivo.

La desesperación del alto mando del Partido Revolucionario Cuba fue, como puede suponerse, estremecedora. Preguntas inevitables saltaban de boca en boca: ¿Qué hacer ahora? ¿Cancelar la ida a Cuba y suspender las órdenes de alzamiento? ¿No significaría eso poner en peligro toda la estructura rebelde que se había constrído con tanto esfuerzo y tantos sacrificios en Cuba y en el exilio? Martí consulta con Juan Gualberto Gómez: «¿Conviene lanzarse en seguida, pese a todos los obstáculos, o será mejor esperar?» Juan Gualberto, que conoce al dedillo la situación interna del país, responde con urgencia: «No es posible aguardar más.» Por fin se decide continuar la obra inmediatamente, apoyándose en aquello que permanecía en pie. El 29 de enero se acordaba en New York lanzar la orden de alzamiento, que habría de hacerse «con la mayor simultaneidad posible... durante la segunda quincena y no antes del mes de febrero». Envuelto en un tabaco, que traía en su bolsillo el mensajero Miguel Ángel Duque de Estrada desde Tampa, llegó el documento hasta las manos de Juan Gualberto Gómez y éste, en reunión secreta en La Habana, precisa la fecha: el 24 de febrero, último domingo del mes y primero de los carnavales, lo que permitiría el tránsito de caballerías por las regiones rurales sin levantar sospechas a las autoridades españolas. Transmitida la orden a los conspiradores a lo largo de la Isla, todos deciden acudir a la cita. Y todos lo hacen, con plena fidelidad, en la fecha indicada.

Todos.

El 24 de febrero de 1895 se produjeron alzamientos en numerosos rincones del término municipal de Jiguaní. El grupo mandado por Cutiño Zamora entró en el poblado disparando sus escopetas de caza y se retiraban en seguida sin sufrir una baja. Otros se reunieron en La Veguita, en Pueblo Nuevo y en la finca Las Yeguas. Pero todos, por fin, coincidieron en Baire, donde Saturnino Lora proclamó a toda voz en el parque del pueblo «el rompimiento de relaciones con España», lo que fue recibido por la multitud con gritos de «¡Viva Cuba Libre!» ante los ojos y oídos azorados de las tropas españolas. En Bayate, en el término municipal de Manzanillo los patriotas al mando de Bartolomé Masó se habían ido concentrando desde el 23 y al día siguiente con un manifiesto anunciaron el inicio de la guerra. Mientras tanto cerca de Bayamo hacía lo propio Esteban Tamayo y en Veguita lo repetía Masó Parra. En diversos lugares de Guantánamo, bajo el mando de «Periquito»Pérez, se repetía lo sucedido. Allí en el primer combate formal del conflicto los mambises tomaban el fuerte de Hatibonico, mientras se atacaban otras posiciones españolas. En el mismo día histórico, procedentes de Santiago de Cuba salían Victoriano Garzón, hacia El Caney; Quintín Banderas a San Luis, Alfonso Goulet y Rafael Portuondo Tamayo para El Cobre. Para cumplir con su palabra, el general Moncada, casi moribundo, se trasladó a Alto Songo, donde murió de tuberculosis el 5 de abril. Hacia Ibarra, en Matanzas, partieron Juan Gualberto Gómez y un grupo de subalternos. Este fue el único alzamiento que resultó en seguida sofocado, cayendo prisionero Juan Gualberto. Y a más de estos momentos mayores, en muchos otros rincones de la manigua cubana sonaron los vivas a Cuba Libre. Así sucedió en Holguín, en Jagüey Grande, en Aguada de Pasajeros, en Vueltas, en Santa Cruz del Sur, en Puerto Príncipe, en Güira de Melena, en Alquízar, en San Antonio de los Baños, en San Juan y Martínez y varios otros lugares... La Guerra contra España ardía desde Oriente hasta Occidente. Muchos de estos rincones cubanos han reclamado para sí la gloria de la primacía. Y así hubo «gritos» de Jiguaní, de Bayate, de Guantánamo, de Ibarra... (El que ganó más aceptación popular por mucho tiempo fue el «Grito de Baire».) Pero la verdad histórica es que el «grito» independentista del 24 de febrero no padeció en modo alguno de localismo. Fue el «grito» de toda una nación. Si queremos darle un nombre llamémosle *el Grito de Cuba*. La Guerra de Independencia de la Patria había comenzado. Momento estelar éste, sin duda. Pero no sólo para uno, sino para tres países. Porque sin un 24 de febrero tampoco hubiera habido un 1898.

CAPÍTULO IX

La Ruta de la Decepción

Tras los alzamientos del 24 de febrero vino el arribo de los líderes a Cuba. Sólo en octubre, ya lo veremos, logra Calixto García su sueño de regresar a pelear por su patria. Pero todos arden por unirse de inmediato a los levantamientos. Los tres primeros en llegar: los generales Antonio Maceo, José Maceo y Flor Crombet, procedentes de Costa Rica, quienes venciendo mil dificultades desembarcaron en Duaba, al oeste de la ciudad oriental de Baracoa, el 1 de abril de 1895, junto con 20 expedicionarios más. Llevaban once armas largas, unos pocos revólveres y un machete por cabeza. Pese a lo escaso de la población en esas boscosas montañas pronto se extendió la sensacional noticia: «¡Está aquí Maceo! ¡Se salva la Revolución!» Pero las autoridades españolas se enteraron también y montaron una tenaz persecución que obligó a los mambises a dividirse en tres grupos, cada uno mandado por uno de los generales. El de Crombet fue totalmente destruido y Flor cayó abatido a balazos. El general José logró establecer contacto con las tropas insurgentes en Guantánamo. Y el general Antonio, acompañado sólo por dos compañeros, tras diez días de ardua odisea, se encontró el 20 de abril con una avanzada mambisa en Vega Bellaca, en la jurisdicción de Mayarí Arriba, a unas 18 de leguas al noroeste de la ciudad de Santiago de Cuba. Comprendiendo el enorme valor propagandístico de la noticia de su llegada, Maceo, dio a conocer el hecho en una proclama. Y en una comunicación oficial al general Bartolomé Masó le hizo saber que había asumido el mando del ejército en Oriente.

Después del desastre de Fernandina, de decidir que los planes de alzamiento seguían en pie y de avisar a todos los comprometidos sobre la situación, Martí se traslada a Santo Domingo y junto con Máximo Gómez redacta y da a la estampa el Manifiesto de Montecristi, donde se exponían las causas, los principios y los propósitos de la Revolución

Cubana. Al recibir noticia de los sucesos del 24 de febrero, los dos líderes deciden salir en seguida para la Isla. Innumerables fueron las dificultades con que tuvieron que enfrentarse para lograr su propósito. Por fin, un vapor frutero alemán los bajó al agua en un bote, con cuatro expedicionarios más. Horas después, en la madrugada del 11 de abril de 1895, lograban alcanzar tierra cubana en la rocosa Playita de Cajobabo, en la costa sur de Baracoa. Gómez besó inmediatamente el suelo. Martí escribió poco después: «Puedo decir que llegué, al fin, a mi plena naturaleza.» Tras varias jornadas de dura marcha se encontraron con las tropas de José Maceo que operaban en la jurisdicción de Guantánamo. Y el 5 de mayo, en el ingenio La Mejorana, cerca del pueblo de Dos Caminos de San Luis, Martí y Gómez sostienen una prolongada entrevista con el general Antonio Maceo, rodeados por el vibrante entusiasmo de un ejército en formación, conducido hasta el delirio por la presencia y la palabra de sus máximos jefes.

En La Mejorana volvieron a encontrarse frente a frente las dos tendencias organizativas de la Revolución Cubana –civilismo y militarismo– que venían contradiciéndose desde los tiempos de la Guerra del 68. Los dos generales que participaban en la conferencia se habían pronunciado hacía ya mucho tiempo en favor de que la Guerra de Independencia fuese dirigida por los militares. Y como no les asustaban las palabras, ambos expresaron que era necesaria una dictadura en la fase de lucha armada para conducirla con éxito. Nadie lo expresó con mayor claridad que Máximo Gómez: «¿Acaso se puede citar una revolución en el mundo que no tenga su dictadura? Muy débil y sin bríos debe ser la que no revista ese sello...»[339] Ahora, en La Mejorana, era Maceo quien insistía en la idea. A la cabeza de la Revolución debía encontrarse una Junta Militar. Sin centralización era imposible derrotar a los ejércitos de España. Desde luego, como siempre, Martí defendió la opinión contraria. Era peligroso no organizar la guerra desde el principio sobre las bases del más puro democratismo. De otro modo, ¿cómo garantizar el advenimiento de una auténtica república después de obtenida la victoria? ¿Iba a derramarse tanta sangre para que Cuba cayera, una vez libre del yugo

---

[339] Máximo Gómez, *Diario de Campaña,* La Habana, 1968, p. 192.

español, en las manos de un tiranuelo cualquiera? Curiosamente, Gómez adopta en la famosa entrevista una posición intermedia y conciliadora. En realidad, en esta ocasión no se decidió el asunto. Hubo un acuerdo provisional: se reuniría una Asamblea de Delegados de todos los grupos alzados para estudiar el tipo de gobierno adecuado a las condiciones del momento. Maceo acepta enviar sus delegados y retorna a su campamento. Al día siguiente inesperadamente los líderes vuelven a encontrarse. Y se improvisa un acto en el que la palabra elocuente y patriótica de Martí se gana el aplauso entusiasmado de más de dos mil soldados del Ejército Libertador. Luego, mientras Maceo permanece en Oriente, Gómez y Martí parten con rumbo a Camagüey.

En su avance hacia Occidente, las fuerzas de Gómez y Martí llegan el 15 de mayo al sitio donde se juntan los ríos Cauto y Contramaestre y que, por eso, se llama Dos Ríos. Allí se encuentran con las de Bartolomé Masó, con lo que se integra un grupo de unos cuatrocientos hombres, a quienes arengan ardorosamente el 19 los dos generales y el doctor. Al medio día llega la noticia de que la columna española mandada por el coronel Ximénez de Sandoval, a la que Gómez viene hostigando, se encuentra cerca. El General en Jefe le ordena a Martí que siga en la retaguardia mientras él ataca. En vez de cumplir la orden, en una mezcla de inexperiencia y arrebato patriótico, Martí se lanza al combate. Una descarga enemiga lo derriba del caballo con la mandíbula y el pecho atravesados por las balas. Enterado Gómez, trata al menos de recobrar el cadáver. No lo logra. Los restos de Martí son conducidos a Santiago de Cuba y enterrados en el cementerio de Santa Ifigenia. Ante la tumba, el propio coronel Ximénez de Sandoval despide el duelo con unas dignísimas palabras. La revolución había sufrido una pérdida incalculable. Su verdadera dimensión sólo pudo ser apreciada algo más tarde, en 1898, al final de guerra, cuando tanta falta hicieron su firmeza ideológica populista y democrática y su honda visión diplomática de la amenaza que para la independencia cubana significaban los impulsos expansionistas de la joven nación norteamericana. El día antes de morir, en la última carta que escribió y que quedó incompleta, Martí le decía a su amigo mexicano Manuel Mercado: «...Ya estoy todos los días en peligro de dar mi vida por mi país y por mi deber... de impedir a tiempo con la independencia de Cuba que se extiendan por las Antillas los Estados Unidos y caigan, con esa fuerza más, sobre nuestras tierras de América. Cuanto hice hasta hoy, y haré, es para eso. En silencio ha tenido que ser y como indirectamente, porque hay cosas que para lograrlas han de andar ocultas, y de proclamarse en lo que son, levantarían dificultades demasiado recias para alcanzar sobre ellas el fin....» Y después de expresar la necesidad de cegar el camino a la anexión de los pueblos del Sur del Continente «al Norte revuelto y brutal que los desprecia», termina con frase que se hará famosa: «Viví en el monstruo y le conozco las entrañas:– y mi honda es la de David.»[340]

***

Aunque el día 24 de febrero de 1895 hubo «gritos» a lo largo de toda la Isla, sólo en Oriente se produjo un levantamiento general y sostenido de la población contra la metrópoli, seguramente ayudado por la presencia en la provincia de los líderes más caracterizados de la vieja causa, sobre todo de Máximo Gómez y Antonio Maceo. No es extraño, por eso, que de Oriente partiera la iniciativa de reactivar la iniciativa revolucionaria en el resto del país. A eso iba Gómez –ya lo vimos– a Camagüey, después de la caída de Martí. Y, para eso, para apoyarlo y facilitarle la tarea, emprendió Maceo en Oriente una dinámica campaña contra el enemigo. Con extraordinaria velocidad se movía de Gibara a Manzanillo y de Guantánamo a Victoria de las Tunas, aceptando el combate únicamente cuando le convenía y obteniendo triunfos tan sonados como los de Jobito, Peralejo y Sao del Indio, mientras su antiguo maestro penetraba en tierras camagüeyanas en los primeros días de junio del '95 y propiciaba el alzamiento en masa del campesinado en la comarca, tras los viejos líderes del '68 como Salvador Cisneros Betancourt. Un mes después de su llegada, Gómez se daba ya el lujo de devolver a Oriente la columna de 70 hombres que de Oriente había traído.

Pasado su medio año, la Revolución decide dotarse de una vestimenta jurídica. El 13 de septiembre de 1895 se reune en Jimaguayú, provincia de Camagüey, una asamblea constituyente formada por delegados de los distintos cuerpos de ejército, que aprueba una Carta Magna de venticua-

---

[340] José Martí, *Obras Completas*, La Habana, 1953, vol. 1, p. 271.

tro artículos. Tratando de articular eclécticamente las dos corrientes políticas que, como hemos dicho, predominaban en el campo mambí –la civilista y la militarista– se entregaba el mando de la guerra a un General en Jefe (o Generalísimo) y su Lugarteniente General pero, a la vez, se creaba un Consejo de Gobierno que atendía a los asuntos civiles. Este singular organismo, integrado por un Presidente, un Vicepresidente y cuatro Secretarios de despacho, gozaba de poderes ejecutivos y legislativos, pero tenía prohibido intervenir en la dirección militar de la guerra excepto cuando a su juicio fuere «absolutamente necesario». Aprobado el texto constitucional el día 16, la Asamblea, el 18, nombró Presidente del Consejo de Gobierno al veterano Salvador Cisneros Betancourt, Marqués de Santa Lucía y Vicepresidente a Bartolomé Masó así como a los cuatro Secretarios de Despacho. También hizo General en Jefe a Máximo Gómez y Lugarteniente General a Antonio Maceo, así como delegado en el Extranjero a Tomás Estrada Palma, quien ya había substituído a Martí por acuerdo del Partido Revolucionario Cubano.

Con los hombres que, como dijimos, Gómez había devuelto a Maceo desde Camagüey, le envió a éste un mensaje importantísimo: «Ha llegado la hora de la invasión.» ¡La invasión de Occidente, momento ansiosamente esperado por todos los mambises! En los primeros meses de la nueva guerra la estrategia y la táctica militares de los alzados no hacían sino copiar aquellas típicas de las contiendas anteriores. Dada la superioridad numérica del enemigo en hombres y armamentos y el dominio que poseía de las ciudades y fortificaciones, el ejército cubano huía de las grandes batallas, excepto cuando la victoria estaba asegurada. Se dividía, más bien, en pequeñas columnas que llevaban a cabo una permanente operación de desgaste, con sorpresivos asaltos y rápidas retiradas. Y confiaba además en la acción letal del medio ambiente tropical de altas temperaturas, subidísima humedad, mosquitos que transmitían el paludismo y la fiebre amarilla y otros insectos que se cebaban con preferencia en carne española. Por algo decía Máximo Gómez que sus mejores generales eran junio, julio y agosto. Sin embargo, en 1895 el alto mando rebelde temía que esta táctica, usada por sí sola, podría conducir al mismo estancamiento bélico que condujo a la derrota en 1878. En consecuencia, los planes estratégicos se completaban con otro factor considerado decisivo: llevar la guerra a las provincias occidentales, con el objetivo múltiple de demostrar, dentro y fuera de la Isla, la potencia de la Revolución, aumentando su prestigio; de alentar a los simpatizantes de la causa cubana, incitándoles a alimentar las filas combatientes; y, además, de impedir por todos los medios la realización de la zafra azucarera, destruyendo así la base económica del poderío español en Cuba, sustentada sobre todo por los ingenios de La Habana y Matanzas. El método empleado para lograr este fin fue el incendio sistemático de los cañaverales y de los ingenios que no se aviniesen a suspender la molienda. Para comprender la dimensión de la obra bastará este dato: en un solo día, el 21 de diciembre de 1895, en la provincia de Matanzas fueron reducidos a cenizas los cañaverales de los ingenios Alava, Flora, Algorta, Reglita, Coloso, Unión, San Vicente, Diana, Ángelita, Soledad, Armonía y La Chucha.

(Esta táctica provocó en el movimiento revolucionario una seria preocupación ética. Máximo Gómez, que fue quien dio la orden inicial, fue el primero en lamentarla y, a la vez, de justificarla. Tras referirse al dolor que le producía la destrucción bajo las llamas de las «casas palacios de los hacendados, todo aquel conjunto de producción, de comodidades, de lujo y hasta de cultura», explica el otro costado de su reacción en un párrafo saturado de ideología populista e indignación moral: «Cuando llegué al fondo, cuando puse mi mano en el corazón adolorido del pueblo trabajador y lo sentí herido de tristeza, cuando palpé al lado de toda aquella opulencia, alrededor de toda aquella asombrosa riqueza, tanta miseria material y tanta pobreza moral; cuando todo esto vi en la casa del colono, y me lo encontré embrutecido para ser engañado, con su mujer y sus hijos cubiertos de andrajos y viviendo en una pobre choza, plantada en tierra ajena; cuando pregunté por la escuela y se me contestó que no la había habido nunca, y cuando entramos en pueblos como Alquízar, Ceiba del Agua, El Caimito, Hoyo Colorado, Vereda Nueva, Tapaste y cincuenta más, no vi absolutamente nada, ni cultura, ni aseo moral, ni pueblos limpios, ni riquezas limpias, ni vida acomodada y nos recibía del brazo el Alcalde y el Cura, entonces yo me sentí indignado y profundamente predispuesto en contra de las clases elevadas del país y en un instante de coraje, a la vista de tan marcado como triste y doloroso desequilibrio exclamé; ¡Bendita sea la tea!»[341])

Cumpliendo las órdenes del Generalísimo, el Lugarteniente General pronto tuvo lista una columna para iniciar la invasión. El 22 de octubre de 1895, en los históricos Mangos de Baraguá, donde en 1878 había alzado su voz de protesta contra el Zanjón, el propio Maceo dio al ejército invasor bajo su mando (poco más de mil quinientos hombres) la orden de partida hacia Camagüey, en marcha hacia la máxima epopeya militar de la historia de Cuba. Sin aceptar el reto de combates innecesarios, los invasores atravesaron Oriente y convirtieron en un verdadero paseo su campaña camagüeyana. A mediados de diciembre de 1895 se encontraban ya en Las Villas, donde se le unieron las fuerzas de Gómez, para convertirse en una columna de unos tres mil seiscientos hombres. El capitán general español Arsenio Martínez Campos hizo todos los esfuerzos imaginables para detener ese avance, pero a pesar de la superioridad numérica de que gozaba, fracasó totalmente en su empeño. Las tropas de Gómez y Maceo, en los combates de Mal Tiempo y Coliseo (donde los jefes de ambos lados dieron prueba personal de su bravura), se abrieron paso hacia las provincias azucareras de Matanzas y La Habana y comenzaron a dejar tras de sí un rastro de humo y de cenizas que paralizó casi por completo la zafra de ese año.

Las tropas cubanas se pasearon por el sur de La Habana apoderándose de pueblo tras pueblo hasta llegar a Hoyo Colorado. Allí Gómez y Maceo se separaron. El primero, con unos 2,500 hombres quedó cerca de la capital. Maceo, con 1,500 siguió por el norte de la provincia de Pinar del Río, entrando a su antojo en todas las poblaciones. Por fin el 22 de enero se apoderó de Mantua, donde en una sesión solemne del Ayuntamiento se levantó un acta en que se hacía constar que esa ciudad era la más occidental de la Isla. Se había logrado el objetivo. Desde los tiempos de Bolívar no sufría el ejército español una derrota semejante. La columna invasora, con menos de 5.000 hombres, había vencido a un ejército provisto de las mejores armas, que en febrero de 1895 contaba

---

[341] *Ideario Cubano: Máximo Gómez*, Cuadernos de Historia Habanera, Número 7, La Habana, 1936, p. 70.

con 14.577 soldados y oficiales pero que, gracias a constantes refuerzos, llegaba en enero de 1896 a la cifra de127.498. En un recorrido de 1.696 kilómetros (incluyendo varios zig-zags y una falsa retirada al oeste de Coliseo) esa columna había atravesado trochas, dejado atrás numerosas fortificaciones, destruido vías férreas y líneas telegráficas, tomado pueblos y ciudades y demostrado la capacidad militar de una pequeña isla del Caribe frente a la de una potencia imperial europea. Confesando su fracaso, el general Arsenio Martínez Campos, que se había retirado a La Habana después de Coliseo, renunció a su puesto y fue sustituído por su recomendado, el general Valeriano Weyler, quien tomó posesión de la Capitanía General de Cuba el 10 de febrero de 1896.

Convencido de que los procedimientos bélicos convencionales no podían derrotar a los mambises, Weyler, despues de tomar ciertas medidas de refuerzo, paso a paso fue aplicando lo que pudiéramos denominar su programa de *guerra total*, asi llamada porque se dirigía contra *todos* los sectores y *todas* las actividades del pueblo, utilizando a plenitud *todos* los medios de represión, sin limitación civilizada alguna, con el propósito de aniquilar a quienes voluntaria o aun involuntariamente de algún modo sirviesen de ayuda a los enemigos del régimen colonial. La medida más radical de esa política fue el bando de 21 de octubre de 1896, aplicado primero a Pinar del Río y luego extendido a todo el país, el tristemente célebre Bando de Reconcentración, cuyos tres primeros artículos rezaban:

«1– Todos los habitantes en los campos o fuera de la línea de fortificación de los poblados, se reconcentrarán en el término de ocho días, en los pueblos ocupados por las tropas. Será considerado rebelde y juzgado como tal, todo individuo que transcurrido ese plazo, se encuentre en despoblado.

2– Queda prohibido en absoluto la extracción de víveres de los poblados, y la conducción de uno a otro por mar o tierra sin permiso de la autoridad militar del punto de partida. A los infractores se les juzgará y penará como auxiliares de los rebeldes.

3– Los dueños de reses deberán conducirlas a los pueblos o a sus inmediaciones...»

El resultado fue el episodio más trágico de la historia de Cuba. Miles de hombres, mujeres y niños, concentrados en las ciudades, sin techo, sin pan y sin higiene, se enfermaban y fallecían, abatidos por las epidemias. Otros deambulaban, harapientos y famélicos, por las calles o caminos o eran acorralados tras alambradas, como anticipación horripilante de los futuros campos de concentración del nazismo alemán. Y los que permanecían tercamente en sus fincas eran perseguidos por las tropas, veían incendiados sus bohíos, muertos sus animales y, por fin, eran conducidos a algún poblado, donde los encerraban en barracones como aquellos de los esclavos. Según cálculos conservadores, más de 200,000 fueron las víctimas ocasionadas por este crimen, que justificadamente produjo una enorme ola de protestas en todo el mundo, como pronto tendremos ocasión de ver.

***

Y mientras todo esto sucedía, ¿cual era la suerte del Mayor general Calixto García? Semiprisionero, con Madrid por cárcel, García buscaba ansiosamente el modo de burlar el cerco policíaco que lo aherrojaba, para ir hacia la patria en armas que lo requería, cuando cayó gravemente enfermo. Sufría de intensos ataques de disnea asmática que lo inutilizaban, condenándolo a vivir día y noche –y semana tras semana– sentado en un sillón, sin poder ir a trabajar. Pese a todo, se mantenía en contacto con Máximo Gómez y José Martí, cuya última carta, procedente de Montecristi, le entregó la valiente patriota Ana Betancourt. (Ella vivía con una hermana, viuda de un general español, y aprovechaba la circunstancia para servir de correo revolucionario a los conspiradores cubanos de la capital.) Cuando Calixto, por fin, mejoró lo suficiente para reiniciar sus empeños de fuga, el viejo veterano solía usar su larga enfermedad como instrumento para engañar a los espías españoles, refiriéndose siempre como aval de su conducta al Doctor Cano, el médico militar madrileño que lo atendía con gran cuidado y afecto. Hasta los compatriotas que no eran de su absoluta confianza recibían el mismo trato. En su *Diario* nos cuenta su hijo Carlos: «Les decía que el estado de su salud invalidaba tomar parte en la Revolución. Ellos lo creyeron porque lo habían visto inválido. Yo le participé a Lacret y Pedro Martínez Freyre en un almuerzo en un restaurant italiano de la carrera de San Gerónimo que ya que mi padre no podía ir a la Revolución yo iría. Ambos se alegraron de mi determinación aconsejándome fuera con el general Antonio Maceo.»[342]

La tarea que Calixto se proponía no era sencilla. Se trataba no sólo de salir él de España, sino sino de sacar de allí a toda su familia, a la que no podía dejar atrás sin recursos en «tierra extranjera y enemiga». No faltaron los fracasos y los atrasos. Pero por fin, gracias a la ayuda del destacado patriota puertorriqueño Ramón Emeterio Betances; de sus hijos Carlos, Justo y Mario; y del marido de su hija Leonor, el dentista norteamericano doctor David Whitmarsh, se produjo lo que para muchos constituyó un verdadero milagro y un fracaso más del sistema de espionaje hispano: García logró escapar a Francia. Con el pretexto de una cacería en los cotos aledaños a Madrid, que había visitado antes varias veces para despistar con eso a la policía, abandonó la capital, dirigiéndose con su hijo Mario, niño de once años, a la estación ferroviaria internacional de Hendaya, donde después de pasarle a Isabel en Madrid un telegrama que sólo decía «Sin Novedad», tomó el tren para París, el 14 de octubre de 1895. Era la tercera vez que visitaba la que consideraba capital de la cultura de su época. Pero no disponía de mucho tiempo para disfrutar su estancia en ella. Betances aprovechó su presencia para desatar una campaña de recaudaciones entre la colonia cubana. Su hijo Carlos, que se le había incorporado, explica: «Mi padre se vio obligado a demorar su salida para N. Y. en espera de otros recursos que le habían prometido algunos cubanos pudientes…En vista de ello me encargó que llevara al Delegado (Estrada Palma) las noticias de lo que se estaba haciendo y que él embarcaría tan pronto obtuviese los dineros necesarios para el viaje de mi madre, con mi hermanita tullida Mercedes, dos nietos huérfanos y Herminia.»[343] El 9 de noviembre parte el General para el Havre y de ahí sale para Nueva York, a donde llega el 18. Se pone en seguida a las órdenes de la Delegación del Partido Revolucionario Cubano y le entrega a Tomás Estrada Palma los dos mil pesos que traía

---

[342] Ver Abreu Cardet y Sintes Gómez, *Calixto García en España*, p. 77: *Diario de Carlos García Vélez*.

[343] Ibidem, id., p. 85.

de Francia. El 8 de diciembre arribaban Isabel y los niños, procedentes de Gibraltar. Poco antes le llegaba a Don Tomás una carta del presidente Salvador Cisneros Betancourt en la que le decía: «Si ya está ahí Calixto García, que venga cuanto antes, pues ya está haciendo mucha falta.» Y en otra de Estrada Palma a Máximo Gómez del 10 de diciembre podía leerse: «El general Calixto García está ya aquí y se prepara para marchar a unirse a usted.»[344]

Como si estuviera escrito que sus viajes expedicionarios a Cuba nunca podrían ser fáciles, venciendo innumerables dificultades, en la noche del 26 de enero de 1896, en un remolcador, sale del puerto de New York con cien compañeros para abordar el barco *Hawkins* que los espera cargado de armas y pertrechos mar afuera, para burlar así la vigilancia de la policía neoyorquina. Lo que se produce es otro fracaso. Viejo y carcomido, el buque hacía agua y aunque fue achicado con tesón, acabó por hundirse a sesenta millas de la costa, salvándose los expedicionarios gracias a la ayuda de tres goletas que acudieron a su auxilio. Tomás Estrada Palma, en una comunicación, resume las dimensiones del golpe: «Me siento abrumado por el desastre: medio millón de tiros y mil rifles, cañón etc. todo perdido.» A lo que pudiera haber agregado algo aun más trágico: cinco expedicionarios y cinco marineros muertos. La reacción de García fue la que de él podía esperarse: «Hay que volver a empezar –escribe a un amigo– y ya he vuelto a hacerlo. Hasta el fin nadie es dichoso. Yo voy a Cuba *any how* o muero en el camino.» Pero aun le faltaba vencer otro enorme tropiezo. Había preparado una nueva expedición, pero un traidor lo denuncia a las autoridades norteamericanas. Calixto es detenido, bajo la acusación de «filibustero». Lo reducen a prisión. Tiene que pagar una fianza para salir de ella. Y, además, le confiscan los armamentos obtenidos con tantos sacrificios. ¿Su respuesta? Preparar otra expedición. Lo logra. Esta vez hace que el barco que los va a llevar, el *Bermuda*, los espere en Atlantic City, donde nadie lo conoce. Y, por fin, el 18 de marzo deja los Estados Unidos. El 24 –¡cuán largo el camino!– pisa tierra cubana en la playa de Maraví, a unos diez kilómetros al Oeste de Baracoa, no muy lejos de donde lo había hecho

---

[344] Casasús, op. cit., pp. 149-150.

antes Antonio Maceo. ¡Que estela de mortificaciones dejaba atrás! La lucha con la policía de Madrid. La maldita necesidad de pedir dinero en Madrid y en París. Atravesar el Atlántico sin saber si su familia lograría hacer lo mismo. Y, otra vez, a pedir dinero en New York y en la Florida. Y la lucha con la policía en «el país de la Libertad», cuyo gobierno, en vez de ayudarlo a ser libre, lo perseguía como si fuera un criminal. Y el naufragio en que por poco pierde la vida. Y la cárcel. Y por fin tener que convertirse en prófugo de la justicia. Como esto le molestaba mucho, al salir quiere dejar una justificación de su partida teniendo causa pendiente ante una corte federal. Lo hace en una carta pública donde decía: «Mi patria, que actualmente lucha por su libertad, exige mi auxilio y dejaría yo, no sólo de merecer el respeto de mis compatriotas, sino también de todos aquellos qure aman la independencia y el republicanismo, si demorase un día más mis humildes servicios, como soldado de la oprimida Cuba. No temo el veredicto de un jurado americano. He pospuesto la prueba para cuando llegue el día de Cuba Libre. Mi conciencia me dicta que obrando de este modo procedo de acuerdo con las leyes y la justicia. Los ciudadanos de Estados Unidos juzgarán ahora mi conducta.»A su amigo Estrada Palma le deja una despedida humorística: «Dispénseme todas las malacrianzas que he tenido. Estoy en tal situación de ánimo que no puedo dominar mis nervios. Esperemos que los godos me los aplacarán a balazos, pues estoy tan *rabiquiñoso* que yo mismo no puedo aguantarme.» [345]

Ahora les toca a los expedicionarios otra durísima tarea. Hay que transportar tierra adentro las armas y pertrechos que se habían traido en el *Bermuda*. Marchar por la lujuriante selva baracoesa con varios fusiles o cajas de balas al hombro no era fácil. Pero allá van el viejo Calixto y

---

[345] Casasús, op. cit., pp 197-198. Calixto García ha sido acusado de tener muy mal genio. Todo parece indicar, sin embargo, que era un hombre dotado de agudo sentido del humor. Sus explosiones ante actos de incompetencia o de descuido no pasaban del uso abundante de lenguaje de cuartel. Por lo demás, sabía controlarse perfectamente cuando era necesario. El capitán del Ejército Libertador Aníbal Escalante Beatón, quien por haber sido su ayudante lo conocía muy bien, afirma: «Aunque enérgico en grado superlativo, tenía la costumbre de emplear la diplomacia cuando la obsesión predominaba en el campo contrario.» (Ver el libro de Escalante *Calixto García: su Campaña en el 95*, La Habana, 1946, p. 10.)

sus muchachos entusiastas compartiendo las asperezas del camino. Por fortuna pronto dan con las tropas del coronel Félix Ruenes y, más adelante, ya en territorio guantanamero, con el general Pedro A. Pérez, quienes les alivían la marcha entregándoles algunas bestias de carga. De ahí van al campamento de José Maceo, quien los recibe con las tropas en formación y las notas del himno nacional tocado por una orquesta de soldados guajiros. Ahora ya se sabe que el Gobierno de la República anda por Camagüey. Y hacia allí se dirige García. Atraviesa la provincia de Oriente de punta a cabo, con una escolta de cien orientales. El 4 de mayo se encuentra con el Consejo de Gobierno, presidido por Salvador Cisneros Betancourt, en El Naranjal, en Camagüey, donde es recibido con grandes muestras de cariño y admiración. Han sido unos cuarenta días de marcha forzada, casi sin descanso. Seis caballos –según le cuenta en otra carta a su amigo Estrada Palma– bajo su peso han quedado inútiles. Pero –curiosamente– cada día se siente más fuerte y más ágil. Ha tocado tierra patria. El proscrito se siente «en lo suyo». Es evidente que hubiera podido adoptar como propia la frase que –ya lo sabemos– Martí dirigió a un amigo a poco de entrar en territorio de Cuba Libre: «Puedo decir que llegué, al fin, a mi plena naturaleza.»

***

Durante su estancia en El Naranjal, nombrado ya jefe del Departamento Militar de Oriente (que comprendía los territorios de Oriente y Camagüey) el general Calixto García se dedica a pasar balance de la situación por la que atraviesa, dentro de Cuba, la insurrección. Resaltaba un hecho fundamental muy positivo: la guerra, una vez plasmada la invasión, ardía fogosamente desde el cabo de San Antonio hasta la punta de Maisí. Y, a la vez, resultaba evidente que el pueblo cubano –y sobre todo sus mayoritarios sectores más pobres de las ciudades y los campos– se había adherido con enorme entusiasmo a la causa independentista, mientras el gobierno español persistía en sus eternas tácticas de incompetencia e intransigencia. Por otro lado, preocupándolo sobremanera, obervaba García también la presencia en el campo mambí de algunos de los síntomas que ahogaron las esperanzas de La Demajagua en las desilusiones de El Zanjón. Era obvio que las tradicionales tensiones entre el poder militar y el civil frenaban tanto como antes el progreso de la

Revolución Libertadora, lo que se reflejaba en una peligrosa desarticulación y en crecientes muestras de indisciplina. (Hubo, por ejemplo, un desagradable y peligroso incidente con el general José Maceo, poco antes de caer éste, peleando bravamente como siempre, en Loma del Gato, cerca de Alto Songo, el 5 de julio de 1896. Maceo se sentía preterido y dañado en sus derechos por el nombramiento de García como jefe de Oriente.) Pero lo peor era la perpetua escasez de armas y pertrechos que limitaba el radio de acción y la sustancia de las operaciones militares y amenazaba con desviar el conflicto hacia la antigua e indecisa «guerra entre dos impotencias», que por fin produjo el desastre del '78.

Calixto García estaba convencido de que el conflicto hispanocubano sólo podía resolverse en el occidente de la isla. La provincia oriental era el alma y la fuente perpetua de la fuerza mambisa. Mas el corazón, el cerebro y hasta el bajo vientre del enemigo se encontraban en las provincias azucareras de La Habana y Matanzas. Allí y sólo allí podía dársele el golpe de muerte a la metrópoli. Y, ¿cómo lograr ese fin sin contar con los materiales bélicos indispensables? Nada mortificaba más al general cubano que esa inaceptable contradicción entre el abundantísimo número de brazos disponibles para el combate y la terca escasez de rifles y machetes con que armarlos, junto con la falta de cañones para arrasar las fortificaciones españolas. En dos cartas del 3 y 6 de julio del '96 dirigidas a Tomás Estrada Palma (encargado en Estados Unidos de organizar las expediciones ilícitas y subrepticias que a ratos llevaban pertrechos a las tropas cubanas) Calixto insiste en sus peticiones y comenta: «Dirá usted que soy insaciable; pero si usted supiera lo que es tener veinte mil hombres desarmados en Oriente, ver que salen de Holguín, Bayamo, Tunas y de todos los pueblos de Oriente, hombres y más hombres y que hay que mandarlos a sus casas por falta de armas, es desesperante... Toda la jurisdicción de Holguín, en masa, se me pasa. Pueblecitos enteros, con ganados, caballos y carretas cargadas de sus trastes salen de la zona enemiga para pasarse a nuestro territorio. Todos piden armas y si las tuviéramos, no habría campaña de invierno. La marcha hacia Occidente sería un paseo militar.»³⁴⁶ Porque ése era el gran sueño de García: una segunda invasión, más poderosa que la primera, capaz de aplastar el poderío militar hispano en La Habana y Matanzas, para liquidar de una vez por todas el multisecular dominio español sobre el pueblo cubano.

En estos planes mayores, Oriente figura como una premisa. Para dar el gran paso hay que retrotraer la provincia al estado que tenía antes de la invasión, tarea que requiere mucho esfuerzo militar y mucha pericia diplomática. A eso se dedica García junto con el Generalísimo Máximo Gómez, quien ha regresado de Occidente para dirigir esa empresa, mientras Antonio Maceo continúa peleando en Pinar del Río. El 9 de julio de 1896 el «Chino Viejo», como apodaban a Máximo Gómez, y su discípulo en las artes guerrilleras se habían encontrado en La Yaya. Llevaban 22 años sin verse. Ahora los dos tienen la cabeza cana. Pero tanto el gigante holguinero, corpulento y rosado, como el general dominicano, escueto y tostado, conservan toda su energía y dinamismo. García, en carta a un amigo, retrata a Gómez: «El día 9 de este mes... abracé al general Gómez .Está fuerte como un hombre de cuarenta años y es cosa que maravilla verle enhiesto y firme en los estribos, haciendo piruetas en su fogoso caballo.»³⁴⁷ Por la noche, en la finca San Rafael (cerca del Cauto), conversan y comienzan a planear. «¡Cuántos recuerdos!», anota Gómez en su Diario. Y al día siguiente los dos líderes van a rendir honores al gran líder desaparecido, José Martí, en el lugar mismo de su caída: Dos Ríos. Piedra a piedra los soldados levantan un rústico monumento recordatorio y ante él los oradores destacan los méritos del héroe. «El acto fue solemnísimo», comenta Gómez. Luego, los dos jefes, de pleno acuerdo en la necesidad de reorganizar e impulsar la provincia oriental, parten en direcciones distintas. Gómez hacia los cafetales, a enfrentarse con los dueños franceses y García hacia la región de Guantánamo donde había muerto José Maceo, a reunir las tropas dispersas después de la caída del general. Los dos tienen éxito y vuelven

---

³⁴⁶ Biblioteca Histórica Cubana, *La Revolución del 95 según la Correspondencia de la Delegación Cubana en Nueva York*, vol. 5, (julio, agosto y septiembre de 1896), La Habana, 1937, pp. 128-129.

³⁴⁷ Casasús, *op. cit.*, p. 212.

a encontrarse en Vuelta Grande el 10 de agosto. El 20 de ese mes se produce la toma del fuerte de San Marcos, situado en la Loma de Hierro, en el camino de Auras a Holguín: por primera vez en la guerra, la artillería es el factor decisivo en una victoria cubana, como lo proclamó la Orden General dictada por Máximo Gómez el día siguiente, dándole vivas al general García... (aunque en este caso «la artillería cubana» se reducía a un solo cañón que fue efectivo porque se logró colocarlo a 300 varas de las defensas enemigas.)

El alto mando mambí hacía lo indecible para que la guerra de guerrillas empujara hacia un nivel más alto de combate: la guerra de posiciones dirigida contra fortalezas, pueblos y ciudades. Para eso, el armamento disponible jugaba un papel esencial. Y por eso no se cansaban de pedirle piezas de alto calibre a la Delegación que enviaba a Cuba las expediciones desde Estados Unidos. Ultimamente habían llegado unas cuantas con unos pocos cañones y parque para dispararlos. Una y otra vez encontramos por entonces referencias a esta cuestión en el *Diario de Campaña* de Gómez: «El día 16 (de septiembre) me muevo hacia Guáimaro para preparar el cañón que nos ha traído Cabrera, y que se tiene guardado... Día 18, ya acampado en San Blas, hago traer el cañón que pienso probar, valiéndome de artilleros improvisados americanos... Dia 19 septiembre. Prueba del cañón que da resultados. No queriendo disparar más que un tiro por economizar parque y por no poner al enemigo sobre aviso... Día 21, le pongo sitio a Cascorro. Se le hacen más de 200 disparos de cañón. Las cápsulas no revientan y sólo hacen el efecto de balas de arrasar. Hacen daño a los edificios por encima, pero insuficientes para destruir los atrincheramientos que son bastante sólidos. El enemigo, a pesar de su estrecha situación, como tiene abastecimiento dentro y ha comprendido lo inútil de nuestra artillería, resiste ante nuestra tenacidad....»[348] A los quince días hay que levantar el sitio.

El 14 de octubre se encuentran de nuevo en Arroyo Hondo Gómez y García. Este trae la pieza de doce con que desbarató los muros de la Loma de Hierro y otra que había llegado en reciente expedición. El Viejo aconseja: «Con dos cañones, a Guáimaro sí que lo tomamos.» El poblado

---

[348] Máximo Gómez, *Diario de Campaña: 1868-1899*, La Habana, 1968, pp. 31-312.

de Guáimaro era uno de los lugares sagrados de la gesta mambisa: ahí se había aprobado en 1869 la primera constitución republicana. Para García las palabras de Gómez devienen un mandato. La plaza estaba muy bien defendida –muchos la tenían por inexpugnable– pero el Viejo no se había equivocado. El sitio comenzó el 17 de octubre por la mañana. Uno a uno fueron cayendo los cinco fuertes que defendían la ciudad, bajo el fuego de la artillería y los asaltos de las tropas criollas. Con las fuerzas cubanas ya sobre su cuartel, el jefe español capituló. García le escribe a Gómez (que ha salido hacia la región de Puerto Príncipe a impedir que los españoles enviaran refuerzos): «Tomé a Guáimaro. A usted se debe el triunfo, porque me aseguraba que se tomaba y yo no lo creía. Gracias por la gloria que le debo.» Después de destruir totalmente el poblado, García sale de allí el 31 a reunirse con su jefe. Era una extraordinaria victoria: 200 prisioneros, 200 armamentos, mucho parque, 10,000 pesos oro, grandes cantidades de medicinas y otros efectos de distintas clases. Aunque debe notarse que, a pesar de los cañones, la operación tenía todavía mucho de guerra de guerrillas pues la táctica de los insurgentes seguía siendo de «pega y huye».

De todos modos, el nuevo vigor que demostraban poseer las armas criollas tuvo importantes efectos inmediatos sobre la estrategia militar del gobierno español en Cuba. El ya enorme ejército de la metrópoli se fue inmovilizando más y más. Replegado a las ciudades y pueblos importantes, tenía que dejarle libre el campo a su enemigo. Y aun más: para evitar sorpresas como la de Guáimaro se veía obligado a reforzar las defensas de esas ciudadelas con fortificaciones permanentes que sólo se comunicaban entre sí mediante enormes columnas, de marcha lenta y penosa, siempre a la defensiva. Por su parte los mambises debían a menudo quedarse casi inactivos por largos períodos de tiempo. Se confirmaba lo que García le había dicho a Estrada Palma poco antes de esa última acción: en gran parte de Oriente se vivía «en paz... como si no hubiera guerra». Porque dueños de las zonas rurales, los mambises, para pelear no tenían más remedio «que atacar pueblos y éstos están fortificados por lo que se corre el peligro de fracasar, pues aunque se puedan batir con la artillería, bien sabe Ud. que para que esto haga efecto se necesitan muchas municiones y éstas no abundan.»[349] ¡Siempre el paralizante efecto de la escasez de material bélico!

Tras encontrarse de nuevo con Gómez el primero de noviembre para pasar balance de la situación, García y su jefe pelean juntos varios días seguidos. El resultado es espléndido: los españoles abandonan Cascorro, San Miguel de Nuevitas y La Unión. Buena parte del interior de Camagüey había sido liberada, o –como lo pone Calixto– «es, sin mentira, Cuba Libre». El 18 de noviembre Gómez escribe en su *Diario*[350]: «Terminando todo lo que he creído que tenía que hacer en el Departamento Oriental, preparo mi marcha para Occidente y acampo en La Cisnera. Espero armas y pertrechos que tiene órdenes de enviar el general García, quien con ese objeto se separó de mí el día 13.» Una sombra le daña el paisaje al Generalísimo: su permanente discrepancia con el Consejo de Gobierno, que a veces le hace pensar en la necesidad de renunciar a su alto cargo. Pero, en lo personal, nada puede puede superar al golpe que recibe el 16 de diciembre: el más duro de su vida. Así lo anota en el *Diario*[351]: «Me despierta la noticia de la muerte de mi hijo Pancho y del general Antonio Maceo, ocurrida en Punta Brava, Provincia de La Habana. El día 7 del actual. Algunos de mis compañeros abrigan la esperanza de que pueda ser falsa la noticia, pero yo siento la verdad de ella en la tristeza de mi corazón. ¡Pobre mi esposa, pobre Madre!... La tristeza que me habían causado los ultrajes inferidos por el Gobierno y aun no he podido disipar de mi espíritu, me hace suponer que eso no era más que el presagio de mayor desgracia... En presencia de tantos males... debo, como hombre sensato, insistir en mi renuncia de un destino que... tengo la seguridad de no poder servir como es debido...» De todos modos, sigue marchando hacia Las Villas y el 22 se encuentra con el Consejo de Gobierno. Habla con el presidente Cisneros Betancourt «Tal vez todo pueda arreglarse», piensa. Y sigue su camino. El 26 –burlándose de la poderosa ofensiva dirigida personalmente por el capitán general

---

[349] Biblioteca Histórica Cubana, *La Revolución del 95...*, Carta de García a Estrada Palma, vol. 5, p. 140.

[350] Ver pp. 314-315.

[351] Ver p. 316.

Valeriano Weyler– cruza la trocha de Júcaro a Morón. El 28, en Santa Teresa, ya en Las Villas, recibe la confirmación oficial de la muerte de su hijo y del general Maceo. Abriéndole puertas a esos dolores que, por esa vez, ahogan el goce de sus victorias, de su pluma salen estas palabras: «¡Triste, muy triste, más que triste, desgraciado ha sido para mi el año 96!»[352]

Lo sucedido era que Antonio Maceo, quien había seguido haciéndole frente en Pinar del Río a Weyler, recibió el primero de noviembre una carta del General en Jefe Máximo Gómez ordenándole que cruzara la trocha de Mariel a Majana, penetrase en la provincia de La Habana y siguiese hacia el este, pues su presencia era indispensable en Las Villas y Camagüey. Obviamente la crisis entre los dos poderes del gobierno cubano había llegado a un gravísimo punto del rompimiento. Con todo, Maceo necesitó un mes para tomar las medidas organizativas que garantizasen la continuidad de la campaña en el extremo occidental del país. Pero órdenes eran órdenes. En los primeros días de diciembre el Lugarteniente General trata de atravesar la trocha y, al no serle posible, decide burlarla por el mar, cruzando la boca de la bahía de Mariel a media noche del 4 de diciembre con un reducido número de escoltas. Poco a poco, a pie, sufriendo intensos dolores en las piernas y una altísima fiebre, Maceo se interna con su grupo por la provincia de La Habana. Por fin consiguen caballos: enorme alivio, pues cuando monta, aunque sea por horas y horas, el general no se cansa. Acampan en Punta Brava el siete. Ese día, por la tarde, fuerzas del comandante Francisco Cirujeda, en una escaramuza, hieren de muerte con una bala en el rostro y otra en el pecho al héroe de la Invasión. A su lado, minutos después, cae también el hijo del Generalísimo, Francisco Gómez Toro, a quien ya cadáver mutila un soldado español con un machetazo. Ahí mismo, en ese mismo momento, la figura del Gran General Mulato comienza a adquirir dimensiones simbólicas como *Titán de Bronce*, como representante máximo de la «Cuba Eterna». A lo que ayudan las barbáricas demostraciones de alegría con que muchos españoles residentes en Cuba reciben y celebran

---

[352] Gómez, *Diario*, p. 318.

la noticia de su muerte, creyendo –en su errada ignorancia– que la caída de un gran jefe bastaba para matar una gran causa.

Cuando Gómez parte para Las Villas, García retorna a la provincia de Oriente. Atrás dejaba el Camagüey. Paso a paso, las columnas mambisas, como ramas que se desprendían del tronco, iban tomando el camino de sus respectivas regiones. En Las Tunas el general Capote y su gente se quedan atrás. Al acercarse a Holguín y Mayarí, lo mismo hacen los hombres mandados por los generales Feria, Marrero y Rojas. En las riberas del Cauto, abandonan el grupo los bayameses del coronel Pepe Castro. Restaban unos mil hombres. Cuando se abre ante ellos la amplia zona jiguanicera, García dicta un descanso de diez días, que los soldados aprovechan, mientras su jefe no cesa de trabajar, preparando planes para el futuro inmediato. Las jornadas vuelan. El 30 de noviembre el general, con una sonrisa en los labios, anuncia: «Se acabó la majasería.»[353] Pero pasan los primeros días de diciembre y, mientras el jefe sigue dictando circulares y cartas, los soldados siguen «majaseando». El 4 de ese mes, en carta al general Agustín Cebreco, le ratifica la orden de dirigirse contra los pueblos, asediándolos sin cesar y le comunica que se mantenga alerta a participar en una operación para la cual está ya concentrando tropas de Bayamo, Manzanillo, Jiguaní y Holguín, en número de 5 o 6 mil hombres. El día siete se dirige en los mismos términos al general Pedro Agustín Pérez, que manda en la región de Guantánamo. Y, sin embargo, cuando entra en acción, su primer encuentro con el enemigo es una tradicional tarea de hostigamiento de una de esas columnas españolas dedicadas a avituallar de víveres y pertrechos a las guarniciones. En este caso se trata de la que mandaba el general Bosch, que se dirigía a Bayamo. Se usan en esta operación todos los métodos típicos de la guerra de guerrillas: ataques y retiradas de caballería e infantería, asedios y tiroteos nocturnos, emboscadas y alguna que otra carga al machete. El resultado fue el de casi siempre: la columna –según reporte de García– estaba «materialmente destrozada» y ya llevaba «tanto convoy de provisiones como de bajas», que por cierto pasaron de la

---

[353] El majá es una culebra cubana con fama de holgazana. De ahí sale la palabra criolla «majasería».

enorme cifra de cuatrocientas, entre muertos y heridos.[354] Aunque, casi desprovistos de vituallas y pertrechos, los restos de las tropas de Bosch lograron encontrar refugio en el pueblo de Veguitas el 18 de diciembre... Y con esta acción de guerra se cerró el ciclo de operaciones militares de 1896 en la provincia oriental. Una campaña ciertamente victoriosa pero todavía, desgraciadamente, indecisa. ¿Hasta cuando, al pasar cerca de una ciudad o una población de relativa importancia, tendría que lamentarse Calixto García, como lo hizo en esos últimos días del año al contemplar desde lejos las defensas de Bayamo: «Si tuviera parque de cañón esta ciudad sería mía.»?

***

1897 –dicen y repiten los historiadores– fue en Cuba un año de ofensiva española en el Oeste y de ofensiva cubana en el Este. Pero no era eso lo que decía por aquel entonces Valeriano Weyler. A la opinión pública y a su gobierno les afirmaba que en Pinar del Río, La Habana y Matanzas la revolución había sido arrancada de raíz. Y que al resto del país no le esperaba sino idéntico destino tan pronto como él lanzase lo que llamaba «nuestro ataque final». En realidad, el general español se dejaba engañar por su propia propaganda. Bastaba leer la prensa prohispana de la capital para comprobar que en las tres provincias occidentales la revolución gozaba de perfecta salud.[355] Es cierto que la enorme concentración de tropas enemigas en el territorio obligaba a los mambises a adoptar, en lo general, una posición defensiva, pero las tácticas guerrilleras con sus ataques hacían imposible el desarrollo normal de la zafra, como lo demuestra el hecho de que en vez de producirse más de un millón de toneladas de azúcar, al igual que en 1894, en el 97 se fabricaron sólo 212,051. Y en más de una ocasión las tropas cubanas llegaron hasta las puertas mismas de la capital, como sucedió durante los ataques a Marianao y Guanabacoa. En el otro extremo de la isla, en Camagüey y Oriente, continuaba y aun se extendía la situación del año anterior. Como hemos visto anteriormente, con la excepción de los

---

[354] Carta del general García al coronel José Reyes fechada el 18 de diciembre de 1896, en Casasús, *op. cit.*, p. 223.

[355] Véase por ejemplo, el *Diario de la Marina*, enero 12 y 26 de 1897.

puertos principales y de las tres o cuatro ciudades más importantes de esas regiones, el Ejército Libertador ejercía un control absoluto en el resto de las mismas. Por algo podía escribirle Calixto García a Estrada Palma en mayo del 97: «Nos hemos convertido en majases, y si esto sigue me voy para allá a bregar con usted, pues más peligro hay en Broadway que aquí.»[356] Desde luego, en el chiste había mucho de exageración. García nunca estaba inactivo y tampoco dejaba que su ejército se herrumbrara por falta de acción.

La situación en el centro, es decir, en las Villas, merece párrafo aparte. Aquí, la figura central es Máximo Gómez. Un Máximo Gómez profundamente herido por la muerte de su hijo Panchito y, mucho más, por la grotesca profanación de su cadáver. En su *Diario* vuelve una y otra vez obsesivamente sobre el tema. Todavía el 25 de febrero interrumpe lo que escribe para anotar, simplemente: «¡......un machetazo!» Y dos días después, como un treno o el doblar de una campana funeraria: «Día 27 de febrero 1897. En «La Reforma», Sancti Spiritus, en el lugar mismo donde nació mi hijo amado Francisco, escribo estas líneas. ¡Un machetazo! Sí, ese golpe tajante, sobre el cadáver de aquel niño valeroso, tendido sobre el campo de Punta Brava, no lo olvidaré yo nunca. Ese destrozo infame, esa mutilación del cadáver de aquel héroe, tendido en los brazos del otro héroe muerto también, no lo puedo yo olvidar nunca. Esa profanación sangrienta con aquellos restos que merecían respeto, no la puedo yo perdonar jamás.»[357] Ante ese inmenso dolor, ¿qué importan las majaderías de un Consejo de Gobierno? Los lazos que lo unen con la causa a que ha dedicado su vida se aprietan, si cabe, mucho más. Y «La Reforma», donde nació su hijo mártir, se convierte en el escenario de una de las campañas más brillantes de las guerras cubanas de independencia.

¿Qué se propone el Generalísimo con este viaje a Las Villas? Es obvio que quiere reforzar a los ejércitos que combaten en el occidente. Pero, ¿cuál es el plan para hacerlo? Rumores, que el propio Gómez

---

[356] *La Enciclopedia de Cuba*, vol.4, pp. 558-559.
[357] Máximo Gómez, *Diario*, p. 321.

alienta, dicen que se trata de organizar una segunda invasión. Pero la verdad sólo la sabían unos cuantos altos oficiales del estado mayor cubano, como por ejemplo el general Freyre de Andrade, quien más tarde relató cómo su jefe –para su sorpresa– le dijo un día que nada estaba más lejos de su ánimo que seguir a Occidente. Si acaso fuera, ¿qué recursos puedo llevar en comparación con aquellos de que disponen los españoles? «En cambio si me quedo aquí obligo a Weyler a venir a buscarme y como tiene mucha gente en trochas, líneas militares que torpemente sostiene y no se atreve a abandonar, tendrá que sacar solda- dos de Pinar del Río, La Habana y Matanzas para perseguirme, con lo que nuestra gente tendrá un respiro. Ayudaré sin buscar golpes de efecto inútiles... El tiempo es nuestro y a España le toca apagar el siniestro.»[358] Weyler cayó en la trampa. Comenzó a llevar tropas al centro de la isla, donde pronto tenía 40,000 hombres empeñados en perseguir sin descanso a los 4,000 de su enemigo. Lo que distaba mucho de ser una tarea senci- lla. Porque sin salir de una zona de unas diez leguas cuadradas entre la trocha al este y los dos Jatibonicos al oeste, con la finca «La Reforma» al centro, moviéndose constantemente en marchas y contramarchas, no sólo se mantenía Gómez peleando sin cesar sino que podía despachar muy efectivamente los asuntos relacionados con su cargo de General en Jefe, en una campaña que desesperó a sus perseguidores, durante nada menos que veinte meses.

Por su parte, Calixto García, fiel a su filosofía militar, en la segunda mitad de 1897 y el primer tercio del 98, se empeña en transformar la ya tradicional guerra de guerrillas en una de corte clásico o convencional. O, para ser más exactos, trata de articular las dos en una estretegia especialmente adaptada a las condiciones cubanas. Cuando no contaba con fuerzas suficientes para atacar una plaza, procuraba sofocarla cortán- dole sus vías de aprovisionamiento. La ciudad de Bayamo, por ejemplo, tenía dos, una fluvial, por el río Cauto y otra terrestre, desde Manzanillo. Para eliminar la primera, que los españoles defendían hasta con barcos de guerra, organiza una brigada volante, al mando de su hijo Carlos García Vélez, quien por medio de una bomba subacuática, destruye un

---

[358] Souza, *op. cit.*, p.158.

cañonero español. Para mediados del 97 el General había logrado su objetivo. Explica en un informe: «Ya hemos conseguido cerrar la vía del Cauto la cual les era tan útil... y los hemos obligado a utilizar la vía terrestre tan peligrosa como costosa.»[359] Por tierra, los convoyes tenían que hacerle frente a las guerrillas. Según el General, al llegar él a la región, los convoyes que iban a Bayamo eran protegidos por 300 hombres. Para hacer lo mismo unos meses después, necesitan ocho mil. «Bayamo viene siendo para los españoles una carga espantosa, la sostienen a costa de grandes sacrificios y esfuerzos.»[360]

Cuando, tras un estudio cuidadoso, García llegaba a la conclusión de que podía tomar una plaza, lo intentaba con gran éxito, como ocurrió con el asalto y toma de Las Tunas, ciudad de enorme importancia estratégica, por su posición intermedia entre Holguín, Puerto Padre, Bayamo y Puerto Príncipe. En un informe rendido a Estrada Palma el 31 de agosto del 97 le dice: «El 28 a las seis de la mañana ataqué a Las Tunas con 700 hombres de infantería... y 200 de caballería, y ayer, a las diez de la mañana, ya me había apoderado de ella después de 48 horas de continuo y rudísimo combate. La plaza tomada tenía 500 hombres de guarnición, dos piezas de artillería y grandes fortificaciones. Todos los obstáculos fueron vencidos por los valientes que a pecho descubierto y de día, se apoderaron por asalto de todas las fortificaciones, menos la casa de telégrafos donde estaba el Comandante Militar José Civera que capituló a lo último con 105 hombres que le quedaron y cuatro oficiales, limitándose la capitulación a ofrecerles yo la vida y la libertad de ir al pueblo que quisieran. Gran parte del triunfo se debe al cañón de dinamita que hizo prodigios... Amargan mi triunfo las pérdidas sufridas: tuvimos 85 bajas entre muertos y heridos.»[361] El botín fue inmenso: mil rifles, un millón de tiros, 10 carretas de medicinas, muchos machetes e infinidad de otros efectos. Después de una semana de ocupación, se dio la orden de salida de la ciudad. «Como el Ejército Libertador no disponía de los

---

[359] Abreu y Sintes, *Calixto García: Pensamiento y Acción Militar*, p. 45.
[360] Casasús, *op. cit.*, p. 218.
[361] Escalante, *op. cit.*, p. 260.

medios necesarios para retenerla en su poder lo aconsejable era destruirla por entero y evitar con esa medida el peligro inminente de que volviera a ser el centro de abastecimiento que era antes. Poco a poco, con una paciencia benedictina, los zapadores criollos, usando pico y barretas en profusión, a la par que dinamita, fueron demoliendo casa por casa y reducto tras reducto, hasta convertir la pintoresca población de otros tiempos en erial cubierto de ruinas.»[362]

La campaña del año culmina con otra gran victoria mambisa: el sitio y la toma de Guisa (28-29 de noviembre de 1897). Este pueblo, situado en las faldas de la Sierra Maestra, a veinte kilómetros de Bayamo –avanzada estratégica poderosamente defendida– dominaba el crucero de caminos que comunicaban al Este con el Oeste en el costado meridional de la provincia de Oriente. De sus ocho fortificaciones, la principal era el Fuerte del Heliógrafo, tenido por inexpugnable, en una de cuyas torres se había instalado un sistema de señales que lo mantenían en contacto con la ciudad de Bayamo, de donde únicamente podían venir refuerzos en caso de ataque. El plan de ataque del general García podía resumirse diciendo: primero había que silenciar el heliógrafo a cañonazos, luego ir tomando las otras siete fortificaciones, para al final atacar y tomar el Fuerte del Heliógrafo y de ahí el pueblo. Los mil atacantes cumplieron el plan con precisión cronométrica. Liquidada al primer disparo la comunicación con la central bayamesa, uno a uno cayeron los fortines y atrincheramientos de Don Panchito, Aguacate, Tivolí, Cementerio y el Cinco, el Seis y el Siete. Al llegar la noche del 28 quedaban por tomar: el del Heliógrafo, ya silenciado pero muy bien armado, y además, en el pueblo mismo, la Iglesia convertida en fortaleza, lo que se hizo el 29. Y otra vez, como en Las Tunas, antes de retirarse el Ejército Libertador tuvo que reducir a cenizas el poblado, después de apoderarse de todas las armas, el parque, las medicinas y cuanto objeto de valor podía trasladarse. Las bajas enemigas: cincuenta muertos y 132 prisioneros, entre los cuales se contaban 35 heridos graves. Las bajas propias: quince muertos y treinta y cinco heridos. Y así se cerraba el ciclo de operaciones mambisas del año 1897 en la provincia de Oriente. La estrategia militar de

---

[362] Escalante, *op. cit.* p. 255.

Weyler –la guerra total– había fracasado por completo, dejando demostrado, una vez más, que España era incapaz de derrotar al Ejército Libertador.

***

En los últimos meses de 1897, una cadena de acontecimientos produce importantes cambios en el gobierno español y en su política con respecto a Cuba. Como vimos antes en este libro, el Primer Ministro Antonio Cánovas del Castillo era asesinado el 8 de agosto por un anarquista y tras una breve regencia del cargo por el general Marcelo Azcárraga, lo ocupó el líder de la oposición liberal, Práxedes Mateo Sagasta en los primeros días de octubre. Muy temprano en 1897, Sagasta se convenció de que la guerra en Cuba estaba perdida para la metrópoli. El 11 de mayo de ese año, en el periódico *El Imparcial,* prácticamente lo admitía al decir que en la Isla «no somos dueños de más terreno del que pisan nuestros soldados», lo que provocó todo un escándalo. Consciente, además, de la superioridad militar de Estados Unidos, que presionaba vigorosamente al gobierno de Madrid en favor de una solución inmediata del problema cubano, el nuevo Premier inició una política de «concesiones» y «reformas», tratando de evitar una guerra que él sabía España no podía ganar. Su primera medida fue destituir a Weyler, nombrando en su lugar al general Ramón Blanco, quien había demostrado antes en Cuba su espíritu conciliador cuando gobernó la Isla después del Pacto del Zanjón. A fines de noviembre de 1897, un real decreto establecía en la Gran Antilla y en Puerto Rico un «régimen autonómico». El primero de enero tomó posesión en La Habana un Consejo de Gobierno con cinco secretarios procedentes de Partido Autonomista y dos del Partido Reformista. En marzo se celebraban elecciones para integrar un Parlamento Insular.

La naturaleza de este organismo demostraba, sin embargo, que las reformas eran más formales que reales: estaba formado por 18 miembros elegidos por el pueblo y 17 nombrados por el Gobernador General. Y éste, además, podía disolverlo en cualquier momento y, como jefe de las fuerzas armadas de España en Cuba, a él se subordinaban todas las demás autoridades, incluyendo los secretarios de despacho, que eran también nombrados y cesanteados a su arbitrio. Para la opinión pública cubana este régimen autonómico constituía una farsa, casi un insulto. En seguida fue condenado por los jefes civiles y militares de la revolución armada. Todos compartían con Máximo Gómez las opiniones expresadas por éste el 11 de enero en su *Diario*: «Los españoles se esfuerzan por implantar la Autonomía en Cuba, pero abrigo la firme esperanza de que este pueblo heroico, mirará con soberano desprecio semejantes tardías reformas, que no pueden de ningún modo satisfacer sus nobles aspiraciones de independencia, defendida a costa de tanta sangre y ruina.»[363] Ese era el sentimiento de la casi totalidad de los miembros del Ejército Libertador. Pero no faltaron casos aislados de jefes que admitían en sus campamentos «delegados» que venían a defender la causa autonomista. Calixto García decidió cortar esa peligrosa debilidad de raíz. En el mes de noviembre del '97 remitió a todos los Jefes y Oficiales del Departamento Militar de Oriente, el siguiente comunicado oficial: «Señores: Enterado por la publicidad que hace la prensa de que el Gobierno español piensa ofrecer la autonomía para con este ardid sofocar la Revolución o al menos sembrar entre nosotros discordias y debilidades, este Cuartel General recuerda a ustedes que el espíritu y letra de nuestra Constitución no admite tratado con España que no sea basado en la absoluta independencia de Cuba... Por tanto, seré inexorable sometiendo como traidor a la Patria a todo civil o militar, sea de la graduación que fuere que admita mensajes, comisiones o cualquier comunicación con el enemigo, pues el Gobierno Supremo de la República es el único que puede oir las proposiciones que se le hagan, y aun éste solamente podrá oir aquellas que tengan como base el reconocimiento por el Gobierno español de la independencia absoluta de la patria cubana... Todo aquel que venga comisionado por el enemigo para hacer proposiciones de sumisión a España, será juzgado y castigado como traidor.»[364] Lo que coincidía con similares declaraciones del presidente Salvador Cisneros Betancourt y del Delegado del Partido Revolucionario Cubano, Tomás Estrada Palma, que ya conocemos.

---

[363] Máximo Gómez, *op. cit.*, p. 343.

[364] Aníbal Escalante Beatón, *op. cit.*, p. 265.

Si el general Blanco no pudo ganarse la opinión pública cubana con sus insinceras reformas políticas (que ni siquiera incluyeron el cese de la reconcentración weyleriana hasta el día 30 de marzo), tampoco logró contener el avance de las fuerzas militares mambisas en los primeros meses de 1898. En la capital, el gobierno estaba prácticamente secuestrado por los voluntarios, que se oponían a toda seria concesión, y hasta se amotinaron el 12 de enero demandando el regreso de Valeriano Weyler. En el resto del país, sobre todo en la mitad oriental, el ejército español estaba a la defensiva. En la provincia de Oriente, por ejemplo, los generales Pando, Toral y Vara del Rey se mantenían estáticos con sus miles de hombres en Guantánamo y Santiago de Cuba; el general Bernal hacía lo mismo en Manzanillo; mientras el general Luque no se atrevía a salir de Holguín. A veces, uno de ellos intentaba una acción, pero era inmediatamente rechazado. Así le sucedió al general Pando que se lanzó a un ataque en la cuenca del Cauto y sufrió tantas bajas que se vió obligado a devolverse a la capital de la provincia. En febrero de 1898, Blanco envió un poderoso ejército a la región de Sancti Spiritus en Las Villas, prometiendo destruir las tropas de Máximo Gómez. El golpe fue un fracaso total. El primero de marzo, el Generalísimo en un informe expresaba que «el enemigo había sido aplastado» y se encontraba en «completa retirada.» El mismo 1 de marzo el Departamento de Estado de Estados Unidos le remitía a Stewart L. Woodford, ministro norteamericano en España, un estimado de la situación militar en Cuba. Allí podía leerse que «los ejércitos de España no habían obtenido triunfo alguno en más de dos meses»; que la campaña de Blanco contra el general Gómez había sido «un absoluto fracaso»; que «los cubanos continúan dominando la mitad oriental de la Isla y sus columnas operaban en las provincias occidentales sin que los españolas hayan podido detenerlas». A lo que agregaban que «la autonomía había sido un completo fracaso» también.[365] ¿Tenía o no razón Sagasta cuando decía que España sólo poseía en Cuba el terreno que pisaban sus soldados en las ciudades y pueblos fortificados? Se calcula que más de las tres cuartas partes del territorio la Isla se encontraba en las manos de la República en armas y era gober-

---

[365] Véase Foner, *op. cit.*, p. 136. También Escalante, *op. cit.*, pp. 289-290.

nado por ella. Y ese gobierno, a más de hacer la guerra, tenía en funcionamiento, en 1898, un sistema postal, otro escolar, un tercero fiscal y otro de salubridad pública, sin contar con el de prefecturas para garantizar los cultivos y el abastecimiento de la tropa. A todo lo cual podía agregarse una prensa propia, así como imprentas y talleres de muy variados tipos. Cada día se hacía más evidente: Cuba estaba acercándose al momento en que podría ganar su independencia por su mismo esfuerzo, lo que era inaceptable para el gobierno de Estados Unidos.

A partir de la voladura del *Maine* el 19 de febrero de 1898 este hecho devenía más y más obvio. Y cuando el 21 de abril estalla la guerra entre Estados Unidos y España, la ofensiva mambisa en Oriente se vuelve arrolladora. El 24 de abril Calixto García le comunica al Secretario de la Guerra que el día anterior los generales Jesús Rabí y Saturnino Lora se habían apoderado de las villas de Jiguaní y Santa Rita y que por órdenes suyas el coronel Fernández de Castro marchaba sobre Cauto el Embarcadero, el general Cebreco sobre Palma Soriano, el general Menocal sobre San Andres y él se dirigía a Bayamo, ciudad legendaria y clave de la región, que cayó en sus manos el 28. Debemos al general Enrique Collazo un excelente resumen de la situación militar de Cuba inmediatamente antes de la llegada de las tropas norteamericanas:

«El Departamento Oriental de la Isla, es decir, el comprendido entre la Trocha de Júcaro a Morón y Punta Maisí puede decirse que estaba en su inmensa mayoría en poder del ejército de Cuba, lo que se comprueba viendo que a pesar de su extenso territorio los españoles no ocupaban más que los puntos siguientes al empezar el mes de mayo:

«Ocupaban los españoles la línea militar de Júcaro a Morón y en el resto de Camagüey las poblaciones de Puerto Príncipe, Nuevitas y además la vía férrea entre ambas poblaciones, cubierta con pequeños blockhouses; en las jurisdicciones de Bayamo, Tunas, Manzanillo y Jiguaní no conservaban más que sobre la costa la ciudad de Manzanillo; en las de Holguín, Mayarí y Sagua de Tánamo, poseía Holguín, Gibara y la vía férrea entre ambas poblaciones; en Baracoa solamente la ciudad; en Guantánamo esta villa y las inmediaciones de la bahía; y en Santiago de Cuba, la ciudad, la vía férrea a San Luis, Palma Soriano, y por el este, sobre la costa, la región minera hasta Daiquiri.

«En el Departamento Occidental, es decir, el territorio comprendido desde la trocha de Júcaro a Morón y al cabo San Antonio, se sostenían las dos fuerzas contendientes, ocupando los españoles todos los pueblos, ciudades, caseríos y algunas vías férreas que sostenían su circulación; pero el ejército cubano ocupaba todo el territorio en el campo, moviéndose siempre, batiéndose a diario, molestando continuamente a los españoles, de los cuales que puede decirse que vivían costándole cada bocado de comida un riesgo o un combate, especialmente en las jurisdicciones de Matanzas, La Habana y Pinar del Río, con más desahogo en Las Villas, donde estaba el General en Jefe Máximo Gómez, el que después de hacer infructuoso el esfuerzo de Weyler y sus cuarenta batallones permanecía en el territorio de donde no pudieron hacerlo salir.

«El ejército cubano, podía calcularse, tenía sobre las armas y en activo servicio 25,000 hombres, número que podía duplicar con rapidez, al recibir armamentos, como lo indica el general García en las instrucciones que mandó a Washington, contando además gran número de auxiliares del ejército en sus talleres, hospitales y empleos civiles; hombres que en su mayoría eran útiles para las armas.»[366]

Obviamente se había producido la situación prevista por el presidente Cleveland en su Mensaje al Congreso de 7 de diciembre de 1896. A España se le había hecho totalmente imposible «dominar la insurrección». La soberanía de la Península estaba «prácticamente extinguida». Cada día era más ostensible que los cubanos se aproximaban a la victoria mediante el uso exclusivo de sus propias fuerzas.

---

[366] Enrique Collazo, *Los Americanos en Cuba*, vol. 1, La Habana, 1905, pp. 188-189.

Entonces, como era de esperarse, llegaron a Cuba los «americanos»...[367]

***

Ya hemos narrado (en el capítulo VI) la solicitud de ayuda que envió Washington al general Calixto García a través de un mensajero, quien se entrevistó con él en la ciudad de Bayamo, ayuda que consistió en que una columna del ejército mambí «limpiara» de tropas españolas la zona de desembarco. Hemos visto también cómo, antes de desembarcar sus tropas, Shafter y Sampson bajaron a tierra para pedirle consejo a ese mismo jefe cubano. Las implicaciones políticas de este hecho eran significativas: al tratar directamente con Calixto García para pedir su colaboración, se estaba desconociendo al Consejo de gobierno mambí, y de hecho negando su legitimidad. Esto no era una novedad: simplemente se daba continuidad, en 1898, a la política tradicional estadounidense, vigente desde los tiempos de Ulysses Grant, de negarle el reconocimiento de beligerancia al pueblo de Cuba en armas. Por eso el trato exclusivo dado a Calixto García, desconociendo al General en Jefe y al Gobierno, colocaba al Lugarteniente General en un delicada situación con sus superiores. Sin embargo, ante la oportunidad de contar con la colaboración de las poderosas fuerzas norteamericanas, los cubanos decidieron pasar por alto este hecho, y accedieron a brindar su ayuda para el desembarco de los estadounidenses.

Debido al éxito de la operación cubana, los invasores del norte pudieron desembarcar en Daiquirí sin tener una sola baja. Sin la intervención de los mambises se hubieran enfrentado, al momento de tocar tierra, con un destacamento de los españoles. Prueba del valor extraordinario que para el ejército norteamericano representó el poder desembarcar sin oposición enemiga de ningún género es la opinión de un testigo ocular en el escenario de los hechos: uno de los corresponsales estadounidenses que acompañaban a las tropas de Shafter, George Kennan, indica que con las fuerzas españolas situadas en lo alto del farallón en que terminaba la playa (de donde las expulsaron los cubanos atacándolas desde arriba) el desembarco hubiera sido «muy difícil, si no absoluta-

---

[367] En Cuba a todos los ciudadanos de Estados Unidos se les llamaba «americanos».

mente imposible». Kennan explica que para que las tropas de Estados Unidos desalojaran a los españoles hubiera sido preciso «desembarcar en la orilla bajo fuego y asaltar las alturas, escalando los precipicios de las terrazas situadas al frente de la muralla que daba al mar. Quizás esto se pudiera haber hecho, pero con un enorme sacrificio de vidas humanas».[368] Por otra parte, podemos especular que el proceso de asegurar el resto de la zona para el desembarco no debe haberles costado demasiado a los cubanos, precisamente porque, ya lo hemos dicho, en la provincia de Oriente casi todo el campo estaba en posesión de los insurrectos, como consecuencia de sus tres años de lucha. Pero una cosa es incontrovertible: la presencia y las acciones de ejército mambí facilitaron grandemente el éxito de la intervención norteamericana, cuya victoria sobre España fue el golpe de gracia a un contrincante que ya estaba condenado a la derrota.

Al comenzar el conflicto podría haberse pensado, a partir de la acción a la que acabamos de referirnos, que las relaciones entre cubanos y «americanos» iban a ser cordiales y ccoperativas. Pronto, sin embargo, para sorpresa general, se evidenció que el ejército invasor iba dispuesto a relegar a su aliado a un puesto secundario en la campaña. Porque García no sólo ofreció muy sabios consejos –que, por cierto, salvaron innumerables vidas norteamericanas– sino tropas bien entrenadas, muy motivadas y conocedoras del terreno, para combatir al enemigo común. Llegó hasta a ofrecer que se colocara su ejército cubano bajo las órdenes inmediatas del alto mando norteño para garantizar así un esfuerzo común. Mas, no sólo fue esto rechazado de plano, sino que costó enormes esfuerzos obtener permiso para lograr una parcial participación mambisa en las batallas decisivas de la campaña.¿A qué podía deberse semejante actitud?

Fracasado el intento de compra de la Isla, e iniciada la guerra con Epaña, el nuevo objetivo del presidente McKinley era romper por la fuerza los lazos que por casi cuatro siglos habían atado a Cuba con su metrópoli europea, ocuparla militarmente y encontrar la manera de mantenerla bajo el dominio permanente de Estados Unidos. Es decir que

---

[368] George Kennan, *Campaigning in Cuba* (New York, 1899, pp. 79-80).

McKinley no invadió la Isla como aliado de un pueblo que luchaba por su libertad, sino como jefe de una potencia colonial que consideraba apoderarse de esa gran presa estratégica, la Perla de las Antillas, la Llave del Golfo de México y del futuro Canal de Panamá. Los observadores perspicaces bien hubieran podido adivinarle sus verdaderas apetencias cuando se opuso en mayo del '97 a la proposición de J. T. Morgan, aprobada por el Senado por votación de 41 contra 14, reconociéndole beligerancia a los cubanos y cuando posteriormente logró matar el proyecto en la Cámara de Representantes. También cuando repitió su oposición a ese reconocimiento en su Mensaje al Congreso de 6 de diciembre del mismo año. Y luego cuando desoyó las varias peticiones, parecidas a la de Morgan, presentadas por otros representantes y senadores. Reconocer la beligerancia era reconocer la existencia de una Cuba digna de ser apoyada en su lucha por la independencia. Y ese no era su objetivo. Lo que él necesitaba era una fórmula que le permitiera, una vez ganada la pelea, quedarse con la presa si era posible. Lo que le estaba resultando muy difícil desde el punto de vista jurídico, porque la forma en que Estados Unidos había entrado en la guerra contra España interponía serios obstáculos a sus propósitos. La Resolución Conjunta que declaró la guerra también fijaba como propósito norteamericano el entregarle al pueblo cubano su independencia y su libertad. Por eso McKinley consideraba indispensable impedir el reconocimiento del gobierno revolucionario, lo que le abría puertas a muchas maniobras.

Puesto en lenguaje jurídico: si España era despojada de la soberanía sobre la isla de Cuba, ¿a quién le tocaría entonces ejercerla? Los cubanos contestaban: al pueblo de Cuba en armas. McKinley rebatía: al gobierno de Estados Unidos. La Resolución Conjunta afirmaba que los cubanos tenían razón. McKinley alegaba que no era así (lo que, en verdad, no sonaba muy original, pues lo mismo venía repitiendo el gobierno norteño desde principios del siglo XIX.) Ahora bien, esa política de «no reconocimiento» no era tan fácil de aplicar en el terreno práctico de la guerra. El ejército norteamericano podía evitar el contacto con las autoridades supremas de la República de Cuba. Pero, ¿cómo eludir las relaciones con otro ejército que, como el mambí, ocupaba el noventa por ciento del territorio de la provincia de Oriente? Sin embargo, después de utilizar los indispensables servicios de García para el desembarco y el planeamiento de las operaciones posteriores, los estadounidenses se esforzaron por limitar en todo lo posible la participación de las tropas cubanas en las mismas.[369] Lo que iba a producir severos rozamientos con el alto mando criollo.

Otro factor vino a acentuar los malentendidos entre cubanos y norteamericanos: el etnocentrismo de estos últimos, así como su ignorancia sobre la naturaleza y funcionamiento del ejército mambí. Esa ignorancia comenzaba en el Presidente mismo. Por ejemplo, en una ocasión, McKinley trataba de convencer a Horatio Rubens, el abogado de la Delegación Cubana, de que los cubanos debían aceptar un armisticio propuesto por el general Blanco. Rubens trató en vano de explicarle a McKinley que un armisticio significaría la disolución y desintegración del ejército mambí, mientras las fuerzas españolas permanecerían intactas. El Presidente no se daba cuenta de que siendo la de Cuba una guerra de guerrillas que se abastecían de lo que encontraban en el campo, no podrían sostenerse si permanecían inactivas. «Nosotros no tenemos comisariado todavía –le explicaba Rubens a McKinley– y si para no morirnos de hambre buscamos el sustento como podamos, eso se considerará como un rompimiento del pacto.»[370] Eso de la guerra de guerrillas era un misterio insondable para los oficiales de carrera. Y las tácticas que en ella se practicaban, tan similares a las de cualquier ejército insurrecto, pero tan diferentes de aquellas de un ejército regular, les parecían absurdas y hasta barbáricas. Ellos habían supuesto que encontrarían en Cuba un ejército como el suyo, con uniformes, comestibles y armamentos suministrados por el gobierno y les parecía totalmente irregular que los mambises se procuraran el sustento y los pertrechos arrancándoselos al

---

[369] Sobre las relaciones entre McKinley y la Revolución Cubana pueden consultarse, entre otras, las siguientes obras: Louis A. Pérez, Jr., *The War of 1898*, Chapel Hill and London, 1998, pp. 12-17, 37-39; Philip S. Foner, *The Spanish-Cuban-American War and the Birth of American Imperialism,* New York and London, 1972, Vol I, Capítulo XI; Horatio Rubens, *Liberty: the Story of Cuba*, New York, 1932, pp. 233 y ss.; Kevin Phillips, *William McKinley*, New York, 2003, Capítulo IV; Margaret Leech, *In the Days of McKinley*, New York, 1959, pp. 278 y ss.

[370] Horatio Rubens, *op. cit.*, pp. 326-327.

enemigo. La pobreza en el vestir de los soldados cubanos y su frecuente carencia de calzado adecuado les repugnaba (olvidaban que su propio ejército durante la llamada «Revolución Americana» se había visto muchas veces en la misma situación). Los consideraban casi como bandoleros. Y así lo decían y lo escribían y hasta lo reportaban en los diarios. ¿Recordará el lector que en una ocasión los llamó Teodoro Roosevelt «una banda de zarrapastrosos»? Lo que no podían o querían admitir estos hijos del prejuicio y la «preocupación» –como por aquel entonces se decía– era que ese ejército mal vestido, mal comido y mal armado, a puro golpe de patriotismo, talento, sacrificio y perseverancia tuviese a una potencia europea –ya lo hemos visto– contra la pared; que hubiesen liberado gran parte de la Isla; que hubiesen hecho posible el desembarque de las tropas norteñas sin una sola baja y que, como pronto veremos, constituyesen una ayuda decisiva a sus supuestos «aliados» en una guerra supuestamente común.

Pero quizás la razón del más grave distanciamiento entre los estadounidenses y los cubanos era el racismo de gran número de los oficiales y soldados estadounidenses. El hecho de que muchos de los integrantes del ejército cubano fuesen negros ofendía a los numerosos soldados y oficiales sureños (y hasta a algunos del Norte también). Su simple presencia, a veces hasta creaba graves problemas de cortesía militar.

Producto de esa etnofobia eran los reportajes y artículos que comenzaron a salir en la prensa norteamericana en los que, para referirse a los libertadores cubanos, se usaban los términos corrientes del peor racismo norteño, tales como «niggers», «coons», «mongrels»... Un oficial del ejército de Estados Unidos los consideraba «traicioneros, mentirosos, cobardes, ladrones, inservibles, cruce perruno de mala casta, engendrado por Europa y los fetiches de la oscura Africa y la América aborigen.»[371] Y en otra parte dice: « »¡Los valientes cubanos!»... Lo primero que notamos en ellos es su color. Va de amarillo achocolatado hasta todos los matices del negro más oscuro y su pelo es 'pasudo'... En seguida se nota

---

[371] John H. Parker, *History of the Watling Gun Detachment, Fifth Arms Corps, at Santiago*, Kansas City, 1898, pp. 77-78

en ellos la furtiva mirada del ladrón... y después su suciedad...»[372] Para un periodista del *New York Evening Post* los mambises eran «obviamente una miserable banda de mestizos, carentes de toda idea de lo que significaba la guerra civilizada.»[373] Según el general Samuel B. Young,: «Los insurgentes son una pandilla de degenerados, absolutamente desprovistos de honor y gratitud. No tienen más capacidad para el gobierno propio que los salvajes de Africa.» Y hasta Teodoro Roosevelt (que por algo fue discípulo predilecto del profesor racista de Ciencias Políticas de la Universidad de Columbia, John W. Burgess) se refirió a los patriotas del Ejército Libertador con estas palabras: «Los soldados cubanos eran casi todos negros y mulatos, estaban vestidos de harapos y armados con toda clase de rifles distintos... Hubiera sido mucho mejor para nosotros que ni un solo cubano se hubiese acercado a nuestro ejército. No nos ayudaron en nada. No fueron sino una fuente de problemas y vergonzosas molestias.»[374]

Ante semejantes afirmaciones, no debe extrañarnos que la historiografía norteamericana haya desconocido por completo el papel que jugó el soldado mambí en la guerra del 98. El cubano, protagonista del drama, fue totalmente eliminado del escenario. Y sólo recientemente historiadores norteños como Philip S. Foner y Louis A. Pérez, Jr., bajo la influencia de historiadores cubanos como Emilio Roig de Leuchsenring y Herminio Portell Vilá, han comenzado a rescatar la verdad de lo sucedido en Santiago de Cuba en 1898. Pérez, por ejemplo, escribe: «De hecho, los cubanos jugaron un papel decisivo, aunque en gran parte no reconocido, en la victoria de los Estados Unidos. Actuaron como exploradores, guías e intérpretes; proporcionaron importantísima información bélica, pero sobre todo participaron en operaciones militares en los momentos críticos de la campaña.»[375] Desde que ésta comienza hasta que termina,

---

[372] Parker, *op. cit.*, p. 76.

[373] *New York Evening Post*, Junio 21 de 1898, p. 2.

[374] Fitzhugh Lee, *Cuba'Struggles against Spain*, New York, 1899, p. 645.

[375] Louis A. Pérez, Jr., *The War of 1898: the United States and Cuba in History and Historiography*, Chapel Hill y London, 1998, p. 86.

la participación de Calixto García y sus hombres resulta determinativa. Se inicia cuando el general ordena «limpiar de españoles» a Daiquirí y Siboney, para facilitar el desembarco de las tropas norteñas.[376] Culmina cuando le toca convencer a Shafter de que ha ganado la batalla de San Juan y no tiene por qué retroceder cinco kilómetros, como le había anunciado a Washington que tenía proyectado. Y ¡cuántas son, entre un momento y otro, las contribuciones! Una básica inicial: impedir que desde el Norte, el Este y el Oeste recibiera refuerzos en Santiago el enemigo. García se apresuró a impedirlo. Y lo logró en Holguín, donde el general mambí Luis de Feria mantuvo encerrados en esa ciudad 12.000 soldados españoles mandados por el general Luque, y también en Guantánamo donde el general Pedro Agustín Pérez hizo lo mismo con las tropas que en número de 6.000 se concentraban allí bajo el mando del general Pareja. En Manzanillo España disponía de 6.000 hombres bien armados. García le pidió permiso a Shafter para tomar tropas cubanas de Santiago y lanzarlas en la dirección de Palma Soriano y Bayamo con el fin de detener al coronel Escario, que con un ejército de 3.000 soldados avanzaba desde Manzanillo a reforzar la plaza santiaguera. Shafter dijo que no. De todos modos, los regimientos mambises locales hostilizaron sistemáticamente la columna de Escario, obligándolo a batirse treinta veces, perdiendo gran parte de su material bélico y sus abastecimientos y retardando su marcha a tal extremo que llegó a Santiago cuando la batalla había terminado, casi sin parque, sin abastecimientos y con una carga de más de cien heridos. Sin el magnífico empeño defensivo de las tropas mambisas, los refuerzos españoles hubiesen llegado rápidamente

---

[376] Permítasenos insistir en el valor extraordinario que para el ejército norteamericano representó el poder desembarcar en el área de Santiago de Cuba libre de toda oposición enemiga. Cuando los 15.000 soldados de Shafter bajaron a tierra sin tener que disparar un solo tiro, éste dirigió un cablegrama a Wahsington diciendo: «Desembarcamos en Daiquirí sin hallar resistencia.» Pero olvidó añadir que ese éxito en gran parte se debía a que las fuerzas mabisas de Castillo Duany y Rabí, por órdenes superiores, le habían limpiado previamente el camino. (Véase: Louis A. Pérez, op. cit. pp. 86 y 87.) Sobre la ayuda ofrecida por el Ejército Libertador Cubano a las operaciones de las fuerzas militares norteñas en Cuba debe consultarse la obra del Jefe del Ejército de los Estados Unidos, Nelson Miles, *Serving the Republic*, New York, 1911, particularmente pp. 277 y ss.

desde el Norte, el Este y el Oeste. Y el curso de la batalla de San Juan hubiera sido muy distinto.

Todavía podrían citarse otras contribuciones. Para completar el sitio de la ciudad, García logró el cerco completo de la misma, mediante un movimiento de pinzas, tomando posiciones en sus afueras, ocupando los poblados de San Vicente, Cuabitas, Boniato y Dos Bocas, llegando a ocupar la Loma de Quintero (donde ahora se encuentra la Universidad de Oriente, en plena ciudad) y el Cementerio de Santa Ifigenia, hasta el borde mismo de la bahía. Como bien explica el capitán Aníbal Escalante Beatón en su obra, «se podía decir que dominábamos casi por completo la ciudad.»[377] Además, García cortó en varios lugares el ferrocarril que unía a Santiago con San Luis, convirtiéndolo en inservible, operación que tuvo que defender de las críticas de Shafter, quien no comprendía que esa era una de la principales rutas por donde podían recibir refuerzos y víveres los españoles. En el combate de San Juan se distinguieron los destacamentos cubanos mandados por el coronel González Clavel, quien recibió una felicitación en el terreno de su jefe norteño el coronel Wood. Terminada la acción de San Juan, los mambises, por órdenes del general García fueron a reforzar las fuerzas cubanas que junto a las norteamericanas peleaban desde por la mañana contra las hispanas destacadas en El Caney. Los primeros en asaltar y ocupar el fuerte del Viso fueron los cubanos del batallón Baconao. Las bajas mambisas en el combate fueron, relativamente hablando, mucho más altas que las norteamericanas.

(Basta leer el informe dirigido por Calixto García al general Máximo Gómez el 15 de julio de 1898 sobre la participación cubana en el combate de Santiago de Cuba para comprobar la importancia decisiva del aporte mambí a la impresionante victoria obtenida por los ejércitos aliados. Comienza con el mensaje enviado por el general en jefe del Ejército Americano Miles al general cubano, a principios de junio, anunciándole «el proyecto de atacar por mar y por tierra la ciudad» y pidiéndole la colaboración de las fuerzas cubanas. Termina con la capitulación española, a mediados de julio, a la que no fue invitado. El relato de

---

[377] Escalante, *op. cit.*, p. 515.

los hechos ocurridos en ese mes y medio, que más arriba hemos resumido, pone en evidencia la pericia del jefe cubano y la capacidad de combate de sus tropas. Incapaz de jactancia alguna, el general García, sin embargo, en alguna que otra frase del documento deja ver que el Ejército Libertador a sus órdenes estaba ya dentro de la ciudad sitiada y preparado para tomarla si se le ordenaba. Al hablar de la toma de todos los fuertes y las trincheras «del lado acá del (río) Yarayó», agrega: «Con esto quedó cerrado por completo el cerco, ocupando fuerzas de la división de Cuba todo el Oeste de la ciudad hasta las mismas aguas de la bahía, incluso el cementerio.» ¿Qué tiempo le hubiera tomado a Shafter rodear a todo Santiago con un movimiento de pinzas si no hubiera contado con las fuerzas cubanas.)[378]

Debemos citar, por fin, otro aporte esencial a la derrota infligida a España: la poderosa y tenaz ofensiva mambisa durante los tres años que duraba ya la Guerra de Independencia –sin contar con lo que habían aportado en su hora la Grande y la Chiquita– había hundido al gobierno de Madrid en una completa bancarrota económica, política y moral. El tesoro de la metrópoli se encontraba exhausto, habiendo drenado hasta las heces sus recursos financieros y humanos. Las bajas pasaban ya de cien mil hombres por la acción de las balas, los machetes o las enfermedades tropicales. La fuente de material humano se iba secando también. Por algo figuras de tan alto relieve como Víctor Concas, el capitán del *María Teresa*; como Pascual Cervera, jefe de la armada; y como Práxedes Mateo Sagasta, Primer Ministro, estaban convencidos de que ir a una guerra contra Estados Unidos conduciría a su país a la catástrofe, pese a los silbidos en la oscuridad de la prensa patriotera. ¿Con qué podría España vencer a una Norteamérica joven, rica y pujante, cuando era incapaz de derrotar a los patriotas cubanos, quienes sin fuentes de armamentos y pertrechos, eran dueños en 1898 de la mayor parte del territorio de la Isla.?

---

[378] Véase Calixto García, *Palabras de Tres Guerras*, La Habana, 1942, pp. 87-100.

Es justo reconocer que, aunque mayoritario, el desprecio al aporte cubano a la victoria no fue unánime. El general William Ludlow, en carta a Calixto García apenas terminadas las operaciones militares, le dice: «Permítame felicitarlo... sobre lo que ahora parece ser una feliz solución del problema de Santiago, resultando en el éxito de nuestras fuerzas combinadas en la toma de la ciudad, la evacuación por los españoles y el restablecimiento de la paz. Permítame decirle que sus fuerzas han llevado a cabo servicios de los más valiosos, y su obra ha sido inestimable para nosotros... Hago esta declaración, general, personal y no oficialmente, porque soy jefe subordinado; pero lo hago porque he estado más en contacto con sus fuerzas y he tenido mayor oportunidad de observar sus tareas y el valor de su cooperación mejor, acaso, que ningún otro.»[379] Debe señalarse que el mayor general Nelson A. Miles, jefe supremo del ejército de Estados Unidos, reconoció también, más de una vez, los valiosos servicios del general García y del Ejército Libertador cubano. Y no cesó de hacerlo en cada oportunidad que se le presentaba. Una, muy llamativamente, en su discurso ante la Asamblea Constituyente del pueblo de Cuba, reunida en La Habana en el mes de marzo de 1901, donde dijo: «Os felicito por la soberbia campaña de vuestro ejército. Vosotros conocéis las hazañas del nuestro; pero, deseo atestiguar que yo presencié el valor indomable del vuestro, a las órdenes del general Calixto García. Con seis mil hombres cerróle el paso a más de veinte mil del ejército español e impidió que pudieran socorrer a las guarniciones de Santiago. La otra parte de sus fuerzas, otros cuatro mil hombres, atacó con tal actividad que merece gran parte de la gloria del éxito.»[380] No debe olvidarse, además, que durante la batalla, varios de los generales norteamericanos, cansados de las vacilaciones y ausencias de Shafter, que él justificaba aludiendo a su estado de salud, llegaron a proponer que se entregara el mando superior de todas las fuerzas aliadas al general cubano Calixto García, cuya capacidad militar conocían y admiraban. Aunque las «órdenes de arriba» fueran de «limitar el concurso de los

---

[379] Felipe Martínez Arango. *Cronología Crítica de la Guerra Hispano-cubanoamericana*, La Habana, 1973, p. 184.

[380] Citado por Casasús, *op. cit.*, pp. 290-291.

cubanos al servicio de prácticos o meros informadores del terreno. La acción de las armas debía pertenecer exclusivamente al ejército norteño, *siempre que fuera posible.*» Esas últimas palabras, debidamente subrayadas en bastardillas, vendrían a salvar a las tropas norteamericanas de numerosos contratiempos.

Pese a tales gentilezas individuales, ya vimos que tan pronto los norteamericanos se sintieron seguros de la victoria, siguiendo las miras de la Casa Blanca, cambiaron su actitud oficial respecto al ejército mambí. Como sabemos, los jefes cubanos no fueron invitados a las negociaciones y ceremonias del armisticio, ni tampoco a la entrada de las tropas vencedoras en Santiago de Cuba. y otras ciudades. Y estas primeras muestras de la arrogancia imperial, pronto típica de Estados Unidos en su trato con todos los hispanoamericanos, hirieron profundamente al Ejército Libertador, cuyos sentimientos fueron poderosamente expresados en una carta dirigida por el general Calixto García al general William Shafter. Es un documento de hondo valor humano y de enorme significación política, que merece aparecer íntegramente aquí:

Al Mayor General Shafter.

Señor:

El día 12 de mayo último, el Gobierno de la República de Cuba me ordenó como comandante en jefe que soy del ejército cubano en las Provincias Orientales, que prestara mi cooperación al ejército americano. Siguiendo los planes y obedeciendo las órdenes de los jefes, he hecho todo lo posible para cumplir los deseos de mi Gobierno, habiendo sido, hasta el presente, uno de los más fieles subordinados de usted y teniendo la honra de ejecutar sus órdenes e instrucciones hasta donde mis facultades me han permitido hacerlo.

La ciudad de Santiago de Cuba se rindió al fin al ejército americano y la noticia de tan importante victoria sólo llego a mi conocimiento por personas completamente extrañas a su Estado Mayor, no habiendo sido honrado con una sola palabra de parte de usted sobre las negociaciones de paz y los términos de la capitulación propuesta por los españoles. Los importantes actos de la rendición del ejército español y de la ciudad por usted, tuvieron lugar posteriormente y sólo llegaron a mi conocimiento por rumores públicos. No fui tampoco honrado con una sola palabra, de parte de usted, invitándome a mi y a los demás oficiales de mi Estado Mayor para que representáramos al Ejército cubano en ocasión tan solemne. Sé, por último, que usted ha dejado constituidas en Santiago a las mismas autoridades españolas contra las cuales he luchado tres años como enemigos de la independencia de Cuba. Yo debo informar a usted que esas autoridades no fueron nunca electas por los habitantes residentes en Santiago de Cuba, sino nombradas por decretos de la Reina de España. Yo convengo, señor, en que el ejército bajo su mando haya tomado posesión de la ciudad y ocupado las fortalezas; yo hubiera dado mi ardiente cooperación a toda medida que usted hubiese estimado conveniente, guardando el órden público, hasta que hubiera llegado el momento de cumplir el voto solemne del pueblo de los Estados Unidos, para establecer en Cuba un gobierno libre e independiente; pero cuando se presenta la ocasión de nombrar a las autoridades de Santiago de Cuba, en las circunstancias especiales creadas por una lucha de treinta años contra la dominación española, no puedo menos que ver, con el más profundo sentimiento, que esas autoridades no sean elegidas por el pueblo cubano, sino que son las mismas que tanto la Reina de España como sus ministros habían nombrado para defender la soberanía española contra los cubanos.

Circula el rumor que, por lo absurdo, no es digno de crédito, general, de que la orden de impedir a mi Ejército la entrada en Santiago de Cuba ha obedecido al temor de venganzas y represalias contra los españoles. Permítame usted que proteste contra la más ligera sombra de semejante pensamiento, porque no somos un pueblo salvaje que desconoce los principios de la guerra civilizada; formamos un ejército pobre y harapiento, tan pobre y harapiento como lo fue el ejército de vuestros antepasados en su guerra noble por su independencia de los Estados Unidos de América; pero a semejanza de los héroes de Saratoga y Yorktown, respetamos demasiado nuestra causa para mancharla con la barbarie y la cobardía.

En vista de todas las razones aducidas por mi anteriormente, siento profundamente no poder cumplir por más tiempo las órdenes de mi Gobierno, habiendo hecho hoy, ante el general en jefe del Ejército cubano, Mayor General Máximo Gómez,, la formal renuncia de mi cargo como General en Jefe de esta sección de nuestro Ejército.

En espera de su resolución, me he retirado con todas mis fuerzas a Jiguaní.

Soy respetuosamente de usted, Mayor General,

Calixto García.
Campos de Cuba Libre, 17 de julio de 1898.

La respuesta de Shafter fue cortés pero seca y descarnadamente franca. La carta que la contenía, decía así: «Siento en extremo que usted se haya considerado agraviado en lo más mínimo. Esta guerra tiene lugar entre los Estados Unidos y España y está fuera de toda duda que la rendición de Santiago fue hecha al ejército nortamericano. Yo no puedo discutir la política del gobierno de Estados Unidos al querer que continúen en sus puestos las personas que los ocupaban. Le remito copia de las instrucciones del Presidente, las cuales resuelven cualquier dificultad que pueda suscitarse en el gobierno de este territorio, mientras esté ocupado por el ejército de los EstadosUnidos.» Es decir: Ustedes los cubanos no tienen nada que ver en este conflicto, que nos incumbe sólo a nosotros. Y la política que aplicamos ha sido elaborada por el Gobierno de Washington, no por nosotros.

La cólera de los cubanos ante esta respuesta fue potentísima. Para darnos una idea de las dimensiones de lo que el pueblo de Cuba sentía como un insulto, imaginemos lo que habrían sentido los estadounidenses si los franceses, que jugaron un papel definitivo en la derrota de las fuerzas inglesas en la llamada «Revolución Americana», hubieran decidido desconocer al general Washington durante y después de la batalla de Yorktown, a fin de negociar unilateralmente los términos del armisticio con el gobierno de Inglaterra, y establecer un protectorado francés en lo que hoy es Estados Unidos. La sensación de ira e impotencia de los norteamericanos en ese caso hubiera sido comparable a la de los cubanos después de la batalla de Santiago de Cuba. Recordemos una vez más que llevaban treinta años de guerra en pos de su independencia, que por ella habían visto desengrarse el país, y habían tenido que lamentar el sacrificio de algunos de sus mejores hombres, entre ellos Martí y Maceo. Definitivamente el fin de la intervención bélica de Estados Unidos en Cuba había sido muy distinto de lo que los cubanos habían esperado.

***

Como era inevitable, la reacción del Ejército Libertador al desaire y el desprecio ya sistemáticos de su infiel aliado fue de creciente indignación. Calixto García, ya es sabido, era hombre de genio vivo, que fácilmente se expresaba en un torrente verbal de fuerte colorido. No sabemos qué palabras pronunció en esta ocasión, pero fácilmente podemos imaginarlas. Sin embargo, el general era hombre de acción pero, a la vez, de pensamiento. Y reprimiendo la cólera se planteó en seguida las preguntas inevitables. Dos de ellas, sobre todo: ¿por qué? y ¿cómo responder? No se necesitaba ser un zahorí para comprender que la actitud de Shafter no era simplemente la de un generalote descortés que ignoraba las reglas de la urbanidad y la buena crianza. Eran demasiados los desdenes con los cubanos, que contrastaban con el repetido cambio de actitud con respecto a los españoles. Detrás de todo ello había, sin lugar a dudas, una política oficial del gobierno de Washington. Y ahora la carta de Shafter se encargaba de confirmarlo: se estaba produciendo un viraje en redondo de las alianzas. Estados Unidos había ido a Cuba aparentemente a liberar a un pueblo de la opresión colonial. Pero –pensaba García– ¿no sería que por debajo alentaba el oscuro propósito de darle a ese pueblo un nuevo amo? ¿Era por eso que, una vez utilizadas la fuerzas mambisas para derrotar a España, se echaba mano del enemigo vencido (incluyendo a los voluntarios y guerrilleros)[381] para hacerle frente a la pretensiones de

---

[381] En Cuba –recuérdese– se les daba el nombre de «guerrilleros» a los cubanos traidores que peleaban al lado de España contra sus compatriotas mambises.

plena independencia del aliado inicial? Ambas preguntas sólo tenían una respuesta: un rotundo sí. Y, ante esta situación, ¿cuál debía ser la actitud de los patriotas criollos? Se alzaban, en el campamento mambí, numerosas voces radicales que pedían un inmediato rompimiento con los Estados Unidos. Pensándolo mucho, García consideraba errónea tal posición. El ejército norteño –pensaba él– no era el pueblo de Estados Unidos. Tampoco lo era ni siquiera el Gobierno mismo. El general estaba seguro de que el pueblo norteamericano sentía hondas simpatías por la causa de la independencia de Cuba. Además, Estados Unidos se había comprometido solemnemente ante los ojos del mundo entero, a reconocer el derecho de la nación cubana a su plena libertad, utilizando para proclamarlo nada menos que el lenguaje del más sagrado de los documentos cívicos del país: la Declaración de Independencia de los Estados Unidos. Ahí estaba la frase clave en la Resolución Conjunta, al declarar la guerra: «Cuba es y de derecho debe ser libre e independiente». Había que hacer cuantos esfuerzos fuesen necesarios para conservar el tesoro político de esa decisiva simpatía popular. ¿El método? Una mezcla inteligente de vigorosa protesta y de enérgica reclamación del cumplimiento de los compromisos internacionales que Norteamérica había contraído con respecto a Cuba. Ese es el espíritu de la carta a Shafter. Y, para acentuarlo, la renuncia del propio García a su cargo. A lo que se añadían vigorosos esfuerzos internos dirigidos a evitar el rompimiento total con el Gobierno de Estados Unidos, hecho que él consideraba inconveniente y contraproducente. Porque el general seguía siendo optimista: dadas las circunstancias, aun creía posible ganar esta decisiva batalla por la vía cívica.

No hubo probablemente un día en la vida de Calixto García que superase al 17 de julio de 1898 en poner al descubierto sus dotes extraordinarias de patriotismo y de capacidad militar y política. Obra de todo un estadista fueron no sólo la respuesta histórica al jefe norteamericano, sino también la carta-renuncia dirigida a Máximo Gómez y la circular al Ejército Libertador con recomendaciones para hacerle frente al insulto y la provocación. Todas dictadas en unas pocas horas, pero de seguro producto de muy largas meditaciones. El Lugarteniente bien sabía que al Generalísimo no podía darle lecciones de estrategia política. Pero a sus subordinados sí. A su admirado jefe y viejo amigo le explica por qué renunciaba, repitiendo en parte lo que ya le había dicho a Shafter. Y le agrega, poniendo la culpa mayor donde debía caer: «No tengo más forma de protestar contra la actitud *del Gobierno americano.*»[382] A sus compañeros de lucha de todos los rangos les analiza la situación política del momento en una Circular que se dirige tanto a la cabeza como al corazón del mambisado. Va en seguida al grano en ella: el gobierno de Estados Unidos parece decidido a violar un compromiso sagrado contraído con el pueblo cubano: el de ayudarle a conquistar su independencia. El país se encuentra en «el momento más grave« de su existencia. Y la pregunta es inevitable: ¿qué hacemos? Consciente de que sólo una alianza firme no con el gobierno sino con el pueblo de Estados Unidos puede garantizar la libertad, García sugiere que todo, absolutamente todo lo que se haga, debe servir para enaltecer al pueblo de Cuba «a los ojos del pueblo americano». Indica: «En las poblaciones que ya están en nuestro poder..., procederán los jefes de división a hacer elegir en seguida por todos los vecinos que habiten en cada una de ellas y su comarca, un alcalde y un número proporcional de concejales, que deberán ser electos por sufragio universal, en que tome parte todo cubano mayor de veintiún años.» O sea: el pueblo norteamericano es democrático. Demostrémosle que nosotros también sabemos serlo. «El comandante militar en cada población correrá con todo lo referente al ejército, y sólo debe de intervenir en los asuntos de orden interior para conservar el orden público cuando el alcalde y ayuntamiento sean impotentes para lograrlo.» O sea: el pueblo norteño es profundamente civilista. Nosotros también lo somos. En los Estados Unidos predomina la libertad de comercio. Nosotros vamos a establecerla. Los jefes españoles al abandonar las poblaciones nos dejan sus enfermos y heridos para que se los cuidemos, sabiendo que lo vamos a hacer, como siempre en el pasado lo hemos hecho. El pueblo norteño se precia de humanitario. Nosotros lo hemos sido y lo seguiremos siendo. Y todo esto no por conveniencia política, sino por honda convicción moral y cívica. El pueblo cubano se merece, sin duda, la independencia. Y con la ayuda del pueblo americano la logrará. Ese es el mensaje de la

---

[382] Emilio Roig de Leuchsenring, *op. cit.*, p. 153. El énfasis es nuestro.

famosa circular de Calixto García, dictada a un ayudante el 17 de julio de 1898 en las afueras de Santiago de Cuba, en la llamada Casa Azul. ¿Ingenuidad? ¿Clara visión realista? Pronto vamos a ver lo que sucedió después. Y el lector podrá formar libremente su opinión.[383]

El 12 de agosto se firma el armisticio que pone fin a las operaciones militares. Y desde esa fecha hasta el primero de enero de 1899 tres corrientes históricas fluyen hasta juntarse en una gran victoria norteamericana que, a la vez, significaba una gran derrota para Cuba: el establecimiento del dominio absoluto de Estados Unidos sobre la Isla. La primera corriente es diplomática, se produce fuera de Cuba y culmina con el Tratado de París que liquida el conflicto hispano-americano. La segunda es la progresiva ocupación militar del país por el ejército del «gran vecino del norte». La tercera es la eliminación del poder civil y el militar de la República en Armas con la autodestrucción del Consejo de Gobierno y el licenciamiento del Ejército Libertador. Sobre la primera –broche que cierra un período– ya diremos algo más adelante. La segunda constituye un fracaso para los jefes cubanos que trataron de apoderarse de las ciudades antes de que entrasen en ellas las tropas de Shafter. Calixto García, según lo hemos visto, dictó las instrucciones al respecto en su Circular. Y por su parte, trató de llevar a la práctica sus recomendaciones. Por ejemplo, en un rápido movimiento hacia el norte de la provincia de Oriente, ocupó a Gibara, la llamada «España Chiquita», donde (¡delicias del oportunismo!) le dieron una recepción nada menos que en el Casino Español, con la asistencia de numerosos comerciantes destacados de la ciudad. Pero otros jefes cubanos no tuvieron idéntico éxito. Tómese como ejemplo lo ocurrido en Guantánamo, donde los norteamericanos ignoraron a los insurgentes (sin los cuales nunca hubieran vencido al ejército español) y las tropas mambisas del general Pedro Agustín Pérez tuvieron que quedarse fuera de la ciudad, lo que condenó el jefe cubano diciendo: «Si no se asegura nuestra independencia ahora, estoy dispuesto a continuar la pelea por otros treinta años, si es necesario. El ejército cubano no luchó por la anexión o por el control de nuestros asuntos por los «americanos». Nuestra lucha ha sido por la independencia y el

---

[383] Véase el texto completo de la Circular en Roig de Leuchsenring, *op. cit.*, pp. 161-164.

ejército no se sentirá satisfecho con ninguna otra cosa.»[384] Algo parecido sucedió en otras partes. Shafter decretó que quitarle posiciones a los españoles después del armisticio era un acto dirigido contra los Estados Unidos.Y el resultado fue que, paso a paso, las zonas urbanas cayeron todas en las manos del invasor norteño, quien inmediatamente se alió con los enemigos derrotados, los ex-integristas y los ex-autonomistas, para la constitución de gran parte de los gobiernos municipales.

La lucha parecía ser ahora entre cubanos y norteamericanos. Y no sólo dentro de Cuba sino en Estados Unidos, donde la campaña antimambisa se intensificó. Walter Millis, en un libro famoso, nos dice: «En Santiago, después de la rendición, las tropas norteamericanas y españolas fraternizaban en un espíritu de mutua admiración entre sí y de mutuo desprecio de los cubanos.»[385] Y arriba, en el Norte, sucede algo parecido. La prensa de Manhattan, por ejemplo, que ayer cantaba loas a los «valientes patriotas cubanos», ahora endilgaba groseros insultos a «esas pandillas de dagos». Los héroes de ayer formaban ahora una «chusma infecta» tan capaz de gobernarse a sí misma «como los salvajes de Africa». Es lo que decía a un periodista el general Shafter: «¿Gobierno propio? Este pueblo está tan preparado para el gobierno propio como la pólvora para entrar en el infierno.» La prensa neoyorquina daba un viraje radical. El *New York World*, el *New York Tribune*, el *New York Times*, cada uno en su estilo, destilaban ahora veneno anticubano. Concentrémonos brevemente en las palabras del *Times*. El 29 de julio: «Si les dejamos Cuba a los cubanos, se la entregaremos al reino del terror, a la antorcha y al machete, a la insurrección y el asesinato...» Agosto 1: «Entregarle la isla a los cubanos significaría conducirla a una situación peor que aquella de la cual queremos rescatarla.» Agosto 14: «Los insurrectos no son sino una minoría de la población cubana... La mayoría en Cuba desea la anexión (a los Estados Unidos)... Hay que evitar que suceda en Cuba lo que pasó en Haití.» Agosto 24: «La 'Cuba Libre' de los negros sería un verdadero infierno sobre la tierra... Cuba tiene que ser regida por una

---

[384] Véase, Louis A. Pérez, Jr., *Cuba between Empires*, p. 226.

[385] Walter Millis, *The Martial Spirit*, Chicago, 1959, p. 363.

mano firme... y no por una minoría pordiosera y rebelde, constituída en gran parte por los elementos criminales de la isla...» Y en un editorial, cambiando de voz, pero no de postura: «Estamos obligados por una promesa formal, que en buena fe debemos cumplir, a permitirle al pueblo de la isla de Cuba establecer el gobierno que desee poseer... Obviamente, en este momento ese pueblo no está capacitado para hacerlo... Cuando llegue el día, nos retiraremos y le dejaremos determinar su propio destino. Si esa hora nunca llega, seguiremos controlando la isla y, por fin, lo más probable es que ella sea anexada a Estados Unidos... Ni la promesa que hicimos nos obliga a retirarnos en seguida, ni el cumplimiento de su letra y de su espíritu nos prohibe convertirnos en los poseedores permanentes de Cuba...»[386] Se preparaban las condiciones para echar por la borda la gran promesa de la Resolución Conjunta: la de hacer de Cuba un país que «de derecho debía ser libre e independiente.»

Es justo reconocer que la protesta cubana contra la propaganda y las acciones de los expansionistas norteamericanos, siempre encontró eco en varios sectores de la vida pública de Estados Unidos, particularmente entre los miembros de la clase media y la trabajadora, para quienes un juramento y una promesa como los contenidos en la Resolución Conjunta comprometían a su nación para siempre. No faltaron periódicos que publicaran y elogiaran la famosa carta-protesta de Calixto García al general Shafter y otros que denunciaran el anticubanismo que se había desatado en la prensa norteña y pusieran al desnudo su verdadero propósito. Así, por ejemplo, *The State* se expresaba en estos términos: «Parece encontrarse en proceso de desarrollo una conjura para falsificar la imagen de los cubanos en armas, con vista a preparar el sentimiento público para evadir los términos de la Resolución Conjunta que reconoce la independencia de Cuba. Parece que agitando todo género de mentiras, se estan echando las bases para establecer el control indefinido de los Estados Unidos en Cuba, con la teoría de que los cubanos independentistas constituyen una ínfima y débil minoría de la población, a la vez que han fracasado en el empeño de redimirla.» Por su parte el *Boston Trans-*

---

[386] Para un estudio detallado de este tema, véase: Louis A. Pérez, Jr., *Cuba Between Empires, 1878-1902*, Pittsburgh, 1983, pp. 217-224.

cript advertía que «con fines políticos, puede considerarse apropiado por aquellos que quieren apoderarse de la isla de Cuba, el sembrar dudas en la mente del ejército y el pueblo de Estados Unidos sobre la capacidad de los insurgentes tanto para hacer la guerra como para establecer un gobierno pacífico.» Mientras el *Minneapolis Times* señalaba que «Si la campaña que pinta a los cubanos como aliados inservibles continúa, la bandera de los Estados Unidos nunca saldrá de Cuba, a pesar de todos los juramentos que hemos hecho de no ejercer jurisdicción permanente sobre la isla.»[387] La decente actitud de estos y otros órganos de la opinión pública norteamericana explica en parte el convencimiento de los que en Cuba pensaban como el general García: que era posible lograr pacíficamente la salida de las tropas invasoras norteñas de la Isla, para abrirle paso a una República libre e independiente.

***

Entre tanto, al otro lado del estrecho de la Florida, el general Shafter y los suyos insistían en su actitud de ignorar por completo al Consejo de Gobierno mambí, máximo organismo civil de la Revolución, al que nunca Washington había querido reconocer. Por su parte, el Consejo de Gobierno cubano había intentado establecer contactos más o menos oficiales con Estados Unidos ya a través del Delegado del Partido Revolucionario Cubano en ese país, Tomás Estrada Palma, ya enviando al vicepresidente del organismo Domingo Méndez Capote a Washington D. C., donde –según su reporte– éste encontró que en el Departamento de Estado y otros sectores del gobierno en la capital estadounidense, existían grandes temores y marcados prejuicios sobre los verdaderos propósitos de los elementos revolucionarios cubanos. Su misión fracasó por completo.

Desafortunadamente, en aquel momento difícil y ante el peligro de que el gobierno norteamericano maniobrara para escamotear la independencia de Cuba, la división entre las autoridades civiles y militares cubanas llegó al punto de la ruptura. Fiel a una perversa tradición que le venía de los tiempos de la Guerra de los Diez Años, el alto mando militar

---

[387] Véase: Foner, *op. cit.* vol.1, pp.388-389.

del '95 nunca quiso reconocer la necesidad, importancia y valor de un gobierno civil que, a su juicio, sistemáticamente entorpecía las actividades bélicas y, en el mejor de los casos, sólo servía para discutir y aprobar leyes casi siempre inaplicables. Estas discrepantes exageraciones conducían a una actuación independiente de los generales y a declaraciones a veces imprudentes y hasta injustas de los mismos. Y no ayudó para nada la causa del Consejo sus pésimas relaciones con el Lugarteniente general Calixto García a quien destituyeron de su cargo, acusándolo de haber establecido una suerte de dictadura militar en Oriente. La reacción de los jefes militares de esa provincia fue violentísima y sólo contenida por la actitud de su jefe máximo, quien no sólo aceptó disciplinadamente la deposición sino que llamó a sus subalternos a hacer lo mismo por el bien de la patria. El Consejo, pocas semanas después, ordenó que se desbandara el ejército oriental. Era una medida autodestructiva (pues el Ejército en Oriente representaba la mayoría de las fuerzas mambisas) además de absurda y tan impracticable que no se llevó a efecto. A fines de septiembre, el Consejó acordó convocar a la elección de una Asamblea Nacional que debía reunirse el mes siguiente en Santa Cruz del Sur, Camagüey. Las elecciones se celebraron y la Asamblea se constituyó, bajo la presidencia del delegado general Calixto García, electo por una votación abrumadora. El 23 de Octubre el Consejo decidió disolverse. La situación resultó utilísima al gobierno de McKinley. El general Shafter –quien había dicho: «aquí no puede haber dos gobiernos, sino uno sólo: el nuestro»– era el ganador de la primera partida.[388]

Pese a su indudable importancia, esa victoria no era tan grande como parecía. El Consejo dejó como herencia la Asamblea de Santa Cruz del

---

[388] Parte de las intrigas asociadas a estos tristes episodios fue la publicación de una entrevista con Calixto García en el *New York Herald* del 25 de septiembre de 1898 y reproducida en varios periódicos norteamericanos, en los que se atribuyen declaraciones al general cubano que podrían interpretarse como acusaciones de cobardía contra el Presidente del Consejo Bartolomé Masó. García repudió la entrevista como una tergiversación de lo que él había dicho al reportero. Cuando terminó la guerra, Masó, sintiéndose calumniado, retó a duelo a García. Este negó públicamente haber acusado jamás de cobardía a su retador. «¿Cómo podría hacerlo –declaró– cuando yo mismo lo ascendí a coronel por su valentía?» Y se trasladó con sus padrinos al hogar del agraviado, a hacérselo saber personalmente. El incidente terminó con un abrazo cordial de los dos patriotas..

Sur, que inició sus labores el 24 de octubre y en seguida comenzó a pronunciarse a nombre del pueblo cubano. El problema más importante que se debatía era ese otro escollo en el camino del dominio absoluto del país por los Estados Unidos: la presencia de un Ejército Libertador, ahora más armado que nunca, cuya situación, después del armisticio, se estaba convirtiendo en desesperada. El abastecimiento de alimentos a las tropas mambisas era ahora muy problemático, pues éstas no podían, como antes, avituallarse a filo de machete. Las prefecturas de que ya hemos hablado no producían lo suficiente para alimentar a la totalidad de los insurrectos. Muchos soldados comenzaban a pasar hambre. Algunos de ellos comenzaban a desertar. Otros se proveían de vituallas por la fuerza y cuando eran sorprendidos en el acto por las tropas norteamericanas, siguiendo las órdenes del general Leonard Wood, eran ahorcados *in situ*. Para evitar el caos, la Asamblea estimaba necesario licenciar las tropas mambisas, entregándole antes a cada miembro una cantidad razonable de dinero con que trasladarse a su hogar. Con el objeto de obtener los fondos necesarios se elaboró un ingenioso plan. La Asamblea le pediría al gobierno de Estados Unidos un préstamo para que la República cubana, una vez constituída, lo saldara. Si el presidente McKinley lo aceptaba, automáticamente estaría reconociendo que la Asamblea representaba al pueblo cubano y, por otro lado, el gobierno norteño no podría recobrar el dinero prestado a menos que se constituyese una república independiente en Cuba. Para que en el Norte se hicieran las gestiones del caso, se nombra una comisión de cinco miembros, siendo el más prominente de ellos el general Calixto García.

En Washington todos los comisionados son ampliamente agasajados por las autoridades. Es una nueva táctica, que venía aplicándose desde que el insulto de Shafter a Calixto García, del que ya hemos hablado, le crease tantos problemas al ejército de ocupación. Con respecto al Lugarteniente General era evidente un trabajo sistemático de rectificación formal de esa torpe conducta. Por ejemplo, el 27 de septiembre de 1898, García había sido invitado a visitar Santiago de Cuba, donde entró escoltado por el gobernador general Leonard Wood y por el sucesor de Shafter en Oriente, general H. W. Lawton, quienes fueron a recibirlo a bombos y platillos en las afueras de la ciudad. El apoteósico entusiasmo de la población santiaguera se vio seguido de numerosos gestos de cortesía y halago de parte de las autoridades norteñas. El homenajeado contestó cortésmente pero manteniendo inflexible su postura: reclamación tenaz de gobierno propio e independiente lo antes posible para la Isla, aunque sin romper con Estados Unidos. Y esa fue su actitud tanto en Cuba como luego en Estados Unidos cuando actuaba como jefe de la Comisión enviada por la Asamblea a Washington para negociar con el gobierno norteño los medios con que licenciar al Ejército Libertador.

En este viaje al Norte se mezclan para García lo personal y lo cívico. Va en misión patriótica, pero también se propone encontrarse con su familia tras casi tres años de separación. En el muelle de New York lo esperan Isabel y sus hijos. Gran momento, que inmediatamente se torna agridulce cuando descubre que Merceditas, su último vástago, allí presente, se está muriendo de tuberculosis. Tiene que hacer un gran esfuerzo para seguir el viaje a la capital. Y, una vez allí, le escribe a su madre: «Mi alma está destrozada. Mi pobre Mercedes se muere. Sólo tengo ganas de llorar y huir del montón con mi hija a ver si la salvo... Sólo unas horas he podido dedicarle... Tengo que sacarla de New York y mandarla a Thomasville, en Georgia, a ver si se prolonga su vida...» Ya en la sede del gobierno tiene que recibir y agradecer cortésmente los cuantiosos agasajos que le tributaban tanto los más altos jefes militares del país como innumerables líderes civiles, incluyendo varios senadores y hasta el Presidente de la República. Y le tocó también contestar ciertos ataques dirigidos contra la causa cubana, como uno del senador John T. Morgan, quien antes de la guerra había sido un defensor de extender la beligerancia a los cubanos, pero ahora giraba en redondo y sostenía que la presencia norteña en Cuba debía ser indefinida y que la Resolución Conjunta no era una ley sino «la expresión de un deseo» que debía estar sometido a los intereses de Norteamérica, a quien correspondía decir la última palabra sobre el destino de la Isla. El general García redactó y encabezó una declaración de protesta de la Comisión que presidía, atacando las opiniones de Morgan, afirmando que la Resolución SI era una ley «como cualquier otra», que obligaba a los Estados Unidos a respetar la independencia de Cuba. Y terminaba con la advertencia de que si las autoridades del Norte traicionaban este compromiso, la Asamblea cubana tomaría la actitud de no seguir cooperando con el gobierno interventor en la Isla, «cayéndole a éste la responsabilidad de las consecuencias.»[389]

Pronto a los dolores personales se unieron los políticos. El golpe más duro fue el que le dieron en la Casa Blanca, donde el Presidente recibió a la Comisión. En realidad ésta se encontraba dividida. Cuando McKinley hizo la pregunta clave —«¿qué cantidad de dinero necesitan ustedes para el licenciamiento?»— Calixto García contestó enseguida: «Tres millones de dólares?» (El general cubano había averiguado que ese era exactamente el balance que quedaba de los 50 millones de dólares que el Congreso había puesto a la disposición personal del Presidente para hacerle frente a los gastos de la guerra.) Pero otros comisionados rechazaron la validez de la cifra. Alguno reclamó hasta siete millones. El resultado fue una discusión apasionada de los comisionados cubanos entre sí, ante un presidente extranjero totalmente sorprendido, quien por fin dio por terminada la reunión sin haberse arribado a acuerdo alguno. Por algo le escribe García a Tomás Collazo, al salir de la Mansión Ejecutiva: «Mil veces me ha pesado encargarme de esta comisión, que dará muy pocos resultados para la Patria.» Siguió, sin embargo, correspondiendo a las cortesías que se le dispensaban. El 6 de diciembre asistió a una comida ofrecida en su honor por el Jefe del Ejército de Estados Unidos, general Miles. Pocas horas después, la bronquitis que ya padecía se convirtió en pulmonía. El día 11 fallecía. El general evidentemente sabía morir con las botas puestas. El gobierno norteño, por su parte, fiel a su nueva táctica de zalamera captación lo despidió con todos los honores. El general mambí fue enterrado con ceremonias reservadas sólo para un Mayor General muerto en campaña, en el cementerio dedicado exclusivamente a los héroes militares de Estados Unidos, situado junto al río Potomac, en Arlington, Virginia. Allí permaneció hasta que su cadáver fue llevado a Cuba.

Esa muerte inesperada provocó una enorme ola de duelo y de luto tanto en Estados Unidos como en su patria agradecida. William McKinley expresó su «sincera admiración por sus eminentes cualidades como

---

[389] Véase Foner, *op. cit.*, vol. 1, p. 403.

patriota y como soldado.» Y acabó diciendo: «El pueblo de los Estados Unidos está junto al pueblo de Cuba, en el momento de la pérdida de uno de los hombres con quienes la causa de la libertad está en deuda.»

Por lo demás, el gobierno de McKinley no se separará ni un ápice de su sistemática política anticubana. A la solicitud de empréstito de la Asamblea el Presidente respondió que como Jefe del Poder Ejecutivo carecía de poderes constitucionales para hacer un préstamo de ese tipo. En cambio, agregaba, sí podía ofrecer –y lo hacía– un donativo de tres millones de pesos al pueblo de Cuba para que licenciase su ejército sin contraer deuda alguna. La Comisión de la Asamblea –ya sin la presencia de su presidente– respondió que no le era posible recibir semejante regalo y regresó a La Habana en febrero de 1899, a tiempo para asistir a la útima ironía que sufriera la carrera de Calixto García. Su cadáver había llegado a La Haban el 9 de ese mes y en el sepelio que siguió, el lugar de honor asignado a la Asamblea fue ocupado –por órdenes directas del Gobernador militar– por fuerzas de caballería del Ejército extranjero de Ocupación. El general criollo Freyre de Andrade ordenó que todos los miembros de la Asamblea y todas las tropas del Ejército Libertador allí presentes, se retirasen del entierro. Así se hizo. ¡Y el féretro del ilustre patriota bajó a su tumba sin un mambí a su alrededor, rodeado tan solo de soldados norteamericanos! Para esa fecha, Cuba ya había cambiado de manos. El día primero de enero de ese año de 1899, el general del ejército norteamericano John R. Brooke había tomado posesión del cargo de gobernador de una Cuba «intervenida» y ocupada, como antes, por tropas extranjeras. En Washington McKinley podía sonreir, satisfecho. Plenamente confiado en que, con ese proceso de ocupación, se iniciaba la supeditación indefinida –y posiblemente permanente– de la Perla de las Antillas a los Estados Unidos. Cuestión sólo de tiempo y hábiles maniobras.

Porque en los días finales de 1898 se le había puesto fin oficial a la guerra con un pacto que hacía muy evidente las enormes dimensiones del desastre español y de la victoria norteamericana. En el Quai d'Orsay parisién, el gobierno francés reservó varios salones para servir de sede a la conferencia de paz, donde los delegados de Estados Unidos y España (los cubanos, como siempre, fueron excluídos) iniciaron el primero de octubre de 1898 sus negociaciones. Allí se discutieron temas de fondo y cuestiones de procedimiento. En las primeras tres semanas, la argumentación se concentró en el problema de la llamada «deuda de Cuba», ascendente a más de 400 millones de dólares, que Madrid se empeñaba a traspasar a los cubanos y, a través de ellos, a Norteamérica. Los vencidos, muy graciosamente, se empeñaban en que el vencedor pagara sus gastos de todas las guerras que había sostenido con los mambises desde 1868. No hay que decirlo: Washington rechazó de plano tales pretensiones. Y en seguida se pasó a lo fundamental: qué hacer con los territorios ocupados por el ejército norteamericano. En lo que las personales opiniones del Presidente de Estados Unidos, desde luego, debían jugar un papel muy principal.

La verdad es que no se ha hallado prueba alguna de que al iniciarse el conflicto William McKinley tuviese ya elaborado un plan para hacerse de un imperio. Pero nada despierta más el apetito que un buen bocado. Y desde que Dewey destruyó la flota hispana en Manila, el máximo ejecutivo norteño devino más y más expansionista cada día. Ya conocemos el método que él seguía para alcanzar sus decisiones de importancia: arrodillarse y solicitar la inspiración del Todopoderoso, cuyas respuestas curiosamente siempre coincidían con sus criterios personales.[390] Es de suponerse que así lo hizo, una y otra vez, en estos días decisivos. Y así encontró respuestas siempre satisfactorias a sus preguntas ¿Qué hacer con Cuba? ¿Anexarla? ¿Otorgarle la independencia? La anexión tenía, en los propios Estados Unidos, enemigos de un extremo al otro de la escala social, pues la combatían desde el magnate industrial Andrew Carnegie hasta el Presidente de la Federación Americana del Trabajo Samuel Gompers. Y la independencia significaría perder la prometida

---

[390] Consúltese a este respecto la entrevista de McKinley en la Casa Blanca con misioneros de la Methodist Episcopal Church donde el Presidente les explica sus procedimientos religiosos para llegar a conclusiones políticas de largo alcance, según el relato de Margaret Leech en su obra *In the Days of McKinley*, New York, 1959, pp. 344-345. Esta anécdota, una de las más populares y citadas de la época, puede encontrarse también en James Ford Rhodes, *The McKinley and Roosevelt Administrations*, New York, 1922, pp. 102-107; en Walter Millis, *The Martial Spirit*, Chicago, 1989, pp. 383-384; en José Manuel Allendesalazar, *El 98 de los Americanos*, 1974, pp. 222-223; y otras obras más.

«fruta madura», quizás para siempre. Por lo pronto McKinley decide mantenerla intervenida.... hasta que «mejoren las circunstancias.» ¿Y las islas Filipinas? Ahí tenía a su lado a Theodore Roosevelt, Henry Cabot Lodge, Alfred T. Mahan, impulsando la política de total incorporación. Pero ¿no sería más prudente retener sólo a Luzón? McKinley decreta: «El archipiélago entero.» Y así se cablegrafiaron las instrucciones a sus delegados en París. ¿Y por qué no agregar a Puerto Rico, tan fácilmente conquistado? ¿Y luego añadir la isla de Guam? Leyendo hoy el tratado que se firmó el 10 de diciembre de 1898 ahí se encontrará la totalidad de lo ordenado por Mr. McKinley... ¿ y la voz de su Dios? Artículo 1: «España renuncia todo derecho de soberanía y propiedad sobre Cuba... Los Estados Unidos, *mientras dure su ocupación*, tomarán sobre sí y cumplirán las obligaciones que por el hecho de ocuparla les impone el Derecho Internacional. (Y en el artículo XVI se regresa en forma indirecta al caracter transitorio de la presencia norteamericana en Cuba: «Queda entendido que cualquier obligación aceptada en este Tratado por los Estados Unidos con respecto a Cuba estará limitada *al tiempo que dure su ocupación en esta isla, pero al terminar dicha ocupación,* aconsejarán al gobierno que se establezca en la Isla, que acepte las mismas obligaciones.»)[391] Artículo 2: «España cede a los Estados Unidos la isla de Puerto Rico y las demás que están ahora bajo su soberanía en las Indias Occidentales y la isla de Guam en el archipiélago de las Marianas o Ladrones.» Artículo 3: «España cede a los Estados Unidos el archipiélago conocido por las Islas Filipinas... (y) pagarán a España veinte millones de dólares dentro de los tres meses después del canje de ratificaciones del presente tratado.» No era mal negocio: 20 millones de dólares por 7 millones de Filipinos, o sea, menos de tres dólares por cabeza.

Y por esos diplomáticos caminos, abiertos previamente a cañonazos, los Estados Unidos comenzaron su carrera de gran potencia imperialista

---

[391] El énfasis que aparece en este párrafo es nuestro.

y España cerró la suya. Todo –pensaría tal vez muy sinceramente Mr. McKinley– *ad majorem Dei gloriam*.[392]

***

En lo que a Cuba se refiere quedaban, sin embargo, dos estorbos en el mismo medio del camino expansionista. En primer lugar, la Asamblea de Santa Cruz (ahora trasladada a La Habana como Asamblea del Cerro) seguía viva y empeñada en lograr un empréstito con alguna entidad privada, con el objeto de licenciar por su cuenta al Ejército Libertador. Y, por otra parte, el Generalísimo Máximo Gómez, quien escandalizado con el empeño norteamericano de negarle a Cuba la independencia que antes le había prometido, no se ocultaba para expresar su disgusto a toda voz. Sin hacer ninguna concesión esencial, las autoridades de Washington deciden aplicar su nueva táctica política de «súbita solicitud».[393] Acompañándola con un tanto de intriga... Conocedor de las tradicionales disputas entre el poder civil y el militar en la historia de la Cuba revolucionaria, el gobierno de McKinley se propuso separarlos aun más. Dada la inmensa popularidad de Gómez, se siguió desarrollando una intensa campaña para atraerse la buena voluntad del ilustre general, como anteriormente se había hecho con Calixto García. Por su parte, Máximo Gómez permanecía en su postura de crítica acerba de la política de

---

[392] Los historiadores norteamericanos no acaban de ponerse de acuerdo sobre el verdadero carácter del expansionismo de William McKinley. Margaret Leech, en un libro que en éste citamos varias veces, lo considera «vacilante». David F. Trask en *The War with Spain in 1898* lo llama «cauteloso». H. Wayne Morgan en *William McKinley and his America* lo titula «intencionado». Para John M. Dobson, en *Reticent Expansionism: The Foreign Policy of William McKinley*, resultaba «reticente», mientras Walter Karp, en *The Politics of War* lo pinta como «maquiavélico». Lo cierto (y, en verdad, lo importante) es que durante el mandato presidencial de McKinley, los Estados Unidos se convirtieron en una potencia imperialista al establecer un protectorado sobre Cuba y adquirir como colonias a las islas Filipinas, Puerto Rico y Guam, todo ello con el visto bueno del Presidente, quien sin dudas de ninguna clase, a lo largo del proceso, actuó siempre como árbitro de la política exterior de su país. (Véase a este respecto el interesante ensayo de Ephraim Smith «William McKinley's Enduring Legacy: The Historiographical Debate on The Taking of the Philippine Islands», en James C. Bradford, *Crucible of Empire: The Spanish-American War and its Aftermath*, Annapolis, Maryland, 1993, pp. 205 y ss.)

[393] Así la titula Sergio Aguirre en un valioso ensayo titulado «La Desaparición del Ejército Libertador» contenido en su obra *Eco de Caminos*, La Habana, 1974, p. 282.

Estados Unidos en Cuba. El 20 de diciembre de 1898 le escribía al historiador norteamericano Edmond S. Meany: «Verdaderamente, señor, empresa árdua es escribir la historia de ese gran país sin lastimar intereses de la República, dada la conducta dudosa y poco humana de los hombres del Norte. Primero, contemplando indiferentes por largo tiempo el asesinato de todo un Pueblo; y segundo, y a la postre cuando se determinaron a intervenir en la cuestión y suprimir al verdugo, ya exánime el Pueblo, se le cobra el tardío favor con la humillante ocupación militar de la tierra, sin un motivo justificado.»[394] Y en su *Diario de Campaña*, el 8 de enero de 1899 (pp. 370-371) escribe: «Los americanos están cobrando demasiado caro con la ocupación militar del país, su espontánea intervención en la guerra que con España hemos sostenido por la Libertad y la Independencia. Nadie se explica la ocupación. Así como todo espíritu levantado, generoso y humano, se explicaba, y aun deseaba, la intervención... No puede en Cuba haber paz moral, mientras dure el gobierno transitorio, impuesto por la fuerza dimanante de un poder extranjero... Los americanos han amargado con su tutela impuesta por la fuerza, la fiesta de los cubanos vencedores.» (Y con estas palabras se cierra el *Diario* que había llevado el Generalísimo desde 1868 hasta ese día 8 de enero de 1899.)

El gobierno de McKinley comenzó a buscar refuerzo para su empeño de cambiar la actitud del Generalísimo y lo encontró en los máximos jefes del Partido Revolucionario Cubano en Estados Unidos, Tomás Estrada Palma y Gonzalo de Quesada, que mantenían excelentes relaciones con Gómez. Por consejo de Estrada Palma se envió a Cuba, a fines de enero de 1899, a Robert P. Porter, íntimo amigo del Presidente, como representante personal suyo para entrevistarse con el jefe cubano. Don Tomás había tomado la iniciativa con una carta fechada 26 de enero alertando a Gómez sobre la necesidad de cooperar con las autoridades norteñas para estabilizar al país y hacer posible el cumplimiento de las promesas contenidas en la Resolución Conjunta.[395] A principios de

---

[394] Cit. por Jorge Ibarra en *Máximo Gómez frente al Imperio, 1898-1905*, La Habana, 2000, p. 13.

[395] Herminio Portell Vilá, *op. cit.*, vol. IV, p. 34.

febrero se vieron el enviado de Washington y el general cubano en el campamento de éste en Las Villas. El encuentro fue cordial. Porter, después de presentar sus credenciales, trató por todos los medios de convencer al jefe insurgente de que Estados Unidos estaba decidido a cumplir plenamente todos los compomisos que había contraído no sólo en la Resolución Conjunta sino también en el Tratado de París. Para lograrlo era preciso licenciar el Ejército Libertador y retornar los veteranos a la vida civil. El presidente McKinley quería ayudar a ese proyecto con los tres millones de pesos que antes había ofrecido como donativo. Y le pedía a Gómez que dirigiese personalmente la operación del licenciamiento, para lo cual sería necesario su urgente traslado a La Habana, donde se alojaría en la Quinta de los Molinos, antigua residencia veraniega de los Capitanes Generales.

Después de varios días de negociaciones, dando como buena la palabra del presidente McKinley, el Generalísimo aceptó las ofertas que le traía Porter. Con eso, a su juicio, el pueblo cubano acababa de obtener una victoria de enorme importancia. El acuerdo Gómez-Porter equivalía a un acuerdo Cuba-Estados Unidos, que garantizaba la independencia de la Isla, porque por primera vez, el gobierno de Washington había reconocido la autoridad de un representante de la revolución cubana y había pactado con él. Dando cuenta al pueblo cubano del acontecimiento, el general expresaba ahora su convencimiento de que el gobierno de Estados Unidos no intentaba hacerse dueño del país, al que devolvería pronto intacta su soberanía. En consecuencia, accedía a trasladarse a la capital. Y, efectivamente, inició un viaje lento, de ciudad en ciudad, donde se puso en evidencia su popularidad extraordinaria. Por fin, entró en La Habana el 24 de febrero de 1899, cuarto aniversario del comienzo de la Guerra de Independencia, con una cuantiosa caballería mambisa, mientras lo vitorean más de 150.000 compatriotas: una concentración de masas como no se había visto jamás en Cuba. La ciudad casi en pleno había ido a a recibirlo. En marzo hace nuevas declaraciones para informar que había hablado con altas autoridades del gobierno norteño y con sus generales en la Isla y estaba plenamente convencido de que los Estados Unidos iban a cumplir su promesa y Cuba sería libre e independiente. Ahora no es el gobierno interventor quien dice que no debe haber más gobierno que el suyo. Lo dice también la figura más prestigiosa de la Revolución, quien afirma que era preciso eliminar todos los obstáculos que pudieran impedir a los Estados Unidos declarar a la Isla finalmente pacificada por completo.

La reacción de la Asamblea del Cerro no se hizo esperar. Inmediatamente lanzó su contraofensiva: destituyó a Gómez del cargo de general en jefe del ejército y aceleró, a la vez, las negociaciones para obtener un empréstito de la banca privada. El agente de un grupo de banqueros norteamericanos, C. M. Coen, le ofreció doce millones de dólares a la Asamblea si la República, una vez constituida, pagaba por ellos nada menos que veinte millones, disponiendo de treinta años para liquidarlo y pagando, además, un interés anual de un cinco por ciento. En definitiva, Cuba tendría que abonar el doble de lo que iba a recibir. No hay que decirlo: para el general Máximo Gómez esta operación constituía un escándalo inaceptable. Lo denunció como tal y se ganó a la opinión pública del país. El pueblo se lanzó a las calles, vitoreando al Generalísimo y quemando en efigie a los miembros de la Asamblea. Y ésta, abrumada, derrotada y hasta asustada por la violenta reacción anti asambleísta de las masas populares habaneras, decidió disolverse y lo hizo el 4 de abril de 1899. Poco después McKinley enviaba a Cuba sus tres millones de dólares. Máximo Gómez, de acuerdo con el gobernador, general Brooke, organizó su reparto. Cada miembro del Ejército Libertador recibió $75 para marcharse a su casa. El dinero que sobró –unos 450.000 dólares– fueron devueltos por Gómez al presidente McKinley. Liquidado el último obtáculo, hubo quienes en Washington pensaron que la famosa «fruta madura» había, por fin caído en su regazo. Pero la realidad era mucho más complicada de lo que parecía. Todavía iban a pasar tres años laberínticos para que se precisara la suerte de Cuba. Y ésta iba a ser, en definitiva, bastante distinta de lo que todo el mundo, tirios y troyanos, se habían imaginado. Aunque, de todos modos, con los acontecimientos que acabamos de relatar, los Estados Unidos se habían colocado al borde mismo del comienzo de la que –ensalzada por unos y abominada por otros– iba a ser conocida como la «Centuria Americana».

CUARTA PARTE

Juan Gualberto Gómez: Secuelas del Encuentro

(A Cuba)

Dueña de tus destinos, por sobre el mar profundo,
dominando serena el crucero del mundo,
de la América indómita eres el corazón;
si del león rampante rompiste las amarras,
no has de rendirte al águila que te muestra las garras
y en la sombra te acecha con ojo cazador.
....

Vela al Goliat gigante que junto a tu ribera
de la conquista arbola la estrellada bandera
y en su campo azur quiere más estrellas lucir.
Esperemos en guardia bajo la verde fronda,
y si Goliat la asedia, con la piedra en la honda,
cada uno de tus bravos conviértase en David.

José Manuel Carbonell

Juan Gualberto Gómez

CAPÍTULO X

La Ruta de la Enmienda

Eran muchas las diferencias que los separaban pero pronto se hicieron amigos. Los unía el idéntico amor a una causa. El más viejo, abogado bayamés, había sido el terrateniente más rico de la provincia de Oriente, tenía cincuenta y un años de edad (aunque representaba muchos más) y era el Vicepresidente de la República de Cuba en Armas, quien allá por el año 1872, buscaba en París fondos para continuar la guerra libertadora en su país. Su nombre: Francisco Vicente Aguilera. El más jóven era un estudiante cubano, de dieciocho años, nacido el 12 de julio de 1854 en el ingenio «Vellocino», de Sabanilla del Encomendador, provincia de Matanzas, hijo de dos esclavos domésticos mulatos, a quienes un ama compasiva les permitió comprar la libertad del hijo en el vientre materno. Su nombre era Juan Gualberto Gómez. Precoz, inteligentísimo, dotado de una memoria fotográfica, aprendió a leer casi en las faldas maternas. Y habiéndose ganado las simpatías de la dueña de sus padres, fue enviado a estudiar a La Habana, a un colegio de «pardos». Para hacerse de unos céntimos ayudaba en la limpieza del teatro «Villanueva» y allí se encontraba cuando, en enero del '69, una turba de voluntarios españoles asaltaron el local, porque –según ellos– desde su escenario se hacía propaganda antiespañola. Sabiendo que Juan Gualberto simpatizaba con los mambises e imprudentemente no se ocultaba para decirlo, temiendo por su seguridad, sus padres logran los medios para mandarlo a París. Cuando salió para Europa tenía quince años y pronto se enamoró de la Ciudad Luz, pero a la vez se sentía frustrado en ella por no poder contribuir a la lucha cubana por la independencia, iniciada en La Demajagua en octubre de1868. Pocos años más tarde se produjo el encuentro feliz de dos seres separados por tantas distancias económicas y sociales. Aguilera, el ex-dueño de esclavos y Juan Gualberto el hijo de ellos, establecieron cordial contacto. Fue éste último quien lo propició. «Me dicen, señor Vicepresidente, que usted está buscando un traductor del español al francés.» «Así es», le contestaron. «Vengo a ofrecerle mis servicios.» «Vamos a ver.» Y así comenzó una conversación en la cual el aspirante reveló su pasado, demostró su pericia idiomática y ahí mismo acometió la tarea de pasar al francés las proclamas que Aguilera redactaba. Pronto era su secretario y lo acompañaba como intérprete a visitar a ilustres personajes como Victor Hugo, Giuseppe Mazzini y Giuseppe Garibaldi. Así, al lado de Francisco Vicente Aguilera, su maestro de cubanía, Juan Gualberto Gómez se hizo conspirador. En pleno París se hace militante mambí. Y de ese modo se inicia una brillante carrera política que lo convertirá en el máximo defensor de su patria frente a la voracidad de un imperialismo desbocado, en los años iniciales del siglo XX.

***

Al llegar a París, en mayo de 1869, Juan Gualberto había comenzado a aprender carruajería, pero su maestro le descubre el talento y lo ayuda a entrar en la Escuela Preparatoria de Ingeniería de Munge, donde se convierte en el alumno más destacado y premiado de su clase. Su aprendizaje pronto adquiere mayores e inesperadas dimensiones. Si, como generalmente se acepta, la experiencia más valiosa es aquella de la vida misma, nada más instructivo para un futuro hombre público que las enseñanzas que Francia le administró al joven cubano recién venido a los pocos meses de arribar al país. En París éste presencia y sufre los efectos de la guerra franco-prusiana, que comienza el 19 de julio y culmina con la derrota del emperador Napoleón III en la batalla de Sedan y la rendición del ejército francés el 2 de septiembre de 1871. Le sigue la caída del imperio dos días después y la fundación de una república, que resistió por varios meses el cerco de las tropas alemanas, hasta que huyó el gobierno republicano y se estableció otro insurreccional, la llamada Comuna de París (18 de marzo-28 de mayo del '71), que Carlos Marx consideraba un episodio más de la larga lucha del proletariado organizado. Y, por fin, la proclamación de un nuevo Imperio Alemán, hecha por Bismarck en el Salón de los Espejos del Palacio de Versalles y la Paz de Frankfurt (mayo 10 de 1871), con la mutilación del territorio francés por la pérdida de las provincias de Alsacia y Lorena. Juan Gualberto, que había nacido y crecido en la colonia de una monarquía, en pocas semanas había visto caerse un imperio, subir y hundirse dos repúblicas, una moderada y otra revolucionaria, y advenir, al final del proceso, la Tercera República Francesa, que habría de durar hasta la Segunda Guerra Mundial. ¿Se quiere mejor curso práctico de Derecho Constitucional que éste de la Francia en llamas?

Viviendo en la capital de la cultura occidental de su época, Gómez en seguida tropieza con la literatura y, fascinado, la absorbe y la practica y, a través de ella y del idioma, que pronto domina, establece con el país de su destierro una relación amorosa que durará toda su vida. Allí escribe sus primeros versos románticos a enamoradas imposibles. Y allí acaba por hacer otro descubrimiento que para él iba a resultar decisivo: su verdadera vocación era el periodismo. Curiosamente, es en París donde junta –ya para siempre– sus dos causas sagradas: la de su patria y la de su raza. Su trabajo con Aguilera le enseñó el camino para cumplir con sus deberes patrióticos, a la vez que descubría por cuenta propia que el primer paso para defender a su raza era trabajar por el abolicionismo. En carta a un amigo le dice: «Mientras que las ideas de libertad y concordia se extienden por el universo, en nuestra pobre patria se introducen, bajo el nombre de la trata, millares de seres humanos destinados a gemir en la esclavitud más horrible y degradante. Esta institución sangrienta ha causado más males morales que los que uno piensa. Ella ha acostumbrado a todos los cubanos a mirar a mis hermanos, a esas víctimas que son mis abuelos, como animales domésticos nada más.»[396] A la adquisición de esa conciencia de sus dobles deberes cívicos el le llamaba «mi revolución moral». A ella iba a dedicar su vida.

En 1877 Juan Gualberto regresa a Cuba. No le fue fácil desprenderse de Francia, donde se hizo hombre, adquirió una cultura, aprendió su oficio de periodista, se formó en una filosofía política liberal que lo acompañaría hasta la muerte y cultivó un hábito conspirativo de lucha permanente por la independencia nacional y la igualdad humana. En La Habana tiene el inmenso placer de reunirse con sus padres, que ya han adquirido su propia libertad, y el gran dolor de contemplar la triste

---

[396] Octavio R. Costa, *Juan Gualberto Gómez: una Vida sin Sombra*, Miami, 1984, p. 25.

agonía de la revolución cubana. Sería inútil tratar de incorporarse a ella en tales circunstancias. Acepta servirle de empresario al gran violinista Claudio Brindis de Salas y con él se marcha a México. Allí, en 1878, al enterarse del Pacto del Zanjón, decide retornar a su patria. Enseña francés. Trabaja como periodista, defendiendo desde *La Discusión*, *La Libertad* y *La Lucha* una estrecha alianza entre la libertad política y la social. Acabó por fundar un periódico que simbólicamente tituló *La Fraternidad* para predicar desde él su doctrina de armonía entre todos los cubanos sin distinción de clase o de color. Como las promesas del capitán general Martínez Campos resultan engañosas, ya en 1879 está conspirando de nuevo, esta vez junto a un joven abogado habanero llamado José Martí, que como él acababa de volver de su exilio. Establecen contacto con el Comité que, presidido por Calixto García en New York, organiza la nueva revolución, luego llamada la «Guerra Chiquita». Poco expertos como conspiradores no se enteran de que su organización ha sido penetrada por espías españoles sino cuando Martí es detenido y poco después le sigue Gómez, a quien encarcelan en el Castillo del Morro. En 1880 es trasladado a Ceuta, a una prisión inmunda: la del Castillo del Hacho.[397] El 30 de junio de 1880 el Comandante General de Ceuta decreta que el prisionero cubano, que llevaba 23 días en la ciudad, fuera liberado con ella como residencia. En febrero del '81, el gran abogado y líder abolicionista Rafael María de Labra, a quien había escrito, solicita oficialmente su traslado en libertad a Madrid, lo que se logra el mes siguiente por decreto del Ministro de la Guerra, aunque por razones desconocidas Gómez permaneció en Ceuta hasta enero de 1882. Como él se había convertido en el representante de los deportados cubanos de la ciudad, uno de sus últimos actos como tal fue demandar que se aumentase el miserable estipendio diario que ellos recibían de 6 reales de vellón (o sea, treinta centavos) a 8 reales de vellón, tal como se

---

[397] Mi amigo Remigio Fernández me ha facilitado copia del expediente sobre Juan Gualberto Gómez que ha localizado en el Archivo Histórico Nacional de Madrid (Legajo 4804 de la Sección de Ultramar) que permite seguir los detalles de la forzada estancia del patriota cubano en Ceuta (tras escala de varias semanas en Santander) y posteriormente en Madrid. Es decir desde su partida de La Habana el 5 de mayo de 1880, en el vapor-correo, hasta su regreso a Cuba en 1890. Diez duros años de exilio.

hacía en Sevilla. A veces, por estos días, meditando sobre el futuro, no se siente muy optimista. Le escribe a Rafael María de Labra: «Mis esperanzas van decayendo. Ya no espero morir en mi país, vuelto a la felicidad por el establecimiento de un régimen verdaderamente democrático. Preveo que habré de buscar en otro suelo el reposo que en el mío no encontraré... Nada más duro para mí que este presentimiento... Seré verdaderamente desgraciado si se realiza.»

Sin embargo nunca se deja vencer completamente. Y sigue luchando. Ya en Madrid, a principios de 1882, Labra, que lo protege, le abre las páginas del *El Abolicionista*, órgano de la sociedad del mismo nombre, y después de redactor, lo hace redactor en jefe y, por último, director de *La Tribuna*, un diario que se dedicaba a propagar y defender las doctrinas liberales y las reformas coloniales. Fue también cronista parlamentario de *El Progreso* y de *El Pueblo*, órgano de los republicanos. Labra lo estimula a seguir estudiando. El lee. Trabaja. Y para ayudar a sostenerse da a ratos clases de francés y matemáticas. A más de crónicas parlamentarias, publica artículos de crítica literaria, ensayos antiesclavistas, defensas de los libertos cubanos y de su patria todavía oprimida. Generoso, como siempre, sabe distinguir entre España y sus malos gobernantes. «Nosotros combatimos por la misma España», afirma. Con los autonomistas polemiza respetuosamente o los apoya cuando éstos defienden a los esclavos cubanos recientemente declarados «libres» (en 1880) pero sufriendo todavía bajo el «patronato» una suerte de esclavitud disimulada. Si alguien lo acusa de «autonomismo», defiende antes que nada su amor patrio: «Soy sobre todo, y antes que otra cosa, un cubano que nunca ha dejado de serlo y que no ha soñado con ser otra cosa, y que se cree por todo esto con el perfecto derecho de emitir sus opiniones sobre las cosas y los hombres que quieren influir en el destino de su patria.»[398] Como ya vimos, establece fraternales relaciones con ese otro gran deportado, Calixto García. (Ambos militan en la misma Logia Masónica «Luz de Mantua».) Escribe. Escribe. Escribe. Y espera.[399] A veces lo

---

[398] Octavio R. Costa, *op. cit.*, pp. 92-93.

[399] Juan Gualberto Gómez, «Autobiografía» en *Por Cuba Libre*, La Habana, 1974, pp.163-164.

vence la nostalgia y así el 7 de marzo 1886 solicita pasaje gratis a Cuba para sí, su esposa y sus dos hijos. En junio se le concede, pero por fin permanece en Madrid.[400]

En los últimos años de la década del '80 el separatismo atraviesa por una seria crisis, tanto dentro de la Isla como en el exterior. Al cansancio de los viejos revolucionarios acompaña, logrando prosélitos, la campaña reformista del autonomismo. Esta es la máxima preocupación de Juan Gualberto mientras espera en Madrid por mejores tiempos. El sabe que la semilla sigue viva. Y que el deber de los conspiradores veteranos es encontrar el modo de reactivarla. Por lo pronto cuenta con el fracaso constante de las actividades del autonomismo en el Congreso: España, como siempre, se niega a hacer las más mínimas concesiones. Y a Gómez se le ocurre que había una manera de realizar en Cuba una campaña abierta y legal, tan urgente como necesaria, en favor de independentismo, que lo sacaría de la sombra de lo subrepticio para hacerlo una opción más en el panorama político del país. El lo explica así: «En España los republicanos habían obtenido del Tribunal Supremo una sentencia que declaraba lícita la propaganda de la idea republicana o de la idea carlista, con tal de no imponer ninguna de esas ideas por los medios violentos.... Me impresionó extraordinariamente esta sentencia...» Gómez se percató de que al artículo del Código Penal donde se prohibía el cambio violento de régimen sucedía otro, en el mismo Título, que prohibía separar del territorio español una parcela cualquiera de éste por idénticos medios, es decir por la violencia o la fuerza. Para él, por obvia similitud, esa sentencia del Tribunal Supremo español debía aplicarse a la propaganda separatista en Cuba.[401] Para mayor seguridad, Juan Gualberto consulta con distinguidos juristas como Gumersindo de Azcárate, Manuel Pedregal, Nicolás Salmerón y Rafael María de Labra. Todos asintieron con su opinión. Y, después de asesorarse con dos de sus mejores amigos del exilio, el general Calixto García y el doctor Eusebio

---

[400] Archivo Histórico Nacional de Madrid, *Sección Ultramar*, Legajo 4804.

[401] Juan Gualberto Gómez, «Algunos Preliminares de la Revolución de 1895", en *op. cit.*, p. 376.

Hernández, que bendijeron el proyecto, decidió volver a Cuba «para hacer propaganda separatista, adaptándome al medio legal.»[402]

Es en 1890 cuando, por fin, consigue realizar el ansiado retorno a su patria. En lo íntimo éste va a ser un año decisivo en su agitada existencia. Poco después de llegar a La Habana se encuentra con Ángela Rodríguez –el gran amor de su vida– y con ella, por fin, funda un hogar estable, en cuyo seno, rodeado por el cariño de su mujer y sus hijos Ángelina, Patria y Juan, disfruta de apoyo, comprensión y ayuda hasta la hora de su muerte, ocurrida cuatro décadas después. Como siempre, se dedica al periodismo, tanto para sostenerse como para defender sus dos causas favoritas, el derecho a la igualdad de quienes entonces eran llamados «la gente de color» y el derecho a la independencia de los que a sí mismos se llamaban *mambises*. Y como los tiempos habían cambiado un tanto en su tierra, las autoridades le permiten sacar a la calle un diario. Vuelve a bautizarlo con el nombre de *La Fraternidad*, órgano activo de su doble ideal, que tiene la gloria de ser el primer periódico cubano que realiza dentro de la Isla una campaña pacífica y abierta en defensa del ideal independentista. Allí, el 15 de septiembre de 1890 Juan Gualberto, en un artículo sensacional titulado *Separatistas, sí; Revolucionarios, no*, categóricamente proclama: «...A nuestro juicio la solución racional, provechosa para todos, y definitiva, del problema cubano, está en la separación de la Colonia de la Metrópoli... No somos revolucionarios sistemáticos. Y en el momento histórico que atravesamos no pretendemos en modo alguno lanzar a nuestro país por el sendero de una guerra exterminadora...Pero si no somos revolucionarios, tampoco somos indiferentes, apáticos o resignados... Es preciso... un rumbo nuevo... Entendemos que en el separatismo está el remedio. Pero separatistas y revolucionarios pueden ser y son dos cosas diferentes.. El revolucionario puede no querer llegar a la independencia sino por la conspiración, la propaganda secreta y la guerra a todas horas y con cualesquiera elementos. Nosotros, hoy por hoy –que del porvenir nadie responde– no estamos por ese camino. Nuestro separatismo es –hoy por hoy también–, crítico, analizador, expositivo y propagandístico. Cabe dentro de la

---

[402] *Ibidem, id., id.*

actual legislación del país y se mueve perfectamente dentro de la órbita constitucional.»[403]

Ocho días después, el 23 de septiembre, Juan Gualberto se atreve a publicar un artículo aun más punzante titulado *Por qué somos separatistas* en el que, despues de asegurar que no odiaba a España, planteaba las razones por las cuales quería desprender a su isla de su metrópoli. Tenemos derecho a marchar solos por la historia –venía a decir– porque somos distintos. España es europea; Cuba, americana. España es metrópoli; Cuba es su colonia. Nuestro desarrollo como pueblo ha seguido caminos muy diferentes. Los resultados lo son también. Y ahí aprovecha el gran polemista la ocasión para señalar los grandes progresos de su Isla y compararlos con el atraso de la Península. Cuba fue antes que España asequible a los adelantos agrícolas y a los progresos industriales. Antes que Cataluña, tuvimos vías férreas –arguye– y antes que Madrid tuvo La Habana alumbrado eléctrico. En filosofía, en Cuba comparamos las ideas de Krause con las de Kant y leemos a Augusto Comte, mientras España no sale de Santo Tomás de Aquino y Jaime Balmes. España, que quiere seguir siendo la tierra del Cid, continúa prefiriendo el monarquismo mientras Cuba aspira a tener un régimen republicano y democrático. «No: la separación se impone por la fuerza de las circunstancias. No vamos a vivir de dos existencias a la vez. No podemos tener una Metrópoli distinta de nuestra inteligencia en principios americanos, para que después se nos gobierne a la vieja usanza europea.... No podemos continuar abogando por una cultura librepensadora y laica y progresista, para topar después con leyes clericales, con prácticas reaccionarias. No podemos seguir viviendo bajo un régimen de reacción, cuando nuestras aspiraciones y nuestra cultura reclaman un régimen de libertad y democracia. No podemos, por último, continuar sosteniendo una política general de recelo; una política comercial de privilegios y favores personales y una política industrial de monopolio. No podemos vivir así; y porque a lo imposible nadie se obliga, por eso es que defendemos y defenderemos la conveniencia de que unidos en una común aspiración de ideas y necesidades, peninsulares y cubanos levantemos la voz por

---

[403] Juan Gualberto Gómez, *op. cit.*, pp. 274-275.

todos los medios, para decir a la Metrópoli: 'La hora de la separación ha sonado. Démonos un cordial abrazo de despedida y que la suerte nos proteja a ambos.'»[404]

Ya se lo había pronosticado su maestro Rafael María de Labra, cuando él le comunicó lo que iba a hacer tan pronto llegase a Cuba: «No haga usted ese disparate, no se meta en eso, que no le va a traer más que muchos disgustos y persecuciones.» Así fue. Como mencionamos en el capítulo VIII, apenas salió el artículo a la calle Gómez fue detenido y procesado con negación de fianza. Fue defendido por un joven patriota que, con el tiempo, iba a convertirse en una de los grandes jurisconsultos cubanos: José Antonio González Lanuza. La Audiencia de La Habana lo condenó a veinte años de prisión. Otra vez lo defiende en España su paño jurídico de lágrimas: Rafael María de Labra., quien obtuvo que el Tribunal Supremo de España declarara que la propaganda separatista pacífica era lícita y que el acusado debía ser puesto en libertad. Sobre ello, Gómez comenta: «Fue ésa una memorable sentencia. A su amparo surgieron periódicos separatistas y se intensificó la propaganda de este ideal. A Juan Gualberto Gómez le costó ocho meses de cárcel obtener ese resultado, inapreciable en tales circunstancias.»[405] Y a esa gran victoria añade Gómez otra, ésta vez sobre la cuestión racial. Había él logrado organizar, bajo su presidencia, el Directorio Central de las Sociedades de la Raza de Color. Valiéndose de ese instrumento consigue nada menos que la integración de los teatros de la capital. El *Payret* no permitía que «personas de color» entraran a la tertulia, pudiendo hacerlo sólo a la «cazuela». Juan Gualberto, usando gente del Directorio, prepara un grupo de hombres negros para que compren palcos, lunetas y butacas y, con el atuendo adecuado y acompañados de sus esposas elegantemente vestidas, asistan a la función. El primer día el grupo entero terminó en la Comisaría de la policía. Se hizo la denuncia pertinente. Y las autoridades judiciales se vieron obligadas a dar un fallo favorable. Muchas décadas antes de Mahatma Gandhi, Juan Gualberto Gómez, en la Cuba

---

[404] Juan Gualberto Gómez, «Por qué Somos Separatistas», *op. cit.*, p. 281.
[405] Juan Gualberto Gómez, *op. cit.* p. 165.

colonial, había inventado una suerte de *satyagraja* criolla: su propia versión de la táctica de «resistencia pasiva», que luego hizo famosa en Estados Unidos Martin Luther King, en idéntica batalla por la igualdad racial. En el caso cubano, una curiosa *satyagraja* de chaqué y de bombín. Así concebía él su destino, que resumió en un famoso párrafo: «Mi vida pertenece a mi patria y a mi raza. La una no ha de pedirme nada que contraríe a la otra; porque tengo la suerte de encontrar una fórmula que ampara perfectamente los intereses y las aspiraciones de ambas. Esta fórmula es la que trajo al mundo civilizado la Revolución francesa: libertad para todos los hombres, igualdad entre todos los seres, fraternidad entre todos los corazones.»[406]

Pronto a sus labores públicas añade el ya famoso periodista las secretas de un intenso empeño conspirativo. Desde La Habana establece contacto con el grupo que se organizaba en Matanzas bajo la dirección del doctor Pedro E. Betancourt. Pero Juan Gualberto no se engañaba. Comprendía que esos esfuerzos eran todavía elementales, primarios. Hasta que así las cosas, por vías secretas y discretas, llega a sus manos el ejemplar correspondiente al 11 de junio de 1891 del periódico *Patria*, órgano del Partido Revolucionario Cubano, que José Martí publica en New York. Y allí puede leer un artículo de su viejo amigo donde expresa a toda voz su júbilo al enterarse de que el «hermano mulato, el noble Juan Gualberto Gómez» ha sido admitido a la Sociedad Económica de Amigos del País, «la casa ilustre donde han tenido asiento los hijos más sagaces y útiles de Cuba.» Y agrega: «Singular es el valer del nuevo socio de la Económica. El sabe amar y perdonar, en una sociedad donde es muy necesario el perdón. El quiere a Cuba con aquel amor de vida y muerte, y aquella chispa heroica, con la que ha de amar en estos días de prueba quien la ame de veras. El tiene el tesón del periodista, la energía del organizador y la visión distante del hombre de Estado. Pero nuestro júbilo no es tanto por la justicia que se tributa a un cubano distinguido, como por la preocupación que se derriba con motivo de su noble persona por el acomodo de las relaciones sociales de las razas de Cuba a la justicia natural, que estallaría si no se le abriese campo oportuno; y

---

[406] Octavio R. Costa, *op. cit.*, p. 99.

porque este reconocimiento cordial del mérito del cubano negro, es anuncio feliz de que los hombres equivocados de Cuba, al sentir muy pesada ya la opresión sobre sus cabezas, entienden y aman mejor a los cubanos más oprimidos, y con cuya ayuda han de levantar la patria.»[407]

Hurgando entre líneas, podría leerse ahí, en clave, toda una invitación. Y efectivamente, en agosto de 1892, Gerardo Castellanos Lleonart, que viene de Estados Unidos, visita a Juan Gualberto en La Habana, y le trae una carta donde su antiguo compañero de luchas, José Martí, le informa del progreso de las labores organizativas de los conspiradores del exilio cubano y lo invita a incorporarse al movimiento. Juan Gualberto acepta inmediatamente. Se establece entre los dos líderes una correspondencia semanal. Paso a paso, Gómez se convierte en la cabeza dirigente del Partido Revolucionario Cubano en la Isla: en el organizador central de la guerra futura dentro del país. Como él dijo de si mismo: «el hilo de la conspiración (dentro de la Isla) vino a quedar en sus manos.»[408] Combinando hábilmente su trabajo legal de periodista y de dirigente del Directorio Central de Sociedades de la Raza de Color, con las tareas clandestinas de conjuración, reclutando a los veteranos de la Guerra Grande y la Chiquita, que vivían a todo lo ancho y lo largo del país, así como a los jóvenes patriotas dispuestos también al sacrificio, teje una vasta red revolucionaria que se extiende desde Oriente hasta Pinar del Río. El propio Gómez ha explicado, con modestia ejemplar, los principios organizativos que concibió y puso en práctica en esa vasta tarea: «La conspiración obedeció a un plan eminentemente descentralizador. En cada provincia media docena de hombres asumió la dirección de los trabajos comunicándose con Martí y con el general Máximo Gómez, ora directamente, ora por conducto del que esto escribe, cuyo papel principal, detalles aparte, consistió en servir de intermediario cerca de la Delegación, y en armonizar en la Isla los trabajos para que todo marcha-

---

[407] José Martí, «Juan Gualberto Gómez en la Sociedad Económica de Amigos del País», en *Obras Completas de José Martí*, Editorial Lex, La Habana, 1953, vol. 1, pp. 563-564. (Nótese: Martí, en este párrafo, usa la palabra «preocupación», que en su época era la que se empleaba para hacer referencia a lo que hoy se llama «discriminación racial».)

[408] Juan Gualberto Gómez, *op. cit.*, p.165.

ra de acuerdo y la admirable labor de Martí y (Máximo) Gómez se produjera con uniformidad en el momento propicio, cuando todo estuviera perfectamente preparado. Gracias a ese sistema descentralizador, las indiscreciones fueron evitadas. Cada eslabón de la cadena se forjó separadamente: si uno caía en poder del enemigo no arrastraba en su caída a los demás. Sólo debían esos eslabones soldarse cuando llegase a la isla el jefe militar de la Revolución, el invicto general Máximo Gómez.»[409]

En 1895 sólo se espera la órden de afuera. Ocurre el desastre del puerto floridano de Fernandina, donde las tres expediciones organizadas por Martí para iniciar la guerra son descubiertas y confiscadas por el gobierno de Estados Unidos. (Clara advertencia de que las autoridades de ese país seguían persiguiendo a los separatistas cubanos.) Martí consulta con Juan Gualberto: ¿qué hacer? ¿Posponer al alzamiento? Juan Gualberto responde que no: sería peligroso para los conspiradores de la Isla, ya muy adelantados en sus preparativos. Para coordinar los movimientos internos con los del exilio, lo mejor será que éste indique una fecha aproximada. Por fin llega el aviso del Partido Revolucionario Cubano desde New York: el alzamiento debe producirse en la segunda quincena de febrero simultáneamente en todo el país. Es Juan Gualberto quien fija la fecha exacta: el 24 de febrero, domingo de carnaval. Ya vimos en su lugar cuán eficientemente funcionó, a lo largo de toda la nación, el plan que condujo a lo que hemos llamado el *Grito de Cuba*. Aunque, como es bien sabido, desafortunadamente el grupo de Ibarra, en Matanzas, con Gómez a la cabeza, tuvo la mala fortuna de caer en manos del enemigo. Juan Gualberto fue llevado al Castillo del Morro en La Habana. En agosto un tribunal lo condenó a veinte años de prisión. Fue a parar otra vez a Ceuta, donde rapado y con cadenas remachadas en las piernas se le mantuvo incomunicado. La intervención de su viejo amigo Rafael María de Labra logra suavizar al cabo la situación. Utilizando todas sus influencias consigue que le quiten las cadenas, sacándolo además del calabozo. Más tarde fue trasladado al presidio de Cartagena. Y de allí, en 1897, al de Valencia , donde se encontraba en marzo de

---

[409] Juan Gualberto Gómez, *op. cit.*, pp. 344-345.

1898, cuando le alcanza la amnistía. Una vez puesto en libertad se encamina primero a Barcelona y después a París, su viejo y amado París. En seguida, desde luego, a trabajar por Cuba, al lado de Ramón Betances. Y, muy pronto, la ruta de New York. Cuando llega, ya España y Estados Unidos se encuentran en guerra. Estrada Palma, Delegado del Partido Revolucionario Cubano, lo envía en misión propagandística al Sur norteño: Jacksonville, Tampa, Ibor City, Cayo Hueso. El contacto con los patriotas de la Florida lo vivifican y entusiasman. Pronto termina la guerra, Y Juan Gualberto puede, por fin, volver a su amada patria.

***

1899. Año crítico como pocos en la historia de Cuba. De un imperio que se hunde y otro que surge. De un ejército extranjero que se va y otro que llega. De hijos mambises que regresan al hogar y de otros que no vendrán jamás. Un encuentro de tres naciones que termina y otro de dos que no parece querer terminar. Fin de siglo. Fin, a la vez, de cuatro siglos de dominación hispana. Y comienzo... ¿de qué? En el ambiente se mezclan la alegría, el orgullo, la decepción, la indignación y (¿por qué no?) la esperanza... Pero lo que predomina es la inseguridad, la incertidumbre, ese desgarrado desasosiego que nadie supo expresar mejor que el general Fernando Freyre de Andrade, cuando al clausurar la última sesión de la Asamblea del Cerro, de la que era Presidente, dijo: «Mientras las sombras de la noche caen sobre nuestra ciudad, terminamos nuestra labor. Así también es el futuro de Cuba: nublado y oscuro. Yo me retiro de aquí con pena. Y mis últimas palabras son: Ojalá pueda Cuba ser algún día libre e independiente.» La atmósfera estaba cargada de interrogaciones. ¿Qué bandera va a flotar aquí? ¿Esa de las barras y las estrellas? ¿Esta de una sola estrella en un triángulo rojo? El primero de enero, en el Salón del Trono del Palacio de los Capitanes Generales en La Habana Vieja, el general español Adolfo Jiménez Castellanos le entrega el mando de la isla de Cuba al general norteamericano John R. Brooke, otra vez sin invitación a los cubanos siquiera para presenciar la ceremonia. Cuba deja atrás un gobierno militar de poderes absolutos para caer en manos de un gobierno militar de poderes absolutos. ¿Para eso treinta años de insurrección y de guerra? ¿Para eso el sacrificio de dos generaciones? Cierto que Brooke ha puesto cubanos al frente de los nuevos departamentos gubernamentales. Hombres de probada capacidad e innegable patriotismo, como Domingo Méndez Capote, Pablo Desvernine y José Antonio González Lanuza. Pero el mando superior no está en La Habana. Reside en Washington D.C. Y el equivalente de una constitución que no existe es un carta con las órdenes de Mr. McKinley a Mr. Brooke, fechada el 22 de diciembre de 1898, donde se declara que la autoridad de los Estados Unidos en Cuba se deriva «del derecho de beligerancia sobre un territorio conquistado» y que la Isla seguirá en manos de sus tropas por todo el tiempo que el conquistador estime conveniente... sin fijar plazo alguno para su partida.

    La opinión pública no cesaba de lanzar al aire sus preguntas. ¿Y la famosa promesa de la Resolución Conjunta? ¿Sería Cuba, por fin, como allí se proclamaba, un país independiente? Pasaba el tiempo y nada se aclaraba. ¿Tendría razón Máximo Gómez al expresar su absoluta confianza en que el gobierno norteño cumpliría en fin de cuentas su palabra empeñada? El Viejo era incorruptible y su amor a Cuba más allá de toda duda. Otros podrían dejarse ablandar con invitaciones a fiestas en el Palacio de los antiguos Capitanes Generales y lucrativos puestos en la Administración. Pero el Viejo, no. ¿Sería Gómez, sin embargo, un gran general pero un mediano político, regido por una manejable ingenuidad? O para formularlo en terminología más moderna: ¿comprendía el Generalísimo la verdadera naturaleza del imperialismo norteamericano? El estaba seguro de ser realista, de saber ceder en lo pequeño para obtener lo grande: «la retirada de la fuerzas yanquis de Cuba». ¿A qué nos conduciría la alternativa, argumentaba? Si rompemos con los «americanos», si hacemos como los filipinos que se han alzado contra ellos, ¿tendremos fuerza para ganar? ¿No se extendería el plazo de la ocupación? Aun más, ¿no serviría esto de pretexto para que los «americanos» extendieran la ocupación por tiempo indefinido? Lo más importante era sacar a los Estados Unidos de Cuba y establecer un gobierno propio. Lo demás vendría inmediatamente después por su propio peso. Y, en cuanto a los temores expresados por algunos al supuesto «peligro» que representaban las inversiones norteamericanas en Cuba, ¿de dónde iba a venir el dinero necesario para la reconstrucción de un país devastado por treinta años de guerra?

Todavía hoy los historiadores se dividen al examinar éstos y otros controvertibles argumentos y contrargumentos de lo que fue una viva y vigorosa discusión, donde la voz de Máximo Gómez distaba mucho de ser la única.. Algunos historiadores marxistas, por ejemplo, atribuyen a los líderes más destacados del independentismo de esta época (con Gómez a la cabeza) una enorme ingenuidad política y un desconocimiento total de los propósitos imperialistas de Estados Unidos. Su juicio –se afirma– se veía limitado por el liberalismo burgués decimonónico que saturaba su ideología. Su candorosa confianza en la buena fe del gobierno norteamericano no ayudaba a sacar al extranjero de casa sino, por el contrario, a extender su ya larga ocupación militar del país. Otros marxistas, sin embargo, coinciden con Jorge Ibarra, quien sostiene que a pesar de las divisiones existentes en el campo mambí, «las dirigencias independentistas expresaron de modo tan patente su voluntad de constituir una república libre y soberana, y recurrieron a medios tan diversos para hacerle comprender a los interventores que el pueblo cubano estaba dispuesto a perecer en la demanda, que su actitud contribuyó a que éstos abandonaran las fórmulas anexionistas o proteccionistas que pretendieron ponerle a la Isla.»[410] Decididamente la decisión norteamericana de sacar las tropas de Cuba no fue un mero capricho o un acto de gratuita generosidad por parte del gobierno de McKinley, sino la reacción política a la formidable presión que sobre él ejerció, en el momento crítico, la opinión patriótica de la inmensa mayoría del pueblo cubano y de sus más destacados dirigentes, como pronto tendremos ocasión de ver.

En realidad, el pueblo cubano estaba atravesando uno de los momentos más críticos de su historia. Por un lado, debido al problema de una ocupación militar extranjera totalmente inaceptable y, por otro, por un desastre económico descomunal, al que era preciso prestar atención urgente, inmediata, para evitar una catástrofe aun mayor. Y no hay exageración alguna en este aserto. Resulta bastante fácil demostrarlo nada más que citando algunas cifras elocuentes. En 1877 la población de Cuba era de 1.631.187 habitantes. Veintidós años después era solamente

---

[410] Jorge Ibarra, *Máximo Gómez frente al imperio, 1898-1905*, La Habana, 2000, pp. 24-25.

de 1.572.797. (A las muertes ocasionadas por la guerra en sí, había que agregar las provocadas por la weyleriana Reconcentración.) En 1895 la zafra había sido de 1.004.264 toneladas (hasta entonces, la más alta de la historia cubana). La zafra de 1899 sólo llegaba a 335.668. En 1894 molían 1.100 ingenios. En 1899 sólo operaban 207. La producción de tabaco, por su parte, bajaba de 20 millones de libras en 1895 a escasamente 4 millones en 1899. Y en la ganadería el tajo era también dramático: se caía de 3.719.179 cabezas antes de la guerra hasta 872.381 cabezas al terminar ésta. Hasta la producción de «viandas» (malanga, yuca, ñame, plátanos, etc.), básica para la alimentación del campesino y de gran parte de la población pobre urbana, había sufrido una merma considerable. Cuba sufría una hambruna de enormes proporciones, agudizada por una serie de destructivas plagas, principalmente de paludismo y de fiebre amarilla. La primera y más urgente tarea de la paz era aliviar cuanto antes esa situación.

El gobierno de Brooke acometió con vigor la tarea. Y el pueblo de Cuba, después del licenciamiento del Ejército Libertador, se concentró en ese esfuerzo. Con el propósito de combatir el hambre y las epidemias, el nuevo gobernador elaboró un programa de emergencia para socorrer a los necesitados, enviando a las ciudades y pueblos más importantes alimentos y medicinas que eran distribuidos gratuitamente. En el año de 1899 más de seis millones de raciones fueron repartidas en Cuba.[411] Aunque a este respecto debe hacerse una aclaración. Como bien dice el profesor Philip S. Foner: «La impresión general en los Estados Unidos era que el gobierno estaba usando el dinero de los contribuyentes norteamericanos para alimentar a los cubanos y reconstruir la isla. Sin embargo, el dinero usado por las autoridades a lo largo de toda la Ocupación procedía de los derechos aduanales de importación y exportación y de los impuestos establecidos por Cuba (y cobrados por la autoridades norteñas).»[412] De todos modos, con la ayuda recibida, los campesinos cubanos, aprovechando la paz, cultivaron la tierra con vigor y pudieron

---

[411] Por «ración» se entendía la cantidad de alimento necesaria para el sustento de una persona por un período de 24 horas.

[412] Philip S. Foner, *op. cit..*, vol 2, p.429.

esperar los meses necesarios para que sus siembras dieran su fruto. Ya para los primeros meses de 1900, la crisis alimentaria comenzó a declinar. Al mismo tiempo se inició una campaña de salubridad pública, en la que colaboraron de manera decisiva los médicos, enfermeras y enfermeros del país con las autoridades norteamericanas, y cuyos resultados más brillantes –sobre todo una reducción sustancial de los índices de mortalidad– se hicieron evidentes en los años iniciales de la nueva centuria. A la vez entró en vigor un vasto programa de reformas de la enseñanza pública, que pronto elevó los niveles de alfabetización, sobre todo en las áreas urbanas.

Estos y otros esfuerzos de mejoramiento fueron bien recibidos por la opinión pública cubana, sin que por eso se enfriara el anhelo nacional de que la ocupación militar extranjera terminara rápidamente con la creación de una república independiente. Aunque no fue sólo la pasión patriótica lo que precipitó estos afanes sino también el tremendo choque cultural que esa ocupación representaba. Margaret Leech, en la más conocida y citada biografía de William McKinley, lo explica muy bien cuando escribe: «La Ocupación, a pesar de sus grandes beneficios, era inevitablemente odiosa para los habitantes. Los 'americanos' habían sido colocados al frente de un pueblo extranjero, cuya lengua no hablaban, cuyas costumbres no comprendían, cuyo código legal era incomprensible para hombres criados bajo los principios del derecho consuetudinario inglés. Algunos de ellos, intolerantemente, pensaban que su misión consistía en «americanizar» la isla. En La Habana, por ejemplo, el resultado tomó la ridícula forma de prohibir el toque de las campanas de las iglesias católicas y de imponer las reglas dominicales de los Puritanos... Los soldados no ocultaban sus prejuicios tratando como inferiores a los cubanos e imponiendo en los restaurantes y cafés sus prácticas de discriminación racial. Además, frecuentemente, las tropas dieron muestra de su indisciplina con frecuentes desórdenes y borracheras.»[413]

La situación política en Cuba seguía siendo crítica. No puede extrañar, por eso, que con fines distintos y hasta opuestos, tanto los independentistas del país como los pro-imperialistas del Norte vieran crecer su

---

[413] Margaret Leech, *op. cit.*, p. 391.

impaciencia y avivaran sus demandas de una rápida solución a la «cuestión cubana». En Estados Unidos, los expansionistas no se daban por vencidos y el influyente grupo capitaneado por Teddy Roosevelt ejercía creciente presión sobre el gobierno de Washington, mientras por otro lado la Liga Antimperialista Americana clamaba como siempre por el fin de la Ocupación. Y en Cuba, la opinión pública criolla demandaba independencia inmediata, mientras el general Leonard Wood, gobernador de la provincia de Oriente (o de Santiago de Cuba, como entonces se decía), movido a la vez por intereses ideológicos y personales, intrigaba a ambos lados del estrecho de la Florida para eliminar a Brooke y hacerse del gobierno militar de todo el país, ayudando así al círculo rooseveltiano a lograr sus objetivos. A partir de agosto del '99 los expansionistas contaron con un importante refuerzo. El día primero de ese mes Elihu Root, abogado neoyorquino estrechamente ligado a la firma bancaria de J. P. Morgan, sustituyó a Russell A. Alger como Secretario de la Guerra y desde ese cargo pronto iba a cortar de un tajo el nudo gordiano que impedía resolver el problema de Cuba. Wood y Root lograron convencer a McKinley de que Brooke estaba poniendo en peligro el control norteamericano sobre la isla debido al poder que había otorgado a los criollos que formaban parte de su gabinete. El 13 de diciembre de 1899 Wood sustituyó a Brooke como jefe de la llamada División de Cuba y el 20 del mismo mes tomó posesión en La Habana del cargo de gobernador militar de la Isla, desde donde iba a dirigir la campaña interna en favor de la política neoexpansionista de su jefe, el presidente McKinley. Las posiciones para la batalla decisiva habían sido ocupadas. El instante del desenlace estaba a la vista de quienes supiesen ver..

***

Cuando Juan Gualberto Gómez regresa a su patria al terminar la guerra, después de años en la prisión política y en el exilio, viene a tomar posesión del cargo de Representante a la Asamblea de Santa Cruz (o del Cerro) para el que había sido electo por partida doble: por el sexto cuerpo del ejército mambí en Pinar del Río y el cuarto en Las Villas. En otras circunstancias la hora hubiera sido de gozo pleno. Ahora, sin embargo, estaba cuajada de inquietantes preocupaciones. Pese a enormes sacrificios, la independencia no había sido conquistada. La intervención de Estados Unidos en el conflicto había retorcido el proceso histórico. Por lo pronto la presencia de ese factor extraño perturbó el libre desarrollo de la Asamblea. Y ya hemos visto cuales fueron los resultados: el último organismo representativo de la revolución cubana acabó por autodecapitarse. Juan Gualberto ejerció su cargo en ese cuerpo con enorme actividad y celo. Participó en todas sus vicisitudes y sufrió con enorme pena su doloroso final. El había tratado de convertir a la Asamblea en un instrumento de combate contra el interventor foráneo. Y había fracasado. Al terminar la última sesión, su voz fue la última en alzarse para dar un viva al Ejército Libertador y otro a la independencia de su patria. Antes de disolverse, la Asamblea acordó nombrar una Comisión para tramitar los asuntos pendientes. Juan Gualberto fue nombrado miembro de ella y en su seno trabajó hasta que terminó sus labores el 30 de junio de 1899.

Una nueva antinomia regía la vida política del país. Antes era: España vs. Cuba. Ahora es Cuba vs. Estados Unidos. Inmediatamente Juan Gualberto toma posición. Como siempre, con Cuba, frente a la injerencia extraña. Otra vez había que sacar al extranjero de casa. Y a ese empeño dedica, desde entonces, la plenitud de sus energías. Curiosamente, venciendo todos los obstáculos, un hombre procedente de los sectores desposeídos del país, iba a convertirse poco a poco en el líder máximo de la lucha antiocupacionista y en una constante e irritante espina en el costado del nuevo gobernador Mr. Leonard Wood. Como siempre, Juan Gualberto utiliza la prensa como instrumento de combate. Desde allí ataca con toda su vigorosa fuerza dialéctica las ideas anexionistas. Los argumentos que usaba no eran nuevos, pero era forzoso repetirlos. En su ensayo *La Cuestión de Cuba en 1884* había dicho: «El anexionismo es la ruptura completa con lo tradicional. Es la negación del *cubanismo...* Es el sacrificio completo, en porvenir no lejano, de cuanto es característico de la sociedad cubana. Es la muerte del sentimiento patrio y la reducción a la impotencia de los naturales, ahogados bajo la masa de emigrantes irlandeses, alemanes y yanquis, que caerían como bandada de langostas sobre la isla. En, en fin, la desaparición completa de la entidad moral de Cuba, tal como el más tibio de los cubanos la ama y considera.» Y lo que era válido en 1884, también era verdad en 1899 y en 1900, y él lo defendía entonces con el mismo vigor con que lo había defendido antes. Según la formulación acuñada décadas atrás por José Antonio Saco, en frase para Juan Gualberto de valor eterno, «*Cuba debía ser cubana y no norteamericana*». Y nadie defendió con más vigor esa causa, en aquel minuto crucial de la historia de su patria, que el hijo de Fermín y Serafina, esclavos de un pequeño y oscuro ingenio azucarero situado en Sabanilla del Encomendador, en la provincia de Matanzas. Quien con ese gesto iba a convertirse –ya hasta el resto de sus días– en una figura nacional de primer orden.

El otro camino que Juan Gualberto utiliza para adelantar sus ideales patrios es el de la política partidarista. En los meses finales del '99 y los comienzos de 1900 se dedica a la organización de un partido, primero provincial en La Habana, pero que pronto se extiende por todo el país. Se trata del Partido Republicano, que quedó constituido en la capital el 21 de abril de 1900, bajo la dirección de figuras tan prominentes como Manuel Sanguily, Domingo Méndez Capote y... Juan Gualberto Gómez, y cuyas tres demandas inmediatas son: organización de los ayuntamientos, Asamblea Constituyente y elecciones. Su órgano de propaganda fue el periódico *Patria*, dirigido por Juan Gualberto, que con serenidad y prudencia pero con valentía, defendía su programa. Cuando alguien confundió esta actitud con timidez ante el gobierno interventor, su director, en un editorial declaró que nadie había luchado más que el Partido Republicano para ponerle fin a la ocupación. «Somos republicanos –explicaba Juan Gualberto– porque no buscamos otra cosa que el inmediato establecimiento de la República.» Y continúa atacando las medidas del gobierno de Wood que considera dañinas. Sostiene que «no hay razón para recelar de la actitud de los Estados Unidos ni del cumplimiento de la Resolución Conjunta, pero no puede decirse lo mismo del supremo representante de la gran nación en la Isla.»[414] Y con todo vigor denuncia lo que llama sus incoherencias, sus burlas y sus engaños. Resulta comprensible, por eso, que Wood atacara al director de *Patria* con los peores improperios. Wood vs. Gómez: una representación simbólica de la gran antinomia Estados Unidos vs. Cuba.

---

[414] Octavio R. Costa, *op. cit.*, p. 197.

***

No parece que al comenzar el verano de 1899 hubiese decidido ya McKinley cómo ultimar la ínsita provisionalidad del gobierno interventor norteamericano en Cuba. El primero de julio de ese año Teodoro Roosevelt le escribía a Henry Cabot Lodge: «Anoche cené con Wood... y revisamos largamente los problema que tenemos en Cuba y las Filipinas. Cada día crece más y más mi preocupación sobre ambas...»[415] Y el 10 de julio en carta al propio Wood, Roosevelt le decía que McKinley no se percataba aun «de los peligros que presentaba la situación cubana.»[416] Sin embargo, a fines de ese mismo mes, cuando Elihu Root formuló dudas sobre su capacidad para desempeñar el cargo de Secretario de la Guerra, alegando que no sabía nada de guerras ni de ejércitos, la respuesta presidencial deja entrever un propósito cuidadosamente pensado: «Yo no estoy buscando –le hizo saber a Root– a alguien que sepa mucho de guerras y de ejércitos, sino a un abogado para que dirija el gobierno de estas islas españolas. Y usted es el abogado que yo deseo.»[417] Root por fin aceptó y pronto se estableció entre ambos funcionarios si no una intimidad, sí una sólida relación profesional, que le aseguró al nuevo secretario una amplia independencia en su trabajo y el acceso a una mente presidencial abierta a todos sus consejos y decisiones. No puede extrañar, por eso, que pronto el Presidente le encomendase el estudio de uno de los problemas que más le preocupaban: el de las relaciones entre la nación norteamericna y sus nuevas posesiones territoriales. Es decir, le encargó que buscase una solución legal al espinoso «asunto colonial» que estaba dividiendo la opinión pública del país. Y más específicamente todavía: que averiguara y sugiriera cómo retener el control político y económico norteamericano sobre Cuba mientras se le daba al mismo tiempo a ésta, aunque fuese formalmente, la independencia prometida en la Resolución Conjunta. El objetivo era evidente: seguir mandando en la Isla, a la vez que se lograba neutralizar la opinión pública internacional

---

[415] H. W. Brands, *The Selected Letters of Theodore Roosevelt*, New York, 2001, p. 227.

[416] Foner, *op. cit.*, vol. 2, p.454.

[417] Philip C. Jessup, *Elihu Root*, New York, 1938, vol. 2, p. 215. Tambien: Margaret Leech, *op. cit.*, p.379.

y se evitaba ofender los sentimientos patrióticos del pueblo cubano al extremo de empujarlo hasta la rebelión y el alzamiento. Otra insurrección antiamericana como la que ardía por aquel entonces en las Filipinas resultaba totalmente impensable.

Root, gran abogado, maestro en el arte de la prestigiditación jurídica, inmediatamente comenzó a trabajar en el «caso», acumulando informes de todos los «expertos» norteños en el mismo. Escuchó, por ejemplo, la voz de Wood, anexionista decidido, quien había llegado a la conclusión de que tenía en la mano la clave para convertir en realidad los propósitos expansionistas de Washinton. Su plan arrancaba de una conclusión ineludible: más tarde o más temprano, las tropas «americanas» de ocupación tendrían que salir de Cuba. Pero si se procedía con inteligencia, de todos modos se conseguiría anexarla a Estados Unidos. Y apenas asumió su nuevo cargo de Gobernador de la Isla, comenzó a actuar al respecto. Lo primero era conseguir la adhesión de una mayoría de la opinión pública cubana a su proyecto. De inicio contaba con el apoyo de una importante minoría integrada por los peninsulares que se habían quedado en el país, con el de los cubanos españolizantes y el de muchos autonomistas que nunca abrazaron la causa independentista. Además Wood creía contar con medios suficientes para atraerse a buena parte de los jefes insurrectos y, a través de ellos, a sus numerosos seguidores. La mayoría de estos jefes se encontraban en un lamentable estado de penuria. Los que podían recobrar las fincas que les pertenecían, carecían de los medios para hacerlas producir. Los que nada poseían se encontraban sin empleo. Mientras Brooke había preferido colocar hispanos en los puestos públicos, Wood comenzó a poner criollos en ellos. Para él estas posiciones no eran otra cosa que prebendas que comprometían a quienes las recibían a adherirse a la política del gobierno interventor, mientras los mambises las aceptaban no sólo por obvias razones materiales sino también porque creían que, desde esos cargos, continuaban sirviendo en la paz a la patria por la que habían peleado en la guerra y cuya causa separatista seguía viva en sus corazones. Trató también Wood de ganarse la aprobación general con sus esfuerzos en favor de la educación y la salubridad pública. Su mayor éxito residió en este último campo. Al probarse la teoría del médico cubano Carlos Finlay, según la cual la fiebre amarilla era transmitida por una especie de mosquito, se inició una campaña profiláctica de largo alcance que redujo dramáticamente el número de casos de la enfermedad y, poco tiempo más tarde, condujo a su erradicación definitiva.

A fines de 1899 el secretario Root había llegado a algunas importantes conclusiones sobre la cuestión cubana. Coincidía con Wood en que no había más remedio que salir de Cuba, pero disentía de su criterio sobre la viabilidad del anexionismo. Por más que Wood y los «woodistas» sostuviesen que la mayoría de los cubanos querían ser anexados, la realidad decía lo contrario. Era obvio que el sentimiento nacional en la isla se manifestaba decidida y vigorosamente por la independencia. *La Discusión*, órgano de la campaña antianexionista se convertía en el periódico más popular de la isla. El Consejo Nacional de Veteranos de la Independencia llamaba a todos los municipios a pronunciarse contra la ocupación del país por un ejército extranjero. Decenas y decenas de telegramas inundaron las oficinas del gobierno interventor con protestas en ese sentido, firmados por gobernadores, alcaldes, ayuntamientos, clubes cívicos y asociaciones de viejos mambises. Nutridas manifestaciones estremecieron las calles de numerosas ciudades donde se agitaban carteles clamando «Independencia o Muerte» y «¡Viva Cuba Libre!» Y, como si todo esto fuera poco, los sentimientos antianexionistas comenzaron a encresparse en los propios Estados Unidos por aquellos que consideraban como sagradas las promesas de la Resolución Conjunta. Pronto hasta los anexionistas más entusiastas, como el senador Orville H. Platt, se dieron cuenta de la verdadera situación. Así se lo expresó tajantemente Platt a Edwin F. Atkins en una carta: «Yo creo que la anexión es absolutamente imposible...»[418]

Era preciso –pensaba el Secretario Root– buscar otra fórmula que garantizase el dominio de Cuba por parte de Estados Unidos. Había que proceder con cuidado y con paciencia. El abandono de la anexión como meta significaba sacar las tropas interventoras de la Isla tan pronto se le diese al país un aparato jurídico con apariencia de gobierno propio pero que, al propio tiempo, asegurase el señorío político, económico y militar

---

[418] Foner, *op. cit.*, vol. 2, p. 531.

que se buscaba. La tarea era difícil pero no imposible. Por lo pronto el Secretario le dio una orden al general Wood cuando éste regresaba a la Isla de su viaje a Washington, en los últimos días del siglo. Hermann Hagedorn, biógrafo de Wood, la formula así: «...Salga para allá (Cuba) a preparar al pueblo para una forma republicana de gobierno... y (para) abandonar la isla tan pronto como pueda hacerse sin peligro...»[419] Liquidar ese «peligro» era la segunda parte de la ecuación que Root estaba tratando de resolver. Por lo pronto debía convocarse a elecciones municipales, lo que Wood hizo en seguida que llegó a La Habana, convencido de que esos comicios iban a probar la certidumbre de sus opiniones sobre la situación política del país. Para lograrlo se había restringido severamente el acceso al sufragio limitándolo a varones de veinte años o más de edad, que supiesen leer y escribir o tuviesen propiedades valuadas en más de $250. De ese modo la «morralla» (como Wood llamaba a los pobres, los negros y los mulatos) en su mayor parte sería despojada del derecho a votar. A Cuba se le trataba como si fuera uno cualquiera de los estados del Sur. El escándalo que esta decisión provocó fue tan grande que el gobernador tuvo que hacer una «concesión» permitiendo que los miembros del Ejército Libertador tuviesen acceso al sufragio. De todos modos, sólo una tercera parte de los votantes potenciales podía legalmente acudir a las urnas. Y, sin embargo, pese a todos estos manejos, la elección municipal, celebrada el 19 de junio de 1900, constituyó un duro fracaso para el gobernador norteño. Ni uno solo de los jefes mambises que ostentaban cargos oficiales y eran candidatos vacilaron en sus convicciones independentistas. Y a la hora de contar los votos y los concejales electos, la mayoría de los separatistas resultaba abrumadora. La mayor parte de los candidatos de Wood fueron rechazados por los votantes. Muchos de los periodistas estadounidenses enviados para cubrir los resultados de los comicios reportaron en sus mensajes que los cubanos se habían pronunciado de manera abrumadora en contra de la anexión. Otra prueba más de que la decisión de Root dirigida a sacar el ejército norteño de Cuba era la correcta.

---

[419] Hermann Hagedorn, *Leonard Wood: A Biography*, New York, 1931, p. 261.

Una vez construída la infraestructura local había que pasar a la creación de un régimen de dimensiones nacionales. Unas semanas después de los comicios municipales, se convocó de nuevo a elecciones para el 15 de septiembre de 1900, esta vez con el objeto de elegir delegados a una Asamblea encargada de redactar una Carta Constitucional para la nación y, a la vez, de definir las relaciones que debían existir entre Cuba y los Estados Unidos. O sea, que para esta fecha Elihu Root tenía elaborados ya los lineamientos generales y básicos de un plan de gobierno para Cuba que tal vez pudiera calificarse de «anexionismo indirecto». Según el análisis del Secretario de la Guerra, las conexiones entre Cuba y Estados Unidos creadas por la Resolución Conjunta, por la que él llamaba «Guerra Hispanoamericana» (para borrar de ella la molesta presencia cubana) y por el Tratado de París (elaborado sin asistencia de los cubanos también), presentaban dos vertientes entrelazadas pero muy distintas. La primera consistía en un compromiso contraído por Norteamérica de entregarle el gobierno de la Isla a su pueblo tan pronto ésta fuese pacificada y hubiese forjado un texto constitucional adecuado. El papel de la segunda era el de establecer un sistema de relaciones entre ambos países que fuese «lo más satisfactorio posible para ambas partes». Redactar una constitución era asunto privado del pueblo de Cuba en el cual Estados Unidos no debía en lo absoluto intervenir, más que para convocar a la asamblea. En cambio, las relaciones entre los dos pueblos no podían fijarse sino mediante una negociación con los cubanos, en la que Estados Unidos gozaría de dos grandes ventajas: la de tener en sus manos el objeto en disputa y la de contar, además, con una fuerza militar abrumadoramente superior a la que Cuba pudiera oponerle, sobre todo después del licenciamiento del Ejército Libertador. Este sistema de relaciones, debía ser aprobado por la Asamblea Constituyente y tendría que formar parte, de un modo u otro, del texto constitucional. La primera parte del plan se dio a conocer de inmediato, al hacerse la convocatoria electoral. La segunda tendría que esperar «el momento adecuado» para dársela a conocer al pueblo cubano.

Esta vez Wood decidió participar personalmente en el proceso electoral. Realizó una gira a lo largo del país ofreciendo innumerables obras públicas, otorgando dádivas y defendiendo por todos los medios a los candidatos que favorecía (siempre los que él llamaba «miembros de las mejores clases»). Juan Gualberto Gómez, desde las páginas de *Patria*, censuró con ácida ironía esa campaña política de un gobernante extranjero, diciendo: «En un hombre tan poco dadivoso en épocas normales, llama la atención tanta prodigalidad en período electoral... En las viejas monarquías en los países de régimen corrompido, los ministros corruptores emprenden esos paseos electorales prometiendo puentes, caminos, hospitales, asilos, escuelas, acueductos y subvenciones de todas clases, para predisponer al cuerpo electoral en favor de los candidatos oficiales.»[420] Pero los resultados de los comicios celebrados el 15 de septiembre de 1900, pese a todos sus esfuerzos, no les fueron favorables al gobernador. Y, desesperado, le informó al senador Orville H. Platt que se sentía muy descorazonado porque el grupo que dominaba la asamblea contenía «los peores elementos sociales de la Isla.» También le comunicó a Root, que los hombres por él considerados como mejores habían sido derrotados por un «elemento absolutamente irresponsable en el que no podía confiarse... los peores bribones sin conciencia que transitan esta Isla...»[421] Para él era un escándalo que cuatro de los delegados de la Convención fuesen cubanos «de color», entre ellos su Némesis constante, el mulato Juan Gualberto Gómez, esta vez elegido por la provincia de Oriente, pese a todos los esfuerzos con que Wood trató de evitarlo, porque para él Juan Gualberto representaba lo peor de la sociedad cubana de la época. Así se lo diría en una carta a su íntimo amigo Theodore Roosevelt, al referirse a los «oposicionistas» recién electos a la Asamblea Constituyente: «Son los degenerados de la Convención, dirigidos por un negrito llamado Juan Gualberto Gómez, hombre de la más hedionda reputación moral y política.»[422] Lo que prueba la escasa perspica-

---

[420] Octavio R. Costa, *op. cit.*, p. 198.

[421] Hagedorn, *op. cit.*, vol. 1, p 359.

[422] Carta de Wood a Roosevelt del 12 de abril de 1901, en los papeles de este último, que se guardan en la Biblioteca del Congreso de los Estados Unidos en Washington, D. C. Según Herminio Portell Vilá a Wood se le acusó públicamente «de intrigar y usar ciertos manejos para impedir que fuese electo Delegado por Oriente aquél a quien consideraba como ultraradical y enemigo de los Estados Unidos por ser uno de exponentes más caracterizados de la tendencia cubana por la independencia absoluta.» Portell Vilá, op. cit., vol IV, p. 151.

cia de Wood para calibrar la calidad humana de sus adversarios políticos. Puesto que si algo distinguía a Juan Gualberto Gómez era la virtud de ser incorruptible, surge la pregunta de si para Wood el color de la piel y el origen de clase eran los criterios que separaban a los hombres de bien de los degenerados.

El 5 de noviembre de 1900 por la tarde, en el Teatro Martí de La Habana, la Asamblea fue inaugurada con un acto solemne en el que pronunció su discurso de ocasión el gobernador extranjero. Inmediatamente después, los 31 delegados electos se concentraban en su primera tarea: producir para Cuba una Constitución. Y en tres meses y medio habían completado esa primera parte de su labor, redactando una Carta Magna basada en los principios del liberalismo clásico, muy influída por la de Estados Unidos, aunque se separase de ella en varios aspectos fundamentales, por ejemplo, al dejar a un lado el federalismo y crear una república de carácter unitario. En sus 115 artículos, distribuidos en dieciséis títulos y siete disposiciones transitorias quedó organizado un estado *nacional*, pues tenía por base la nacionalidad cubana; *democrático*, por predominar el pueblo en el gobierno; y *representativo* pues la formación de las leyes dependía de los representantes del pueblo. En la Carta, siguiendo a Montesquieu, se establecían tres poderes, coordinados entre sí: el ejecutivo, el legislativo y el judicial, los dos primeros elegidos por el pueblo y el tercero designado por el presidente con la intervención del legislativo. El Poder Ejecutivo era presidencialista puro. El congreso era bicameral, con un Senado y una Cámara de Representantes. Y el Poder Judicial constaba de un Tribunal Supremo, seis Audiencias provinciales y juzgados de diverso tipo distribuído por todo el territorio del país, que seguiría dividido en seis provincias y numerosos municipios, con gobiernos locales electivos. Y se establecía que el sufragio era universal, aunque sólo para los varones mayores de edad. Para su época, la Constitución podía ser calificada de progresista.

Lo mismo puede decirse respecto a su tratamiento de los derechos humanos. Veinticuatro de ellos se garantizaban en la Carta, según el profesor Leonel Antonio de la Cuesta:[423] 1– Igualdad ante la Ley (Art. 11). 2– Irretroactividad de la Ley, salvo en beneficio del reo (Art. 12). 3– Garantía de la autonomía jurídica de las obligaciones civiles (Art. 13). 4– Abrogación de la pena de muerte por delitos políticos (Art. 14). 5– Preexistencia de la Ley al delito (Arts. 15 y 19). 6– Obligación de presentar el detenido a un juez dentro de las 24 horas subsiguientes a su arresto (Art. 16). 7– Obligación del juez de disponer del detenido dentro de las 72 horas poteriores al arresto (Art. 17). 8– Necesidad de obtener una decisión judicial para encarcelar a una persona. (Art. 18). 9– Libertad inmediata de una persona detenida arbitrariamente. (Art. 20). 10– Prohibición de la autoincriminación, o la de los parientes cercanos. (Art. 21). 11– Inviolabilidad de la correspondencia y demás documentos privados (Art. 22). 12– Inviolabilidad del domicilio (Art. 23). 13– Libertad para escoger el domicilio (Art. 24). 14– Libertad de expresión hablada o escrita. (Art. 25). 15– Libertad de conciencia y de cultos y separación de la Iglesia y el Estado. (Art. 26). 16– Derecho de Petición (Art. 27). 17– Derecho de reunión (Art. 27). 18– Prohibición de la expatriación y libertad de desplazamiento dentro y fuera del país (Art. 29). 19– Libertad de Enseñanza bajo la supervisión del Estado y obligatoriedad y gratuidad de la enseñanza primaria y la vocacional (Art. 31.) 20– Prohición de la confiscación de bienes (Art. 32). 21– Derecho a una justa compensación en caso de expropiación forzosa (Art. 33). 22– Atribución del poder impositivo a la autoridad pública (Art. 34). 23– Derecho de propiedad intelectual (Art. 35). 24– Derecho al sefragio (para los varones mayores de edad) (Arts. 38 y 39.) Toda una Magna Carta.

    Juan Gualberto Gómez participó muy activa y sustancialmente en los debates que se producían en el seno de la Convención. Algunas de sus polémicas se hicieron famosas. Por ejemplo, la que sostuvo con su amigo Manuel Sanguily sobre si se invocaba o no el nombre de Dios en el preámbulo. Curiosamente, Sanguily, que no era creyente, sostuvo que sí; y Juan Gualberto, que sí lo era, sostuvo que no. La mayoría votó con

---

[423] Leonel Antonio de la Cuesta, *Constituciones Cubanas*, Capítulos VI y VII: manuscrito de la segunda edición revisada, que hemos tenido la suerte de poder consultar gracias a la generosidad de su autor.

Sanguily. Luego, conjuntamente, Juan Gualberto y Sanguily propusieron que el Presidente de la República fuera dotado de un Consejo de Secretarios. Y la Asamblea lo acepta pese a la oposición vigorosa de Alfredo Zayas. Además, Gómez prestó especial atención a aquellas medidas que pudieran de algún modo afectar a los pobres y a «la gente de color». El sufragio universal, por ejemplo, le parece indispensable y por eso está en contra de excluir de su ejercicio a los analfabetos. Miles de hombres que no sabían leer ni escribir –aduce-fueron a pelear a la manigua por la independencia de Cuba, demostrando su capacidad para entender los grandes problemas políticos del país. Lo que debe hacerse es lo que en otro artículo se establece: combatir el analfabetismo con escuelas primarias y de artes y oficios gratuitas. El sabía que gran parte de los miembros de su raza, totalmente abandonados por el gobierno colonial español, eran muy pobres y sólo con ayuda del estado podrían hacerse no sólo de una cultura sino además de un instrumento de trabajo para mejorar sus condiciones de vida. Ya sabemos que triunfó plenamente en ese esfuerzo.

Ciento ocho días después de haberse iniciado el trabajo de la Asamblea, el texto constitucional había sido redactado y aprobado. El jueves 21 de febrero de 1901, a los acordes del Himno Nacional (el mismo que los mambises cantaron en Bayamo en 1868, después de tomar la ciudad, con Carlos Manuel de Céspedes a la cabeza), los delegados ponen su firma al pie de la Carta con que acaban de crear una República que, según el documento, debía ser libre e independiente. Un soplo de alegre esperanza agitaba la bandera del triángulo rojo en el Teatro Martí de La Habana.. Pero ahora le tocaba a la Asamblea atacar la segunda mitad de su tarea: definir las relaciones con el país extranjero que gobernaba a la patria intervenida. Y súbitamente vienen días de triste desencanto... Y de nuevas y rudas batallas...

***

Mientras la Asamblea Constituyente discutía en el teatro Martí de La Habana su proyecto de Constitución, Elihu Root, como abogado oficial de McKinley preparaba «el caso cubano» en la Secretaría de la Guerra de Washington D. C. Y como la Gran Bretaña era por aquel entonces el máximo modelo de potencia imperialista, Root le pidió a sus ayudantes que le buscaran información detallada sobre las características del protectorado inglés en Egipto, usando la lista de libros sobre legislación colonial inglesa que había traído consigo de New York. Porque a su parecer, lo que Cuba necesitaba era una variedad peculiar de proteccionismo que a él le tocaba delimitar, definir, concretar y aplicar, aunque ese vocablo jamás debía ser usado en público. Lo de Cuba y Estados Unidos se presentaría con otros términos: como una «relación especial», como un nuevo modelo de «fraternidad intercontinental» basado en la más libre colaboración y la ayuda mutua.. Bellas palabras. Mas a la hora de la verdad, ¿hasta dónde podían llegar esas «libertades»? Parece que en algún momento del proceso, Root pensó establecer lo que pudiera llamarse un «proteccionismo radical», que fue muy bien resumido por Walter Wellman en un artículo titulado «El Porvenir de Cuba» publicado por *Review of Reviews*: «La isla de Cuba será una república independiente, pero sus poderes serán limitados y sus relaciones extranjeras restringidas. Estado soberano en el nombre, no será más que una colonia autónoma (*self-governing colony*) colocada bajo la égida de los Estados Unidos... Los cubanos tendrán la libre y completa facultad de administrarse por sí mismos sin mediación alguna de parte de los Estados Unidos, salvo que voluntariamente acepten ciertas restricciones en cuanto a la facultad de contraer deudas. Los cubanos harán las leyes por que ha de regirse el país en su régimen interno, organizarán el poder público, fijarán las tarifas arancelarias y los impuestos, establecerán los tribunales, señalarán las cuantías de los gastos y mantendrán la seguridad en el territorio sin temor a intervenciones o presiones del exterior. Pero la dirección de las relaciones exteriores de la República estará en Washington y no en La Habana. Cuba no tendrá ministros acreditados en las naciones extranjeras, sino que se entenderá con el exterior por conducto del Departamento de Estado y de los representantes diplomáticos de los Estados Unidos. Los gobiernos extranjeros que tengan asuntos que ventilar con Cuba se dirigirán al Secretario de Estado del Gabinete de Washington, quien a su vez se comunicará con el gobierno de La Habana. En lo que se refiere a su régimen interior, Cuba será una nación soberana, pero desde el punto de vista internacional será un estado de la Unión Americana.»[424]

Desde luego, los detalles del proyecto de Root fueron cambiando, de acuerdo con el transcurso de varias circunstancias, tales como la temperatura de la opinión pública en Cuba, el desarrollo de la guerra civil que el pueblo filipino libraba contra Estados Unidos y la intensidad de la protesta de los antimperialistas en Norteaméricaa. Profesional muy acucioso, Root examinaba cuantas fuentes tenía a su alcance. Estudiaba, por ejemplo, un informe del 7 de septiembre de 1899 donde el general James H. Wilson, ex-gobernador militar de la provincia de Matanzas, hacía varias sugerencias sobre las futuras relaciones cubanoamericanas. Entre ellas, estaba la de negociar un tratado con Cuba cuyas estipulaciones eran un anticipo de lo que luego fue la enmienda Platt, tales como la cesión a Norteamérica de carboneras y estaciones navales y el poner las aduanas de la Isla bajo la supervisión norteña, todo «para garantizar paz, estabilidad y progreso en el país.» Root consultaba, además, frecuentemente con Wood y le comunicaba las conclusiones a que iba llegando. De ese modo le hizo llegar su explicación de por qué las fórmulas que debían regir las relaciones entre Estados Unidos y Cuba tenían que formar parte de la Constitución cubana. Según Root, si a los dos países los uniera tan sólo el lazo de un convenio formal, nadie reconocería el derecho de Norteamerica a intervenir en una disputa que una nación cualquiera tuviera con la Isla. Por el contrario, si la relación con Estados Unidos era parte de la Carta Magna cubana, nadie osaría discutir ese derecho.[425] Dos días después le escribe a su colega, el Secretario de Estado John Hay, pidiéndole su opinión sobre la conveniencia de incorporar en la Constitución cubana una provisión a los siguientes efectos: que los Estados Unidos se reservan el derecho de intervenir la isla dadas ciertas circunstancias; que el gobierno cubano no podría gozar del derecho de negociar tratados que interfirieran con la independencia de la Isla; que los Estados Unidos podrían adquirir terrenos en ciertos

---

[424] Citado por Emilio Roig de Leuchsenring en *Historia de la Enmienda Platt*, La Habana, 1979, p. 46.

[425] Véase: Hermann Hagedorn, *op. cit.*, p. 341.

puertos de Cuba para establecer en ellos carboneras y bases navales.[426] Evidentemente, para Root Cuba era demasiado importante y demasiado vulnerable a las ambiciones de otros imperialismos (entre ellos el alemán) y la famosa Doctrina Monroe resultaba insuficiente para protegerla. La Isla era la clave del futuro norteño en el Caribe y éste la clave de la expansión en el Pacífico, gracias al canal que se planeaba en Panamá. Era preciso convertir a Cuba en territorio intocable. Para ello no quedaba más remedio que obligar a los cubanos a limitar su soberanía, convirtiendo a su país en una dependencia oficial y legalmente establecida de los Estados Unidos.

Por fin, el 9 de febrero de 1901 Root tiene ya redactado un documento donde se recogen las ideas que van a darle forma a la llamada Enmienda Platt. Se trata de una carta del Secretario al gobernador Wood en la que resume la historia de la importancia estratégica que Cuba había tenido siempre para los Estados Unidos, desde los tiempos de Thomas Jefferson a los de McKinley. Para ellos era vital que ninguna otra potencia se apoderase de la Isla. Ahora que había sido separada de España y estaba a punto de adquirir su independencia, resultaba indispensable que los Estados Unidos se la garantizara estableciendo con ella –como bien dijo el presidente McKinley en su mensaje al Congreso el 5 de diciembre de 1899– «vínculos de especial intimidad y fuerza», porque «lo cierto es que los futuros destinos de Cuba... están irrevocablemente unidos a los nuestros...» Esos vínculos estaban regidos por cinco prescripciones que debían ser incorporadas a su ley fundamental y que Root detallaba a continuación: los mismos que luego aparecieron en la Enmienda Platt.

Los acontecimientos ahora van a precipitarse, porque como hemos dicho, el 21 de febrero quedó aprobada y firmada por la Asamblea Constituyente la Carta Magna. En esencia acababa de ser creada la República de Cuba. Pero todavía las relaciones con la gran potencia del Norte permanecían sin definir. Una Comisión integrada por cinco delegados –Diego Tamayo (que la presidía), Juan Gualberto Gómez, Gonzalo de Quesada, Manuel R. Silva y Enrique Villuendas– estaba empeñada en esa labor. De pronto la Comisión recibe una extraña invitación. El

---

[426] Hermann Hagedorn, *op. cit.*, p. 422.

gobernador Wood quiere que lo acompañen a una cacería. Cuando los recibe en Batabanó, al sur de La Habana, les tiene preparado un espléndido banquete. Por fin, les da cuenta de la famosa carta de Root que acabamos de mencionar. El golpe para los cinco patriotas fue anonadante. Se sintieron traicionados e insultados. No pudieron ocultar su disgusto, aunque supieron conservar las formas de cortesía que las circunstancias demandaban. De regreso a la capital, allí, antes de que pudieran informar a la Asamblea, recibieron otro golpe aun más duro. Wood llamó a Tamayo y le entregó copia completa de la enmienda a la ley de presupuesto del ejército que el senador Platt había presentado al Senado, con la petición de que ese documento se agregara a la Constitución recién aprobada.

Es que, en esas pocas horas decisivas, Root, poniéndole fin a sus reflexiones, había tomado la decisión: darle una solución, de una vez por todas, a la cuestion cubana. No era posible esperar más. Acababa de leer el texto de la Carta Fundamental aprobada en La Habana, que Wood le había remitido. Aunque no estaba de acuerdo con todos sus detalles, lo cierto era que, a su modo de ver, nada contenía que impidiera la organización de un gobierno aceptable para los Estados Unidos.[427] Había llegado el momento de hacerle saber a la Asamblea exacta y oficialmente lo que Estados Unidos demandaba para retirar sus tropas de la Isla. Redactó una última versión de las demandas norteamericanas. Obtuvo el visto bueno de McKinley. Y le pidió a uno de sus colaboradores más asiduos, el senador Orville Platt, presidente del Comité de Asuntos Cubanos del Senado, que agregara el documento, como una enmienda, a la Ley de Presupuestos del Ejército que se discutía en la Cámara Alta de Estados Unidos. El debate tuvo lugar los días 26 y 27 de febrero. Hubo apasionadas protestas en el hemiciclo. Alzaron su voz en contra los senadores John T. Morgan, Henry M. Teller, August O. Bacon, James K. Jones, Joseph B. Foraker, Culberson, Pettus, Tillman y Pettigrew. Pero el 1 de marzo el Senado lo aprobó por 43 votos a favor y 20 en contra y, en seguida, la Cámara hizo lo mismo con 159 votos a favor y 134 en contra. El texto exigía que como parte de la Constitución cubana o como

---

[427] Warren Zimmermann, *op. cit.*, p. 378.

una ordenanza agregada a ella «se definieran las futuras relaciones entre Cuba y los Estados Unidos sustancialmente como sigue»:

I.– Que el Gobierno de Cuba nunca celebrará con ningún Poder o Poderes extranjeros ningún Tratado u otro convenio que pueda menoscabar o tienda a menoscabar la independencia de Cuba ni en manera alguna autorice o permita a ningún Poder o Poderes extranjeros, obtener por colonización o para propósitos militares o navales, o de otra manera, asiento en o control sobre ninguna porción de dicha Isla.

II.– Que dicho Gobierno no asumirá o contraerá ninguna deuda pública para el pago de cuyos intereses y amortización definitiva, después de cubiertos los gastos corrientes del Gobierno, resulten inadecuados los ingresos ordinarios.

III.– Que el Gobierno de Cuba consiente que los Estados Unidos puedan ejercitar el derecho de intervenir para la conservación de la independencia cubana, el mantenimiento de un Gobierno adecuado para la protección de vidas, propiedad y libertad individual y para cumplir las obligaciones que, con respecto a Cuba, han sido impuestas a los Estados Unidos por el Tratado de París y que deben ahora ser asumidas y cumplidas por el Gobierno de Cuba.

IV.– Que todos los actos realizados por los Estados Unidos en Cuba durante su ocupación militar, sean tenidos por válidos, ratificados y que todos los derechos legalmente adquiridos a virtud de ellos, sean mantenidos y protegidos.

V.– Que el Gobierno de Cuba ejecutará y en cuanto fuese necesario cumplirá los planes ya hechos y otros que mutuamente se convengan para el saneamiento de las poblaciones de la Isla, con el fin de evitar el desarrollo de enfermedades epidémicas e infecciosas, protegiendo así al pueblo y al comercio de Cuba, lo mismo que al comercio y al pueblo de los puertos del Sur de los Estados Unidos..

VI.– Que la Isla de Pinos será omitida de los límites de Cuba propuestos por la Constitución, dejándose para un futuro arreglo por Tratado la propiedad de la misma.

VII.– Que para poner en condiciones a los Estados Unidos de mantener la independencia de Cuba y proteger al pueblo de la misma, así como para su propia defensa, el Gobierno de Cuba venderá o arrendará a los Estados Unidos las tierras necesarias para carboneras o estaciones navales en ciertos puntos determinados que se convendrán con el Presidente de los Estados Unidos.

VIII.– Que para mayor seguridad en lo futuro, el Gobierno de Cuba insertará las anteriores disposiciones en un Tratado Permanente con los Estados Unidos.[428]

***

Tres días antes de la aprobación de la Enmienda en el senado norteño, el 26 de febrero de 1901, la Convención Constituyente se había reunido para continuar su segunda tarea: definir las relaciones entre Cuba y los Estados Unidos, escuchando un informe del presidente de la Comisión encargada de explorar tan espinoso tema, Diego Tamayo. Este comenzó por relatar la entrevista con Wood que ya conocemos y leyó la nota que el gobernador le había dado sobre una enmienda que se discutía en el Senado norteño sobre ese asunto. El contenido de ese documento –una suerte de resumen de lo que luego se llamó la Enmienda Platt– perturbó hondamente a la Convención, la que inmediatamente entró a discutir la ponencia que sobre ese asunto traía la Comisión. Allí se argumentaba que los mutuos intereses de Estados Unidos y Cuba estaban suficientemente resguardados «en cuanto alcanza la previsión humana» dentro de los preceptos de la Constitución acordada. Y que el contenido de la nota presentada por Wood «vulneraba la independencia y soberanía de Cuba.» Sin embargo, para eliminar los temores del gobierno norteamericano sobre los supuestos peligros que acechaban a la independencia cubana, la Asamblea aportaba cinco estipulaciones, de las cuales las dos primeras eran las más importantes: 1) «El Gobierno de la República de Cuba no hará ningún tratado o convenio con ninguna potencia o potencias extranjeras que comprometa o limite la independencia de Cuba, o de cualquier modo permita o autorice a cualquier potencia o potencias extranjeras, el obtener por medio de colonización o para fines militares o navales, o de otra manera, asiento, autoridad o derecho sobre cualquier porción de Cuba.» Y 2– «El Gobierno de la República de Cuba no

---

[428] Hemos copiado la versión del documento que aparece en la obra ya citada de Emilio Roig de Leuchsenring sobre la historia de la Enmienda Platt.

permitirá que su territorio pueda servir de base de operaciones de guerra contra los Estados Unidos ni contra cualquiera otra nación extranjera.»[429]

La Comisión, como se ve, buscaba una transacción con el gobierno de Washington modificando el lenguaje de algunos artículos de la enmienda americana. Pero antes de que sus proposiciones pudieran ser presentadas a Wood, éste les envió copia del texto íntegro de la Enmienda que acababa de ser aprobada por el Congreso y sancionada inmediatamente por el presidente McKinley. Cuando Diego Tamayo leyó el documento al pleno de la Convención hubo otro poderoso estallido de indignación. El delegado Manuel Sanguily, por ejemplo, llegó a pedir a la Asamblea que acordara disolverse en señal de protesta. Mas, tras largo debate, se acordó darle respuesta al mensaje del gobernador. Para ello se nombró una Comisión integrada por Diego Tamayo, Juan Gualberto Gómez, Gonzalo de Quesada, Enrique Villuendas y Manuel R. Silva, la cual encomendó la redacción de la misma a Juan Gualberto Gómez. Llevada por él al pleno de la Convención, comenzó a ser discutida el primero de abril. Ese texto, uno de los documentos políticos más importantes de la historia de Cuba, contestaba uno por uno los argumentos en que se basaba la Enmienda.y hacía hincapié sobre todo en tres de sus artículos: el tercero (derecho de intervención por parte de los Estados Unidos sobre Cuba); el sexto (omisión de la Isla de Pinos de los límites del país); y el séptimo (venta o arriendo de tierras para estaciones navales o carboneras), declarándolos inaceptables por atentar contra la independencia de la nación.

Los argumentos de Juan Gualberto unían a su lógica irrebatible una poderosa vibración patriótica. La Enmienda Platt –se decía en la famosa ponencia– «tiende, por los términos de sus cláusulas principales, a colocar a la Isla de Cuba bajo la jurisdicción, dominio y soberanía de los Estados Unidos; y esto sin que por un solo instante cumplan éstos el compromiso que contrajeron de dejar el gobierno y dominio de la Isla a su propio pueblo...» Por el contrario, el orden de relaciones en que Cuba debía quedar respecto a los Estados Unidos «define la situación de Cuba como la de un pueblo vasallo» y el Congreso norteamericano «que solo

---

[429] Emilio Roig de Leuchsenring, *op. cit.*, pp. 66-67

puede legislar para el territorio de la Unión, se sirve dictaminarlo de un modo sustancial, para que no quede duda de que afirma su derecho a seguir permanentemente ejerciendo actos de dominio, jurisdicción y soberanía en nuestro país, llevando su firmeza de propósito y su autoridad al extremo de darnos a escoger entre la aceptación lisa y llana de la zuceranía de los Estados Unidos o la continuación de su intervención militar, ya enojosa por injustificada desde hace mucho tiempo y perjudicial por infinidad de motivos.»[430] La ponencia no encuentra divergencias básicas entre los puntos de vista de la Convención Constituyente y el gobierno de Estados Unidos en lo que se refiere a los artículos 1, 2, 4 y 5 de la Enmienda. «Pero de las cláusulas tercera, sexta, séptima y aun de la octava, tiene la Comisión el sentimiento de no poder pensar del mismo modo pues entiende que atentan al principio de la independencia y soberanía del pueblo de Cuba a la par que mutilan injustificadamente el territorio de la patria, apartándose por completo del contenido de la Joint Resolution de 19 de abril de 1898, del Tratado de París y de todos los compromisos y declaraciones anteriores del gobierno de los Estados Unidos.»[431]

El documento continúa con un análisis detallado de cada una de esas cláusulas ofensivas. Particularmente importante es el estudio del «derecho de intervención» que los Estados Unidos arbitrariamente se adjudican con respecto a Cuba. «Intervenir –dice la ponencia– una vez constituído el gobierno cubano, equivale a tanto como a imponerse a dicho gobierno, a ejercer acto de jurisdicción sobre él y sobre la Isla. Toda intervención, en efecto, se produce para imponer mandatos y soluciones terminadas. Ahora bien: quien impone mandatos y soluciones, ése es el soberano...» Por tanto la cláusula tercera de la Enmienda anularía, de llevarse a la práctica, «el compromiso que contrajeron los Estados Unidos con el pueblo cubano de no ejercer aquí jurisdicción y dominio desde que se constituyese un gobierno elegido por dicho pueblo, después

---

[430] «Ponencia del Sr. Juan Gualberto Gómez. Miembro de la Comisión Designada para proponer la Respuesta a la Comunicación del Gobierno Militar de Cuba», en Emilio Roig de Leuchsenring, *op. cit.*, pp. 399-400.

[431] *Ibidem, id.*, p.401.

de pacificado; haría de dichos Estados Unidos el poder legal superior de la Isla de Cuba; trasladaría a los Estados Unidos, en una palabra, la soberanía de la que sólo impropiamente podría llamarse República de Cuba.»*[432]*: La conclusión de todo este minucioso y profundo estudio viene dada en este elocuente párrafo: «Hoy parece Cuba un país vencido, al que el vencedor, para evacuarlo, impone condiciones que tiene que cumplir precisamente, pues de lo contrario seguirá sometido a la ley del vencedor. Y esas condiciones, en el caso presente son duras, onerosas, humillantes: limitación de la independencia y soberanía, poder de intervención y cesiones territoriales: de todo eso hay en el acuerdo del Congreso de los Estados Unidos que se nos comunica. Si en vez de hacerle la guerra a España para asegurar la independencia de Cuba, los Estados Unidos se la hubiesen declarado a Cuba misma por cualquier motivo o cualquier propósito ¿qué otras condiciones, a no ser la franca incorporación, podrían imponer a los cubanos?»[433]

La discusión de la ponencia fue larga, detallada y sustanciosa. El gobierno de Estados Unidos trató de dorar la píldora con aclaraciones e informes transmitidos a los asambleístas criollos a través del gobernador. Por ejemplo, en una carta de Root a Wood, que éste hizo llegar a la Asamblea, se decía: «Espero que usted habrá podido desvanecer de la mente de los miembros de la Convención toda idea de que la intervención descrita en la Enmienda Platt es sinónima de entrometimiento o interferencia en los asuntos de un gobierno cubano. Sólo significa, desde luego, la acción formal del gobierno de los Estados Unidos, basada en justos fundamentos de fracaso o peligro inminente (para Cuba)»...[434] Pero, desconfiando de Wood, en la sesión del 9 de abril se acordó enviar una Comisión a Washington, a discutir la cuestión en las altas esferas y tres días después, para mayor claridad, se aprobó un comunicado a las autoridades norteamericanas para decirles que «el criterio de la Convención Constituyente es opuesto a la Enmienda Platt por los términos en

---

[432] *Ibidem, id.*, pp. 404-405.

[433] Juan Gualberto Gómez, *op. cit.*, pp.494-495.

[434] Emilio Roig de leuchsenring, *op. cit.*, p. 118.

que están redactadas algunas de sus cláusulas y por el contenido de otras, como son la tercera, sexta y séptima.» La Comisión, integrada por Domingo Méndez Capote, Rafael Portuondo, Diego Tamayo, Pedro González Llorente y Pedro Betancourt, se trasladó a los Estados Unidos el 20 de abril de 1901, donde fue recibida con exquisita cortesía por el Secretario Root, el presidente McKinley y otros personajes. Pero el gobierno de Washington no cedió un ápice. Si no se aceptaba la Enmienda, continuaría la ocupación. Aunque expresada en otros términos, los comisionados se llevaron de regreso a su país un clarísimo mensaje: «Ustedes tienen que escoger. Con Enmienda serán un protectorado semilibre nuestro, sin ella seguirán siendo una colonia intervenida por un gobierno militar extranjero. Y eso durará por el tiempo que sea necesario.» Esta fue la tajante, dolorosa y polémica disyuntiva que los viajeros trasladaron a la Convención.

La rección del pueblo cubano ante estos acontecimientos fue poderosísima. Y la protesta, impresionante. Comenzó al día siguiente de aprobarse la Enmienda en Washington, el 2 de marzo por la noche, con una enorme manifestación pública en La Habana, alumbrada por antorchas, que se dirigió desde la sede de la Asamblea a la Plaza de Armas y al Palacio de los Capitanes Generales, la sede del Gobierno Interventor, para informarle al general Wood de su indignada oposición. Idénticas demostraciones ocurrieron en casi todas las ciudades, grandes o pequeñas. E innumerables mensajes en el mismo sentido llevaron el correo y el telégrafo a las autoridades «americanas» tanto en Cuba como en los Estados Unidos.[435] Tal vez la más radical de las manifestaciones fue la que tuvo lugar el 5 de marzo en Santiago de Cuba, que el inversionista J. R. White describió a McKinley en los siguientes términos en una carta: «Fue una gran procesión compuesta de negros de todos los matices... que se detuvo en la Plaza de Armas, donde se pronunciaron varios discursos en los que cada orador declaró que si la Constitución no era aceptada por los Estados Unidos tal como había sido aprobada, le declararían la guerra a los «americanos». Ellos venían peleando por la inde-

---

[435] El profesor Louis A. Pérez Jr. ha localizado cientos de esas protestas en los archivos norteamericanos. *Op. cit.,* p. 439.

pendencia desde mediados del siglo XIX y estaban dispuestos a lanzarse de nuevo a la manigua en el XX.»[436] La prensa cubana se unió a la protesta y *La Discusión* publicó una caricatura que se hizo famosa. Allí aparecía el pueblo de Cuba clavado en la cruz entre dos ladrones: uno de ellos con la cara de Wood y el otro con la de McKinley, mientras el senador Platt, vestido de soldado romano, sostenía una lanza con esponja de vinagre en la punta, titulada «Enmienda Platt». Indignado, Wood suspendió al periódico y envió a la cárcel a su director y al caricaturista autor del «desacato». Pero el escándalo fue tan grande que los puso en libertad 24 horas después y *La Discusión*, ahora más popular que nunca, pudo continuar a toda voz su campaña antiplattista.

Uno de los delegados a la Convención, el licenciado santiaguero Antonio Bravo Correoso resumió, años después, la reacción de los cubanos en un libro recordatorio: «El país entró en un período de agitación extraordinaria. Las manifestaciones se sucedían unas a otras en todos los pueblos, en son de protesta que repercutió en Washington, contra la imposición de los Estados Unidos. Abierta la válvula, el patriotismo se exhibió tan ampliamente, que pudo crear conflictos de orden público y de muy lamentables consecuencias personales y hasta sociales. El ideal soñado parecía no realizarse. El horizonte, ensombrecido, apenas permitía vislumbrar la cercanía del sol...»[437] La retórica podrá parecernos algo anticuada, pero la realidad que el párrafo retrata es totalmente irrefutable. Tanto fue así que las fuerzas conservadoras del país bajo el liderato del Círculo de Hacendados arreciaron su presión sobre la Asamblea para que cediese a las peticiones de Washington. Oficialmente el Círculo lo hizo en una exposición dirigida a la Convención pidiéndole que «armonizara los elevados principios de libertad e independencia» con «el orden público y el respeto a la ley» dadas «las exigencias de las realidades históricas que necesariamente han de llenarse...» Se señala que Cuba necesitaba para su existencia como pueblo civilizado del mercado azucarero norteamericano, y que por eso era

---

[436] Foner, *op. cit.*, vol. 2, p. 595.

[437] Antonio Bravo Correoso, *Cómo se hizo la Constitución de Cuba*, La Habana, 1937, p. 91.

preciso que existiese «una inteligencia franca, amistosa y completa con los Estados Unidos en el orden político y en el económico.» En consecuencia, el Círculo consideraba «altamente beneficioso para los intereses morales y materiales del país cubano la aceptación de la Ley Platt, siempre que se recabara la adición a ella de una cláusula o base por virtud de la cual se establezca entre Cuba y los Estados Unidos un régimen económico inspirado en la reciprocidad...» Privadamente se trató de convencer a los miembros más moderados de la Asamblea de lo peligrosa que resultaba la postura del antiplattismo. Y haciéndose eco de estos criterios algunos líderes de los partidos políticos existentes comenzaron a hablar en alta voz de «la necesidad de aceptar los hechos consumados e inevitables» y de que «el rompimiento con los americanos nos llevaría al caos»....[438]

Varios delegados, bajo estas presiones, comenzaron a buscar lo que llamaban «una salida airosa de la situación»... Quizás Washington transigiría haciéndole a la Enmienda unos pocos cambios suavizadores de sus peores asperezas... Desconfiando de Wood, acordaron enviar a Estados Unidos otra Comisión que tratase directamente con Root y con McKinley. Si nada se obtenía, por lo menos quedaría establecido que ellos habían luchado hasta el final. El 18 de abril la Comisión resultaba integrada por Domingo Méndez Capote, Diego Tamayo, Rafael Portuondo, Pedro González Llorente y Pedro Betancourt. Recibida en Estados Unidos con grandes cortesías, sostuvo varias largas sesiones con Root y una breve entrevista con McKinley. Y regresó a La Habana el 6 de mayo de 1901 con un pleno fracaso en las manos. No había obtenido ni la más vaga esperanza de una concesión. Seguía el impasse: «O protectorado con Platt o colonia sin Platt.» En el seno de la Asamblea continuó el debate, pero era obvio que con cada día que pasaba la batalla se hacía más y más difícil. De todos modos Juan Gualberto Gómez y el anciano Salvador Cisneros Betancourt trataron de ofrecer todavía algunas alternativas a los artículos más ofensivos del úkase. Por un momento la Asamblea pareció estar dividida por la mitad. En una ocasión se logró una votación de 15 a 14 en contra de la Enmienda, sometiéndose a la

---

[438] Véase a este respecto Emilio Roig de Leuchsenring, *op. cit.*, pp. 151-155.

consideración del pleno un texto menos agresivo. Todo fue inútil. Washington contestó a todo negativamente. Y fuera de la Convención, varias fuerzas de enorme peso tampoco ayudaban a seguir peleando. Máximo Gómez, con su enorme prestigio, seguía fiel a su vieja posición: «Saquemos primero de aquí a los americanos. Después ya veremos.» Tomás Estrada Palma, el sustituto de Martí al frente del Partido Revolucionario Cubano, le escribía a Gonzalo de Quesada, discípulo preferido del Apóstol y delegado a la Asamblea, instándolo a que se rindiera. «Es doloroso... pero no hay otra salida.» Y lo que sucedía en Filipinas tampoco resultaba favorable: Emilio Aguinaldo había sido arrestado y la rebelión que dirigía contra Estados Unidos había sido aplastada por un ejército de 126,468 hombres excelentemente armados. La famosa fórmula de Manuel Sanguily comenzaba a pesar gravemente sobre los votos decisivos y cada vez más vacilantes: «Mejor una república mediatizada que una patria ocupada por un ejército extranjero.» Por fin, el propio Juan Gualberto, que había mantenido en alto la bandera antimperialista hasta el último minuto, decidió ceder. Un ejercito interventor «americano» permanente era, desde todos los puntos de vista, inaceptable. Octavio R. Costa ha sabido retratar mejor que nadie ese trágico minuto en la vida de Juan Gualberto: El 12 de junio queda aprobada definitivamente por la Asamblea Constituyente la Enmienda Platt. El resultado de la votación: dieciséis contra once. «Varios delegados explican sus votos, pero Juan Gualberto, derrumbado, con el espíritu hecho trizas, con la conciencia cargada de tempestades, se mantiene en silencio total. Toda su historia de patriota, toda la historia de su pueblo, toda Cuba le pesan doloridamente sobre su corazón.»[439]

El 28 de octubre de 1901, en un instante de muy privada, orgullosa y satisfecha sinceridad, Leonard Wood le escribía a su íntimo amigo Theodore Roosevelt –desde hacía poco más de un mes Presidente de los Estados Unidos– una carta en la que podía leerse esta frase: «Por supuesto, que muy poca si alguna independencia se le ha dejado a Cuba bajo la

---

[439] Octavio R. Costa, *op. cit.*, p. 232.

Enmienda Platt.»[440] Cuba se había convertido en una semicolonia de Estados Unidos. Pronto Guantánamo iba a ser el Gibraltar Americano. Thomas Jefferson, James Monroe y John Quincy Adams podían dormir tranquilos en sus tumbas. La «fruta madura» estaba ya «en manos seguras»...

***

Fiel a su costumbre, para huir de la depresión, Juan Gualberto Gómez se hundió en el trabajo. A la Convención le quedaba todavía una última tarea: redactar una ley electoral que gobernase las primeras elecciones de la flamante República. Desde el 2 de julio al 9 de septiembre de 1901 se labora en ese proyecto sin cesar. A partir de ese mismo día, disuelta definitivamente la Asamblea, Juan Gualberto se encuentra sin trabajo. El se había siempre ganado el sustento escribiendo en un periódico, esta vez en *La Discusión,* que había sido uno de los líderes del antiplattismo, pero que al final, dándose por vencido, se había rendido, como la Asamblea, a las presiones norteamericanas. A Manuel María Coronado, su director, Juan Gualberto le presenta su renuncia. «No sé escribir más que lo que siento», le explica. Se ha separado además del Partido Republicano en el que militaba y que también había dado el viraje. Funda el Partido Republicano Independiente. Escribe un Manifiesto explicando su posición intransigente. Y acaba por fundar otro periódico, *La República Cubana,* que es muy bien recibido. Llegó el momento de elegir el primer gobierno. Máximo Gómez se negó a ser presidente, apoyando a Tomás Estrada Palma. El otro candidato era el general Bartolomé Masó. Don Tomás se declaró a favor de la Enmienda y Masó en contra. La campaña se polarizó. Siguiendo muy viejas costumbres, la disensión devino conflicto inapagable. Los masoístas sostenían que su adversario era el favorito de Wood. Que carecían de garantías electorales. Acabaron por ir al retraimiento. Estrada Palma no se trasladó a Cuba desde los Estados Unidos, donde vivía, hasta después de ser electo sin oposición. Cuando pasó por Manzanillo, en gran gesto patriótico, Masó lo alojó en su casa. Y el 20 de mayo de 1902, en La Habana, el general extranjero le entregó el mando al primer presidente cubano de la nueva República, en medio

---

[440] Warren Zimmermann, *op. cit.*, p. 384.

del entusiasmo delirante de la población. Los cubanos, cada vez que pueden, dejan a su esperanza maltrecha echar un retoño más. Esta vez Máximo Gómez recogió muy bien el sentimiento general del país en una corta frase cuando dijo: «¡Creo que hemos llegado!»

Lo que, desde luego, no resultó exacto. Porque mientras para España, como ya vimos, el *Encuentro en 1898* significó el fin de un imperio de siglos y para los Estados Unidos el comienzo de otro que dura ya más de uno, para Cuba , pequeña y sola, el verdadero resultado de ese choque epocal de tres pueblos fue el de una revolución incompleta, el de un sueño semialcanzado. Muchos años de tropiezos y sacrificios, de protestas y de combates cívicos le costó a la nación cubana el salir de la miseria y la destrucción que había causado la guerra, quitarse de encima el peso de la imposición extranjera, asegurar la integridad del territorio propio y avanzar por la senda de la independencia nacional.

Porque, en realidad, la Enmienda Platt significó la derrota de dos revoluciones, ambas contenidas como un solo ideal en el programa del Partido Revolucionario Cubano de José Martí: la política, que pudiéramos llamar de la verdadera independencia (sin limitaciones extranjerizantes) y, a la vez, su complemento, la revolución social, de carácter populista, que pedía, además de la democracia, el republicanismo, el sufragio universal, la protección de los derechos civiles (a la propiedad privada, a la libertad de palabra, de reunión, de religión, etc.), la justicia social (respeto a los derechos del trabajador), la reforma agraria (distribución de tierras a los campesinos pobres) y la más absoluta igualdad racial en todos los niveles de la sociedad. A lo que Martí había añadido: fomento industrial, diversificación productiva, equilibrio del comercio exterior, política exterior independiente y limpio y humano internacionalismo para ayudar a mantener la paz universal. Programa que era violentamente rechazado por las fuerzas más conservadoras del país, tales como los ricos propietarios, terratenientes, hacendados y comerciantes cubanos, españoles y norteamericanos; los blancos discriminadores; la prensa conservadora; los españoles convertidos en asustados anexionistas: en suma, la élite de la vieja sociedad colonial. Por algo ya desde temprano en 1898, en La Habana, en Santa Clara, en Santiago de Cuba, según numerosos testimonios de los jefes militares norteños, muchos de esos miembros de las llamadas «mejores clases» de la sociedad, se acercaban a ellos para pedirles preferiblemente la anexión de la isla a los Estados Unidos, pero si esto no era posible, por lo menos que se les asegurase «de la manera más enfática» que sus intereses iban a ser protegidos, «sea cual fuere la forma de gobierno que por fin se estableciese en la Isla.»[441] Y no se escondían para pedirles a los Estados Unidos que permanecieran indefinidamente en Cuba. Para estos elementos la Enmienda Platt representaba una enorme y salvadora victoria. Para el resto de la población cubana –ciertamente la mayoría del país– constituía una anonadante derrota.

Anonadante, pero no mortal...

***

En toda la era que siguió al Veinte de Mayo de 1902, por más de tres décadas, Juan Gualberto Gómez –como tantos otros mambises– vivió, padeció y luchó sin descanso. Siempre por la democracia, por la libertad, por la decencia administrativa, por la plena igualdad entre los hombres de todas las razas, contra la politiquería, contra la dictadura, contra la injerencia extraña... Dedicó gran parte de su tiempo a defender los derechos políticos y económicos de sus hermanos «de color», unificando sus sociedades, aclarándoles sus caminos, fiel a su consigna: «no puede haber cubanos de primera y cubanos de segunda». Condenó, sin embargo, el alzamiento armado de Partido Independiente de Color en mayo de 1912 y, a la vez, la brutalidad con que fue reprimido. Participó muy activamente en la política del país, siempre al lado de la concordia y la unidad nacional. Tuvo ciertamente sus detractores. Su defensa del negro ofendía a los racistas. Su postura contra el imperialismo norteamericano molestaba a quienes lo servían. Su intensa participación en la cominera vida política republicana lo convirtió en blanco de la pasión partidista. Contra él se usaron todas las armas: el insulto, la difamación, el ridículo. No fue el general Leonard Wood el único en llamarlo «negrito de la más hedionda reputación.» Y los caricaturistas se ensañaron con él pretendiendo convertir su famoso «paraguas trabado» en símbolo del fracaso

---

[441] Louis A. Pérez, Jr., *Cuba Under the Platt Amendment, 1902-1934*, Pittsburgh, Pa., 1986, pp. 34-35.

y la incompetencia.[442] El, sin embargo, los venció a todos. Fue elegido por sus conciudadanos Representante a la Cámara y Senador de la República. Además, por años y años fue el columnista y polemista político más leído del país. El pantano de la corrupción cívica que lo rodeaba jamás lo manchó. Y al final de su vida, como bien dice Octavio Costa, ya no era Juan Gualberto. Ni era Gómez. Era Don Juan, como lo llamaba respetuosamente toda la ciudadanía. El Don Juan que nació pobre descendiente de esclavos y murió pobre y muy amado por su pueblo a los 79 años de edad, en 1933, unos meses antes de que cayera la dictadura de Gerardo Machado, que tan activamente combatió. El don Juan que falleció poco antes también de que fuera abrogada la odiadísima Enmienda Platt, al comienzo del primer mandato presidencial de Franklin Delano Roosevelt, bajo el manto de su nueva «política del Buen Vecino», en un tratado entre Cuba y Estados Unidos que se firmó el 29 de mayo de 1934.

Es que –no se olvide– hubo un Veinte de Mayo de 1902. Fecunda síntesis de dolor y gozo, de desengaño y fe, de desencanto y espíritu de lucha con que se trataba de ir forjando, paso a paso, venciendo tremendos obstáculos, una cubanidad libre por completo... Proceso del todo incomprensible si no se captan previamente la esencia, la sustancia y el sentido de ese decisivo *Encuentro en 1898*.

---

[442] Como buen criollo, Juan Gualberto se reía en público de la leyenda vulgar sobre la trabazón de su paraguas. En una conferencia en el Centro de Cocheros de La Habana el 24 de junio de 1915 expresó que a cualquiera se le podía trabar el paraguas, pero que, en realidad, a él había que verlo como un profeta, porque nunca había defendido causa alguna que no hubiese triunfado, como por ejemplo la abolición de la esclavitud, la independencia de Cuba y el principio de la igualdad de blancos y negros, reconocida por la Constitución de la República. Ver a este respecto: Leopoldo Horrego Estuch, *Juan Gualberto Gómez, un gran inconforme*, La Habana, 1954, p. 291.

APOSTILLA

En las primeras tres décadas del siglo XX, el expansionismo norteamericano continuó su marcha por la América Latina, bajo el impulso de lo que vino a ser conocido como el *Corolario de Roosevelt* a la Doctrina Monroe. En un Mensaje al Congreso, el 6 de diciembre de 1904, el presidente Theodore Roosevelt dejó establecido que «la perversión crónica o una impotencia que debilitase los lazos de la sociedad civilizada.... podían obligar a los Estados Unidos, a ejercer, aunque fuese con reluctancia, sus poderes de policía internacional.»[443] Es decir que por sí y ante sí, los Estados Unidos proclamaban *urbi et orbi* su derecho a intervenir en los asuntos internos de los países inmediatamente situados al sur de sus fronteras para «corregir» aquellos actos que Washington considerase de «mala conducta». Esta política de tranca en alto (*big stick policy*), que convertía a las Antillas y a la América Central en indudables protectorados, era el primer paso pasa asegurar el ascenso de Norteamérica al status de gran potencia mundial. Y fue aplicada tanto por los gobiernos republicanos de Theodore Roosevelt y William Taft como por el demócrata de Woodrow Wilson, que les sucedió, valiéndose los tres de métodos ya intervencionistas (acciones militares de variado tipo, incluyendo la ocupación), ya de manipulación financiera (la llamada *diplomacia del dólar*). El gran plan estratégico de desarrollo imperialista se integeraba en una cadena de objetivos que venía rodando desde los viejos sueños de Alfred T. Mahan hasta el proyecto más preciso y detallado de Teddy Roosevelt: para colocarse a la altura de una Inglaterra había, primero, que establecerse como potencia del Pacífico, lo que suponía la construcción de una poderosa marina de guerra y de un canal interoceánico, preferiblemente en Panamá, cuya seguridad demandaba, a su vez, el dominio absoluto del Mar Caribe, únicamente posible me-

---

[443] *Congressional Record*, Congreso # 58, Tercera Sesión, p. 19.

diante el control político y económico de las Antillas y la América Central.

Anticipándose al famoso *Corolario* rooseveltiano, ya los «americanos» le habían arrebatado a Colombia el istmo de Panamá en 1903. Después ocuparon y gobernaron a Cuba de 1906 a 1909. Entre 1907 y 1917 enviaron tropas a Honduras, Nicaragua, Panamá y Cuba, a esta última cuando el alzamiento conocido en la Isla como *La Chambelona*. Establecieron el control de las aduanas en la República Dominicana a partir de 1916, lo que pronto devino una ocupación militar del país que duró hasta 1924. En Haití ocurrió lo mismo desde 1915 a 1934. En México, en abril de 1914, por orden del presidente Wilson, la marina norteña bombardeó el puerto de Veracruz y, en seguida, tomó la ciudad, que no fue evacuada hasta el mes de julio. Y en 1917 hubo un incidente de dimensión mucho mayor. El general John J. Pershing, cumpliendo mandatos de sus superiores, penetró por más de 300 millas en territorio mexicano, al mando de 10,000 hombres, en persecución del guerrillero «Pancho» Villa, a quien acusaban de haber matado 17 ciudadanos norteamericanos en Columbus, New Mexico. La cacería fue un escandaloso fracaso y el ejército norteño fue retirado a sus cuarteles un año después. En Cuba, el general Enoch H. Crowder, por órdenes del mismo Wilson, intervino abiertamente en los asuntos privados de la Isla, actuando como verdadero procónsul. Primero, en 1919, cuando le impuso al país el Código Electoral que llevó su nombre. Luego, desde enero de 1921, asumiendo arbitrariamente, por meses y meses, los poderes del Presidente de la República Cubana, desde sus oficinas situadas en el barco de guerra norteño *Minnesota*, anclado en la bahía de La Habana. Y, por fin, como embajador omnipotente, de 1923 a 1927. Estos y otros hechos parecidos, distaron mucho de ganarle popularidad a Estados Unidos en la América Latina de aquella época.

En la década del '30 del siglo XX, sin embargo, se produce un viraje en la política de Norteamérica respecto a los pueblos hispanoamericanos. A la agresiva que a partir de 1898, como acabamos de ver, se proponía conquistar posiciones militares y económicas estratégicas para imponer por la fuerza a esas naciones su voluntad imperial, le sustituye otra que a sí misma se titulaba de *buena vecindad*. Ya en los gobiernos republicanos de Warren Harding, Calving Coolidge y Herbert Hoover (1921 a

1933) aparecen indicaciones precursoras de esta evolución diplomática. Pero no fue hasta la administración de Franklin Roosevelt, iniciada en 1933, que ella cuaja por completo. Varios motivos impulsan y condicionan el gran cambio. En primer lugar, la profunda y larga crisis económica que, a partir de 1929, asoló a Estados Unidos, estremeciendo esa sociedad hasta sus raíces. Y, además, la peligrosa situación internacional, hondamente afectada por el expansionismo del Japón en Asia y del nazismo alemán en Europa, que condujo en definitiva a la Segunda Guerra Mundial. Eso, sin contar con la creciente disposición antimperialista que se mantuvo siempre viva en algunos sectores de la sociedad norteamericana y que, desde principios de siglo, iba penetrando y desarrollándose también en la conciencia de todas las capas de la población en América Latina. Y —particularmente en lo que a Cuba se refiere— la percepción por parte del State Department de que los tradicionales instrumentos intervencionistas no podían funcionar ya en la Isla como antes, dadas las transformaciones políticas y sociales acaecidas en ella desde el establecimiento de la República y, sobre todo, tras la caída del dictador Gerardo Machado en 1933. La opinión pública cubana, tanto como la latinoamericana, demostraron una y otra vez en estos tiempos estar saturadas de un sano, poderoso, decidido y valiente espíritu nacionalista. Por eso es un imperialismo preocupado y hasta inseguro el que, pese a su enorme poderío, decide buscar alivio económico y apoyo diplomático en el Continente Occidental, tratando de restañar profundas heridas y de apaciguar muy legítimos resentimientos en una región saturada de bien merecida hostilidad. Al «big stick» del primer Roosevelt le sucede el «guante de seda» del segundo, aunque nunca se renuncie plenamente a una hegemonía de supuesto «hermano mayor». Uno de esos gestos de la rooseveltiana «amistad continental» fue la abolición de la Enmienda Platt, a que hemos hecho referencia. Los resultados de esta nueva relación interamericana son muy variados y, en ocasiones, hasta contradictorios. Su estudio detallado exigiría las dimensiones de otro libro. Baste llamar aquí la atención hacia tales realidades con esta escueta pero indispensable nota de advertencia.

Mambises cubanos rodean a soldados españoles.

ÍNDICE ONOMÁSTICO

Abreu Cardet, José 325, 331, 335, 340, 343, 353, 398
Adams, Brooks 231, 232
Adams, Charles Francis 228, 250
Adams, Henry 232
Adams, John Quincy 187, 241, 250, 511
Agramonte, Ignacio ... 315, 328, 329, 332, 337, 391
Agüero, «Frasquito» 295
Aguilera Rojas, Elagio 308
Aguilera, Francisco Vicente . 295, 297, 298, 307, 308, 311, 314, 343, 386, 469-471
Albors, Agustín 33
Aldama, Miguel 315
Aldama, Rosa 319
Alfonso XII de Borbón 41, 43, 46, 48, 52, 104
Alfonso XIII de Borbón 48, 67, 99, 284
Alger, Russell 264, 486
Almaguer, Agustina 294
Almaguer, Manuela 294
Álvarez Mendizábal, Juan 59
Amadeo I de Saboya 25, 31
Antequera, Juan Bautista ... 39, 52, 53
Aquino, Santo Tomás de 476
Arango, Augusto 315
Arango, Napoleón 315
Arthur, Chester 201, 202, 220
Astor, Mrs. William 158
Astor, William 144
Atkins, Edwin F. 491
Atkins, John Black 277, 491
Auñón, Ramón 115, 116, 118, 119, 121, 122, 127, 128, 136
Azcárraga, general Marcelo ... 93, 431
Azcárate, Gumersindo de 69, 474
Azorín (José Martínez Ruiz) 13, 67-69, 75
Bacon, August O. 501
Bacon, Robert 259

Bakunin, Mijail 33
Balmes, Jaime 476
Ballagas, Emilio 304
Banderas, general Quintín ... 355, 405
Barton, Clara 244
BAudelaire, Charles 375
Benítez, Lolo 325, 357, 358
Bessemer, Henry 366
Betances, Ramón Emeterio 399, 415, 481
Betancourt, Ana 414
Betancourt, Pedro .. 394, 478, 507, 509
Blaine, James G. 162, 202, 203, 227
Blanco Fombona, Rufino 375
Blanco, general Ramón . 114-116, 118, 119, 125-128, 135, 137, 251, 282, 283, 396, 431, 433, 439
Bonachea, Ramón Leocadio . 47, 349, 355, 359
Bravo Correoso, Antonio 508
Brindis de Salas, Claudio 370, 472
Brooke, John R. .. 466, 481, 482, 484, 486, 490
Brown, John 147
Bryan, William Jennings 183, 228
Bryant, William Cullen . 191, 193, 237
Bulloch, Annie 144, 145
Burell, Julio 135
Burgess, John 158, 213, 441
Byrnes, Thomas F. 178
Caballero de Rodas, Antonio ... 21, 33
Cabot Lodge, Henry ... 162, 174, 184, 220, 221, 234, 265, 267, 281, 462, 489
Cabrera, Raimundo 380
Calcagno, Francisco 377
Calhoun, William 242, 243
Cameron, James Donald 234, 240
Cánovas del Castillo, Antonio .. 41-43, 48, 50, 53, 64-66, 87, 95, 96, 241, 251, 431
Carlos de Borbón 17, 46

519

Carnegie, Andrew 155, 180, 228, 250, 461
Caro, Rodrigo 88
Carow, Edith 169, 173
Carreras, Albert 60
Carrillo, general Francisco ... 356, 394
Casal, Julián del 374-376
Casasús, Juan J. .. 294, 297, 343, 397, 398, 416, 417, 420, 426, 429, 445
Castelar, Emilio 31, 41
Castellanos, Gerardo ... 294, 326, 479
Castillo Duany, Demetrio 272, 442
Ceballos, capitán general Francisco 332
Cebreco, Agustín 425, 434
Cejador Frauca, Julio 375
Cervera, Juan Bautista 15
Cervera, Pascual .. 9, 10, 13-20, 22, 24, 25, 27-30, 33, 35-40, 48, 49, 53-57, 89-110, 112-130, 133-140, 268, 280, 321, 444
Céspedes, Carlos Manuel de 295, 311-314, 328-330, 332, 333, 338, 355, 380, 386, 497
Céspedes, Francisco Javier de 348
Céspedes, Úrsula de 302
Cirujeda, Francisco 424
Cisneros Betancourt, Salvador 253, 332 346, 409, 410, 416, 418, 423, 432, 509
Cisneros, Evangelina 243, 244
Civera, José 429
Clay, Henry 180
Cleveland, Grover 160, 163, 174, 182, 203-205, 220, 221, 227, 228, 240, 241, 247, 435
Cochise 166
Coen, C. M. 466
Collazo, Tomás ... 382, 434, 435, 459
Comellas, José Luis 66
Concas, Víctor Linares, general Arsenio 97, 111, 112, 116-120, 123, 125, 129, 131, 134, 444
Contreras, general Juan 35, 38
Coolidge, Calving 516
Cooper, James Fenimore 192

Copron, capitán Allyn 275
Costa, Joaquín 67-69, 194
Costa, Octavio R. 471, 473, 478, 488, 494, 510, 514
Coudert, Frederick R. 367
Crane, Stephen 272
Crow Foot 166
Crowder, Enoch H. 516
Cruz, Manuel de la 380, 381
Culberson 501
Custer, George Amstrong 166
Czolgosz, Leon 285
Chandler, William E. ... 206, 207, 234
Dana, Charles A. 234
Darío, Rubén 143, 374, 375
Darwin, Charles 206, 207, 212
Davis, Charles H. 234
Davis, Richard Harding 272, 277
Day, William R. 253
Delmonte, Domingo 302, 304, 363
Depew, Chauncy 176
Desvernine, Pablo 482
Dewey, almirante George ... 234, 248, 252, 258, 265, 461
Díaz Mirón, Salvador 374
Díaz, Modesto 316
Dorregaray, Antonio 45
Dulce, Domingo 319
Dupuy de Lome, Enrique 253, 254
Duque de Estrada, Miguel Ángel .. 404
Edo, Enrique 345
Eliot Norton, Charles 250
Eliot, Charles E. 228, 250
Emerson, Ralph Waldo 192
Escario, coronel Federico 282, 442
Espartero, general Baldomero 59
Espina, Antonio 73
Espinosa, Juan 359
Estévez y Romero, Luis 389, 390
Estrada Palma, Tomás .. 244, 253, 343 346, 348, 383, 410, 415-419, 422, 423, 427, 429, 432, 455, 464, 481, 510, 511
Estrada, Esteban 314, 358
Evan, Robley 235

Evans, capitán Robley D. 133, 134
Fardo, Pedro 320
Feijóo, Samuel 372
Fernández Almagro, Melchor . 27, 32, 44, 68, 136
Fernández de Castro, Rafael . 389, 434
Figueras, Estanislao 31
Figueredo Socarrás, Fernando ... 334, 379, 380
Figueredo, Félix 313, 339, 397
Figueredo, Pedro («Perucho») 295, 311, 314, 315
Fish, Hamilton 200
Fisk, James 180
Fletcher, Frank F. 255
Foner, Philip S. ... 368, 433, 439, 441, 455, 459, 484, 489, 491, 508
Fonseca, brigadier Modesto 359
Foraker, Joseph B. 501
Fornaris, José 302, 372
Forner, Juan Pablo 63
Fourier, Charles 33
Franklin, Benjamin 193
Freneau, Philip 190, 191
Freyre de Andrade, general Fernando 428, 460, 481
Frick, Henry Clay 180
Frye, W. P. 234
Galán, Natalio 304
Gálvez, Antonio 35, 38
Gálvez, José María 252, 360, 364
GálvezJosé María 360, 364
Gandhi, Mahatma 477
Ganivet, Ángel 73-75
García de Cortázar, Fernando .. 88, 89
García González, Ramón 292
García Izquierdo, Calixto 292
García Menocal, Gabriel 315
García Vélez, Carlos 415, 428
García Vélez, Justo 318
García, Calixto .. 9, 10, 269, 270, 279, 287, 289, 292, 294, 296-298, 311, 313-315, 318, 323-326, 329-337, 339, 340, 342, 343, 350, 353-359, 379, 383,

386, 396-400, 406, 414-423, 425-430, 432, 434-437, 439, 442-446, 448-452, 454-460, 463, 472-474
García, Vicente . 47, 346, 348, 349, 354
Garzón, Victoriano 405
George, Henry 244
Gerónimo 166
Giner de los Ríos, Francisco ... 64, 89
Gleaves, Albert 255
Gómez Amador, Luis 125
Gómez de Avellaneda, Gertrudis . 302, 304
Gómez Diéguez 335
Gómez Toro, Francisco 424
Gómez, Juan Gualberto . 11, 240, 362, 370, 383, 386, 394-396, 398, 401, 403-405, 467, 469-472, 474, 477-480, 486, 488, 494-497, 500, 504-506, 509, 511, 513, 514
Gómez, Máximo .. 240, 253, 294, 314-316, 323-326, 329-331, 334, 335, 337, 338, 344, 346, 348, 354, 359, 368, 380, 383, 385, 393, 395, 403, 406-412, 414, 416, 420-425, 427, 428, 432, 433,435, 443, 448, 450, 463-466, 480, 482, 483, 510-512
Gompers, Samuel 160, 178, 181, 182, 228, 461
González Lanuza, José Antonio .. 477, 482
González Llorente, Pedro 507, 509
González Mármol, José 326
Gorman, Arthur 228
Goulet, Alfonso 405
Govín, Antonio 360, 361
Grajales, Mariana 318
Grant, general Ulysses S. 200, 215, 219, 321-323, 327, 436
Grave de Peralta, Belisario 355
Guerra, Benjamín 393
Guerra, Ramiro 198, 199, 204, 205, 252, 309, 310, 333
Gutiérrez de la Concha, José 339-341, 344

521

Gutiérrez Nájera, Manuel 374
Hagedorn, Hermann ... 168, 275, 492, 494, 499, 500
Hamilton, Alexander 193
Hamilton Fish 322
Harriman, Edward H. 180
Harrison, Benjamin 174, 202, 203, 228
Hawkins, general Hamilton .. 277, 278
Hay, John 234, 499
HayesTutherforde B. ... 151, 201, 211
Hearst, William Randolph 243, 244, 254
Henríquez Ureña, Max 375
Heredia, José María 295, 302, 372, 378
Hernández, Eusebio 342, 351, 474
Hidalgo Gato, Eduardo 395
Holmes, Oliver Wendell 192
Hoover, Herbert 516
Huysmans, Joris Karl 375
Íñiguez, Lucía . 292, 295, 318, 340-342
Isabel II, Reina 23, 24, 41
Jackson, Andrew 187
Jácome y Pareja, Ana 19
Jácome, Ángel 19
James, Henry 230
James, William 228, 250
Jefferson, Thomas 186, 187, 215, 219, 229, 230, 232, 250, 500, 511
Jenney, William Le Baron 155
Jiménez Castellanos, general Adolfo 481
Johnson, Andrew ... 20, 148, 149, 199
Jones, James K. 501
Jovellanos, Gaspar Melchor de 47, 63, 332, 335
Kant, Immanuel 476
Kennan, George 436, 437
Kent, Jacob 277
King, Clarence 234
King, Martin Luther 478
Krause, Karl 476
La Rúa, Francisco 348
Lacret 414
Larra, Mariano José de 63
Lawton, general Henry .. 274-276, 457
Lee 228

Lee, Alice Hathaway 154
Lee, Fitzhugh 252, 441
Lersundi, capitán general Francisco 313, 317, 319, 347
Linares, general Arsenio 123, 127, 274, 283
Lincoln, Abraham 147-150, 162, 197, 198, 356
Loboy Malagamba, Miguel 36
Long, John D. 247, 248, 250, 254, 257, 258, 263, 264
Longfellow, Henry Wadsworth ... 192
Lorenzo Luaces, Joaquín 302
Lorenzo, general Manuel 292, 293
Lorraine, Sir Lambton 333
Lowell, James Russell 192
Luaces, Joaquín Lorenzo 302
Luce, Stephen 235
Lynch, John R. 162
MacArthur, Arthur 235
MacCohon, general Manuel 24
Maceo Osorio, Francisco 295, 311, 314
Maceo, general Antonio . 47, 240, 315, 329, 337, 343, 349, 350, 354, 355, 357, 359, 360, 368, 369, 383, 386, 387, 394, 396, 403, 406-410, 412, 415, 417, 419, 420, 423, 424, 449
Maceo, José 315, 355, 406, 407, 418-420
Macías Picavea, Ricardo 76, 77
Macías, general 108
Machado, Eduardo .. 13, 85, 310, 348, 514, 517
Madison, James 187, 203, 232
Madoz, Pascual 59
Maeztu, Ramiro de 83
Magallanes, Fernando de 18
Mahan, Alfred T. 10, 97, 98, 103, 188, 213, 216-220, 222, 224, 234, 235, 262, 462, 515
Malcampo, José 19
Mallada, Lucas 69-73
Mangas 166
Mañach, Jorge 356, 384, 390, 391

Maragall, Juan 88
María Cristina, reina regente 23, 48, 292
Mármol Tamayo, general Donato   297, 298, 311, 313-317, 324-326
Marrero, general 425
Marrero, Leví 307, 321
Marshall, Edward 272
Martí, José 62, 156, 192, 194-196 240, 306, 316, 350, 352, 355-360, 370, 373-376, 383-388, 390-395, 400, 402, 403, 406-408, 410, 414, 418, 420, 449, 472, 478-480, 495, 510, 512
Martínez Arango, Felipe 124, 445
Martínez Campos, general Arsenio   38, 41, 45, 47, 48, 241, 341, 347-350, 362, 412, 413, 472
Martínez Freyre, Pedro 414
Martínez Ibor, Vicente 319
Marx, Karl 33, 206, 470
Masó Parra 405
Masó, Bartolomé . 394, 404, 406, 408, 410, 456, 511
Masó, Calixto 316
Masters, Edgar Lee 228
McKinley, presidente Wi8lliam .. 144, 179, 183, 184, 226, 234, 237-239, 241, 242, 244-246, 249-256, 259-264, 285, 401, 437-439, 456, 457, 459-466, 482, 483, 485, 486, 489, 497, 500, 501, 504, 507-509
Méndez Capote, Domingo .. 455, 482, 488, 507, 509
Méndez Núñez, Casto 18
Méndez Núñez, Casto (fragata) 18, 37, 359, 396
Menéndez y Pelayo, Marcelino 83
Menocal, Raimundo 342, 434
Mercado, Manuel 408
Meza, Ramón 378
Milán García, José Ramón 101
Milanés, José Jacinto 302
Miles, general Nelson A. ... 263, 442, 443, 445, 459
Millán Caro Antonio 36, 37

Miller, Nathan   179, 202, 237, 258, 264
Moncada, Guillermo   355, 358, 394, 405
Moncada, Juan 359
Monroe, James 187, 203, 204, 218, 236, 238, 500, 511, 515
Montalvo, José Ramón 360
Montoro, Rafael ... 360, 364, 365, 398
Morales Lemus, José ... 315, 321, 322
Moréas, Jean 375
Moreno Fraginals, Manuel 299, 367, 382
Moreno, Francisco 380
Moret, Segismundo 93, 99
Morgan, J. P. 486
Morgan, John Pierpont .. 155, 180, 181
Morgan, John T. ... 240, 438, 458, 501
Morison, Samuel Eliot 151
Morris, Edmund 146, 154, 162, 171, 248, 259, 272, 275
Morris, Gouverneur 174
Müller y Tejeiro, José 114, 117
Musicant, Ivan 121, 254, 280
Nadal, Jordi 60
Nápoles Fajardo, Juan Cristóbal («El Cucalambé») 302
Norton, Charles Eliot 250
Núñez de Arce 375
Núñez, general Emilio 356, 359
Onís, Federico de 375
Ortega y Gasset, José 85, 87, 88
O'Donnell, general Leopoldo 24
O'Kelly, James J. 336, 337
O'Sullivan, John 188
Palma, José Joaquín 295
Pardo Bazán, Emilia 69
Parnell, Charles 336
Pastor, capitán Luis 56
Pavía, general Manuel 34, 35, 38, 41, 52
Pedregal, Manuel 474
Pérez Cisneros 244
Pérez Galdós, Benito 63
Pérez Guzmán, Francisco 355, 357
Pérez, "Periquito" 405
Pérez, general Pedro A. 418, 425

523

Pérez, Louis A. 253, 307, 369, 439, 441, 442, 453, 454, 507, 513
Pérez, Pedro Agustín 442, 452
Pershing, general John J. 516
Pettigrew 501
Pettus 501
Pi y Margall, Francisco 31, 69
Pichardo, Manuel Serafín 373
Pieltaín, capitán general Cándido .. 332
Pirala, Antonio 317, 318, 327
Platt, Orville H. ... 491, 494, 501, 508
Poe, Edgar Allan 192
Polk, James 187, 188, 247
Ponce de León, Néstor 353
Portell Vilá, Herminio . 328, 402, 441, 464, 494
Porter, Robert P. 464, 465
Portuondo Tamayo, Rafael 405, 507, 509
Portuondo, Fernando 316, 335
Prados de la Escosura, Leandro 60
Prim, Juan 21, 25, 30, 310, 322
Primo de Rivera, Antonio 46
Pulitzer, Jospeh 243
Quay, Matthew 176
Quesada, Gonzalo de 464, 500, 504, 510
Rabí, general Jesús 434, 442
Ramón y Cajal, Santiago ... 69, 81-84, 87, 194
Recaséns, Luis 382
Reina Isabel II (buque) 16, 20
Rice, Cecil Spring 248
Riis, Jacob 177, 178
Risco, Alberto . 49, 54, 55, 93, 96, 111
Roa, Ramón 381
Robinson, Edwin Arlington 228
Roca Franquesa, José María .. 374, 375
Rockefeller, John D. 155, 180
Rodó, José Enrique 375
Rodríguez Arias 52, 54, 91
Rodríguez González, Ramón 51
Rodríguez, Agustín R.121, 123, 137-141
Rodríguez, Ángela 475
Rodríguez, Jos''e Ignacio 327
Rodríguez, Leandro 353

Roig de Leuchsenring, Emilio 241, 441, 451, 452, 499, 503-506, 509
Roloff, general CArlos .. 346, 356, 403
Roosevelt, Franklin Delano .. 183, 517
Roosevelt, Theodore . 9, 10, 143-147, 152, 158-160, 162, 163, 167-174, 177-179, 181, 183, 184, 193, 213, 214, 216, 220, 221, 223-226, 229-232, 234-238, 245, 247-250, 252, 255-259, 263-267, 269, 270, 272-274, 277, 278, 281, 285, 286, 293, 440, 441, 461, 462, 486, 489, 494, 510, 514, 515, 517
Root, Elihu 215, 235, 486, 489-494, 497-501, 506, 507, 509
Rowan, Andrew S. 289
Rubens, Horatio 439
Rubín, Antero 272
Ruenes, Félix 418
Ruiz, Paula 342
Sabas Marín 328, 339, 389
Saco, José Antonio 307, 363, 488
Sáenz de Iturri, arzobispo 284
Sagasta, Práxedes Mateo 43, 50, 92-96, 101, 115, 117, 135, 138, 251, 252, 256, 283, 431, 433, 444
Saladrigas, CArlos 360
Salmerón, Nicolás 31, 474
Salvochea, Fermín 34, 35
Sampson, almirante William . 112, 118, 122, 124, 129, 131, 248, 268, 284, 436
Sánchez, Manuel Andrés 295, 356, 359, 393, 403
Sanguily, Julio 329, 394
Sanguily, Manuel 488, 496, 497, 504, 510
Santiesteban, Jaime 311
Sanz del Río, Julián 63, 83
Schley, comodoro Winfield .. 118, 121, 122, 129, 235
Serrano, general Francisco 21, 24, 25, 41
Sewell, William 159
Shafter, general William 132, 268-270, 273-275, 279-284, 436, 442-446, 448-457

Sherman, John 247, 249, 253
Silva, José Asunción 374
Silva, Manuel R............ 500, 504
Silvela, Francisco 135
Sintes, Elia 331, 335, 340, 343, 353, 359, 380, 398, 399, 415, 429
Sitting Bull 166
Smith, Ephraim 463
Smith, Page 148, 176, 191
Soto, Juan 359
Sotolongo, Pedro 396
Spotorno, Juan Bautista 346
Steffens, Lincoln 178
Stevens, Thaddeus 148, 150
Storer, María Longworth 184
Strong, Josiah 211, 212, 229
Strong, William L. 177
Sumner, Charles 148, 150, 200
Tacón, general Miguel 292
Taft, William H. 234, 515
Tamayo, Diego ... 500, 501, 503, 504, 507, 509
Tamayo, Esteban 405
Tanco, Félix 304
Teller, Henry 261, 501
Thomas, Enrique 124
Thoreau, Henry David 192
Tillman, Ben 213, 228, 501
Topete y Carballo, Juan Bautista .. 21, 22, 25
Topete y Fuentes, Ramón ... 15, 49, 55
Topete, Rosario 15
Toral, general José . 280, 282-284, 433
Tortella, Gabriel 58, 61, 62
Turner, Frederick J. 188, 189
Twain, Mark 193, 228, 232, 250
Tweed, William Marcy 176
Unamuno, Miguel de ... 68, 75, 78-81, 194, 374
Valdés, Gabriel de la Concepción (Plácido) 295, 300, 302
Vales, Andrés 294
Valle Inclán, Ramón del 75
Vanderbilt, Cornelius ... 144, 155, 180

Vara del Rey, general Joaquín 433
Varela, padre Félix 295, 302
Vélez Cabrera, Isabel 296
Verlaine, Paul 375
Villate, Blas (Conde de Valmaseda) 103, 111, 134, 317, 341, 377
Villuendas, Enrique 504
Washington Irving 191
Washington, GEorge ... 147, 235, 448
Weyler, Valeriano 241, 242, 247, 251, 263, 320, 398, 413, 424, 426, 428, 431, 433, 435
Wheeler, general Joseph 272, 281
White, J. R.................... 507
White, José 370
Whitmarsh, David 415
Wilcox, Ansley 285
Wilson, Woodrow 515, 516
Wilsongeneral James H. 499
Williams, Alexander 178
Wood, Leonard .. 235, 246, 264, 265, 267, 272, 274, 443, 457, 486-495, 499-501, 503, 504, 506-511, 513
Woodford, Stewart . 247, 251, 256, 433
Ximénez de Sandoval, coronel 408
Young, general Samuel 272, 441
Yusto, Anastasio Rodrigo 27
Zambrana, Antonio 330
Zamora, Cutiño 404
Zayas, Alfredo 497
Zayas, José María 363
Zayas, Juan Bruno 360
Zenea, Juan Clemente 349

Estado Mayor del general Calixto García

**Otros libros publicados por Ediciones Universal en la
COLECCIÓN CUBA Y SUS JUECES**

0359-6	CUBA EN 1830, Jorge J. Beato & Miguel F. Garrido
046-1	CUBA Y LA CASA DE AUSTRIA, Nicasio Silverio Saínz
048-8	CUBA, CONCIENCIA Y REVOLUCIÓN, Luis Aguilar León
049-6	TRES VIDAS PARALELAS, Nicasio Silverio Saínz
119-0	JALONES DE GLORIA MAMBISA, Juan J.E. Casasús
165-4	VIDAS CUBANAS - CUBAN LIVES.- (2 vols.), José Ignacio Lasaga
207-3	MEMORIAS DE UN DESMEMORIADO, José García Pedrosa
243-X	LOS ESCLAVOS Y LA VIRGEN DEL COBRE, Leví Marrero
293-6	HISTORIA DE LA ODONTOLOGÍA EN CUBA(4 vols: (1492-1983), César A. Mena
3122-0	RELIGIÓN Y POLÍTICA EN CUBA DEL SIGLO XIX, Miguel Figueroa
353-3	LA GUERRA DE MARTÍ (La lucha de los cubanos por la independencia), Pedro Roig
374-6	GRAU: ESTADISTA Y POLÍTICO, Antonio Lancís
379-7	HISTORIA DE FAMILIAS CUBANAS (9 vols.), Francisco Xavier de Santa Cruz
411-4	LOS ABUELOS: HISTORIA ORAL CUBANA, José B. Fernández
425-4	A LA INGERENCIA EXTRAÑA LA VIRTUD DOMÉSTICA, Carlos Márquez Sterling
426-2	BIOGRAFÍA DE UNA EMOCIÓN POPULAR: EL Dr. Grau, M. Hernández-Bauzá
428-9	THE EVOLUTION OF THE CUBAN MILITARY (1492-1986), Rafael Fermoselle
431-9	MIS RELACIONES CON MÁXIMO GÓMEZ, Orestes Ferrara
437-8	HISTORIA DE MI VIDA, Agustín Castellanos
483-1	JOSÉ ANTONIO SACO, Anita Arroyo
490-4	HISTORIOLOGÍA CUBANA /5 vols./ (1492-2000), José Duarte Oropesa
516-1	EL PERFIL PASTORAL DE FÉLIX VARELA, Felipe J. Estévez
518-8	CUBA Y SU DESTINO HISTÓRICO. Ernesto Ardura
532-3	MANUEL SANGUILY. HISTORIA DE UN CIUDADANO, Octavio R. Costa
558-7	JOSÉ ANTONIO SACO Y LA CUBA DE HOY, Ángel Aparicio
592-7	DOS FIGURAS CUBANAS Y UNA SOLA ACTITUD, Rosario Rexach
606-0	CRISIS DE LA ALTA CULTURA EN CUBA/INDAGACIÓN DEL CHOTEO, Jorge Mañach
608-7	VIDA Y MILAGROS DE LA FARÁNDULA DE CUBA (5 v.), Rosendo Rosell
620-6	TODOS SOMOS CULPABLES, Guillermo de Zéndegui
624-9	HISTORIA DE LA MEDICINA EN CUBA(2 v.),César A. Mena y Armando Cobelo
626-5	LA MÁSCARA Y EL MARAÑÓN (Identidad nacional cubana), Lucrecia Artalejo
645-1	FÉLIX VARELA: ANÁLISIS DE SUS IDEAS POLÍTICAS, Juan P. Esteve
680-X	¿POR QUÉ FRACASÓ LA DEMOCRACIA EN CUBA?, Luis Fernández-Caubí
682-6	IMAGEN Y TRAYECTORIA DEL CUBANO EN LA HISTORIA 2 v. 1492-1958), Octavio R. Costa
689-3	A CUBA LE TOCÓ PERDER, Justo Carrillo
690-7	CUBA Y SU CULTURA, Raúl M. Shelton
703-2	MÚSICA CUBANA: DEL AREYTO A LA NUEVA TROVA, Cristóbal Díaz Ayala
738-5	PLAYA GIRÓN: LA HISTORIA VERDADERA, Enrique Ros
743-1	MARTA ABREU, UNA MUJER COMPRENDIDA Pánfilo D. Camacho
745-8	CUBA: ENTRE LA INDEPENDENCIA Y LA LIBERTAD, Armando P. Ribas
747-4	LA HONDA DE DAVID, Mario Llerena
752-0	24 DE FEBRERO DE 1895: UN PROGRAMA VIGENTE, Jorge Castellanos
765-2	CLASE TRABAJADORA Y MOVIMIENTO SINDICAL EN CUBA / 2 vols.: 1819-1996), Efrén Córdova
773-3	DE GIRÓN A LA CRISIS DE LOS COHETES: La segunda derrota, Enrique Ros

786-5	POR LA LIBERTAD DE CUBA (una historia inconclusa), Néstor Carbonell Cortina
794-6	CUBA HOY (la lente muerte del castrismo), Carlos Alberto Montaner
798-9	APUNTES SOBRE LA NACIONALIDAD CUBANA, Luis Fernández-Caubí
804-7	EL CARÁCTER CUBANO, Calixto Masó y Vázquez
814-4	AÑOS CRÍTICOS: Del camino de la acción al camino del entendimiento, Enrique Ros
823-3	JOSÉ VARELA ZEQUEIRA (1854-1939); Su obra científico-literaria, Beatriz Varela
832-2	TODO TIENE SU TIEMPO, Luis Aguilar León
838-1	8-A: LA REALIDAD INVISIBLE, Orlando Jiménez-Leal
840-3	HISTORIA ÍNTIMA DE LA REVOLUCIÓN CUBANA, Ángel Pérez Vidal
860-8	VIAJEROS EN CUBA (1800-1850), Otto Olivera
862-4	UNA FAMILIA HABANERA, Eloísa Lezama Lima
866-7	NATUMALEZA CUBANA, Carlos Wotzkow
868-3	CUBANOS COMBATIENTES: peleando en distintos frentes, Enrique Ros
874-8	POR AMOR AL ARTE (Memorias de un teatrista cubano 1940-1970), Francisco Morín
875-6	HISTORIA DE CUBA, Calixto C. Masó (Nueva edición al cuidado de Leonel de la Cuesta, ampliada con índices y cronología de la historia de Cuba hasta 1992).
876-4	CUBANOS DE DOS SIGLOS: XIX y XX. Ensayistas y críticos, Elio Alba Buffill
880-2	ANTONIO MACEO GRAJALES: EL TITÁN DE BRONCE, José Mármol
882-9	EN TORNO A LA CUBANÍA, Ana María Alvarado
886-1	ISLA SIN FIN (Contribución a la crítica del nacionalismo cubano), Rafael Rojas
901-9	40 AÑOS DE REVOLUCIÓN CUBANA (El legado de Castro), Efrén Córdova, Editor
907-8	MANUAL DEL PERFECTO SINVERGÜENZA, Tom Mix (José M. Muzaurieta)
929-9	EL GARROTE EN CUBA, Manuel B. López Valdés (Edición de Humberto López Cruz
931-0	EL CAIMÁN ANTE EL ESPEJO. Un ensayo de interpretación de lo cubano, Uva de Aragón
937-x	EL TRABAJO FORZOSO EN CUBA, Efrén Córdova
939-6	CASTRO Y LAS GUERRILLAS EN LATINOAMÉRICA, Enrique Ros
945-0	CRONOLOGÍA HISTÓRICA DE CUBA (1492-2000), Manuel Fernández Santalices.
946-9	BAJO MI TERCA LUCHA CON EL TIEMPO. Memorias 1915-2000, Octavio R. Costa
955-8	NECESIDAD DE LIBERTAD (ensayos-artículos-entrevistas-cartas), Reinaldo Arenas
957-4	LOS GRANDES DEBATES DE LA CONSTITUYENTE CUBANA DE 1940, Edición de Néstor Carbonell Cortina
965-5	CUBANOS DE ACCIÓN Y PENSAMIENTO, Octavio R. Costa
968-x	AMÉRICA Y FIDEL CASTRO, Américo Martín
974-4	CONTRA EL SACRIFICIO / DEL CAMARADA AL BUEN VECINO / Una polémica filosófica cubana para el siglo XXI, Emilio Ichikawa
979-5	CENTENARIO DE LA REPÚBLICA CUBANA (1902-2002), W. Navarrete y J. Castro
980-9	HUELLAS DE MI CUBANÍA, José Ignacio Rasco
982-5	INVENCIÓN POÉTICA DE LA NACIÓN CUBANA, Jorge Castellanos
988-4	ERNESTO CHE GUEVARA: MITO Y REALIDAD, Enrique Ros
8-000-6	LA POLÍTICA DEL ADIÓS, Rafael Rojas
8-006-5	FIDEL CASTRO Y EL GATILLO ALEGRE. Los años universitarios, Enrique Ros
8-011-1	REFLEXIONES SOBRE CUBA Y SU FUTURO, Luis Aguilar León
8-014-6	AZÚCAR Y CHOCOLATE. HISTORIA DEL BOXEO CUBANO, Enrique Encinosa
8-022-7	CONTEXT FOR A CUBAN TRANSITION. Ernesto F. Betancourt
8-028-6	CONTRA VIENTO Y MAREA. Periodismo y algo más (1920-2000), José Ignacio Rivero
8-035-9	CUBA: REALIDAD Y DESTINO. Jorge A. Sanguinetty
8-038-3	MUJERES EN LA HISTORIA DE CUBA, Antonio J. Molina
8-045-6	TRES CUESTIONES SOBRE LA ISLA DE CUBA, José García de Arboleya
8-047-2	LA REVOLUCIÓN DE 1933 EN CUBA, Enrique Ros
8-051-0	MEMORIAS DE UN ESTADISTA. FRASES Y ESCRITOS EN CORRESPONDENCIA, Carlos Márquez-Sterling (Edición de Manuel Márquez-Sterling).

www.ingramcontent.com/pod-product-compliance
Lightning Source LLC
Chambersburg PA
CBHW030508080526
44586CB00011B/109